엑셀로 배우는

Management Math

경영수학

한올출판사

머리말

이 책은 경영학이나 경제학 혹은 관련분야를 전공하고자 하는 사람들에게 필요한 기초적인 수학을 정리해 놓은 것이다.

이와 같은 분야에 뜻을 두고 있는 사람들은 일반적으로 '수학'을 서투른 과목으로 아예 포기하는 사람들이 적지 않다. 왜 수학을 싫어하는 사람이 많은가 하는 것에 대해서 생각해 보면, 그 첫째는 계산을 싫어하기 때문이라고 느껴진다. "사고방식은 알고 있지만 계산이 되지 않는다"라고 하는 경험의 축적이 결국 수학기피증으로 이어지고 만 것이다. 이 책은 주로 수학의 기본적인 발상이나 사고방식을 중심으로 해서 엮어졌다.

둘째는 수학의 사고방식을 이해하고자 할 때에 너무나도 정확하고 또한 간결한 '수학적 기술법'이 방해가 되는 경우가 많다. 물론 기술방법 그 자체를 바꿀 수는 없지만, "왜 이와 같은 것을 생각하게 되었는가"라고 하는 배경을 가능한 한 언급함으로써 전체의 흐름 속에서 각 문제의 위치를 분명히 하고 이해하기 쉽도록 배려했다.

최근의 경영학이나 경제학 등에서 이용되는 수학적 기법은 상당히 높은 수준이므로, 기초적인 이론을 생략하고 단지 공식이나 이용되는 예만을 가르치려고 하는 경향도 없지는 않지만, 이 책에서는 그와 같은 방법을 취하지 않았다. 따라서 모든 정리(定理)에 대해서는 거의 빠짐없이 증명을 해 보였으며, 그에 따른 예제를 통해서 이해를 돕도록 했다. 그리고 본문 중의 각 문제와 각 장의 연습문제에 대한 해답을 부록에 첨부함으로써 자습에 도움이 되도록 했다.

이 책은 제1부의 선형대수와 제2부의 미분·적분 그리고 제3부의 Excel에 의한 경영수학 연습으로 구성되어 있다.

지면 관계상 불필요한 내용은 최소한으로 생략했으며, 그 대신에 필요한 부분은 충분히 설명하고자 노력했다. '선형대수'라고 하는 것은 주로 벡터공간과 선형사상(線型寫像)에 관한 이론부분이다. 이 책에서는 특히 벡터, 행렬과 행렬식, 연립1차방정식, 선형사상, 고유치문제 그리고 선형대수의 응용으로서 선형계획법의 기초이론에 대해서 다루었다. '미분·적분'은 선형대수와 함께 대학의 기초수학에 있어서, 마치 자동차의 양쪽 바퀴 역할을 하고 있다고 볼 수 있다. 이에 대해서는 먼저 극한 개념에 이어 미분, 적분, 편미분 그리고 중적분의 순서로 구성함으로써 미분과 적분에 대한 이해의 편의를 도모했다. 특히 이 책에서는 근대적인 해석학에서 빼놓을 수 없는 소위 'ε-δ 논법'을 평이하게 해설했다. ε-δ 논법은 극한 개념의 정식화에서 시작된다. ε-δ 식의 극한 개념에 처음으로 접하는 사람은 상당히 난해하다고 생각할지도 모른다. 그러나 직관적인 극한 개념으로부터 엄밀성을 추구하는 ε-δ 식의 극한 개념으로의 발전이야말로 고교수학에서 대학수학으로의 대전환이 아닌가 생각한다.

이 책은 졸저 『경영수학』(형설출판사, 1990년 초판)의 개정증보판이다. 이 책이 출판되기까지는 실로 여러 스승의 가르침과 격려가 있었다. 먼저 저자의 일본 유학시절에 지도교수이셨던 다카하시 이와로 교수에게 감사드린다. 그리고 같은 대학의 사카세가와 교수, 니시무라 교수 두 분 수학 교수로부터 받은 가르침은 저자에게 있어서 큰 충격과 같은 것이었다. 또한 도쿄대학의 모리구치 시게이치 교수로부터는 수학적 영감을 경험할 수 있었다. 이 분들로부터의 귀한 가르침은 저자를 거듭나게 하는 데 충분했다.

제3부의 Excel에 의한 경영수학 연습은 복잡한 수학 계산과정을 이해한 다음에 정확한 해를 구하는 데 도움이 될 것으로 믿는다. 그러나 역시 제1부와 제2부의 이론적인 내용을 충분히 이해하는 것이 보다 중요하다. 끝으로 어렵고 힘든 원고 입력 작업을 기꺼이 맡아 주신 한울출판사의 관계자 여러분께 감사의 말씀을 드린다.

2008년 1월

광교산 연구실에서

저자 씀

CONTENTS

제1부 선형대수

벡터 1

행렬 2

행렬식 3

CONTENTS

연립1차방정식 4

선형사상 5

고유치문제와 그 응용 6

선형계획법 7

CONTENTS

제2부 미분·적분

극한 8

미분 9

적분 10

CONTENTS

편미분 11

중적분 12

제3부 Excel에 의한 경영수학 연습

행렬 · 행렬식 13

주성분분석 14

CONTENTS

선형계획법 15

정수계획법 16

삼각함수 17

미분·적분 18

제 1 부

선형대수

1 벡터

1.1 벡터의 1차독립과 1차종속

평면 또는 공간에 있어서의 벡터(vector)란, 방향과 길이를 합친 개념이다. 2개의 벡터 $\boldsymbol{a}$, $\boldsymbol{b}$에 대하여, 동시에는 0으로 되지 않는 스칼라 α, β가 있어

$$\alpha\boldsymbol{a}+\beta\boldsymbol{b}=\mathbf{0} \qquad (1 \cdot 1)$$

이 성립한다고 한다. 만일, $\beta \neq 0$이면 $-\alpha/\beta=\lambda$로 놓으면

$$\boldsymbol{b}=\lambda\boldsymbol{a}$$

가 되므로, $\boldsymbol{a}$, $\boldsymbol{b}$의 시점(始點)을 일치시키면, $\boldsymbol{a}$, $\boldsymbol{b}$는 동일직선상에 놓이므로 $\boldsymbol{a}$, $\boldsymbol{b}$는 **공선**(collinearity)이다. 또는 $\boldsymbol{a}$, $\boldsymbol{b}$는 **1차종속**(linear dependence)이다라고 한다.

또, 3개의 벡터 $\boldsymbol{a}$, $\boldsymbol{b}$, $\boldsymbol{c}$에 대하여 동시에는 0으로 되지 않는 스칼라 α, β, γ가 있어

$$\alpha\boldsymbol{a}+\beta\boldsymbol{b}+\gamma\boldsymbol{c}=\mathbf{0}$$

이 성립한다고 한다. $\gamma \neq 0$이라 하고 $-\alpha/\gamma=\lambda$, $-\beta/\gamma=\mu$로 놓으면

$$\boldsymbol{c}=\lambda\boldsymbol{a}+\mu\boldsymbol{b}$$

이 때, $\boldsymbol{a}$, $\boldsymbol{b}$를 1차종속이 아니라 하고, $\boldsymbol{a}$, $\boldsymbol{b}$, $\boldsymbol{c}$의 시점을 일치시키면, $\boldsymbol{c}$는 $\boldsymbol{a}$, $\boldsymbol{b}$가 결정하는 평면상에 놓이므로 $\boldsymbol{a}$, $\boldsymbol{b}$, $\boldsymbol{c}$는 **공면**(coplanarity)이다. 또는 1차종속이다라고 한다. 예를 들면, 벡터

$$\boldsymbol{a}=(1,\ 2),\ \boldsymbol{b}=(3,\ 6)$$

에서는 $\boldsymbol{b}=3\boldsymbol{a}$, 즉 $3\boldsymbol{a}+(-1)\boldsymbol{b}=\boldsymbol{0}$이 성립하므로 $\boldsymbol{a}$, $\boldsymbol{b}$는 1차종속이다.

또 벡터

$$\boldsymbol{a}=(1,\ -2,\ 3),\ \boldsymbol{b}=(3,\ -4,\ 5),\ \boldsymbol{c}=(0,\ 2,\ -4)$$

에 대해서는

$$3\boldsymbol{a}+(-1)\boldsymbol{b}+1\boldsymbol{c}=\boldsymbol{0},\ \text{즉}\ \boldsymbol{c}=-3\boldsymbol{a}+\boldsymbol{b}$$

가 성립하므로 $\boldsymbol{a}$, $\boldsymbol{b}$, $\boldsymbol{c}$는 1차종속이다.

다음에 2개의 벡터 $\boldsymbol{a}$, $\boldsymbol{b}$가 1차종속이 아닐 때, 즉 $\alpha\boldsymbol{a}+\beta\boldsymbol{b}=\boldsymbol{0}$을 만족하는 동시에 0이 아닌 스칼라 α, β가 존재하지 않을 때, $\boldsymbol{a}$, $\boldsymbol{b}$는 **1차독립**(linear independence)이다라고 한다. $\boldsymbol{a}$, $\boldsymbol{b}$가 1차독립이라고 하는 것은, 다음이 성립하는 것을 말한다.

「$\alpha\boldsymbol{a}+\beta\boldsymbol{b}=\boldsymbol{0}$이면 $\alpha=\beta=0$이다.」

마찬가지로, 3개의 벡터, $\boldsymbol{a}$, $\boldsymbol{b}$, $\boldsymbol{c}$에 대하여

「$\alpha\boldsymbol{a}+\beta\boldsymbol{b}+\gamma\boldsymbol{c}=\boldsymbol{0}$이면 $\alpha=\beta=\gamma=0$이다.」

가 성립할 때, $\boldsymbol{a}$, $\boldsymbol{b}$, $\boldsymbol{c}$는 1차독립이라고 한다.

예를 들면, 평면상의 기본벡터 $\boldsymbol{i}=(1,\ 0)$, $\boldsymbol{j}=(0,1)$은 1차독립이다. 왜냐하면,

$$\alpha\boldsymbol{i}+\beta\boldsymbol{j}=\alpha(1,\ 0)+\beta(0,\ 1)=(\alpha,\ \beta)$$

이므로

$$\alpha\boldsymbol{i}+\beta\boldsymbol{j}=\boldsymbol{0}\text{이면 } \alpha=\beta=0$$

이다. 마찬가지로, 공간에 있어서의 기본벡터

$$\boldsymbol{i}=(1,\ 0,\ 0),\ \boldsymbol{j}=(0,1,\ 0),\ \boldsymbol{k}=(0,\ 0,\ 1)$$

도 1차독립이다.

예 1. 벡터 $\boldsymbol{a}=(1,\ 2)$, $\boldsymbol{b}=(2,\ -3)$에 대하여
$\alpha\boldsymbol{a}+\beta\boldsymbol{b}=\alpha(1,\ 2)+\beta(2,\ -3)=(\alpha+2\beta,\ 2\alpha-3\beta)=\boldsymbol{0}$

이 성립한다고 하면

$$\alpha+2\beta=0, \quad 2\alpha-3\beta=0$$

이것을 만족하는 α, β는 $\alpha=\beta=0$. 따라서 위의 벡터 $\boldsymbol{a}$, $\boldsymbol{b}$는 1차독립이다.

또, 벡터

$$\boldsymbol{a}=(1,\ -2, 0),\ \boldsymbol{b}=(2, 3,\ 2),\ \boldsymbol{c}=(0,\ 2,\ -4)$$

에 대하여

$$\begin{aligned}\alpha\boldsymbol{a}+\beta\boldsymbol{b}+\gamma\boldsymbol{c}&=\alpha(1,\ -2,\ 0)+\beta(2,\ 3,\ 2)+\gamma(0,\ 2,\ -4)\\&=(\alpha+2\beta, -2\alpha+3\beta+2\gamma, 2\beta-4\gamma)=\mathbf{0}\end{aligned}$$

이 성립한다고 하면

$$\alpha+2\beta=0,\ -2\alpha+3\beta+2\gamma=0,\ 2\beta-4\gamma=0$$

첫 번째, 세 번째 식으로부터

$$\alpha=-4\gamma,\ \beta=2\gamma$$

이것을 두 번째 식에 대입하면

$$16\gamma=0\ \ \therefore \gamma=0,\ \text{따라서}\ \alpha=\beta=0$$

그러므로, 위의 3개의 벡터 $\boldsymbol{a}$, $\boldsymbol{b}$, $\boldsymbol{c}$는 1차독립이다.

1.2 수벡터와 벡터공간

지금까지는 실제의 기하학적인 벡터를, 좌표를 이용함으로써 성분 $(x,\ y)$나 $(x,\ y,\ z)$로 표시했다. 이제부터는 도형적인 내용과는 관계없이 순서가 정해진 실수의 조 $(x,\ y)$, $(x,\ y,\ z)$를 **수(數)벡터** 또는 **벡터**라고 부르기로 하자. 그리고 x, y, z 등을 벡터의 **성분**이라 한다. 특히, 모든 성분이 0인 벡터 $(0,\ 0)$ 및 $(0,\ 0,\ 0)$을 **영(零)벡터**라 정의하고, 이것을 $\mathbf{0}$으로 표시한다.

x, y에 모든 실수치를 부여해서 얻어지는 수벡터 $(x,\ y)$의 전체의 집합을 2차원 벡터집합이라 하고, 특히

$$\boldsymbol{e}_1=(1,\ 0),\quad \boldsymbol{e}_2=(0,\ 1)$$

을 그의 **기본벡터**라 한다.

마찬가지로, x, y, z에 모든 실수치를 부여해서 얻어지는 수벡터 $(x,\ y,\ z)$의 전체의 집합을 **3차원 벡터집합**이라 하고, 특히

$$\boldsymbol{e}_1=(1,\ 0,\ 0),\ \boldsymbol{e}_2=(0,\ 1,\ 0),\ \boldsymbol{e}_3=(0,\ 0,\ 1)$$

을 그의 기본벡터라 한다.

예를 들면, 한 평면상의 모든 벡터의 집합은 2차원 벡터집합이고, 공간에 있어서의 모든 벡터의 집합은 3차원 벡터집합이다.

벡터성분의 개수를 일반화함으로써, 보다 일반적인 벡터를 정의할 수가 있다. 즉, n개의 순서가 정해진 실수의 조 $(x_1,\ x_2,\ \cdots,\ x_n)$을 $\boldsymbol{n}$**차원 수벡터** 또는 $\boldsymbol{n}$**차원 벡터** 또는 단지 벡터라 하고, 이것을 $\boldsymbol{x}$로 표시한다.

이 때, 실수 $x_1,\ x_2,\ \cdots,\ x_n$을 각각 $\boldsymbol{x}$의 제1성분, 제2성분, …, 제n성분이라 한다. 특히, 모든 성분이 0인 벡터 $(0,\ 0,\ \cdots,\ 0)$을 영벡터라 하고 기호 $\mathbf{0}$으로 표시한다. 각 성분 $x_1,\ x_2,\ \cdots,\ x_n$에 모든 실수치를 부여해서 얻어지는 벡터 $\boldsymbol{x}$ 전체의 집합을 $\boldsymbol{n}$**차원 벡터집합**이라 한다. 특히, 벡터

$$\boldsymbol{e}_1=(1,\ 0,\ \cdots,\ 0),\ \boldsymbol{e}_2=(0,\ 1,\ 0,\ \cdots,\ 0),\ \cdots,\ \boldsymbol{e}_n=(0,\ 0,\ \cdots,\ 0,\ 1)$$

을 $\boldsymbol{n}$**차원 벡터집합의 기본벡터**라 한다.

$n=2$ 또는 $n=3$이라 하면, 각각 2차원 벡터집합, 3차원 벡터집합이 얻어진다. $n=1$일 때는 1차원 벡터집합이 되는데, 이 모델은 하나의 수직선상의 모든 벡터의 집합이다.

n차원 벡터를 수학적인 대상으로서 취급하기 위해 상등관계나 산법(算法)을 정의하지 않으면 안 된다. n차원 벡터는 평면상이나 공간에 있어서의 벡터와 같이 화살표로 나타낼 수가 없으므로, 성분에 대한 규약에 의해서 다음과 같이 정의한다. 즉,

$$\boldsymbol{x}=(x_1,\ x_2,\ \cdots,\ x_n),\ \boldsymbol{y}=(y_1,\ y_2,\ \cdots,\ y_n)$$

에 대하여

상등	$\boldsymbol{x}=\boldsymbol{y}$는 $x_1=y_1,\ x_2=y_2,\ \cdots,\ x_n=y_n$과 동치
합	$\boldsymbol{x}+\boldsymbol{y}=(x_1+y_1,\ x_2+y_2,\ \cdots,\ x_n+y_n)$
차	$\boldsymbol{x}-\boldsymbol{y}=(x_1-y_1,\ x_2-y_2,\ \cdots,\ x_n-y_n)$
스칼라 배	$k\boldsymbol{x}=(kx_1,\ kx_2,\ \cdots,\ kx_n)$ (k는 실수)
내적	$(\boldsymbol{x},\ \boldsymbol{y})=\boldsymbol{x}\cdot\boldsymbol{y}=x_1y_1+x_2y_2+\cdots+x_ny_n$

이라 정의한다.[1]

주의 1. 평면상이나 공간에 있어서의 기하벡터의 경우는 벡터의 내적을

$$(\boldsymbol{a},\ \boldsymbol{b})=\|\boldsymbol{a}\|\ \|\boldsymbol{b}\|\cos\theta$$

로 정의하는데, $n(>3)$차원 벡터의 경우에는 $\boldsymbol{a}$, $\boldsymbol{b}$가 이루는 각 θ가 확실하지 않으므로 다시 정의하지 않으면 안 된다.

이와 같이 산법이 정해진 n차원 벡터집합을 n차원 실벡터공간 또는 n차원 벡터공간이라 한다.[2]

예를 들면, 3차원의 유크리드[3] 공간에 있어서의 벡터 전체집합은, $n=3$으로 놓고 위의 모든 조건을 만족하므로 3차원 벡터공간이다.

임의의 벡터 $\boldsymbol{x}=(x_1,\ x_2,\ \cdots,\ x_n)$은 기본벡터 $\boldsymbol{e}_1,\ \boldsymbol{e}_2,\ \cdots,\ \boldsymbol{e}_n$을 이용해서

$$\boldsymbol{x}=x_1\boldsymbol{e}_1+x_2\boldsymbol{e}_2+\cdots+x_n\boldsymbol{e}_n$$

과 같이 표시된다. 벡터 $\boldsymbol{x}$의 이와 같은 표시방법을 $\boldsymbol{e}_1,\ \boldsymbol{e}_2,\ \cdots,\ \boldsymbol{e}_n$의 **1차결합**(linear combination)이라 하고, 표시방법은 단 한 가지라는 것을 증명할 수 있다. 이와 같은 벡터의 조$\{\boldsymbol{e}_1,\ \boldsymbol{e}_2,\ \cdots,\ \boldsymbol{e}_n\}$을 **$n$차원 벡터공간의 기저**(basis) 또는 단지 **기**(基)라 한다.

n차원 벡터의 크기와 2개의 벡터가 이루는 각을 정의하기로 하자. 위의 벡터 $\boldsymbol{x}$에 대해서

$$\|\boldsymbol{x}\|=\sqrt{(\boldsymbol{x},\ \boldsymbol{x})}=\sqrt{x_1^{\,2}+x_2^{\,2}+\cdots+x_n^{\,2}} \tag{1・2}$$

---

1) 합에 대하여 교환법칙, 결합법칙, 스칼라 배에 대하여 분배법칙, 내적에 대하여 교환법칙, 분배법칙 등이 성립하는 것은 쉽게 증명할 수 있다.

2) 벡터의 상등관계와 합 및 스칼라 배가 정의되면 차가 유도된다. 또, 내적이 정의되지 않더라도 n차원 벡터공간을 생각할 수 있다.

3) Euclid (330?~275? B.C. ; 그리스)

을 벡터 $\boldsymbol{x}$**의 길이** 또는 **크기**라 한다. 특히, $\|\boldsymbol{x}\|=1$일 때 $\boldsymbol{x}$를 **단위벡터**라 한다.

다음에 $\boldsymbol{n}$차원 수벡터 $\boldsymbol{a}$, $\boldsymbol{b}$에 대하여

$$|(\boldsymbol{a},\ \boldsymbol{b})| \leqq \|\boldsymbol{a}\|\ \|\boldsymbol{b}\|$$

가 성립하는 것을 증명하자. $\boldsymbol{a}$, $\boldsymbol{b}$ 중에 영벡터가 있으면 위의 식에서 등호가 성립한다. 따라서, $\boldsymbol{a}$, $\boldsymbol{b}$가 영벡터가 아니라 하고 임의의 실수 λ에 대하여

$$\begin{aligned}(\lambda\boldsymbol{a}+\boldsymbol{b},\ \lambda\boldsymbol{a}+\boldsymbol{b}) &= (\lambda\boldsymbol{a},\ \lambda\boldsymbol{a})+2(\lambda\boldsymbol{a},\ \boldsymbol{b})+(\boldsymbol{b},\boldsymbol{b}) \\ &= \lambda^2\|\boldsymbol{a}\|^2+2\lambda(\boldsymbol{a},\ \boldsymbol{b})+\|\boldsymbol{b}\|^2\end{aligned}$$

이 식은 벡터 $\lambda\boldsymbol{a}+\boldsymbol{b}$의 크기의 평방을 나타내므로, 항상 0 이상이다. 따라서 최후의 λ에 관한 2차식의 판별식은 마이너스든가 또는 1이 아니면 안 된다. 그러므로,

$$(\boldsymbol{a},\ \boldsymbol{b})^2 \leqq \|\boldsymbol{a}\|^2\|\boldsymbol{b}\|^2 \qquad \therefore |(\boldsymbol{a},\ \boldsymbol{b})| \leqq \|\boldsymbol{a}\|\ \|\boldsymbol{b}\| \tag{1・3}$$

이것은 $-1 \leqq \dfrac{(\boldsymbol{a},\ \boldsymbol{b})}{\|\boldsymbol{a}\|\ \|\boldsymbol{b}\|} \leqq 1$과 동치이므로

$$\cos\theta = \frac{(\boldsymbol{a},\ \boldsymbol{b})}{\|\boldsymbol{a}\|\ \|\boldsymbol{b}\|} \tag{1・4}$$

를 만족하는 각 θ가 존재한다. 이 각 θ를 벡터 $\boldsymbol{a}$와 $\boldsymbol{b}$가 이루는 각이라 정의한다.

식 $(\boldsymbol{a},\ \boldsymbol{b})^2 \leqq \|\boldsymbol{a}\|^2\|\boldsymbol{b}\|^2$에서

$$\boldsymbol{a}=(a_1,\ a_2,\ \cdots,\ a_n),\ \boldsymbol{b}=(b_1,\ b_2,\ \cdots,\ b_n)$$

로 놓으면, 다음의 **Schwarz**[4]**의 부등식**이 얻어진다.

$$(a_1b_1+a_2b_2+\cdots+a_nb_n)^2 \leqq (a_1{}^2+a_2{}^2+\cdots\ a_n{}^2)(b_1{}^2+b_2{}^2+\cdots\ b_n{}^2)$$

그런데, 벡터 $\boldsymbol{a}$, $\boldsymbol{b}$가 이루는 각 θ가 $\cos\theta=0$을 만족할 때, $\boldsymbol{a}$, $\boldsymbol{b}$는 **수직**이라 하고 $\boldsymbol{a}\perp\boldsymbol{b}$로 표시한다. $\cos\theta=\dfrac{(\boldsymbol{a},\ \boldsymbol{b})}{\|\boldsymbol{a}\|\ \|\boldsymbol{b}\|}$에서 $\boldsymbol{a}$, $\boldsymbol{b}$가 수직이기 위한 조건은

4) Schwarz, Hermann Amandus (1843~1921 ; 독일)

$$(\boldsymbol{a},\ \boldsymbol{b})=0 \text{ 즉 } a_1b_1+a_2b_2+\cdots+a_nb_n=0$$

예를 들면, 기본벡터 $\boldsymbol{e}_1$, $\boldsymbol{e}_2$, $\cdots$, $\boldsymbol{e}_n$에 대해서는

$$(\boldsymbol{e}_i,\ \boldsymbol{e}_j)=\begin{cases}1 & (i=j\text{일 때})\\ 0 & (i\neq j\text{일 때})\end{cases}$$

이 성립하므로, 어떠한 2개의 벡터도 서로 수직이고 모두 단위벡터이다.

일반적으로 n차원 벡터공간의 n개의 단위벡터 $\boldsymbol{a}_1$, $\boldsymbol{a}_2$, $\cdots$, $\boldsymbol{a}_n$이 2개씩 서로 수직일 때, $\{a_1,\ a_2,\ \cdots,\ a_n\}$을 이 벡터공간의 **정규직교계**(orthonormal system)라 한다. 그리고 이것들을 기저라고 생각할 경우에는 **정규직교기저**(orthonormal basis)라 한다. 특히, 기본벡터의 조$\{\boldsymbol{e}_1,\ \boldsymbol{e}_2,\ \cdots,\ \boldsymbol{e}_n\}$은 n차원 벡터공간의 하나의 정규직교기저이다.

n차원 벡터공간에서, 임의의 벡터 $\boldsymbol{x}$의 크기 $\|\boldsymbol{x}\|$가 식 (1・2)에서, 임의의 2개의 벡터 $\boldsymbol{a}$, $\boldsymbol{b}$가 이루는 각 θ가 식 (1・4)에서 정의되었다. 이것들은 **유크리드 계량**(Euclidean metric)이라 하고, 이와 같이 계량이 정의된 n차원 벡터공간을 **n차원 유크리드적 벡터공간**이라 한다.

1.3 n차원 벡터의 1차독립과 1차종속

n차원 벡터공간에 있어서의 r개의 벡터 $\boldsymbol{a}_1$, $\boldsymbol{a}_2$, $\cdots$, $\boldsymbol{a}_r$에 대하여, 전부는 0이 아닌 스칼라 α_1, α_2, $\cdots$, α_r가 존재하여

$$\alpha_1\boldsymbol{a}_1+\alpha_2\boldsymbol{a}_2+\cdots+\alpha_r\boldsymbol{a}_r=\mathbf{0} \qquad (1・5)$$

이 성립할 때, 이 r개의 벡터는 1차종속이라 하고 1차종속이 아닐 때 1차독립이라고 한다. 즉, 1차독립이란

$$\alpha_1\boldsymbol{a}_1+\alpha_2\boldsymbol{a}_2+\cdots+\alpha_r\boldsymbol{a}_r=\mathbf{0}$$

이면, 반드시 $\alpha_1=\alpha_2=\cdots=\alpha_r=0$이 성립하는 것이다.

예를 들면, n개의 기본벡터 $\boldsymbol{e}_1$, $\boldsymbol{e}_2$, $\cdots$, $\boldsymbol{e}_n$은 1차독립이다. 그것은

$$\alpha_1\boldsymbol{e}_1+\alpha_2\boldsymbol{e}_2+\cdots+\alpha_n\boldsymbol{e}_n=(\alpha_1,\ \alpha_2,\ \cdots,\ \alpha_n)=\mathbf{0}$$

으로부터

$$\alpha_1 = \alpha_2 = \cdots = \alpha_n = 0$$

이 되기 때문이다.

이 정의로부터, 다음 사항을 쉽게 알 수 있다.

(I) $\boldsymbol{a}_1$, $\boldsymbol{a}_2$, $\cdots$, $\boldsymbol{a}_r$이 1차독립이라면, 이 중에는 영벡터는 존재하지 않는다.

왜냐하면, 만일 $\boldsymbol{a}_1 = \mathbf{0}$이면, $\alpha_1 \neq 0$, $\alpha_2 = \cdots \alpha_r = 0$에 대하여 (1・5)가 성립하기 때문이다.

(II) 1차종속인 벡터에, 더욱 몇 개의 벡터를 첨가한 것은 역시 1차종속이다.

이것의 대우(對偶)로부터 1차독립인 벡터에서 몇 개의 벡터를 뺀 나머지 벡터는 역시 1차독립이다.

정리 1・1 n차원 벡터공간에 있어서 벡터 $\boldsymbol{a}_1$, $\boldsymbol{a}_2$, $\cdots$, $\boldsymbol{a}_n$이 1차독립이라면, 임의의 벡터는 이것들의 1차결합으로서 나타낼 수가 있다. 즉 $\boldsymbol{a}_1$, $\boldsymbol{a}_2$, $\cdots$, $\boldsymbol{a}_n$은 이 벡터공간의 하나의 기저이다.

[증명] 위의 (I)에 의해서 $\boldsymbol{a}_1$, $\boldsymbol{a}_2$, $\cdots$, $\boldsymbol{a}_n$ 중에는 $\mathbf{0}$은 존재하지 않는다. 임의의 벡터는 기본벡터 $\boldsymbol{e}_1$, $\boldsymbol{e}_2$, $\cdots$, $\boldsymbol{e}_n$의 1차결합으로 나타내어지므로

$$\boldsymbol{a}_1 = \alpha_1\boldsymbol{e}_1 + \alpha_2\boldsymbol{e}_2 + \cdots + \alpha_n\boldsymbol{e}_n$$

으로 놓을 수 있다. $\boldsymbol{a}_1 \neq \mathbf{0}$이므로 α_i 중에 0이 아닌 것이 반드시 있다. 따라서, $\alpha_1 \neq 0$이라 가정해도 일반성을 잃지 않는다. 이 때, $\boldsymbol{e}_1$은 $\boldsymbol{a}_1, e_2, \cdots, e_n$의 1차결합으로 표현된다. 따라서, 임의의 벡터가 $\boldsymbol{e}_1$, $\boldsymbol{e}_2$, $\cdots$, $\boldsymbol{e}_n$의 1차결합으로 표현되므로, 임의의 벡터는 $\boldsymbol{a}_1, e_2, \cdots, \boldsymbol{e}_n$의 1차결합으로 나타내어진다.

이제, 임의의 벡터가

$$\boldsymbol{a}_1,\ \boldsymbol{a}_2,\ \cdots,\ \boldsymbol{a}_{r-1},\ \boldsymbol{e}_r,\ \boldsymbol{e}_{r+1},\ \cdots,\ \boldsymbol{e}_n$$

의 1차결합으로 표현되었다고 한다. 이 때, 벡터 $\boldsymbol{a}_r$은

$$\boldsymbol{a}_r = \beta_1\boldsymbol{a}_1 + \cdots + \beta_{r-1}\boldsymbol{a}_{r-1} + \alpha_r\boldsymbol{e}_r + \cdots + \alpha_n\boldsymbol{e}_n$$

으로 나타내어진다. 여기에서 α_r, α_{r+1}, α_n 중에는 반드시 0이 아닌 것이 있다. 왜냐하면, 이것들이 모두 0이라면 $\boldsymbol{a}_r$이 $\boldsymbol{a}_1$, $\boldsymbol{a}_2$, $\cdots$, $\boldsymbol{a}_{r-1}$의 1차결합으로 되어, 이것들이 1차독립이라는 가정에 반한다. 따라서 일반성을 잃지 않고, $\alpha_r \neq 0$이라 가정할 수가 있다. 그러므로,

$$\boldsymbol{e}_r = \frac{\boldsymbol{a}_r}{\alpha_r} - \frac{1}{\alpha_r}\sum_{i=1}^{r-1}\beta_i\boldsymbol{a}_i - \frac{1}{\alpha_r}\sum_{j=r+1}^{n}\alpha_j\boldsymbol{e}_j$$

로부터, 임의의 벡터가

$$\boldsymbol{a}_1,\ \boldsymbol{a}_2,\ \cdots,\ \boldsymbol{a}_r,\ \boldsymbol{e}_{r+1},\ \cdots,\ \boldsymbol{e}_n$$

의 1차결합으로 표현된다.
수학적 귀납법에 의해서 임의의 벡터 $\boldsymbol{a}$는 $\boldsymbol{a}_1,\ \boldsymbol{a}_2,\ \cdots,\ \boldsymbol{a}_n$의 1차결합으로서

$$\boldsymbol{a}=\beta_1\boldsymbol{a}_1+\beta_2\boldsymbol{a}_2+\cdots+\beta_n\boldsymbol{a}_n$$

의 형태로 나타내어진다.

주의 2. 이 정리로부터 n차원 벡터공간에는 최고로 n개의 1차독립인 벡터가 존재한다. 따라서, $(n+1)$개의 벡터는 반드시 1차종속이다.

정리 1·2 n차원 벡터공간에 있어서 $\boldsymbol{a}_1,\ \boldsymbol{a}_2,\ \cdots,\ \boldsymbol{a}_n$이 1차독립이라면, 임의의 벡터 $\boldsymbol{a}$는 이것들의 1차결합으로서 단 한 가지의 방법으로 표현된다.

[증명] $\boldsymbol{a}$가 위의 1차결합 이외에

$$\boldsymbol{a}=\alpha_1\boldsymbol{a}_1+\alpha_2\boldsymbol{a}_2+\cdots+\alpha_n\boldsymbol{a}_n$$

으로 표현되었다고 한다. 이 식으로부터 위의 식을 변변 빼서

$$(\alpha_1-\beta_1)\boldsymbol{a}_1+(\alpha_2-\beta_2)\boldsymbol{a}_2+\cdots+(\alpha_n-\beta_n)\boldsymbol{a}_n=\boldsymbol{0}$$

$\boldsymbol{a}_1,\ \boldsymbol{a}_2,\ \cdots,\ \boldsymbol{a}_n$이 1차독립이므로

$$\alpha_1-\beta_1=\alpha_2-\beta_2=\cdots=\alpha_n-\beta_n=0$$
$$\therefore\ \alpha_1=\beta_1,\ \alpha_2=\beta_2,\ \cdots,\ \alpha_n=\beta_n$$

따라서, $\boldsymbol{a}$의 표현방법은 단 한 가지이다.

예 2. 3개의 벡터 $\boldsymbol{a}=(0,\ 1,\ 1)$, $\boldsymbol{b}=(1, 0,\ 1)$, $\boldsymbol{c}=(1,\ 1,\ 0)$에 대해서

$$\alpha\boldsymbol{a}+\beta\boldsymbol{b}+\gamma\boldsymbol{c}=(\beta+\gamma,\ \gamma+\alpha,\ \alpha+\beta)=\boldsymbol{0}$$

이라고 하면

$$\beta+\gamma=0,\ \gamma+\alpha=0,\ \alpha+\beta=0$$
$$\therefore\ \alpha=\beta=\gamma=0$$

따라서, 위의 벡터 $\boldsymbol{a}$, $\boldsymbol{b}$, $\boldsymbol{c}$는 1차독립이다.
다음에

$$\boldsymbol{a}=\boldsymbol{e}_2+\boldsymbol{e}_3,\ \boldsymbol{b}=\boldsymbol{e}_3+\boldsymbol{e}_1,\ \boldsymbol{c}=\boldsymbol{e}_1+\boldsymbol{e}_2$$

이므로, 기본벡터 $\boldsymbol{e}_1$, $\boldsymbol{e}_2$, $\boldsymbol{e}_3$를 $\boldsymbol{a}$, $\boldsymbol{b}$, $\boldsymbol{c}$로 나타내면

$$\boldsymbol{e}_1=\frac{1}{2}(-\boldsymbol{a}+\boldsymbol{b}+\boldsymbol{c}),\ \boldsymbol{e}_2=\frac{1}{2}(\boldsymbol{a}-\boldsymbol{b}+\boldsymbol{c}),\ \boldsymbol{e}_3=\frac{1}{2}(\boldsymbol{a}+\boldsymbol{b}-\boldsymbol{c})$$

또, 벡터 $\boldsymbol{d}=(1,\ 0,\ 3)$이 $\boldsymbol{a}$, $\boldsymbol{b}$, $\boldsymbol{c}$의 1차결합으로 표현되었다고 한다.
즉,

$$\boldsymbol{d}=x\boldsymbol{a}+y\boldsymbol{b}+z\boldsymbol{c}=(y+z,\ z+x,\ x+y)=(1,\ 0,\ 3)$$

따라서 $y+z=1$, $z+x=0$, $x+y=3$이므로

$$x=1,\ y=2,\ z=-1$$
$$\therefore\ \boldsymbol{d}=\boldsymbol{a}+2\boldsymbol{b}-\boldsymbol{c}$$

예 3. 5개의 벡터 $\boldsymbol{a}_1=(1,\ -2,\ 0,\ 3)$, $\boldsymbol{a}_2=(2,\ 1,\ -1,\ 0)$, $\boldsymbol{a}_3=(0,\ 2,\ -3,\ 1)$, $\boldsymbol{a}_4=(-1,\ 1,\ 1,\ -1)$, $\boldsymbol{a}_5=(2,\ -7,\ 10,\ 1)$가 있다.

(a) 벡터 $\boldsymbol{a}_1$, $\boldsymbol{a}_2$, $\boldsymbol{a}_3$가 1차독립인지 어떤지를 알아보자.

$\boldsymbol{\alpha}$, $\boldsymbol{\beta}$, $\boldsymbol{\gamma}$를 스칼라 양(量)으로 해서

$$\alpha\boldsymbol{a}_1+\beta\boldsymbol{a}_2+\gamma\boldsymbol{a}_3=(\alpha+2\beta,\ -2\alpha+\beta+2\gamma,\ -\beta-3\gamma,\ 3\alpha+\gamma)=\boldsymbol{0}$$

으로부터

$$\alpha+2\beta=0,\ -2\alpha+\beta+2\gamma=0,\ -\beta-3\gamma=0,\ 3\alpha+\gamma=0$$

첫 번째 식과 세 번째 식으로부터 β를 소거하면 $\alpha=6\gamma$, 이것과 네 번째 식으로부터

$$\alpha=\gamma=0,\ \text{따라서}\ \beta=0$$

그러므로, 벡터 $\boldsymbol{a}_1$, $\boldsymbol{a}_2$, $\boldsymbol{a}_3$는 1차독립이다.

(b) 벡터 $\boldsymbol{a}_1$, $\boldsymbol{a}_2$, $\boldsymbol{a}_3$, $\boldsymbol{a}_4$는 1차독립인지 어떤지를 알아보자.

α, β, γ를 스칼라 양으로 해서

$$\begin{aligned}&\alpha\boldsymbol{a}_1+\beta\boldsymbol{a}_2+\gamma\boldsymbol{a}_3+\delta\boldsymbol{a}_4\\&\qquad=(\alpha+2\beta-\delta,\ -2\alpha+\beta+2\gamma+\delta,\ -\beta-3\gamma+\delta,\ 3\alpha+\gamma-\delta)=\mathbf{0}\end{aligned}$$

으로부터

$$\begin{cases}\alpha+2\beta-\delta=0, & -2\alpha+\beta+2\gamma+\delta=0\\ -\beta-3\gamma+\delta=0, & 3\alpha+\gamma-\delta=0\end{cases}$$

이 네 식으로부터 δ를 소거하여

$$-\alpha+3\beta+2\gamma=0,\ -2\alpha+2\beta+5\gamma=0,\ 3\alpha-\beta-2\gamma=0$$

이 세 식으로부터 α를 소거하여

$$-4\beta+\gamma=0,\ 2\beta+\gamma=0$$

이로부터

$$\beta=\gamma=0$$

따라서,

$$\alpha=0,\ \delta=0 \qquad \therefore \alpha=\beta=\gamma=\delta=0$$

그러므로, $\boldsymbol{a}_1$, $\boldsymbol{a}_2$, $\boldsymbol{a}_3$, $\boldsymbol{a}_4$는 1차독립이다.

(c) 4차원 벡터공간에는 5개 이상의 1차독립인 벡터는 존재하지 않으므로, $\boldsymbol{a}_5$는 1차독립인 벡터 $\boldsymbol{a}_1$, $\boldsymbol{a}_2$, $\boldsymbol{a}_3$, $\boldsymbol{a}_4$의 1차결합식으로서 표현될 것이다. 따라서, α, β, γ, δ를 스칼라 양으로 해서 $\boldsymbol{a}_5$는

$$\boldsymbol{a}_5=\alpha\boldsymbol{a}_1+\beta\boldsymbol{a}_2+\gamma\boldsymbol{a}_3+\delta\boldsymbol{a}_4$$

의 형태로 나타내어진다. 양변의 대응하는 성분을 비교하여

$$\begin{cases}\alpha+2\beta-\delta=2, & -2\alpha+\beta+2\gamma+\delta=-7\\ -\beta-3\gamma+\delta=10, & 3\alpha+\gamma-\delta=1\end{cases}$$

위와 마찬가지 방법으로 하여 이것을 풀면,

$$\alpha = 2,\ \beta = 1,\ \gamma = -3,\ \delta = 2$$
$$\therefore\ \boldsymbol{a}_5 = 2\boldsymbol{a}_1 + \boldsymbol{a}_2 - 3\boldsymbol{a}_3 + 2\boldsymbol{a}_4$$

1.4 정규직교기저

n차원 유크리드 공간에 있어서, $\boldsymbol{e_1}$, $\boldsymbol{e_2}$, $\cdots$, $\boldsymbol{e_n}$은 1조의 정규직교기저(正規直交基底)이다. 일반의 기저, 즉 n개의 1차독립인 벡터의 조 $\{\boldsymbol{a}_1,\ \boldsymbol{a}_2,\ \cdots,\ \boldsymbol{a}_n\}$이 주어졌을 때, 이것으로부터 정규직교기저 $\{\boldsymbol{b}_1,\ \boldsymbol{b}_2,\ \cdots,\ \boldsymbol{b}_n\}$을 만드는 방법을 생각해 보기로 한다.

벡터 $\boldsymbol{a}_1$, $\boldsymbol{a}_2$, $\cdots$, $\boldsymbol{a}_n$은 어느 것이나 단위벡터라고 가정하더라도 일반성을 잃지 않는다. 먼저,

$$\boldsymbol{b}_1 = \boldsymbol{a}_1$$

으로 취하고, $\boldsymbol{a}_2$, $\boldsymbol{a}_3$, $\cdots$, $\boldsymbol{a}_n$ 중에 $\boldsymbol{b}_1$에 수직인 것, 예를 들어 $\boldsymbol{a}_2$가 있다고 하면,

$$\boldsymbol{b}_2 = \boldsymbol{a}_2$$

로 한다. 만일, $\boldsymbol{a}_2$, $\boldsymbol{a}_3$, $\cdots$, $\boldsymbol{a}_n$ 중에 $\boldsymbol{b_1}$에 수직인 것이 없으면,

$$\boldsymbol{c}_2 = \beta\boldsymbol{b}_1 + \boldsymbol{a}_2$$

로 놓고, $\boldsymbol{c}_2$가 $\boldsymbol{b}_1$에 수직이 되도록 스칼라 β를 정한다. 즉,

$$(\boldsymbol{c}_2,\ \boldsymbol{b}_1) = \beta(\boldsymbol{b}_1,\ \boldsymbol{b}_1) + (\boldsymbol{b}_1,\ \boldsymbol{a}_2) = 0$$

$(\boldsymbol{b}_1,\ \boldsymbol{b}_1) = 1$이므로

$$\beta = -(\boldsymbol{b}_1,\ \boldsymbol{a}_2)$$
$$\therefore\ \boldsymbol{c}_2 = \boldsymbol{a}_2 - (\boldsymbol{b}_1,\ \boldsymbol{a}_2)\boldsymbol{b}_1$$

여기에서

$$\boldsymbol{b}_2 = \frac{\boldsymbol{c}_2}{\| \boldsymbol{c}_2 \|}$$

로 취하면, $\boldsymbol{b}_1$, $\boldsymbol{b}_2$는 수직인 단위벡터이다. 분명히 정리 1·1에 의해서 $\boldsymbol{b}_1$, $\boldsymbol{b}_2$, $\boldsymbol{a}_3$, $\cdots$, $\boldsymbol{a}_n$은 벡터공간의 기저이다.

이제 $\boldsymbol{a}_1$, $\boldsymbol{a}_2$, $\cdots$, $\boldsymbol{a}_{r-1}$로부터 2개씩 서로 수직인 단위벡터 $\boldsymbol{b}_1$, $\boldsymbol{b}_2$, $\cdots$, $\boldsymbol{b}_{r-1}$이 구해졌다고 한다. $\boldsymbol{a}_r$, $\boldsymbol{a}_{r+1}$, $\cdots$, $\boldsymbol{a}_n$ 중 어느 하나, 예를 들면 $\boldsymbol{a}_r$이 $\boldsymbol{b}_1$, $\boldsymbol{b}_2$, $\cdots$, $\boldsymbol{b}_{r-1}$에 수직이면

$$\boldsymbol{b}_r = \boldsymbol{a}_r$$

로 한다. 만일, $\boldsymbol{a}_r$, $\boldsymbol{a}_{r+1}$, $\cdots$, $\boldsymbol{a}_n$ 중에 $\boldsymbol{b}_1$, $\boldsymbol{b}_2$, $\cdots$, $\boldsymbol{b}_{r-1}$의 모두에 수직인 것이 없다면

$$\boldsymbol{c}_r = \beta_1 \boldsymbol{b}_1 + \beta_2 \boldsymbol{b}_2 + \cdots + \beta_{r-1} \boldsymbol{b}_{r-1} + \boldsymbol{a}_r$$

이 $\boldsymbol{b}_1$, $\boldsymbol{b}_2$, $\cdots$, $\boldsymbol{b}_{r-1}$에 수직이 되도록 스칼라 β_1, β_2, $\cdots$, β_{r-1}을 정한다. 즉

$$\beta_1 = -(\boldsymbol{b}_1,\ \boldsymbol{a}_r),\ \beta_2 = -(\boldsymbol{b}_2,\ \boldsymbol{a}_r),\ \cdots,\ \beta_{r-1} = -(\boldsymbol{b}_{r-1},\ \boldsymbol{a}_r)$$
$$\therefore\ \boldsymbol{c}_r = \boldsymbol{a}_r - (\boldsymbol{b}_1,\ \boldsymbol{a}_r)\boldsymbol{b}_1 - (\boldsymbol{b}_2,\ \boldsymbol{a}_r)\boldsymbol{b}_2 - \cdots - (\boldsymbol{b}_{r-1},\ \boldsymbol{a}_r)\boldsymbol{b}_{r-1}$$

여기에서

$$\boldsymbol{b}_r = \frac{\boldsymbol{c}_r}{\| \boldsymbol{c}_r \|}$$

로 취하면, $\boldsymbol{b}_1$, $\boldsymbol{b}_2$, $\cdots$, $\boldsymbol{b}_r$은 2개씩 서로 수직인 단위벡터이다. 또한 정리 1·1에 의해서

$$\boldsymbol{b}_1,\ \boldsymbol{b}_2,\ \cdots,\ \boldsymbol{b}_r,\ \boldsymbol{a}_{r+1},\ \cdots,\ \boldsymbol{a}_n$$

은 벡터공간의 기저이다.

이상으로부터, 수학적 귀납법에 의해서 기저 $\{\boldsymbol{a}_1,\ \boldsymbol{a}_2,\ \cdots,\ \boldsymbol{a}_n\}$으로부터 정규직교 기저 $\{\boldsymbol{b}_1,\ \boldsymbol{b}_2,\ \cdots,\ \boldsymbol{b}_n\}$을 만들 수가 있다.

정리 1·3 유크리드적 계량을 갖는 벡터공간에 있어서의 임의의 기저로부터 정규직교기저를 만들 수가 있다.

주의 3 앞의 방법을 **Gram-Schmidt[5]의 직교화법**(orthonormalization of Schmidt)이라 한다. 기저 $\{\boldsymbol{a}_1, \boldsymbol{a}_2, \cdots, \boldsymbol{a}_n\}$이 주어져 있지 않고 임의로 정규직교기저 $\{\boldsymbol{b}_1, \boldsymbol{b}_2, \cdots, \boldsymbol{b}_n\}$을 만든다고 하면, $\boldsymbol{b}_1$을 취하는 방법은 ∞^{n-1}가지이고, 이에 대하여 $\boldsymbol{b}_2$를 취하는 방법은 ∞^{n-2}가지 있다. 이하 마찬가지로 하면 $\boldsymbol{b}_3, \boldsymbol{b}_4, \cdots, \boldsymbol{b}_n$을 취하는 방법은 각각 ∞^{n-3}, $\infty^{n-4}, \cdots, \infty^0$가지가 있다.
그러므로, 정규직교기저는

$$\infty^{1+2+\cdots+(n-1)} = \infty^{n(n-1)/2}$$

가지 만들 수 있다.

예 4. 2개의 벡터 $(1, -1)$, $(3, 4)$는 2차원 유크리드적 벡터공간에서 1차독립이므로, 이것은 1조의 기저이다. 이러한 방향을 갖는 단위벡터를 각각

$$\boldsymbol{a}_1 = \left(\frac{1}{\sqrt{2}}, -\frac{1}{\sqrt{2}}\right), \ \boldsymbol{a}_2 = \left(\frac{3}{5}, \frac{4}{5}\right)$$

로 한다. 이로부터 1조의 정규직교기저 $\boldsymbol{b}_1$, $\boldsymbol{b}_2$를 만들어 보자. 먼저, $\boldsymbol{b}_1 = \boldsymbol{a}_1$으로 취한다. 다음에

$$\boldsymbol{c}_2 = \beta \boldsymbol{b}_1 + \boldsymbol{a}_2$$

가 $\boldsymbol{b}_1$에 수직이 되도록 스칼라 β를 정한다. 즉, $(\boldsymbol{b}_1, \boldsymbol{b}_1) = 1$이므로

$$\beta = -(\boldsymbol{b}_1, \boldsymbol{a}_2) = -\frac{1}{\sqrt{2}} \cdot \frac{3}{5} + \frac{1}{\sqrt{2}} \cdot \frac{4}{5} = \frac{\sqrt{2}}{10}$$

$$\therefore \ \boldsymbol{c}_2 = \frac{\sqrt{2}}{10}\boldsymbol{b}_1 + \boldsymbol{a}_2 = \frac{\sqrt{2}}{10}\left(\frac{1}{\sqrt{2}}, -\frac{1}{\sqrt{2}}\right) + \left(\frac{3}{5}, \frac{4}{5}\right) = \left(\frac{7}{10}, \frac{7}{10}\right)$$

$$\| \boldsymbol{c}_2 \| = \sqrt{\left(\frac{7}{10}\right)^2 + \left(\frac{7}{10}\right)^2} = \frac{7\sqrt{2}}{10}$$

$$\therefore \ \boldsymbol{b}_2 = \frac{\boldsymbol{c}_2}{\| \boldsymbol{c}_2 \|} = \left(\frac{1}{\sqrt{2}}, \frac{1}{\sqrt{2}}\right)$$

5) Gram, Jörgen Pederson (1850~1916 ; 덴마크)
Schmidt, Erhardt (1876~1959 ; 독일)

그러므로 1조의 정규직교기저는

$$\boldsymbol{b}_1=\left(\frac{1}{\sqrt{2}},\ -\frac{1}{\sqrt{2}}\right),\ \boldsymbol{b}_2=\left(\frac{1}{\sqrt{2}},\ \frac{1}{\sqrt{2}}\right)$$

이다. 이와 같이 방향을 바꾼 벡터의 조도 정규직교기저이다.

예 5. 3차원 유크리드적 벡터공간에서, 벡터

$$(0,\ 1,\ 1),\ (1,\ 0,\ 1),\ (1,\ 1,\ 0)$$

은, 예 2에서 보인 바와 같이 1차독립이다. 이로부터 1조의 정규직교기저를 만들어 보자. 먼저, 이것들과 같은 방향의 단위벡터

$$\boldsymbol{a}_1=\left(0,\ \frac{1}{\sqrt{2}},\ \frac{1}{\sqrt{2}}\right),\ \boldsymbol{a}_2=\left(\frac{1}{\sqrt{2}},\ 0,\ \frac{1}{\sqrt{2}}\right),\ \boldsymbol{a}_3=\left(\frac{1}{\sqrt{2}},\ \frac{1}{\sqrt{2}},\ 0\right)$$

을 취한다. $\boldsymbol{b}_1=\boldsymbol{a}_1$으로 취하고, $\boldsymbol{c}_2=\beta\boldsymbol{b}_1+\boldsymbol{a}_2$가 $\boldsymbol{b}_1$에 수직이 되도록 스칼라 β를 정한다. 즉, $(\boldsymbol{b}_1,\ \boldsymbol{b}_1)=1$이므로

$$\beta=-(\boldsymbol{b}_1,\ \boldsymbol{a}_2)=-0\cdot\frac{1}{\sqrt{2}}-\frac{1}{\sqrt{2}}\cdot 0-\frac{1}{\sqrt{2}}\cdot\frac{1}{\sqrt{2}}=-\frac{1}{2}$$

$$\therefore\ \boldsymbol{c}_2=-\frac{1}{2}\boldsymbol{b}_1+\boldsymbol{a}_2=\frac{1}{2\sqrt{2}}(2,\ -1,\ 1)$$

$$\|\boldsymbol{c}_2\|=\sqrt{\left(\frac{1}{\sqrt{2}}\right)^2+\left(-\frac{1}{2\sqrt{2}}\right)^2+\left(\frac{1}{2\sqrt{2}}\right)^2}=\frac{\sqrt{3}}{2}$$

$$\therefore\ \boldsymbol{b}_2=\frac{\boldsymbol{c}_2}{\|\boldsymbol{c}_2\|}=\left(\frac{2}{\sqrt{6}},\ -\frac{1}{\sqrt{6}},\ \frac{1}{\sqrt{6}}\right)$$

또, $\boldsymbol{c}_3=\beta_1\boldsymbol{b}_1+\beta_2\boldsymbol{b}_2+\boldsymbol{a}_3$가 $\boldsymbol{b}_1$, $\boldsymbol{b}_2$에 수직이라는 것으로부터

$$\beta_1=-(\boldsymbol{b}_1,\ \boldsymbol{a}_3)=-\frac{1}{2},\ \beta_2=-(\boldsymbol{b}_2,\ \boldsymbol{a}_3)=-\frac{1}{2\sqrt{3}}$$

따라서,

$$\boldsymbol{c}_3=-\frac{1}{2}\boldsymbol{b}_1-\frac{1}{2\sqrt{3}}\boldsymbol{b}_2+\boldsymbol{a}_3=\frac{\sqrt{2}}{3}(1,\ 1,\ -1)$$

$$\| \boldsymbol{c}_3 \| = \sqrt{\left(\frac{\sqrt{2}}{3}\right)^2 \times 3} = \frac{\sqrt{6}}{3}$$

이므로

$$\boldsymbol{b}_3 = \frac{\boldsymbol{c}_3}{\| \boldsymbol{c}_3 \|} = \left(\frac{1}{\sqrt{3}}, \frac{1}{\sqrt{3}}, -\frac{1}{\sqrt{3}}\right)$$

그러므로, 구하는 1조의 정규직교기저 $\boldsymbol{b}_1$, $\boldsymbol{b}_2$, $\boldsymbol{b}_3$는 다음과 같이 주어진다.

$$\begin{cases} \boldsymbol{b}_1 = \left(0, \frac{1}{\sqrt{2}}, \frac{1}{\sqrt{2}}\right) \\ \boldsymbol{b}_2 = \left(\frac{2}{\sqrt{6}}, -\frac{1}{\sqrt{6}}, \frac{1}{\sqrt{6}}\right) \\ \boldsymbol{b}_3 = \left(\frac{1}{\sqrt{3}}, \frac{1}{\sqrt{3}}, -\frac{1}{\sqrt{3}}\right) \end{cases}$$

주의 4. 3차원 유크리드적 벡터공간에 있어서 3개의 벡터의 조 $\{\boldsymbol{a}, \boldsymbol{b}, \boldsymbol{c}\}$를 생각한다. 오른손의 엄지, 인지, 중지를 2개씩 서로 직교하도록 폈을 때, $\boldsymbol{a}$가 엄지, $\boldsymbol{b}$가 인지, $\boldsymbol{c}$가 중지의 방향과 일치할 때, 이 조 $\{\boldsymbol{a}, \boldsymbol{b}, \boldsymbol{c}\}$를 **우수계**(右手系, right-hand system) 또는 **플러스의 방향**이라고 한다. 이것에 비하여 왼손의 경우에, $\boldsymbol{a}$가 엄지, $\boldsymbol{b}$가 인지, $\boldsymbol{c}$가 중지의 방향과 일치할 때, $\{\boldsymbol{a}, \boldsymbol{b}, \boldsymbol{c}\}$를 **좌수계**(左手系, left-hand system) 또는 **마이너스의 방향**이라고 한다. 예 5의 $\{\boldsymbol{b}_1, \boldsymbol{b}_2, \boldsymbol{b}_3\}$는 우수계이다.

연습문제

1. $\boldsymbol{a}=(5,\ 7,\ \sqrt{6})$, $\boldsymbol{b}=(0,\ 2,\ \sqrt{6})$일 때,

(1) $\boldsymbol{a}$, $\boldsymbol{b}$의 양쪽에 직교하는 벡터를 구하여라.

(2) $\|\boldsymbol{a}\|$, $\|\boldsymbol{b}\|$ 및 $\boldsymbol{a}$, $\boldsymbol{b}$가 이루는 각 θ를 구하여라.

2. 정규직교기저 $\{\boldsymbol{e}_1,\ \boldsymbol{e}_2,\ \boldsymbol{e}_3\}$에 대하여 표현된 다음의 4개의 벡터 중, 수직인 것은 어느 것과 어느 것인가?

$$\boldsymbol{a}=3\boldsymbol{e}_1-\boldsymbol{e}_2+2\boldsymbol{e}_3,\ \boldsymbol{b}=5\boldsymbol{e}_1-\boldsymbol{e}_2-6\boldsymbol{e}_3,\ \boldsymbol{c}=4\boldsymbol{e}_1+\boldsymbol{e}_3,\ \boldsymbol{d}=4\boldsymbol{e}_1+8\boldsymbol{e}_2+2\boldsymbol{e}_3$$

3. 직교기저에 대하여 주어진 벡터 $\boldsymbol{a}=(1,\ -1, 0)$, $\boldsymbol{b}=(1, 0,\ 2)$에 수직인 벡터 $\boldsymbol{c}$로, $\{\boldsymbol{a},\ \boldsymbol{b},\ \boldsymbol{c}\}$가 우수계(右手系)가 되도록 하는 벡터 $\boldsymbol{c}$를 구하여라. 또, $\{\boldsymbol{a},\ \boldsymbol{b},\ \boldsymbol{c}\}$가 좌수계(左手系)가 되도록 하는 벡터 $\boldsymbol{c}$를 구하여라. 단, $\boldsymbol{c}$의 성분은 모두 간단한 정수가 되도록 하여라.

4. 다음의 벡터가 1차독립인지 1차종속인지 밝혀라.

(1) $\boldsymbol{a}=(3,\ 1,\ 4)$, $\boldsymbol{b}=(5, 2,\ 2)$

(2) $\boldsymbol{a}=(2,\ 5,\ 0)$, $\boldsymbol{b}=(1, 4, 3)$, $\boldsymbol{c}=(4,\ 7,\ -6)$

(3) $\boldsymbol{a}=(1,\ 2,\ 3)$, $\boldsymbol{b}=(1, 2,\ 0)$, $\boldsymbol{c}=(1,\ 0,\ 0)$

5. 다음 각각의 경우에 벡터 $\boldsymbol{a}$, $\boldsymbol{b}$는 1차독립인 것을 보이고 벡터 $\boldsymbol{c}$를 $\boldsymbol{a}$, $\boldsymbol{b}$로 나타내어라.

(1) $\boldsymbol{a}=(0,\ 1,\ 1)$, $\boldsymbol{b}=(1, 0,\ 2)$, $\boldsymbol{c}=(1,\ -2,\ 0)$

(2) $\boldsymbol{a}=(0,\ 1,\ 1,\ -1)$, $\boldsymbol{b}=(1,\ 0,\ 2,\ -1)$, $\boldsymbol{c}=(1,\ -2,\ 0,\ 1)$

6. $\boldsymbol{a}_1$, $\boldsymbol{a}_2$, $\cdots$, $\boldsymbol{a}_r$이 서로 직교할 때, 이들 벡터는 1차독립임을 보여라. 단, $\boldsymbol{a}_1 \neq 0$, $\boldsymbol{a}_2 \neq 0$, $\cdots$, $\boldsymbol{a}_r \neq 0$으로 한다.

7. 실벡터 $\boldsymbol{a}$, $\boldsymbol{b}$, $\boldsymbol{c}$가 $\|\boldsymbol{a}\|=1$, $\|\boldsymbol{b}\|=2$, $\|\boldsymbol{c}\|=3$, $\boldsymbol{a}+\boldsymbol{b}+\boldsymbol{c}=\boldsymbol{0}$을 만족할 때, 내적 $\boldsymbol{b}\cdot\boldsymbol{c}$, $\boldsymbol{c}\cdot\boldsymbol{a}$, $\boldsymbol{a}\cdot\boldsymbol{b}$를 각각 구하여라.

8. 벡터 $\boldsymbol{i}$, $\boldsymbol{j}$, $\boldsymbol{k}$를 정규직교기저로 하고, $\boldsymbol{a}$, $\boldsymbol{b}$는 다음과 같다고 한다.

$$\boldsymbol{a}=\frac{2}{3}\boldsymbol{i}+\frac{1}{3}\boldsymbol{j}+\frac{2}{3}\boldsymbol{k},\quad \boldsymbol{b}=-\frac{2}{3}\boldsymbol{i}+\frac{2}{3}\boldsymbol{j}+\frac{1}{3}\boldsymbol{k}$$

연습문제

(1) 벡터 $\boldsymbol{c}$를 구하여 $\{\boldsymbol{a}, \boldsymbol{b}, \boldsymbol{c}\}$가 정규직교기저이고, 이들이 우수계가 되도록 $\boldsymbol{c}$를 정하여라.

(2) 벡터 $\boldsymbol{i}, \boldsymbol{j}, \boldsymbol{k}$를 $\boldsymbol{a}, \boldsymbol{b}, \boldsymbol{c}$로 나타내어라.

9. Gram-Schmidt의 직교화법에 의해 다음의 벡터를 직교화하고, R^4의 정규직교기저 $\{\boldsymbol{b}_1, \boldsymbol{b}_2, \boldsymbol{b}_3, \boldsymbol{b}_4\}$를 만들어라.

$$\boldsymbol{a}_1 = (1,\ 0,\ 1,\ 0),\ \boldsymbol{a}_2 = (1,\ 1,\ 0,\ 0),\ \boldsymbol{a}_3 = (0,\ 1,\ 0,\ 1),\ \boldsymbol{a}_4 = (0,\ 2,\ 1,\ 0)$$

10. $\boldsymbol{a}_1, \boldsymbol{a}_2, \cdots, \boldsymbol{a}_n$을 n차원 벡터공간 V의 정규직교기저라 한다. V의 임의의 벡터 $\boldsymbol{x}$는 $\boldsymbol{x} = \sum_{i=1}^{n} (\boldsymbol{x}, \boldsymbol{a}_i)\boldsymbol{a}_i$라고 일의적으로 표현됨을 밝혀라.

행렬 2

2.1 행렬의 정의와 연산

2.1.1 행렬의 정의

K는 실수 전체의 집합 R 또는 복소수 전체의 집합 C를 나타낸다고 한다. K의 mn개의 요소 $a_{ij}(i=1, 2, \cdots, m ; j=1, 2, \cdots, n)$를

$$A=\begin{pmatrix} a_{11} & a_{12} \cdots & a_{1n} \\ a_{21} & a_{22} \cdots & a_{2n} \\ \cdots & \cdots & \\ a_{m1} & a_{m2} \cdots & a_{mn} \end{pmatrix}$$

와 같이 늘어놓은 것을 **(m, n)형의 행렬**(matrix), **(m, n)행렬** 또는 **$m\times n$ 행렬**이라고 한다. 행렬 A를 구성하는 수 a_{ij}를 A의 **(i, j) 성분** 또는 **(i, j) 요소**라고 한다. (i, j) 성분 a_{ij}를 이용해서 행렬 A를 간단히

$$A=(a_{ij})$$

라고 표현하는 수도 있다. 행렬 A의 가로줄을 **행**(row), 세로줄을 **열**(column)이라고 한다. 제 i번째의 행

$$(a_{i1}\ a_{i2} \cdots\ a_{in})$$

을 간단히 **제i행**이라고 한다. 이것은 $(1, n)$ 행렬 혹은 n차원 행벡터로 간주할 수 있다. 제j번째의 열

$$\boldsymbol{a}_j = \begin{pmatrix} a_{1j} \\ a_{2j} \\ \vdots \\ a_{mj} \end{pmatrix}$$

를 **제 $\boldsymbol{j}$ 열**이라고 한다. 이것은 $(m,\ 1)$ 행렬 혹은 m차원 열벡터로 간주할 수 있다. 행렬 A를 n개의 m차원 열벡터 $\boldsymbol{a}_j$를 이용해서

$$A = (\boldsymbol{a}_1\ \boldsymbol{a}_2\ \cdots\ \boldsymbol{a}_n)$$

으로 나타내는 수도 많다.

$(m,\ n)$행렬 $A = (a_{ij})$와 $(m',\ n')$ 행렬 $B = (b_{ij})$가 같다고 하는 것은, $m = m'$ 또한 $n = n'$이며, 모든, $i,\ j(i = 1, 2,\ \cdots,\ m\ ;\ j = 1,\ 2,\ \cdots,\ n)$에 대해서 $a_{ij} = b_{ij}$가 성립하는 것이다. 행렬 A와 행렬 B가 같다는 것을

$$A = B$$

라고 쓴다.

모든 성분이 0인 (m, n) 행렬을 **영행렬**(零行列)이라고 하고, $O_{m,n}$으로 나타낸다. 혼란이 생기지 않는 경우에는 단지 O으로 나타낸다.

(n, n)행렬을 **$\boldsymbol{n}$차 정방행렬**이라고 한다. n차 정방행렬 $A = (a_{ij})$에 있어서 성분

$$a_{ij}\ \ (i = 1,\ 2,\ \cdots,\ n)$$

를 **대각성분** 또는 **대각요소**라고 한다. 대각성분이 1이고, 그 이외의 모든 성분이 0인 n차 정방행렬

$$\begin{pmatrix} 1 & 0 & \cdots & 0 \\ 0 & 1 & \ddots & \vdots \\ \vdots & \ddots & \ddots & 0 \\ 0 & \cdots & 0 & 1 \end{pmatrix}, \quad (\text{간단히} \begin{pmatrix} 1 & & 0 \\ & \ddots & \\ 0 & & 1 \end{pmatrix} \text{라고 쓴다.})$$

를 **단위행렬**(정확히는 **$\boldsymbol{n}$차 단위행렬**)이라 하고, I_n이라 표현한다. 차수 n을 명시하지 않아도 괜찮을 경우에는 단지 I라 표현한다.

$$\delta_{ij} = \begin{cases} 1 & (i = j) \\ 0 & (i \neq j) \end{cases}$$

에 의해서 정의되는 기호 δ_{ij}를 **Kronecker[6]의 델타**(delta)라고 부른다.

그러면 단위행렬은 다음과 같이 나타낼 수 있다.

$$I=(\delta_{ij})$$

대각성분 이외의 모든 성분이 0인 n차 정방행렬, 즉 성분이

$$a_{ij}=0 \quad (i \neq j)$$

을 만족하는 $(n,\ n)$행렬 $A=(a_{ij})$를 **대각행렬**이라 하고, 성분이

$$a_{ij}=0 \ (i>j) \quad \text{혹은} \quad a_{ij}=0 \ (i<j)$$

을 만족하는 $(n,\ n)$행렬 $A=(a_{ij})$를 **삼각행렬**이라 한다. 특히, $a_{11}=a_{22}=\cdots=a_{nn}$을 만족하는 대각행렬을 **스칼라행렬**이라고 한다.

2.1.2 행렬의 연산

행렬의 합 2개의 $(m,\ n)$ 행렬 $A=(a_{ij})$, $B=(b_{ij})$의 합이란, 모든 i, j에 대해서, 그 $(i,\ j)$성분이 $a_{ij}+b_{ij}$인 $(m,\ n)$ 행렬이다. 이것을 $A+B$라고 쓴다. 즉,

$$\begin{pmatrix} a_{11} \cdots a_{1n} \\ \cdots \\ a_{m1} \cdots a_{mn} \end{pmatrix} + \begin{pmatrix} b_{11} \cdots b_{1n} \\ \cdots \\ b_{m1} \cdots b_{mn} \end{pmatrix} = \begin{pmatrix} a_{11}+b_{11} \ \cdots \ a_{1n}+b_{1n} \\ \cdots \\ a_{m1}+b_{m1} \cdots a_{mn}+b_{mn} \end{pmatrix}$$

행렬의 스칼라 배 ***K***의 요소를 **스칼라**(scalar)라고 한다. 스칼라 k와 $(m,\ n)$행렬 $A=(a_{ij})$의 곱(행렬 A의 스칼라 배)이란, 모든 i, j에 대해서, 그 $(i,\ j)$성분이 ka_{ij}인 $(m,\ n)$행렬이다. 이것을 kA라고 쓴다. 즉

$$k\begin{pmatrix} a_{11} \cdots a_{1n} \\ \cdots \\ a_{m1} \cdots a_{mn} \end{pmatrix} = \begin{pmatrix} ka_{11} \cdots ka_{1n} \\ \cdots \\ ka_{m1} \cdots ka_{mn} \end{pmatrix}$$

행렬 A에 대해서 $-A=(-1)A$라고 정한다.

두 개의 $(m,\ n)$행렬 A, B에 대해서

---

6) Kronecker, Leopold (1823~1891 : 독일)

$$A-B=A+(-B)$$

라고 정의하고, 이것을 A와 B의 차라고 한다.

$(m,\ n)$행렬 전체의 집합을

$$M(m,\ n\ ;\boldsymbol{K})\ \ (\text{또는 단지 } M(m,\ n))$$

으로 나타낸다. n차 정방행렬 전체의 집합 $M(n,\ n;\boldsymbol{K})$은 간단히

$$M(n,\ \boldsymbol{K})\ \ (\text{또는 } M(n))$$

라고도 쓴다.

$M(m,\ n;\boldsymbol{R})$의 요소를 **실행렬**(實行列), $M(m,\ n;\boldsymbol{C})$의 요소를 **복소행렬**(複素行列)이라고 한다.

정리 2 · 1 A, B, C를 $M(m,\ n;\boldsymbol{K})$에 속하는 임의의 행렬이라 하고 $O=O_{m,n}$를 영행렬, λ, μ를 임의의 스칼라라고 할 때, 다음이 성립한다.

(1) $A+(B+C)=(A+B)+C$ (결합법칙)

(2) $A+O=A=O+A$

(3) $A+(-A)=O=(-A)+A$

(4) $A+B=B+A$ (교환법칙)

(5) $\lambda(A+B)=\lambda A+\lambda B$ (분배법칙)

(6) $(\lambda+\mu)A=\lambda A+\lambda B$ (분배법칙)

(7) $\lambda(\mu A)=(\lambda\mu)A$ (결합법칙)

(8) $1A=A$

(9) $0A=O=\lambda O$

(10) $\lambda A=O$이면 $\lambda=O$ 또는 $A=O$

[증명] 임의의 i, j에 대해서, 증명해야 할 등식의 양변의 $(i,\ j)$성분이 같다는 것을 보이면 된다. 예를 들면 (5)는 다음과 같이 증명할 수 있다. A, B의 $(i,\ j)$성분을 각각 a_{ij}, b_{ij}라 하면, 좌변의 $(i,\ j)$성분은 $\lambda(a_{ij}+b_{ij})$, 우변의 $(i,\ j)$성분은 $\lambda a_{ij}+\lambda b_{ij}$인데, $\boldsymbol{K}(=\boldsymbol{R}$ 또는 $\boldsymbol{C})$의 연산의 분배법칙에 따라 이들은 일치한다. 다른 등식의 증명도 마찬가지이다.

주의 1. 정리 2.1의 10개의 조건을 만족하는 2종류의 연산(덧셈법과 스칼라 곱셈법)이 정의되어 있는 집합은, **벡터공간**이라고 일컬어진다. 정리 2.1에 따라, $M(m,\ n;\boldsymbol{K})$은 벡터공간이다.

행렬의 곱 행렬 A의 열의 수와 행렬 B의 행의 수가 같을 때는, 행렬 A와 B의 곱 AB를 정의할 수가 있다. (m, n)행렬 A, (n, p)행렬 B의 (i, j)성분을 각각 a_{ij}, b_{ij}라 할 때,

$$c_{ik} = a_{i1}b_{1k} + a_{i2}b_{2k} + \cdots + a_{in}b_{nk} = \sum_{j=1}^{n} a_{ij}b_{jk} \quad (1 \leqq i \leqq m,\ 1 \leqq k \leqq p)$$

에 의해서 정해지는 c_{ik}를 (i, k)성분으로 하는 (m, p)행렬을, A와 B의 곱이라 하고 AB라 쓴다.

즉,

$$AB = \begin{pmatrix} a_{11} & a_{12} & \cdots & a_{1j} & \cdots & a_{1n} \\ \vdots & \vdots & & \vdots & & \vdots \\ a_{i1} & a_{i2} & \vdots & a_{ij} & \vdots & a_{in} \\ \vdots & \vdots & & \vdots & & \vdots \\ a_{m1} & a_{m2} & \vdots & a_{mj} & \vdots & a_{mn} \end{pmatrix} \begin{pmatrix} b_{11} & b_{12} & \cdots & b_{1k} & \cdots & b_{1p} \\ \vdots & \vdots & & \vdots & & \vdots \\ b_{j1} & b_{j2} & \vdots & b_{jk} & \vdots & b_{jp} \\ \vdots & \vdots & & \vdots & & \vdots \\ b_{n1} & b_{n2} & \vdots & b_{nk} & \vdots & b_{np} \end{pmatrix}$$

$$= \begin{pmatrix} \sum_{j=1}^{n} a_{1j}b_{j1} & \sum_{j=1}^{n} a_{1j}b_{j2} & \cdots & \sum_{j=1}^{n} a_{1j}b_{jk} & \cdots & \sum_{j=1}^{n} a_{1j}b_{jp} \\ \vdots & \vdots & & \vdots & & \vdots \\ \sum_{j=1}^{n} a_{ij}b_{j1} & \sum_{j=1}^{n} a_{ij}b_{j2} & \cdots & \sum_{j=1}^{n} a_{ij}b_{jk} & \cdots & \sum_{j=1}^{n} a_{ij}b_{jp} \\ \vdots & \vdots & & \vdots & & \vdots \\ \sum_{j=1}^{n} a_{mj}b_{j1} & \sum_{j=1}^{n} a_{mj}b_{j2} & \cdots & \sum_{j=1}^{n} a_{mj}b_{jk} & \cdots & \sum_{j=1}^{n} a_{mj}b_{jp} \end{pmatrix}$$

$$= \left(\sum_{j=1}^{n} a_{ij}b_{jk} \right) \quad (1 \leqq i \leqq m,\ 1 \leqq k \leqq p)$$

특히, A의 제i행으로 되는 $(1, n)$행렬과, B의 제k열로 되는 $(n, 1)$행렬의 곱이, c_{ik}로 되는 $(1, 1)$행렬이다. $(1, 1)$행렬에 대해서는, 보통 괄호를 생략하고 쓴다.

$$(a_{i1}\ a_{i2} \cdots\ a_{in}) \begin{pmatrix} b_{1k} \\ b_{2k} \\ \vdots \\ b_{nk} \end{pmatrix} = c_{ik}$$

곱 AB는 A의 열수와 B의 행수가 같을 경우에만 정의할 수 있으므로, 행렬의 곱에서는 A, B의 순서가 중요하다. AB가 정의되더라도 BA가 정의되지 않는 수가 있으며, AB와 BA가 정의된다 해도 같다고는 할 수 없다.

예 1. (1) $A=\begin{pmatrix}-1 & 2\\ 3 & -4\end{pmatrix}$, $B=\begin{pmatrix}2 & 1 & -5\\ -3 & 4 & -1\end{pmatrix}$일 때,

$$AB=\begin{pmatrix}(-1)\cdot 2+2(-3) & (-1)\cdot 1+2\cdot 4 & (-1)\cdot(-5)+2\cdot(-1)\\ 3\cdot 2+(-4)\cdot(-3) & 3\cdot 1+(-4)\cdot 4 & 3\cdot(-5)+(-4)\cdot(-1)\end{pmatrix}$$

$$=\begin{pmatrix}-8 & 7 & 3\\ 18 & -13 & -11\end{pmatrix}$$

BA는 정의되지 않는다.

(2) $A=\begin{pmatrix}-1 & 2\\ 3 & -4\\ 2 & -1\end{pmatrix}$, $B=\begin{pmatrix}2 & 1 & -5\\ -3 & 4 & -1\end{pmatrix}$일 때,

$$AB=\begin{pmatrix}(-1)\cdot 2+2\cdot(-3) & (-1)\cdot 1+2\cdot 4 & (-1)\cdot(-5)+2\cdot(-1)\\ 3\cdot 2+(-4)\cdot(-3) & 3\cdot 1+(-4)\cdot 4 & 3\cdot(-5)+(-4)\cdot(-1)\\ 2\cdot 2+(-1)\cdot(-3) & 2\cdot 1+(-1)\cdot 4 & 2\cdot(-5)+(-1)\cdot(-1)\end{pmatrix}$$

$$=\begin{pmatrix}-8 & 7 & 3\\ 18 & -13 & -11\\ 7 & -2 & -9\end{pmatrix}$$

$$BA=\begin{pmatrix}2\cdot(-1)+1\cdot 3+(-5)\cdot 2 & 2\cdot 2+1\cdot(-4)+(-5)\cdot(-1)\\ (-3)\cdot(-1)+4\cdot 3+(-1)\cdot 2 & (-3)\cdot 2+4\cdot(-4)+(-1)\cdot(-1)\end{pmatrix}$$

$$=\begin{pmatrix}-9 & 5\\ 13 & -21\end{pmatrix}$$

따라서, AB와 BA는 모두 정의되지만 형(型)이 다르다.

(3) $A=\begin{pmatrix}1 & 2\\ 2 & 4\end{pmatrix}$, $B=\begin{pmatrix}-2 & 4\\ 1 & -2\end{pmatrix}$일 때,

$$AB=\begin{pmatrix}1\cdot(-2)+2\cdot 1 & 1\cdot 4+2\cdot(-2)\\ 2\cdot(-2)+4\cdot 1 & 2\cdot 4+4\cdot(-2)\end{pmatrix}=\begin{pmatrix}0 & 0\\ 0 & 0\end{pmatrix}$$

$$BA=\begin{pmatrix}(-2)\cdot 1+4\cdot 2 & (-2)\cdot 2+4\cdot 4\\ 1\cdot 1+(-2)\cdot 2 & 1\cdot 2+(-2)\cdot 4\end{pmatrix}=\begin{pmatrix}6 & 12\\ -3 & -6\end{pmatrix}$$

따라서, AB와 BA는 같은 형이지만 $AB\neq BA$이다.

(4) $A=\begin{pmatrix}-1 & 2\\ 3 & -4\end{pmatrix}$, $B=\begin{pmatrix}7 & -10\\ -15 & 22\end{pmatrix}$일 때,

$$AB=\begin{pmatrix}(-1)\cdot 7+2\cdot(-15) & (-1)\cdot(-10)+2\cdot 22\\ 3\cdot 7+(-4)\cdot(-15) & 3\cdot(-10)+(-4)\cdot 22\end{pmatrix}=\begin{pmatrix}-37 & 54\\ 81 & -118\end{pmatrix}$$

$$BA=\begin{pmatrix}7\cdot(-1)+(-10)\cdot 3 & 7\cdot 2+(-10)\cdot(-4)\\ (-15)\cdot(-1)+22\cdot 3 & (-15)\cdot 2+22\cdot(-4)\end{pmatrix}=\begin{pmatrix}-37 & 54\\ 81 & -118\end{pmatrix}$$

따라서, $AB=BA$

주의 2. 예 1로부터도 알 수 있듯이, 행렬 A와 행렬 B의 곱은, AB가 정의되더라도 BA는 정의되지 않는다든지, BA가 정의된다 하더라도 그 형(型)이 다르거나, 또는 그 형은 같더라도 값이 다른 경우 등 여러 가지가 있다. 따라서 행렬의 곱에 대해 일반적으로 교환법칙 $AB=BA$는 성립하지 않는다.

정의 $AB=BA$를 만족하는 정방행렬 A와 B는 **교환가능** 또는 **가환**(可換)이라고 한다. n차스칼라 행렬은 임의의 n차 정방행렬과 교환가능하다는 것을 쉽게 알 수 있다. $A \neq O$, $B \neq O$이고, $AB=O$을 만족하는 행렬 A 및 B를 **영인자**(零因子)라고 한다. 예 1의 (3)에서 A 및 B는 영인자이다.

행렬의 곱에 대해서, 다음이 성립한다.

정리 2·2

A, $A' \in M(m, n)$, B, $B' \in M(n, p)$, $C \in M(p, q)$ 및 스칼라 λ에 대해서, 다음이 성립한다. (여기에서, "$x \in M$"은, "x는 집합 M의 요소이다."라는 의미이다.)

(1) $(AB)C=A(BC)$ (결합법칙)

(2) $A(B+B')=AB+AB'$ (분배법칙)

(3) $(A+A')B=AB+A'B$ (분배법칙)

(4) $AI_n=A=I_mA$

(5) $AO_{n,p}=O_{m,p}=O_{m,n}B$

(6) $(\lambda A)B=A(\lambda B)=\lambda(AB)$

[증명] (1) 양변 모두 정의되고, 똑같이 (m, q) 행렬이 되므로, 대응하는 성분이 같다는 것을 확인한다. $A=(a_{ij})$, $B=(b_{jk})$, $C=(c_{kh})$라 하면 (첨자의 사용법에 주의),

$$AB\text{의 } (i,\ k) \text{ 성분은 } \sum_{j=1}^{n} a_{ij}b_{jk} \quad \begin{pmatrix} i=1, 2, \cdots, m \\ k=1, 2, \cdots, p \end{pmatrix}$$

$$BC\text{의 } (j,\ h)\text{성분은 } \sum_{k=1}^{p} b_{jk}c_{kh} \quad \begin{pmatrix} j=1, 2, \cdots, n \\ h=1, 2, \cdots, q \end{pmatrix}$$

이므로, 각 $i(i=1,\ 2, \cdots,\ m)$, 각 $h(h=1,\ 2, \cdots,\ q)$에 대해서,

$$(AB)C\text{의 } (i,\ h)\text{성분은 } \sum_{k=1}^{p}\left(\sum_{j=1}^{n} a_{ij}b_{jk}\right)c_{kh} = \sum_{k=1}^{p}\sum_{j=1}^{n} a_{ij}b_{jk}c_{kh}$$

$$A(BC)\text{의 } (i,\ h)\text{성분은 } \sum_{j=1}^{n} a_{ij}\left(\sum_{k=1}^{p} b_{jk}c_{kh}\right) = \sum_{j=1}^{n}\sum_{k=1}^{p} a_{ij}b_{jk}c_{kh}$$

이 되어, 양자는 일치한다. 그 밖의 증명은 용이하다.

행렬의 곱에 관해서 결합법칙이 성립하므로, $A(BC)$의 괄호를 벗기고 일반적으로 ABC라고 써도 좋다. 더욱이, 임의의 유한개의 곱에 대해서도 마찬가지이다.

2.1.3 정방행렬의 연산

정방행렬의 누승 A, B가 n차 정방행렬이면, $A+B$, AB, BA가 정의되어, 모두 n차 정방행렬이 된다. 특히 정방행렬 A와 마이너스가 아닌 정수 m에 대해서, A의 m승을 수학적 귀납법에 의해

$$A^0 = I,\ A^m = AA^{m-1}\ (m \geqq 1)$$

라 정한다. A^1, A^2, $\cdots$, A^m, $\cdots$를 A의 **누승**(累乘, power)이라고 한다.

정리 2·3 (지수법칙) A가 정방행렬이면, 마이너스가 아닌 정수 m, l에 대해서 다음이 성립한다.

(1) $A^m A^l = A^l A^m = A^{m+l}$

(2) $(A^m)^l = (A^l)^m = A^{ml}$

또, 정방행렬 A, B가 교환가능하다면, 마이너스가 아닌 정수 m에 대해서 다음이 성립한다.

(3) $A^m B = BA^m$

(4) $(AB)^m = A^m B^m = B^m A^m$

[증명] (1)과 (2)의 증명은, 행렬의 곱에 관한 결합법칙에 의해 용이하다. (3)과 (4)를 m에 관한 수학적 귀납법에 의해서 증명하기로 한다.

$m=0$, 1일 때는 분명하다. $m>1$라 한다. $m-1$에 대해서 (3)이 성립한다고 가정하면, 행렬의 곱에 관한 결합법칙과 가정에 의해

$$\begin{aligned} A^m B &= (AA^{m-1})B = A(A^{m-1}B) = A(BA^{m-1}) = (AB)A^{m-1} \\ &= (BA)A^{m-1} = B(AA^{m-1}) = BA^m \end{aligned}$$

따라서, m에 대해서도 (3)이 성립한다.

$m-1$에 대해서 (4)가 성립한다고 가정하면, 행렬의 곱에 관한 결합법칙, 가정 및 (3)에 의해

$$\begin{aligned} (AB)^m &= (AB)(AB)^{m-1} = (AB)A^{m-1}B^{m-1} = A(BA^{m-1})B^{m-1} \\ &= A(A^{m-1}B)B^{m-1} = (AA^{m-1})(BB^{m-1}) = A^m B^m \end{aligned}$$

따라서, m에 대해서 (4)의 제1식이 성립한다. m에 대한 (4)의 제2식은, $AB=BA$ 및 (4)의 제1식으로부터, 성립함을 곧 알 수 있다.

예 2. $A=\begin{pmatrix}1 & a\\0 & 1\end{pmatrix}$, $B=\begin{pmatrix}1 & b\\0 & 1\end{pmatrix}$일 때, $AB=\begin{pmatrix}1 & a+b\\0 & 1\end{pmatrix}$

이로부터,

$$A^2=\begin{pmatrix}1 & a+a\\0 & 1\end{pmatrix}=\begin{pmatrix}1 & 2a\\0 & 1\end{pmatrix},\ A^3=\begin{pmatrix}1 & 2a\\0 & 1\end{pmatrix}\begin{pmatrix}1 & a\\0 & 1\end{pmatrix}=\begin{pmatrix}1 & 3a\\0 & 1\end{pmatrix}$$

일반적으로, $A^m=\begin{pmatrix}1 & ma\\0 & 1\end{pmatrix}$ $(m=1,\ 2,\ 3,\ \cdots)$이 된다.

예 3. 자연수 m에 대해서,

$$\begin{pmatrix}\lambda_1 & & & O\\ & \lambda_2 & & \\ & & \ddots & \\ O & & & \lambda_n\end{pmatrix}^m=\begin{pmatrix}{\lambda_1}^m & & & O\\ & {\lambda_2}^m & & \\ & & \ddots & \\ O & & & {\lambda_n}^m\end{pmatrix}$$

문 1. $A=\begin{pmatrix}a & b\\0 & a\end{pmatrix}$일 때, 자연수 m에 대해서 A^m을 구하여라.

행렬의 다항식 n차 정방행렬 A와 x에 관한 m차 다항식

$$f(x)=k_0x^m+k_1x^{m-1}+\cdots+k_{m-1}x+k_m \quad (k_i\text{는 스칼라, } k_0\neq 0)$$

에 대해서,

$$f(A)=k_0A^m+k_1A^{m-1}+\cdots+k_{m-1}A+k_mI$$

를 행렬 A의 m차 다항식이라고 한다. 여기에서 I는 n차 단위행렬 I_n이다.
다음의 명제는 정리 2.1, 2.2, 2.3으로부터 쉽게 유도된다.

명제 2.4 x에 관한 임의의 다항식 $f(x)$, $g(x)$ 및 임의의 정방행렬 A에 대해서,

(1) $h(x)=f(x)+g(x)$라고 하면, $h(A)=f(A)+g(A)$

(2) $h(x)=f(x)g(x)$라고 하면, $h(A)=f(A)g(A)$

(3) $f(A)g(A)=g(A)f(A)$

예 4. $f(x)=2x^2-7x+3,\ A=\begin{pmatrix}-2 & 3\\ 1 & -14\end{pmatrix}$일 때,

$$f(A)=2\begin{pmatrix}-2 & 3\\ 1 & -4\end{pmatrix}^2-7\begin{pmatrix}-2 & 3\\ 1 & -4\end{pmatrix}+3\begin{pmatrix}1 & 0\\ 0 & 1\end{pmatrix}=\begin{pmatrix}31 & -57\\ -19 & 69\end{pmatrix}$$

또, $f(x)=(2x-1)(x-3)$이므로, $f_1(x)=2x-1, f_2(x)=x-3$이라 하면,

$$f_1(A)=2\begin{pmatrix}-2 & 3\\ 1 & -4\end{pmatrix}-\begin{pmatrix}1 & 0\\ 0 & 1\end{pmatrix}=\begin{pmatrix}-5 & 6\\ 2 & -9\end{pmatrix}$$

$$f_2(A)=\begin{pmatrix}-2 & 3\\ 1 & -4\end{pmatrix}-3\begin{pmatrix}1 & 0\\ 0 & 1\end{pmatrix}=\begin{pmatrix}-5 & 3\\ 1 & -7\end{pmatrix}$$

이 되고, $f(A)=f_1(A)f_2(A)=f_2(A)f_1(A)$인 것을 알 수 있다.

2.2 행렬의 분할

2.2.1 행렬의 분할

$(m,\ n)$행렬 $A=(a_{ij})$를 n개의 열벡터 $\boldsymbol{a}_1,\ \boldsymbol{a}_2,\ \cdots,\ \boldsymbol{a}_n$을 이용해서

$$A=(\boldsymbol{a}_1\ \boldsymbol{a}_2\ \cdots\ \boldsymbol{a}_n)$$

라고 나타내는 것은, 열과 열의 사이에 세로줄을 $(n-1)$개 그어서 A를 분할하여 표시한 것이라고 생각할 수 있다. 일반적으로, 몇 개의 가로줄과 세로줄을 그어서 행렬을 소구획(小區劃)의 행렬로 나누는 것을, 행렬을 **분할**한다고 한다. 이 때, 분할된 각 소구획을 행렬로 보고, A의 **소행렬**이라 한다.

예를 들면, 다음의 (3, 6)행렬 A를 가로줄과 세로줄로 $2\times3=6$개의 장방형의 구획으로 나눈다.

$$A=\left(\begin{array}{cc|ccc|c}1 & -3 & 0 & 7 & 0 & 1\\ -5 & 1 & -1 & -4 & 6 & -1\\ \hline 2 & -2 & 1 & 3 & 1 & 2\end{array}\right)$$

이 때, 분할된 각 소행렬의 위치에 따라서,

$$A_{11}=\begin{pmatrix}1&-3\\-5&1\end{pmatrix},\ A_{12}=\begin{pmatrix}0&7&0\\-1&-4&6\end{pmatrix},\ A_{13}=\begin{pmatrix}1\\-1\end{pmatrix}$$

$$A_{21}=(2\ \ -2),\ A_{22}=(1\ \ 3\ \ 1),\ A_{23}=(2)$$

로 놓으면, A를 다음과 같이 나타낼 수가 있다.

$$A=\begin{pmatrix}A_{11}&A_{12}&A_{13}\\A_{21}&A_{22}&A_{23}\end{pmatrix}$$

일반적으로, $(m,\ n)$행렬 A에 $(r-1)$개의 가로줄과 $(s-1)$개의 세로줄을 그어서 rs개의 소행렬을 만들어, 위로부터 i번째, 왼쪽으로부터 j번째의 소행렬을 A_{ij}로 표시하면,

$$A=\begin{pmatrix}A_{11}&A_{12}&\cdots&A_{1s}\\A_{21}&A_{22}&\cdots&A_{2s}\\\vdots&\vdots&&\vdots\\A_{r1}&A_{r2}&\cdots&A_{rs}\end{pmatrix}$$

가 된다. A_{ij}를 $(m_i,\ n_j)$행렬이라고 하면,

$$m_1+m_2+\cdots+m_r=m,\ n_1+n_2+\cdots+n_s=n$$

이 성립한다.

2.2.2 분할에 의한 연산

분할에 의한 가법 $(m,\ n)$ 행렬 A, A'가 같은 위치에 있는 가로줄과 세로줄에 의해서 분할되어 있는 경우에는, 그 합은 각각의 대응하는 소행렬의 합으로 주어진다.

$$\begin{pmatrix}A_{11}&A_{12}&\cdots&A_{1s}\\A_{21}&A_{22}&\cdots&A_{2s}\\\vdots&\vdots&&\vdots\\A_{r1}&A_{r2}&\cdots&A_{rs}\end{pmatrix}+\begin{pmatrix}A_{11}'&A_{12}'&\cdots&A_{1s}'\\A_{21}'&A_{22}'&\cdots&A_{2s}'\\\vdots&\vdots&&\vdots\\A_{r1}'&A_{r2}'&\cdots&A_{rs}'\end{pmatrix}$$

$$=\begin{pmatrix}A_{11}+A_{11}'&A_{12}+A_{12}'&\cdots&A_{1s}+A_{1s}'\\A_{21}+A_{21}'&A_{22}+A_{22}'&\cdots&A_{2s}+A_{2s}'\\\vdots&\vdots&&\vdots\\A_{r1}+A_{r1}'&A_{r2}+A_{r2}'&\cdots&A_{rs}+A_{rs}'\end{pmatrix}$$

분할에 의한 승법 $(m,\ n)$행렬 A가 전술한 바와 같이 분할되어 있다고 한다. 또

한 $(n,\ p)$ 행렬 B에 $(s-1)$개의 가로줄과 $(t-1)$개의 세로줄을 그어서 st개의 소행렬을 만들어, 위에서 i번째, 왼쪽에서 j번째의 구획에 해당하는 소행렬을 B_{ij}라 하면,

$$B=\begin{pmatrix} B_{11} & B_{12} & \cdots & B_{1t} \\ B_{21} & B_{22} & \cdots & B_{2t} \\ \vdots & \vdots & & \vdots \\ B_{s1} & B_{s2} & \cdots & B_{st} \end{pmatrix}$$

로 된다. 이제, A, B의 분할이 다음의 조건을 만족하고 있다고 한다 :

「A_{ij}에 포함되는 열의 수와 B_{jk}에 포함되는 행의 수가 같다.」

이 때, A_{ij}를 $(m_i,\ n_j)$ 행렬, B_{jk}를 $(n_j,\ p_k)$ 행렬이라 하면, 곱 $A_{ij}B_{jk}$가 정의된다.

$$C_{ik}=\sum_{j=1}^{s} A_{ij}B_{jk} \quad (1 \leqq i \leqq r,\ 1 \leqq k \leqq t)$$

로 놓으면, 이것은 $(m_i,\ p_k)$행렬이다. rt개의 소행렬로 이루어지는 분할된 $(m,\ p)$행렬

$$C=\begin{pmatrix} C_{11} & C_{12} & \cdots & C_{1t} \\ C_{21} & C_{22} & \cdots & C_{2t} \\ \vdots & \vdots & & \vdots \\ C_{r1} & C_{r1} & \cdots & C_{rt} \end{pmatrix}$$

를 만들면, C는 형식적으로는 A_{ij}, B_{jk}를 수로 생각해서, 행렬 A와 B의 곱을 만들어서 얻어지는 행렬이다.

정리 2·5 $C=AB$

[증명] A, B의 $(i,\ j)$성분을 각각 a_{ij}, b_{ij}라 한다. C의 $(\alpha,\ \beta)$성분 $c_{\alpha\beta}$는 어딘가의 소행렬에 들어 있을 것이므로, 그 소행렬을 C_{ik}라 하자. $c_{\alpha\beta}$가 소행렬 C_{ik}의 $(u,\ v)$성분으로 되어 있다고 하면,

$$\alpha=m_1+\cdots+m_{i-1}+u,\quad \beta=p_1+\cdots+p_{k-1}+v$$

가 성립한다. 이 때, $A_{ij}B_{jk}$의 $(u,\ v)$성분은 $\sum a_{\alpha\gamma}b_{\gamma\beta}$의 형태이다.
여기에서, $\sum$는 $n_1+\cdots+n_{j-1}+1 \leqq \gamma \leqq n_1+\cdots+n_j$인 γ전체에 대한 합을 나타낸다.
$\sum_{j=1}^{s} n_j=n$이므로, $C_{ik}=\sum_{j=1}^{s} A_{ij}B_{jk}$의 $(u,\ v)$성분은

$$\sum_{\gamma=1}^{n} a_{\alpha\gamma}b_{\gamma\beta}$$

로 된다. 이것은 AB의 $(\alpha,\ \beta)$성분과 같다. 따라서 $C=AB$가 성립한다.

예 5. 아래의 분할에 있어서, A의 열수= D의 행수, B의 열수= G의 행수라 하면, 정리 2.5와 정리 2.2(5)에 의해

$$\begin{pmatrix} A & B \\ O & C \end{pmatrix}\begin{pmatrix} D & F \\ O & G \end{pmatrix}=\begin{pmatrix} AD & AF+BG \\ O & CG \end{pmatrix}$$

가 성립한다. 특히 $B=O,\ F=O$인 경우에는, 다음의 형태로 된다.

$$\begin{pmatrix} A & O \\ O & C \end{pmatrix}\begin{pmatrix} D & O \\ O & G \end{pmatrix}=\begin{pmatrix} AD & O \\ O & CG \end{pmatrix}$$

정리 2.5에 있어서 A 또는 B를 열벡터로 표시한 경우는 특히 자주 이용된다. 다음에 그것을 보조정리로서 기술해 둔다.

보조정리 2.6 $(m,\ n)$ 행렬 $A=(a_{ij})$, $(n,\ p)$ 행렬 $B=(b_{ij})$의 열벡터에 의한 분할을

$$A=(\boldsymbol{a}_1\ \boldsymbol{a}_2 \cdots\ \boldsymbol{a}_n),\ B=(\boldsymbol{b}_1\ \boldsymbol{b}_2 \cdots\ \boldsymbol{b}_p)$$

라 하면, 곱 AB의 열벡터에 의한 분할은 다음과 같이 된다.

(1) $AB=A(\boldsymbol{b}_1\ \boldsymbol{b}_2 \cdots\ \boldsymbol{b}_p)=(A\boldsymbol{b}_1\ A\boldsymbol{b}_2 \cdots\ A\boldsymbol{b}_p)$

(2) $AB=(\boldsymbol{a}_1\ \boldsymbol{a}_2 \cdots\ \boldsymbol{a}_n)(b_{ij})=(\sum_{j=1}^{n} b_{j1}\boldsymbol{a}_j\ \sum_{j=1}^{n} b_{j2}\boldsymbol{a}_j \cdots\ \sum_{j=1}^{n} b_{jp}\boldsymbol{a}_j)$

[증명] (1) 우변의 $(i,\ k)$성분$=A\boldsymbol{b}_k$의 제i성분$=\sum_{j=1}^{n} a_{ij}b_{jk}$ =좌변의 $(i,\ k)$성분

(2) 우변의 $(i,\ k)$성분$=\sum_{j=1}^{n} b_{jk}\boldsymbol{a}_j$의 제$i$성분$=\sum_{j=1}^{n} b_{jk}a_{ij}$

$=\sum_{j=1}^{n} a_{ij}b_{jk}$ =좌변의 $(i,\ k)$성분.

2.2.3 전치행렬, 대칭행렬, 교대행렬

정의 $(m,\ n)$행렬

$$A=\begin{pmatrix} a_{11} & a_{12} & \cdots & a_{1j} & \cdots & a_{1n} \\ a_{21} & a_{22} & \cdots & a_{2j} & \cdots & a_{2n} \\ \vdots & \vdots & & \vdots & & \vdots \\ a_{i1} & a_{i2} & \cdots & a_{ij} & \cdots & a_{in} \\ \vdots & \vdots & & \vdots & & \vdots \\ a_{m1} & a_{m2} & \cdots & a_{mj} & \cdots & a_{mn} \end{pmatrix}$$

의 행과 열을 바꾸어 넣어서 생기는 $(n,\ m)$행렬을 A의 **전치행렬**(transposed matrix)이라 하고, ${}^tA$또는 A'로 나타낸다.

$$
{}^tA=\begin{pmatrix} a_{11} & a_{21} & \cdots & a_{i1} & \cdots & a_{m1} \\ a_{12} & a_{22} & \cdots & a_{i2} & \cdots & a_{m2} \\ \vdots & \vdots & & \vdots & & \vdots \\ a_{1j} & a_{2j} & \cdots & a_{ij} & \cdots & a_{mj} \\ \vdots & \vdots & & \vdots & & \vdots \\ a_{1n} & a_{2n} & \cdots & a_{in} & \cdots & a_{mn} \end{pmatrix}
$$

${}^tA$의 $(i,\ j)$성분 a'_{ij}는 A의 $(j,\ i)$성분 a_{ji}가 되므로, $A=(a_{ij})$라고 쓸 때, ${}^tA=(a'_{ij})=(a_{ji})$로 된다.

예 6. (1) $A=\begin{pmatrix} 2 & 3 \\ 5 & -1 \\ 4 & 0 \end{pmatrix}$이라면 ${}^tA=\begin{pmatrix} 2 & 5 & 4 \\ 3 & -1 & 0 \end{pmatrix}$

(2) n항 열벡터 $\boldsymbol{a}=\begin{pmatrix} a_1 \\ a_2 \\ \vdots \\ a_n \end{pmatrix}$의 전치행렬은, n항 행벡터 ${}^t\boldsymbol{a}=(a_1\, a_2 \cdots\ a_n)$이다.

(3) 단위행렬 I에 대해서는, ${}^tI=I$

예 7. 분할한 행렬의 전치행렬은 다음과 같이 된다.

$$
{}^t\begin{pmatrix} A_{11} & A_{12} & \cdots & A_{1s} \\ A_{21} & A_{22} & \cdots & A_{2s} \\ \vdots & \vdots & & \vdots \\ A_{r1} & A_{r2} & \cdots & A_{rs} \end{pmatrix}=\begin{pmatrix} {}^tA_{11} & {}^tA_{21} & \cdots & {}^tA_{r1} \\ {}^tA_{12} & {}^tA_{22} & \cdots & {}^tA_{r2} \\ \vdots & \vdots & & \vdots \\ {}^tA_{1s} & {}^tA_{2s} & \cdots & {}^tA_{rs} \end{pmatrix}
$$

정리 2·7 $(m,\ n)$행렬 $A,\ A'$, $(n,\ p)$행렬 B 및 스칼라 k에 대해서, 다음이 성립한다.

(1) ${}^t(A+A')={}^tA+{}^tA'$

(2) ${}^t(kA)=k\,{}^tA$

(3) ${}^t(AB)={}^tB\,{}^tA$

(4) ${}^t({}^tA)=A$

[증명] (1), (2), (4)는 용이하므로, (3)을 증명한다. 양변은 모두 $(p,\ m)$행렬이다.
$A=(a_{ij})$, $B=(b_{ij})$라 하면

$\{{}^t(AB)$의 $(k,\ i)$성분$\}$=$(AB$의 $(i,\ k)$성분$\} = \sum_{j=1}^{n} a_{ij}b_{jk}$

그리고,

$$ {}^tB{}^tA = \begin{pmatrix} b_{11} & b_{21} & \cdots & b_{j1} & \cdots & b_{n1} \\ b_{12} & b_{22} & \cdots & b_{j2} & \cdots & b_{n2} \\ \vdots & \vdots & & \vdots & & \vdots \\ b_{1k} & b_{2k} & \cdots & b_{jk} & \cdots & b_{nk} \\ \vdots & \vdots & & \vdots & & \vdots \\ b_{1p} & b_{2p} & \cdots & b_{jp} & \cdots & b_{np} \end{pmatrix} \begin{pmatrix} a_{11} & a_{21} & \cdots & a_{i1} & \cdots & a_{m1} \\ a_{12} & a_{22} & \cdots & a_{i2} & \cdots & a_{m2} \\ \vdots & \vdots & & \vdots & & \vdots \\ a_{1j} & a_{2j} & \cdots & a_{ij} & \cdots & a_{mj} \\ \vdots & \vdots & & \vdots & & \vdots \\ a_{1n} & a_{2n} & \cdots & a_{in} & \cdots & a_{mn} \end{pmatrix} $$

그런데 $\sum_{j=1}^{n} b_{jk}a_{ij} = \sum_{j=1}^{n} a_{ij}b_{jk}$, 따라서, ${}^t(AB) = {}^tB{}^tA$

정의 ${}^tA = A$, 즉 모든 $i,\ j$에 대해서 $a_{ji} = a_{ij}$를 만족하는 정방행렬 $A = (a_{ij})$를 **대칭행렬**(symmetric matrix)이라 한다. 그리고 ${}^tA = -A$, 즉 모든 $i,\ j$에 대해서 $a_{ji} = -a_{ij}$를 만족하는 정방행렬 $A = (a_{ij})$를 **교대행렬**(交代行列, alternating matrix)이라 한다.

예 8. 대각행렬은 대칭행렬이다. 특히, 단위행렬은 대칭행렬이다.

명제 2.8 교대행렬의 대각성분은 모두 0이다.

[증명] 교대행렬의 정의에 따라 모든 $i,\ j$에 대해서 $a_{ji} = -a_{ij}$이므로, $j=i$로 놓으면, $a_{ii} = -a_{ii}$, 따라서 $2a_{ii} = 0$, $\quad \therefore a_{ii} = 0$

명제 2.9 모든 정방행렬은, 대칭행렬과 교대행렬의 합으로써 일의적으로 표시된다.

[증명] 임의의 정방행렬 A에 대해서, $A = \frac{1}{2}(A + {}^tA) + \frac{1}{2}(A - {}^tA)$로 표시되고, $\frac{1}{2}(A + {}^tA)$는 대칭행렬, $\frac{1}{2}(A - {}^tA)$는 교대행렬이다. 이제 $A = B + C = B' + C'$, 여기에서 $B,\ B'$는 대칭행렬, $C,\ C'$는 교대행렬로서 두 가지로 표시되었다고 하자. 이 때, $B - B' = C' - C$

$$\therefore\ {}^t(B - B') = {}^t(C' - C),\ \text{즉}\ B - B' = -C' + C = -(C' - C)$$

가 된다. 따라서

$$C' - C = -(C' - C) \quad \therefore C' - C = 0,\ \text{즉}\ C' = C$$

가 된다. 이로부터 또한 $B = B'$가 된다. 따라서, A를 대칭행렬과 교대행렬의 합으로 나타내는 방법은 단 한 가지이다.

문 2. 대칭행렬이면서 또한 교대행렬인 행렬은, 영행렬(零行列)에 한한다는 것을 보여라.

문 3. $A=\begin{pmatrix}3&2&-1\\1&3&0\\3&1&2\end{pmatrix}$를 대칭행렬과 교대행렬의 합으로 표시하여라.

모든 $x\in\boldsymbol{R}$에 대해서 $g(-x)=g(x)$ (또는 $g(-x)=-g(x)$)를 만족하는 함수 $g:\boldsymbol{R}\to\boldsymbol{R}$를 **우함수**(또는 **기함수**)라고 한다. 임의의 함수 $f:\boldsymbol{R}\to\boldsymbol{R}$은, 우함수(偶函數) $(f(x)+f(-x))/2$와 기함수(奇函數) $(f(x)-f(-x))/2$의 합으로써 일의적으로 표시된다. 이것은 명제 2.9의 증명방법에 의해 나타내어진다.

2.3 정칙행렬

2.3.1 역행렬과 정칙행렬

정의 n차 정방행렬 A에 대해서

$$(*)\quad AX=I_n \text{ 또한 } XA=I_n$$

를 만족하는 n차 정방행렬 X가 존재할 때, 이 X를 A의 **역행렬**(inverse matrix)이라 하고, A^{-1}로 표시한다. 역행렬을 갖는 정방행렬을 **정칙행렬**(正則行列, regular matrix)이라 한다.

명제 2.10 A가 정칙행렬이면, 그 역행렬은 단 하나이다.

[증명] $(*)$를 만족하는 n차 정방행렬 X와,

$$AY=I_n \text{ 또한 } YA=I_n$$

을 만족하는 n차 정방행렬 Y가 존재한다면, 정리 2.2 (4), (1)에 의해

$$Y=IY=(XA)Y=X(AY)=XI=X.$$

예 9. 1차 정방행렬 $(a)=a$는, $a=0$이면 정칙이 아니지만, $a\neq 0$이면 정칙이고 a

의 역행렬은 역수 a^{-1}이다. 실제로, $a \neq 0$이면 a^{-1}가 존재해서 $aa^{-1}=1$ 또한 $a^{-1}a=1$이 성립한다.

예 10. 2차 정방행렬 $A=\begin{pmatrix} a & b \\ c & d \end{pmatrix}$가 정칙이기 위한 필요충분조건은, $ad-bc \neq 0$이 성립하는 것이다. 또, 이 때

$$A^{-1}=\frac{1}{ad-bc}\begin{pmatrix} d & -b \\ -c & a \end{pmatrix}$$

이다. 실제로, $X=\begin{pmatrix} x & y \\ z & w \end{pmatrix}$로 놓고, $AX=I$라 하면,

$$AX=\begin{pmatrix} a & b \\ c & d \end{pmatrix}\begin{pmatrix} x & y \\ z & w \end{pmatrix}=\begin{pmatrix} ax+bz & ay+bw \\ cx+dz & cy+dw \end{pmatrix}=\begin{pmatrix} 1 & 0 \\ 0 & 1 \end{pmatrix}$$

로부터, 두 개의 연립1차방정식

$$\begin{cases} ax+bz=1 \\ cx+dz=0 \end{cases} \qquad \begin{cases} ay+bw=0 \\ cy+dw=1 \end{cases}$$

을 얻는다. 이것이 해를 갖기 위한 필요충분조건은, $ad-bc \neq 0$이다.
(마찬가지로, $XA=I$로부터 얻어지는 연립1차방정식이 해를 갖기 위한 필요충분조건도, $ad-bc \neq 0$이다.) 이 때, 이 연립1차방정식을 풀어서,

$$x=\frac{d}{ad-bc},\ y=\frac{-b}{ad-bc},\ z=\frac{-c}{ad-bc},\ w=\frac{a}{ad-bc}$$

를 얻는다. (이 해는 $XA=I$도 만족한다.)

예 11. 3차 정방행렬 $A=\begin{pmatrix} 2 & 1 & -2 \\ -1 & 0 & 2 \\ -3 & -1 & 6 \end{pmatrix}$는 정칙이고, 그 역행렬은

$$A^{-1}=\begin{pmatrix} 1 & -2 & 1 \\ 0 & 3 & -1 \\ \frac{1}{2} & -\frac{1}{2} & \frac{1}{2} \end{pmatrix}$$

이 된다.

실제로, $A^{-1}A=AA^{-1}=I_3$이다.

문 4. A를 정칙행렬, $k \neq 0$을 스칼라라고 하면, kA도 정칙행렬임을 증명하여라.

2.3.2 정칙행렬의 성질

정리 2·11 정칙행렬에 대해서, 다음이 성립한다.

(1) 단위행렬 I는 정칙행렬이고, $I^{-1}=I$

(2) A가 정칙행렬이면, 그 역행렬 A^{-1}도 정칙이고,

$$(A^{-1})^{-1}=A$$

(3) A, B가 n차 정칙행렬이면, 곱 AB도 n차 정칙이고,

$$(AB)^{-1}=B^{-1}A^{-1}$$

(4) A_1, A_2, $\cdots$, A_k가 n차 정칙행렬이면, 곱 $A_1A_2\cdots A_k$도 정칙이고,

$$(A_1A_2\cdots A_k)^{-1}=A_k^{-1}\cdots A_2^{-1}A_1^{-1}$$

(5) A가 정칙행렬이면, 그 전치행렬 ${}^tA$도 정칙이고,

$$({}^tA)^{-1}={}^t(A^{-1})$$

[증명] (1) 단위행렬의 성질로부터, 특히 $II=I$. 이것은 I가 그 자체의 역행렬인 것을 나타내기 때문에, I는 정칙이고 $I^{-1}=I$.

(2) A가 정칙이면, A^{-1}가 존재해서 $A^{-1}A=AA^{-1}=I$. 이것은 또 A가 A^{-1}의 역행렬인 것을 나타낸다.

(3) $A^{-1}A=AA^{-1}=I$, $B^{-1}B=BB^{-1}=I$이므로,

$(B^{-1}A^{-1})(AB)=B^{-1}A^{-1}AB=B^{-1}IB=B^{-1}B=I$

$(AB)(B^{-1}A^{-1})=ABB^{-1}A^{-1}=AIA^{-1}=AA^{-1}=I$

따라서, $B^{-1}A^{-1}$는 AB의 역행렬이다.

(4) 개수 k에 관한 수학적 귀납법에 의한다. $k=1$일 때는 분명히 성립한다. $k>1$이라 하고, $(k-1)$개의 정칙행렬 $A_i(i=1,\ 2,\ \cdots,\ k-1)$에 대해서 결과가 성립한다고 가정하면, $A_1A_2\cdots A_{k-1}$은 n차 정칙행렬이고,

$$(A_1A_2\cdots A_{k-1})^{-1}=A_{k-1}^{-1}\cdots A_2^{-1}A_1^{-1}$$

이다. A_k가 n차 정칙행렬이면, 귀납법의 가정과 (3)에 의해, 곱 $A_1A_2\cdots A_{k-1}A_k$도 n차 정칙행렬이고,

$$((A_1A_2\cdots A_{k-1})A_k)^{-1}=A_k^{-1}(A_1A_2\cdots A_{k-1})^{-1}=A_k^{-1}A_{k-1}^{-1}\cdots A_2^{-1}A_1^{-1}$$

(5) 정리 2.7 (3)과 예 8에 의해,

$${}^tA\,{}^t(A^{-1})={}^t(A^{-1}A)={}^tI=I,\quad {}^t(A^{-1})\,{}^tA={}^t(AA^{-1})={}^tI=I$$

가 성립한다. 이것은, ${}^tA$가 정칙이고 $({}^tA)^{-1}={}^t(A^{-1})$인 것을 의미한다.

문 5. n차 정방행렬 A와 n차 정칙행렬 B가 교환가능하다면, A와 B^{-1}도 역시 교환가능함을 보여라.

2.3.3 정칙행렬의 연산

정칙행렬 A에 대해서는, 마이너스의 정수를 지수로 하는 누승(累乘)이,

$$A^{-m}=(A^m)^{-1} \quad (m=1,\ 2,\ \cdots)$$

에 의해서 정의된다. 정리 2.11 (4)에 의해, $A^{-m}=(A^{-1})^m$이다.

정리 2 · 12 (지수법칙) A가 정칙행렬이면, 임의의 정수 m, l에 대해서 다음이 성립한다.

(1) $A^mA^l=A^{m+l}$ (2) $(A^m)^l=A^{ml}$

두 개의 정칙행렬 A와 B가 교환가능하다면, 임의의 정수 m에 대해서 다음이 성립한다.

(3) $A^mB=BA^m$ (4) $(AB)^m=A^mB^m=B^mA^m$

[증명] (3)과 (4)를 증명한다. $m \geqq 0$일 때는, 정리 2.3에 의해 증명되어 있다. $m<0$이라 하고, $n=-m>0$으로 놓는다.

(3) A와 B가 교환가능하다면, A와 B^{-1}도 교환가능(문 5)하기 때문에, 정리 2.11 (2), (3) 및 정리 2.3 (3)에 의해,

$$\begin{aligned}A^mB&=A^{-n}B=(A^n)^{-1}(B^{-1})^{-1}=(B^{-1}A^n)^{-1}\\&=(A^nB^{-1})^{-1}=(B^{-1})^{-1}(A^n)^{-1}=BA^{-n}=BA^m\end{aligned}$$

(4) 정리 2.3 (4)와 정리 2.11 (3)에 의해,

$$\begin{aligned}(AB)^m&=(AB)^{-n}=((AB)^n)^{-1}=(A^nB^n)^{-1}\\&=(B^n)^{-1}(A^n)^{-1}=B^{-n}A^{-n}=B^mA^m\end{aligned}$$

마찬가지로 $(BA)^m=A^mB^m$이다. 따라서 $AB=BA$이므로 $(AB)^n=(BA)^m$, (1)과 (2)의 증명은 문제로 남겨 놓으니, 각자 증명해 보기 바란다.

문 6. 정리 2.12 (1), (2)를 증명하여라.

2.4 행렬의 기본변형

2.4.1 기본변형

정의 $(m,\ n)$행렬 A에 대해서, 다음 3종류의 조작을 **행기본변형**(또는 **열기본변형**)이라 한다.

Ⅰ. A의 어떤 행(또는 열)에 0이 아닌 스칼라를 곱한다.

Ⅱ. A의 어떤 행(또는 열)에 다른 행(또는 열)의 스칼라 배(倍)를 더한다.

Ⅲ. A의 2개의 행(또는 열)을 바꾼다.

행기본변형(行基本變形)과 열기본변형(列基本變形)을 합쳐서, 단지 **기본변형**이라 한다.

주의 3. 기본변형 Ⅲ은, 실제는 기본변형 Ⅰ, Ⅱ를 적당히 조합함으로써 얻을 수가 있다. 또, Ⅲ을 반복함으로써, A의 m개의 행(또는 n개의 열)을 임의의 순서로 바꾸어 늘어놓을 수가 있다.

예 12.

$$A=\begin{pmatrix}-1 & -3 & 4 & -7\\ 2 & -2 & 0 & -2\\ -4 & 5 & -1 & 6\end{pmatrix}\text{에 대해서}$$

$$A\rightarrow\begin{pmatrix}-1 & -3 & 4 & -7\\ 4 & -4 & 0 & -4\\ -4 & 5 & -1 & 6\end{pmatrix}\qquad \text{(제2행에 2를 곱한다.)}$$

$$A\rightarrow\begin{pmatrix}-9 & 7 & 2 & 5\\ 2 & -2 & 0 & -2\\ -4 & 5 & -1 & 6\end{pmatrix}\qquad \text{(제1행에 제3행의 2배를 더한다.)}$$

$$A\rightarrow\begin{pmatrix}-4 & 5 & -1 & 6\\ 2 & -2 & 0 & -2\\ -1 & -3 & 4 & -7\end{pmatrix}\qquad \text{(제1행과 제3행을 바꾼다.)}$$

정리 2・13 영행렬이 아닌 임의의 $(m,\ n)$행렬 A는, 유한회의 기본변형에 의해 다음 형태의 행렬이 된다$(1\leqq r\leqq m,\ 1\leqq r\leqq n)$. 이 형태를 행렬의 **표준형**이라 한다.

$$\begin{pmatrix}I_r & O\\ O & O\end{pmatrix}\quad (\text{단, } I_r\text{는 } r\text{차의 단위행렬})$$

[증명] $A=(a_{ij})\ (i=1,\ 2,\ \cdots,\ m;j=1,\ 2,\ \cdots,\ n)$라 한다. $A\neq O$이므로, $a_{ij}\neq 0$인 $i,\ j$가 존재한다. 기본변형 III을 실시하여 제1열과 제j열을 바꾸고, 다음에 제1행과 제i행을 바꾸면, a_{ij}를 (1, 1)성분으로 하는 행렬을 얻는다. 따라서, 처음부터 $a_{11}\neq 0$이라 가정해도 일반성을 잃지 않는다. 이 때, 다음 순서로 A에 기본변형 I, II를 실시한다.

제1행에 a_{11}^{-1}를 곱한다.

제1열에 $-a_{1j}a_{11}^{-1}$를 곱한 것을 제j열에 더한다$(j=2,\ \cdots,\ n)$.

제1행에 $-a_{i1}$을 곱한 것을 제i행에 더한다$(i=2,\ \cdots,\ m)$.

이 결과, 행렬 A는 다음의 형태로 된다.

$$B=\begin{pmatrix} 1 & 0 \cdots 0 \\ 0 & \\ \vdots & A_1 \\ 0 & \end{pmatrix}\quad (\text{단, } A_1\text{은 } (m-1,\ n-1)\text{행렬})$$

$A_1=O$이면 증명은 끝난다. $A_1\neq O$이면, 위에서와 같은 조작을 A_1에 적용한다. 이 때, A_1에 실시하는 기본변형은 B에서 생각했을 때 B의 제1행, 제1열에 영향을 주지 않는다. 이 방법을 반복함으로써, 구하는 형태를 얻는다.

주의 4. 정리 2.13의 r은, 기본변형의 방법에 관계없이 행렬 A에 대해서 일의적으로 정해지며, 행렬 A의 **계수**(階數, rank)라고 일컬어진다. 행렬의 계수에 대해서는 제4장에서 다시 기술하기로 한다.

2.4.2 기본행렬

다음과 같은 형태의 n차 정방행렬을 n차 **기본행렬**(elementary matrix)이라 부른다. 여기에서, $<i$, $\overset{j}{\vee}$는 각각 i행, j열을 나타내는 기호이고, 대각성분 이외의 명시되어 있지 않은 성분은 모두 0이다.

$$E_i(c)=\begin{pmatrix} 1 & & \vdots & & \\ & \ddots & \vdots & & \\ & & 1\ \vdots & & \\ \cdots\cdots & & c & \cdots\cdots & \\ & & \vdots\ 1 & & \\ & & \vdots & \ddots & \\ & & \vdots & & 1 \end{pmatrix} < i \qquad (K\ni c\neq 0)$$

(위의 $\overset{i}{\vee}$는 c가 있는 열을 나타낸다.)

$$E_{ij}(d)=\begin{pmatrix} 1 & & \vdots & & \vdots & & \\ & \ddots & \vdots & & \vdots & & \\ & & 1 & \cdots & d & \cdots\cdots & \\ & & \vdots & \ddots & \vdots & & \\ \cdots\cdots & & \vdots & \cdots & 1 & \cdots\cdots & \\ & & \vdots & & \vdots & \ddots & \\ & & \vdots & & \vdots & & 1 \end{pmatrix}\begin{matrix} \\ \\ <i \\ \\ <j \\ \\ \\ \end{matrix} \qquad (i\neq j,\ K\ni d)$$

$$P_{ij}=\begin{pmatrix} 1 & & & \vdots & & & \vdots & & & \\ & \ddots & & \vdots & & & \vdots & & & \\ & & 1 & \vdots & & & \vdots & & & \\ \cdots & \cdots & \cdots & 0 & \cdots & \cdots & 1 & \cdots & \cdots & \cdots \\ & & & \vdots & 1 & & \vdots & & & \\ & & & \vdots & & \ddots & \vdots & & & \\ & & & \vdots & & 1 & \vdots & & & \\ \cdots & \cdots & \cdots & 1 & \cdots & \cdots & 0 & \cdots & \cdots & \cdots \\ & & & \vdots & & & \vdots & 1 & & \\ & & & \vdots & & & \vdots & & \ddots & \\ & & & \vdots & & & \vdots & & & 1 \end{pmatrix} \begin{matrix} \\ \\ \\ <i \\ \\ \\ \\ <j \\ \\ \\ \\ \end{matrix} \qquad (i<j)$$

(위의 i, j 열 표시: $\overset{i}{\vee}$, $\overset{j}{\vee}$)

정리 2·14 기본행렬은 정칙행렬이고, 그 역행렬도 기본행렬이다.

[증명] 앞의 3종류의 기본행렬에서,

$$E_i(c)\cdot E_i(\frac{1}{c})=I=E_i(\frac{1}{c})\cdot E_i(c),\quad E_{ij}(d)E_{ij}(-d)=I=E_{ij}(-d)E_{ij}(d),$$

$$P_{ij}^{-1}P_{ij}=I$$

이므로 정칙이다. 또,

$$E_i(c)^{-1}=E_i(\frac{1}{c}),\quad E_{ij}(d)^{-1}=E_{ij}(-d),\quad P_{ij}^{-1}=P_{ij},$$

따라서 그 역행렬은 모두 기본행렬이다.

문 7. 기본행렬의 전치행렬도 기본행렬임을 보여라.

예 13.

$A=\begin{pmatrix} \alpha & \beta & \gamma \\ \alpha' & \beta' & \gamma' \\ \alpha'' & \beta'' & \gamma'' \end{pmatrix}$에 대해서,

$$A\cdot E_2(c)=\begin{pmatrix} \alpha & \beta & \gamma \\ \alpha' & \beta' & \gamma' \\ \alpha'' & \beta'' & \gamma'' \end{pmatrix}\begin{pmatrix} 1 & 0 & 0 \\ 0 & c & 0 \\ 0 & 0 & 1 \end{pmatrix}=\begin{pmatrix} \alpha & c\beta & \gamma \\ \alpha' & c\beta' & \gamma' \\ \alpha'' & c\beta'' & \gamma'' \end{pmatrix}$$

$$A\cdot E_{12}(d)=\begin{pmatrix} \alpha & \beta & \gamma \\ \alpha' & \beta' & \gamma' \\ \alpha'' & \beta'' & \gamma'' \end{pmatrix}\begin{pmatrix} 1 & d & 0 \\ 0 & 1 & 0 \\ 0 & 0 & 1 \end{pmatrix}=\begin{pmatrix} \alpha & d\alpha+\beta & \gamma \\ \alpha' & d\alpha'+\beta' & \gamma' \\ \alpha'' & d\alpha''+\beta'' & \gamma'' \end{pmatrix}$$

$$A\cdot P_{12}=\begin{pmatrix} \alpha & \beta & \gamma \\ \alpha' & \beta' & \gamma' \\ \alpha'' & \beta'' & \gamma'' \end{pmatrix}\begin{pmatrix} 0 & 1 & 0 \\ 1 & 0 & 0 \\ 0 & 0 & 1 \end{pmatrix}=\begin{pmatrix} \beta & \alpha & \gamma \\ \beta' & \alpha' & \gamma' \\ \beta'' & \alpha'' & \gamma'' \end{pmatrix}$$

문 8. 예 13의 행렬 A에 대해서, $E_1(c) \cdot A$, $E_{23}(d) \cdot A$, $P_{23} \cdot A$를 구하여라.

문 9. 주어진 n차 대칭행렬 $A = \begin{pmatrix} \lambda_1 & & O \\ & \ddots & \\ O & & \lambda_n \end{pmatrix}$에 대해서, $P_{ij} \cdot A \cdot P_{ij}$를 구하여라.

예 13과 문 8의 결과는, 다음 2개의 보조정리의 형태로 일반화된다.
증명은 어느 것도 직접계산에 의해 용이하다.

보조정리 2.15 A를 (m, n) 행렬이라 한다.

(1) A에 오른쪽으로부터 $E_i(c)$를 곱하면, A의 제i열이 c배된다.

(2) A에 오른쪽으로부터 $E_{ij}(d)$를 곱하면, A의 제i열이 d배가 제j열에 더해진다.

(3) A에 오른쪽으로부터 P_{ij}를 곱하면, A의 제i열과 제j열이 바뀐다.

즉, 열에 관한 기본변형을 실시하는 것은, 기본행렬을 오른쪽으로부터 곱하는 것에 상당한다.

보조정리 2. 15′ A를 (m, n)행렬이라 한다.

(1)′ A에 왼쪽으로부터 $E_i(c)$를 곱하면, A의 제i행이 c배된다.

(2)′ A에 왼쪽으로부터 $E_{ij}(d)$를 곱하면, A의 제j행의 d배가 제i행에 더해진다.

(3)′ A에 왼쪽으로부터 P_{ij}를 곱하면, A의 제i행과 제j행이 바뀐다.

즉, 행에 관한 기본변형을 실시하는 것은, 기본행렬을 왼쪽으로부터 곱하는 것에 상당한다.

정리 2 · 16 정칙행렬은 적당한 유한개의 기본행렬의 곱으로서 표시된다.

[증명] A를 n차 정칙행렬이라 한다. 정리 2.13과 보조정리 2.15, 2.15′에 의해, 적당한 기본행렬 $P_1, P_2, \cdots, P_s, Q_1, Q_2, \cdots, Q_t$에 대해서,

$$(P_s \cdots P_2 P_1) A (Q_1 Q_2 \cdots Q_t) = \begin{pmatrix} I_r & O \\ O & O \end{pmatrix}$$

로 된다. 정리 2.14와 정리 2.11 (3)에 의해, 좌변은 정칙이므로 우변도 정칙이다. 그러므로, $r = n$. 따라서, 정리 2.11 (4)와 정리 2.2에 의해,

$$\begin{aligned} A &= (P_s \cdots P_2 P_1)^{-1} I_n (Q_1 Q_2 \cdots Q_t)^{-1} = P_1^{-1} P_2^{-1} \cdots P_s^{-1} I_n Q_t^{-1} \cdots Q_2^{-1} Q_1^{-1} \\ &= P_1^{-1} P_2^{-1} \cdots P_s^{-1} Q_t^{-1} \cdots Q_2^{-1} Q_1^{-1} \end{aligned}$$

그런데, 기본행렬의 역행렬은 기본행렬이므로(정리 2.14), 윗식은 A가 기본행렬의 곱으로 표시되는 것을 나타내고 있다.

지금까지의 결과를 이용하면, 정칙행렬이기 위한 조건은 다음과 같다.

정리 2 · 17

A를 n차 정방행렬이라 한다.

(1) $AX = I_n$

또는

(2) $XA = I_n$

을 만족하는 n차 정방행렬 X가 존재하면, A는 정칙이고, $X = A^{-1}$이 된다.

[증명] (1) $AX = I_n$을 만족하는 n차 정방행렬 X가 존재한다고 가정한다. 이 때 A는 영행렬이 아니므로, 정리 2.13과 보조정리 2.15, 2.15′에 의해,

$$PAQ = \begin{pmatrix} I_r & O \\ O & O \end{pmatrix} \qquad (1 \leqq r \leqq n)$$

을 만족하는 n차 정칙행렬 P, Q가 존재한다.

$$Y = Q^{-1}XP^{-1}$$

로 놓는다. $AX = I_n$이므로, 정리 2.2 (1), (4)에 의해

$$\begin{pmatrix} I_r & O \\ O & O \end{pmatrix} Y = (PAQ)\ (Q^{-1}XP^{-1}) = PAXP^{-1} = PI_nP^{-1} = PP^{-1} = I_n$$

한편, 행렬 Y를

$$Y = \begin{pmatrix} \overset{r}{B} & \overset{n-r}{C} \\ D & F \end{pmatrix} \begin{matrix})\,r \\ )\,n-r \end{matrix}$$

로 분할하면, 정리 2.5와 정리 2.2 (4)에 의해

$$\begin{pmatrix} I_r & O \\ O & O \end{pmatrix} Y = \begin{pmatrix} I_r & O \\ O & O \end{pmatrix} \begin{pmatrix} B & C \\ D & F \end{pmatrix} = \begin{pmatrix} B & C \\ O & O \end{pmatrix}$$

가 되므로,

$$\begin{pmatrix} B & C \\ O & O \end{pmatrix} = I_n$$

따라서, $r = n$이 아니면 안 된다. 이 때, $Y = I_n$, $A = P^{-1}Q^{-1}$, $X = QP$가 되므로, 정리 2.2 (1), (4)에 의해, $XA = (QP)\ (P^{-1}Q^{-1}) = I_n$이 얻어진다. 따라서, A는 정칙이고, $X = A^{-1}$가 된다.

(2) $XA = I_n$을 만족하는 X가 존재하는 경우의 증명도 마찬가지이다.

계(系) 2.18 n차 정방행렬 A가 정칙이기 위한 필요충분조건은, 다음의 (i), (ii)의 어느 것인가가 성립하는 것이다.

(i) 열에 관한 기본변형을 유한 회 실시하면 단위행렬 I_n이 된다.

(ii) 행에 관한 기본변형을 유한 회 실시하면 단위행렬 I_n이 된다.

[증명] A가 정칙행렬이면, 정리 2.11 (2)에 의해 A^{-1}도 정칙행렬이고, 정리 2.16에 의해 A^{-1}는 적당한 유한 개의 기본행렬 X_1, X_2, $\cdots$, X_k의 곱 $X_1X_2\cdots X_k$로서 표시된다. 보조정리 2.15에 의해, $AA^{-1}=I_n$이 (i)을 의미하고, 보조정리 2.15′에 의해, $AA^{-1}=I_n$이 (ii)를 의미한다.

역으로, (i)이 성립하면, 적당한 기본행렬 X_1, X_2, $\cdots$, X_k에 대해서

$$A(X_1X_2\cdots X_k)=I_n$$

이 된다. 정리 2.17 (1)에 의해, A는 정칙이고, $X_1X_2\cdots X_k=A^{-1}$가 된다. (ii)가 성립하면, 적당한 기본행렬 Y_1, Y_2, $\cdots$, Y_l에 대해서

$$(Y_1Y_2\cdots Y_l)A=I_n$$

이 된다. 정리 2.17 (2)에 의해, A는 정칙이고, $Y_1Y_2\cdots Y_l=A^{-1}$가 된다.

2.4.3 Gauss의 소거법

n차 정방행렬 A가 정칙인 경우에는, 계(系) 2.18 (ii)를 이용해서 A의 역행렬을 구하는 방법이 있는데, 이것을 **Gauss**[7]**의 소거법**(Gaussian elimination)이라 한다.

그것은 다음과 같은 것이다 : $(n, 2n)$행렬

$$(A|I_n)$$

에 행에 관한 기본변형을 유한 회 실시하여, $(n, 2n)$행렬

$$(I_n|B)$$

가 얻어졌다고 하면, A는 정칙이고, $B=A^{-1}$이다. 행에 관한 기본변형을 몇 회 실시해도 $(I_n|B)$의 형태가 얻어지지 않으면, A는 정칙이 아니다.

실제로, 기본행렬의 곱 $X=X_1X_2\cdots X_k$에 의해

$$X(A|I_n)=(I_n|B)$$

가 얻어졌다고 하면 정리 2·5에 의해, 좌변=$(XA|X)$가 되므로

7) Gauss, Carl Friedrich (1777~1855 : 독일)

$$XA = I_n, \quad X = B$$

그러므로, 정리 2·17 (2)에 의해 $X = A^{-1}$, 따라서, $B = A^{-1}$가 된다. 후반은 계(系) 2·18에 의한다.

예 14.

$$A = \begin{pmatrix} 0 & -2 & 1 \\ -1 & 1 & 1 \\ 2 & 5 & -5 \end{pmatrix}\text{이면} \qquad (A|I_3) = \left(\begin{array}{ccc|ccc} 0 & -2 & 1 & 1 & 0 & 0 \\ -1 & 1 & 1 & 0 & 1 & 0 \\ 2 & 5 & -5 & 0 & 0 & 1 \end{array}\right)$$

$$\to \left(\begin{array}{ccc|ccc} -1 & 1 & 1 & 0 & 1 & 0 \\ 0 & -2 & 1 & 1 & 0 & 0 \\ 0 & 7 & -3 & 0 & 2 & 1 \end{array}\right) \qquad \begin{pmatrix}\text{2행에 2를 곱해서 3행에 더한다.} \\ \text{1행과 2행을 바꾼다.}\end{pmatrix}$$

$$\to \left(\begin{array}{ccc|ccc} -1 & 0 & \frac{3}{2} & \frac{1}{2} & 1 & 0 \\ 0 & -2 & 1 & 1 & 0 & 0 \\ 0 & 0 & \frac{1}{2} & \frac{7}{2} & 2 & 1 \end{array}\right) \qquad \begin{pmatrix}\text{2행에 } \frac{1}{2}\text{를 곱해서 1행에 더한다.} \\ \text{2행에 } \frac{7}{2}\text{을 곱해서 3행에 더한다.}\end{pmatrix}$$

$$\to \left(\begin{array}{ccc|ccc} -1 & 0 & 0 & -10 & -5 & -3 \\ 0 & -2 & 0 & -6 & -4 & -2 \\ 0 & 0 & \frac{1}{2} & \frac{7}{2} & 2 & 1 \end{array}\right) \qquad \begin{pmatrix}\text{3행에 } -3\text{을 곱해서 1행에} \\ \text{더한다. 3행에 } -2\text{를 곱해서} \\ \text{2행에 더한다.}\end{pmatrix}$$

$$\to \left(\begin{array}{ccc|ccc} 1 & 0 & 0 & 10 & 5 & 3 \\ 0 & 1 & 0 & 3 & 2 & 1 \\ 0 & 0 & 1 & 7 & 4 & 2 \end{array}\right) \qquad \left(\text{1행} \times (-1),\ \text{2행} \times \left(-\frac{1}{2}\right),\ \text{3행} \times 2\right)$$

따라서, A는 정칙행렬이고, 그 역행렬 A^{-1}는 다음과 같다.

$$A^{-1} = \begin{pmatrix} 10 & 5 & 3 \\ 3 & 2 & 1 \\ 7 & 4 & 2 \end{pmatrix}$$

예 15. $A = \begin{pmatrix} 0 & 0 & c & 1 \\ 0 & b & 1 & 0 \\ a & 1 & 0 & 0 \\ 1 & 0 & 0 & 0 \end{pmatrix}$라 한다.

$$(A|I_4) \xrightarrow{①} \left(\begin{array}{cccc|cccc} 0 & 0 & 0 & 1 & 1 & -c & bc & -abc \\ 0 & 0 & 1 & 0 & 0 & 1 & -b & ab \\ 0 & 1 & 0 & 0 & 0 & 0 & 1 & -a \\ 1 & 0 & 0 & 0 & 0 & 0 & 0 & 1 \end{array}\right)$$

① : 다음을 순서대로 시행한다.
3행+4행×$(-a)$
2행+3행×$(-b)$
1행+2행×$(-c)$

$$\xrightarrow{②} \left(\begin{array}{cccc|cccc} 1 & 0 & 0 & 0 & 0 & 0 & 0 & 1 \\ 0 & 1 & 0 & 0 & 0 & 0 & 1 & -a \\ 0 & 0 & 1 & 0 & 0 & 1 & -b & ab \\ 0 & 0 & 0 & 1 & 1 & -c & bc & -abc \end{array}\right)$$

② : 2행과 4행을 교환,
2행과 3행을 교환

그러므로,

$$A^{-1}=\begin{pmatrix} 0 & 0 & 0 & 1 \\ 0 & 0 & 1 & -a \\ 0 & 1 & -b & ab \\ 1 & -c & bc & -abc \end{pmatrix}$$

예 16. $A=\begin{pmatrix} 1 & 2 & 3 \\ 4 & 5 & 6 \\ 8 & 7 & 6 \end{pmatrix}$라 한다.

$$(A|I_3)\longrightarrow\left(\begin{array}{ccc|ccc} 1 & 2 & 3 & 1 & 0 & 0 \\ 0 & -3 & -6 & -4 & 1 & 0 \\ 0 & -9 & -18 & -8 & 0 & 1 \end{array}\right) \quad \begin{pmatrix}1\text{행에 }-4\text{를 곱해서 }2\text{행에 더한다.}\\ 1\text{행에 }-8\text{를 곱해서 }3\text{행에 더한다.}\end{pmatrix}$$

$$\longrightarrow\left(\begin{array}{ccc|ccc} 1 & 2 & 3 & 1 & 0 & 0 \\ 0 & -3 & -6 & -4 & 1 & 0 \\ 0 & 0 & 0 & 4 & -3 & 1 \end{array}\right) \quad (2\text{행에 }-3\text{를 곱해서 }3\text{행에 더한다.})$$

이 마지막 형태는, 행에 어떠한 기본변형을 실시해도 $(I_3|B)$의 형태로는 되지 않으므로, A는 정칙행렬이 아니다.

문 10. 다음의 행렬은 정칙인가? 정칙이면 역행렬을 구하여라.

(1) $\begin{pmatrix} 2 & 1 & 1 \\ 1 & 1 & 2 \\ 1 & 1 & 1 \end{pmatrix}$ (2) $\begin{pmatrix} 1 & -1 & 2 \\ -1 & 5 & -1 \\ 2 & 2 & 5 \end{pmatrix}$ (3) $\begin{pmatrix} 1 & 1 & 0 & -2 \\ -2 & -2 & 1 & 3 \\ 1 & 2 & -1 & -2 \\ 0 & -3 & 1 & 3 \end{pmatrix}$

연습문제

1. 다음의 행렬을 계산하여라.

(1) $\begin{pmatrix} a_1 & a_2 & \cdots & a_n \\ b_1 & b_2 & \cdots & b_n \end{pmatrix} \begin{pmatrix} a_1 & b_1 \\ a_2 & b_2 \\ \vdots & \vdots \\ a_n & b_n \end{pmatrix}$ (2) $(x_1 \ x_2 \ \cdots \ x_m)(a_{ij})\begin{pmatrix} y_1 \\ y_2 \\ \vdots \\ y_n \end{pmatrix}$

$(i=1, \cdots, m \ ; j=1, \cdots, n)$

(3) $\begin{pmatrix} A & \boldsymbol{a} \\ {}^t\boldsymbol{a} & \lambda \end{pmatrix} \begin{pmatrix} B & \boldsymbol{b} \\ {}^t\boldsymbol{O} & 1 \end{pmatrix}$ (A, B는 n차 행렬, a, b는 n항 열벡터)

(4) $\begin{pmatrix} 0 & 1 & 0 & 0 \\ 0 & 0 & 1 & 0 \\ 0 & 0 & 0 & 1 \\ 0 & 0 & 0 & 0 \end{pmatrix}$ $(m \geqq 2)$

2. $\begin{pmatrix} 1 & 1 & 0 \\ 0 & 1 & 1 \\ 0 & 0 & 1 \end{pmatrix}$이면, $A^m = \begin{pmatrix} 1 & m & m(m-1)/2 \\ 0 & 1 & m \\ 0 & 0 & 1 \end{pmatrix}$ $(m \geqq 1)$ 가 성립함을 증명하여라.

3. n차 정방행렬 $A=(a_{ij})$의 n개 대각성분의 합 $\sum_{i=1}^{n} a_{ii}$를 A의 **대각합**(trace)이라 하고, $tr(A)$로 표시한다. n차 정방행렬 A, B 및 스칼라 k에 대해서, 다음이 성립함을 증명하여라.

(1) $tr(A+B)=tr(A)+tr(B)$

(2) $tr(kA)=k\,tr(A)$

(3) $tr(AB)=tr(BA)$

4. 다음의 조건을 만족하는 2차 행렬 A를 각각 구하여라.

(1) $A^2=O$ (2) $A^2=A$ (3) $A^2=I$ (4) $A^2=-I$

5. $A=\begin{pmatrix} a & 1 & 0 & 0 \\ -1 & a & 0 & 0 \\ 0 & 0 & b & 1 \\ 0 & 0 & 1 & b \end{pmatrix}$, $B=\begin{pmatrix} a & 1 & 0 & 0 \\ 0 & a & 0 & 0 \\ 0 & 0 & b & 1 \\ 0 & 0 & 0 & b \end{pmatrix}$

에 대해서, A^2, AB, B^3을 구하여라.

6. $A=\begin{pmatrix} O & I_n \\ I_n & O \end{pmatrix}$일 때, A^m $(m \geqq 2)$을 구하여라.

연습문제

7. 정방행렬 A는, $A^m = O$을 만족하는 자연수 m이 존재할 때, **멱영행렬**(冪零行列, nilpotent matrix)이라 일컬어진다. 다음을 증명하여라.

(1) A가 멱영행렬, $I-A$, $I+A$는 정칙이다.

(2) A, B가 모두 n차의 멱영행렬이고 교환가능하다면, AB, $A+B$도 멱영행렬이다.

8. 정방행렬 A는, $A^2 = A$를 만족할 때, **멱등행렬**(冪等行列, idempotent matrix)이라 일컬어진다. 멱등행렬 A가 정칙행렬이면, A는 단위행렬임을 증명하여라.

9. 다음의 행렬에 기본변형을 실시하여 표준형(정리 2.13)으로 하여라.

(1) $\begin{pmatrix} 3 & 5 & -7 \\ 2 & 4 & 11 \\ 5 & 9 & 4 \end{pmatrix}$ (2) $\begin{pmatrix} 1 & -2 & -5 & -1 \\ 2 & 3 & 5 & 5 \\ -1 & 2 & -2 & 1 \end{pmatrix}$

10. 다음 행렬 A의 역행렬을 구하여라.

(1) $\begin{pmatrix} & & 1 \\ & 1 & b \\ 1 & a & \end{pmatrix}$ (2) $\begin{pmatrix} a & -b \\ b & a \end{pmatrix}$ (단, $a^2+b^2 \neq 0$)

(3) $\begin{pmatrix} 1 & & & & a_1 \\ & 1 & & & a_2 \\ & & \ddots & & \vdots \\ & & & 1 & a_{n-1} \\ & & & & 1 \end{pmatrix}$

행렬식 3

3.1 연립1차방정식과 행렬식

행렬식은 연립1차방정식의 해법에 관련해서 고안되었다고 알려지고 있다. 먼저, x, y를 미지수로 하는 연립2원1차방정식

$$\begin{cases} a_1x + b_1y = c_1 \\ a_2x + b_2y = c_2 \end{cases} \tag{3.1}$$

를 생각한다. 이 두 식에 각각 b_2, $-b_1$을 곱하여 변변 더하면

$$(a_1b_2 - a_2b_1)x = c_1b_2 - c_2b_1 \tag{3.2}$$

마찬가지로 각각 $-a_2$, a_1을 곱하여 변변 더하면

$$(a_1b_2 - a_2b_1)y = a_1c_2 - a_2c_1 \tag{3.3}$$

이 얻어진다.

이 두 식의 x, y의 계수는 모두

$$a_1b_2 - a_2b_1$$

이고, 이 식은 주어진 첫 번째 방정식의 x, y의 계수 a_1, b_1에 대해서도, 두 번째 방정식의 계수 a_2, b_2에 대해서도 1차의 동차식(同次式)이다. 이 식을

$$a_1b_2 - a_2b_1 = \begin{vmatrix} a_1 & b_1 \\ a_2 & b_2 \end{vmatrix}$$

라 쓰고, 이 우변을 **2차의 행렬식**이라 하며, 좌변을 그 **전개식**이라 한다.

행렬식을 사용하면, 앞의 식 (3.2), (3.3)은

$$\begin{vmatrix} a_1 & b_1 \\ a_2 & b_2 \end{vmatrix} x = \begin{vmatrix} c_1 & b_1 \\ c_2 & b_2 \end{vmatrix}, \quad \begin{vmatrix} a_1 & b_1 \\ a_2 & b_2 \end{vmatrix} y = \begin{vmatrix} a_1 & c_1 \\ a_2 & c_2 \end{vmatrix} \tag{3.4}$$

로 나타낼 수가 있다. 이 첫째 식의 우변의 행렬식은, 좌변의 행렬식의 a_1, a_2를 각각 c_1, c_2로 바꾸어 놓은 것이고, 둘째 식의 우변은 같은 행렬식의 b_1, b_2를 각각 c_1, c_2로 바꾸어 놓은 것이다.

주의 1. (3.4)의 x, y의 계수는 연립2원1차방정식 (3.1)에서 좌변의 x, y의 계수를 배열방식을 바꾸지 않고 그대로 취한 행렬식이다. 그리고 이 행렬식의 전개식은 다음과 같이 비스듬히 곱하여 $+$, $-$의 의 부호를 붙여서 더한 것이다. 이와 같은 전개의 방법을 **Sarrus[8]의 법칙**이라 한다.

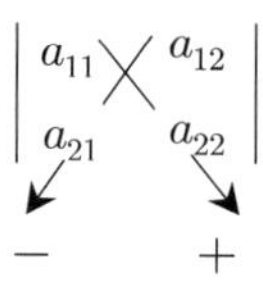

정리 3 · 1

연립2원1차방정식 (3.1)의 해는, $D=\begin{vmatrix} a_1 & b_1 \\ a_2 & b_2 \end{vmatrix} \neq 0$

일 때

$$D_a = \begin{vmatrix} c_1 & b_1 \\ c_2 & b_2 \end{vmatrix}, \quad D_b = \begin{vmatrix} a_1 & c_1 \\ a_2 & c_2 \end{vmatrix}$$

로 놓으면

$$x = \frac{D_a}{D}, \quad y = \frac{D_b}{D}$$

로 주어진다.

앞에서와 같은 공식을 **Cramer[9]의 공식**(Cramer's formula)이라 한다.

다음에, x, y, z를 미지수로 하는 연립3원1차방정식

8) Sarrus, Pierre Frédéric (1798~1861 ; 프랑스)

9) Cramer, Gabriel (1704~1752 ; 스위스)

$$\begin{cases} a_1x+b_1y+c_1z=d_1 \\ a_2x+b_2y+c_2z=d_2 \\ a_3x+b_3y+c_3z=d_3 \end{cases} \tag{3.5}$$

의 해에 대해서 생각해 보자. 이들 방정식에, 순서대로 p, q, r를 곱하여 변변 더하면

$$\begin{aligned}&(a_1p+a_2q+a_3r)x+(b_1p+b_2q+b_3r)y+(c_1p+c_2q+c_3r)z \\ &=d_1p+d_2q+d_3r\end{aligned} \tag{3.6}$$

이 식의 y, z의 계수가 0이 되도록 하기 위하여

$$\begin{cases} b_1p+b_2q+b_3r=0 \\ c_1p+c_2q+c_3r=0 \end{cases}$$

을 만족하는 p, q, r를 생각한다.

이 식에서 r를 포함하는 항을 우변으로 이항해서, p, q를 미지수로 하는 연립2원1차방정식이라 생각하면, Cramer의 공식에 의해

$$\begin{vmatrix} b_1 & b_2 \\ c_1 & c_2 \end{vmatrix} p = \begin{vmatrix} -b_3r & b_2 \\ -c_3r & c_2 \end{vmatrix}, \quad \begin{vmatrix} b_1 & b_2 \\ c_1 & c_2 \end{vmatrix} q = \begin{vmatrix} b_1 & -b_3r \\ c_1 & -c_3r \end{vmatrix}$$

우변의 행렬식은 다음과 같이 변형된다.

$$\begin{vmatrix} -b_3r & b_2 \\ -c_3r & c_2 \end{vmatrix} = (-b_3r)c_2-b_2(-c_3r)=(b_2c_3-b_3c_2)r=\begin{vmatrix} b_2 & b_3 \\ c_2 & c_3 \end{vmatrix} r$$

$$\begin{vmatrix} b_1 & -b_3r \\ c_1 & -c_3r \end{vmatrix} = b_1(-c_3r)-(-b_3r)c_1=(b_3c_1-b_1c_3)r=\begin{vmatrix} b_3 & b_1 \\ c_3 & c_1 \end{vmatrix} r$$

$$\therefore \quad \begin{vmatrix} b_1 & b_2 \\ c_1 & c_2 \end{vmatrix} p = \begin{vmatrix} b_2 & b_3 \\ c_2 & c_3 \end{vmatrix} r, \quad \begin{vmatrix} b_1 & b_2 \\ c_1 & c_2 \end{vmatrix} q = \begin{vmatrix} b_3 & b_1 \\ c_3 & c_1 \end{vmatrix} r$$

이로부터

$$p:q:r=\begin{vmatrix} b_2 & b_3 \\ c_2 & c_3 \end{vmatrix} : \begin{vmatrix} b_3 & b_1 \\ c_3 & c_1 \end{vmatrix} : \begin{vmatrix} b_1 & b_2 \\ c_1 & c_2 \end{vmatrix}$$

특히 비례상수를 1로 하여

$$p=b_2c_3-b_3c_2, \quad q=b_3c_1-b_1c_3, \quad r=b_1c_2-b_2c_1$$

과 같이 취하면, (3.6)에 있어서의

$$\begin{aligned} x\text{의 계수} &= a_1p+a_2q+a_3r \\ &= a_1(b_2c_3-b_3c_2)+a_2(b_3c_1-b_1c_3)+a_3(b_1c_2-b_2c_1) \\ &= a_1b_2c_3+a_2b_3c_1+a_3b_1c_2-a_1b_3c_2-a_2b_1c_3-a_3b_2c_1 \end{aligned}$$

(3.6)의 우변은 a_1, a_2, a_3의 자리를 각각 d_1, d_2, d_3로 바꾸어 놓은 것이므로

$$\begin{aligned} \text{우변} &= d_1p+d_2q+d_3r \\ &= d_1b_2c_3+d_2b_3c_1+d_3b_1c_2-d_1b_3c_2-d_2b_1c_3-d_3b_2c_1 \end{aligned}$$

그런데, x의 계수는 6개의 항으로 이루어져 있고, 모두 a, b, c의 곱이며, 아래첨숫자는 1, 2, 3의 어떤 순열로 되어 있다. 그리고 방정식 (3.5)의 제1식의 계수 a_1, b_1, c_1에 대해서 1차의 동차식이다. 마찬가지로, 제2식의 계수 a_2, b_2, c_2에 대해서도, 제3식의 계수 a_3, b_3, c_3에 대해서도 1차의 동차식이다. x의 계수를

$$\begin{aligned} & a_1b_2c_3+a_2b_3c_1+a_3b_1c_2-a_1b_3c_2-a_2b_1c_3-a_3b_2c_1 \\ &= \begin{vmatrix} a_1 & b_1 & c_1 \\ a_2 & b_2 & c_2 \\ a_3 & b_3 & c_3 \end{vmatrix} \end{aligned} \tag{3.7}$$

과 같이 나타내어, 이 우변을 **3차의 행렬식**이라 하고, 이 좌변을 그 **전개식**이라 한다. 따라서 식 (3.6)의 우변은 행렬식

$$\begin{vmatrix} d_1 & b_1 & c_1 \\ d_2 & b_2 & c_2 \\ d_3 & b_3 & c_3 \end{vmatrix}$$

로 나타내어지고, 행렬식을 이용해서 식 (3.5)의 3개의 식으로부터 y, z를 소거한 식은

$$\begin{vmatrix} a_1 & b_1 & c_1 \\ a_2 & b_2 & c_2 \\ a_3 & b_3 & c_3 \end{vmatrix} x = \begin{vmatrix} d_1 & b_1 & c_1 \\ d_2 & b_2 & c_2 \\ d_3 & b_3 & c_3 \end{vmatrix}$$

로 쓸 수 있다.

마찬가지로, 식 (3.6)의 x와 z의 계수를 0으로 놓은

$$a_1p+a_2q+a_3r=0,\ \ c_1p+c_2q+c_3r=0$$

을 만족하는 p, q, r로서

$$p=c_2a_3-c_3a_2,\ \ q=c_3a_1-c_1a_3,\ \ r=c_1a_2-c_2a_1$$

을 취하면, 식 (3.6)으로부터

$$\begin{vmatrix} a_1 & b_1 & c_1 \\ a_2 & b_2 & c_2 \\ a_3 & b_3 & c_3 \end{vmatrix} y = \begin{vmatrix} a_1 & d_1 & c_1 \\ a_2 & d_2 & c_2 \\ a_3 & d_3 & c_3 \end{vmatrix}$$

또, 식 (3.6)의 x와 y의 계수를 0으로 놓은

$$a_1p + a_2q + a_3r = 0,\ b_1p + b_2q + b_3r = 0$$

을 만족하는 p, q, r로서

$$p = a_2b_3 - a_3b_2,\ q = a_3b_1 - a_1b_3,\ r = a_1b_2 - a_2b_1$$

을 취하면, (3.6)으로부터

$$\begin{vmatrix} a_1 & b_1 & c_1 \\ a_2 & b_2 & c_2 \\ a_3 & b_3 & c_3 \end{vmatrix} z = \begin{vmatrix} a_1 & b_1 & d_1 \\ a_2 & b_2 & d_2 \\ a_3 & b_3 & d_3 \end{vmatrix}$$

가 얻어진다.

이상으로부터 다음을 알 수 있다.

정리 3 · 2

연립3원1차방정식 (3.5)의 해는

$$D = \begin{vmatrix} a_1 & b_1 & c_1 \\ a_2 & b_2 & c_2 \\ a_3 & b_3 & c_3 \end{vmatrix} \neq 0$$

일 때

$$D_a = \begin{vmatrix} d_1 & b_1 & c_1 \\ d_2 & b_2 & c_2 \\ d_3 & b_3 & c_3 \end{vmatrix},\quad D_b = \begin{vmatrix} a_1 & d_1 & c_1 \\ a_2 & d_2 & c_2 \\ a_3 & d_3 & c_3 \end{vmatrix},\quad D_c = \begin{vmatrix} a_1 & b_1 & d_1 \\ a_2 & b_2 & d_2 \\ a_3 & b_3 & d_3 \end{vmatrix}$$

로 놓으면

$$x = \frac{D_a}{D},\ y = \frac{D_b}{D},\ z = \frac{D_c}{D}$$

로 주어진다.

이것을 **Cramer의 공식**이라 한다.

주의 2. 연립1차방정식의 해법에 대해서는, 제4장에서 자세히 설명하기로 하고, 여기에서는 행렬식의 개념이 어떻게 해서 도입되었는가를 아는 정도로 그친다.

그런데, 식 (3.7)의 좌변의 각 항은 $a_i b_j c_k$의 형태로, i, j, k는 1, 2, 3 중 어느 것인가의 값을 취하는데 모두 다르다. 그리고 플러스 부호「+」가 붙은 항의 첨숫자만을 뽑아내면

$$1\ 2\ 3,\quad 2\ 3\ 1,\quad 3\ 1\ 2$$

이고, 마이너스 부호「−」가 붙은 항의 첨숫자만을 뽑아내면

$$1\ 3\ 2,\quad 2\ 1\ 3,\quad 3\ 2\ 1$$

로 되어 있다. 1, 2, 3의 3개 숫자의 순열은 전부해서 ${}_3P_3 = 6$개이고, 그것은 바로 위의 6개를 말한다.

위에서 처음 3개의 순열은 1 2 3을 기준으로 하여 숫자 1, 2, 3을 윤환의 순서로 바꾸어 넣은 것이고, 그 다음 3개는 1 3 2를 기준으로 하여 윤환의 순서로 바꾸어 넣은 것이다. 이와 같이 부호를 붙이는 방법에 주의하면, (3.7)의 식은 다음과 같이 나타낼 수 있다.

$$\begin{vmatrix} a_1 & b_1 & c_1 \\ a_2 & b_2 & c_2 \\ a_3 & b_3 & c_3 \end{vmatrix} = \sum \pm\, a_i b_j c_k$$

실제로 3차 행렬식의 전개식을 구하는 데는, 아래와 같이 3개의 수 a, b, c를 비스듬히 곱해서, $+$, $-$의 부호를 붙인 것의 대수합을 구하면 된다. 이것을 **Sarrus의 법칙**이라 한다.

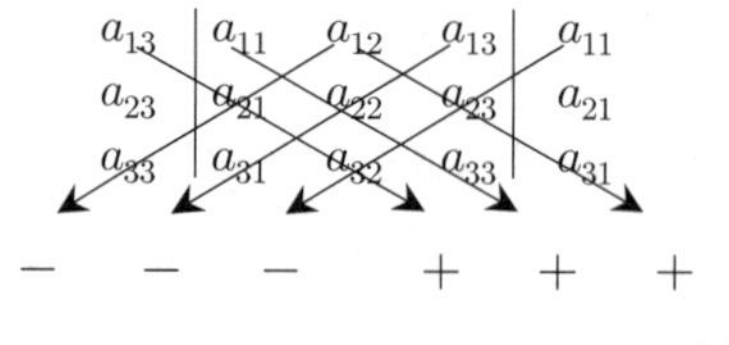

주의 3. 2차 및 3차 행렬식의 전개식을 구하는 Sarrus의 법칙을 설명했는데, 후술하게 될 4차 이상의 행렬식의 전개식에 대해서는, 이와 같은 편리한 법칙은 없다는 데 주의해야 한다.

예 1. $\begin{vmatrix} 3 & -2 \\ -6 & 5 \end{vmatrix} = 3.5 - (-2)(-6) = 3$

예 2. $\begin{vmatrix} 3 & -1 & 4 \\ 1 & 5 & 9 \\ 2 & 6 & 5 \end{vmatrix} = 4 \cdot 1 \cdot 6 + 3 \cdot 5 \cdot 5 + (-1) \cdot 9 \cdot 2 - (-1) \cdot 1 \cdot 5 - 4 \cdot 5 \cdot 2 - 3 \cdot 9 \cdot 6 = -116$

예 3. 연립2원1차방정식 $\begin{cases} 2x + 3y = 1 \\ x - 4y = 6 \end{cases}$ 에 대해서

$$D = \begin{vmatrix} 2 & 3 \\ 1 & -4 \end{vmatrix} = -8 - 3 = -11,$$

$$D_a = \begin{vmatrix} 1 & 3 \\ 6 & -4 \end{vmatrix} = -4 - 18 = -22,$$

$$D_b = \begin{vmatrix} 2 & 1 \\ 1 & 6 \end{vmatrix} = 12 - 1 = 11$$

이므로, 해는

$$x = \frac{-22}{-11} = 2, \quad y = \frac{11}{-11} = -1$$

문 1. 다음 각 행렬식의 값을 구하여라.

(1) $\begin{vmatrix} \frac{\sqrt{3}}{2} & -\frac{1}{2} \\ \frac{1}{2} & \frac{\sqrt{3}}{2} \end{vmatrix}$ (2) $\begin{vmatrix} a & b & c \\ c & a & b \\ b & c & a \end{vmatrix}$ (3) $\begin{vmatrix} a & x & y \\ 0 & b & z \\ 0 & 0 & c \end{vmatrix}$

문 2. 다음의 연립1차방정식을 Cramer의 공식에 의해 풀어라.

(1) $\begin{cases} x_1 + 2x_2 = -2 \\ 4x_1 + 5x_2 = 3 \end{cases}$ (2) $\begin{cases} 3x_1 + 2x_2 - 2x_3 = 1 \\ -x_1 + x_2 + 4x_3 = 13 \\ 2x_1 - 3x_2 + 4x_3 = 8 \end{cases}$

(3) $\begin{cases} x_1 + 5x_2 + 2x_3 = 6 \\ 3x_1 - x_2 + x_3 = -2 \\ 2x_1 + 3x_2 + x_3 = 0 \end{cases}$ (4) $\begin{cases} x_1 + 2x_2 - 4x_3 = 1 \\ 2x_1 + 3x_2 + 7x_3 = 0 \\ 3x_1 + 5x_2 + 2x_3 = 2 \end{cases}$

문 3. 연립방정식 $\begin{cases} x+y+z=1 \\ ax+by+cz=d \\ a^2x+b^2y+c^2z=d^2 \end{cases}$

을 풀어라. 단, a, b, c는 서로 다르다.

3.2 순 열

행렬식을 일반적으로 정의하기 위해, 이것에 필요한 순열에 대해서 생각해 보기로 한다. 이제 1에서 n까지의 자연수를 작은 것으로부터 순서대로 늘어놓은 $123\cdots n$을 기준으로 해서, 이것들을 바꾸어 늘어놓은 것을

$$\alpha_1\alpha_2\alpha_3\cdots\alpha_n \tag{3.8}$$

로 한다. 이 중 두 수의 순서가 수의 대소와 역인 경우, 그 두 수 사이에 **전도**(轉倒, inversion)가 있다고 하고, 전도의 수가 짝수이면 식(3.8)을 **우순열**, 홀수이면 **기순열**이라 한다.

예를 들면, $n=3$일 때, 순열 123에서는 수는 작은 것에서 큰 것으로 순서대로 늘어놓여 있으므로, 전도의 수는 0(짝수), 순열 231에서는 전도는 2와 1 및 3과 1의 2개, 순열 312에서는 3과 1 및 3과 2개이므로

123, 231, 312는 우순열

다음에, 순열 132에서는 전도는 3과 2의 1개, 순열 213에서는 2와 1의 1개, 순열 321에서는 3과 2, 3과 1 및 2와 1의 3개이므로

132, 213, 321은 기순열

정리 3·3 n개의 수 1, 2, 3, $\cdots$, n을 일렬로 늘어놓는 순열 $n!$개 중, 우순열의 수와 기순열의 수는 같다.

[증명] n개의 자연수 1, 2, 3, $\cdots$, n에 대한 임의의 하나의 순열을

$$\alpha_1\alpha_2\cdots\alpha_{n-1}a_n \tag{3.9}$$

로 한다. 이 순열에서 α_{n-1}과 a_n만을 바꾸어 넣은 순열

$$\alpha_1\alpha_2 \cdots \alpha_{n-2}a_n a_{n-1} \tag{3.10}$$

을 생각하면, 이들 2개의 순열에서 전도의 수가 변하는 것은 끝의 두 수 α_{n-1}, α_n의 관계뿐이다. 즉, $\alpha_{n-1} < \alpha_n$이면 식 (3.10)은 식 (3.9)보다 전도의 수가 1개만큼 많아지고, $\alpha_{n-1} > \alpha_n$이면 전도의 수가 1개만큼 적어진다. 따라서 식 (3.9)가 우순열이라면 식 (3.10)은 기순열이 되고, 식 (3.9)가 기순열이라면 식 (3.10)은 우순열이다.
그래서 $n!$개의 순열 중, 우순열, 기순열의 수를 각각 N_1, N_2라 하면

$$N_1 + N_2 = n!$$

이다. N_1개의 우순열 각각에 대해서, 마지막 두 수를 바꾸어 넣으면 N_1개의 기순열이 얻어지므로

$$N_1 \leqq N_2$$

마찬가지로, N_2개의 기순열 각각에 대해서, 마지막 두 수를 바꾸어 넣으면 N_2개의 우순열이 얻어지므로

$$N_1 \geqq N_2$$

따라서 위의 두 식으로부터

$$N_1 = N_2 = \frac{n!}{2}$$

설명을 간단히 하기 위해서, 앞의 증명에서는 각각의 순열의 마지막 두 수를 바꾸어 넣었는데, 임의의 위치에 있는 서로 이웃하는 두 수를 바꾸어 넣어도 전도의 수는 그 두 수의 전후에서는 불변이므로, 역시 전도의 수는 1개만큼 늘어나든지 줄어든다.

n개의 수 1, 2, 3, $\cdots$, n의 하나의 순열

$$a_1 \cdots a_i \cdots a_j \cdots a_n \tag{3.11}$$

에 있어서, 임의의 두 수 a_i와 a_j를 교환하는 것을 **호환**(transposition)이라 한다. 물론 서로 이웃하는 두 수를 바꾸어 넣는 것도 호환이다. 이제 a_i와 a_j의 사이에 $k(0 \leqq k \leqq n-2)$개의 수가 있다고 하면, a_i와 a_i의 바로 우측에 있는 수와의 호환을 $(k+1)$회 행하여 순열

$$a_1 \cdots a_j a_i \cdots a_n$$

이 얻어진다. 다음에 a_j를 a_j의 바로 좌측에 있는 수와의 호환을 k회 행하여, a_j가 원

래 a_i의 위치에 있는 순열

$$a_1 \cdots a_j \cdots a_i \cdots a_n \tag{3.12}$$

가 얻어진다. 이것은 결국 식 (3.11)의 순열에서 a_i와 a_j에 호환을 실시한 것이다. 따라서, a_i와 a_j의 호환을 행하는 것은, $(2k+1)$회의 이웃하는 두 수의 호환을 행하는 것과 같으므로, 식 (3.11)이 우(기)순열이라면 호환을 행한 식 (3.12)는 기(우)순열이다.

예 4. $n=4$의 경우, $4!=24$개의 순열에 대해서, 전도의 개수를 살펴봄으로써

우순열은 : 1234, 1342, 1423, 2314, 2143, 2431
3412, 3124, 3241, 4132, 4321, 4213

기순열은 : 1243, 1324, 1432, 2341, 2134, 2413
3421, 3142, 3214, 4123, 4312, 4231

우(기)순열에서 마지막 두 수에 호환을 실시하면, 차례로 기(우)순열이 된다.

3.3 행렬식의 정의와 그 성질

3.3.1 행렬식의 정의

n차의 정방행렬

$$A=\begin{pmatrix} a_{11} & a_{12} & \cdots & a_{1n} \\ a_{21} & a_{22} & \cdots & a_{2n} \\ \vdots & \vdots & & \vdots \\ a_{n1} & a_{n2} & \cdots & a_{nn} \end{pmatrix}$$

의 제1행에서 임의의 1요소 a_{1a}를 취한다. 다음에 제 2행에서 제a열 이외의 열(a_{1a}를 포함하지 않는 열)에 있는 임의의 1요소, 예를 들면 제β열의 요소 $a_{2\beta}$를 취한다. 그리고 제 3행에서 제α열과 제 β열 이외의 열(a_{1a}와 $a_{2\beta}$에 포함하지 않는 열)에 있는 임의의 요소, 예를 들면 제γ열의 요소 $a_{3\gamma}$를 취한다. 같은 방법을 n회 계속하면, n개의 행 각각으로부터 한 개씩 취한 n개의 요소 $a_{1\alpha}$, $a_{2\beta}$, $\cdots$, $a_{n\nu}$가 얻어진다. 분명히 이

것들의 어느 두 개도 동일한 열에 없으므로, 첨숫자 α, β, $\cdots$, ν는 서로 다른 수이고, 집합으로서는 $\{1, 2, \cdots, n\}$과 일치한다. 즉 $\alpha\beta\cdots\nu$는 1에서 n까지의 자연수에 대한 하나의 순열이다.

위와 같은 n개의 요소의 곱 $a_{1\alpha}a_{2\beta}\cdots a_{n\nu}$는, 전부해서 1에서 n까지의 자연수에 대한 순열의 개수, 즉 $n!$개 만들 수 있다. 이것들 각각에, 다음의 규칙에 의해서 플러스, 마이너스의 부호를 붙인다. 즉, $12\cdots n$을 기준으로 해서, 순열

$$\alpha\beta\cdots\nu\text{가}\begin{cases}\text{우순열이면 플러스의 부호} & +a_{1\alpha}a_{2\beta}\cdots a_{n\nu}\\ \text{기순열이면 마이너스의 부호} & -a_{1\alpha}a_{2\beta}\cdots a_{n\nu}\end{cases}$$

이것은, 기호 $\varepsilon(\alpha\beta\cdots\nu)$를

$$\varepsilon(\alpha\beta\cdots\nu)=\begin{cases}+1 & \text{우순열일 때}\\ -1 & \text{기순열일 때}\end{cases}$$

라고 정의하면, 결국 다음과 같이 표현된다.

$$\varepsilon(\alpha\beta\cdots\nu)a_{1\alpha}a_{2\beta}\cdots a_{n\nu}$$

그래서, $n!$개의 모든 순열 $\alpha\beta\cdots\nu$의 각각에 대한 이와 같은 곱의 총합

$$\sum\varepsilon(\alpha\beta\cdots\nu)a_{1\alpha}a_{2\beta}\cdots a_{n\nu} \tag{3.13}$$

을 기호

$$\begin{vmatrix} a_{11} & a_{12} & \cdots & a_{1n}\\ a_{21} & a_{22} & \cdots & a_{2n}\\ \vdots & \vdots & & \vdots\\ a_{n1} & a_{n2} & \cdots & a_{nn}\end{vmatrix} \tag{3.14}$$

로 나타내고, **n차의 행렬식**(determinant)이라 한다. 이것을 간단히

$$|A|=\det\ A=|a_{ij}|=|\boldsymbol{a}_1\ \boldsymbol{a}_2\cdots\boldsymbol{a}_n|=\begin{vmatrix}\boldsymbol{a}_1{}'\\ \boldsymbol{a}_2{}'\\ \vdots\\ \boldsymbol{a}_n{}'\end{vmatrix}$$

등으로 표현하기도 한다.

n을 행렬식의 **차수**, 식 (3.13)을 행렬식 (3.14)의 **전개식**이라 한다. 그리고 왼쪽 위의 a_{11}으로부터 오른쪽 아래의 a_{nn}에 이르는 정방형의 대각선을 **주대각선**이라 하고, 이 위에 있는 요소를 **대각요소**라고 하는 것은 정방행렬의 경우와 마찬가지이다.

예 5. 2차의 행렬식에 대해서는

$$|A| = \begin{vmatrix} a_{11} & a_{12} \\ a_{21} & a_{22} \end{vmatrix} = \sum \varepsilon(\alpha\beta) a_{1\alpha} a_{2\beta} = \varepsilon(12) a_{11} a_{22} + \varepsilon(21) a_{12} a_{21}$$

여기에서 12는 우순열이고 21은 기순열이므로

$$\varepsilon(12) = +1, \ \varepsilon(21) = -1$$

$$\therefore |A| = a_{11}a_{22} - a_{12}a_{21}$$

예 6. 3차의 행렬식에 대해서는

$$|A| = \begin{vmatrix} a_{11} & a_{12} & a_{13} \\ a_{21} & a_{22} & a_{23} \\ a_{31} & a_{32} & a_{33} \end{vmatrix} = \sum \varepsilon(\alpha\beta\gamma) a_{1\alpha} a_{2\beta} a_{3\gamma}$$

$$= \varepsilon(123) a_{11}a_{22}a_{33} + \varepsilon(231) a_{12}a_{23}a_{31} + \varepsilon(312) a_{13}a_{21}a_{32}$$

$$+ \varepsilon(132) a_{11}a_{23}a_{32} + \varepsilon(213) a_{12}a_{21}a_{33} + \varepsilon(321) a_{13}a_{22}a_{31}$$

전술한 바와 같이 123, 231, 312는 모두 우순열이고, 132, 213, 321은 모두 기순열이므로

$$\varepsilon(123) = \varepsilon(231) = \varepsilon(312) = +1$$

$$\varepsilon(132) = \varepsilon(213) = \varepsilon(321) = -1$$

$$\therefore |A| = a_{11}a_{22}a_{33} + a_{12}a_{23}a_{31} + a_{13}a_{21}a_{32} - a_{11}a_{23}a_{32} - a_{12}a_{21}a_{33} - a_{13}a_{22}a_{31}$$

위의 2차 및 3차 행렬식에 대한 전개식은 바로 앞에서 기술했던 Sarrus의 법칙에 의한 전개식과 같다.

3.3.2 행렬식과 그 전치행렬식

행렬 A의 (i, j) 요소를 (j, i)요소로 하는 행렬을 **A의 전치행렬**이라 하고, ${}^tA$ 또는 A'로 나타내기로 했다. 특히 A가 정방행렬인 경우에는, $|{}^tA|$를 $|A|$의 **전치행렬식**이라 한다. 예를 들면, A가 2차 정방행렬인 경우,

$$|A|=\begin{vmatrix} a_1 & b_1 \\ a_2 & b_2 \end{vmatrix}=a_1b_2-a_2b_1$$

$$|{}^tA|=\begin{vmatrix} a_1 & a_2 \\ b_1 & b_2 \end{vmatrix}=a_1b_2-a_2b_1$$

또, A가 3차 정방행렬인 경우,

$$|A|=\begin{vmatrix} a_1 & b_1 & c_1 \\ a_2 & b_2 & c_2 \\ a_3 & b_3 & c_3 \end{vmatrix}=a_1b_2c_3+a_2b_3c_1+a_3b_1c_2-a_1b_3c_2-a_2b_1c_3-a_3b_2c_1$$

$$|{}^tA|=\begin{vmatrix} a_1 & a_2 & a_3 \\ b_1 & b_2 & b_3 \\ c_1 & c_2 & c_3 \end{vmatrix}=a_1b_2c_3+a_2b_3c_1+a_3b_1c_2-a_1b_3c_2-a_2b_1c_3-a_3b_2c_1$$

이상으로부터, 일반적으로 다음의 정리가 성립함을 알 수 있다.

정리 3 · 4 행렬식의 행과 열을 바꾸어 넣어도, 행렬식의 값은 변하지 않는다. 즉,

$$|{}^tA|=|A|$$

[증명] 행렬식 $|A|=|a_{ij}|$에 있어서, $a_{ij}=b_{ij}$로 놓으면

$$|{}^tA|=\begin{vmatrix} a_{11} & a_{21} & \cdots & a_{n1} \\ a_{12} & a_{22} & \cdots & a_{n2} \\ \vdots & \vdots & & \vdots \\ a_{1n} & a_{2n} & \cdots & a_{nn} \end{vmatrix}=\begin{vmatrix} b_{11} & b_{12} & \cdots & b_{1n} \\ b_{21} & b_{22} & \cdots & b_{2n} \\ \vdots & \vdots & & \vdots \\ b_{n1} & b_{n2} & \cdots & b_{nn} \end{vmatrix}$$

이 맨 오른쪽의 행렬식을 전개하고, $b_{ji}=a_{ij}$로 놓으면

$$\begin{aligned}|{}^tA|&=\sum\varepsilon(\alpha\beta\cdots\nu)b_{1\alpha}b_{2\beta}\cdots b_{n\nu}\\&=\sum\varepsilon(\alpha\beta\cdots\nu)a_{\alpha1}a_{\beta2}\cdots a_{\nu n}\end{aligned}$$

여기에서 곱 $a_{\alpha1}a_{\beta2}\cdots a_{\nu n}$의 각 인수(因數)는 $|A|$의 열의 순서로 늘어놓여 있다. 이들 인수를 바꾸어 넣어서, 행의 순서로 바꾸어 늘어놓은 것을 $a_{1\alpha'}a_{2\beta'}\cdots a_{n\nu'}$로 한다. 인수의 순서를 바꾸어 넣었을 뿐이므로, 이들의 값은 같다. 즉

$$a_{\alpha1}a_{\beta2}\cdots a_{\nu n}=a_{1\alpha'}a_{2\beta'}\cdots a_{n\nu'}$$

이와 같이 인수의 순서를 바꾸어 넣음으로써, a의 제1첨숫자의 순열 $\alpha\beta\cdots\nu$는 순열 $12\cdots n$으로 바뀌고, 이 때 동시에 a의 제2첨숫자의 순열 $12\cdots n$은 순열 $\alpha'\beta'\cdots\nu'$로 바뀌므로, 순열 $\alpha\beta\cdots\nu$와 $\alpha'\beta'\cdots\nu'$는 모두 우순열이든가 또는 모두 기순열이다. 따라서,

$$\varepsilon(\alpha\beta\cdots\gamma)=\varepsilon(\alpha'\beta'\cdots\gamma')$$

이므로

$$\begin{aligned}|{}^tA|&=\sum\varepsilon(\alpha\beta\cdots\nu)a_{\alpha1}a_{\beta2}\cdots a_{\nu n}\\&=\sum\varepsilon(\alpha'\beta'\cdots\nu')a_{1\alpha'}a_{2\beta'}\cdots a_{n\nu'}\\&=|A|\end{aligned}$$

예 7. 행렬식 $\begin{vmatrix} a & b & c \\ c & a & b \\ b & c & a \end{vmatrix}$와 그 전치행렬식 $\begin{vmatrix} a & c & b \\ b & a & c \\ c & b & a \end{vmatrix}$의 값을 Sarrus의 법칙에 의해서 계산하면, 그 값은 동시에 다음과 같다.

$$a^3+b^3+c^3-3abc$$

정리 3.4로부터, 행렬식의 행(열)에 대해서 성립하는 사항은, 모두 열(행)에 대해서 성립하는 것을 알 수 있다. 따라서, 앞으로는 행 또는 열의 한 쪽만에 대해서 추론하기로 한다.

3.3.3 행렬식의 성질

행렬식에는 정리 3.4 이외에 여러 가지 성질이 있다. 이들 성질은 행렬식을 변형한다든지, 그 값을 계산할 때에 도움이 되므로, 잘 이해해서 응용할 수 있도록 해야 한다.

정리 3·5 행렬식의 한 행에 대한 각각의 요소에 동일한 수 α를 곱해서 얻어지는 행렬식의 값은, 원래의 행렬식 값의 α배와 같다.

[증명] 행렬식 $|a_{ij}|$의 제i행에 대한 각각의 요소에 α를 곱한 행렬식의 전개식을 생각하면, 다음과 같이 각 항으로부터 α를 묶어낼 수 있다. 즉

$$\begin{vmatrix} a_{11} & a_{12} & \cdots & a_{1n} \\ \vdots & \vdots & & \vdots \\ \alpha a_{i1} & \alpha a_{i2} & \cdots & \alpha a_{in} \\ \vdots & \vdots & & \vdots \\ a_{n1} & a_{n2} & \cdots & a_{nn} \end{vmatrix} \begin{aligned} &= \sum \varepsilon(\alpha\beta\cdots\mu\cdots\nu) a_{1\alpha} a_{2\beta} \cdots (\alpha a_{i\mu}) \cdots a_{n\nu} \\ &= \alpha \sum \varepsilon(\alpha\beta\cdots\mu\cdots\nu) \alpha_{1\alpha} a_{2\beta} \cdots a_{i\mu} \cdots a_{n\nu} \end{aligned}$$

$$= \alpha \begin{vmatrix} a_{11} & a_{12} & \cdots & a_{1n} \\ \vdots & \vdots & & \vdots \\ a_{i1} & a_{i2} & \cdots & a_{in} \\ \vdots & \vdots & & \vdots \\ a_{n1} & a_{n2} & \cdots & a_{nn} \end{vmatrix}$$

예 8. 다음 행렬식의 제1행의 각 요소는 2의 배수이고, 제2행의 각 요소는 3의 배수이므로

$$\begin{vmatrix} 0 & 2 & 4 \\ 3 & -3 & 0 \\ 2 & 1 & 3 \end{vmatrix} = \begin{vmatrix} 2\times 0 & 2\times 1 & 2\times 2 \\ 3\times 1 & 3\times(-1) & 3\times 0 \\ 2 & 1 & 3 \end{vmatrix} = 2\times 3 \begin{vmatrix} 0 & 1 & 2 \\ 1 & -1 & 0 \\ 2 & 1 & 3 \end{vmatrix}$$

$$= 6\{1\cdot 1\cdot 2-2\cdot(-1)\cdot 2-1\cdot 1\cdot 3\}=18$$

예 9. 제2행의 요소가 모두 0이므로

$$\begin{vmatrix} 5 & -2 & 7 \\ 0 & 0 & 0 \\ 6 & 1 & 3 \end{vmatrix} = 0$$

위의 예 8로부터

$$\begin{vmatrix} 0 & 1 & 2 \\ 1 & -1 & 0 \\ 2 & 1 & 3 \end{vmatrix} = 3$$

이 행렬식에서 제1행과 제3행을 바꾸어 넣으면

$$\begin{vmatrix} 2 & 1 & 3 \\ 1 & -1 & 0 \\ 0 & 1 & 2 \end{vmatrix} = 2 \cdot (-1) \cdot 2 + 3 \cdot 1 \cdot 1 - 1 \cdot 1 \cdot 2 = -3$$

즉, 앞의 행렬식과는 부호만이 바뀐다. 일반적으로 다음의 정리가 성립한다.

정리 3 · 6 행렬식의 2개의 행을 바꾸어 넣으면, 행렬식의 값은 그 부호만이 바뀐다.

[증명]

$$D_1 = \begin{vmatrix} a_{11} & a_{12} & \cdots & a_{1n} \\ \vdots & \vdots & & \vdots \\ a_{i1} & a_{i2} & \cdots & a_{in} \\ \vdots & \vdots & & \vdots \\ a_{j1} & a_{j2} & \cdots & a_{jn} \\ \vdots & \vdots & & \vdots \\ a_{n1} & a_{n2} & \cdots & a_{nn} \end{vmatrix} = \sum \varepsilon(\alpha \cdots \lambda \cdots \mu \cdots \nu) a_{1\alpha} \cdots a_{i\lambda} \cdots a_{j\mu} \cdots a_{n\nu}$$

에 있어서 제i행과 제j행$(i<j)$을 바꾸어 넣으면

$$D_2 = \begin{vmatrix} a_{11} & a_{12} & \cdots & a_{1n} \\ \vdots & \vdots & & \vdots \\ a_{j1} & a_{j2} & \cdots & a_{jn} \\ \vdots & \vdots & & \vdots \\ a_{i1} & a_{i2} & \cdots & a_{in} \\ \vdots & \vdots & & \vdots \\ a_{n1} & a_{n2} & \cdots & a_{nn} \end{vmatrix} = \sum \varepsilon(\alpha \cdots \mu \cdots \lambda \cdots \nu) a_{1\alpha} \cdots a_{j\mu} \cdots a_{i\lambda} \cdots a_{n\nu}$$

순열 $\alpha \cdots \mu \cdots \lambda \cdots \nu$는 순열 $\alpha \cdots \lambda \cdots \mu \cdots \nu$에서, λ와 μ에 호환을 실시한 것이므로, 한 쪽이 우(기)순열이라면 다른 쪽은 기(우)순열이다.

그러므로

$$\varepsilon(\alpha \cdots \mu \cdots \lambda \cdots \nu) = -\varepsilon(\alpha \cdots \lambda \cdots \mu \cdots \nu)$$

그리고, n개의 요소의 곱에 대해서는

$$a_{1\alpha} \cdots a_{j\mu} \cdots a_{i\lambda} \cdots a_{n\nu} \cdots = a_{1\alpha} \cdots a_{i\lambda} \cdots a_{j\mu} \cdots a_{n\nu}$$

따라서

$$\begin{aligned} D_2 &= -\sum \varepsilon(\alpha \cdots \lambda \cdots \mu \cdots \nu) a_{1\alpha} \cdots a_{j\mu} \cdots a_{i\lambda} \cdots a_{n\nu} \\ &= -\sum \varepsilon(\alpha \cdots \lambda \cdots \mu \cdots \nu) a_{1\alpha} \cdots a_{i\lambda} \cdots a_{j\mu} \cdots a_{n\nu} \\ &= -D_1 \end{aligned}$$

계 3.7 행렬식에서 2개의 행의 대응하는 요소가 각각 같을 때, 이 행렬식의 값은 0이다.

[증명] 행렬식 D의 2개의 같은 행을 바꾸어 넣어도 원래의 행렬식과 같다. 그런데 이 2개의 행을 바꾸어 넣으면 부호만이 바뀌므로

$$D = -D, \text{ 즉 } 2D = 0$$
$$\therefore \quad D = 0$$

계 3.8 행렬식에서 2개의 행의 대응하는 요소가 비례한다면, 이 행렬식의 값은 0이다.

[증명] n차의 행렬식 $|a_{ij}|$의 제i행과 제k행의 대응하는 요소가 비례할 때

$$\frac{a_{i1}}{a_{k1}} = \frac{a_{i2}}{a_{k2}} = \cdots = \frac{a_{in}}{a_{kn}} = r$$

로 놓으면

$$a_{ij} = r a_{kj} \qquad (j = 1,\ 2,\ \cdots,\ n)$$

따라서, 제i행으로부터 공통의 인수 r을 묶어내면, 제i행과 제k행의 대응하는 요소가 각각 같아지므로, 위의 계 3.7에 의해 행렬식의 값은 0이다.

예 10. 다음 행렬식의 제1행과 제2행을 바꾸어 넣으면

$$\begin{vmatrix} a & b \\ c & d \end{vmatrix} = -\begin{vmatrix} c & d \\ a & b \end{vmatrix} = ad - bc$$

$$\begin{vmatrix} a & b & c \\ c & a & b \\ b & c & a \end{vmatrix} = -\begin{vmatrix} c & a & b \\ a & b & c \\ b & c & a \end{vmatrix} = a^3 + b^3 + c^3 - 3abc$$

예 11. 제2행과 제3행이 같으므로

$$\begin{vmatrix} 0 & 1 & -1 \\ 1 & 2 & 3 \\ 1 & 2 & 3 \end{vmatrix} = 0, \quad \begin{vmatrix} a & b & c \\ x & y & z \\ x & y & z \end{vmatrix} = 0$$

또, 제2행과 제3행의 대응하는 요소가 비례하므로

$$\begin{vmatrix} -1 & 2 & -2 \\ 1 & 3 & 0 \\ 3 & 9 & 0 \end{vmatrix} = 0, \quad \begin{vmatrix} a & b & c \\ x & y & z \\ 2x & 2y & 2z \end{vmatrix} = 0$$

정리 3·9 행렬식의 제i행의 요소가

$$a_{i1}+b_{i1},\ a_{i2}+b_{i2},\ \cdots,\ a_{in}+b_{in}$$

이라면, 이 행렬식은 제i행이 각각

$$a_{i1},\ a_{i2},\ \cdots,\ a_{in}\ ;\ b_{i1},\ b_{i2},\ \cdots, b_{in}$$

이고, 그 밖의 요소가 원래대로인 2개의 행렬식의 합과 같다.

[증명] 행렬식의 전개식을 이용하면

$$\begin{aligned} &\begin{vmatrix} a_{11} & a_{12} & \cdots & a_{1n} \\ \vdots & \vdots & & \vdots \\ a_{i1}+b_{i1} & a_{i2}+b_{i2} & \cdots & a_{in}+b_{in} \\ \vdots & \vdots & & \vdots \\ a_{n1} & a_{n2} & \cdots & a_{nn} \end{vmatrix} \\ &= \sum \varepsilon(\alpha\beta\cdots\mu\cdots\nu) a_{1\alpha}a_{2\beta}\cdots(a_{i\mu}+b_{i\mu})\cdots a_{n\nu} \\ &= \sum \varepsilon(\alpha\beta\cdots\mu\cdots\nu) a_{1\alpha}a_{2\beta}\cdots a_{i\mu}\cdots a_{n\nu} + \sum \varepsilon(\alpha\beta\cdots\mu\cdots\nu) a_{1\alpha}a_{2\beta}\cdots b_{i\mu}\cdots a_{n\nu} \\ &= \begin{vmatrix} a_{11} & a_{12} & \cdots & a_{1n} \\ \vdots & \vdots & & \vdots \\ a_{i1} & a_{i2} & \cdots & a_{in} \\ \vdots & \vdots & & \vdots \\ a_{n1} & a_{n2} & \cdots & a_{nn} \end{vmatrix} + \begin{vmatrix} a_{11} & a_{12} & \cdots & a_{1n} \\ \vdots & \vdots & & \vdots \\ b_{i1} & b_{i2} & \cdots & b_{in} \\ \vdots & \vdots & & \vdots \\ a_{n1} & a_{n2} & \cdots & a_{nn} \end{vmatrix} \end{aligned}$$

예 12. $$\begin{vmatrix} a_1+a_1' & b_1+b_1' & c_1+c_1' \\ a_2 & b_2 & c_2 \\ a_3 & b_3 & c_3 \end{vmatrix} = \begin{vmatrix} a_1 & b_1 & c_1 \\ a_2 & b_2 & c_2 \\ a_3 & b_3 & c_3 \end{vmatrix} + \begin{vmatrix} a_1' & b_1' & c_1' \\ a_2 & b_2 & c_2 \\ a_3 & b_3 & c_3 \end{vmatrix}$$

문 4. 다음 행렬식의 값을 구하여라.

(1) $\begin{vmatrix} a+x & b+y & c+z \\ a & b & c \\ x & y & z \end{vmatrix}$　　(2) $\begin{vmatrix} 1 & a & a+x \\ 1 & b & b+y \\ 1 & c & c+z \end{vmatrix}$

위의 정리 3.9와 계 3.8로부터 다음의 정리가 성립한다.

정리 3·10 행렬식에서 하나의 행의 각 요소에 동일한 수를 곱해서, 다른 행의 대응하는 요소에 더해도 행렬식의 값은 변하지 않는다.

예13. 제1행의 각 요소를 k배해서, 이들을 각각 대응하는 제2행의 요소에 더하면

$$\begin{vmatrix} a_1 & b_1 & c_1 \\ a_2 & b_2 & c_2 \\ a_3 & b_3 & c_3 \end{vmatrix} = \begin{vmatrix} a_1 & b_1 & c_1 \\ ka_1+a_2 & kb_1+b_2 & kc_1+c_2 \\ a_3 & b_3 & c_3 \end{vmatrix}$$

전술한 바와 같이, 행에 대해서 성립하는 것은 열에 대해서도 성립하므로, 제3열의 각 요소를 k배해서 제2열의 대응하는 요소에 더하면

$$\begin{vmatrix} a_1 & b_1 & c_1 \\ a_2 & b_2 & c_2 \\ a_3 & b_3 & c_3 \end{vmatrix} = \begin{vmatrix} a_1 & b_1+kc_1 & c_1 \\ a_2 & b_2+kc_2 & c_2 \\ a_3 & b_3+kc_3 & c_3 \end{vmatrix}$$

문 5. 다음 행렬식의 값을 구하여라.

(1) $\begin{vmatrix} 1 & a & b+c \\ 1 & b & c+a \\ 1 & c & a+b \end{vmatrix}$ (2) $\begin{vmatrix} b+c & a & a \\ b & c+a & b \\ c & c & a+b \end{vmatrix}$

정리 3·11 행렬식의 행벡터가 1차종속이라면, 그 행렬식의 값은 0이다.

[증명] 몇 차의 행렬식에서도 증명의 방법은 마찬가지이므로, 여기에서는 3차의 행렬식

$$D = \begin{vmatrix} a_1 & b_1 & c_1 \\ a_2 & b_2 & c_2 \\ a_3 & b_3 & c_3 \end{vmatrix}$$

에 대해서 증명하기로 한다. 이제 3개의 행벡터

$$\boldsymbol{a}_1 = (a_1,\ b_1,\ c_1),\ \boldsymbol{a}_2 = (a_2,\ b_2,\ c_2),\ \boldsymbol{a}_3 = (a_3,\ b_3,\ c_3)$$

가 1차종속이라고 하면, 전부는 0이 아닌 스칼라 α, β, γ가 존재해서

$$\alpha\boldsymbol{a}_1 + \beta\boldsymbol{a}_2 + \gamma\boldsymbol{a}_3 = \boldsymbol{0}$$

이 성립한다. 이것을 성분으로 나타내면

$$\alpha a_1 + \beta a_2 + \gamma a_3 = 0,\ \alpha b_1 + \beta b_2 + \gamma b_3 = 0,\ \alpha c_1 + \beta c_2 + \gamma c_3 = 0$$

α, β, γ 중에 0이 아닌 것이 있으므로, $\alpha \neq 0$이라 가정해도 일반성을 잃지 않는다. 따라서

$$\alpha D = \begin{vmatrix} \alpha a_1 & \alpha b_1 & \alpha c_1 \\ a_2 & b_2 & c_2 \\ a_3 & b_3 & c_3 \end{vmatrix} \quad \begin{pmatrix} \text{제2행} \times \beta + \text{제1행} \\ \text{제3행} \times \gamma + \text{제1행} \end{pmatrix}$$

$$= \begin{vmatrix} \alpha a_1 + \beta a_2 + \gamma a_3 & \alpha b_1 + \beta b_2 + \gamma b_3 & \alpha c_1 + \beta c_2 + \gamma c_3 \\ a_2 & b_2 & c_2 \\ a_3 & b_3 & c_3 \end{vmatrix}$$

$$= \begin{vmatrix} 0 & 0 & 0 \\ a_2 & b_2 & c_2 \\ a_3 & b_3 & c_3 \end{vmatrix} = 0$$

$$\therefore D = 0$$

이 정리 3.11의 대우(對偶)를 취하면, 다음의 정리가 성립한다.

정리 3 · 12

3개의 벡터

$$\boldsymbol{a}_1 = (a_1,\ b_1,\ c_1),\ \boldsymbol{a}_2 = (a_2,\ b_2,\ c_2),\ \boldsymbol{a}_3 = (a_3,\ b_3,\ c_3)$$

에 대해서

$$\begin{vmatrix} a_1 & b_1 & c_1 \\ a_2 & b_2 & c_2 \\ a_3 & b_3 & c_3 \end{vmatrix} \neq 0$$

이라면, 이들의 벡터는 1차독립이다.

예 14. 3개의 벡터

$$\boldsymbol{a} = (1,\ -2,\ 2),\ \boldsymbol{b} = (-3,\ 1,\ 2),\ \boldsymbol{c} = (-1,\ -3,\ 6)$$

에 대해서

$$2\boldsymbol{a} + \boldsymbol{b} - \boldsymbol{c} = \boldsymbol{0}$$

이 성립하므로, 이들 벡터는 1차종속이다. 따라서

$$\begin{vmatrix} 1 & -2 & 2 \\ -3 & 1 & 2 \\ -1 & -3 & 6 \end{vmatrix} = 0$$

위의 벡터 $\boldsymbol{a}$, $\boldsymbol{b}$와 $\boldsymbol{c}' = (-1,\ 3, 0)$에 대해서는

$$\begin{vmatrix} 1 & -2 & 2 \\ -3 & 1 & 2 \\ -1 & 3 & 0 \end{vmatrix} = 18 \neq 0$$

이므로, 이 3개의 벡터 $\boldsymbol{a}$, $\boldsymbol{b}$, $\boldsymbol{c}'$는 1차독립이다.

n차의 행렬식

$$|A| = |a_{ij}|$$

에 있어서, 요소 a_{ij}를 포함하는 행과 열을 제외하고 만들어지는 $(n-1)$차의 행렬식을 a_{ij}에 대한 **소행렬식**(minor)이라고 하고, 이 행렬식에 $(-1)^{i+j}$를 곱한 것을 a_{ij}의 **여인자**(餘因子, cofactor)라 하고, $\widetilde{A}_{ij}$로 나타낸다.

예를 들면 행렬식

$$\begin{vmatrix} a_{11} & a_{12} & a_{13} & a_{14} \\ a_{21} & a_{22} & a_{23} & a_{24} \\ a_{31} & a_{32} & a_{33} & a_{34} \\ a_{41} & a_{42} & a_{43} & a_{44} \end{vmatrix}$$

에 있어서, 요소 a_{11}, a_{23}에 대한 소행렬식은 각각

$$\begin{vmatrix} a_{22} & a_{23} & a_{24} \\ a_{32} & a_{33} & a_{34} \\ a_{42} & a_{43} & a_{44} \end{vmatrix}, \quad \begin{vmatrix} a_{11} & a_{12} & a_{14} \\ a_{31} & a_{32} & a_{34} \\ a_{41} & a_{42} & a_{44} \end{vmatrix}$$

이고, 여인자는 이들에 각각 $(-1)^{1+1} = 1$, $(-1)^{2+3} = -1$을 곱해서

$$\widetilde{A}_{11} = \begin{vmatrix} a_{22} & a_{23} & a_{24} \\ a_{32} & a_{33} & a_{34} \\ a_{42} & a_{43} & a_{44} \end{vmatrix}, \quad \widetilde{A}_{23} = -\begin{vmatrix} a_{11} & a_{12} & a_{14} \\ a_{31} & a_{32} & a_{34} \\ a_{41} & a_{42} & a_{44} \end{vmatrix}$$

여인자를 이용하면, 행렬식의 값을 구하는 계산에서 자주 이용되는 중요한 정리가 얻어진다.

이상에서 얻어진 정리는 다음과 같다.

정리 3 · 13

행렬식 $|A| = |a_{ij}|$의 제i행(또는 제j열)에서, a_{ij}를 제외한 모든 요소가 0일 때

$$|A| = a_{ij}\widetilde{A}_{ij}$$

이다.

[증명] 몇 차의 경우에도 마찬가지이므로, 4차의 행렬식의 경우에 대해서 증명하기로 한다. 제1행에서 a_{11} 이외의 요소가 모두 0이라고 한다. 즉

$$|A|=\begin{vmatrix} a_{11} & 0 & 0 & 0 \\ a_{21} & a_{22} & a_{23} & a_{24} \\ a_{31} & a_{32} & a_{33} & a_{34} \\ a_{41} & a_{42} & a_{43} & a_{44} \end{vmatrix}$$

전개하면, $a_{12}=a_{13}=a_{14}=0$이므로

$$\begin{aligned}|A| &= \sum \varepsilon(\alpha\beta\gamma\delta)a_{1\alpha}a_{2\beta}a_{3\gamma}a_{4\delta} \\ &= a_{11}\sum \varepsilon(1\beta\gamma\delta)a_{2\beta}a_{3\gamma}a_{4\delta}\end{aligned}$$

여기에서 β, γ, δ는 2, 3, 4의 다른 값을 취하여

$$\varepsilon(1\beta\gamma\delta)=\varepsilon(\beta\gamma\delta)$$

이므로

$$\begin{aligned}|A| &= a_{11}\sum \varepsilon(\beta\gamma\delta)a_{2\beta}a_{3\gamma}a_{4\delta} \\ &= a_{11}\begin{vmatrix} a_{22} & a_{23} & a_{24} \\ a_{32} & a_{33} & a_{34} \\ a_{42} & a_{43} & a_{44} \end{vmatrix}\end{aligned}$$

제i행에서 a_{ij} 이외의 모든 요소가 0일 때, 서로 이웃하는 두 행을 바꾸어 넣는 조작에 의해, 제i행이 제1행에 오도록 하면, $|A|$의 부호는 $(-1)^{i-1}$만큼 바뀐다. 또한 제j열이 제1열에 오도록 하면, 행렬식의 부호는 $(-1)^{j-1}$만큼 바뀐다. 따라서, a_{ij}가 제1행의 최초에 오도록 하면, $|A|$의 부호는

$$(-1)^{(i-1)+(j-1)}=(-1)^{i+j-2}=(-1)^{i+j}$$

만큼 변하므로, $|A|$는 a_{ij}의 소행렬식에 $(-1)^{i+j}a_{ij}$를 곱한 것과 같다. 따라서

$$|A|=a_{ij}\widetilde{A}_{ij}$$

행에 대해서 증명했는데, 열에 대해서도 마찬가지로 증명할 수 있다.

예 15. 행렬식 주대각선의 한 쪽의 요소가 모두 0인 행렬식, 즉 요소가

$$a_{ij}=0 \ (i>j) \text{ 혹은 } a_{ij}=0 \ (i<j)$$

를 만족하는 (n, n) 행렬 $A=(a_{ij})$의 행렬식을 **삼각행렬식**이라 한다.
예를 들면

$$\begin{vmatrix} a & 0 \\ b & c \end{vmatrix}, \quad \begin{vmatrix} a & b & c \\ 0 & d & e \\ 0 & 0 & f \end{vmatrix}$$

는 삼각행렬식이다.
삼각행렬식에 대해서는, 정리 3.13에 의해, 다음의 정리가 성립함을 알 수 있다.

정리 3·14 삼각행렬식의 값은 대각요소의 곱과 같다.

예 16. 정리 3.14를 이용해서 다음 행렬식의 값을 구해보자. 제1열을 각각 제2열, 제3열, 제4열로부터 빼서

$$D=\begin{vmatrix}1 & 1 & 1 & 1\\ 1 & 1+x & 1 & 1\\ 1 & 1 & 1+y & 1\\ 1 & 1 & 1 & 1+z\end{vmatrix}=\begin{vmatrix}1 & 0 & 0 & 0\\ 1 & x & 0 & 0\\ 1 & 0 & y & 0\\ 1 & 0 & 0 & z\end{vmatrix}$$

맨 오른쪽의 행렬식은 주각대선의 오른쪽 위의 요소가 모두 0이므로, 정리 3.14에 의해 이 값은 대각요소의 곱과 같다. 즉

$$D=xyz$$

문 6. 다음 행렬식의 값을 구하여라.

$$D=\begin{vmatrix}0 & a & b & c\\ a & -1 & 0 & 0\\ b & 0 & -1 & 0\\ c & 0 & 0 & -1\end{vmatrix}$$

예 17. 행렬식 $D=\begin{vmatrix}b+c & bc & b^2c^2\\ c+a & ca & c^2a^2\\ a+b & ab & a^2b^2\end{vmatrix}=0$

에서, $a=0$이라면

$$D=\begin{vmatrix}b+c & bc & b^2c^2\\ c & 0 & 0\\ b & 0 & 0\end{vmatrix}=0$$

마찬가지로, $b=0$에서도 $c=0$에서도 $D=0$이 된다.

다음에 $abc\neq 0$일 때, D의 제1행, 제2행, 제3행에 각각 a, b, c를 곱하고, 제2열과 제3열로부터 abc를 묶어내면

$$D=\frac{1}{abc}\begin{vmatrix}ab+ac & abc & ab^2c^2\\ bc+ab & abc & a^2bc^2\\ ac+bc & abc & a^2b^2c\end{vmatrix}=abc\begin{vmatrix}ab+ac & 1 & bc\\ bc+ab & 1 & ac\\ ac+bc & 1 & ab\end{vmatrix}$$

제3열을 제1열에 더하고, 제1열로부터 $ab+bc+ca$를 묶어내면, 제1열과 제2열이 같아진다. 즉,

$$D=\frac{1}{abc}\begin{vmatrix} ab+bc+ca & 1 & bc \\ ab+bc+ca & 1 & ac \\ ab+bc+ca & 1 & ab \end{vmatrix}=abc(ab+bc+ca)\begin{vmatrix} 1 & 1 & bc \\ 1 & 1 & ac \\ 1 & 1 & ab \end{vmatrix}=0$$

그러므로 a, b, c의 값의 여하에 관계없이 $D=0$이다.

3.4 행렬식의 전개

3.4.1 행렬식의 여인자 전개

예 16에서 4차의 행렬식의 값을 계산했는데, 그것은 특별한 행렬식이었다. 4차 및 그 이상의 행렬식의 전개식을 정의에 따라서 구하는 것은, 예를 들면, 4차의 행렬식의 경우, 그 항수가 4!=24개 있다는 것으로부터도 용이하지 않다는 것을 알 수 있다. 게다가 4차 이상의 행렬식에서는 Sarrus의 법칙에 대응하는 것이 없다. 연립3원1차방정식을 푸는데, 하나의 미지수를 소거해서 연립2원1차방정식의 해법으로 귀착시켰던 것과 마찬가지로 해서, n차의 행렬식의 전개식을 구하는 문제를 $(n-1)$차의 행렬식의 전개에 대한 문제로 유도할 수 있는지 어떤지를 살펴보기로 하자.

예를 들면, 3차의 행렬식

$$D=\begin{vmatrix} a_{11} & a_{12} & a_{13} \\ a_{21} & a_{22} & a_{23} \\ a_{31} & a_{32} & a_{33} \end{vmatrix}=\sum\varepsilon(\alpha\beta\gamma)a_{1\alpha}a_{2\beta}a_{3\gamma}$$

를 a_{11}, a_{12}, a_{13}에 대해서 정리하면

$$\begin{aligned} D&=a_{11}(a_{22}a_{33}-a_{23}a_{23})+a_{12}(a_{23}a_{31}-a_{21}a_{33})+a_{13}(a_{21}a_{32}-a_{22}a_{31}) \\ &=a_{11}\begin{vmatrix} a_{22} & a_{23} \\ a_{32} & a_{33} \end{vmatrix}-a_{12}\begin{vmatrix} a_{21} & a_{23} \\ a_{31} & a_{33} \end{vmatrix}+a_{13}\begin{vmatrix} a_{21} & a_{22} \\ a_{31} & a_{32} \end{vmatrix} \end{aligned}$$

그런데 a_{11}, a_{12}, a_{13}의 여인자는 각각

$$\widetilde{A}_{11}=\begin{vmatrix} a_{22} & a_{23} \\ a_{32} & a_{33} \end{vmatrix},\quad \widetilde{A}_{12}=-\begin{vmatrix} a_{21} & a_{23} \\ a_{31} & a_{33} \end{vmatrix},\quad \widetilde{A}_{13}=\begin{vmatrix} a_{21} & a_{22} \\ a_{31} & a_{32} \end{vmatrix}$$

이므로

$$D=a_{11}\widetilde{A}_{11}+a_{12}\widetilde{A}_{12}+a_{13}\widetilde{A}_{13}$$

행렬식 D를 이와 같이 나타내는 것을, D를 제1행에 대해서 **전개한다**(expand)고 한다.

앞의 전개식은 정리 3.9와 정리 3.13을 이용하여, 다음과 같이 해서 유도해도 좋다. 즉,

$$D=\begin{vmatrix} a_{11}+0+0 & 0+a_{12}+0 & 0+0+a_{13} \\ a_{21} & a_{22} & a_{23} \\ a_{31} & a_{32} & a_{33} \end{vmatrix}$$

$$=\begin{vmatrix} a_{11} & 0 & 0 \\ a_{21} & a_{22} & a_{23} \\ a_{31} & a_{32} & a_{33} \end{vmatrix}+\begin{vmatrix} 0 & a_{12} & 0 \\ a_{21} & a_{22} & a_{23} \\ a_{31} & a_{32} & a_{33} \end{vmatrix}+\begin{vmatrix} 0 & 0 & a_{13} \\ a_{21} & a_{22} & a_{23} \\ a_{31} & a_{32} & a_{33} \end{vmatrix}$$

$$=a_{11}\widetilde{A}_{11}+a_{12}\widetilde{A}_{12}+a_{13}\widetilde{A}_{13}$$

제2행에 대해서 생각하면

$$D=\begin{vmatrix} a_{11} & a_{12} & a_{13} \\ a_{21}+0+0 & 0+a_{22}+0 & 0+0+a_{23} \\ a_{31} & a_{32} & a_{33} \end{vmatrix}$$

$$=a_{21}\widetilde{A}_{21}+a_{22}\widetilde{A}_{22}+a_{23}\widetilde{A}_{23}$$

마찬가지로, 제3행에 대해서 전개하면

$$D=a_{31}\widetilde{A}_{31}+a_{32}\widetilde{A}_{32}+a_{33}\widetilde{A}_{33}$$

위의 3개의 식을 한데 합쳐 다음과 같이 쓸 수 있다.

$$D=a_{i1}\widetilde{A}_{i1}+a_{i2}\widetilde{A}_{i2}+a_{i3}\widetilde{A}_{i3} \quad (i=1,\ 2,\ 3)$$

행렬식의 행에 대해서 성립하는 것은 열에 대해서도 성립하고, 위의 전개는 n차 행렬식의 경우에 그대로 이용되므로, 다음 정리를 얻는다.

정리 3·15

n차의 행렬식 $D=|a_{ij}|$는, 하나의 행(열)의 각 요소 a_{ij}와 그 여인자 $\widetilde{A}_{ij}$의 곱의 합으로서 표현된다. 즉, 행에 대해서는

$$D=a_{i1}\widetilde{A}_{i1}+a_{i2}\widetilde{A}_{i2}+\cdots+a_{in}\widetilde{A}_{in} \quad (i=1,\ 2,\ \cdots,\ n)$$

열에 대해서는

$$D=a_{1j}\widetilde{A}_{1j}+a_{2j}\widetilde{A}_{2j}+\cdots+a_{nj}\widetilde{A}_{nj} \quad (j=1,\ 2,\ \cdots,\ n)$$

예 18. 다음의 행렬식을 제1행에 대해서 전개하면

$$D=\begin{vmatrix}5 & 4 & -1\\ 3 & 1 & 4\\ 2 & 3 & -2\end{vmatrix}=5\begin{vmatrix}1 & 4\\ 3 & -2\end{vmatrix}-4\begin{vmatrix}3 & 4\\ 2 & -2\end{vmatrix}-\begin{vmatrix}3 & 1\\ 2 & 3\end{vmatrix}$$
$$=5(-2-12)-4(-6-8)-(9-2)=-21$$

보통은 정리 3.10을 이용해서 가능한 한 0의 항을 만들어서 전개하면 편리하다. 예를 들면, 다음 행렬식에서 제2행에 -4를 곱하여 제1행에, 또 제2행에 -3을 곱하여 제3행에 더한다. 그리고 나서 제2열에 대해서 전개하면

$$D=\begin{vmatrix}-7 & 0 & -17\\ 3 & 1 & 4\\ -7 & 0 & -14\end{vmatrix}=\begin{vmatrix}-7 & -17\\ -7 & -14\end{vmatrix}=-21$$

행렬식 $D=|a_{ij}|$의 제i행을 제j행으로 바꾸어 놓으면, 이 새로운 행렬식은 제i행과 제j행이 같으므로 그 값은 0이다. 이것을 제i행에 대해서 전개하면

$$a_{j1}\widetilde{A}_{i1}+a_{j2}\widetilde{A}_{i2}+\cdots+a_{jn}\widetilde{A}_{in}=0 \quad (i\neq j)$$

따라서, 이것을 정리 3.15와 합쳐서, 다음의 정리가 얻어진다.

정리 3 · 16 행렬식 $D=|a_{ij}|$에 있어서의 요소 a_{ij}의 여인자를 $\widetilde{A}_{ij}$라 하면, 다음의 관계식이 성립한다.

$$\left.\begin{matrix}a_{j1}\widetilde{A}_{i1}+a_{j2}\widetilde{A}_{i2}+\cdots a_{jn}\widetilde{A}_{in}\\ a_{1j}\widetilde{A}_{1i}+a_{2j}\widetilde{A}_{2i}+\cdots a_{nj}\widetilde{A}_{ni}\end{matrix}\right\}=\begin{cases}D & (i=j)\\ 0 & (i\neq j)\end{cases}$$

주의 4. 간단한 2차 및 3차의 행렬식에 대해서, 앞의 정리가 성립하는 것을 확인해 보라.

예 19. 다음 행렬식에서, 제1열을 제2, 3, 4열로부터 각각 빼고, 제1행에 대해서 전개하면

$$D=\begin{vmatrix}1 & 1 & 1 & 1\\ 2 & 2 & 5 & -4\\ 1 & 3 & -1 & 2\\ 2 & 4 & -2 & 4\end{vmatrix}=\begin{vmatrix}1 & 0 & 0 & 0\\ 2 & 0 & 3 & -6\\ 1 & 2 & -2 & 1\\ 2 & 2 & -4 & 2\end{vmatrix}=\begin{vmatrix}0 & 3 & -6\\ 2 & -2 & 1\\ 2 & -4 & 2\end{vmatrix}$$

다음에 제3행으로부터 제2행을 빼고, 제1열에 대해서 전개하면

$$D=\begin{vmatrix}0 & 3 & -6\\ 2 & -2 & 1\\ 0 & -2 & 1\end{vmatrix}=-2\begin{vmatrix}3 & -6\\ -2 & 1\end{vmatrix}$$

$$=-2(3-12)=18$$

문 7. 다음의 행렬식 D의 값을 구하여라.

(1) $\begin{vmatrix}1 & 1 & 1 & 1 & 1\\ 1 & 2 & 2 & 2 & 2\\ 1 & 2 & 3 & 3 & 3\\ 1 & 2 & 3 & 4 & 4\\ 1 & 2 & 3 & 4 & 5\end{vmatrix}$ (2) $\begin{vmatrix}1 & 2 & 3 & 4 & 5\\ 1^2 & 2^2 & 3^2 & 4^2 & 5^2\\ 1^3 & 2^3 & 3^3 & 4^3 & 5^3\\ 1^4 & 2^4 & 3^4 & 4^4 & 5^4\\ 1^5 & 2^5 & 3^5 & 4^5 & 5^5\end{vmatrix}$

문 8. 다음의 등식을 증명하여라.

$$|A|=\begin{vmatrix}a^2+1 & ab & ac & ad\\ ba & b^2+1 & bc & bd\\ ca & cb & c^2+1 & cd\\ da & db & dc & d^2+1\end{vmatrix}$$

$$=a^2+b^2+c^2+d^2+1$$

예 20. $(n+1)$차의 행렬식

$$D(x,\ y)=\begin{vmatrix}a_{11} & a_{12} & \cdots & a_{1n} & x_1\\ a_{21} & a_{22} & \cdots & a_{2n} & x_2\\ \vdots & \vdots & & \vdots & \vdots\\ a_{n1} & a_{n2} & \cdots & a_{nn} & x_n\\ y_1 & y_2 & \cdots & y_n & 0\end{vmatrix}$$

을 행렬식 $|a_{ij}|$에 **테를 두른 행렬식**(bordered determinant)이라 한다. 이 행렬식을 제$(n+1)$열에 대해서 전개하면, x_i의 계수는

$$(-1)^{n+1+i}\begin{vmatrix}a_{11} & a_{12} & \cdots & a_{1n}\\ \vdots & \vdots & & \vdots\\ * & * & \cdots & *\\ \vdots & \vdots & & \vdots\\ a_{n1} & a_{n2} & \cdots & a_{nn}\\ y_1 & y_2 & \cdots & y_n\end{vmatrix} \quad (\text{제}i\text{행이 빠져 있다.})$$

이 행렬식을 다시 최후의 제n행에 대해서 전개하면, y_j의 계수는

$$(-1)^{n+1+i} \cdot (-1)^{n+j} \begin{vmatrix} a_{11} & \cdots & * & \cdots & a_{1n} \\ a_{21} & \cdots & * & \cdots & a_{2n} \\ \vdots & & \vdots & & \vdots \\ * & \cdots & * & \cdots & * \\ \vdots & & \vdots & & \vdots \\ a_{n-11} & \cdots & * & \cdots & a_{n-1n} \\ a_{n1} & \cdots & * & \cdots & a_{nn} \end{vmatrix} < i$$

(위의 행렬식에서 $*$ 표가 있는 열 위에 j가 표시되어 있다.)

단. 이 행렬식은 행렬식 $|a_{ij}|$로부터 $*$표가 들어 있는 제i행과 제j열을 제외한 것을 나타낸다. 따라서 이 행렬식은 $|a_{ij}|$에 있어서의 요소 a_{ij}의 소행열식과 같다.

따라서 위의 식은, 이 소행렬식에

$$(-1)^{n+1+i} \cdot (-1)^{n+j} = (-1)^{2n+i+j+1} = -(-1)^{i+j}$$

를 곱한 것이므로, $-\widetilde{A}_{ij}$와 같다.

$$\therefore \quad D(x,\ y) = -\sum_{i,j=1}^{n} \widetilde{A}_{ij} x_i y_j$$

3.4.2 Laplace[10]의 전개정리

n차의 행렬식 $|A| = |a_{ij}|$의 제 $i_1,\ i_2,\ \cdots,\ i_r$행$(i_1 < i_2 < \cdots < i_r)$과 제 $j_1,\ j_2, \cdots,\ j_r$열$(j_1 < j_2 < \cdots < j_r)$이 교차하는 곳에 있는 r^2개의 요소를 그 순서대로 취해서 만들어지는 r차의 행렬식을, $|A|$의 r차의 **소행렬식**이라 하고, 이것을

$$\Delta\begin{pmatrix} i_1 & i_2 & \cdots & i_r \\ j_1 & j_2 & \cdots & j_r \end{pmatrix}$$

로 나타낸다. 즉,

$$\Delta\begin{pmatrix} i_1 & i_2 & \cdots & i_r \\ j_1 & j_2 & \cdots & j_r \end{pmatrix} = \begin{vmatrix} a_{i_1j_1} & a_{i_1j_2} & \cdots & a_{i_1j_r} \\ a_{i_2j_1} & a_{i_2j_2} & \cdots & a_{i_2j_r} \\ \vdots & \vdots & & \vdots \\ a_{i_rj_1} & a_{i_rj_2} & \cdots & a_{i_rj_r} \end{vmatrix} \tag{3.15}$$

다음에 $|A|$의 제 $i_1,\ i_2,\ \cdots,\ i_r$행 $(i_1 < i_2 < \cdots < i_r)$과 제 $j_1,\ j_2, \cdots,\ j_r$열$(j_1 <$

10) Laplace, Pierre Simon (1749~1827 ; 프랑스)

$j_2 < \cdots < j_r$)의 요소를 제외한 나머지 $(n-r)^2$개의 요소를 그 순서대로 취해서 만들어지는 $(n-r)$차의 행렬식을

$$D\begin{pmatrix} i_1 & i_2 & \cdots & i_r \\ j_1 & j_2 & \cdots & j_r \end{pmatrix} \tag{3.16}$$

로 나타낸다. 행렬식 (3.15)와 (3.16)은 서로 다른 것의 **보족**(補足, complement)이라고 한다. 이와 같은 Δ와 D의 조는

$${}_nC_r = \frac{n(n-1)\cdots(n-r+1)}{r!}(\text{개})$$

생긴다. 간단히 하기 위해서 4차의 행렬식

$$|A| = \begin{vmatrix} a_{11} & a_{12} & a_{13} & a_{14} \\ a_{21} & a_{22} & a_{23} & a_{24} \\ a_{31} & a_{32} & a_{33} & a_{34} \\ a_{41} & a_{42} & a_{43} & a_{44} \end{vmatrix} \tag{3.17}$$

에 대해서 생각해 보기로 한다. 이것을 제1행에 대해서 전개하면

$$|A| = a_{11}\widetilde{A}_{11} + a_{12}\widetilde{A}_{12} + a_{13}\widetilde{A}_{13} + a_{14}\widetilde{A}_{14} \tag{3.18}$$

여기에서 $\widetilde{A}_{11}$, $\widetilde{A}_{12}$, $\widetilde{A}_{13}$, $\widetilde{A}_{14}$를 그것들의 제2행에 대해서 전개하면

$$\begin{aligned} \widetilde{A}_{11} &= \begin{vmatrix} a_{22} & a_{23} & a_{24} \\ a_{32} & a_{33} & a_{34} \\ a_{42} & a_{43} & a_{44} \end{vmatrix} \\ &= -a_{32}\begin{vmatrix} a_{23} & a_{24} \\ a_{43} & a_{44} \end{vmatrix} + a_{33}\begin{vmatrix} a_{22} & a_{24} \\ a_{42} & a_{44} \end{vmatrix} - a_{34}\begin{vmatrix} a_{22} & a_{23} \\ a_{42} & a_{43} \end{vmatrix} \\ &= -a_{32}D\begin{pmatrix} 1 & 3 \\ 1 & 2 \end{pmatrix} + a_{33}D\begin{pmatrix} 1 & 3 \\ 1 & 3 \end{pmatrix} - a_{34}D\begin{pmatrix} 1 & 3 \\ 1 & 4 \end{pmatrix} \end{aligned}$$

마찬가지로

$$\begin{aligned} \widetilde{A}_{12} &= a_{31}D\begin{pmatrix} 1 & 3 \\ 1 & 2 \end{pmatrix} - a_{33}\begin{pmatrix} 1 & 3 \\ 2 & 3 \end{pmatrix} + a_{34}D\begin{pmatrix} 1 & 3 \\ 2 & 4 \end{pmatrix} \\ \widetilde{A}_{13} &= -a_{31}D\begin{pmatrix} 1 & 3 \\ 1 & 3 \end{pmatrix} + a_{32}D\begin{pmatrix} 1 & 3 \\ 2 & 3 \end{pmatrix} - a_{34}D\begin{pmatrix} 1 & 3 \\ 3 & 4 \end{pmatrix} \\ \widetilde{A}_{14} &= a_{31}D\begin{pmatrix} 1 & 3 \\ 1 & 4 \end{pmatrix} - a_{32}D\begin{pmatrix} 1 & 3 \\ 2 & 4 \end{pmatrix} + a_{33}D\begin{pmatrix} 1 & 3 \\ 3 & 4 \end{pmatrix} \end{aligned}$$

이것들을 식 (3.18)에 대입하면

$$
\begin{aligned}
|A| = & -\begin{vmatrix} a_{11} & a_{12} \\ a_{31} & a_{32} \end{vmatrix} D\begin{pmatrix} 1 & 3 \\ 1 & 2 \end{pmatrix} + \begin{vmatrix} a_{11} & a_{13} \\ a_{31} & a_{33} \end{vmatrix} D\begin{pmatrix} 1 & 3 \\ 1 & 3 \end{pmatrix} - \begin{vmatrix} a_{11} & a_{14} \\ a_{31} & a_{34} \end{vmatrix} D\begin{pmatrix} 1 & 3 \\ 1 & 4 \end{pmatrix} \\
& -\begin{vmatrix} a_{12} & a_{13} \\ a_{32} & a_{33} \end{vmatrix} D\begin{pmatrix} 1 & 3 \\ 2 & 3 \end{pmatrix} + \begin{vmatrix} a_{12} & a_{14} \\ a_{32} & a_{34} \end{vmatrix} D\begin{pmatrix} 1 & 3 \\ 2 & 4 \end{pmatrix} - \begin{vmatrix} a_{13} & a_{14} \\ a_{33} & a_{34} \end{vmatrix} D\begin{pmatrix} 1 & 3 \\ 1 & 4 \end{pmatrix} \\
= & -\varDelta\begin{pmatrix} 1 & 3 \\ 1 & 2 \end{pmatrix} D\begin{pmatrix} 1 & 3 \\ 1 & 2 \end{pmatrix} + \varDelta\begin{pmatrix} 1 & 3 \\ 1 & 3 \end{pmatrix} D\begin{pmatrix} 1 & 3 \\ 1 & 3 \end{pmatrix} - \varDelta\begin{pmatrix} 1 & 3 \\ 1 & 4 \end{pmatrix} D\begin{pmatrix} 1 & 3 \\ 1 & 4 \end{pmatrix} \\
& -\varDelta\begin{pmatrix} 1 & 3 \\ 2 & 3 \end{pmatrix} D\begin{pmatrix} 1 & 3 \\ 2 & 3 \end{pmatrix} + \varDelta\begin{pmatrix} 1 & 3 \\ 2 & 4 \end{pmatrix} D\begin{pmatrix} 1 & 3 \\ 2 & 4 \end{pmatrix} - \varDelta\begin{pmatrix} 1 & 3 \\ 3 & 4 \end{pmatrix} D\begin{pmatrix} 1 & 3 \\ 3 & 4 \end{pmatrix} \\
= & \sum_{i<j} (-1)^{i+j} \varDelta\begin{pmatrix} 1 & 3 \\ i & j \end{pmatrix} D\begin{pmatrix} 1 & 3 \\ i & j \end{pmatrix}
\end{aligned}
$$

제1행과 제3행 대신에 제p행과 제q행을 취하면

$$|A| = \sum_{i<j} (-1)^{i+j+p+q} \varDelta\begin{pmatrix} p & q \\ i & j \end{pmatrix} D\begin{pmatrix} p & q \\ i & j \end{pmatrix} \quad (p<q)$$

로 표현되는 것을 확인할 수 있다. 이 식에서

$$(-1)^{i+j+p+q} D\begin{pmatrix} p & q \\ i & j \end{pmatrix} = \widetilde{A}\begin{pmatrix} p & q \\ i & j \end{pmatrix} \quad (p<q,\ i<j)$$

로 놓고, 이것은 행렬식 $|A|$에 있어서의 $\varDelta\begin{pmatrix} p & q \\ i & j \end{pmatrix}$의 **여인자**라 한다. 이것을 이용하면, 위의 식은 다음과 같이 쓸 수 있다.

$$|A| = \sum_{i<j} \varDelta\begin{pmatrix} p & q \\ i & j \end{pmatrix} \widetilde{A}\begin{pmatrix} p & q \\ i & j \end{pmatrix} \tag{3.19}$$

특히, 행렬식 $|A|$에 있어서, 그 제2행과 제3행이 같을 경우, 즉

$$|A| = \begin{vmatrix} a_{11} & a_{12} & a_{13} & a_{14} \\ a_{21} & a_{22} & a_{23} & a_{24} \\ a_{21} & a_{22} & a_{23} & a_{24} \\ a_{41} & a_{42} & a_{43} & a_{44} \end{vmatrix}$$

의 경우에는, $|A| = 0$이고, 또한

$$\varDelta\begin{pmatrix} 1 & 3 \\ i & j \end{pmatrix} = \varDelta\begin{pmatrix} 1 & 2 \\ i & j \end{pmatrix}$$

이므로,

$$|A| = \sum_{i<j} \varDelta\begin{pmatrix} 1 & 2 \\ i & j \end{pmatrix} \widetilde{A}\begin{pmatrix} 1 & 3 \\ i & j \end{pmatrix} = 0$$

으로 된다.

이상을 정리하면,

$$\sum_{i<j} \varDelta\begin{pmatrix} p' & q' \\ i & j \end{pmatrix} \widetilde{A}\begin{pmatrix} p' & q' \\ i & j \end{pmatrix} = \begin{cases} |A| & (p,\ q) = (p',\ q')\text{일 때} \\ 0 & (p,\ q) \neq (p',\ q')\text{일 때} \end{cases}$$

일반적으로 n차의 행렬식 $|A|$에 있어서 r차의 소행렬식

$\varDelta\begin{pmatrix} p_1 & p_2 & \cdots & p_r \\ i_1 & i_2 & \cdots & i_r \end{pmatrix}$의 보족을 $D\begin{pmatrix} p_1 & p_2 & \cdots & p_r \\ i_1 & i_2 & \cdots & i_r \end{pmatrix}$라 하고,

$$(-1)^{(p_1+p_2+\cdots+p_r)+(i_1+i_2+\cdots+i_r)} D\begin{pmatrix} p_1 & p_2 & \cdots & p_r \\ i_1 & i_2 & \cdots & i_r \end{pmatrix} = \widetilde{A}\begin{pmatrix} p_1 & p_2 & \cdots & p_r \\ i_1 & i_2 & \cdots & i_r \end{pmatrix}$$

을 $\varDelta\begin{pmatrix} p_1 & p_2 & \cdots & p_r \\ i_1 & i_2 & \cdots & i_r \end{pmatrix}$의 여인자라 한다.

이상에서 다음의 정리가 성립한다.

정리 3 · 17

n차의 행렬식 $|A|$에 있어서의 $\varDelta\begin{pmatrix} p_1 & p_2 & \cdots & p_r \\ i_1 & i_2 & \cdots & i_r \end{pmatrix}$의 여인자를 $\widetilde{A}\begin{pmatrix} p_1 & p_2 & \cdots & p_r \\ i_1 & i_2 & \cdots & i_r \end{pmatrix}$라 하면, 다음의 관계식이 성립한다.

$$\sum_{(i)} \varDelta\begin{pmatrix} p_1 & p_2 & \cdots & p_r \\ i_1 & i_2 & \cdots & i_r \end{pmatrix} \widetilde{A}\begin{pmatrix} q_1 & q_2 & \cdots & q_r \\ i_1 & i_2 & \cdots & i_r \end{pmatrix}$$

$$= \begin{cases} |A| & ((p_1\, p_2 \cdots p_r) = (q_1\, q_2 \cdots q_r)\text{일 때}) \\ 0 & ((p_1\, p_2 \cdots p_r) \neq (q_1\, q_2 \cdots q_r)\text{일 때}) \end{cases}$$

여기에서 $\sum_{(i)}$는 $p_1,\ p_2,\ \cdots,\ p_r\,(p_1 < p_2 < \cdots < p_r)$ 및 $q_1,\ q_2,\ \cdots,\ q_r\,(q_1 < q_2 < \cdots < q_r)$을 고정하고, 1, 2, 3, …, n으로부터 r개를 모든 방법으로 취한 $i_1,\ i_2,\ \cdots,\ i_r\,(i_1 < i_2 < \cdots < i_r)$에 대한 총합을 나타낸다.[11)]

11) 증명은 생략한다. 필요하다면 행렬 및 행렬식에 관한 전문서적을 참조하기 바란다.

위의 식에서 $(p_1\ p_2 \cdots p_r) = (q_1\ q_2 \cdots q_r)$일 때, 좌변을 행렬식 $|A|$의 **Laplace의 전개식(Laplace's development)**이라 한다. 이 전개식의 항의 수는 ${}_nC_r$이다. 전술한 식 (3.9)는 4차의 행렬식 (3.17)을 제p행과 제q행을 이용한 Laplace의 전개식이다. 단, $p < q$이다.

예 21. 다음 행렬식의 최초의 n행에 대해서 전개하면

$$\begin{vmatrix} a_{11} & \cdots & a_{1n} & 0 & \cdots & 0 \\ \vdots & & \vdots & \vdots & & \vdots \\ a_{n1} & \cdots & a_{nn} & 0 & \cdots & 0 \\ c_{11} & \cdots & c_{1n} & b_{11} & \cdots & b_{1m} \\ \vdots & & \vdots & \vdots & & \vdots \\ c_{m1} & \cdots & c_{mn} & b_{m1} & \cdots & b_{mm} \end{vmatrix} = \begin{vmatrix} a_{11} & \cdots & a_{1n} \\ \vdots & & \vdots \\ a_{n1} & \cdots & a_{nn} \end{vmatrix} \begin{vmatrix} b_{11} & \cdots & b_{1m} \\ \vdots & & \vdots \\ b_{m1} & \cdots & b_{mm} \end{vmatrix}$$

3.5 행렬식의 곱

이제 $A = (a_{ij})$, $B(b_{ij})$를 모두 3차의 정방행렬이라 한다. A에 B를 오른쪽으로부터 곱한 행렬 AB도 3차의 정방행렬이다. 이것들의 요소를 원래대로의 위치에 놓은 3차의 행렬식

$$|AB| = \begin{vmatrix} a_{11}b_{11}+a_{12}b_{21}+a_{13}b_{31} & a_{11}b_{12}+a_{12}b_{22}+a_{13}b_{32} & a_{11}b_{13}+a_{12}b_{23}+a_{13}b_{33} \\ a_{21}b_{11}+a_{22}b_{21}+a_{23}b_{31} & a_{21}b_{12}+a_{22}b_{22}+a_{23}b_{32} & a_{21}b_{13}+a_{22}b_{23}+a_{23}b_{33} \\ a_{31}b_{11}+a_{32}b_{21}+a_{33}b_{31} & a_{31}b_{12}+a_{32}b_{22}+a_{33}b_{32} & a_{31}b_{13}+a_{32}b_{23}+a_{33}b_{33} \end{vmatrix}$$

은, 정리 3.9에 의해서 $3^3 = 27$개의 행렬식의 대수합으로 나타내어진다.

이들 행렬식은 어느 것도

$$\begin{vmatrix} a_{1\alpha}b_{\alpha 1} & a_{1\beta}b_{\beta 2} & a_{1\gamma}b_{\gamma 3} \\ a_{2\alpha}b_{\alpha 1} & a_{2\beta}b_{\beta 2} & a_{2\gamma}b_{\gamma 3} \\ a_{3\alpha}b_{\alpha 1} & a_{3\beta}b_{\beta 2} & a_{3\gamma}b_{\gamma 3} \end{vmatrix} = b_{\alpha 1}b_{\beta 2}b_{\gamma 3} \begin{vmatrix} a_{1\alpha} & a_{1\beta} & a_{1\gamma} \\ a_{2\alpha} & a_{2\beta} & a_{2\gamma} \\ a_{3\alpha} & a_{3\beta} & a_{3\gamma} \end{vmatrix} \qquad (3.20)$$

의 형태를 하고 있다. 이 우변은 좌변의 제 1, 2, 3열로부터, 각각 $b_{\alpha 1}$, $b_{\beta 2}$, $b_{\gamma 3}$을 묶어낸 것이다.

이 식에서 α, β, γ는 1, 2, 3의 값을 임의로 취할 수 있는데, 그 중에 만일 같은 것이 있으면, 예를 들면 $\beta = \gamma$라면 우변의 행렬식의 제2열과 제3열이 같아져서 행렬식

의 값이 0이 된다. 따라서, 27개 중 α, β, γ가 다른 값을 취하는 것만이 남는다.

즉 α, β, γ의 순열 중

$$\alpha\beta\gamma = 123,\ 231,\ 312 \quad (\text{우순열})$$

와

$$\alpha\beta\gamma = 132,\ 213,\ 321 \quad (\text{기순열})$$

에 대응하는 것만이 남는다. 우순열에서는 (3.20)의 우변의 행렬식은

$$\begin{vmatrix} a_{11} & a_{12} & a_{13} \\ a_{21} & a_{22} & a_{23} \\ a_{31} & a_{32} & a_{33} \end{vmatrix} = |A|$$

와 같고, 기순열의 경우는 이 행렬식에 마이너스 부호를 붙인 것과 같다. 따라서, (3.20)은

$$\varepsilon(\alpha\beta\gamma)b_{\alpha1}b_{\beta2}b_{\gamma3}|A|$$

로 표현된다. 따라서, $\alpha\beta\gamma$에 대한 모든 순열의 합은

$$\sum\varepsilon(\alpha\beta\gamma)b_{\alpha1}b_{\beta2}b_{\gamma3}|A| = |B|\,|A|$$

일반적으로 $A=(a_{ij})$, $B=(b_{ij})$를 n차의 정방행렬이라 할 때, $|AB|$의 $(i,\ j)$ 요소 c_{ij}는

$$c_{ij} = \sum_{k=1}^{n} a_{ik}b_{kj} \quad (i,\ j=1,\ 2,\ \cdots,\ n)$$

이므로, $n=3$의 경우와 마찬가지로

$$\begin{aligned} |AB| &= |\sum_{k=1}^{n} a_{ik}b_{kj}| \\ &= \sum b_{\alpha1}b_{\beta2}\cdots b_{\nu n}\begin{vmatrix} a_{1\alpha} & a_{1\beta} & \cdots & a_{1\nu} \\ a_{2\alpha} & a_{2\beta} & \cdots & a_{2\nu} \\ \vdots & \vdots & & \vdots \\ a_{n\alpha} & a_{n\beta} & \cdots & a_{n\nu} \end{vmatrix} \end{aligned} \tag{3.21}$$

여기에서 $\sum$는 $\alpha\beta\cdots\nu$의 모든 순열에 대한 합을 나타내는데, 이것들 중에 같은 것

이 있으면 식 (3.21)의 행렬식의 값이 0이 된다.

따라서 α, β, $\cdots$, ν가 다른 값을 취할 경우만이 남고, $\alpha\beta\cdots\nu$가 우순열의 경우에는

$$b_{\alpha 1}b_{\beta 2}\cdots b_{\nu n}|A|$$

와 같고, 기순열의 경우에는

$$-b_{\alpha 1}b_{\beta 2}\cdots b_{\nu n}|A|$$

와 같다.

따라서,

$$\begin{aligned}|AB| &= \sum \varepsilon(\alpha\beta\cdots\nu)b_{\alpha 1}b_{\beta 2}\cdots b_{\nu n}|A| \\ &= |B||A|\end{aligned}$$

이상으로부터 다음의 정리가 성립한다.

정리 3·18 n차의 정방행렬 A, B의 적 AB로부터 만든 행렬식 $|AB|$의 값은, A의 행렬식 $|A|$와 B의 행렬식 $|B|$의 곱과 같다. 즉

$$|AB| = |A||B|$$

[증명] 앞에서 $n=3$의 경우를 예로 들어 일반적인 경우에 이 정리의 증명의 한 방법을 보였는데, 이제 Laplace의 전개를 이용한 증명을 보이기로 한다.

$2n$차의 행렬식

$$D=\begin{vmatrix} b_{11} & b_{12} & \cdots & b_{1n} & -1 & 0 & \cdots & 0 \\ b_{21} & b_{22} & \cdots & b_{2n} & 0 & -1 & \cdots & 0 \\ \vdots & \vdots & & \vdots & \vdots & \vdots & & \vdots \\ b_{n1} & b_{n2} & \cdots & b_{nn} & 0 & 0 & \cdots & -1 \\ 0 & 0 & \cdots & 0 & a_{11} & a_{12} & \cdots & a_{1n} \\ 0 & 0 & \cdots & 0 & a_{21} & a_{22} & \cdots & a_{2n} \\ \vdots & \vdots & & \vdots & \vdots & \vdots & & \vdots \\ 0 & 0 & \cdots & 0 & a_{n1} & a_{n21} & \cdots & a_{nn} \end{vmatrix}$$

을 처음의 n행에 대해서 Laplace의 전개를 실시하면, 끝의 n행으로 되는 n차의 행렬식은 $|A|=|a_{ij}|$ 뿐이므로, 위의 행렬식의 값은

$$D=|A||B|$$

와 같다.

한편, 위의 행렬식의 제$(n+1)$, $(n+2)$, $\cdots$, $2n$ 열에 각각 b_{11}, b_{21}, $\cdots$, b_{n1}을 곱해서 제1열에 더하면, 제1열의 처음 n행의 요소는 모두 0이 된다. 또 제$(n+1)$, $(n+2)$, $\cdots$, $2n$열

에 각각 b_{12}, b_{22}, $\cdots$, b_{n2}를 곱해서 제2열에 더하면, 제2열의 처음 n행의 요소는 모두 0이 된다.

이하 마찬가지로 해서, 제$(n+1)$, $(n+2)$, $\cdots$, $2n$ 열에 각각 b_{1n}, b_{2n}, $\cdots$, b_{nn}을 곱해서 제n열에 더하면, 제n열의 처음 n행의 요소는 모두 0이 된다.

그래서

$$c_{ij} = \sum_{k=1}^{n} a_{ik} b_{kj}$$

로 놓고, 처음 n행에 대해서 Laplace의 전개를 하면

$$D = \begin{vmatrix} 0 & 0 & \cdots & 0 & -1 & 0 & \cdots & 0 \\ 0 & 0 & \cdots & 0 & 0 & -1 & \cdots & 0 \\ \vdots & \vdots & & \vdots & \vdots & \vdots & & \vdots \\ 0 & 0 & \cdots & 0 & 0 & 0 & \cdots & -1 \\ c_{11} & c_{12} & \cdots & c_{1n} & a_{11} & a_{12} & \cdots & a_{1n} \\ c_{21} & c_{22} & \cdots & c_{2n} & a_{21} & a_{22} & \cdots & a_{2n} \\ \vdots & \vdots & & \vdots & \vdots & \vdots & & \vdots \\ c_{n1} & c_{n2} & \cdots & c_{nn} & a_{n1} & a_{n2} & \cdots & a_{nn} \end{vmatrix}$$

$$= (-1)^{1+2+\cdots+2n} |c_{ij}| \begin{vmatrix} -1 & 0 & \cdots & 0 \\ 0 & -1 & \cdots & 0 \\ \vdots & \vdots & & \vdots \\ 0 & 0 & \cdots & -1 \end{vmatrix}$$

$$= (-1)^{2n(2n+1)/2} (-1)^n |c_{ij}|$$

$$= (-1)^{2n(n+1)} |c_{ij}| = |c_{ij}| = |AB|$$

$$\therefore \quad |AB| = |A|\ |B|$$

주의 5. 행렬의 경우는 A, B가 같은 차수의 정방행렬일 때, 곱 AB와 BA가 만들어지지만, 곱셈에 대해서 일반적으로는 교환법칙이 성립하지 않으므로 $AB \neq BA$이다. 그러나 행렬식으로서는

$$|AB| = |BA| = |A|\ |B|$$

이다.

예 22. $A = \begin{pmatrix} 1 & 2 \\ 3 & 1 \end{pmatrix}$, $B = \begin{pmatrix} 3 & -1 \\ -1 & 2 \end{pmatrix}$일 때 $AB = \begin{pmatrix} 1 & 3 \\ 8 & -1 \end{pmatrix}$, $BA = \begin{pmatrix} 0 & 5 \\ 5 & 0 \end{pmatrix}$이므로

$|AB| = \begin{vmatrix} 1 & 3 \\ 8 & -1 \end{vmatrix} = -25$, $|BA| = \begin{vmatrix} 0 & 5 \\ 5 & 0 \end{vmatrix} = -25$

예 23. $$\begin{vmatrix} 0 & c & b \\ c & 0 & a \\ b & a & 0 \end{vmatrix} \begin{vmatrix} 0 & c & b \\ c & 0 & a \\ b & a & 0 \end{vmatrix} = \begin{vmatrix} b^2+c^2 & ab & ca \\ ab & c^2+a^2 & bc \\ ca & bc & a^2+b^2 \end{vmatrix}$$

좌변의 2개의 행렬식은 같고, 그 값은 $2abc$이므로, 우변의 행렬식의 값은 $4a^2b^2c^2$이다.

예 24. $D=\begin{vmatrix} a_{11} & a_{12} & \cdots & a_{1n} \\ a_{21} & a_{22} & \cdots & a_{2n} \\ \vdots & \vdots & & \vdots \\ a_{n1} & a_{n2} & \cdots & a_{nn} \end{vmatrix}$, $\varDelta\begin{vmatrix} \widetilde{A}_{11} & \widetilde{A}_{12} & \cdots & \widetilde{A}_{1n} \\ \widetilde{A}_{21} & \widetilde{A}_{22} & \cdots & \widetilde{A}_{2n} \\ \vdots & \vdots & & \vdots \\ \widetilde{A}_{n1} & \widetilde{A}_{n2} & \cdots & \widetilde{A}_{nn} \end{vmatrix}$

라 하면,

$$\varDelta = D^{n-1}$$

이 성립하는 것을 증명하기로 한다. 단, $\widetilde{A}_{ij}$는 행렬식 D의 요소 a_{ij}의 여인자이다. 행렬식 D의 전치행렬식 ${}^tD$와 $\varDelta$의 곱을 만들면, 정리 3.16, 3.18에 의해

$$D\varDelta = {}^tD\varDelta = \begin{vmatrix} a_{11} & a_{21} & \cdots & a_{n1} \\ a_{12} & a_{22} & \cdots & a_{n2} \\ \vdots & \vdots & & \vdots \\ a_{1n} & a_{2n} & \cdots & a_{nn} \end{vmatrix} \begin{vmatrix} \widetilde{A}_{11} & \widetilde{A}_{12} & \cdots & \widetilde{A}_{1n} \\ \widetilde{A}_{21} & \widetilde{A}_{22} & \cdots & \widetilde{A}_{2n} \\ \vdots & \vdots & & \vdots \\ \widetilde{A}_{n1} & \widetilde{A}_{n2} & \cdots & \widetilde{A}_{nn} \end{vmatrix}$$

$$= \begin{vmatrix} D & & & \\ & D & & \\ & & \ddots & \\ & & & D \end{vmatrix} = D^n$$

그러므로, $D \neq 0$이라면

$$\varDelta = D^{n-1}$$

다음에 $D=0$일 때는 $\varDelta=0$인 것을 보이기로 한다. D의 요소가 모두 0일 때는 분명히 $\varDelta=0$이다. D의 요소 중에 0이 아닌 것이 있을 때, 예를 들면 $a_{11} \neq 0$일 때는, $\varDelta$에 대해서 제1열에 a_{11}을 곱하고, 그리고 제2, 3, $\cdots$, n열에는 각각 a_{12}, a_{13}, $\cdots$, a_{1n}을 곱해서 제1열에 더하면, 정리 3.16에 의해

$$a_{11}\varDelta = \begin{vmatrix} a_{11}\widetilde{A}_{11} & \widetilde{A}_{12} & \cdots & \widetilde{A}_{1n} \\ a_{11}\widetilde{A}_{21} & \widetilde{A}_{22} & \cdots & \widetilde{A}_{2n} \\ \vdots & \vdots & & \vdots \\ a_{11}\widetilde{A}_{n1} & \widetilde{A}_{n2} & \cdots & \widetilde{A}_{nn} \end{vmatrix} = \begin{vmatrix} a_{11}\widetilde{A}_{11}+a_{12}\widetilde{A}_{12}+\cdots+a_{1n}\widetilde{A}_{1n} & \widetilde{A}_{12} & \cdots & \widetilde{A}_{1n} \\ a_{11}\widetilde{A}_{21}+a_{12}\widetilde{A}_{22}+\cdots+a_{1n}\widetilde{A}_{2n} & \widetilde{A}_{22} & \cdots & \widetilde{A}_{2n} \\ \vdots & \vdots & & \vdots \\ a_{11}\widetilde{A}_{n1}+a_{12}\widetilde{A}_{n2}+\cdots+a_{1n}\widetilde{A}_{nn} & \widetilde{A}_{n2} & \cdots & \widetilde{A}_{nn} \end{vmatrix}$$

$$= \begin{vmatrix} D & \widetilde{A}_{12} & \cdots & \widetilde{A}_{1n} \\ O & \widetilde{A}_{22} & \cdots & \widetilde{A}_{2n} \\ \vdots & \vdots & & \vdots \\ O & \widetilde{A}_{n2} & \cdots & \widetilde{A}_{nn} \end{vmatrix} = \begin{vmatrix} O & \widetilde{A}_{12} & \cdots & \widetilde{A}_{1n} \\ O & \widetilde{A}_{22} & \cdots & \widetilde{A}_{2n} \\ \vdots & \vdots & & \vdots \\ O & \widetilde{A}_{n2} & \cdots & \widetilde{A}_{nn} \end{vmatrix} = 0$$

$a_{11} \neq 0$이므로

$$\varDelta = 0$$

그러므로 D와 $\varDelta$의 사이에는 항상 $\varDelta = D^{n-1}$의 관계가 있다.

주의 6. 행렬식 $\varDelta = |\tilde{A}_{ij}|$를 $D = |a_{ij}|$의 **상반행렬식**(相反行列式, reciprocal determinant)이라 한다.

지금까지는 A, B가 같은 차수의 정방행렬일 때, 행렬 AB에 대해서

$$|AB| = |A|\ |B|$$

가 성립하는 것을 설명했다. 다음에 정리 3.18을 특별한 경우로서 포함하는 정리를 유도하기로 한다.

일반적으로 A가 $(m,\ n)$ 행렬이고, B가 $(n,\ m)$ 행렬인 경우에는, 곱 AB는 m차의 정방행렬이므로, 행렬식 $|AB|$를 만들 수 있다. 이제 간단히 하기 위해서 $m = 3,\ n = 2$인 경우, 즉

$$A = \begin{pmatrix} a_1 & a_1' \\ a_2 & a_2' \\ a_3 & a_3' \end{pmatrix},\quad B = \begin{pmatrix} b_1 & b_2 & b_3 \\ b_1' & b_2' & b_3' \end{pmatrix}$$

의 경우에 대해서 생각해 보자.

$$AB = \begin{pmatrix} a_1b_1 + a_1'b_1' & a_1b_2 + a_1'b_2' & a_1b_3 + a_1'b_3' \\ a_2b_1 + a_2'b_1' & a_2b_2 + a_2'b_2' & a_2b_3 + a_2'b_3' \\ a_3b_1 + a_3'b_1' & a_3b_2 + a_3'b_2' & a_3b_3 + a_3'b_3' \end{pmatrix}$$

이로부터 행렬식 $|AB|$를 만들면, 정리 3.5에 의해

$$\begin{vmatrix} a_1b_1 & a_1b_2 & a_1b_3 \\ a_2b_1 & a_2b_2 & a_2b_3 \\ a_3b_1 & a_3b_2 & a_3b_3 \end{vmatrix} = b_1b_2b_3 \begin{vmatrix} a_1 & a_1 & a_1 \\ a_2 & a_2 & a_2 \\ a_3 & a_3 & a_3 \end{vmatrix}$$

$$\begin{vmatrix} a_1b_1 & a_1'b_2' & a_1'b_3' \\ a_2b_1 & a_2'b_2' & a_2'b_3' \\ a_3b_1 & a_3'b_2' & a_3'b_3' \end{vmatrix} = b_1b_2'b_3' \begin{vmatrix} a_1 & a_1' & a_1' \\ a_2 & a_2' & a_2' \\ a_3 & a_3' & a_3' \end{vmatrix}$$

등과 같은 $2^3 = 8$개의 행렬식의 합으로 분해된다. 이들 행렬식을 우변과 같이 각 열

에 대해서 공통의 인수를 묶어내면, 어느 것도 0이 된다. 그러므로 이 경우는

$$|AB| = 0$$

이다.

다음에 $m=2,\ n=3$인 경우, 즉

$$A = \begin{pmatrix} a_1 & a_2 & a_3 \\ a_1' & a_2' & a_3' \end{pmatrix}, \quad B = \begin{pmatrix} b_1 & b_1' \\ b_2 & b_2' \\ b_3 & b_3' \end{pmatrix}$$

의 경우에는

$$AB = \begin{pmatrix} a_1b_1 + a_2b_2 + a_3b_3 & a_1b_1' + a_2b_2' + a_3b_3' \\ a_1'b_1 + a_2'b_2 + a_3'b_3 & a_1'b_1' + a_2'b_2' + a_3'b_3' \end{pmatrix}$$

정리 3.5에 의해 행렬식 $|AB|$를 $3^2 = 9$개의 행렬식으로 분해하면, 이 중에 3개의 행렬식에 대해서는

$$\begin{vmatrix} a_\alpha b_\alpha & a_\alpha b_\alpha' \\ a_\alpha' b_\alpha & a_\alpha' b_\alpha' \end{vmatrix} = b_\alpha b_\alpha' \begin{vmatrix} a_\alpha & a_\alpha' \\ a_\alpha' & a_\alpha' \end{vmatrix} = 0 \quad (\alpha = 1,\ 2,\ 3)$$

이고, 나머지 6개의 행렬식은 2개씩 합쳐서

$$|AB| = \begin{vmatrix} a_1 & a_2 \\ a_1' & a_2' \end{vmatrix}\begin{vmatrix} b_1 & b_1' \\ b_2 & b_2' \end{vmatrix} + \begin{vmatrix} a_1 & a_3 \\ a_1' & a_3' \end{vmatrix} + \begin{vmatrix} b_1 & b_1' \\ b_3 & b_3' \end{vmatrix}$$
$$+ \begin{vmatrix} a_2 & a_3 \\ a_2' & a_3' \end{vmatrix}\begin{vmatrix} b_2 & b_2' \\ b_3 & b_3' \end{vmatrix}$$

과 같이 변형된다.

이것은 다음과 같이 표현된다. 행렬 A의 제i열과 제j열을 취해서 만들어지는 2차의 정방행렬을 A_{ij}, 행렬 B의 제i행과 제j행을 취해서 만든 행렬을 B_{ij}라 하면

$$|AB| = \sum_{(i<j)} |A_{ij}|\ |B_{ij}| \quad (i = 1, 2; j = 2, 3)$$

일반적으로 다음의 정리가 성립한다.

정리 3 · 19

$A=(a_{ij})$, $B=(b_{jk})$를 각각 $(m,\ n)$형, $(n,\ m)$형의 행렬이라 하면, AB는 m차의 정방행렬이고

$$\begin{aligned} &m>n\text{이면} \quad |AB|=0 \\ &m=n\text{이면} \quad |AB|=|A|\ |B| \\ &m<n\text{이면} \quad |AB|=\sum_{i_1<i_2<\cdots<i_m} |A_{i_1 i_2 \cdots i_m}|\ |B_{i_1 i_2 \cdots i_m}| \end{aligned}$$

이다. 여기에서 $A_{i_1 i_2 \cdots i_m}$은 행렬 A의 제i_1열, 제i_2열, …, 제i_m열 $(i_1<i_2<\cdots<i_m)$로 되는 m차의 정방행렬이고, $B_{i_1 i_2 \cdots i_m}$은 행렬 B의 제i_1행, 제i_2행, …, 제i_m행으로 되는 m차의 정방행렬이다. 그리고 $\sum$는 1, 2, …, n으로부터 m개 취한 ${}_nC_m$개의 조합 $i_1 i_2 \cdots i_m$의 전부에 대해서 취한 합을 나타낸다.

이것은 정리 3.18을 특별한 경우로서 포함하고 있으므로, 일종의 확장이라고 생각할 수 있다. 전술한 특별한 경우를 참고로 하면, 이 정리의 증명은 그다지 어렵지 않으므로 생략하기로 한다.

예 25.

$$|AB|=\left|\begin{pmatrix} a_1 & b_1 \\ a_2 & b_2 \\ a_3 & b_3 \end{pmatrix}\begin{pmatrix} u_1 & u_2 & u_3 \\ v_1 & v_2 & v_3 \end{pmatrix}\right|$$

$$=\begin{vmatrix} a_1u_1+b_1v_1 & a_1u_2+b_1v_2 & a_1u_3+b_1v_3 \\ a_2u_1+b_2v_1 & a_2u_2+b_2v_2 & a_2u_3+b_2v_3 \\ a_3u_1+b_3v_1 & a_3u_2+b_3v_2 & a_3u_3+b_3v_3 \end{vmatrix}$$

이 마지막 행렬식을 정리 3.9에 의해 $2^3=8$개의 행렬식으로 분해하면, 분명히 어느 행렬식에도 같은 열이 있으므로 모두 0이다. 그러므로

$$|AB|=0$$

또

$$|AB|=\left|\begin{pmatrix} a_1 & a_2 & \cdots & a_n \\ b_1 & b_2 & \cdots & b_n \end{pmatrix}\begin{pmatrix} a_1 & b_1 \\ a_2 & b_2 \\ \vdots & \vdots \\ a_n & b_n \end{pmatrix}\right|$$

$$=\begin{vmatrix} a_1^2+a_2^2+\cdots+a_n^2 & a_1b_1+a_2b_2+\cdots+a_nb_n \\ a_1b_1+a_2b_2+\cdots+a_nb_n & b_1^2+b_2^2+\cdots+b_n^2 \end{vmatrix}$$

$$=(a_1^2+a_2^2+\cdots a_n^2)(b_1^2+b_2^2+\cdots b_n^2)-(a_1b_1+a_2b_2+\cdots a_nb_n)^2 \quad ①$$

한편, 정리 3.19를 이용하면

$$|AB| = \sum_{\alpha<\beta} \begin{vmatrix} a_\alpha & a_\beta \\ b_\alpha & b_\beta \end{vmatrix} \begin{vmatrix} a_\alpha & a_\alpha \\ b_\beta & b_\beta \end{vmatrix} = \sum_{\alpha<\beta} \begin{vmatrix} a_\alpha & a_\beta \\ b_\alpha & b_\beta \end{vmatrix}^2 = \sum_{\alpha<\beta} (a_\alpha b_\beta - a_\beta b_\alpha)^2 \qquad ②$$

따라서 ①, ②로부터 다음의 등식이 얻어진다.

$$\begin{aligned} &(a_1^2 + a_2^2 + \cdots + a_n^2)(b_1^2 + b_2^2 + \cdots + b_n^2) - (a_1 b_1 + a_2 b_2 \cdots + a_n b_n)^2 \\ &= \sum_{\alpha<\beta} (a_\alpha b_\beta - a_\beta b_\alpha)^2 \end{aligned}$$

이 식에서 a_i, $b_i (i = 1, 2, \cdots, n)$가 모두 실수인 경우에는, 부등식

$$(a_1^2 + a_2^2 + \cdots + a_n^2)(b_1^2 + b_2^2 + \cdots b_n^2) \geqq (a_1 b_1 + a_2 b_2 \cdots a_n b_n)^2$$

이 얻어진다. 이것은 제1장 1.2에서 기술했던 **Schwarz의 부등식**이다. 이 부등식에서 등호가 성립하는 것은

$$a_\alpha b_\beta - a_\beta b_\alpha = 0 \quad (\alpha, \beta = 1, 2, \cdots, n)$$

즉

$$\frac{a_1}{b_1} = \frac{a_2}{b_2} = \cdots = \frac{a_n}{b_n}$$

의 경우에 한한다.

문 9. $A = \begin{pmatrix} b^2 + c^2 & ab & ac \\ ab & c^2 + a^2 & bc \\ ac & bc & a^2 + b^2 \end{pmatrix}$, $B = \begin{pmatrix} -a^2 & ab & ac \\ ba & -b^2 & bc \\ ca & cb & -c^2 \end{pmatrix}$

라고 할 때, $|AB|$를 계산함으로써, 행렬식 $|A|$를 구하여라.

문 10. n차 행렬식 $|A| = |a_{ij}|$의 (i, j)요소의 여인자(餘因子)를 $\widetilde{A}_{ij}$라 할 때, 다음의 등식을 증명하여라.

$$\Delta_r = \begin{vmatrix} \widetilde{A}_{r+1\, r+1} & \widetilde{A}_{r+1\, r+2} & \cdots & \widetilde{A}_{r+1\, n} \\ \widetilde{A}_{r+2\, r+1} & \widetilde{A}_{r+2\, r+2} & \cdots & \widetilde{A}_{r+2\, n} \\ \vdots & \vdots & & \vdots \\ \widetilde{A}_{n\, r+1} & \widetilde{A}_{n\, r+2} & \cdots & \widetilde{A}_{n\, n} \end{vmatrix} = |A|^{n-r-1} \begin{vmatrix} a_{11} & a_{12} & \cdots & a_{1r} \\ a_{21} & a_{22} & \cdots & a_{2r} \\ \vdots & \vdots & & \vdots \\ a_{r1} & a_{r2} & \cdots & a_{rr} \end{vmatrix}$$

(이것을 **Jacobi**[12]**의 공식**이라 한다.)

3.6 수반행렬과 역행렬

n차 정방행렬 $A=(a_{ij})$에 있어서, a_{ij}의 여인자 $\widetilde{A}_{ij}$를 $(j,\ i)$요소로 하는 행렬을 **수반행렬**(隨伴行列, adjoint matrix)이라 하고, adj A로 표현한다.

$$adj\ \ A=\begin{pmatrix} \widetilde{A}_{11} & \widetilde{A}_{21} & \cdots & \widetilde{A}_{n1} \\ \widetilde{A}_{12} & \widetilde{A}_{22} & \cdots & \widetilde{A}_{n2} \\ \vdots & \vdots & & \vdots \\ \widetilde{A}_{1n} & \widetilde{A}_{2n} & \cdots & \widetilde{A}_{nn} \end{pmatrix}$$

정리 3·20 $A(adj\,A)=|A|I_n,\quad (adj\,A)A=|A|I_n$

[증명] 정리 3.16에 의해

$$A(adj A)=\begin{pmatrix} a_{11} & a_{12} & \cdots & a_{1n} \\ a_{21} & a_{22} & \cdots & A_{2n} \\ \vdots & \vdots & & \vdots \\ a_{n1} & a_{n2} & \cdots & a_{nn} \end{pmatrix}\begin{pmatrix} \widetilde{A}_{11} & \widetilde{A}_{21} & \cdots & \widetilde{A}_{n1} \\ \widetilde{A}_{12} & \widetilde{A}_{22} & \cdots & \widetilde{A}_{n2} \\ \vdots & \vdots & & \vdots \\ \widetilde{A}_{1n} & \widetilde{A}_{2n} & \cdots & \widetilde{A}_{nn} \end{pmatrix}$$

$$=\begin{pmatrix} \sum_{i=1}^{n} a_{1_i}\widetilde{A}_{1_i} & \sum_{i=1}^{n} a_{1_i}\widetilde{A}_{2_i} & \cdots & \sum_{i=1}^{n} a_{1_i}\widetilde{A}_{n_i} \\ \sum_{i=1}^{n} a_{2_i}\widetilde{A}_{1_i} & \sum_{i=1}^{n} a_{2_i}\widetilde{A}_{2_i} & \cdots & \sum_{i=1}^{n} a_{2_i}\widetilde{A}_{n_i} \\ \vdots & \vdots & & \vdots \\ \sum_{i=1}^{n} a_{n_i}\widetilde{A}_{1_i} & \sum_{i=1}^{n} a_{n_i}\widetilde{A}_{2_i} & \cdots & \sum_{i=1}^{n} a_{n_i}\widetilde{A}_{n_i} \end{pmatrix}$$

$$=\begin{pmatrix} |A| & & & \\ & |A| & & \\ & & \ddots & \\ & & & |A| \end{pmatrix}=|A|I_n$$

이다. 제2식도 마찬가지이다.

정리 3·21 정방행렬 A가 정칙행렬이기 위한 필요충분조건은, $|A|\neq 0$이다. 그리고, 이 때

$$A^{-1}=\frac{1}{|A|}adj\,A$$

[증명] (필요성) A가 정칙행렬이라면 $AA^{-1}=I$가 된다. 따라서 정리 3.18에 의해,

$$|A||A^{-1}|=|AA^{-1}|=|I|=1$$

이 된다. 따라서 $|A|\neq 0$이다.

---

12) Jacobi, Carl Gustav Jacob (1804~1851 ; 독일)

(충분성) $|A| \neq 0$이면, 정리 3.20에 의해,

$$\frac{1}{|A|}A(adj\,A) = A\frac{adj\,A}{|A|} = I, \quad \frac{1}{|A|}(adj\,A)A = \frac{adj\,A}{|A|}A = I$$

가 성립하므로, A는 정칙이고, $A^{-1} = \frac{1}{|A|}adj\,A$가 된다.

예 26. A가 정칙행렬일 때, $AA^{-1} = I$로부터 $|A||A^{-1}| = |I| = 1$

$$\therefore |A^{-1}| = \frac{1}{|A|}$$

예 27. $A = \begin{pmatrix} 1 & -2 & -1 \\ -3 & 6 & 5 \\ 2 & -5 & -4 \end{pmatrix}$에 대해서, $|A| = 2 \neq 0$,

$$\tilde{A}_{11} = \begin{vmatrix} 6 & 5 \\ -5 & -4 \end{vmatrix} = 1, \quad \tilde{A}_{21} = -\begin{vmatrix} -2 & -1 \\ -5 & -4 \end{vmatrix} = -3, \quad \tilde{A}_{31} = \begin{vmatrix} -2 & -1 \\ 6 & 5 \end{vmatrix} = -4,$$

$$\tilde{A}_{12} = -\begin{vmatrix} -3 & 5 \\ 2 & -4 \end{vmatrix} = -2, \quad \tilde{A}_{22} = \begin{vmatrix} 1 & -1 \\ 2 & -4 \end{vmatrix} = -2, \quad \tilde{A}_{32} = -\begin{vmatrix} 1 & -1 \\ -3 & 5 \end{vmatrix} = -2,$$

$$\tilde{A}_{13} = \begin{vmatrix} -3 & 6 \\ 2 & -5 \end{vmatrix} = 3, \quad \tilde{A}_{23} = -\begin{vmatrix} 1 & -2 \\ 2 & -5 \end{vmatrix} = 1, \quad \tilde{A}_{33} = \begin{vmatrix} 1 & -2 \\ -3 & 6 \end{vmatrix} = 0$$

이므로, 그 수반행렬 $adj\,A$및 역행렬 A^{-1}는 다음과 같이 주어진다.

$$adj\,A = \begin{pmatrix} 1 & -3 & -4 \\ -2 & -2 & -2 \\ 3 & 1 & 0 \end{pmatrix}, \quad A^{-1} = \frac{1}{2}\begin{pmatrix} 1 & -3 & -4 \\ -2 & -2 & -2 \\ 3 & 1 & 0 \end{pmatrix}$$

예 28. n차 정방행렬 $A = (a_{ij})$의 여인자행렬을 $adj\,A = (\tilde{A}_{ji})$라 할 때

$$adj(adj\,A) = |A|^{n-2}A$$

인 것을 증명해 보자.

먼저 $adj\,A = (\tilde{A}_{ji})$의 행렬식은 $|adj\,A| = |\tilde{A}_{ji}| = |\tilde{A}_{ij}|$이고,

$$\begin{aligned} |A||adj\,A| &= |A||\tilde{A}_{ji}| \\ &= \begin{vmatrix} a_{11} & a_{12} & \cdots & a_{1n} \\ a_{21} & a_{22} & \cdots & A_{2n} \\ \vdots & \vdots & & \vdots \\ a_{n1} & a_{n2} & \cdots & a_{nn} \end{vmatrix} \begin{vmatrix} \tilde{A}_{11} & \tilde{A}_{21} & \cdots & \tilde{A}_{n1} \\ \tilde{A}_{12} & \tilde{A}_{22} & \cdots & \tilde{A}_{n2} \\ \vdots & \vdots & & \vdots \\ \tilde{A}_{1n} & \tilde{A}_{2n} & \cdots & \tilde{A}_{nn} \end{vmatrix} \\ &= \det(|A|I) = |A|^n \end{aligned}$$

이므로, $|adj\ A| = |A|^{n-1}$이다.

$$A(adj\ A) = |A|I \text{이므로,}$$

$$|A|adj\ (adj\ A) = A(adj\ A)adj(adj\ A) = A \cdot |adj\ A|I = |A|^{n-1}A$$

$$\therefore\ \ adj(adj\ A) = |A|^{n-2}A$$

3.7 특수한 행렬식

행렬식 $|a_{ij}|$의 주대각선에 대해서 대칭의 위치에 있는 요소가 모두 같을 때, 즉 $a_{ij} = a_{ji}$가 항상 성립할 때, $|a_{ij}|$를 **대칭행렬식**이라 한다. 또 주대각선에 대해서 대칭의 위치에 있는 요소가 부호만 다를 때, 즉 $a_{ij} = -a_{ji}$일 때, $|a_{ij}|$를 **교대행렬식**이라 한다. 교대행렬식에서는

$$a_{ii} = -a_{ii} \qquad \therefore a_{ii} = 0$$

즉 주대각선상의 요소는 모두 0이다.

예를 들면

$$\begin{vmatrix} a & c \\ c & b \end{vmatrix},\ \begin{vmatrix} a & h & g \\ h & b & f \\ g & f & c \end{vmatrix}$$

등은 대칭행렬식이다. 또

$$\begin{vmatrix} 0 & a \\ -a & 0 \end{vmatrix},\ \begin{vmatrix} 0 & a & b \\ -a & 0 & c \\ -b & -c & 0 \end{vmatrix}$$

등은 교대행렬식이다.

예 29. A, B가 n차 정방행렬일 때, 다음 식을 증명해 보자.

$$\begin{vmatrix} A & B \\ B & A \end{vmatrix} = |A-B||A+B|$$

$A = (a_{ij})$, $B = (b_{ij})$로 놓는다.

$$
\begin{vmatrix} A & B \\ B & A \end{vmatrix} \overset{①}{=} \left|\begin{array}{ccc|ccc} a_{11} & \cdots & a_{1n} & b_{11} & \cdots & b_{1n} \\ \vdots & & \vdots & \vdots & & \vdots \\ a_{n1} & \cdots & a_{nn} & b_{n1} & \cdots & b_{nn} \\ \hline b_{11}+a_{11} & \cdots & b_{1n}+a_{1n} & a_{11}+b_{11} & \cdots & a_{1n}+b_{1n} \\ \vdots & & \vdots & \vdots & & \vdots \\ b_{n1}+a_{n1} & \cdots & b_{nn}+a_{nn} & a_{n1}+b_{n1} & \cdots & a_{nn}+b_{nn} \end{array}\right|
$$

$$
\overset{②}{=} \left|\begin{array}{ccc|ccc} a_{11}-b_{11} & \cdots & a_{1n}-b_{1n} & b_{11} & \cdots & b_{1n} \\ \vdots & & \vdots & \vdots & & \vdots \\ a_{n1}-b_{n1} & \cdots & a_{nn}-b_{nn} & b_{n1} & \cdots & b_{nn} \\ \hline 0 & \cdots & 0 & a_{11}+b_{11} & \cdots & a_{1n}+b_{1n} \\ \vdots & & \vdots & \vdots & & \vdots \\ 0 & \cdots & 0 & a_{n1}+b_{n1} & \cdots & a_{nn}+b_{nn} \end{array}\right|
$$

$$
= \begin{vmatrix} a_{11}-b_{11} & \cdots & a_{1n}-b_{1n} \\ \vdots & & \vdots \\ a_{n1}-b_{n1} & \cdots & a_{nn}-b_{nn} \end{vmatrix} \begin{vmatrix} a_{11}+b_{11} & \cdots & a_{1n}+b_{1n} \\ \vdots & & \vdots \\ a_{n1}+b_{n1} & \cdots & a_{nn}+b_{nn} \end{vmatrix}
$$

$$
= |A-B||A+B|
$$

여기서 ① : 1행을 $n+1$행에, 2행을 $n+2$행에, ⋯, n행을 $2n$행에 더한다.
② : 1열에서 $n+1$열을, 2열에서 $n+2$열을, ⋯, n열에서 $2n$열을, 각각 뺀다.

주의 7. 위의 예에서, 결코 $\begin{vmatrix} A & B \\ B & A \end{vmatrix} = |A^2-B^2|$이라고 지레 짐작해서는 안 된다. 만일, n차 정방행렬 A, B가 $AB=BA$를 만족할 때는 이 등식이 성립한다. 예 29를 참고하면서 이 등식을 증명해 보기 바란다. 예 29의 행렬식 $\begin{vmatrix} A & B \\ B & A \end{vmatrix}$와 같은 형태를 **준대칭행렬식**이라 한다.

예 30. 2차의 교대행렬식에 대해서는

$$
\begin{vmatrix} 0 & a \\ -a & 0 \end{vmatrix} = a^2
$$

3차의 교대행렬식 $D = \begin{vmatrix} 0 & a & b \\ -a & 0 & c \\ -b & -c & 0 \end{vmatrix}$에 대해서는, 각각의 행에 -1을 곱해서

$$
(-1)^3 D = \begin{vmatrix} 0 & -a & -b \\ a & 0 & -c \\ b & c & 0 \end{vmatrix} = D
$$

즉,

$$-D=D \qquad \therefore D=0$$

또한 4차의 교대행렬식

$$D=\begin{vmatrix} 0 & a & b & c \\ -a & 0 & d & e \\ -b & -d & 0 & f \\ -c & -e & -f & 0 \end{vmatrix}$$

에서는, 먼저 $f \neq 0$일 때 제2열에 f를 곱한 행렬식 fD에 대해서, 제3열, 제4열에 각각 $-e$, d를 곱해서 제2열에 더하면,

$$fD=\begin{vmatrix} 0 & af-be+cd & b & c \\ -a & 0 & d & e \\ -b & 0 & 0 & f \\ -c & 0 & -f & 0 \end{vmatrix} \qquad \text{(제2열에 대해서 전개)}$$

$$=-(af-be+cd)\begin{vmatrix} -a & d & e \\ -b & 0 & f \\ -c & -f & 0 \end{vmatrix} \qquad \text{(Sarrus의 법칙으로 전개)}$$

$$=-(af-be+cd)(-af^2+bef-cdf)$$

양단의 식을 f로 나누어

$$D=(af-be+cd)^2 \qquad ①$$

다음에 $f=0$일 때는, 마지막 2행에 대해서 Laplace전개를 하면,

$$D=\begin{vmatrix} 0 & a & b & c \\ -a & 0 & d & e \\ -b & -d & 0 & 0 \\ -c & -e & 0 & 0 \end{vmatrix}=\begin{vmatrix} -b & -d \\ -c & -e \end{vmatrix}\begin{vmatrix} b & c \\ d & e \end{vmatrix}$$

$$=(be-cd)^2=(af-be+cd)^2$$

그러므로 D에 대해서는 항상 ①이 성립한다.

앞의 예 30으로부터 다음의 정리가 성립한다.

정리 3·22

n차의 교대행렬식 $D=|a_{ij}|$에 대해서,

(1) n이 홀수일 때, $D=0$이고

(2) n이 짝수일 때, D는 성분의 완전평방다항식 P_n^2이다.

[증명] (1) $|a_{ij}|$에 대해서는 $a_{ij}=-a_{ji}$이므로, 각각의 행에 -1을 곱하면, $|a_{ij}|$의 전치행렬식 $|a_{ji}|$가 얻어진다. 따라서, n이 홀수이므로

$$(-1)^n|a_{ij}|=|a_{ji}|,\ 즉 -D=D$$

$$\therefore D=0$$

(2) $n=2m$인 m에 대한 수학적 귀납법에 의한다. 앞의 예에서 $m=1,\ 2$일 때는 성립한다. m일 때 성립한다고 가정한다. $n+2=2(m+1)$차일 때, 문 10의 Jacobi의 공식으로부터,

$$\begin{vmatrix} \tilde{A}_{n+1\ n+1} & \tilde{A}_{n+1\ n+2} \\ \tilde{A}_{n+2\ n+1} & \tilde{A}_{n+2\ n+2} \end{vmatrix} = D \begin{vmatrix} a_{11} & \cdots & a_{1n} \\ \vdots & & \vdots \\ a_{n1} & \cdots & a_{nn} \end{vmatrix} \quad (=DP^2 \text{으로 놓을수 있다.})$$

$\tilde{A}_{n+1\ n+1}=\tilde{A}_{n+2\ n+2}=0$ ($\because$ 홀수차 교대행렬식) 또, $\tilde{A}_{n+2\ n+1}=-\tilde{A}_{n+1\ n+2}$임을 확인할 수 있으므로, ($D$는 계수의 다항식이고) $D=(\tilde{A}_{n+1\ n+2}/P)^2$이다.

예 31. 다음 행렬식은 **Vandermonde**[13]**의 행렬식**이라고 알려지고 있다.

$$\begin{vmatrix} 1 & 1 & \cdots & 1 \\ x_1 & x_2 & \cdots & x_n \\ x_1^2 & x_2^2 & \cdots & x_n^2 \\ \vdots & \vdots & & \vdots \\ x_1^{n-1} & x_2^{n-1} & \cdots & x_n^{n-1} \end{vmatrix} = \prod_{1\leq i<j\leq n}(x_j-x_i)$$

가 성립함을 증명해 보기로 한다. n에 관한 수학적 귀납법에 의한다.

$n=2$일 때는 분명히 성립하며, $n>2$로서 $n-1$에 대해서는 등식이 성립한다고 가정한다.

$$좌변=\begin{vmatrix} 1 & 0 & \cdots & 0 \\ x_1 & x_2-x_1 & \cdots & x_n-x_1 \\ x_1^2 & x_2^2-x_1^2 & \cdots & x_n^2-x_1^2 \\ \vdots & \vdots & & \vdots \\ x_1^{n-1} & x_2^{n-1}-x_1^{n-1} & \cdots & x_n^{n-1}-x_1^{n-1} \end{vmatrix}$$

(1열$\times(-1)$을, 2, 3, $\cdots$, n열에 더한다.)

$$=\begin{vmatrix} x_2-x_1 & x_3-x_1 & \cdots & x_n-x_1 \\ x_2^2-x_1^2 & x_3^2-x_1^2 & \cdots & x_n^2-x_1^2 \\ \vdots & \vdots & & \vdots \\ x_2^{n-1}-x_1^{n-1} & x_3^{n-1}-x_1^{n-1} & \cdots & x_n^{n-1}-x_1^{n-1} \end{vmatrix}$$

($i=1,\ 2,\ \cdots,\ n-1$에 대해서, i행$\times(-x_1)$을 $i+1$행에 더한다.)

13) Vandermonde, Alexandre Théophile (1735~1796 ; 프랑스)

$$=\begin{vmatrix} x_2-x_1 & x_3-x_1 & \cdots & x_n-x_1 \\ {x_2}^2-x_1x_2 & {x_3}^2-x_1x_3 & \cdots & {x_n}^2-x_1x_n \\ \vdots & \vdots & & \vdots \\ {x_2}^{n-1}-x_1{x_2}^{n-2} & {x_3}^{n-1}-x_1{x_3}^{n-2} & \cdots & {x_n}^{n-1}-x_1{x_n}^{n-2} \end{vmatrix}$$

(1, 2, $\cdots$, $n-1$)열로부터, 각각 x_2-x_1, x_3-x_1, $\cdots$, x_n-x_1을 묶어낸다.)

$$=(x_2-x_1)(x_3-x_1)\cdots(x_n-x_1)\begin{vmatrix} 1 & 1 & \cdots & 1 \\ x_2 & x_3 & \cdots & x_n \\ \vdots & \vdots & & \vdots \\ x_2^{n-2} & x_3^{n-2} & \cdots & x_n^{n-2} \end{vmatrix}$$

$$=(x_2-x_1)(x_3-x_1)\cdots(x_n-x_1)\prod_{2\leqq i<j\leqq n}(x_j-x_i)$$

$=$ 우변

(우변의 행렬식은, $n-1$차의 Vandermonde의 행렬식이므로 귀납법의 가정에 의해 $\prod_{2\leqq i<j\leqq n}(x_j-x_i)$와 같다.)

주의 8. 이와 같은 행렬식의 변형방법은 중요하다. 그런 의미에서 이 행렬식이 중시되는 것이다. 예를 들면 다음의 행렬식은, 제2열로부터 a, 제3열로부터 b를 묶어내면 Vandermonde의 행렬식이 되므로

$$D=\begin{vmatrix} 1 & a & b & 1 \\ 1 & a^2 & b^2 & -1 \\ 1 & a^3 & b^3 & 1 \\ 1 & a^4 & b^4 & -1 \end{vmatrix}=ab\begin{vmatrix} 1 & 1 & 1 & 1 \\ 1 & a & b & -1 \\ 1^2 & a^2 & b^2 & (-1)^2 \\ 1^3 & a^3 & b^3 & (-1)^3 \end{vmatrix}$$

$$=ab(a-1)(b-1)(-1-1)(b-a)(-1-a)(-1-b)$$

$$=2ab(a+1)(a-1)(b+1)(b-1)(a-b)$$

예 32. n개의 n차원 벡터

$$\boldsymbol{v}_i=(a_{i1},\ a_{i2},\ \cdots,\ a_{in})\quad (i=1, 2,\ \cdots,\ n)$$

의 내적$(\boldsymbol{v}_i,\ \boldsymbol{v}_j)$은

$$(\boldsymbol{v}_i,\ \boldsymbol{v}_j)=a_{i1}a_{j1}+a_{i2}a_{j2}+\cdots+a_{in}a_{jn}$$

으로 정의된다. 이들 벡터의 성분을 요소로 하는 행렬식의 제곱을 만들면

$$\begin{vmatrix} a_{11} & a_{12} & \cdots & a_{1n} \\ a_{21} & a_{22} & \cdots & a_{2n} \\ \vdots & \vdots & & \vdots \\ a_{n1} & a_{n2} & \cdots & a_{nn} \end{vmatrix}^2=\begin{vmatrix} a_{11} & a_{12} & \cdots & a_{1n} \\ a_{21} & a_{22} & \cdots & a_{2n} \\ \vdots & \vdots & & \vdots \\ a_{n1} & a_{n2} & \cdots & a_{nn} \end{vmatrix}\begin{vmatrix} a_{11} & a_{21} & \cdots & a_{n1} \\ a_{12} & a_{22} & \cdots & a_{n2} \\ \vdots & \vdots & & \vdots \\ a_{1n} & a_{2n} & \cdots & a_{nn} \end{vmatrix}$$

$$=\begin{vmatrix} (\boldsymbol{v}_1, \boldsymbol{v}_1) & (\boldsymbol{v}_1, \boldsymbol{v}_2) & \cdots & (\boldsymbol{v}_1, \boldsymbol{v}_n) \\ (\boldsymbol{v}_2, \boldsymbol{v}_1) & (\boldsymbol{v}_2, \boldsymbol{v}_2) & \cdots & (\boldsymbol{v}_2, \boldsymbol{v}_n) \\ \vdots & \vdots & & \vdots \\ (\boldsymbol{v}_n, \boldsymbol{v}_1) & (\boldsymbol{v}_n, \boldsymbol{v}_2) & \cdots & (\boldsymbol{v}_n, \boldsymbol{v}_n) \end{vmatrix}$$

이것은 대칭행렬식으로 **Gram의 행렬식**이라 불리우고 있다. 특히, n개의 벡터 $\boldsymbol{v}_i(i=1, 2, \cdots ,n)$가 모두 단위벡터이고, 2개씩 서로 직교할 때

$$(\boldsymbol{v}_i, \boldsymbol{v}_j)=\begin{cases} 1 & (i=j\text{일 때}) \\ 0 & (i \neq j\text{일 때}) \end{cases}$$

이므로, 위의 행렬식의 값은 1이다.

또, n개의 벡터 $\boldsymbol{v}_i(i=1, 2, \cdots, n)$가 1차종속인 경우에는 $|a_{ij}|=0$이므로, 위의 행렬식의 값은 0이다.

예 33. n차 행렬식

$$D_n=\begin{vmatrix} 2 & 1 & & & \\ 1 & 2 & 1 & & \\ & \ddots & \ddots & \ddots & \\ & & 1 & 2 & 1 \\ & & & 1 & 2 \end{vmatrix}$$

을, 제1행에 대해서 전개하면,

$$D_n=2\begin{vmatrix} 2 & 1 & & & & \\ 1 & 2 & 1 & & & \\ & 1 & 2 & 1 & & \\ & & \ddots & \ddots & \ddots & \\ & & & 1 & 2 & 1 \\ & & & & 1 & 2 \end{vmatrix}-\begin{vmatrix} 1 & 1 & & & & \\ & 2 & 1 & & & \\ & 1 & 2 & 1 & & \\ & & \ddots & \ddots & \ddots & \\ & & & 1 & 2 & 1 \\ & & & & 1 & 2 \end{vmatrix}$$

(우변이 행렬식은, 모두 $n-1$차)

$$=2\begin{vmatrix} 2 & 1 & & & & \\ 1 & 2 & 1 & & & \\ & 1 & 2 & 1 & & \\ & & \ddots & \ddots & \ddots & \\ & & & 1 & 2 & 1 \\ & & & & 1 & 2 \end{vmatrix}-\begin{vmatrix} 2 & 1 & & & \\ 1 & 2 & 1 & & \\ & \ddots & \ddots & \ddots & \\ & & 1 & 2 & 1 \\ & & & 1 & 2 \end{vmatrix}$$

(두 번째 항의 행렬식을 제1열에 대해서 전개)

그러므로, 다음의 전개식이 얻어진다.

$$D_n = 2D_{n-1} - D_{n-2} \quad (\text{단}, n \geqq 3)$$

$$\begin{aligned} \therefore D_n - D_{n-1} &= D_{n-1} - D_{n-2} \\ &= D_{n-2} - D_{n-3} = \cdots \\ &= D_3 - D_2 = 4 - 3 = 1 \end{aligned}$$

$$\left(\because D_2 = \begin{vmatrix} 2 & 1 \\ 1 & 2 \end{vmatrix} = 3,\ D_3 = \begin{vmatrix} 2 & 1 & \\ 1 & 2 & 1 \\ & 1 & 2 \end{vmatrix} = 4 \right)$$

$$\therefore D_n - D_{n-1} = 1$$

$$\begin{aligned} \therefore D_n &= 1 + D_{n-1} = 1 + (1 + D_{n-2}) = 2 + D_{n-2} = \cdots \\ &= (n-2) + D_2 = (n-2) + 3 = n + 1 \end{aligned}$$

따라서, $D_n = n+1$, 이것은 $n=2$일 때도 만족한다.

이와 전개되는 것을 **점화식**(漸化式, recurrence formula)이라 한다.

연습문제

1. 다음 행렬식의 값을 계산하여라.

(1) $\begin{vmatrix} 4 & 9 & 2 \\ 3 & 5 & 7 \\ 8 & 1 & 6 \end{vmatrix}$

(2) $\begin{vmatrix} 1 & w & w^2 \\ w & w^2 & 1 \\ w^2 & 1 & w \end{vmatrix}$ $\quad (w^3=1,\ w\neq 1)$

(3) $\begin{vmatrix} 1 & 2 & 6 & -2 \\ 7 & 4 & -1 & 19 \\ 3 & 5 & -3 & 14 \\ 1 & 1 & 2 & 1 \end{vmatrix}$

(4) $\begin{vmatrix} a+d & 3a & 2a+b & b+d \\ 2b & b+d & c-b & c-d \\ a+c & c-2d & d & a+3d \\ b-d & c-d & a+c & a+b \end{vmatrix}$

2. 다음 행렬식의 전개를 인수분해한 형태로 나타내어라.

(1) $\begin{vmatrix} a & a^2 & b+c \\ b & b^2 & c+a \\ c & c^2 & a+b \end{vmatrix}$ (2) $\begin{vmatrix} a & bc & b+c \\ b & ca & c+a \\ c & ab & a+b \end{vmatrix}$

(3) $\begin{vmatrix} 1 & b+c & a^2 \\ 1 & c+a & b^2 \\ 1 & a+b & c^2 \end{vmatrix}$ (4) $\begin{vmatrix} 1 & a & a^4 \\ 1 & b & b^4 \\ 1 & c & c^4 \end{vmatrix}$

3. 다음의 등식을 증명하여라.

(1) $\begin{vmatrix} a+b+2c & a & b \\ c & b+c+2a & b \\ c & a & c+a+2b \end{vmatrix} = 2(a+b+c)^3$

(2) $\begin{vmatrix} (b+c)^2 & ab & ca \\ ab & (c+a)^2 & bc \\ ca & bc & (a+b)^2 \end{vmatrix} = 2abc(a+b+c)^3$

4. 다음 행렬식의 값을 구하여라.

(1) $\begin{vmatrix} 1 & a & b & c+d \\ 1 & b & c & d+a \\ 1 & c & d & a+b \\ 1 & d & a & b+c \end{vmatrix}$ (2) $\begin{vmatrix} 1 & a & a^2 & a^3+bcd \\ 1 & b & b^2 & b^3+cda \\ 1 & c & c^2 & c^3+dab \\ 1 & d & d^2 & d^3+abc \end{vmatrix}$

연습문제

5. 다음의 등식을 증명하여라.

(1) $\begin{vmatrix} 1+a & 1 & 1 & 1 \\ 1 & 1+b & 1 & 1 \\ 1 & c & 1+c & 1 \\ 1 & d & 1 & 1+d \end{vmatrix} = abcd(1+\frac{1}{a}+\frac{1}{b}+\frac{1}{c}+\frac{1}{d})$

(2) $\begin{vmatrix} a & b & c & d \\ -b & a & -d & c \\ -c & d & a & -b \\ -d & -c & b & a \end{vmatrix} = (a^2+b^2+c^2+d^2)^2$

6. 행렬식의 승법으로부터 다음의 등식이 성립한다.

$$\begin{vmatrix} 1+a_1b_1 & 1+a_1b_2 & 1+a_1b_3 \\ 1+a_2b_1 & 1+a_2b_2 & 1+a_2b_3 \\ 1+a_3b_1 & 1+a_3b_2 & 1+a_3b_3 \end{vmatrix} = \begin{vmatrix} 1 & a_1 & 0 \\ 1 & a_2 & 0 \\ 1 & a_3 & 0 \end{vmatrix} \begin{vmatrix} 1 & 1 & 1 \\ b_1 & b_2 & b_3 \\ 0 & 0 & 0 \end{vmatrix}$$

이것을 참고로 해서 다음의 행렬식을 같은 차수의 2행렬식의 곱으로 나타내고, 그 값을 구하여라.

(1) $\begin{vmatrix} a_1+b_1 & a_1+b_2 & a_1+b_3 \\ a_2+b_1 & a_2+b_2 & a_2+b_3 \\ a_3+b_1 & a_3+b_2 & a_3+b_3 \end{vmatrix}$

(2) $\begin{vmatrix} 1 & \cos\alpha & \cos 2\alpha & \cos 3\alpha \\ \cos\alpha & 1 & \cos\alpha & \cos 2\alpha \\ \cos 2\alpha & \cos\alpha & 1 & \cos\alpha \\ \cos 3\alpha & \cos 2\alpha & \cos\alpha & 1 \end{vmatrix}$

7. $\begin{vmatrix} a_1+x & a_2 & \cdots & a_n \\ a_1 & a_2+x & \cdots & a_n \\ \vdots & \vdots & & \vdots \\ a_1 & a_2 & \cdots & a_n+x \end{vmatrix} = x^{n-1}(x+a_1+a_2+\cdots+a_n)$

을 증명하고, 다음 행렬식의 값을 구하여라.

(1) $\begin{vmatrix} 1+x & 2 & 3 & 4 \\ 1 & 2+x & 3 & 4 \\ 1 & 2 & 3+x & 4 \\ 1 & 2 & 3 & 4+x \end{vmatrix}$

(2) $\begin{vmatrix} x & a & a & \cdots & a \\ a & x & a & \cdots & a \\ \vdots & \vdots & \vdots & & \vdots \\ a & a & a & \cdots & x \end{vmatrix}$ (n차)

연습문제

8. $$\begin{vmatrix} a_0 & -1 & & & \\ a_1 & x & -1 & & \\ a_2 & & x & \ddots & \\ \vdots & & & \ddots & -1 \\ a_n & & & & x \end{vmatrix} = a_0x^n + a_1x^{n-1} + \cdots + a_{n-1}x + a_n$$

을 증명하여라.

9. $$D = \begin{vmatrix} a & b & c & d \\ b & a & d & c \\ c & d & a & b \\ d & c & b & a \end{vmatrix}, \quad D_0 = \begin{vmatrix} 1 & 1 & 1 & 1 \\ 1 & 1 & -1 & -1 \\ 1 & -1 & 1 & -1 \\ 1 & -1 & -1 & 1 \end{vmatrix}$$

에 대해서 다음의 문제에 답하여라.

(1) 행렬식 D_0의 값을 구하여라.

(2) 곱 DD_0를 만듦으로 해서, 행렬식 D의 전개식을 인수분해하여라.

10. 다음 행렬식의 값을 구하여라.

$$\begin{vmatrix} 1 & 1 & 1 & \cdots & 1 \\ 1 & 2 & 3 & \cdots & n \\ 1 & 2^2 & 3^2 & \cdots & n^2 \\ \vdots & \vdots & \vdots & & \vdots \\ 1 & 2^{n-1} & 3^{n-1} & \cdots & n^{n-1} \end{vmatrix}$$

연립1차방정식 4

4.1 행렬의 계수

4.1.1 계수의 정의

정의 영행렬이 아닌 $(m,\ n)$행렬 A가, 유한 회의 기본변형에 의해, 표준형

$$\begin{pmatrix} I_r & O \\ O & O \end{pmatrix} \quad (1 \leqq r \leqq m,\ 1 \leqq r \leqq n)$$

으로 될 때, 바꾸어 말하면 적당한 m차 정칙행렬 P, n차 정칙행렬 Q에 의해서

$$PAQ = \begin{pmatrix} I_r & O \\ O & O \end{pmatrix}$$

라고 표시될 때(제2장 보조정리 2.15, 2.15' 참조), 또한 그 때에 한해서, r을 행렬 A의 **계수**(階數, rank)라 하고

$$\text{rank}\ A = r$$

이라 쓴다. 제2장 정리 2.13에 의해, 이와 같은 r는 존재하는 것을 알 수 있고, 다음의 정리 4.1에 의해, 이 r는 기본변형의 방법에 관계없이, 행렬 A에 대해서 단 하나 정해지는 것을 알 수 있다. 영행렬 O의 계수는 0이라 정의한다.

정의로부터, $(m,\ n)$행렬 A에 대해서, $0 \leqq rank A \leqq m,\ 0 \leqq rank A \leqq n$.

정리 4·1

$(m,\ n)$행렬 A가 m차 정칙행렬 P, X, n차 정칙행렬 Q, Y에 의해

$$PAQ=\begin{pmatrix} I_r & O \\ O & O \end{pmatrix},\ XAY=\begin{pmatrix} I_s & O \\ O & O \end{pmatrix}$$

로 되었다고 하면, $r=s$가 성립한다.

[증명] 가정의 첫 번째 식으로부터 A를 구하고, 그것을 두 번째 식에 대입해 보면,

$$XP^{-1}\begin{pmatrix} I_r & O \\ O & O \end{pmatrix}Q^{-1}Y=\begin{pmatrix} I_s & O \\ O & O \end{pmatrix}$$

을 얻는다. XP^{-1}, $Q^{-1}Y$를 각각 다음과 같이 분할한다.

$$XP^{-1}=\begin{pmatrix} \overbrace{B}^{r} & \overbrace{C}^{m-r} \\ D & F \end{pmatrix}\begin{matrix} \}r \\ \}m-r \end{matrix},\quad Q^{-1}Y=\begin{pmatrix} \overbrace{G}^{r} & \overbrace{H}^{n-r} \\ J & K \end{pmatrix}\begin{matrix} \}r \\ \}n-r \end{matrix}$$

이 때, 제2장의 정리 2.5와 정리 2.2 (4), (5)에 의해,

$$\begin{aligned}\begin{pmatrix} B & C \\ D & F \end{pmatrix}\begin{pmatrix} I_r & O \\ O & O \end{pmatrix}\begin{pmatrix} G & H \\ J & K \end{pmatrix}&=\begin{pmatrix} B & O \\ D & O \end{pmatrix}\begin{pmatrix} G & H \\ J & K \end{pmatrix}\\ &=\begin{pmatrix} BG & BH \\ DG & DH \end{pmatrix}\\ &=\begin{pmatrix} I_s & O \\ O & O \end{pmatrix}\end{aligned}$$

로 된다. 이제, $r<s$라 가정하면, 마지막 등식의 양변을 비교해서,

$$BG=I_r,\ BH=O,\ DG=O,\ DH\neq O$$

을 얻는다. 제2장 정리 2.17에 의해, 제1식으로부터 $GB=I_r$가 된다. 이것과 제2식을 이용해서, 제2장 정리 2.2에 의해,

$$H=I_rH=(GB)H=G(BH)=GO=O$$

따라서, $DH=O$이 되는데, 이것은 제4식과 모순된다. 따라서, $r\geq s$가 아니면 안 된다. 가정의 두 번째 식으로부터 A를 구하고, 그것을 가정의 첫 번째 식에 대입하여 위와 같은 추론을 행함으로써, $r\leqq s$가 유도된다.
따라서, $r=s$.

행렬에 정칙행렬을 곱해도, 행렬의 계수(階數)는 변하지 않는다. 즉, 다음의 정리가 성립한다.

정리 4·2

$(m,\ n)$행렬 A, m차 정칙행렬 X, n차 정칙행렬 Y에 대해서,

$$rank\,XA=rank\,A=rank\,AY$$

[증명] A가 영행렬일 때는, 각 변 모두 0이므로 분명히 성립한다.

$A \neq O$이라 하고, $rank A = r$이라 하면, 적당한 m차 정칙행렬 P와 n차 정칙행렬 Q가 존재해서,

$$PAQ = \begin{pmatrix} I_r & O \\ O & O \end{pmatrix}$$

으로 된다. 이 때, PX^{-1}, $Y^{-1}Q$도 정칙이고(제2장 정리 2.11),

$$(PX^{-1})(XA)Q = \begin{pmatrix} I_r & O \\ O & O \end{pmatrix} = P(AY)\ (Y^{-1}Q)$$

가 성립하므로, $rank XA = r = rank AY$이다.

기본변형을 실시하는 것은 기본행렬을 곱하는 것에 상당한다(제2장 보조정리 2.15, 2.15'). 기본행렬은 정칙행렬이므로 (제2장 정리 2.14), 정리 4.2로부터 바로 기본변형에 의해 행렬의 계수는 변하지 않는다는 것을 알 수 있다.

예 1. 다음의 행렬을 기본변형에 의해 표준형으로 해서, 그 계수를 구해 보자.

$$A = \begin{pmatrix} 1 & 4 & 6 & 7 \\ -2 & 7 & 5 & 9 \\ 4 & 1 & 7 & 5 \end{pmatrix}$$

$$A \to \begin{pmatrix} 1 & 4 & 6 & 7 \\ 0 & 15 & 17 & 23 \\ 0 & -15 & -17 & -23 \end{pmatrix} \quad \begin{pmatrix} \text{제1행에 2, }-4\text{를 곱해서 각각} \\ \text{제2행, 제3행에 더한다.} \end{pmatrix}$$

$$\to \begin{pmatrix} 1 & 4 & 6 & 7 \\ 0 & 15 & 17 & 23 \\ 0 & 0 & 0 & 0 \end{pmatrix} \quad (\text{제2행을 제3행에 더한다.})$$

$$\to \begin{pmatrix} 1 & 0 & 0 & 0 \\ 0 & 15 & 17 & 23 \\ 0 & 0 & 0 & 0 \end{pmatrix} \quad \begin{pmatrix} \text{제1열에 }-4, -6, -7\text{을 곱해서} \\ \text{각각 제2열, 제3열, 제4열에 더한다.} \end{pmatrix}$$

$$\to \begin{pmatrix} 1 & 0 & 0 & 0 \\ 0 & 1 & 1 & 1 \\ 0 & 0 & 0 & 0 \end{pmatrix} \quad \begin{pmatrix} \text{제2,3,4열을 각각 15,17,23으로} \\ \text{나눈다.} \end{pmatrix}$$

$$\to \begin{pmatrix} 1 & 0 & 0 & 0 \\ 0 & 1 & 0 & 0 \\ 0 & 0 & 0 & 0 \end{pmatrix} \quad (\text{제3,4열에서 각각 제2열을 뺀다.})$$

따라서, $rank A = 2$이다.

다음과 같은 형태의 행렬을 **계단행렬**이라 한다.

$$A=\left(\begin{array}{cccc|ccc} a_{11} & a_{12} & \cdots & a_{1r} & a_{1r+1} & \cdots & a_{1n} \\ & a_{22} & \cdots & a_{2r} & a_{2\,r+1} & \cdots & a_{2n} \\ & O & \ddots & \vdots & \vdots & & \vdots \\ & & & a_{rr} & a_{r\,r+1} & \cdots & a_{rn} \\ \hline & O & & & & O & \end{array}\right) \qquad (a_{11}a_{22}\cdots a_{rr}\neq 0)$$

보조정리 4.3 위의 계단행렬 A의 계수는 r이다.

[증명] A에 있어서, 제1행에 a_{11}^{-1}를 곱하고, 제2행에 a_{22}^{-1}를 곱하고, …, 제r행에 a_{rr}^{-1}를 곱하면, A는 다음과 같은 형태의 행렬 B로 변형된다.

$$B=\left(\begin{array}{cccc|ccc} 1 & b_{12} & \cdots & b_{1r} & b_{1\,r+1} & \cdots & b_{1n} \\ & 1 & \cdots & b_{2r} & b_{2\,r+1} & \cdots & b_{2n} \\ O & & \ddots & \vdots & \vdots & & \vdots \\ & & & 1 & b_{r\,r+1} & \cdots & b_{rn} \\ \hline & O & & & & O & \end{array}\right) \qquad (\text{단, } b_{ij}=a_{ii}^{-1}a_{ij})$$

B에 있어서, 제1열에 $-b_{1j}$를 곱해서 제j열에 더한다($j=2,\ \cdots,\ n$). 다음에 제2열에 $-b_{2j}$를 곱해서 제j열에 더한다($j=3,\ \cdots,\ n$). 이와 같은 조작을 제r열에 $-b_{rj}$를 곱해서 제j열에 더하는($j=r+1,\ \cdots,\ n$) 데까지 계속하면, 표준형

$$\begin{pmatrix} I_r & O \\ O & O \end{pmatrix}$$

을 얻는다.

주의 1. 행렬의 계수를 구하는 경우, 표준형까지 변형하지 않더라도, 계단행렬의 형태까지 변형하면 된다는 것을 보조정리 4.3에 의해 알 수 있다.

예 2. 행렬 $A=\begin{pmatrix} 1 & 3 & 4 & 2 & 0 \\ 2 & 7 & 10 & 5 & 7 \\ 3 & 10 & 14 & 7 & 2 \\ 2 & 5 & 6 & 3 & -7 \end{pmatrix}$의 계수를 구해 보자.

$$A\rightarrow\begin{pmatrix} 1 & 3 & 4 & 2 & 0 \\ 0 & 1 & 2 & 1 & 7 \\ 0 & 1 & 2 & 1 & 2 \\ 0 & -1 & -2 & -1 & -7 \end{pmatrix} \qquad \left(\begin{array}{l} 2\text{행}+1\text{행}\times(-2),\quad 3\text{행}+1\text{행}\times(-3), \\ 4\text{행}+1\text{행}\times(-2) \end{array}\right)$$

$$\rightarrow\begin{pmatrix} 1 & 3 & 4 & 2 & 0 \\ 0 & 1 & 2 & 1 & 7 \\ 0 & 0 & 0 & 0 & -5 \\ 0 & 0 & 0 & 0 & 0 \end{pmatrix} \qquad (3\text{행}+2\text{행}\times(-1),\ 4\text{행}+2\text{행}\times 1)$$

따라서, $rank\,A=3$

문 1. 다음 행렬의 계수를 구하여라.

(1) $\begin{pmatrix} 0 & 2 & 1 & 6 \\ 2 & 4 & 1 & 8 \\ 3 & 7 & 2 & 15 \end{pmatrix}$

(2) $\begin{pmatrix} 2 & 4 & 1 & -1 & -4 \\ 3 & 3 & 2 & 1 & -1 \\ 5 & 1 & 4 & 3 & 5 \\ 11 & 1 & 9 & 6 & 13 \end{pmatrix}$

(3) $\begin{pmatrix} 1 & 2 & 3 & 4 & 5 \\ 2 & 3 & 4 & 5 & 6 \\ 3 & 4 & 5 & 6 & 7 \\ 4 & 5 & 6 & 7 & 8 \\ 5 & 6 & 7 & 8 & 9 \end{pmatrix}$

문 2. 다음 행렬 A의 계수를 구하여라.

(1) $\begin{pmatrix} a+2 & 1 & 2 & -1 \\ -5 & a-3 & -4 & 1 \\ -1 & 0 & a-1 & 1 \\ 3 & 1 & 2 & a-2 \end{pmatrix}$

(2) $\begin{pmatrix} a & b & b \\ b & a & b \\ b & b & a \end{pmatrix}$

(3) $\begin{pmatrix} 1 & a & bc \\ 1 & b & ca \\ 1 & c & ab \end{pmatrix}$

4.1.2 계수의 성질

정리 4 · 4 A를 n차 정방행렬이라 한다.
A가 정칙행렬 $\Leftrightarrow$ $rank A = n$

[증명] ($\Rightarrow$의 증명) $rank A = r$이라 하면, 적당한 n차 정칙행렬 P, Q가 존재해서,

$$PAQ = \begin{pmatrix} I_r & O \\ O & O \end{pmatrix}$$

로 된다. A가 정칙행렬이라고 하면, 제2장 정리 2.11 (3)에 의해, 좌변은 정칙이다. 따라서, 우변도 정칙이다. 그러므로 $r=n$이 아니면 안 된다.

($\Leftarrow$의 증명) $rank A = n$이라 하면, 적당한 n차 정칙행렬 X, Y가 존재해서,

$$XAY = I_n$$

로 된다. 이 때 $A = X^{-1} I_n Y^{-1} = X^{-1} Y^{-1}$이므로, 제2장 정리 2.11 (2), (3)에 의해, A는 정칙행렬이다.

정리 4 · 5 행렬 A의 전치행렬 ${}^tA$의 계수는, 원래의 행렬 A의 계수와 같다.

[증명] A가 영행렬일 때는, ${}^tA$도 영행렬이므로, 모두 계수는 0이다. A가 영행렬이 아니라 하고, $rank\, A=r$이라고 하면, 적당한 정칙행렬 P, Q가 존재해서,

$$PAQ=\begin{pmatrix} I_r & O \\ O & O \end{pmatrix}$$

로 된다. 이 때, 제2장 정리 2.7 (3)에 의해,

$${}^tQ\,{}^tA\,{}^tP={}^t(PAQ)={}^t\begin{pmatrix} I_r & O \\ O & O \end{pmatrix}=\begin{pmatrix} I_r & O \\ O & O \end{pmatrix}$$

로 되어, 제2장 정리 2.11 (5)에 의해, ${}^tQ$, ${}^tP$도 정칙이므로, $rank\,{}^tA=r$이다.

$(m,\ n)$행렬 A를 n개의 열벡터, m개의 행벡터에 의해서

$$A=(\boldsymbol{a}_1\ \boldsymbol{a}_2 \cdots \boldsymbol{a}_n)=\begin{pmatrix} \boldsymbol{a}_1' \\ \boldsymbol{a}_2' \\ \vdots \\ \boldsymbol{a}_m' \end{pmatrix}$$

로 표현된다. 이 때, 열벡터 전체의 집합에 포함되는 1차독립인 벡터의 개수의 최대치를,

$$\rho(A)$$

라 쓴다. 즉, $\boldsymbol{a}_1$, $\boldsymbol{a}_2$, $\cdots$, $\boldsymbol{a}_n$ 중에 $\rho(A)$개의 1차독립인 벡터가 존재하고, $(\rho(A)+1)$개의 벡터는 1차종속이다. 마찬가지로, 행벡터 전체의 집합에 포함되는 1차독립인 벡터의 개수의 최대치를

$$\rho'(A)$$

라 쓴다.

정의로부터 분명하듯이, $\rho'(A)=\rho({}^tA)$이다.

정리 4 · 6 $(l,\ m)$행렬 P, $(m,\ n)$행렬 A, $(n,\ p)$행렬 Q에 대해서, 다음이 성립한다.
(1) $\rho(PA) \leqq \rho(A)$, $\rho(AQ) \leqq \rho(A)$.
(2) $\rho'(PA) \leqq \rho'(A)$, $\rho'(AQ) \leqq \rho'(A)$.

[증명] (1) $A=(\boldsymbol{a}_1\ \boldsymbol{a}_2 \cdots \boldsymbol{a}_n)$라 하면, 제2장 보조정리 2.6에 의해

$$PA=(P\boldsymbol{a}_1\ P\boldsymbol{a}_2 \cdots P\boldsymbol{a}_n)$$

이다. A의 열벡터 중에서 $\boldsymbol{a}_{i_1}$, $\boldsymbol{a}_{i_2}$, $\cdots$, $\boldsymbol{a}_{i_t}$가 1차종속이라면, 전부는 0이 아닌 스칼라 k_1, k_2, $\cdots$, k_t가 존재해서, 1차관계식

$$k_1\boldsymbol{a}_{i_1},\ k_2\boldsymbol{a}_{i_2}+\cdots+k_t\boldsymbol{a}_{i_t}=\mathbf{0}$$

이 성립한다. 이 식의 양변에 왼쪽으로부터 P를 곱하면,

$$k_1P\boldsymbol{a}_{i_1}+k_2P\boldsymbol{a}_{i_2}+\cdots+k_tP\boldsymbol{a}_{i_t}=\mathbf{0}$$

이 되므로, $P\boldsymbol{a}_{i_1}$, $P\boldsymbol{a}_{i_2}$, $\cdots$, $P\boldsymbol{a}_{i_t}$는 1차종속이다. 따라서 $P\boldsymbol{a}_{i_1}$, $P\boldsymbol{a}_{i_2}$, $\cdots$, $P\boldsymbol{a}_{i_t}$가 1차독립이라면, $\boldsymbol{a}_{i_1}, \boldsymbol{a}_{i_2}$, $\cdots$, $\boldsymbol{a}_{i_t}$는 1차독립이다. 그러므로,

$$\rho(PA)\leqq\rho(A)$$

다음에, $AQ=(\boldsymbol{a}_1\ \boldsymbol{a}_2\cdots\ \boldsymbol{a}_n)\ Q=(\boldsymbol{b}_1\boldsymbol{b}_2\cdots\ \boldsymbol{b}_n)$라 하면, 제2장 보조정리 2.6에 의해, 각 $\boldsymbol{b}_k(k=1,\ 2,\ \cdots,\ n)$는 $\boldsymbol{a}_1, \boldsymbol{a}_2, \cdots, \boldsymbol{a}_n$의 1차결합이다. $\rho(A)=s$라 하고, $\boldsymbol{a}_{i_1}$, $\boldsymbol{a}_{i_2}$, $\cdots$, $\boldsymbol{a}_{i_s}$를 1차독립이라 하면, $\rho(A)$의 정의와 제1장 정리 1.1, 1.2에 의해, 각 $\boldsymbol{a}_j(j=1,\ 2,\ \cdots,\ n)$는 $\boldsymbol{a}_{i_1}$, $\boldsymbol{a}_{i_2}$, $\cdots$, $\boldsymbol{a}_{i_s}$의 1차결합이다. 따라서, 각 $\boldsymbol{b}_k$는 $\boldsymbol{a}_{i_1}$, $\boldsymbol{a}_{i_2}$, $\cdots$, $\boldsymbol{a}_{i_s}$의 1차결합이다. $\rho(AQ)=t$라 하고, $\boldsymbol{b}_{j_1}$, $\boldsymbol{b}_{j_2}$, $\cdots, \boldsymbol{b}_{j_t}$를 1차독립인 벡터라 하면, 이것들도 각각 $\boldsymbol{a}_{i_1}$, $\boldsymbol{a}_{i_2}$, $\cdots$, $\boldsymbol{a}_{i_s}$의 1차결합이다. 따라서, $t\leqq s$, 즉

$$\rho(AQ)\leqq\rho(A).$$

(2)의 증명은 생략.

계 4.7 $(m,\ n)$행렬 A, m차 정칙행렬 P, n차 정칙행렬 Q에 대해서,

(1) $\rho(PA)=\rho(A)$, $\rho(AQ)=\rho(A)$

(2) $\rho'(PA)=\rho'(A)$, $\rho'(AQ)=\rho'(A)$

[증명] (1) P가 정칙행렬이면, 정리 4.6에 의해,

$$\rho(A)=\rho(P^{-1}PA)\leqq\rho(PA)\leqq\rho(A)\qquad\therefore\ \rho(PA)=\rho(A).$$

$$\rho(A)=\rho(AQQ^{-1})\leqq\rho(AQ)\leqq\rho(A)\qquad\therefore\ \rho(AQ)=\rho(A).$$

(2)도 마찬가지로 정리 4.6에 따른다.

정리 4·8

행렬 A의 계수는, A의 1차독립인 열벡터의 개수의 최대치, 및 A의 1차독립인 행벡터의 개수의 최대치와 일치한다. 즉,

$$\rho(A)=\rho'(A)=rank\,A$$

[증명] (1) $rank\,A=r$이라 하면, 정칙행렬 P, Q가 존재해서,

$$PAQ=\begin{pmatrix} I_r & O \\ O & O \end{pmatrix}$$

으로 된다. 따라서, 계 4.7에 의해,

$$\rho(A)=\rho(PAQ)=\rho\begin{pmatrix} I_r & O \\ O & O \end{pmatrix}=r=rank\,A.$$

마찬가지로,

$$\rho'(A)=\rho'(PAQ)=\rho'\begin{pmatrix} I_r & O \\ O & O \end{pmatrix}=r=rank\,A.$$

예 3. 5차원의 벡터공간에 있어서, $\boldsymbol{a}_1(1,\ 1,\ 3,-4,\ -1)$, $\boldsymbol{a}_2(2,\ 3,\ 5,-9,\ -1)$, $\boldsymbol{a}_3=(-2,\ -4,-4,\ 10,\ 0)$, $\boldsymbol{a}_4=(-3,\ -5,-7,\ 14,\ 1)$이라 한다. 그러면

$$A=\begin{pmatrix}\boldsymbol{a}_1\\ \boldsymbol{a}_2\\ \boldsymbol{a}_3\\ \boldsymbol{a}_4\end{pmatrix}=\begin{pmatrix} 1 & 1 & 3 & -4 & -1 \\ 2 & 3 & 5 & -9 & -1 \\ -2 & -4 & -4 & 10 & 0 \\ -3 & -5 & -7 & 14 & 1 \end{pmatrix}\rightarrow\begin{pmatrix}\boldsymbol{a}_1\\ \boldsymbol{a}_2-2\boldsymbol{a}_1\\ \boldsymbol{a}_3+2\boldsymbol{a}_1\\ \boldsymbol{a}_4+3\boldsymbol{a}_1\end{pmatrix}$$

$$=\begin{pmatrix} 1 & 1 & 3 & -4 & -1 \\ 0 & 1 & -1 & -1 & 1 \\ 0 & -2 & 2 & 2 & -2 \\ 0 & -2 & 2 & 2 & -2 \end{pmatrix}\rightarrow\begin{pmatrix}\boldsymbol{a}_1\\ \boldsymbol{a}_2-2\boldsymbol{a}_1\\ (\boldsymbol{a}_3+2\boldsymbol{a}_1)+2(\boldsymbol{a}_2-2\boldsymbol{a}_1)\\ (\boldsymbol{a}_4+3\boldsymbol{a}_1)+2(\boldsymbol{a}_2-2\boldsymbol{a}_1)\end{pmatrix}$$

$$=\begin{pmatrix} 1 & 1 & 3 & -4 & -1 \\ 0 & 1 & -1 & -1 & 1 \\ 0 & 0 & 0 & 0 & 0 \\ 0 & 0 & 0 & 0 & 0 \end{pmatrix}$$

$rank\,A=2$이므로 이들 4개의 벡터 중 1차독립(1次獨立)인 것의 최대개수는 2이다. $\boldsymbol{a}_1$, $\boldsymbol{a}_2$는 1차독립이고, $\boldsymbol{a}_3+2\boldsymbol{a}_1+2(\boldsymbol{a}_2-2\boldsymbol{a}_1)=\boldsymbol{0}$, $\boldsymbol{a}_4+3\boldsymbol{a}_1+2(\boldsymbol{a}_2-2\boldsymbol{a}_1)=\boldsymbol{0}$으로부터 $\boldsymbol{a}_3=2\boldsymbol{a}_1-2\boldsymbol{a}_2$, $\boldsymbol{a}_4=\boldsymbol{a}_1-2\boldsymbol{a}_2$와 같이 $\boldsymbol{a}_3$, $\boldsymbol{a}_4$는 $\boldsymbol{a}_1$과 $\boldsymbol{a}_2$의 1차결합으로 표현된다.

예 4. 다음 Vandermonde 행렬 A의 계수를 구해 보자.

$$A=\begin{pmatrix} 1 & 1 & \cdots & 1 \\ x_1 & x_2 & \cdots & x_n \\ \vdots & \vdots & & \vdots \\ x_1^{n-1} & x_2^{n-1} & \cdots & x_n^{n-1} \end{pmatrix}$$

$x_1,\ x_2,\ \cdots,\ x_n$ 중에서 서로 다른 것의 개수를 r라 한다. 예를 들어, $x_1,\ x_2,\ \cdots,\ x_r$가 서로 다른 것이라고 하면,

$$rank\,A = rank\begin{pmatrix} 1 & 1 & \cdots & 1 \\ x_1 & x_2 & \cdots & x_r \\ \vdots & \vdots & & \vdots \\ x_1^{n-1} & x_2^{n-1} & \cdots & x_r^{n-1} \end{pmatrix}$$

$$\begin{vmatrix} 1 & 1 & \cdots & 1 \\ x_1 & x_2 & \cdots & x_r \\ \vdots & \vdots & & \vdots \\ x_1^{r-1} & x_2^{r-1} & \cdots & x_r^{r-1} \end{vmatrix} \neq 0 \text{이므로 } rank\,A = r$$

문 3. n차 행렬 A의 수반행렬을 $adj\,A$라 한다. 다음을 증명하여라.

(1) $rank\,A = n$이면 $rank(adj\,A) = n$

(2) $rank\,A < n-1$이면 $rank(adj\,A) = 0$

문 4. 다음 행렬 A의 계수를 구하여라.

(1) $A = \begin{pmatrix} a & b & 0 \\ 0 & a & b \\ b & 0 & a \end{pmatrix}$ $(a,\ b \in \boldsymbol{R})$ (2) $A = \begin{pmatrix} 1 & x & \cdots & x \\ x & 1 & \cdots & x \\ \vdots & \vdots & \ddots & \vdots \\ x & x & \cdots & 1 \end{pmatrix}$ (n차)

4.2 연립1차방정식

4.2.1 해를 갖기 위한 조건

미지수 $x_1,\ x_2,\ \cdots,\ x_n$에 관한 연립1차방정식

$$\begin{cases} a_{11}x_1 + a_{12}x_2 + \cdots + a_{1n}x_n = b_1 \\ a_{21}x_1 + a_{22}x_2 + \cdots + a_{2n}x_n = b_2 \\ \cdots\cdots\cdots \\ a_{m1}x_1 + a_{m2}x_2 + \cdots + a_{mn}x_n = b_m \end{cases} \tag{4.1}$$

을 생각하기로 하자.

$$A = \begin{pmatrix} a_{11} & a_{12} & \cdots & a_{1n} \\ a_{21} & a_{22} & \cdots & a_{2n} \\ \vdots & \vdots & & \vdots \\ a_{m1} & a_{m2} & \cdots & a_{mn} \end{pmatrix}, \quad \boldsymbol{x} = \begin{pmatrix} x_1 \\ x_2 \\ \vdots \\ x_n \end{pmatrix}, \quad \boldsymbol{b} = \begin{pmatrix} b_1 \\ b_2 \\ \vdots \\ b_n \end{pmatrix}$$

이라 놓으면, 이 연립1차방정식은 다음 식으로 나타내어진다.

$$A\boldsymbol{x} = \boldsymbol{b} \tag{4.1)'$$

A를 연립방정식 (4.1)의 **계수행렬**(coefficient matrix)이라 할 때 계수행렬 A에 제 $(n+1)$열로서 $\boldsymbol{b}$를 첨가한 행렬을 B라 한다. 즉,

$$B = \begin{pmatrix} a_{11} & a_{12} & \cdots & a_{1n} & b_1 \\ a_{21} & a_{22} & \cdots & a_{2n} & b_2 \\ \vdots & \vdots & & \vdots & \vdots \\ a_{m1} & a_{m2} & \cdots & a_{mn} & b_m \end{pmatrix} \tag{4.2}$$

B를 (4.1)의 **확대계수행렬**(enlarged coefficient matrix) 또는 단지 **확대행렬**(augmented matrix)이라 한다.

정리 4·9 연립1차방정식 (4.1)이 해를 갖기 위한 필요충분조건은,

$$rank\,A = rank\,B$$

가 성립하는 것이다.

[증명] (필요성) $A = (\boldsymbol{a}_1\ \boldsymbol{a}_2\ \cdots\ \boldsymbol{a}_n)$이라 하면, 연립1차방정식 (4.1)은,

$$x_1\boldsymbol{a}_1 + x_2\boldsymbol{a}_2 + \cdots x_n\boldsymbol{a}_n = \boldsymbol{b}$$

로 표현된다. 따라서 (4.1)이 해를 가지면, B의 열벡터 $\boldsymbol{b}$는 $\boldsymbol{a}_1$, $\boldsymbol{a}_2$, $\cdots$, $\boldsymbol{a}_n$의 1차결합으로 된다. 따라서, 정리 4.8에 의해, $rank\,B = rank\,A$가 성립한다.

(충분성) $rank\,A = rank\,B = r$로 한다. $r=0$이라면 $A=O$, $B=O$이므로 분명히 (4.1)은 해를 갖는다(이때 $\boldsymbol{x}$는 임의라도 좋다). $r \geq 1$이라 한다. 일반성을 잃지 않고, A의 처음 r개의 열벡터 $\boldsymbol{a}_1$, $\boldsymbol{a}_2$, $\cdots$, $\boldsymbol{a}_r$이 1차독립이라고 해도 좋다. $rank\,B = r$이므로, 정리 4.8에 의해, B의 $(r+1)$개의 열벡터 $\boldsymbol{a}_1$, $\boldsymbol{a}_2$, $\cdots$, $\boldsymbol{a}_r$, $\boldsymbol{b}$는 1차종속이다. 따라서, $\boldsymbol{b}$는 $\boldsymbol{a}_1$, $\boldsymbol{a}_2$, $\cdots$, $\boldsymbol{a}_r$의 1차결합으로서 나타내어진다. 즉

$$k_1\boldsymbol{a}_1 + k_2\boldsymbol{a}_2 + \cdots + k_r\boldsymbol{a}_r = \boldsymbol{b}$$

를 만족하는 스칼라 k_1, k_2, $\cdots$, k_r이 존재한다. 이 식은

$$k_1\boldsymbol{a}_1 + k_2\boldsymbol{a}_2 + \cdots + k_r\boldsymbol{a}_r + 0\boldsymbol{a}_{r+1} + \cdots + 0\boldsymbol{a}_n = \boldsymbol{b}$$

라고도 쓸 수 있으므로, $x_1 = k_1$, $x_2 = k_2$, $\cdots$, $x_r = k_r$, $x_{r+1} = 0$, $\cdots$, $x_n = 0$은 주어진 연립1차방정식 (4.1)의 해이다.

계 4.10 미지수의 개수와 방정식의 개수가 같은, 즉 $n = m$인 경우의 연립1차방정식 $A\boldsymbol{x} = \boldsymbol{b}$가 단 1조의 해를 갖는다. $\Leftrightarrow |A| \neq 0$

[증명] $|A| \neq 0$이라 한다. $\boldsymbol{x} = A^{-1}\boldsymbol{b}$로 하면, $A\boldsymbol{x} = A(A^{-1}\boldsymbol{b}) = (AA^{-1})\boldsymbol{b} = \boldsymbol{b}$. 역으로 $A\boldsymbol{x} = \boldsymbol{b}$라면, $A^{-1}(A\boldsymbol{x}) = A^{-1}\boldsymbol{b}$ $\therefore \boldsymbol{x} = A^{-1}\boldsymbol{b}$ 다음에 $|A| = 0$이라 한다.
이 때 방정식은 불능 또는 부정인 것을 보인다.

(i) $|A| = 0$일 때, $\boldsymbol{b} \neq \boldsymbol{0}$이든가 $\boldsymbol{b} = \boldsymbol{0}$에 대응해서 각각 불능이든가 부정이다.

(ii) $|A| \neq 0$일 때, 행렬 A는 기본변형에 의해

$$PAQ = \begin{pmatrix} I_r & C \\ O & O \end{pmatrix} \quad (1 \leq r < n)$$

으로 되는 n차의 정칙행렬 P, Q가 존재한다(이 때, Q는 P_{ij}형의 기본행렬의 곱이다).
$A\boldsymbol{x} = \boldsymbol{b} \Leftrightarrow PA\boldsymbol{x} = P\boldsymbol{b}$이고

$$PA\boldsymbol{x} = (PAQ)(Q^{-1}\boldsymbol{x}) = \begin{pmatrix} I_r & C \\ O & O \end{pmatrix} \begin{pmatrix} x_{i_1} \\ \vdots \\ x_{i_n} \end{pmatrix} = P\boldsymbol{b}$$

로부터 $PA\boldsymbol{x} = P\boldsymbol{b}$는 다음과 같이 된다.

$$\begin{cases} x_{i_1} \qquad\qquad + c_{1_{r+1}} x_{i_{r+1}} + \cdots + c_{1_n} x_{i_n} = d_1 \\ \quad x_{i_2} \qquad\quad + c_{2_{r+1}} x_{i_{r+1}} + \cdots + c_{2_n} x_{i_n} = d_2 \\ \qquad \cdots\cdots\cdots\cdots \\ \qquad\quad x_{i_r} + c_{r_{r+1}} x_{i_{r+1}} + \cdots + c_{r_n} x_{i_n} = d_r \\ \qquad\qquad\qquad\qquad\qquad 0 = d_{r+1} \\ \qquad\qquad\qquad\qquad\qquad \vdots \quad \vdots \\ \qquad\qquad\qquad\qquad\qquad 0 = d_n \end{cases} \tag{4.3}$$

(가) $d_{r+1}, \cdots, d_n$ 중에 0이 아닌 것이 존재하면 불능이다. 즉 해를 갖지 않는다.

(나) $d_{r+1} = \cdots = d_n = 0$이라면 부정, 즉 해가 일의적으로 정해지지 않는다.

예 5. 연립1차방정식

$$\begin{cases} x + y = 3 \\ 2x + 3y = 7 \\ 3x - 7y = a \end{cases}$$

는 $a = -1$일 때는 해를 갖지만, $a \neq -1$일 때는 해를 갖지 않는다.
실제로,

$$rank\,A = rank\begin{pmatrix} 1 & 1 \\ 2 & 3 \\ 3 & -7 \end{pmatrix} = 2, \; rank\,B = rank\begin{pmatrix} 1 & 1 & 3 \\ 2 & 3 & 7 \\ 3 & -7 & a \end{pmatrix} = \begin{cases} 2 & (a = -1) \\ 3 & (a \neq -1) \end{cases}$$

이므로, $a = -1$일 때에 한하여 계수행렬과 확대계수행렬의 계수가 일치한다.

문 5. 연립1차방정식 $\begin{cases} 2x + 3y + 4z = b_1 \\ 3x + 4y + 7z = b_2 \\ x + 3y - z = b_3 \end{cases}$ 이 해를 가질 조건을 구하여라.

4.2.2 연립동차1차방정식

연립1차방정식 $A\boldsymbol{x}=\boldsymbol{b}$에 있어서, 특히 $\boldsymbol{b}=\mathbf{0}$일 때, 이를 **연립동차1차방정식**(聯立同次1次方程式, system of homogeneous linear equations)이라 한다. 즉,

$$A\boldsymbol{x}=\mathbf{0} \tag{4.4}$$

을 생각해 보기로 한다. 이 연립방정식의 확대계수행렬 $B=(A|\mathbf{0})$의 계수는, 분명히 계수행렬 A의 계수와 같으므로, 정리 4.9에 의해 (4.4)는 해를 갖는다. $\boldsymbol{x}=\mathbf{0}$, 즉 $x_1=0,\ \cdots, x_n=0$은, (4.4)의 1조의 해이다. 이 해를 **자명한 해**(trivial solution)라 한다.

정리 4·8 연립동차1차방정식 $A\boldsymbol{x}=\mathbf{0}$에 대해서

(1) $|A|\neq 0 \Leftrightarrow \boldsymbol{x}=\mathbf{0}$의 해(자명한 해)만 갖는다.

(2) $|A|=0 \Leftrightarrow \boldsymbol{x}=\mathbf{0}$ 이외의 해를 갖는다.

[증명] $A\boldsymbol{x}=\mathbf{0}$은 항상 $\boldsymbol{x}=\mathbf{0}$의 해를 갖는다. 따라서 계 4.10에 의해 (1)은 성립한다. (2)는 (1)의 대우(對偶)이다.

예 6. 연립동차1차방정식 $\begin{cases} x+2y+3z=0 \\ 2x+5y+3z=0 \\ x \qquad\ +8z=0 \end{cases}$ 을 풀어보자.

$$|A|=\begin{vmatrix} 1 & 2 & 3 \\ 2 & 5 & 3 \\ 1 & 0 & 8 \end{vmatrix}=-1\neq 0$$

따라서, 자명한 해만 갖는다. 실제로

$$\begin{pmatrix} 1 & 2 & 3 & 0 \\ 2 & 5 & 3 & 0 \\ 1 & 0 & 8 & 0 \end{pmatrix} \to \begin{pmatrix} 1 & 0 & 0 & 0 \\ 0 & 1 & 0 & 0 \\ 0 & 0 & 1 & 0 \end{pmatrix} \quad \therefore \begin{cases} x=0 \\ y=0 \\ z=0 \end{cases}$$

예 7. 연립동차1차방정식 $\begin{cases} x_1-\ x_2+2x_3+\ 3x_4=0 \\ 2x_1-3x_2 \qquad\ +\ 5x_4=0 \\ x_1 \qquad\quad +6x_3+\ 4x_4=0 \\ 4x_1-5x_2+4x_3+11x_4=0 \\ 3x_1-4x_2+2x_3+\ 8x_4=0 \end{cases}$

의 해를 구하기 위해 확대계수행렬에 대한 기본변형을 실시한다.

$$B=\begin{pmatrix} 1 & -1 & 2 & 3 & 0 \\ 2 & -3 & 0 & 5 & 0 \\ 1 & 0 & 6 & 4 & 0 \\ 4 & -5 & 4 & 11 & 0 \\ 3 & -4 & 2 & 8 & 0 \end{pmatrix} \overset{①}{\rightarrow} \begin{pmatrix} 1 & -1 & 2 & 3 & 0 \\ 0 & -1 & -4 & -1 & 0 \\ 0 & 1 & 4 & 1 & 0 \\ 0 & -1 & -4 & -1 & 0 \\ 0 & -1 & -4 & -1 & 0 \end{pmatrix}$$

$$\overset{②}{\rightarrow} \begin{pmatrix} 1 & -1 & 2 & 3 & 0 \\ 0 & 1 & 4 & 1 & 0 \\ 0 & 1 & 4 & 1 & 0 \\ 0 & -1 & -4 & -1 & 0 \\ 0 & -1 & -4 & -1 & 0 \end{pmatrix} \overset{③}{\rightarrow} \begin{pmatrix} 1 & 0 & 6 & 4 & 0 \\ 0 & 1 & 4 & 1 & 0 \\ 0 & 0 & 0 & 0 & 0 \\ 0 & 0 & 0 & 0 & 0 \\ 0 & 0 & 0 & 0 & 0 \end{pmatrix}$$

① : 2행+1행×(−2), 3행+1행×(−1), 4행+1행×(−4), 5행+1행×(−3)

② : 2행×(−1)

③ : 1행+2행×1, 3행+2행×(−1), 4행+2행×1, 5행+2행×1

따라서, 주어진 방정식은 다음과 동치(同値)이다.

$$\begin{cases} x_1 \quad +6x_3+4x_4=0 \\ \quad x_2+4x_3+\ x_4=0 \end{cases}$$

$$\therefore \text{ 주어진 방정식의 일반해는 } \begin{pmatrix} x_1 \\ x_2 \\ x_3 \\ x_4 \end{pmatrix} = t_1\begin{pmatrix} -6 \\ -4 \\ 1 \\ 0 \end{pmatrix} + t_2\begin{pmatrix} -4 \\ -1 \\ 0 \\ 1 \end{pmatrix} \quad (t_1,\ t_2\text{는 임의 상수})$$

이 때, $2(=n-rank\,A=4-2)$개의 1차독립인 해, 즉 $A\boldsymbol{x}=\mathbf{0}$의 **기본해**(fundamental solution)는,

$$\begin{pmatrix} -6 \\ -4 \\ 1 \\ 0 \end{pmatrix}, \begin{pmatrix} -4 \\ -1 \\ 0 \\ 1 \end{pmatrix}$$

이다.

문 6. 다음의 연립동차1차방정식을 풀어라.

$$\begin{cases} x+2y+2z+2u-\ v=0 \\ 3x+6y+3z+9u-6v=0 \\ 2x+4y+7z+\ u+\ v=0 \end{cases}$$

문 7. $\begin{cases} 2x+3y+4z=0 \\ 5x+6y+7z=0 \end{cases}$일 때, $x:y:z$를 구하여라.

4.3 연립1차방정식의 해법

4.3.1 Cramer의 공식

Cramer의 공식에 의한, 미지수가 2개, 3개인 경우의 특별한 연립1차방정식의 해법에 대해서는 제3장에서 설명했다. 여기에서는 n개의 미지수 $x_1,\ x_2,\ \cdots,\ x_n$에 대한 연립1차방정식

$$\begin{cases} a_{11}x_1+a_{12}x_2+\cdots+a_{1n}x_n=b_1 \\ a_{21}x_1+a_{22}x_2+\cdots+a_{2n}x_n=b_2 \\ \quad\cdots\cdots \\ a_{n1}x_1+a_{n2}x_2+\cdots+a_{nn}x_n=b_n \end{cases} \tag{4.5}$$

의 해법에 대해 생각해 보기로 한다.

좌변의 미지수의 계수를 요소로 하는 행렬을 $A=(a_{ij})$, 이 행렬식을 $D=|a_{ij}|$로 놓는다.

즉,

$$D=|A|=\begin{vmatrix} a_{11} & a_{12} \cdots & a_{1n} \\ a_{21} & a_{22} \cdots & a_{2n} \\ \vdots & \vdots & \vdots \\ a_{n1} & a_{n2} \cdots & a_{nn} \end{vmatrix}$$

(4.5)의 양변에, 위로부터 각각 D의 제k열의 요소에 대한 여인자 $\widetilde{A}_{1k},\ \widetilde{A}_{2k},\ \cdots,\ \widetilde{A}_{nk}$를 순서대로 곱해서 더하면, 좌변에 있어서의 x_1의 계수는

$$a_{1i}\widetilde{A}_{1k}+a_{2i}\widetilde{A}_{2k}+\cdots+a_{ni}\widetilde{A}_{nk}$$

로 된다.

제3장 정리 3.16에 의해, 이 식의 값은 $i=k$일 때 D와 같고, $i\neq k$일 때 0이므로

$$Dx_k=b_1\widetilde{A}_{1k}+b_2\widetilde{A}_{2k}+\cdots+b_n\widetilde{A}_{nk}$$

그러므로 $D\neq 0$일 때

$$x_k=\frac{b_1\widetilde{A}_{1k}+b_2\widetilde{A}_{2k}+\cdots+b_n\widetilde{A}_{nk}}{D} \quad (k=1,\ 2,\ \cdots,\ n)$$

이것은 $D \neq 0$일 때의 (4.5)의 해이다. 이 우변의 분자는 행렬식 D의 제k열을 $b_1, b_2, \cdots, b_n$으로 바꾸어 놓은 것이다.

이상에서 다음의 정리가 얻어진다.

정리 4 · 12

$D=|a_{ij}| \neq 0$일 때, 연립1차방정식 (4.5)의 해는

$$x_k = \frac{1}{D}\begin{vmatrix} a_{11} & a_{12} \cdots & b_1 \cdots & a_{1n} \\ a_{21} & a_{22} \cdots & b_2 \cdots & a_{2n} \\ \vdots & \vdots & \vdots & \vdots \\ a_{n1} & a_{n2} \cdots & b_n \cdots & a_{nn} \end{vmatrix} \quad (k=1,\ 2,\ \cdots,\ n)$$

(b열은 제k열)

으로 주어진다.

이것을 **Cramer의 공식**이라 한다.

예 8. 연립1차방정식

$$\begin{cases} 5x+3y+3z=4 \\ 2x+6y-3z=-2 \\ 8x-3y+2z=-7 \end{cases}$$

에 대해서, 계수의 행렬식을 D라 하고, D의 제1, 2, 3열을 상수항 4, -2, -7로 바꾸어 놓은 행렬식을 각각 D_1, D_2, D_3라 하면

$$D=\begin{vmatrix} 5 & 3 & 3 \\ 2 & 6 & -3 \\ 8 & -3 & 2 \end{vmatrix}=-231, \quad D_1=\begin{vmatrix} 4 & 3 & 3 \\ -2 & 6 & -3 \\ -7 & -3 & 2 \end{vmatrix}=231,$$

$$D_2=\begin{vmatrix} 5 & 4 & 3 \\ 2 & -2 & -3 \\ 8 & -7 & 2 \end{vmatrix}=-231, \quad D_3=\begin{vmatrix} 5 & 3 & 4 \\ 2 & 6 & -2 \\ 8 & -3 & -7 \end{vmatrix}=-462$$

이므로,

$$x=\frac{D_1}{D}=-1,\ y=\frac{D_2}{D}=1,\ z=\frac{D_3}{D}=2$$

주의 2. 정리 4.12에 의해, 2차 및 3차의 방정식을 푸는 것은 그다지 번거롭지 않다. 그러나 미지수가 많아지면 고차의 행렬식을 몇 번이나 계산하지 않으면 안 되므로, 곤란한 일이 많다. 이런 경우에는 연립1차방정식을 행렬로 나타내고, Gauss의 소거법을 이용하든지, 계수행렬의 역행렬을 구해서 푸는 방법이 있는데, 오히려 이러한 방법들이 간단하다.

4.3.2 Gauss의 소거법

Gauss의 소거법에 대해서는, 이미 제2장에서 역행렬을 구하는 방법의 하나로서 소개한 바 있다. 이제 이를 이용해서 연립1차방정식을 푸는 방법을 생각해 보기로 한다.

$(m,\ n)$행렬 $A=(a_{ij})$, $\boldsymbol{x}=\begin{pmatrix} x_1 \\ \vdots \\ x_n \end{pmatrix}$, $\boldsymbol{b}=\begin{pmatrix} b_1 \\ \vdots \\ b_m \end{pmatrix}$에 대해서, 연립1차방정식

$$A\boldsymbol{x}=\boldsymbol{b} \tag{4.6}$$

를 생각한다. m차 정칙행렬 P를 양변의 왼쪽에 곱해서 얻어지는 방정식

$$PA\boldsymbol{x}=P\boldsymbol{b}$$

는 (4.6)과 동등(同等)이다. 왜냐하면, 이 식의 양변에 왼쪽으로부터 P^{-1}를 곱하면 (4.6)이 얻어지기 때문이다. 확대계수행렬$(A|\boldsymbol{b})$에, 행에 관한 기본변형을 유한 회 실시해서 확대계수행렬 $(PA|P\boldsymbol{b})$를 만들어, PA를 가능한 한 간단한 형태가 되도록 한다. 이제, $rank\,A=r>0$으로 하고,

$$\Delta\begin{pmatrix} 1 & 2 & \cdots & r \\ 1 & 2 & \cdots & r \end{pmatrix}=\begin{vmatrix} a_{11} & a_{12} & \cdots & a_{1r} \\ a_{21} & a_{22} & \cdots & a_{2r} \\ \vdots & \vdots & & \vdots \\ a_{r1} & a_{r2} & \cdots & a_{rr} \end{vmatrix}\neq 0$$

이라 가정하면, $(A|\boldsymbol{b})$에 행에 관한 기본변형을 유한 회 실시함으로써, 다음의 형태를 얻는다.

$$\left(\begin{array}{cc|ccc|c} 1 & O & c_{1r+1} & \cdots & c_{1n} & d_1 \\ & \ddots & \vdots & & \vdots & \vdots \\ O & 1 & c_{rr+1} & \cdots & c_{rn} & d_r \\ \hline & & & & & d_{r+1} \\ & O & & O & & \vdots \\ & & & & & d_m \end{array}\right)$$

따라서, 연립방정식 (4.6)은 다음과 같은 형태의 연립방정식으로 귀착된다.

$$\begin{cases} x_1 \qquad + c_{1r+1}\,x_{r+1} + \cdots + c_{1n}x_n = d_1 \\ \quad x_2 \quad + c_{2r+1}\,x_{r+1} + \cdots + c_{1n}x_n = d_1 \\ \qquad \cdots\cdots\cdots \\ \qquad x_r + c_{rr+1}\,x_{r+1} + \cdots + c_{rn}x_n = d_r \\ \qquad\qquad\qquad 0 = d_{r+1} \\ \qquad\qquad\qquad \vdots \\ \qquad\qquad\qquad 0 = d_m \end{cases} \tag{4.6'}$$

(i) $rank(A|\boldsymbol{b}) > r$의 경우, 정리 4.9에 의해, (4.6)은 해를 갖지 않는다. 실제로 $d_{r+1}, \cdots, d_m$ 중 어느 것은 0이 아니므로, (4.6)'에 있어서 모순이 생긴다.

(ii) $rank(A|\boldsymbol{b}) = r$의 경우, 정리 4.9에 의해, (4.6)은 해를 갖는다. $r=n$이면, $c_{ij}(i=1, \cdots, r; j=r+1, \cdots, n)$는 나타나지 않고

$$x_1 = d_1,\ x_2 = d_2,\ \cdots,\ x_n = d_n$$

이 단 1조의 해로 된다.

$r<n$이면, $(n-r)$개의 미지수 $x_{r+1}, \cdots, x_n$에 각각 임의의 상수 $\lambda_1, \cdots, \lambda_{n-r}$을 부여하면 나머지의 미지수가 정해지고, 모든 해는 이와 같이 해서 얻어진다.

실제로, (4.6)'로부터

$$\begin{cases} x_1 = d_1 - c_{1r+1}\lambda_1 - \cdots - c_{1n}\lambda_{n-r} \\ x_2 = d_2 - c_{2r+1}\lambda_1 - \cdots - c_{2n}\lambda_{n-r} \\ \cdots\cdots\cdots\cdots\cdots\cdots\cdots\cdots \\ x_r = d_r - c_{rr+1}\lambda_1 - \cdots - c_{rn}\lambda_{n-r} \\ x_{r+1} = \lambda_1 \\ \cdots\cdots\cdots\cdots\cdots\cdots\cdots\cdots \\ x_n = \lambda_{n-r} \end{cases}$$

가 구하는 해이다($\lambda_1, \cdots, \lambda_{n-r}$은 임의의 상수).

주의 3. $r<n$이면, 1차독립인 $(n-r)$개의 해의 조가 존재하고, 나머지 해는 이것들의 1차결합으로서 표현된다. $n-r$을 **자유도**라 한다.

주의 4. 식 (4.3)과 식 (4.6)'를 비교해 보면, 특히 (4.3)은 $n=m$인 경우이고, 무엇보다 눈에 띄는 차이는 미지수 x에 붙어 있는 첨숫자이다. 그것은 (4.6)'에서는 행에 관한 기본변형만을 실시한 데 비하여, (4.3)에서는 열에 관한 기본변형도 실시되어서, 열의 교환에 따라 미지수의 순서가 바뀌어 있음을 의미하고 있다.

예 9. 다음 연립1차방정식을 Gauss의 소거법에 의해 풀어보자.

$$\begin{cases} 2x + 2y + 3z = -1 \\ -3x + y - 9z = 9 \\ x - y + 2z = -6 \end{cases}$$

$$(A|b) = \left(\begin{array}{ccc|c} 2 & 2 & 3 & -1 \\ -3 & 1 & -9 & 9 \\ 1 & -1 & 2 & -6 \end{array}\right) \overset{①}{\rightarrow} \left(\begin{array}{ccc|c} 0 & 4 & -1 & 11 \\ 0 & -2 & -3 & -9 \\ 1 & -1 & 2 & -6 \end{array}\right)$$

$$\overset{②}{\rightarrow} \left(\begin{array}{ccc|c} 0 & 1 & -1/4 & 11/4 \\ 0 & -1 & -3/2 & -9/2 \\ 1 & -1 & 2 & -6 \end{array}\right) \overset{③}{\rightarrow} \left(\begin{array}{ccc|c} 0 & 1 & -1/4 & 11/4 \\ 0 & 0 & -7/4 & -7/4 \\ 1 & 0 & 7/4 & -13/4 \end{array}\right)$$

$$\overset{④}{\rightarrow} \left(\begin{array}{ccc|c} 0 & 1 & 0 & 3 \\ 0 & 0 & -7/4 & -7/4 \\ 1 & 0 & 0 & -5 \end{array}\right) \overset{⑤}{\rightarrow} \left(\begin{array}{ccc|c} 0 & 1 & 0 & 5 \\ 0 & 0 & 1 & 1 \\ 1 & 0 & 0 & -5 \end{array}\right)$$

$$\overset{⑥}{\rightarrow} \left(\begin{array}{ccc|c} 1 & 0 & 0 & -5 \\ 0 & 1 & 0 & 3 \\ 0 & 0 & 1 & 1 \end{array}\right)$$

① : 1행+3행×(−2), 2행+3행×3

② : 1행×1/4, 2행×1/2

③ : 2행+1행×1, 3행+1행×1

④ : 1행+2행×(−1/7), 3행+2행×1

⑤ : 2행×(−4/7)

⑥ : 3행과 2행을 교환, 이어서 2행과 1행을 교환

따라서, 구하는 해는 $x = -5, y = 3, z = 1$이다.

예 10. 다음 연립방정식에 Gauss의 소거법을 적용해 보자.

$$\begin{cases} x + y + z = -1 \\ 3x + 4y + 2z = -7 \\ 2x + 5y - z = -14 \end{cases}$$

$$(A|\boldsymbol{b}) = \left(\begin{array}{ccc|c} 1 & 1 & 1 & -1 \\ 3 & 4 & 2 & -7 \\ 2 & 5 & -1 & -14 \end{array}\right) \overset{①}{\rightarrow} \left(\begin{array}{ccc|c} 1 & 1 & 1 & -1 \\ 0 & 1 & -1 & -4 \\ 0 & 3 & -3 & -12 \end{array}\right)$$

$$\overset{②}{\rightarrow} \left(\begin{array}{cc|cc} 1 & 1 & 1 & -1 \\ 0 & 1 & -1 & -4 \\ 0 & 0 & 0 & 0 \end{array}\right) \overset{③}{\rightarrow} \left(\begin{array}{cc|cc} 1 & 0 & 2 & 3 \\ 0 & 1 & -1 & -4 \\ 0 & 0 & 0 & 0 \end{array}\right)$$

① : 2행+1행×(−3), 3행+1행×(−2)

② : 3행+2행×(−3)

③ : 1행+2행×(−1)

따라서, 주어진 방정식은 다음의 형태로 된다.

$$\begin{cases} x + 2z = 3 \\ y - z = -4 \end{cases} \quad 즉 \begin{cases} x = -2z + 3 \\ y = z - 4 \end{cases}$$

그러므로 해는, k를 임의의 상수라 할 때,

$$x=-2k+3,\ \ y=k-4,\ \ z=k$$

로 주어진다. 혹은 벡터의 형태로 다음과 같이 나타내도 좋다.

$$\begin{pmatrix} x \\ y \\ z \end{pmatrix}=k\begin{pmatrix} -2 \\ 1 \\ 1 \end{pmatrix}+\begin{pmatrix} 3 \\ -4 \\ 0 \end{pmatrix} \qquad (k\text{는 임의의 상수})$$

주의 5. 예 9, 예 10의 방정식을 푸는 것은, 기하학적으로 생각하면, 3개의 평면의 교차를 구하는 것에 상당한다. 예 9의 경우에, 교차점은 $(-5,\ 3,\ 1)$이고, 예 10의 경우에는, 교차는 직선

$$\frac{x-3}{-2}=y+4=z$$

이다.

문 8. 다음 연립1차방정식을 풀어라.

(1) $\begin{cases} x - 2y - 3z = 2 \\ 3x + 4y = 2 \\ 5x - 6z = 1 \end{cases}$　　(2) $\begin{cases} 5x + 3y = 3 \\ 2x - z = 1 \\ 2y + 3z = -1 \end{cases}$

문 9. 다음 연립1차방정식을 풀어라.

(1) $\begin{cases} 2x + 3y - 4z = 0 \\ 3x + 3y + 6z = -1 \\ 4x - 6y + 12z = -11 \\ 4x + 9y = 8 \end{cases}$　　(2) $\begin{cases} x - 4y - z + 9w = 5 \\ x + y - 6z - w = 0 \\ 2x - 3y - 7z + 8w = 5 \\ -3x + 2y + 13z - 7w = -5 \end{cases}$

문 10. 다음의 연립1차방정식은 해를 갖지 않음을 보여라.

$x-2y+3z=6,\ \ 4x-5y+6z=-2,\ \ 7x-8y+9z=9$

연습문제

1. 다음 행렬의 계수를 구하여라.

(1) $\begin{pmatrix} k & 1 & 1 \\ 1 & k & 1 \\ 1 & 1 & k \end{pmatrix}$ (2) $\begin{pmatrix} o & a & -b \\ -a & o & c \\ b & -c & o \end{pmatrix}$

(3) $\begin{pmatrix} w^2 & w & 1 \\ w^2 & 1 & w \\ 1 & w & w^2 \end{pmatrix}$ $(w^3=1)$ (4) $\begin{pmatrix} a & b & b & b \\ b & a & b & b \\ b & b & a & b \\ b & b & b & a \end{pmatrix}$

2. $(m,\ n)$행렬 A, B와 스칼라 k, l에 대해서, 다음이 성립함을 증명하여 보아라.

$$rank(kA+lB) \leqq rank\,A+rank\,B$$

3. 행렬 A, B에 대해서, 다음이 성립함을 증명하여라.

$$rank\begin{pmatrix} A & O \\ O & B \end{pmatrix} = rank\,A+rank\,B$$

4. 다음 연립1차방정식이 해를 갖기 위한 필요충분조건을 a, b, c를 이용하여 나타내어라.

$$\begin{cases} x+y-2z+2w=a \\ x-y-z+w=b \\ x+5y-4z+4w=c \end{cases}$$

5. 다음 연립1차방정식을 풀어라. 단, a, b, c는 서로 다른 상수이다.

(1) $\begin{cases} x+y+z=1 \\ ax+by+cz=d \\ a^2x+b^2y+c^2z=d^2 \end{cases}$ (2) $\begin{cases} x+y+z=0 \\ ax+by+cz=0 \\ bcx+cay+abz=abc \end{cases}$

6. 다음 연립1차방정식을 행렬식을 이용하여 풀어라.

(1) $\begin{cases} x-y-3z=2 \\ 3x+5y+2z=1 \\ 4x+2y-3z=5 \end{cases}$ (2) $\begin{cases} 2x+3y-2z+3u=6 \\ 3x+4y+z-2u=-2 \\ 4x+3y-2z-3u=-8 \\ 3x-5y+2z-3u=6 \end{cases}$

7. 다음 연립1차방정식을 풀어라.

(1) $\begin{cases} 2x-z=0 \\ y-z=0 \\ 6x-y-2z=0 \end{cases}$ (2) $\begin{cases} x+y-z=0 \\ 2x-3y=0 \\ 5y-2z=0 \end{cases}$

연습문제

8. 연립방정식

$$\begin{cases}(a-1)x+(3a+1)y+\quad 2az=0\\(a-1)x+(4a-2)y+(a+3)z=0\\\quad 2x+(3a+1)y+(3a-3)z=0\end{cases}$$

이, $x=y=z=0$ 이외의 해를 갖도록 상수 a의 값을 정하고, 그 때의 해를 구하여라.

9. 다음 연립1차방정식을 풀어라.

$$\begin{cases}(1-n)x_1+x_2+x_3+\cdots+x_n=0\\x_1+(1-n)x_2+x_3+\cdots+x_n=0\\x_1+x_2+(1-n)x_3+\cdots+x_n=0\\\cdots\cdots\cdots\cdots\cdots\cdots\\x_1+x_2+x_3+\cdots+(1-n)x_n=0\end{cases}$$

10. n차의 행렬 $A=(a_{ij})$에 있어서 a_{ij}는 모두 정수(integer)라 한다. 임의의 정수의 조$\{b_1,\ b_2,\ \cdots,\ b_n\}$에 대해서 연립방정식

$$\begin{cases}a_{11}x_1+a_{12}x_2+\cdots+a_{1n}x_n=b_1\\a_{21}x_1+a_{22}x_2+\cdots+a_{2n}x_n=b_2\\\cdots\cdots\cdots\\a_{n1}x_1+a_{n2}x_2+\cdots+a_{nn}x_n=b_n\end{cases}$$

이, 항상 단 1조의 정수해를 갖기 위한 조건은 $|A|=\pm 1$인 것을 증명하여라.

선형사상 5

5.1 사상

5.1.1 사상, 단사, 전사

먼저, 여러 가지 용어를 정의해 놓기로 한다.

집합 A의 각 요소에 대해서 B의 요소가 하나 정해져 있을 때, 이 일의적인 '대응'을 A로부터 B에의 **사상**(寫像, mapping)이라 한다. 이것을

$$f : A \longrightarrow B \quad \text{또는} \quad A \xrightarrow{f} B$$

라고 표시한다. A로부터 B에의 사상 f에 의해서, A의 요소 a가 B의 요소 b에 대응하고 있는 것을

$$\begin{aligned} f : A &\to B \\ a &\mapsto b \end{aligned}$$

로 나타낸다. b를 f에 의한 a의 **상**(像, image)이라 하고, $f(a)$라 쓴다. a는 b의 **원상**(原像) 또는 **역상**(逆像, inverse image)이라 불리운다.

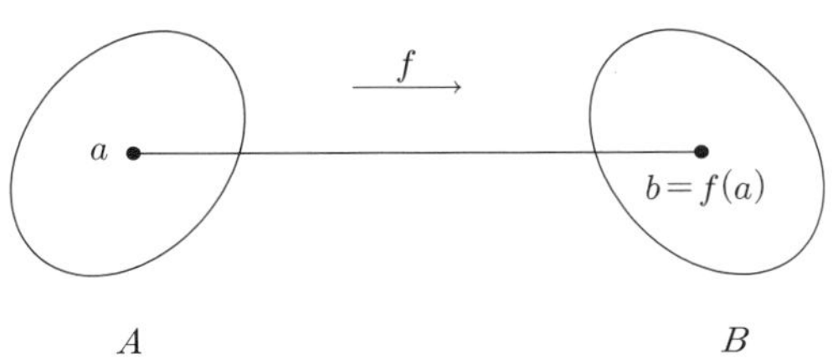

그림 5.1

$f: A \longrightarrow B$일 때, f의 상 전체의 집합, 즉

$$\{f(a) \mid a \in A\}$$

를 사상 f의 상(像)이라 하고, $I_m f$ 또는 $f(A)$라 표시한다.

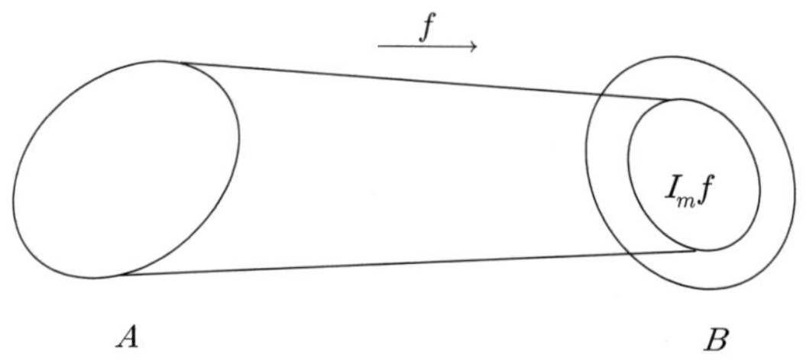

그림 5.2

또, B의 요소 b에 대해서, b의 역상 전체의 집합, 즉

$$\{a \in A \mid f(a) = b\}$$

를 f에 의한 b의 **전역상**(全逆像, complete inverse image)이라 하고, $f^{-1}(b)$로 나타낸다.

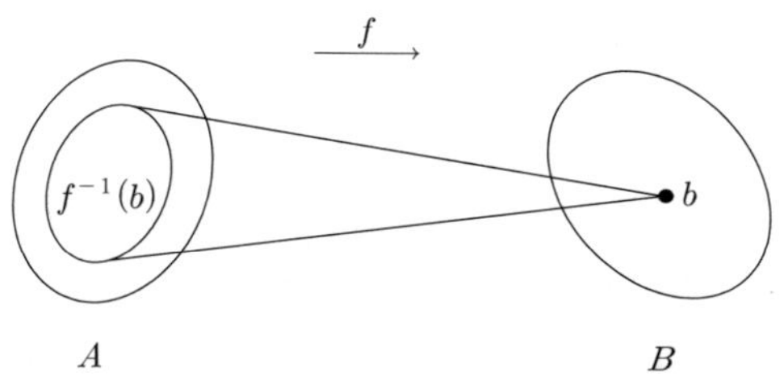

그림 5.3

예 1. $f: \boldsymbol{R} \longrightarrow \boldsymbol{R}$일 때

$x \mapsto x^2$

$I_m f = \{y \in \boldsymbol{R} \mid y = x^2\} = \{y \mid y$는 플러스 또는 0의 실수$\}$

로 되고,

$$y > 0 \text{ 일 때}, f^{-1}(y) = \{-\sqrt{y},\ \sqrt{y}\}$$
$$y = 0 \text{ 일 때}, f^{-1}(y) = \{0\}$$
$$y < 0 \text{ 일 때}, f^{-1}(y) = \phi$$

이 된다.

$f: A \longrightarrow B$에서 B_0는 B의 부분집합이라 한다. $f(a)$가 B_0에 속할 때의 A의 요소 a 전체의 집합을, f에 의한 B_0의 전역상(全逆像)이라 하고, $f^{-1}(B_0)$로 나타낸다.

$$f^{-1}(B_0) = \{a \in A \mid f(a) \in B_0\}$$

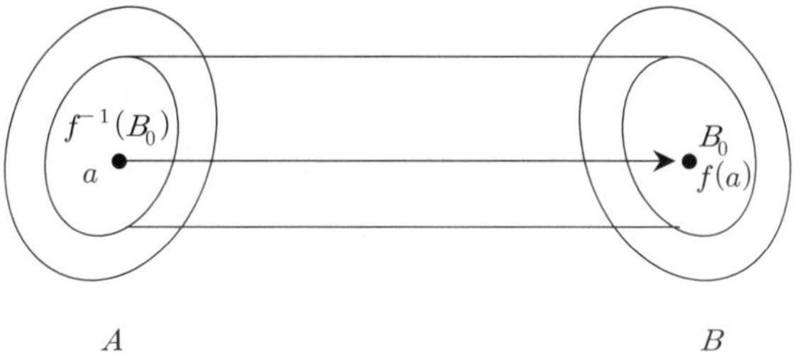

그림 5.4

예 2. $f: \boldsymbol{R} \longrightarrow \boldsymbol{R}$을 다음과 같이 정의한다.

$$f(x) = \begin{cases} 1 & (x\text{가 짝수일 때}) \\ -1 & (x\text{가 홀수일 때}) \\ 0 & (x\text{가 홀수도 짝수도 아닐 때}) \end{cases}$$

이 때 $\boldsymbol{R}$의 부분집합 $B_0 = \{-1,\ 1\}$의 f에 의한 전역상 $f^{-1}(B_0)$는

$$f^{-1}(B_0) = \{n \mid n\text{은 정수}\}$$

이다.

그런데, 사상은 그 성질에 따라 몇 가지로 구별해서 생각할 수가 있다. 집합 A로부터 집합 B에의 사상을 f라 한다.

$I_m f = B$, 즉 B의 임의의 요소 b에 대해서, $f(a) = b$가 되는 A의 요소가 적어도 하나 존재할 때, f는 **전사**(全射, surjection) 또는 **위로의 사상**(onto mapping)이라 한다.

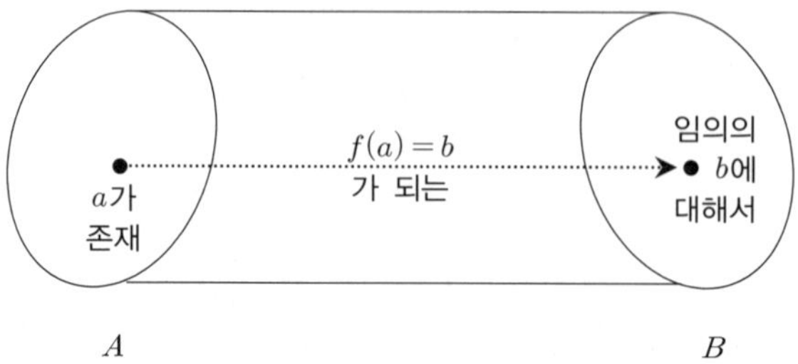

그림 5.5

예 3. $f: \boldsymbol{R} \longrightarrow \boldsymbol{R}$은 전사이다.

$$x \mapsto 2x$$

왜냐하면, 임의의 수 b에 대해서 $2x=b$의 해 $x=\dfrac{b}{2}$가 존재하므로, f는 전사가 된다.

A의 요소 a_1, a_2에 대해서 $a_1 \neq a_2$라고 하면 $f(a_1) \neq f(a_2)$로 될 때, 즉, $I_m f$의 임의의 요소 b에 대해서 f에 의한 b의 역상이 단 하나의 요소로 될 때, f는 **단사**(單射, injection) 또는 **1대 1사상**(one-to-one mapping)이라 한다. f가 단사라고 하는 것은, $f(a_1)=f(a_2)$이면 $a_1=a_2$가 성립하는 것과 동치이다. A의 요소 a와 B의 요소 b가 1대 1로 대응하고 있는 것을 다음과 같이 나타낸다.

$$A \ni a \xleftrightarrow{\text{1대 1}} b \in B$$

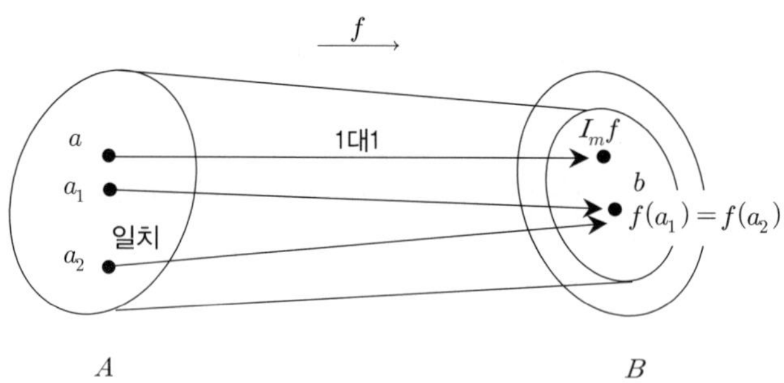

그림 5.6

예 4. $f: \boldsymbol{R} \longrightarrow \boldsymbol{R}$은 단사이다.

$$x \mapsto a^x \ (a>0,\ a \neq 1)$$

왜냐하면, $x_1 \neq x_2$일 때 $f(x_1) = a^{x_1} \neq a^{x_2} = f(x_2)$이므로, f는 단사이다. 또, 전사인 동시에 단사인 사상을 **전단사**(全單射, bijection)라 한다.

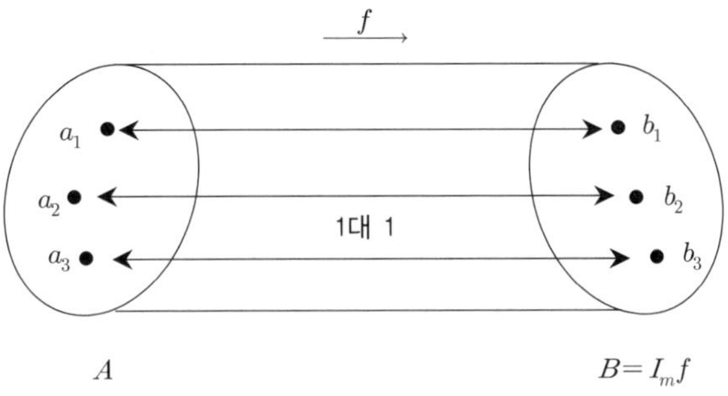

그림 5.7

예 3에서 f가 전단사가 되는 것은 분명하다.

집합 A의 임의의 요소 a에 대해서, a 자신을 대응시키는 A로부터 A자신에의 사상을 **항등사상**(恒等寫像, identity mapping)이라 하고, 이것을 I_A로 나타낸다. 분명히 항등사상은 전단사(全單射)이다.

문 1. 전사이지만 단사가 아닌 예, 전사는 아니지만 단사인 예를 하나씩 들어라. 또, 전사도 단사도 아닌 에를 하나 들어라.

2개의 사상 f, g를

$$f : A \longrightarrow B, \quad g : B \longrightarrow C$$

라 한다. A의 요소 a의 f에 의한 상 $f(a)$는 B의 요소이므로, g에 의한 상 $g(f(a))$는 C의 요소가 된다. 이 때, A의 요소 a에 대해서 C의 요소 $g(f(a))$를 대응시키는 사상을 정의할 수가 있다. 이 사상을 f와 g의 **합성사상**(合成寫像, composed mapping)이라 하고, $g \circ f$로 표시한다. 즉,

$$(g \circ f)(a) = g(f(a))$$

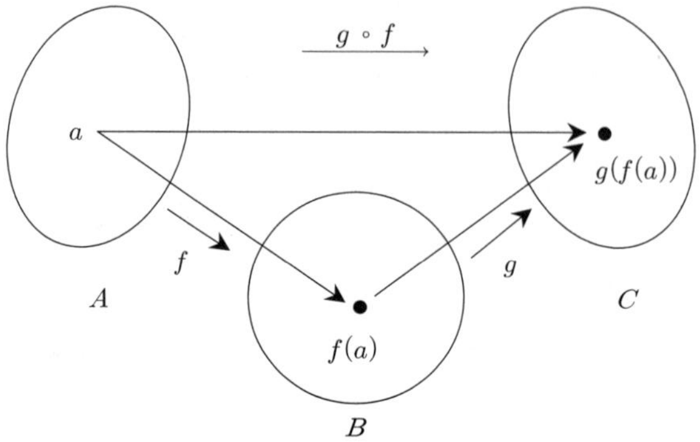

그림 5.8

예 5. $f : \boldsymbol{R} \longrightarrow \boldsymbol{R}$, $g : \boldsymbol{R} \longrightarrow \boldsymbol{R}$일 때

$x \mapsto 2x+1$ $\qquad$ $x \mapsto x^2-1$

$(g \circ f)(x) = (2x+1)^2 - 1$, $\quad (f \circ g)(x) = 2(x^2-1)+1$

보조정리 5.1 사상 $f : A \longrightarrow B$, $g : B \longrightarrow C$ 에 대해서, 다음과 같다.

(1) f, g가 모두 단사이면, $g \circ f$도 단사이다.

(2) f, g가 모두 전사이면, $g \circ f$도 전사이다.

[증명] (1) a, $a' \in A$에 대해서, $(g \circ f)(a) = (g \circ f)(a')$라 하면, $g(f(a)) = g(f(a'))$. g는 단사이므로 $f(a) = f(a')$. f는 단사이므로 $a = a'$. 따라서 $g \circ f$는 단사이다.

(2) f는 전사이므로 $f(A) = B$, g도 전사이므로 $g(B) = C$. 그러므로 $(g \circ f)(A) = g(f(A)) = g(B) = C$. 따라서 $g \circ f$는 전사이다.

보조정리 5.2 사상 $f : A \longrightarrow B$, $g : B \longrightarrow C$ 에 대해서, 다음이 성립한다.

(1) $g \circ f$가 단사이면, f는 단사이다.

(2) $g \circ f$가 전사이면, g는 전사이다.

특히, $A = C$일 때, $g \circ f$, $f \circ g$가 모두 전단사이면, f는 전단사이다.

[증명] (1) $f(a) = f(a')$ $(a, a' \in A)$라면, $(g \circ f)(a) = g(f(a)) = g(f(a')) = (g \circ f)(a')$. $g \circ f$는 단사이므로 $a = a'$. 따라서 f는 단사이다.

(2) $g \circ f$는 전사이므로, C의 임의의 요소 c에 대해서, A의 요소 a가 존재하여 $(g \circ f)(a) = c$, 즉 $g(f(a)) = c (f(a) \in B)$가 된다. 따라서 g는 전사이다.

5.1.2 역사상

사상 $f: A \longrightarrow B$가 전단사이면, B의 임의의 요소 b에 대해서 $f(a)=b$로 되는 A의 요소 a가 단 하나 존재한다. 따라서, b에 대해서 f에 의한 b의 역상 a를 대응시키는 사상을 정의할 수가 있다. 이것을 f의 **역사상**(逆寫像, inverse mapping)이라 하고, f^{-1}로 표시한다.

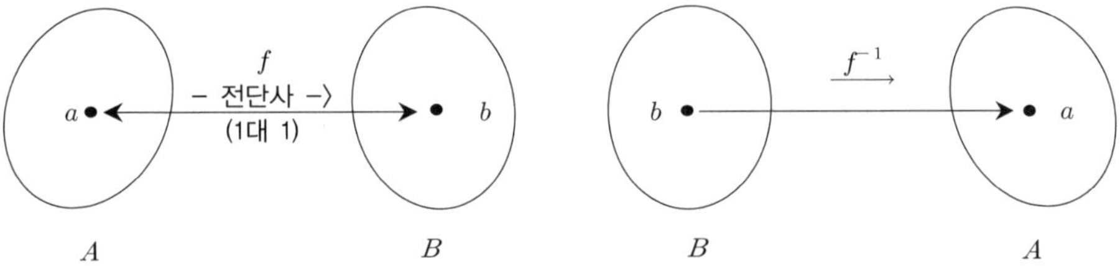

그림 5.9

분명히, f^{-1}는 B로부터 A에의 전단사이고,

$$f(a)=b \Leftrightarrow f^{-1}(b)=a$$

이다.

주의 1. $f: A \to B$가 전단사일 때 생각할 수 있는 역사상 f^{-1}와, $f: A \to B$일 때 $B \ni b$에 대해서 성립하는 f에 의한 b의 역상 $f^{-1}(b)$의 f^{-1}와는 본질적으로 다른 것이다. $f^{-1}(b)$는 A의 부분집합이고 이 f^{-1}는 일반적으로 사상이 아니다.

역사상(逆寫像)의 정의로부터 곧바로 다음 정리가 얻어진다.

정리 5 · 3

$f: A \to B$가 전단사이면, 그 역사상 $f^{-1}: B \to A$에 대해서

$$f^{-1} \circ f = I_A,\ f \circ f^{-1} = I_B$$

가 성립한다. 따라서, f^{-1}도 전단사이고, $(f^{-1})^{-1}=f$가 된다.

정리 5·4

2개의 사상 $f: A \to B$, $g: B \to A$가

$$g \circ f = I_A, \quad f \circ g = I_B$$

를 만족할 때, f의 역사상 $f^{-1}: B \to A$가 존재해서, $g = f^{-1}$가 된다.

[증명] 보조정리 5.2와 항등사상은 전단사라고 하는 사실에 의해 조건을 만족하는 f는 전단사이므로, 그 역사상 $f^{-1}: B \to M$이 존재한다. 다음에, 임의의 요소 $b \in B$에 대해서, 정리 5.3과 가정에 의해

$$g(b) = (g \circ I_B)(b) = (g \circ (f \circ f^{-1}))(b)$$
$$((g \circ f) \circ f^{-1}(b) = (I_A \circ f^{-1})(b) = f^{-1}(b).$$

따라서, $g = f^{-1}$가 성립한다.

문 2. 정리 5.4의 가정 하에서, g^{-1}가 존재하여 $f = g^{-1}$가 되는 것을 보여라.

예 6. a를 0이 아닌 상수($\in \boldsymbol{R}$)라 한다. 사상

$$f: \boldsymbol{R} \to \boldsymbol{R} \ ; \ x \mapsto ax$$

는 전단사이고, 그 역사상은 다음과 같다.

$$f^{-1}: \boldsymbol{R} \to \boldsymbol{R} \ ; \ x \mapsto a^{-1}x$$

5.2 선형사상

5.2.1 선형사상의 정의

$a \in \boldsymbol{R}$를 상수라 할 때, 사상

$$f: \boldsymbol{R} \to \boldsymbol{R} \ ; \ f(x) = ax \quad (x \in \boldsymbol{R})$$

는, 합 $x + x'$를 합 $f(x) + f(x')$로, 스칼라 배 kx를 스칼라 배 $kf(x)$로 옮긴다. 이 성질을 일반화해서, 벡터공간 사이의 선형사상의 개념을 정의한다.

정의 $\boldsymbol{K}$를 $\boldsymbol{R}$ 또는 $\boldsymbol{C}$라 하고, V, W를 $\boldsymbol{K}$상의 벡터공간이라 한다. 다음의 2가지 조건을 만족하는 사상 $f: V \to W$를, V로부터 W에의 **선형사상**(線型寫像, linear mapping) 또는 **1차사상**이라 한다.

$(L1)$ 임의의 벡터, $\boldsymbol{u}$, $\boldsymbol{v} \in V$에 대해서,

$$f(\boldsymbol{u}+\boldsymbol{v}) = f(\boldsymbol{u}) + f(\boldsymbol{v})$$

$(L2)$ 임의의 벡터 $\boldsymbol{u} \in V$와 임의의 스칼라 $k \in \boldsymbol{K}$에 대해서,

$$f(k\boldsymbol{u}) = kf(\boldsymbol{u})$$

특히, $V = W$인 경우, V로부터 V에의 선형사상을, V의 **선형변환**(線型變換, linear transformation) 또는 **1차변환**이라 한다.

보조정리 5.5 조건 $(L1)$, $(L2)$가 동시에 성립하기 위한 필요충분조건은, 다음의 조건 $(L3)$이 성립하는 것이다.

$(L3)$ 임의의 벡터 $\boldsymbol{u}, \boldsymbol{v} \in V$와 임의의 스칼라 $k, l \in \boldsymbol{K}$에 대해서,

$$f(k\boldsymbol{u}+l\boldsymbol{v}) = kf(\boldsymbol{u}) + lf(\boldsymbol{v})$$

[증명] (필요성) $(L1)$과 $(L2)$에 의해,

$$f(k\boldsymbol{u}+l\boldsymbol{v}) = f(k\boldsymbol{u}) + f(l\boldsymbol{v}) = kf(\boldsymbol{u}) + lf(\boldsymbol{v})$$

(충분성) $(L3)$에 있어서, $k=l=1$이라 하면 $(L1)$이 얻어지고, $l=0$이라 하면 $(L2)$가 얻어진다.

보조정리 5.6 $f: V \to W$가 선형사상이라면, 벡터 $\boldsymbol{u}_1, \boldsymbol{u}_2, \cdots, \boldsymbol{u}_m \in V$, 스칼라 $k_1, k_2, \cdots, k_m \in \boldsymbol{K}$에 대해서, 다음이 성립한다.

$$f(k_1\boldsymbol{u}_1 + k_2\boldsymbol{u}_2 + \cdots + k_m\boldsymbol{u}_m) = k_1f(\boldsymbol{u}_1) + k_2f(\boldsymbol{u}_2) + \cdots + k_mf(\boldsymbol{u}_m)$$

[증명] $m=1$일 때는, $(L2)$에 의해 성립한다. $m>1$이라 하고, $m-1$에 대해서 성립한다고 가정하면, $(L1)$, $(L2)$와 귀납법의 가정에 의해,

$$\begin{aligned} & f((k_1\boldsymbol{u}_1 + \cdots + k_{m-1}\boldsymbol{u}_{m-1}) + k_m\boldsymbol{u}_m) \\ &= f(k_1\boldsymbol{u}_1 + \cdots + k_{m-1}\boldsymbol{u}_{m-1}) + f(k_m\boldsymbol{u}_m) \\ &= k_1f(\boldsymbol{u}_1) + \cdots + k_{m-1}f(\boldsymbol{u}_{m-1}) + k_mf(\boldsymbol{u}_m) \end{aligned}$$

따라서, m일 때도 성립한다.

보조정리 5.7 선형사상 $f: V \to W$와 $g: W \to Z$의 합성 $g \circ f: V \to Z$도 선형사상이다.

[증명] 임의의 벡터 $\boldsymbol{u}, \boldsymbol{v} \in V$와 임의의 스칼라 $k, l \in \boldsymbol{K}$에 대해서, f, g의 선형성에 의해,

$$(g \circ f)(k\boldsymbol{u}+l\boldsymbol{v}) = g(f(k\boldsymbol{u}+l\boldsymbol{v})) = g(kf(\boldsymbol{u})+lf(\boldsymbol{v}))$$
$$= kg(f(\boldsymbol{u}))+lg(f(\boldsymbol{v})) = k(g \circ f)(\boldsymbol{u})+l(g \circ f)(\boldsymbol{v})$$

가 성립한다.
따라서, 보조정리 5.5에 의해, $g \circ f$는 선형사상이다.

정리 5·8 $f: V \to W$가 선형사상이라면, 다음이 성립한다.

(1) $f(0)=0$

(2) $f(-\boldsymbol{u}) = -f(\boldsymbol{u}) \quad (\boldsymbol{u} \in V)$

(3) $f(\boldsymbol{v}-\boldsymbol{u}) = f(\boldsymbol{v})-f(\boldsymbol{u}) \quad (\boldsymbol{u}, \boldsymbol{v} \in V)$

[증명] (1) $0\boldsymbol{u}=0$, $0f(\boldsymbol{u})=0$이므로, $(L2)$에 있어서 $k=0$으로 하면,

$$f(0) = f(0\boldsymbol{u}) = 0f(\boldsymbol{u}) = 0$$

(2) $-\boldsymbol{u}=(-1)\boldsymbol{u}$, $-f(\boldsymbol{u})=(-1)f(\boldsymbol{u})$이므로, $(L2)$에 있어서 $k=-1$로 놓으면,

$$f(-\boldsymbol{u}) = f((-1)\boldsymbol{u}) = (-1)f(\boldsymbol{u}) = -f(\boldsymbol{u})$$

(3) 정의와 (2)에 의해,

$$f(\boldsymbol{v}-\boldsymbol{u}) = f((-\boldsymbol{u})+\boldsymbol{v}) = f(-\boldsymbol{u})+f(\boldsymbol{v})$$
$$= (-f(\boldsymbol{u}))+f(\boldsymbol{v}) = f(\boldsymbol{v})-f(\boldsymbol{u})$$

5.2.2 선형사상의 예

예 7. $a \in \boldsymbol{R}$를 상수라 한다. 1차함수 $f: \boldsymbol{R} \to \boldsymbol{R}$; $f(x)=ax\,(x \in \boldsymbol{R})$는, $\boldsymbol{R}$의 1차변환이다.

주의 2. 1차함수 $ax+b$ (a, b는 상수이고, $b \neq 0$), 2차함수 ax^2+bx+c (a, b, c는 상수이고, $a \neq 0$), 분수함수 $\frac{1}{x}\,(x \neq 0)$, 무리함수 $\sqrt{x}\,(x \geqq 0)$, 삼각함수, $\sin x$, $\cos x$ $\tan x$, 지수함수 e^x, 대수함수 $\log x\,(x>0)$로 주어지는 사상은 어느 것도 선형사상이 아니다.

예 8. A를 (m, n) 행렬 (a_{ij}) $(a_{ij} \in \boldsymbol{K})$라 한다. $\boldsymbol{K}^n$의 벡터 $\boldsymbol{x} = \begin{pmatrix} x_1 \\ \vdots \\ x_n \end{pmatrix}$에 대해서,

$\boldsymbol{K}^m$의 벡터 $f(\boldsymbol{x})=\begin{pmatrix} y_1 \\ \vdots \\ y_m \end{pmatrix}$가, 1차 관계식

$$\begin{cases} y_1 = a_{11}x_1 + a_{12}x_2 + \cdots + a_{1n}x_n \\ y_2 = a_{21}x_1 + a_{22}x_2 + \cdots + a_{2n}x_n \\ \quad \cdots\cdots\cdots \\ y_m = a_{m1}x_1 + a_{m2}x_2 + \cdots + a_{mn}x_n \end{cases}$$

으로 주어질 때, 즉 f가

$$f(\boldsymbol{x}) = A\boldsymbol{x} \quad (x \in \boldsymbol{K}^n)$$

에 의해서 정의될 때, $f: \boldsymbol{K}^n \rightarrow \boldsymbol{K}^m$은 선형사상이다. 실제로,

$$f(\boldsymbol{x}+\boldsymbol{x}') = f(\boldsymbol{x}) + f(\boldsymbol{x}'),\ f(k\boldsymbol{x}) = kf(\boldsymbol{x}) \qquad (k \in \boldsymbol{K})$$

즉

$$A(\boldsymbol{x}+\boldsymbol{x}') = A\boldsymbol{x} + A\boldsymbol{x}',\ A(k\boldsymbol{x}) = kA\boldsymbol{x} \quad (k \in \boldsymbol{K})$$

가 성립하는 것을 쉽게 확인할 수 있다.

예 9. 벡터공간 V의 모든 벡터를, 벡터공간 W의 영벡터로 옮기는 사상

$$0: V \rightarrow W: 0(\boldsymbol{u}) = \mathbf{0}\ (\boldsymbol{u} \in V)$$

은 선형사상이다. 이것을 **영사상**(零寫像)이라 한다.

예 10. x에 관한 차수가 n 이하의 실계수의 다항식

$$f(x) = a_0x^n + a_1x^{n-1} + \cdots + a_{n-1}x + a_n \quad (a_i \in \boldsymbol{R})$$

에 그 도함수[14]

$$f'(x) = na_0x^{n-1} + (n-1)a_1x^{n-2} + \cdots + a_{n-1}$$

---

14) 도함수에 대해서는 미적분에 관한 제2부를 참조.

을 대응시키면, 이 대응은 $\boldsymbol{R}_n[x]$로부터 $\boldsymbol{R}_{n-1}[x]$에의 선형사상이다. 즉

$$D: \boldsymbol{R}_n[x] \to \boldsymbol{R}_{n-1}[x]\,;\, f(x) \mapsto f'(x)$$

이것은, 미분공식에서

$$\begin{aligned} D(f(x)+g(x)) &= (f(x)+g(x))' = f'(x)+g'(x) \\ &= D(f(x))+D(g(x)) \\ D(\lambda f(x)) &= (\lambda f(x))' = \lambda f'(x) = \lambda D(f(x)) \end{aligned}$$

로 되는 것으로부터 분명하다. 이 선형사상 D를 **미분작용소**(微分作用素, differential operator)라 한다.

예 11. $f(x) \in \boldsymbol{R}_n[x]$에 정적분 $\int_a^b f(x)dx$를 대응시키면, 이 대응은 $\boldsymbol{R}_n[x]$로부터 $\boldsymbol{R}$에의 선형사상이다. 즉

$$I: \boldsymbol{R}_n[x] \to \boldsymbol{R} \;:\; f(x) \mapsto \int_a^b f(x)dx$$

이것도 정적분의 공식으로부터

$$\begin{aligned} I(f(x)+g(x)) &= \int_a^b (f(x)+g(x))dx = \int_a^b f(x)dx + \int_a^b g(x)dx \\ &= I(f(x))+I(g(x)) \end{aligned}$$

$$\begin{aligned} I(\lambda f(x) &= \int_a^b (\lambda f(x)dx = \lambda \int_a^b f(x)dx \\ &= \lambda I(f(x)) \end{aligned}$$

로 되기 때문이다. 이 선형사상 I를 **적분작용소**(積分作用素, integration operator)라 한다.

예 12. $\boldsymbol{x} \in V$에 $\boldsymbol{x}$ 자신을 대응시키는 V의 항등사상

$$I_V: V \to V$$

는 선형사상이다. 이와 같이 V로부터 V에의 선형사상을, V의 선형변환 또는 1차변환이라 한다.

예 13. n차 정방행렬을 열벡터로 나타내서, $A=(\boldsymbol{a}_1 \cdots \boldsymbol{a}_j \cdots \boldsymbol{a}_n)$로 한다. 이제, 제 j열을 제외한 모든 열을 고정시키고 생각하면, $\boldsymbol{a}_j \in \boldsymbol{K}^n$에 행렬식

$$\det(\boldsymbol{a}_1 \cdots \boldsymbol{a}_j \cdots \boldsymbol{a}_n) \in \boldsymbol{K}$$

를 대응시키는 사상은, $\boldsymbol{K}^n$로부터 $\boldsymbol{K}$에의 선형사상이다. 이것은, 모든 열(및 모든 행)에 대해서 말할 수 있으므로, 행렬식의 **다중선형성**(multilinearity) 또는 **다중1차성**이라 한다. 이것은 제3장의 정리 3.5와 정리 3.9의 성질을 말한다. 이 두 개의 정리를 열벡터를 이용해서 다시 써 보면, 다음과 같은 형태가 된다.

$$\begin{aligned}(1)\ \det(\boldsymbol{a}_1 \cdots \boldsymbol{a}_j + \boldsymbol{a}_j' \cdots \boldsymbol{a}_n) &= \det(\boldsymbol{a}_1 \cdots \boldsymbol{a}_j \cdots \boldsymbol{a}_n) \\ &\quad + \det(\boldsymbol{a}_1 \cdots \boldsymbol{a}_j' \cdots \boldsymbol{a}_n)\end{aligned}$$

$$(2)\ \det(\boldsymbol{a}_1 \cdots c\boldsymbol{a}_j \cdots \boldsymbol{a}_n) = c\det(\boldsymbol{a}_1 \cdots \boldsymbol{a}_j \cdots \boldsymbol{a}_n) \quad (c \in \boldsymbol{K})$$

이 2개의 식은, 제j열을 제외한 모든 열을 고정했을 때, 대응

$$\boldsymbol{a}_j \mapsto \det(\boldsymbol{a}_1 \cdots \boldsymbol{a}_j \cdots \boldsymbol{a}_n)$$

이 바로 $\boldsymbol{K}^n$으로부터 $\boldsymbol{K}$에의 선형사상이란 것을 보이고 있다.

선형사상과 밀접한 관계를 갖는 것에 **의사사상**(擬似寫像, affine mapping)이라 하는 개념이 있다. U, V를 $\boldsymbol{K}$상의 벡터공간이라 하고, f를 U로부터 V에의 선형사상이라 한다. 사상 $A: U \to V$가, U의 임의의 요소 $\boldsymbol{x}$에 대해서

$$A(\boldsymbol{x}) = f(\boldsymbol{x}) + \boldsymbol{b} \quad (\boldsymbol{b} \in V)$$

를 만족할 때, A를 의사사상이라 한다. 의사사상은, 선형사상과 평행이동과의 합성사상이다.

f가 선형사상이라면 $f(\mathbf{0}_U) = \mathbf{0}_V$이므로, 의사사상에 대해서는 위의 식으로부터 $f(\mathbf{0}_U) = \boldsymbol{b}$로 된다. 여기에서 $\mathbf{0}_U$, $\mathbf{0}_V$는 각각 U의 영요소(零要素), V의 영요소를 의미한다.

$\boldsymbol{R}$로부터 $\boldsymbol{R}$에의 선형사상 f는 $f(x) = ax$라 표현되므로, $\boldsymbol{R}$로부터 $\boldsymbol{R}$에의 의사사상은 $A(x) = ax + b$의 형태로 표현된다.

5.3 선형사상과 행렬

5.3.1 선형사상의 표현행렬

벡터 $\boldsymbol{u}$가 벡터 $\boldsymbol{v}_1$, $\boldsymbol{v}_2$, $\cdots$, $\boldsymbol{v}_r$의 1차결합으로서

$$\boldsymbol{u}=a_1\boldsymbol{v}_1+a_2\boldsymbol{v}_2+\cdots+a_r\boldsymbol{v}_r \quad (a_i\in\boldsymbol{K})$$

로 표현될 때, 행렬의 표기법에 의해 형식적으로

$$\boldsymbol{u}=(\boldsymbol{v}_1\ \boldsymbol{v}_2\cdots\ \boldsymbol{v}_r)\begin{pmatrix}a_1\\a_2\\\vdots\\a_r\end{pmatrix}$$

로 쓰기로 하자. 일반적으로, $a_{ij}\in\boldsymbol{K}$에 대해서, s개의 등식

$$\begin{cases}\boldsymbol{u}_1=a_{11}\boldsymbol{v}_1+a_{21}\boldsymbol{v}_2+\cdots+a_{r1}\boldsymbol{v}_r\\ \boldsymbol{u}_2=a_{12}\boldsymbol{v}_1+a_{22}\boldsymbol{v}_2+\cdots+a_{r2}\boldsymbol{v}_r\\ \qquad\cdots\cdots\cdots\cdots\cdots\\ \boldsymbol{u}_s=a_{1s}\boldsymbol{v}_1+a_{2s}\boldsymbol{v}_2+\cdots+a_{rs}\boldsymbol{v}_r\end{cases}$$

을 행렬의 표기법으로

$$(\boldsymbol{u}_1\ \boldsymbol{u}_2\cdots\ \boldsymbol{u}_s)=(\boldsymbol{v}_1\ \boldsymbol{v}_2\cdots\ \boldsymbol{v}_r)\begin{pmatrix}a_{11}&a_{12}&\cdots&a_{1s}\\a_{21}&a_{22}&\cdots&a_{2s}\\\vdots&\vdots&&\vdots\\a_{r1}&a_{r2}&\cdots&a_{rs}\end{pmatrix}$$

로 나타낸다. 우변의 $(r,\ s)$행렬 (a_{ij})를 A라 하면, 위의 등식은

$$(\boldsymbol{u}_1\ \boldsymbol{u}_2\cdots\ \boldsymbol{u}_s)=(\boldsymbol{v}_1\ \boldsymbol{v}_2\cdots\ \boldsymbol{v}_r)A$$

로 나타낸다.

보조정리 5.9 $\boldsymbol{v}_1$, $\boldsymbol{v}_2$, $\cdots$, $\boldsymbol{v}_r$은 1차독립이라 한다. $(r,\ s)$행렬 A, B에 대해서

$$(\boldsymbol{v}_1\ \boldsymbol{v}_2\cdots\ \boldsymbol{v}_r)A=(\boldsymbol{v}_1\ \boldsymbol{v}_2\cdots\ \boldsymbol{v}_r)B\Rightarrow A=B$$

[증명] $A=(a_{ij})$, $B=(b_{ij})$라 한다. 양변의 제j요소$(1 \leqq j \leqq s)$가 같으므로,

$$\sum_{i=1}^{r} a_{ij}\boldsymbol{v}_i = \sum_{i=1}^{r} b_{ij}\boldsymbol{v}_i$$

가 성립한다. $\boldsymbol{v}_1, \boldsymbol{v}_2, \cdots, \boldsymbol{v}_r$은 1차독립이므로, $a_{ij}=b_{ij}(i=1, 2, \cdots, r)$. 따라서, 모든 i, j에 대해서 $a_{ij}=b_{ij}$

$$\therefore \quad A=B$$

V, W를 각각 n차원, m차원 벡터공간이라 하고, V의 기저

$$\Lambda=\{\boldsymbol{v}_1, \boldsymbol{v}_2, \cdots, \boldsymbol{v}_n\}$$

과 W의 기저

$$\Gamma=\{\boldsymbol{w}_1, \boldsymbol{w}_2, \cdots, \boldsymbol{w}_m\}$$

을 각각 고정한다.

선형사상 $f: V \to W$에 대해서,

$$\begin{cases} f(\boldsymbol{v}_1)=a_{11}\boldsymbol{w}_1+a_{21}\boldsymbol{w}_2+a_{m1}\boldsymbol{w}_m \\ f(\boldsymbol{v}_2)=a_{12}\boldsymbol{w}_1+a_{22}\boldsymbol{w}_2+a_{m2}\boldsymbol{w}_m \\ \cdots\cdots\cdots\cdots \\ f(\boldsymbol{v}_n)=a_{1n}\boldsymbol{w}_1+a_{2n}\boldsymbol{w}_2+a_{mn}\boldsymbol{w}_m \end{cases} \tag{5.1}$$

을 만족하는 mn개의 스칼라 $a_{ij} \in \boldsymbol{K}$가 일의적으로 존재한다. n개의 등식 (5.1)을 행렬의 표기법으로 쓰면,

$$(f(\boldsymbol{v}_1)\ f(\boldsymbol{v}_2)\ \cdots\ f(\boldsymbol{v}_n))=(\boldsymbol{w}_1\,\boldsymbol{w}_2\cdots\,\boldsymbol{w}_m)\begin{pmatrix} a_{11} & a_{12} & \cdots & a_{1n} \\ a_{21} & a_{22} & \cdots & a_{2n} \\ \vdots & \vdots & & \\ a_{m1} & a_{m2} & \cdots & a_{mn} \end{pmatrix} \tag{5.1'}$$

$$=(\boldsymbol{w}_1\boldsymbol{w}_2\cdots\,\boldsymbol{w}_m)A$$

로 된다. (m, n)행렬 $A=(a_{ij})$를 기저 Λ, Γ에 관한 선형사상 f의 **표현행렬**(representation matrix)이라 한다.

V의 임의의 요소 $\boldsymbol{x}$를 취하여, 기저 $\Lambda=\{\boldsymbol{v}_1, \boldsymbol{v}_2, \cdots, \boldsymbol{v}_n\}$에 관한 요소 $\boldsymbol{x}$의 성분을 $(x_1, x_2, \cdots, x_n)$이라 하면,

$$\boldsymbol{x}=\sum_{j=1}^{n} x_j \boldsymbol{v}_j$$

로 표현된다. f는 선형사상이므로, 보조정리 5.6과 (5.1)'에 의해,

$$f(\boldsymbol{x})=\sum_{j=1}^{n} x_j f(\boldsymbol{v}_j)=(f(\boldsymbol{v}_1)\ f(\boldsymbol{v}_2)\ \cdots\ f(\boldsymbol{v}_n))\begin{pmatrix} x_1 \\ x_2 \\ \vdots \\ x_n \end{pmatrix}$$

$$=(\boldsymbol{w}_1\,\boldsymbol{w}_2 \cdots \boldsymbol{w}_m)\begin{pmatrix} a_{11} & a_{12} & \cdots & a_{1n} \\ a_{21} & a_{22} & \cdots & a_{2n} \\ \vdots & \vdots & & \vdots \\ a_{m1} & a_{m2} & \cdots & a_{mn} \end{pmatrix}\begin{pmatrix} x_1 \\ x_2 \\ \vdots \\ x_n \end{pmatrix}$$

로 된다. 한편, 기저 $\Gamma=\{\boldsymbol{w}_1, \boldsymbol{w}_2, \cdots, \boldsymbol{w}_m\}$에 관한 요소 $f(\boldsymbol{x})\in W$의 성분을 $(y_1, y_2, \cdots, y_m)$이라 하면,

$$f(\boldsymbol{x})=(\boldsymbol{w}_1\boldsymbol{w}_2 \cdots \boldsymbol{w}_m)\begin{pmatrix} y_1 \\ y_2 \\ \vdots \\ y_m \end{pmatrix}$$

이다. 그러므로, 위의 2개의 등식으로부터, 보조정리 5.9에 의해,

$$\begin{pmatrix} y_1 \\ y_2 \\ \vdots \\ y_m \end{pmatrix}=\begin{pmatrix} a_{11} & a_{12} & \cdots & a_{1n} \\ a_{21} & a_{22} & \cdots & a_{2m} \\ \vdots & \vdots & & \\ a_{m1} & a_{m2} & \cdots & a_{mn} \end{pmatrix}\begin{pmatrix} x_1 \\ x_2 \\ \vdots \\ x_n \end{pmatrix} \tag{5.2}$$

역으로, (m, n)행렬 $A=(a_{ij})$가 주어지면, (5.1)을 만족하는 선형사상 f가 단 한 가지로 정해진다. 따라서, 다음 정리를 얻는다.

정리 5 · 10

V^n의 기저 Λ와 W^m의 기저 Γ를 고정한다. 선형사상 $f: V^n \to W^m$에, 기저 Λ, Γ에 관한 f의 표현행렬 A를 대응시키면, V^n으로부터 W^m에의 선형사상 전체의 집합은, (m, n)행렬 전체의 집합 $M(m, n; \boldsymbol{K})$와 1대 1로 대응한다(f를 행렬 $\boldsymbol{A}$가 정하는 선형사상이라 한다).

계 5.11 V^n의 기저를 1조 고정한다. 대응 $f \mapsto A$에 의해, V^n의 선형변환 전체의 집합은, n차 정방행렬 전체의 집합 $M(n, \boldsymbol{K})$과 1대 1로 대응한다.

주의 3. 정리 5.10에 있어서, 특히 $V^n = \boldsymbol{K}^n$, $W^m = \boldsymbol{K}^m$, Λ, Γ로서 표준기저를 생각하면, 선형사상 $f: \boldsymbol{K}^n \to \boldsymbol{K}^m$은, 그 표현행렬 $A \in M(m, n; \boldsymbol{K})$와 1대 1로 대응한다.
이 경우, f 대신에

$$A: \boldsymbol{K}^n \to \boldsymbol{K}^M$$

이라고도 나타낸다.

예 14. 예 8에 있어서는, 선형사상 f의 표준기저에 관한 표현행렬이 (m, n) 행렬 (a_{ij})이다. 예 8에 있어서의 1차관계식은, 등식 (5.2)와 같은 식이다.

예 15. 예 9에 있어서의 영사상 $0: V \to W$의 표현행렬은, 영행렬 $O_{m,n}$이다(단, V, W의 차원은 각각 $\dim V = n$, $\dim W = m$).

예 16. $\Lambda = \{\boldsymbol{v}_1, \boldsymbol{v}_2, \boldsymbol{v}_3\}$, $\Gamma = \{\boldsymbol{w}_1, \boldsymbol{w}_2\}$를 각각 V^3, W^2의 기저로 한다.
선형사상 $f: V^2 \to W^2$가

$$\begin{aligned} f(\ 2\boldsymbol{v}_1 + \boldsymbol{v}_2 - 2\boldsymbol{v}_3) &= -\boldsymbol{w}_1 + 3\boldsymbol{w}_2 \\ f(-\boldsymbol{v}_1 \qquad\quad + 2\boldsymbol{v}_3) &= \boldsymbol{w}_1 + 2\boldsymbol{w}_2 \\ f(-3\boldsymbol{v}_1 - \boldsymbol{v}_2 + 6\boldsymbol{v}_3) &= 2\boldsymbol{w}_1 + 5\boldsymbol{w}_2 \end{aligned}$$

를 만족할 때, Λ, Γ에 관한 f의 표현행렬을 구해 보자.
주어진 등식으로부터,

$$\begin{aligned} 2f(\boldsymbol{v}_1) + f(\boldsymbol{v}_2) - 2f(\boldsymbol{v}_3) &= -\boldsymbol{w}_1 + 3\boldsymbol{w}_2 \\ -f(\boldsymbol{v}_1) \qquad\qquad + 2f(\boldsymbol{v}_3) &= \boldsymbol{w}_1 + 2\boldsymbol{w}_2 \\ -3f(\boldsymbol{v}_1) - f(\boldsymbol{v}_2) + 6f(\boldsymbol{v}_3) &= 2\boldsymbol{w}_1 + 5\boldsymbol{w}_2 \end{aligned}$$

로 된다.
행렬의 표기법에 의해,

$$(f(\boldsymbol{v}_1)\ f(\boldsymbol{v}_2)\ f(\boldsymbol{v}_3)) \begin{pmatrix} 2 & -1 & -3 \\ 1 & 0 & -1 \\ -2 & 2 & 6 \end{pmatrix} = (\boldsymbol{w}_1\ \boldsymbol{w}_2) \begin{pmatrix} -1 & 1 & 2 \\ 3 & 2 & 5 \end{pmatrix}$$

따라서,

$$(f(\boldsymbol{v}_1)\ f(\boldsymbol{v}_2)\ f(\boldsymbol{v}_3)) = (\boldsymbol{w}_1\ \boldsymbol{w}_2)\begin{pmatrix} -1 & 1 & 2 \\ 3 & 2 & 5 \end{pmatrix}\begin{pmatrix} 2 & -1 & -3 \\ 1 & 0 & -1 \\ -2 & 2 & 6 \end{pmatrix}^{-1}$$

$$= (\boldsymbol{w}_1\ \boldsymbol{w}_2)\begin{pmatrix} -1 & 1 & 2 \\ 3 & 2 & 5 \end{pmatrix}\begin{pmatrix} 1 & 0 & 1/2 \\ -2 & 3 & -1/2 \\ 1 & -1 & 1/2 \end{pmatrix}$$

$$= (\boldsymbol{w}_1\ \boldsymbol{w}_2)\begin{pmatrix} -1 & 1 & 0 \\ 4 & 1 & 3 \end{pmatrix}$$

그러므로, Λ, Γ에 관한 f의 표현행렬은

$$\begin{pmatrix} -1 & 1 & 0 \\ 4 & 1 & 3 \end{pmatrix}$$

이다.

문 3. $\Lambda = \{\boldsymbol{v}_1, \boldsymbol{v}_2, \boldsymbol{v}_3\}$, $\Gamma = \{\boldsymbol{w}_1, \boldsymbol{w}_2, \boldsymbol{w}_3\}$를 각각 V^3, W^3의 기저로 한다. 선형사상 $f: V^3 \to W^3$이,

$$f(2\boldsymbol{v}_1 - \boldsymbol{v}_3) = \boldsymbol{w}_1,\ f(-\boldsymbol{v}_1 + \boldsymbol{v}_2 + 2\boldsymbol{v}_3) = \boldsymbol{w}_2,\ f(5\boldsymbol{v}_1 - 2\boldsymbol{v}_2 - 6\boldsymbol{v}_3) = \boldsymbol{w}_3$$

을 만족할 때, Λ, Γ에 관한 f의 표현행렬을 구하여라.

문 4. $\boldsymbol{p}_1 = \begin{pmatrix} 1 \\ 2 \end{pmatrix}$, $\boldsymbol{p}_2 = \begin{pmatrix} 2 \\ 3 \end{pmatrix}$일 때, 다음 $\boldsymbol{R}^2$의 선형변환 f의 기저 $\{\boldsymbol{p}_1, \boldsymbol{p}_2\}$에 관한 표현행렬을 구하여라.

(1) $f: \begin{pmatrix} x \\ y \end{pmatrix} \mapsto \begin{pmatrix} x - y \\ x + 2y \end{pmatrix}$ (2) $f: \begin{pmatrix} x \\ y \end{pmatrix} \mapsto \begin{pmatrix} 0 \\ y \end{pmatrix}$

(3) $f: \begin{pmatrix} x \\ y \end{pmatrix} \mapsto \begin{pmatrix} -2x + 3y \\ 4x + 5y \end{pmatrix}$

선형사상의 합성에는, 행렬의 곱이 대응한다. 실제로, 다음의 정리가 성립한다.

정리 5·12 V^n의 기저 Λ, W^m의 기저 Γ, Z^l의 기저 Σ를 고정한다. 선형사상 $f: V^n \to W^m$의 기저 Λ, Γ에 관한 표현행렬을 $A \in M(m, n; \boldsymbol{K})$, 선형사상 $g: W^m \to Z^l$의 기저 Γ, Σ에 관한 표현행렬을 $B \in M(l, m; \boldsymbol{K})$로 하면, 합성

$$g \circ f: V^n \to Z^l$$

의 기저 Λ, Σ에 관한 표현행렬은, 행렬의 곱 $BA \in M(l, n; \boldsymbol{K})$이다.

[증명] $\Lambda=\{\boldsymbol{v}_1, \cdots, \boldsymbol{v}_n\}$, $\Gamma=\{\boldsymbol{w}_1, \cdots, \boldsymbol{w}_m\}$, $\sum=\{\boldsymbol{z}_1, \cdots, \boldsymbol{z}_l\}$이라 한다. 표현행렬의 정의 (5.1)'에 의해, $(f(\boldsymbol{v}_1) \cdots f(\boldsymbol{v}_n))=(\boldsymbol{w}_1 \cdots \boldsymbol{w}_m)A$. g의 선형성에 의해,

$$((g \circ f)(\boldsymbol{v}_1) \cdots (g \circ f)(\boldsymbol{v}_n))=(g(\boldsymbol{w}_1) \cdots g(\boldsymbol{w}_m))A$$

다시 (5.1)'에 의해, $(g(\boldsymbol{w}_1) \cdots g(\boldsymbol{w}_m))=(\boldsymbol{z}_1 \cdots \boldsymbol{z}_l)B$. 따라서

$$(g(\boldsymbol{w}_1) \cdots g(\boldsymbol{w}_m))A=(\boldsymbol{z}_1 \cdots \boldsymbol{z}_l)BA$$

그러므로, $g \circ f$의 기저 Λ, $\sum$에 관한 표현행렬은 BA이다.

5.3.2 기저변환의 행렬

n차원 벡터공간 V의 2조의 기저

$$\Lambda=\{\boldsymbol{v}_1, \boldsymbol{v}_2, \cdots, \boldsymbol{v}_n\}, \ \Lambda'=\{\boldsymbol{v}_1', \boldsymbol{v}_2', \cdots, \boldsymbol{v}_n'\}$$

를 생각해 보자. 이 때

$$\begin{cases} \boldsymbol{v}_1'=p_{11}\boldsymbol{v}_1+p_{21}\boldsymbol{v}_2+\cdots p_{n1}\boldsymbol{v}_n \\ \boldsymbol{v}_2'=p_{12}\boldsymbol{v}_1+p_{22}\boldsymbol{v}_2+\cdots p_{n2}\boldsymbol{v}_n \\ \qquad \cdots\cdots\cdots\cdots\cdots \\ \boldsymbol{v}_n'=p_{1n}\boldsymbol{v}_1+p_{2n}\boldsymbol{v}_2+\cdots p_{nn}\boldsymbol{v}_n \end{cases}$$

을 만족하는 스칼라 $p_{ij} \in K$가 일의적으로 존재한다. 행렬의 표기법을 이용하면, 위의 n개의 등식은

$$(\boldsymbol{v}_1' \, \boldsymbol{v}_2' \cdots \boldsymbol{v}_n')=(\boldsymbol{v}_1 \, \boldsymbol{v}_2 \cdots \boldsymbol{v}_n)\begin{pmatrix} p_{11} & p_{12} & \cdots & p_{1n} \\ p_{21} & p_{22} & \cdots & p_{2n} \\ \vdots & \vdots & & \vdots \\ p_{n1} & p_{n2} & \cdots & p_{nn} \end{pmatrix} \tag{5.3}$$

으로 된다. 이 우변의 n차 정방행렬 $P=(p_{ij})$를, 기저 Λ를 기저 Λ'로 변환하는 행렬, 혹은 간단히 기저변환 $\Lambda \to \Lambda'$의 행렬이라 한다.

주의 4. 기저변환 $\Lambda \to \Lambda'$의 행렬 P는, 기저 Λ', Λ에 관한 항등사상 I_V의 표현행렬이다.

정리 5·13

V를 n차원 벡터공간으로 한다.

(1) Λ, Λ', Λ''를 V의 3조의 기저, P, Q를 각각 기저변환 $\Lambda \to \Lambda'$, $\Lambda' \to \Lambda''$의 행렬이라 할 때, PQ는 기저변환 $\Lambda \to \Lambda''$의 행렬이다.

(2) 기저변환 $\Lambda \to \Lambda'$의 행렬 P는 정칙행렬이고, P^{-1}는 기저변환 $\Lambda' \to \Lambda$의 행렬이다.

(3) 임의의 n차 정칙행렬은 기저변환의 행렬이다.

[증명] (1) $\Lambda=\{\boldsymbol{v}_1, \cdots, \boldsymbol{v}_n\}$, $\Lambda'=\{\boldsymbol{v}_1', \cdots, \boldsymbol{v}_n'\}$, $\Lambda''=\{\boldsymbol{v}_1'', \cdots, \boldsymbol{v}_n''\}$로 하면,

$$(\boldsymbol{v}_1' \cdots \boldsymbol{v}_n')=(\boldsymbol{v}_1 \cdots \boldsymbol{v}_n)P$$
$$(\boldsymbol{v}_1'' \cdots \boldsymbol{v}_n'')=(\boldsymbol{v}_1' \cdots \boldsymbol{v}_n')Q$$

이다. 따라서,

$$(\boldsymbol{v}_1'' \cdots \boldsymbol{v}_n'')=(\boldsymbol{v}_1 \cdots \boldsymbol{v}_n)PQ$$

로 된다. 이것은, PQ가 기저변환 $\Lambda \to \Lambda''$의 행렬인 것을 의미한다.

(2) 특히, $\Lambda''=\Lambda$로 하면,

$$(\boldsymbol{v}_1 \cdots \boldsymbol{v}_n)I_n=(\boldsymbol{v}_1 \cdots \boldsymbol{v}_n)=(\boldsymbol{v}_1 \cdots \boldsymbol{v}_n)PQ$$

이다. $\boldsymbol{v}_1, \cdots, \boldsymbol{v}_n$은 1차독립이므로, 보조정리 5.9에 의해, $PQ=I_n$, 제2장 정리 2.17 (1)에 의해, P는 정칙이고, $Q=P^{-1}$로 된다.

(3) P를 n차 정칙행렬, $\sum=\{\boldsymbol{v}_1, \cdots, \boldsymbol{v}_n\}$,

$$(\boldsymbol{u}_1 \cdots \boldsymbol{u}_n)=(\boldsymbol{v}_1 \cdots \boldsymbol{v}_n)P$$

로 할 때, $\{\boldsymbol{u}_1, \cdots, \boldsymbol{u}_n\}$가 V의 기저인 것을 보이면 된다.

$$c_1\boldsymbol{u}_1+\cdots+c_n\boldsymbol{u}_n=\boldsymbol{0} \quad (c_i \in \boldsymbol{K})$$

으로 하면,

$$(\boldsymbol{u}_1 \cdots \boldsymbol{u}_n)^tC=\boldsymbol{0} \quad (C=(c_1 \cdots c_n))$$

이므로,

$$(\boldsymbol{v}_1 \cdots \boldsymbol{v}_n)P^tC=\boldsymbol{0}=(\boldsymbol{v}_1 \cdots \boldsymbol{v}_n)O$$

으로 된다. $\boldsymbol{v}_1, \cdots, \boldsymbol{v}_n$은 1차독립이므로, 보조정리 5.9에 의해, $P^tC=O$, P는 정칙이므로, 양변의 왼쪽에 P^{-1}를 곱해서 ${}^tC=O$. 따라서

$$c_1=0, \cdots, c_n=0$$

이 얻어진다. 그러므로, $\boldsymbol{u}_1, \cdots, \boldsymbol{u}_n$은 1차독립이다. V는 n차원이므로, $\{\boldsymbol{u}_1, \cdots, \boldsymbol{u}_n\}$은 V의 기저이다.

기저변환 $\Lambda \to \Lambda'$에 의해서 벡터의 성분이 어떻게 변하는가를 살펴보기 위하여, V의 임의의 요소 $\boldsymbol{x}$를 Λ 및 Λ'에 관해서

$$\boldsymbol{x}=(\boldsymbol{v}_1\,\boldsymbol{v}_2 \cdots \boldsymbol{v}_n)\begin{pmatrix} x_1 \\ x_2 \\ \vdots \\ x_n \end{pmatrix}=(\boldsymbol{v}_1'\,\boldsymbol{v}_2' \cdots \boldsymbol{v}_n')\begin{pmatrix} x_1' \\ x_2' \\ \vdots \\ x_n' \end{pmatrix}$$

로 나타내면, (5.3)에 의해,

$$(\boldsymbol{v}_1\,\boldsymbol{v}_2 \cdots \boldsymbol{v}_n)\begin{pmatrix} x_1 \\ x_2 \\ \vdots \\ x_n \end{pmatrix}=(\boldsymbol{v}_1\,\boldsymbol{v}_2 \cdots \boldsymbol{v}_n)P\begin{pmatrix} x_1' \\ x_2' \\ \vdots \\ x_n' \end{pmatrix}$$

로 된다. $\boldsymbol{v}_1$, $\boldsymbol{v}_2$, $\cdots$, $\boldsymbol{v}_n$은 1차독립이므로, 보조정리 5.9에 의해, $\boldsymbol{x}$의 성분에 관한 다음이 변환식이 얻어진다.

$$\begin{pmatrix} x_1 \\ x_2 \\ \vdots \\ x_n \end{pmatrix} = P \begin{pmatrix} x_1{}' \\ x_2{}' \\ \vdots \\ x_n{}' \end{pmatrix}$$

5.3.3 기저변환의 행렬과 선형사상의 표현행렬

기저를 고정할 때, 선형사상에 대해서 그 표현행렬이 정해지는데, 기저를 변환하면 그 표현행렬은 어떻게 변할 것인가, 다음의 정리는 이 물음에 대한 답이다.

정리 5 · 14

$\Lambda = \{\boldsymbol{v}_1, \cdots, \boldsymbol{v}_n\}$, $\Lambda' = \{\boldsymbol{v}_1{}', \cdots, \boldsymbol{v}_n{}'\}$를 V^n의 기저로 하고,
$\Gamma = \{\boldsymbol{w}_1, \cdots, \boldsymbol{w}_m\}$, $\Gamma' = \{\boldsymbol{w}_1{}', \cdots, \boldsymbol{w}_m{}'\}$를 W^m의 기저로 한다. 기저변환
$\Lambda \to \Lambda'$, $\Gamma \to \Gamma'$의 행렬을 각각 P, Q로 한다. 이 때, 선형사상 $f: V^n \to W^m$의, 기저 Λ, Γ에 관한 표현행렬을 A라 하고, 기저 Λ', Γ'에 관한 표현행렬을 B라 하면, 다음이 성립한다.

$$B = Q^{-1}AP$$

[증명] 가정에 의해,

$$(\boldsymbol{v}_1{}' \cdots \boldsymbol{v}_n{}') = (\boldsymbol{v}_1 \cdots \boldsymbol{v}_n)P$$
$$(f(\boldsymbol{v}_1) \ \cdots f(\boldsymbol{v}_n)) = (\boldsymbol{w}_1 \cdots \boldsymbol{w}_m)A$$

이므로, f의 선형성에 의해,

$$(f(\boldsymbol{v}_1{}') \ \cdots f(\boldsymbol{v}_n{}')) = (f(\boldsymbol{v}_1) \ \cdots f(\boldsymbol{v}_n))P = (\boldsymbol{w}_1 \cdots \boldsymbol{w}_m)AP$$

로 된다. 마찬가지로,

$$(\boldsymbol{w}_1{}' \cdots \boldsymbol{w}_m{}') = (\boldsymbol{w}_1 \cdots \boldsymbol{w}_m)Q$$

로부터,

$$(f(\boldsymbol{v}_1{}') \ \cdots f(\boldsymbol{v}_n{}')) = (\boldsymbol{w}_1{}' \cdots \boldsymbol{w}_m{}')B = (\boldsymbol{w}_1 \cdots \boldsymbol{w}_m)QB$$

따라서

$$(\boldsymbol{w}_1 \cdots \boldsymbol{w}_m)AP = (\boldsymbol{w}_1 \cdots \boldsymbol{w}_m)QB$$

$\boldsymbol{w}_1$, $\cdots$, $\boldsymbol{w}_m$은 1차독립이므로, 보조정리 5.9에 의해, $AP = QB$. Q는 정칙이므로 (정리 5.13 (2)), $B = Q^{-1}AP$가 성립한다.

주의 5. P를 Λ', Λ에 관한 I_V의 표현행렬, Q를 Γ', Γ에 관한 I_W의 표현행렬이라 생각하면 (주의 4), 그림 5.10의 도식의 가능성 $f = I_W^{-1} \circ f \circ I_V$로부터, 그림 5.11의 도식의 가환성 $B = Q^{-1}AP$가 뒤따른다(정리 5.10과 주의 3 참조).

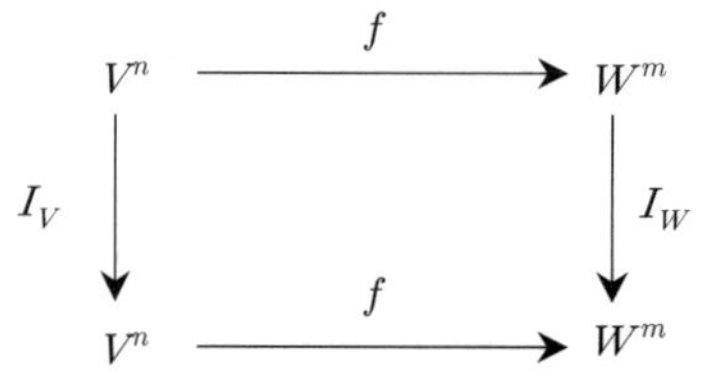

그림 5.10

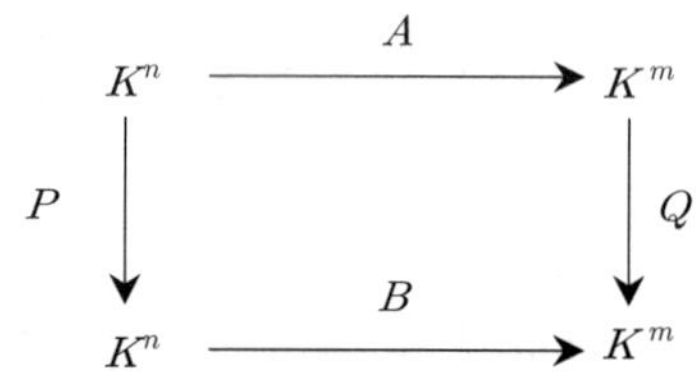

그림 5.11

계 5.15 Λ, Λ'를 V^n의 기저로 하고, 기저변환 $\Lambda \to \Lambda'$의 행렬을 P라 한다. V^n의 선형변환 f의 기저 Λ에 관한 표현행렬을 A라 하고, 기저 Λ'에 관한 표현행렬을 B라 하면, 다음이 성립한다.

$$B = P^{-1}AP$$

정의 n차 정방행렬 A가 n차 정방행렬 B와 **상사**(similar)라고 하는 것은,

$$B = P^{-1}AP$$

를 만족하는 n차 정방행렬 P가 존재하는 것을 말한다. A가 B와 상사라고 하는 것을, 기호를 써서 $A \sim B$로 나타낸다. 계 5.15에 있어서, A와 B는 상사이다.

보조정리 5.16 n차 정방행렬이 상사라고 하는 관계 ~는 동치관계이다. 즉, n차 정방행렬 A, B, C에 대해서, 다음이 성립한다.

(1) $A \sim A$ (반사율)

(2) $A \sim B$이면 $B \sim A$ (대칭률)

(3) $A \sim B$, $B \sim C$이면 $A \sim C$ (추이율)

[증명] (1) n차 단위행렬 I는 정칙행렬이고, $A = IAI = I^{-1}AI$

(2) n차 정칙행렬 P에 대해서, $B = P^{-1}AP$라 한다. P^{-1}도 n차 정칙행렬이고 $A = PBP^{-1} = (P^{-1})^{-1}BP^{-1}$

(3) n차 정칙행렬 P, Q에 대해서 $B = P^{-1}AP$, $C = Q^{-1}BQ$라 한다. PQ도 n차 정칙행렬이고, $C = Q^{-1}P^{-1}APQ = (PQ)^{-1}APQ$

문 5. A를 n차 정방행렬, B를 n차 정칙행렬이라 하면, $AB \sim BA$임을 보여라.

문 6. (1) $\boldsymbol{v}_1 = \begin{pmatrix} 1 \\ -2 \\ 3 \end{pmatrix}$, $\boldsymbol{v}_2 = \begin{pmatrix} 0 \\ 2 \\ 2 \end{pmatrix}$, $\boldsymbol{v}_3 = \begin{pmatrix} -1 \\ 2 \\ -1 \end{pmatrix}$을 $\boldsymbol{R}^3$의 벡터라고 할 때,

$\Lambda = \{\boldsymbol{v}_1, \boldsymbol{v}_2, \boldsymbol{v}_3\}$는 $\boldsymbol{R}^3$의 기저인 것을 보여라.

(2) 표준기저 $\{\boldsymbol{e}_1, \boldsymbol{e}_2, \boldsymbol{e}_3\}$를 기저 Λ로 변환하는 행렬 P를 구하여라. 또, Λ를 $\{\boldsymbol{e}_1, \boldsymbol{e}_2, \boldsymbol{e}_3\}$로 변환하는 행렬 P^{-1}를 구하여라.

(3) 선형변환 $f: \boldsymbol{R}^3 \to \boldsymbol{R}^3$의 표준기저에 관한 행렬이

$$\begin{pmatrix} 1 & 0 & 3 \\ 0 & 1 & 1 \\ 1 & 2 & 0 \end{pmatrix}$$

일 때, 기저 Λ에 관한 f의 표현행렬을 구하여라.

문 7. 정칙인 선형변환은, 1차독립인 벡터를 1차독립인 벡터로 바꾸는 것을 증명하여라.

연습문제

1. 다음의 사상은 선형사상인가?

(1) $f: \boldsymbol{R} \to \boldsymbol{R};\ f(x) = |x|$ (절대치)

(2) $f: M(m,\ n;\boldsymbol{K}) \to M(m,\ n;\boldsymbol{K});\ f(A) = {}^tA$ (전치행렬)

(3) $f: M(n, \boldsymbol{K}) \to \boldsymbol{K};\ f(A) = \det A$ (행렬식)

(4) $f: \boldsymbol{R}_n[x] \to \boldsymbol{R};\ f(\sum_{i=0}^{n} a_i \boldsymbol{x}^i) = \sum_{i=0}^{n} a_i$ (계수의 합)

2. 다음의 선형변환 $f,\ g: \boldsymbol{R}^3 \to \boldsymbol{R}^3$의 표준기저 $\{\boldsymbol{e}_1,\ \boldsymbol{e}_2,\ \boldsymbol{e}_3\}$에 관한 표현행렬 $A,\ B$를 구하여라.

(1) $f: \boldsymbol{e}_1 \mapsto \begin{pmatrix} 1 \\ -5 \\ 0 \end{pmatrix},\ \boldsymbol{e}_2 \mapsto \begin{pmatrix} 1 \\ 0 \\ 2 \end{pmatrix},\ \boldsymbol{e}_3 \mapsto \begin{pmatrix} 0 \\ 2 \\ 1 \end{pmatrix}$

(2) $g: \begin{pmatrix} 1 \\ -5 \\ 0 \end{pmatrix} \mapsto \boldsymbol{e}_1,\ \begin{pmatrix} 1 \\ 0 \\ 2 \end{pmatrix} \mapsto \boldsymbol{e}_2,\ \begin{pmatrix} 0 \\ 2 \\ 1 \end{pmatrix} \mapsto \boldsymbol{e}_3$

3. $\boldsymbol{R}^3$의 표준기저 $\Lambda = \{\boldsymbol{e}_1,\ \boldsymbol{e}_2,\ \boldsymbol{e}_3\}$, 기저 $\Lambda' = \left\{\begin{pmatrix} 1 \\ 2 \\ 2 \end{pmatrix}, \begin{pmatrix} 1 \\ 0 \\ 1 \end{pmatrix}, \begin{pmatrix} 1 \\ -4 \\ -3 \end{pmatrix}\right\}$에 관해서, 기저변환 $\Lambda \to \Lambda'$, $\Lambda' \to \Lambda$의 행렬 $P,\ Q$를 각각 구하여라.

4. 선형사상 $f: \boldsymbol{R}^3 \to \boldsymbol{R}^3$의 표준기저 $\{\boldsymbol{e}_1,\ \boldsymbol{e}_2,\ \boldsymbol{e}_3\}$에 관한 표현행렬이

$$A = \begin{pmatrix} 2 & 3 & 4 \\ 0 & -7 & 1 \\ 6 & 5 & -1 \end{pmatrix}$$

이라고 한다. 기저 $\{\boldsymbol{e}_2,\ \boldsymbol{e}_3,\ \boldsymbol{e}_1\}$ 및 $\{\boldsymbol{e}_1,\ \boldsymbol{e}_2 - \boldsymbol{e}_1,\ \boldsymbol{e}_3 - \boldsymbol{e}_2\}$에 관한 f의 표현행렬 B 및 C를 각각 구하여라.

5. 선형사상 $f: U \to V$에 대해서, 다음을 증명하여라.

$$f\text{가 단사(單射)이다} \iff f(\boldsymbol{x}) = \boldsymbol{0}' \text{이면 } \boldsymbol{x} = \boldsymbol{0}$$

6. 선형사상 $f,\ f_1,\ f_2: U \to V,\ g,\ g_1,\ g_2: V \to W$에 대해서, $g \circ (f_1 + f_2) = g \circ f_1 + g \circ f_2$, $(g_1 + g_2) \circ f = g_1 \circ f + g_2 \circ f$가 성립함을 보여라.

연습문제

7. 다음 n차 행렬의 변환 f는 선형변환임을 보여라.

(1) $f: X \mapsto P^{-1}XP$ (P는 n차 행렬 $|P| \neq 0$)

(2) $f: X \mapsto AX - XA$ (A는 n차 행렬)

8. $\alpha_1, \alpha_2, \cdots, \alpha_n$을 실수라 하고, 점화식

$$a_{k+n} + \alpha_n a_{k+n-1} + \cdots + \alpha_2 a_{k+1} + \alpha_1 a + k = 0 \quad (k = 1, 2, \cdots)$$

을 만족하는 실수열 $\{a_k\}$의 전체를 V라고 한다. V에 있어서, 수열의 번호를 하나 앞으로 보내는 변환 $d: \{a_k\} \to \{b_k\}$, $b_k = a_{k+1}$은 V의 선형변환임을 보여라.

9. U, V를 $\boldsymbol{K}$상의 벡터공간으로 하고, U로부터 V에의 선형사상 f가 전단사일 때, f를 **동형사상**(同型寫像, isomorphic)이라 한다. U로부터 V에의 동형사상이 존재할 때, U와 V는 **동형**(isomorphic)이라 하고, $U \cong V$라 쓴다. 특히, U로부터 U에의 동형사상을 **자기동형사상**(automorphism)이라 한다.

이제 U를 n차원 벡터공간으로 하고, U의 하나의 기저 $\{\boldsymbol{u}_1, \boldsymbol{u}_2, \cdots, \boldsymbol{u}_n\}$을 정해둔다. 선형사상 $f: U \to V; f(\boldsymbol{u}_i) = \boldsymbol{v}_i (i = 1, 2, \cdots, n)$로 한다. 이 때 다음이 성립함을 보여라.

$$\boldsymbol{v}_1, \boldsymbol{v}_2, \cdots, \boldsymbol{v}_n\text{은 } V\text{의 기저이다} \Leftrightarrow f\text{는 동형사상}$$

10. 벡터공간 V의 선형변환 f가 자연수 m에 대해서, $f^m = 0$, $f^{m-1} \neq 0$을 만족한다고 한다. $f^{m-1}(\boldsymbol{v}) \neq \boldsymbol{0}$으로 되는 V의 요소 $\boldsymbol{v}$에 대해서,

$$\boldsymbol{v}, f(\boldsymbol{v}), \cdots, f^{m-1}(\boldsymbol{v})$$

는 1차독립임을 증명하여라(단, $f^n = f \circ \cdots \circ f$($n$개의 f의 합성)를 의미한다).

6 고유치문제와 그 응용

6.1 정방행렬의 고유치와 고유벡터

6.1.1 정의 및 기본적 성질

T를 벡터공간(또는 선형공간) V로부터 V에의 선형변환이라 한다. 이 T에 대해서, V의 요소로 $\mathbf{0}$이 아닌 벡터 $\boldsymbol{v}$와 스칼라 λ가 존재해서,

$$T\boldsymbol{v} = \lambda\boldsymbol{v} \tag{6.1}$$

라고 하는 특별한 관계가 성립할 때, λ를 T의 고유치, $\boldsymbol{v}$를 λ에 대응하는 고유벡터라 한다.

특히, T가 $\boldsymbol{K}^n$으로부터 $\boldsymbol{K}^n$에의 선형변환인 경우에는, T는 n차의 정방행렬에 의해서 표현된다(이것을 A로 한다). 이 경우에는 T의 고유치, 고유벡터라고 하는 대신에, 보통 행렬 A의 고유치, 고유벡터라고 한다.

정의　정방행렬의 고유치, 고유벡터

n차의 정방행렬 A에 대해서, $\lambda \in \boldsymbol{K}$와 $\mathbf{0}$이 아닌 벡터 $\boldsymbol{x} \in \boldsymbol{K}^n$가 존재해서, 이것들이

$$A\boldsymbol{x} = \lambda\boldsymbol{x} \tag{6.2}$$

를 만족할 때, λ를 A의 **고유치**(eigenvalue), $\boldsymbol{x}$를 A의 λ에 대응하는 **고유벡터**(eigenvector)라 한다.

주의 1. 독일어에서 'eigen'이란 단어의 한 가지 의미는 'proper'이다. 고유치의 eigenvalue는 학자에 따라서 proper value, characteristic value, 또는 latent value로 불리워지고도 있다.

예 1. 2차의 정방행렬 $A=\begin{pmatrix}1 & 3\\ 4 & 2\end{pmatrix}$를 예로 들어 본다.

이 A에 대해서, $\lambda_1=5$, $\boldsymbol{x}_1={}^t(3,\ 4)$로 놓으면, 이것들은 $A\boldsymbol{x}_1=\lambda_1\boldsymbol{x}_1$을 만족한다.

$$A\boldsymbol{x}_1=\begin{pmatrix}1 & 3\\ 4 & 2\end{pmatrix}\begin{pmatrix}3\\ 4\end{pmatrix}=\begin{pmatrix}15\\ 20\end{pmatrix}=5\begin{pmatrix}3\\ 4\end{pmatrix}=\lambda_1\boldsymbol{x}_1$$

따라서, λ_1, $\boldsymbol{x}_1$은 행렬 A의 고유치, 고유벡터이다.

이하 특별한 언급이 없는 한 A를 $M(n,\ \boldsymbol{C})$의 행렬이라 생각한다. 즉, $\boldsymbol{K}=\boldsymbol{C}$로서 논의를 진행한다. 행렬, 벡터 등은 별도의 언급이 없는 한 복소행렬(複素行列), 복소벡터이다.

다음에, A의 고유치, 고유벡터에 대해서 성립하는 기본적 성질을 정리로서 기술한다.

정리 6·1 A를 n차의 정방행렬이라 한다. 이 때, 다음의 (1)~(3)이 성립한다.

(1) λ를 A의 고유치, $\boldsymbol{x}_1$, $\boldsymbol{x}_2\in\boldsymbol{C}^n$을 λ에 대응하는 A의 고유벡터라 한다. 이 때,

$$\boldsymbol{x}=\alpha\boldsymbol{x}_1+\beta\boldsymbol{x}_2\quad(\alpha,\ \beta\text{는 복소수},\ \boldsymbol{x}\neq\boldsymbol{0})$$

에 의해서 정의되는 벡터 $\boldsymbol{x}$도 λ에 대응하는 고유벡터이다.

(2) A의 고유벡터 $\boldsymbol{x}$가 주어졌을 때, $\boldsymbol{x}$에 대응하는 고유치는 일의적으로 정해진다.

(3) A의 고유치를 λ, 대응하는 고유벡터를 $\boldsymbol{x}$라 한다.
이 때, A^k(k는 자연수)는 고유치로서 λ^k를 갖고, 이것에 대응하는 고유벡터는 $\boldsymbol{x}$이다.

[증명] (1) 조건으로부터, $A\boldsymbol{x}_1=\lambda\boldsymbol{x}_1$, $A\boldsymbol{x}_2=\lambda\boldsymbol{x}_2$가 성립한다. 따라서,

$$\begin{aligned}A\boldsymbol{x}=A(\alpha\boldsymbol{x}_1+\beta\boldsymbol{x}_2)&=\alpha A\boldsymbol{x}_1+\beta A\boldsymbol{x}_2=\alpha\lambda\boldsymbol{x}_1+\beta\lambda\boldsymbol{x}_2\\ &=\lambda(\alpha\boldsymbol{x}_1+\beta\boldsymbol{x}_2)=\lambda\boldsymbol{x}\end{aligned}$$

로 된다.

(2) $\lambda={}^t\boldsymbol{x}A\boldsymbol{x}/{}^t\boldsymbol{x}\boldsymbol{x}$는 $\boldsymbol{x}$에 대응하는 고유치이다. 이 λ 이외에 A의 고유치가 존재한다고 가정한다(이것을 μ라 한다). 이 때,

$$0=A\boldsymbol{x}-A\boldsymbol{x}=\lambda\boldsymbol{x}-\mu\boldsymbol{x}=(\lambda-\mu)\boldsymbol{x}$$

로 된다. 그런데, $\boldsymbol{x}\neq\boldsymbol{0}$이므로, 결국 $\lambda-\mu=0$, 즉, $\lambda=\mu$로 된다.

(3) $A^k\boldsymbol{x}=A^{k-1}(A\boldsymbol{x})=A^{k-1}(\lambda\boldsymbol{x})=\lambda A^{k-1}\boldsymbol{x}=\cdots=\lambda^k\boldsymbol{x}$

예 2. 예 1의 A를 다시 예로 들면,

$$A^2=\begin{pmatrix}1&3\\4&2\end{pmatrix}^2=\begin{pmatrix}1&3\\4&2\end{pmatrix}\begin{pmatrix}1&3\\4&2\end{pmatrix}=\begin{pmatrix}13&9\\12&16\end{pmatrix}$$

으로 된다. 정리 6.1 (3)에 의해, $\lambda_1^2=25$, $\boldsymbol{x}_1={}^t(3,\ 4)$는 A^2의 고유치, 고유벡터이다. 실제로,

$$A^2\boldsymbol{x}_1=\begin{pmatrix}13&9\\12&16\end{pmatrix}\begin{pmatrix}3\\4\end{pmatrix}=\begin{pmatrix}75\\100\end{pmatrix}=25\begin{pmatrix}3\\4\end{pmatrix}=\lambda_1^2\boldsymbol{x}_1$$

으로 된다.

정의 A를 n차의 정방행렬, λ를 A의 고유치로 한다. 이 때, 다음에 정의하는 집합 $\boldsymbol{V}_\lambda$를 **고유치 $\boldsymbol{\lambda}$의 고유공간**이라 한다.

$$\boldsymbol{V}_\lambda=\{\boldsymbol{0}\}\cup\{\boldsymbol{x}|A\boldsymbol{x}=\lambda\boldsymbol{x},\ \boldsymbol{x}\in C,\ \boldsymbol{x}\neq\boldsymbol{0}\} \tag{6.3}$$

행렬 A의, 즉 선형변환 A의 고유치, 고유벡터, 따라서 고유공간을 결정하는 문제를 **고유치문제**라 한다.

예 3. 3차의 정방행렬 A를 생각한다.

$$A=\begin{pmatrix}1&0&0\\0&1&0\\0&0&5\end{pmatrix}$$

이 행렬 A는 2개의 고유치 $\lambda=1$, $\mu=5$를 갖고, 다음에 보이는 2개의 벡터 $\boldsymbol{x}_1$, $\boldsymbol{x}_2$는 동시에 λ에 대응하는 고유벡터이다.

$$\boldsymbol{x}_1=\begin{pmatrix}1\\0\\0\end{pmatrix},\quad \boldsymbol{x}_2=\begin{pmatrix}0\\1\\0\end{pmatrix}$$

따라서, λ의 고유공간 $\boldsymbol{V}_\lambda$는 다음과 같이 된다.

$$\boldsymbol{V}_\lambda=\{\alpha\boldsymbol{x}_1+\beta\boldsymbol{x}_2|\alpha,\ \beta\in\boldsymbol{C}\}=\left\{\alpha\begin{pmatrix}1\\0\\0\end{pmatrix}+\beta\begin{pmatrix}0\\1\\0\end{pmatrix}\middle|\ \alpha,\ \beta\in\boldsymbol{C}\right\}$$

정리 6 · 2 $\boldsymbol{C}^n$으로부터 $\boldsymbol{C}^n$에의 변환행렬(變換行列) A가 서로 다른 k개의 고유치 $\lambda_1, \lambda_2, \cdots, \lambda_k$를 갖는다면, 이들 고유치에 대응하는 고유벡터 $\boldsymbol{x}_1, \boldsymbol{x}_2, \cdots, \boldsymbol{x}_k$는 1차독립이다.

[증명] 수학적 귀납법에 의해 증명한다. 고유벡터는 그 정의로부터 $\mathbf{0}$이 아니므로, $\{\boldsymbol{x}_1\}$은 분명히 1차독립이다. $\{\boldsymbol{x}_1, \boldsymbol{x}_2, \cdots, \boldsymbol{x}_r\}$이 1차독립인 $1 \leqq r < k$ 중 최대의 것을 l이라 하면, $\{\boldsymbol{x}_1, \boldsymbol{x}_2, \cdots, \boldsymbol{x}_{l+1}\}$은 1차종속이다. 따라서, 적어도 하나는 0이 아닌 $\alpha_1, \alpha_2, \cdots, \alpha_{l+1}$이 존재해서,

$$\alpha_1 \boldsymbol{x}_1 + \alpha_2 \boldsymbol{x}_2 + \cdots + \alpha_{l+1} \boldsymbol{x}_{l+1} = \mathbf{0} \quad ①$$

이 성립한다. 여기에서, ①의 양변에 A를 곱하고,

$$A\boldsymbol{x}_1 = \lambda_1 \boldsymbol{x}_1, \ A\boldsymbol{x}_2 = \lambda_2 \boldsymbol{x}_2, \ \cdots, \ A\boldsymbol{x}_{l+1} = \lambda_{l+1} \boldsymbol{x}_{l+1}$$

인 것을 이용해서,

$$\alpha_1 \lambda_1 \boldsymbol{x}_1 + \alpha_2 \lambda_2 \boldsymbol{x}_2 + \cdots + \alpha_{l+1} \lambda_{l+1} \boldsymbol{x}_{l+1} = \mathbf{0} \quad ②$$

①의 양변에 λ_{l+1}을 곱해서 ②를 빼면,

$$\alpha_1 (\lambda_{l+1} - \lambda_1) \boldsymbol{x}_1 + \alpha_2 (\lambda_{l+1} - \lambda_2) \boldsymbol{x}_2 + \cdots + \alpha_l (\lambda_{l+1} - \lambda_l) \boldsymbol{x}_l = \mathbf{0}$$

으로 되는데, $\{\boldsymbol{x}_1, \boldsymbol{x}_2, \cdots \boldsymbol{x}_r\}$은 1차독립이라고 가정되어 있으므로,

$$\alpha_1 (\lambda_{l+1} - \lambda_1) + \alpha_2 (\lambda_{l+1} - \lambda_2) = \cdots = \alpha_l (\lambda_{l+1} - \lambda_l) = 0$$

으로 되지 않으면 안 된다. 또한, $\lambda_1, \lambda_2, \cdots, \lambda_{l+1}$은 서로 다르므로, 결국,

$$\alpha_1 = \alpha_2 = \cdots = \alpha_l = 0 \quad ③$$

이 얻어진다. 이것을 ①에 대입하면,

$$\alpha_{l+1} \boldsymbol{x}_{l+1} = \mathbf{0}$$

여기에서, $\boldsymbol{x}_{l+1} \neq \mathbf{0}$이므로

$$\alpha_{l+1} = 0 \quad ④$$

따라서, ③, ④로부터, $\alpha_1, \alpha_2, \cdots, \alpha_{l+1}$은 모두 0으로 되어, 「적어도 하나는 0이 아니다」라고 하는 사실에 모순된다. 따라서, $\{\boldsymbol{x}_1, \boldsymbol{x}_2, \cdots, \boldsymbol{x}_{l+1}\}$은 1차독립이고, 결국 $\{\boldsymbol{x}_1, \boldsymbol{x}_2, \cdots, \boldsymbol{x}_k\}$는 1차독립이다.

주의 2. 이 정리의 역은 성립하지 않는다. 예를 들면, 예 3의 $\boldsymbol{x}_1 = {}^t(1, 0, 0)$, $\boldsymbol{x}_2 = {}^t(0, 1, 0)$은 독립이지만, 같은 고유치를 갖는다.

6.1.2 고유치 · 고유벡터의 계산

n차의 정방행렬 A의 고유치, 고유벡터를 구하는 문제를 생각한다. A가 고유치 λ

를 갖는다고 하는 것은, $\boldsymbol{C}^n$의 어떤 $\boldsymbol{x}(\boldsymbol{x} \neq \boldsymbol{0})$에 대해서,

$$A\boldsymbol{x} = \lambda \boldsymbol{x}$$

가 성립하는 것으로서 정의되었다. 여기에서 이 식을 변형하면, 연립동차방정식,

$$(\lambda I - A)\boldsymbol{x} = \boldsymbol{0} \tag{6.4}$$

이 얻어진다.

따라서, A가 고유치 λ와 고유벡터 $\boldsymbol{x}(\boldsymbol{x} \neq \boldsymbol{0})$를 갖는다고 하는 것은, 식 (6.4)가 자명하지 않은 해를 갖는다는 것과 동치이다.

그런데, 이미 배운 바와 같이 방정식 (6.4)가 자명하지 않은 해를 갖기 위한 필요충분조건은,

$$|\lambda I - A| = 0 \tag{6.5}$$

으로 되는 것이다. 즉, 식 (6.5)의 해는 A의 고유치이고, 역으로 λ가 A의 고유치라면, 이것은 식 (6.5)를 만족한다.

이 방정식을 행렬 A의 **고유방정식** 혹은 **특성방정식**(characteristic equation)이라 한다.

식 (6.5)의 좌변은 λ에 관한 n차의 다항식함수이므로, 방정식 (6.5)는 최대로 n개의 해를 가질 수 있다. 즉, n차의 정방행렬 A는 최대로 n개의 고유치를 가질 수 있다.

이상을 정리하면 다음과 같은 정리가 얻어진다.

정리 6·3

n차의 정방행렬 A에 대해서, 다음의 (1)~(4)는 동치이다.

(1) A는 고유치 λ를 갖는다.

(2) $\boldsymbol{x} \in \boldsymbol{C}^n (\boldsymbol{x} \neq \boldsymbol{0})$가 존재해서, $A\boldsymbol{x} = \lambda\boldsymbol{x}$를 만족한다.

(3) 방정식 $(\lambda I - A)\boldsymbol{x} = \boldsymbol{0}$이 자명한 해 이외의 해를 갖는다.

(4) λ는, 방정식 $|\lambda I - A| = 0$의 해이다.

예 4. 다음 행렬 A의 고유치 및 고유벡터를 구해 보자.

$$A = \begin{pmatrix} -8 & 9 & 5 \\ -4 & 5 & 2 \\ -6 & 6 & 5 \end{pmatrix}$$

(i) 고유치의 계산

$$|\lambda I - A| = \begin{vmatrix} \lambda+8 & -9 & -5 \\ 4 & \lambda-5 & -2 \\ 6 & -6 & \lambda-5 \end{vmatrix}$$
$$= \lambda^3 - 2\lambda^2 - \lambda + 2 = (\lambda+1)(\lambda-1)(\lambda-2)$$

이로부터, 고유방정식 $|\lambda I - A| = 0$의 해로서, $\lambda = -1,\ 1,\ 2$를 얻는다. 이것들이 행렬 A의 고유치이다(이 예에서는, 모두 실수치이다).

(ii) 고유벡터의 계산

전 단계에서 얻어진 각각의 λ에 대해서, 연립방정식 (6.4)를 풀면 되므로, 식 (6.4)의 확대계수행렬을 행에 대해 기본변형한다.

$$\text{확대계수행렬} = \begin{pmatrix} \lambda+8 & -9 & -5 & 0 \\ 4 & \lambda-5 & -2 & 0 \\ 6 & -6 & \lambda-5 & 0 \end{pmatrix}$$

① $\lambda = -1$일 때,

$$\text{확대계수행렬} = \begin{pmatrix} 7 & -9 & -5 & 0 \\ 4 & -6 & -2 & 0 \\ 6 & -6 & -6 & 0 \end{pmatrix} \to \begin{pmatrix} 1 & 0 & -2 & 0 \\ 0 & 1 & -1 & 0 \\ 0 & 0 & 0 & 0 \end{pmatrix}$$

이로부터, 고유벡터 $\boldsymbol{x}$는 다음과 같이 구해진다.

$$\boldsymbol{x} = \alpha \begin{pmatrix} 2 \\ 1 \\ 1 \end{pmatrix} \quad \alpha\text{는 임의의 복소수 } (\alpha \neq 0)$$

② $\lambda = 1$일 때,

$$\text{확대계수행렬} = \begin{pmatrix} 9 & -9 & -5 & 0 \\ 4 & -4 & -2 & 0 \\ 6 & -6 & -4 & 0 \end{pmatrix} \to \begin{pmatrix} 1 & -1 & 0 & 0 \\ 0 & 0 & 1 & 0 \\ 0 & 0 & 0 & 0 \end{pmatrix}$$

이로부터, 고유벡터 $\boldsymbol{x}$는 다음과 같이 구해진다.

$$\boldsymbol{x} = \beta \begin{pmatrix} 1 \\ 1 \\ 0 \end{pmatrix} \quad \beta\text{는 임의의 복소수 } (\beta \neq 0)$$

③ $\lambda = 2$일 때,

$$\text{확대계수행렬} = \begin{pmatrix} 10 & -9 & -5 & 0 \\ 4 & -3 & -2 & 0 \\ 6 & -6 & -3 & 0 \end{pmatrix} \to \begin{pmatrix} 2 & 0 & -1 & 0 \\ 0 & 1 & 0 & 0 \\ 0 & 0 & 0 & 0 \end{pmatrix}$$

이로부터, 고유벡터 $\boldsymbol{x}$는 다음과 같이 구해진다.

$$\boldsymbol{x}=\gamma\begin{pmatrix}1\\0\\2\end{pmatrix}\quad \gamma\text{는 임의의 복소수 }(\gamma\neq 0)$$

예 5. 행렬 $A=\begin{pmatrix}1 & -1\\ 4 & 1\end{pmatrix}$의 고유치, 고유벡터를 구해 보자.

$|\lambda I-A|=\begin{vmatrix}\lambda-1 & 1\\ -4 & \lambda-1\end{vmatrix}=\lambda^2-2\lambda+5=0$을 풀어서, $\lambda=1+2i$, $\lambda=1-2i$를 얻는다.

① $\lambda=1+2i$일 때,

$$\text{확대계수행렬}=\begin{pmatrix}2i & 1 & 0\\ -4 & 2i & 0\end{pmatrix}\rightarrow\begin{pmatrix}2i & 1 & 0\\ 0 & 0 & 0\end{pmatrix}$$

이로부터, 고유벡터 $\boldsymbol{x}$는 다음과 같이 구해진다.

$$\boldsymbol{x}=\alpha\begin{pmatrix}1\\ -2i\end{pmatrix}\quad \alpha\text{는 임의의 복소수}(\alpha\neq 0)$$

② $\lambda=1-2i$일 때,

$$\text{확대계수행렬}=\begin{pmatrix}-2i & 1 & 0\\ -4 & 2i & 0\end{pmatrix}\rightarrow\begin{pmatrix}-2i & 1 & 0\\ 0 & 0 & 0\end{pmatrix}$$

이로부터, 고유벡터 $\boldsymbol{x}$는 다음과 같이 구해진다.

$$\boldsymbol{x}=\beta\begin{pmatrix}1\\ 2i\end{pmatrix}\quad \beta\text{는 임의의 복소수}(\beta\neq 0)$$

예 6. 다음 행렬 A는, 고유치의 하나로서, $\lambda=-2$를 갖는다. 이 고유치의 고유공간 V를 구해 보자.

$$A=\begin{pmatrix}4 & -6 & 6\\ 3 & -5 & 3\\ 3 & -3 & 1\end{pmatrix}$$

연립방정식 $(\lambda I-A)\boldsymbol{x}=\mathbf{0}$의 확대계수행렬,

$$\begin{pmatrix}-6 & 6 & -6 & 0\\ -3 & 3 & -3 & 0\\ -3 & 3 & -3 & 0\end{pmatrix}\rightarrow\begin{pmatrix}1 & -1 & 1 & 0\\ 0 & 0 & 0 & 0\\ 0 & 0 & 0 & 0\end{pmatrix}$$

이로부터, α, β를 0이 아닌 임의의 복소수로 해서, $x_1=\alpha-\beta$, $x_2=\alpha$, $x_3=\beta$를 얻는다. 즉, $\lambda=-2$에 대응하는 고유벡터 $\boldsymbol{x}$는,

$$\boldsymbol{x}=\begin{pmatrix}\alpha-\beta\\ \alpha\\ \beta\end{pmatrix}=\alpha\begin{pmatrix}1\\1\\0\end{pmatrix}+\beta\begin{pmatrix}-1\\0\\1\end{pmatrix}\quad \alpha\neq 0,\ \beta\neq 0$$

로 된다. 따라서, 고유공간은, $\boldsymbol{u}={}^t(1,\ 1,\ 0)$, $\boldsymbol{v}={}^t(-1,\ 0,\ 1)$을 이용해서,

$$\boldsymbol{V}=\{\mathbf{0}\}\cup\{\alpha\boldsymbol{u}+\beta\boldsymbol{v}\,|\,\alpha,\ \beta\in\boldsymbol{C},\ \alpha\neq 0,\ \beta\neq 0\}=\{\alpha\boldsymbol{u}+\beta\boldsymbol{v}\,|\,\alpha,\ \beta\in\boldsymbol{C}\}$$

로 나타낼 수 있다.

문 1. 2차 정방행렬 $A=\begin{pmatrix}a_{11} & a_{12}\\ a_{21} & a_{22}\end{pmatrix}$의 고유다항식 $\phi_A(\lambda)=|\lambda I-A|$를 구하여라.

문 2. 다음 n차 정방행렬 A의 고유다항식이 $\phi_A(\lambda)=(\lambda)^n+a_1\lambda^{n-1}+\cdots a_{n-1}\lambda+a_n$인 것을 증명하여라.

$$A=\begin{pmatrix}0 & 1 & 0 & \cdots & 0\\ 0 & 0 & 1 & \cdots & 0\\ \vdots & \vdots & \vdots & \cdots & \vdots\\ 0 & 0 & 0 & \cdots & 1\\ -a_n & -a_{n-1} & -a_{n-2} & \cdots & -a_1\end{pmatrix}$$

문 3. 다음 행렬 A의 고유치와, 그 고유치에 대한 고유공간의 (하나의) 기저를 구하여라.

(1) $\begin{pmatrix}3 & -1\\ 1 & 1\end{pmatrix}$　　(2) $\begin{pmatrix}1 & -1\\ 2 & -1\end{pmatrix}$

(3) $\begin{pmatrix}6 & -3 & -7\\ -1 & 2 & 1\\ 5 & -3 & -6\end{pmatrix}$　　(4) $\begin{pmatrix}0 & a & 0 & a\\ a & 1 & a & 0\\ 0 & a & 1 & a\\ a & 0 & a & 1\end{pmatrix}$ (단, $a\neq 0$)

문 4. 다음 행렬의 고유치, 고유벡터를 구하여라.

(1) $\begin{pmatrix}0 & -1\\ 1 & 0\end{pmatrix}$　　(2) $\begin{pmatrix}i & -3\\ 1 & -i\end{pmatrix}$ $(i=\sqrt{-1})$

6.2 정방행렬의 대각화

6.2.1 대각화

먼저, n차의 정방행렬 A가 n개의 고유벡터 $\boldsymbol{p}_1,\ \boldsymbol{p}_2,\ \cdots,\ \boldsymbol{p}_n$을 갖고, 이것이 1차독

립이라고 가정한다. 이 때, 이들 열벡터를 세로로 늘어놓아,

$$P=(\boldsymbol{p}_1\,\boldsymbol{p}_2\cdots\,\boldsymbol{p}_n)=\begin{pmatrix} p_{11} & p_{12}\cdots & p_{1n} \\ p_{21} & p_{22}\cdots & p_{2n} \\ \vdots & \vdots & \vdots \\ p_{n1} & p_{n2}\cdots & p_{nn} \end{pmatrix} \tag{6.6}$$

으로 되는 행렬을 만들면, P는 정칙행렬이다. 즉, P의 역행렬 P^{-1}가 존재한다.

여기에서, 고유벡터 $\boldsymbol{p}_j(j=1,\ 2,\ \cdots,\ n)$에 대응하는 고유치를 λ_j라고 하면,

$$A\boldsymbol{p}_j=\lambda_j\boldsymbol{p}_j \quad (j=1,\ 2,\ \cdots,\ n) \tag{6.7}$$

이므로, 이것들을 가로로 늘어놓아 다음 식을 얻는다.

$$(A\boldsymbol{p}_1\,A\boldsymbol{p}_2\cdots\,A\boldsymbol{p}_n)=(\lambda_1\boldsymbol{p}_1\,\lambda_2\boldsymbol{p}_2\cdots\,\lambda_n\boldsymbol{p}_n) \tag{6.8}$$

식 (6.8)의 좌변은,

$$(A\boldsymbol{p}_1\,A\boldsymbol{p}_2\cdots\,A\boldsymbol{p}_n)=A(\boldsymbol{p}_1\,\boldsymbol{p}_2\cdots\,\boldsymbol{p}_n)=AP \tag{6.9}$$

로 되고, 우변은 다음과 같이 변형된다.

$$\begin{aligned}(\lambda_1\boldsymbol{p}_1\,\lambda_2\boldsymbol{p}_2\cdots\,\lambda_n\boldsymbol{p}_n)&=\begin{pmatrix} \lambda_1 p_{11} & \lambda_2 p_{12} & \cdots & \lambda_n p_{1n} \\ \lambda_1 p_{21} & \lambda_2 p_{22} & \cdots & \lambda_n p_{2n} \\ \vdots & \vdots & & \vdots \\ \lambda_1 p_{n1} & \lambda_2 p_{n2} & \cdots & \lambda_n p_{nn} \end{pmatrix} \\ &=\begin{pmatrix} p_{11} & p_{12} & \cdots & p_{1n} \\ p_{21} & p_{22} & \cdots & p_{2n} \\ \vdots & \vdots & & \vdots \\ p_{n1} & p_{n2} & \cdots & p_{nn} \end{pmatrix}\begin{pmatrix} \lambda_1 & & & O \\ & \lambda_2 & & \\ & & \ddots & \\ O & & & \lambda_n \end{pmatrix}=P\Lambda\end{aligned} \tag{6.10}$$

여기에서, $\lambda_1,\ \lambda_2,\ \cdots,\ \lambda_n$을 대각요소로 하는 대각행렬을 Λ로 놓았다. 이상으로부터 $A,\ P,\ \Lambda$에 대해서 다음의 관계식이 얻어진다.

$$AP=P\Lambda \tag{6.11}$$

마지막으로, 이 식의 양변에 왼쪽으로부터 P^{-1}를 곱하면 행렬 A의 대각화가 완료된다.

$$P^{-1}AP=\Lambda \tag{6.12}$$

이로부터 다음의 정리가 얻어진다.

정리 6·4

정방행렬의 대각화 n차의 정방행렬 A가 1차독립인 n개의 고유벡터 $\boldsymbol{p}_1, \boldsymbol{p}_2, \cdots, \boldsymbol{p}_n$을 갖는다면, A는 다음과 같이 대각화된다.

$$P^{-1}AP=\Lambda$$

여기에서, $P=(\boldsymbol{p}_1\,\boldsymbol{p}_2\cdots\,\boldsymbol{p}_n)$이고, Λ는 $\boldsymbol{p}_1, \boldsymbol{p}_2, \cdots, \boldsymbol{p}_n$에 대응하는 고유치 $\lambda_1, \lambda_2, \cdots, \lambda_n$을 대각요소로 하는 대각행렬이다.

예 7. 다음 행렬의 대각화를 행하여 보자.

$$A=\begin{pmatrix}-3 & 5 & 3\\ -2 & 4 & 1\\ -4 & 4 & 5\end{pmatrix}$$

먼저, 고유치를 구하면, $\lambda_1=1,\ \lambda_2=2,\ \lambda_3=3$이다. 이것들에 대응하는 고유벡터는,

$$\boldsymbol{p}_1=\begin{pmatrix}2\\1\\1\end{pmatrix},\ \boldsymbol{p}_2=\begin{pmatrix}1\\1\\0\end{pmatrix},\ \boldsymbol{p}_3=\begin{pmatrix}1\\0\\2\end{pmatrix}$$

로 된다.

이로부터, 행렬 P 및 P^{-1}는 다음과 같이 된다.

$$P=\begin{pmatrix}2 & 1 & 1\\ 1 & 1 & 0\\ 1 & 0 & 2\end{pmatrix},\quad P^{-1}=\begin{pmatrix}2 & -2 & -1\\ -2 & 3 & 1\\ -1 & 1 & 1\end{pmatrix}$$

이로부터, $P^{-1}AP$를 계산하면,

$$P^{-1}AP=\begin{pmatrix}2 & -2 & -1\\ -2 & 3 & 1\\ -1 & 1 & 1\end{pmatrix}\begin{pmatrix}-3 & 5 & 3\\ -2 & 4 & 1\\ -4 & 4 & 5\end{pmatrix}\begin{pmatrix}2 & 1 & 1\\ 1 & 1 & 0\\ 1 & 0 & 2\end{pmatrix}\begin{pmatrix}1 & 0 & 0\\ 0 & 2 & 0\\ 0 & 0 & 3\end{pmatrix}$$

으로 되어, 분명히 고유치를 대각요소로 하는 대각행렬이 된다.

예 8. 고유치로서 $\lambda_1=2,\ \lambda_2=1,\ \lambda_3=-3$을 갖고, 대응하는 고유벡터가,

$$\boldsymbol{p}_1={}^t(4,\ 0,\ 3),\ \boldsymbol{p}_2={}^t(0,\ 1,\ 1),\ \boldsymbol{p}_3={}^t(5,\ 1,\ 2)$$

로 되는 3차의 정방행렬을 하나 구해 보자.

$P^{-1}AP=\Lambda$를 변형하면, $A=P\Lambda P^{-1}$로 된다. 이 식에,

$$P=\begin{pmatrix}4&0&5\\0&1&1\\3&1&2\end{pmatrix},\ P^{-1}=\frac{1}{11}\begin{pmatrix}-1&-5&5\\-3&7&4\\3&4&-4\end{pmatrix},\ \Lambda=\begin{pmatrix}2&0&0\\0&1&0\\0&0&-3\end{pmatrix}$$

을 대입해서 계산하면 다음과 같이 된다.

$$A=\frac{1}{11}\begin{pmatrix}-53&-100&100\\-12&-5&16\\-27&-47&58\end{pmatrix}$$

문 5. 다음의 행렬 A는, 정칙행렬에 의해서 대각화 가능한가. 가능하다면, 대각화 하여라.

(1) $\begin{pmatrix}6&-3&-7\\-1&2&1\\5&-3&-6\end{pmatrix}$ (2) $\begin{pmatrix}2&-1&1\\0&1&1\\-1&1&1\end{pmatrix}$

문 6. 적당한 정칙행렬 P에 의해서, 다음의 행렬 A를 대각화하여라.

(1) $\begin{pmatrix}\cos\theta&-\sin\theta\\\sin\theta&\cos\theta\end{pmatrix}$ (2) $\begin{pmatrix}a&b&c\\c&a&b\\b&c&a\end{pmatrix}$

다음에, 정리 6.4의 역을 생각해 보자. 즉, 정방행렬 A가 어떤 정방행렬 P를 이용해서 $P^{-1}AP$가 대각행렬로 되는 경우에, P는 어떠한 특성을 갖는 행렬일까?

정리 6·5 n차의 정방행렬 A가, n차의 정칙행렬 P를 이용해서, $P^{-1}AP$의 형태로 대각화 가능하다면, A는 P의 n개의 열벡터를 고유벡터로 갖는다.

주의 3 $P^{-1}AP=B$로 놓고, B, P를 각각 다음과 같이 나타낸다.

$$B=\begin{pmatrix}\mu_1&&&\\&\mu_2&&\\&&\ddots&\\&&&\mu_n\end{pmatrix},\ P=\begin{pmatrix}p_{11}&p_{12}&\cdots&p_{1n}\\p_{21}&p_{22}&\cdots&p_{2n}\\\vdots&\vdots&&\vdots\\p_{n1}&p_{n2}&\cdots&p_{nn}\end{pmatrix}=(\boldsymbol{p}_1\,\boldsymbol{p}_2\cdots\boldsymbol{p}_n) \quad ①$$

여기에서, $P^{-1}AP=B$에 왼쪽으로부터 P를 곱하면, $AP=PB$가 얻어지는데,

$$AP=A(\boldsymbol{p}_1\,\boldsymbol{p}_2\cdots\boldsymbol{p}_n)=(A\boldsymbol{p}_1\,A\boldsymbol{p}_2\cdots A\boldsymbol{p}_n) \quad ②$$

이고, PB는 다음과 같이 된다.

$$PB=\begin{pmatrix} \mu_1 p_{11} & \mu_2 p_{12} & \cdots & \mu_n p_{1n} \\ \mu_1 p_{21} & \mu_2 p_{22} & \cdots & \mu_n p_{2n} \\ \vdots & \vdots & & \vdots \\ \mu_1 p_{n1} & \mu_2 p_{n2} & \cdots & \mu_n p_{nn} \end{pmatrix} = (\mu_1 \boldsymbol{p}_1\ \mu_2 \boldsymbol{p}_2 \cdots \mu_n \boldsymbol{p}_n) \qquad ③$$

따라서 식 ②와 ③으로부터,

$$(A\boldsymbol{p}_1\ A\boldsymbol{p}_2 \cdots A\boldsymbol{p}_n) = (\mu_1 \boldsymbol{p}_1\ \mu_2 \boldsymbol{p}_2 \cdots \mu_n \boldsymbol{p}_n)$$

으로 된다. 그러므로, 대응하는 벡터끼리 비교함으로써, 다음의 결과를 얻게 된다.

$$A\boldsymbol{p}_j = \mu_j \boldsymbol{p}_j \quad (j=1,\ 2,\ \cdots,\ n) \qquad ④$$

또한, $P=(\boldsymbol{p}_1\ \boldsymbol{p}_2 \cdots \boldsymbol{p}_n)$이 정칙행렬이므로, $\boldsymbol{p}_j \neq \mathbf{0}$이다. 그러므로, A는 $\boldsymbol{p}_1,\ \boldsymbol{p}_2,\ \cdots,\ \boldsymbol{p}_n$을 고유벡터로서 갖는다.

6.2.2 대각화의 응용

정리 6.5는, 고유치, 고유벡터를 반복적으로 계산하는 방법의 이론적 근거를 제공한다. 즉, 정방행렬 A에 대해서, 어떤 정칙행렬 $P_1,\ P_2,\ \cdots,\ P_n$을 이용해서,

$$A_k = P_k^{-1} \cdots P_2^{-1} P_1^{-1} A P_1 P_2 \cdots P_k \tag{6.13}$$

를 계산했을 때, 이 행렬 A_k가 대각행렬에 가까운 형태로 된다면, 정리 6.5에 의해, A의 고유벡터는,

$$U_k = P_1 P_2 \cdots P_k \tag{6.14}$$

의 열벡터에 의해서 근사(近似)할 수 있다. 또, 고유치는 A_k의 대각요소로 근사할 수 있게 된다. 컴퓨터에 의한 반복계산에 의해서 고유치 및 고유벡터를 구하는 Jacobi법, QR법 등은 이상의 내용을 이론적 근거로 하고 있다.

그리고, 정방행렬 A가 행렬 P를 이용해서, $P^{-1}AP=\Lambda$(Λ는 고유치 $\lambda_1,\ \lambda_2,\ \cdots, \lambda_n$을 대각요소로 하는 대각행렬)로 대각화되는 경우에, A^k의 표현을 생각해 보기로 한다.

$P^{-1}AP=\Lambda$로부터, $A=P\Lambda P^{-1}$로 되므로, k가 자연수인 경우에는,

$$\begin{aligned} A^k &= (P\Lambda P^{-1})^k \\ &= (P\Lambda P^{-1})(P\Lambda P^{-1}) \cdots (P\Lambda P^{-1}) \\ &= P\Lambda(P^{-1}P)\Lambda(P^{-1}P) \cdots (P^{-1}P)\Lambda P^{-1} \\ &= P\Lambda^k P^{-1} \end{aligned}$$

로 된다.

또, $\lambda_1 \neq 0$, $\lambda_2 \neq 0$, $\lambda_n \neq 0$일 때는, Λ^{-1}가 존재하므로, A의 역행렬도 존재해서, 다음과 같이 표현된다.

$$\begin{aligned} A^{-1} &= (P\Lambda P^{-1})^{-1} \\ &= (P^{-1})^{-1}\Lambda^{-1}P^{-1} \\ &= P\Lambda^{-1}P^{-1} \end{aligned}$$

따라서, 임의의 자연수 k에 대해서, 다음 식이 성립한다.

$$\begin{aligned} A^{-k} &= (A^{-1})^k \\ &= (P\Lambda^{-1}P^{-1})^k \\ &= P(\Lambda^{-1})^k P^{-1} \\ &= P\Lambda^{-k}P^{-1} \end{aligned}$$

또한, $A^{\circ} = I$, $\Lambda^{\circ} = I$라 하면, $A^{\circ} = P\Lambda^{\circ}P^{-1}$가 성립하므로, 임의의 정수에 대해서,

$$A^k = P\Lambda^k P^{-1} \tag{6.15}$$

이 된다.

예 9. 예 7에서 들었던 행렬 A의 5제곱을 구해 보자.

$$A = \begin{pmatrix} -3 & 5 & 3 \\ -2 & 4 & 1 \\ -4 & 4 & 5 \end{pmatrix}$$

이미 구했던 바와 같이, 고유치는 $\lambda_1 = 1$, $\lambda_2 = 2$, $\lambda_3 = 3$이고, 이것들에 대응하는 고유벡터는, $\boldsymbol{p}_1 = {}^t(2,\ 1,\ 1)$, $\boldsymbol{p}_2 = {}^t(1,\ 1,\ 0)$, $\boldsymbol{p}_3 = {}^t(1,\ 0,\ 2)$이다.

이로부터, 행렬 P 및 P^{-1}는,

$$P = \begin{pmatrix} 2 & 1 & 1 \\ 1 & 1 & 0 \\ 1 & 0 & 2 \end{pmatrix}, \quad P^{-1} = \begin{pmatrix} 2 & -2 & -1 \\ -2 & 3 & 1 \\ -1 & 1 & 1 \end{pmatrix}$$

이 되고, 식 (6.15)를 이용해서 A^5은 다음과 같이 된다.

$$\begin{aligned} A^5 = P\Lambda^5 P^{-1} &= \begin{pmatrix} 2 & 1 & 1 \\ 1 & 1 & 0 \\ 1 & 0 & 2 \end{pmatrix} \begin{pmatrix} 1^5 & & \\ & 2^5 & \\ & & 3^5 \end{pmatrix} \begin{pmatrix} 2 & -2 & -1 \\ -2 & 3 & 1 \\ -1 & 1 & 1 \end{pmatrix} \\ &= \begin{pmatrix} -303 & 335 & 273 \\ -62 & 94 & 31 \\ -484 & 484 & 485 \end{pmatrix} \end{aligned}$$

문 7. 다음의 행렬 A를 대각화하고, 그것을 이용해서 A^n을 구하여라.

$$A=\begin{pmatrix} -1 & -5 & -1 \\ 2 & 4 & 0 \\ -4 & -8 & 0 \end{pmatrix}$$

6.3 행렬의 삼각화와 그 응용

정리 6.4와 정리 6.5로부터 알 수 있듯이, n차 정방행렬 A가 대각화 가능하기 위한 필요충분조건은, A의 고유벡터로 이루어지는 $\boldsymbol{C}^n$의 기저 $\{\boldsymbol{p}_1, \boldsymbol{p}_2, \cdots, \boldsymbol{p}_n\}$이 존재하는 것이다. 즉, $A\boldsymbol{p}_1=\lambda_1\boldsymbol{p}_1$, $A\boldsymbol{p}_2=\lambda_2\boldsymbol{p}_2$, $\cdots$, $A\boldsymbol{p}_n=\lambda_n\boldsymbol{p}_n$이 되는 1차독립의 $\boldsymbol{p}_1, \boldsymbol{p}_2, \cdots, \boldsymbol{p}_n$이 존재할 때, 행렬 A는 대각화 가능하고, 존재하지 않을 때는 대각화가 불가능하다.

따라서, 정방행렬은 일반적으로 대각화할 수 있다고는 할 수 없다. 그러나 임의의 정방행렬은 반드시 삼각화할 수 있다. 특히, 어떤 정방행렬의 대각성분만이 문제가 될 때는 삼각화하면 된다.

n차의 행렬 A, B에 대해서

$$B=P^{-1}AP$$

로 되는 정칙행렬 P가 존재할 때, A와 B는 상사(相似)이다. A가 삼각행렬과 상사일 때, A는 삼각화할 수 있다고 한다.

정리 6·6
(1) 상사인 행렬은 같은 고유다항식(고유방정식)을 갖는다. 따라서, 같은 고유치를 갖는다.
(2) A가 삼각화 가능할 때, 그 삼각행렬의 대각성분은 A의 고유치이다.

[증명] (1) $B=P^{-1}AP$로 한다.

$$|xI-B|=|xI-P^{-1}AP|=|P^{-1}(xI-A)P|$$
$$=|p^{-1}||xI-A||P|=|xI-A|$$

(2) $P^{-1}AP=\begin{pmatrix} \lambda_1 & & & * \\ & \lambda_2 & & \\ & & \ddots & \\ O & & & \lambda_n \end{pmatrix}=\Gamma$로 한다.

$$|xI-A|=|xI-\Gamma|=\begin{vmatrix} x-\lambda_1 & & * \\ & \ddots & \\ O & & x-\lambda_n \end{vmatrix}$$
$$=(x-\lambda_1)(x-\lambda_2)\cdots(x-\lambda_n)$$

따라서 A의 고유치는 λ_1, λ_2, $\cdots$, λ_n이다.

주의 3. $A=\begin{pmatrix} 0 & 0 \\ 1 & 0 \end{pmatrix}$이라 하면, A는 영행렬 O과 상사가 아니다. 그러나 $\phi_A(x)=\phi_0(x)=x^2$이므로 위의 정리 6.6 (1)의 역은 성립하지 않는다.

문 8. A, B를 n차의 정방행렬이라 하고, A는 정칙이라 한다. 이 때 AB와 BA는 같은 고유다항식과 같은 고유치를 갖는 것을 보여라.

정리 6 · 7 n차의 행렬 A의 고유치를 λ_1, $\cdots$, λ_n이라 한다. λ_1, $\cdots$, $\lambda_r(r \leq n)$에 대한 고유벡터 $\boldsymbol{p}_1$, $\cdots$, $\boldsymbol{p}_r$을 1차독립이 되도록 고를 수 있을 때

$$P^{-1}AP=\left(\begin{array}{cc|c} \lambda_1 & O & \\ & \ddots & * \\ O & \lambda_r & \\ \hline & O & A_{n-r} \end{array}\right)$$

로 되는 정칙행렬 P가 존재한다. 여기에서 A_{n-r}은 $n-r$차의 행렬이고 그 고유치는 λ_{r+1}, $\cdots$, λ_n이다.

[증명] $\boldsymbol{p}_1$, $\cdots$, $\boldsymbol{p}_r$, $\boldsymbol{p}_{r+1}$, $\cdots$, $\boldsymbol{p}_n$이 $\boldsymbol{C}^n$의 기저가 되도록 한다. $P=(\boldsymbol{p}_1\cdots \boldsymbol{p}_n)$으로 놓으면, P는 정칙이고 $A\boldsymbol{p}_j=\lambda_j\boldsymbol{p}_j(1 \leq j \leq r)$이다. P^{-1}의 행벡터를 $\boldsymbol{q}_1'$, $\cdots$, $\boldsymbol{q}_n'$라 하면, $P^{-1}P=I$로부터 $\boldsymbol{q}_j'\boldsymbol{p}_k=\delta_{jk}$(Kronecker 델타)이다.

$$P^{-1}AP=P^{-1}A(\boldsymbol{p}_1\cdots \boldsymbol{p}_n)=P^{-1}(A\boldsymbol{p}_1\cdots A\boldsymbol{p}_n)$$
$$=\begin{pmatrix} \boldsymbol{q}_1' \\ \vdots \\ \boldsymbol{q}_r' \\ \boldsymbol{q}_{r+1}' \\ \vdots \\ \boldsymbol{q}_n' \end{pmatrix}(\lambda_1\boldsymbol{p}_1\cdots \lambda_r\boldsymbol{p}_r\ A\boldsymbol{p}_{r+1}\cdots A\boldsymbol{p}_n)$$
$$=\left(\begin{array}{cc|c} \lambda_1 & O & \\ & \ddots & * \\ O & \lambda_r & \\ \hline & O & A_{n-r} \end{array}\right)$$

$$|xI-A|=|xI-P^{-1}AP|=\left|\begin{array}{ccc:c} x-\lambda_1 & & O & \\ & \ddots & & * \\ O & & x-\lambda_r & \\ \hdashline & O & & xI_{n-r}-A_{n-r} \end{array}\right|$$

$$=(x-\lambda_1)\cdots(x-\lambda_r)|xI_{n-r}-A_{n-r}|$$

한편

$$|xI-A|=(x-\lambda_1)\cdots(x-\lambda_r)(x-\lambda_{r+1})\cdots(x-\lambda_n)$$

이므로

$$|xI_{n-r}-A_{n-r}|=(x-\lambda_{r+1})\cdots(x-\lambda_n)$$

예 10. n차 행렬 A의 고유치 λ에 대한 고유방정식에 있어서의 중복도를 l이라 하면, λ에 대한 고유공간의 차원 $\dim W(\lambda)$는, $1 \leqq \dim W(\lambda) \leqq l$이다.

$\dim W(\lambda)=r$이라 하면 $1 \leqq r \leqq n$이다. $\boldsymbol{p}_1, \cdots, \boldsymbol{p}_r$을 $W(\lambda)$의 기저라 하고, 그것으로부터 $\boldsymbol{p}_1, \cdots, \boldsymbol{p}_r, \cdots, \boldsymbol{p}_n$이 $\boldsymbol{C}^n$의 기저가 되도록 고르면 정리 6.7과 마찬가지로 해서 $P=(\boldsymbol{p}_1 \cdots \boldsymbol{p}_n)$으로 놓을 때

$$P^{-1}AP=\left(\begin{array}{ccc:c} \lambda & & O & \\ & \ddots & & * \\ O & & \lambda & \\ \hdashline & O & & A_{n-r} \end{array}\right),\ A_{n-r}\text{은 } n-r\text{차의 행렬}$$

로 된다.

$$|xI-A|=|xI-P^{-1}AP|=(x-\lambda)^r|xI-A_{n-r}|$$

$$\therefore r \leqq 1$$

정리 6·8 정방행렬 A는 적당한 정칙행렬 P에 의해서 삼각화할 수 있다.

[증명] n차의 정방행렬 A의 고유치를 $\lambda_1, \cdots, \lambda_n$이라 한다. n에 대한 수학적 귀납법으로 증명한다.

$n=2$일 때 λ_1에 대한 고유벡터를 $\boldsymbol{p}_1$이라 하고, $\boldsymbol{p}_1, \boldsymbol{p}_2$가 $\boldsymbol{C}^2$의 기저가 되도록 $\boldsymbol{p}_2$를 고른다. $P=(\boldsymbol{p}_1\ \boldsymbol{p}_2)$로 놓으면, P는 정칙이고 정리 6.7에 의해

$$P^{-1}AP=\begin{pmatrix} \lambda_1 & * \\ 0 & \lambda_2 \end{pmatrix}$$

로 되어, 정리는 성립한다. $n-1$차까지 성립한다고 가정한다.

n차일 때 λ_1에 대한 고유벡터를 $\boldsymbol{p}_1$이라 하고, $\boldsymbol{p}_1$, $\boldsymbol{p}_2$, $\cdots$, $\boldsymbol{p}_n$이 $\boldsymbol{C}^n$의 기저가 되도록 한다. $P_1=(\boldsymbol{p}_1\ \boldsymbol{p}_2 \cdots \boldsymbol{p}_n)$으로 놓으면, P_1은 정칙이고

$$P_1^{-1}AP_1=\left(\begin{array}{c|c}\lambda_1 & * \\ \hline \mathbf{0} & A_{n-1}\end{array}\right)$$

로 된다. 여기에서 A_{n-1}은 $n-1$차의 행렬이고, 그 고유치는 λ_2, $\cdots$, λ_n이다. 따라서 귀납법의 가정으로부터

$$Q_2^{-1}A_{n-1}Q_2=\begin{pmatrix}\lambda_2 & & * \\ & \ddots & \\ O & & \lambda_n\end{pmatrix}$$

으로 되는 $n-1$차의 정칙행렬 Q가 존재한다. 그래서

$$P_2=\left(\begin{array}{c|c}1 & \mathbf{0} \\ \hline \mathbf{0} & Q_2\end{array}\right)$$

로 놓으면, P_2는 정칙이고,

$$P_2^{-1}(P_1^{-1}AP_1)P_2=\left(\begin{array}{c|c}1 & 0 \\ \hline 0 & Q_2^{-1}\end{array}\right)\left(\begin{array}{c|c}\lambda_1 & * \\ \hline \mathbf{0} & A_{n-1}\end{array}\right)\left(\begin{array}{c|c}1 & \mathbf{0} \\ \hline \mathbf{0} & Q_2\end{array}\right)$$

$$=\left(\begin{array}{c|c}\lambda_1 & * \\ \hline \mathbf{0} & Q_2^{-1}A_{n-1}Q_2\end{array}\right)=\begin{pmatrix}\lambda_1 & & & * \\ & \lambda_1 & & \\ & & \ddots & \\ O & & & \lambda_n\end{pmatrix}$$

으로 된다.

따라서, $P=P_1P_2$로 놓으면 된다.

계 6.9 (1) 정방행렬 A는 항상 적당한 유니터리 행렬 U에 의해 삼각화할 수 있다. $U^{-1}AU=U^*AU$가 삼각행렬로 된다.

여기에서 **유니터리 행렬**(unitary matrix)이란, A가 복소행렬로 $A^*A=AA^*=I$(A^*는 **공액전치행렬**(共軛轉置行列, transposed conjugate matrix), 즉 $A^*={}^t\overline{(A)}={}^t(\overline{A})$이다)를 만족할 때 행렬 A를 일컫는다.

(2) 실정방행렬(實正方行列) A는 그 고유치가 모두 실수라면, 적당한 직교행렬 L에 의해 삼각화할 수 있다. $L^{-1}AL={}^tLAL$이 삼각행렬로 된다. 여기에서 **직교행렬**(orthogonal matrix)이란, A가 실행렬로 ${}^tAA=A{}^tA=I$를 만족할 때 행렬 A를 일컫는다.

문 9. n차의 행렬 A의 고유치를 λ_1, $\cdots$, λ_n이라 할 때, 다음을 보여라.

(1) $|A| = \lambda_1 \cdots \lambda_n$

(2) A가 정칙 $\Leftrightarrow \lambda_j \neq 0 (j=1, \cdots, n)$

(3) ${}^tA$의 고유치도 $\lambda_1, \cdots, \lambda_n$

(4) $tr(A) = \lambda_1 + \cdots + \lambda_n$

예 11. 다음의 행렬 A를 대각화 또는 삼각화하는 정칙행렬 P를 구해 보자.

(1) $A = \begin{pmatrix} 2 & 1 & 1 \\ 1 & 2 & 1 \\ 0 & 0 & 1 \end{pmatrix}$ (2) $A = \begin{pmatrix} 2 & 1 & 0 \\ -1 & 4 & 0 \\ 0 & 2 & 3 \end{pmatrix}$

(1) $|\lambda I - A| = (\lambda-1)^2(\lambda-3) \quad \therefore \lambda = 1, 1, 3$

$\begin{cases} 2x_1 + x_2 + x_3 = \lambda x_1 \\ x_1 + 2x_2 + x_3 = \lambda x_2 \\ x_3 = \lambda x_3 \end{cases}$ 으로부터 $\lambda = 1$일 때 $x_1 + x_2 + x_3 = 0$

이므로, $\dim W(\lambda) = n - rank(\lambda I - A)$에 의해 $\dim W(1) = 2$, 따라서 1차독립인 고유벡터로서

$\boldsymbol{p}_1 = \begin{pmatrix} 1 \\ 0 \\ -1 \end{pmatrix}$, $\boldsymbol{p}_2 = \begin{pmatrix} 0 \\ 1 \\ -1 \end{pmatrix}$을 취할 수 있다.

$\lambda = 3$일 때 $x_1 - x_2 = 0$, $x_3 = 0$으로부터

$$\boldsymbol{p}_3 = \begin{pmatrix} 1 \\ 1 \\ 0 \end{pmatrix}$$

따라서 $P = \begin{pmatrix} 1 & 0 & 1 \\ 0 & 1 & 1 \\ -1 & -1 & 0 \end{pmatrix}$에 의해 대각화된다.

$$P^{-1}AP = diag(1, 1, 3)$$

(2) $|\lambda I - A| = (\lambda-3)^3 \quad \therefore \lambda = 3, 3, 3$

$\begin{cases} 2x_1 + x_2 = 3x_1 \\ -x_1 + 4x_2 = 3x_2 \\ x_1 + 2x_2 + 3x_3 = 3x_3 \end{cases}$ 로부터 $x_1 = x_2 = 0$

$$\therefore \dim W(3) = 1$$

따라서 대각화할 수 없다.

$\lambda=3$에 대한 고유벡터의 하나를 $\boldsymbol{p}_1=\begin{pmatrix}0\\0\\1\end{pmatrix}$로 한다. 이 때

$\boldsymbol{p}_2=\begin{pmatrix}1\\0\\0\end{pmatrix}$, $\boldsymbol{p}_3=\begin{pmatrix}0\\1\\0\end{pmatrix}$이라 하면, $\boldsymbol{p}_1$, $\boldsymbol{p}_2$, $\boldsymbol{p}_3$는 1차독립이다.

$P_1=\begin{pmatrix}0&1&0\\0&0&1\\1&0&0\end{pmatrix}$으로 놓으면, $P_1^{-1}=\begin{pmatrix}0&0&1\\1&0&0\\0&1&0\end{pmatrix}$이고

$P_1^{-1}AP_1=\begin{pmatrix}3&1&2\\0&2&1\\0&-1&4\end{pmatrix}$로 된다. 그래서 $B=\begin{pmatrix}2&1\\-1&4\end{pmatrix}$로 놓으면,

B의 고유치는 3이고 $\begin{cases}2y_1+\ \ y_2=3y_1\\-y_1+4y_2=3y_2\end{cases}$ 로부터 $y_1=y_2$

$\boldsymbol{q}_1=\begin{pmatrix}1\\1\end{pmatrix}$, $\boldsymbol{q}_2=\begin{pmatrix}1\\-1\end{pmatrix}$로 하고, $Q_2=\begin{pmatrix}1&1\\1&-1\end{pmatrix}$로 놓으면,

$Q_2^{-1}=\dfrac{1}{2}\begin{pmatrix}1&1\\1&-1\end{pmatrix}$이고 $Q_2^{-1}BQ_2=\begin{pmatrix}3&-2\\0&3\end{pmatrix}$,

따라서, $P_2=\begin{pmatrix}1&0&0\\0&1&1\\0&1&-1\end{pmatrix}$로 놓으면,

$P_2^{-1}=\begin{pmatrix}1&0&0\\0&\frac{1}{2}&\frac{1}{2}\\0&\frac{1}{2}&-\frac{1}{2}\end{pmatrix}$이고 $P_2^{-1}(P_1^{-1}AP_1)P_2=\begin{pmatrix}3&3&-1\\0&3&-2\\0&0&3\end{pmatrix}$

으로 삼각화된다. 이 때 $P=P_1P_2=\begin{pmatrix}0&1&1\\0&1&-1\\1&0&0\end{pmatrix}$이다.

처음에 $\boldsymbol{p}_2=\begin{pmatrix}1\\1\\0\end{pmatrix}$, $\boldsymbol{p}_3=\begin{pmatrix}1\\-1\\0\end{pmatrix}$으로 정하면, 한 번에 삼각화할 수 있었다. 그러나 그것을 알 수 없을 때는 남은 부분(여기에서는 B)을 삼각화하면 된다.

A를 n차의 행렬이라 한다. x에 대한 다항식 $f(x)=a_mx^m+\cdots+a_1x+a_0$에 대해서

$$f(A)=a_mA^m+\cdots+a_1A+a_0I \tag{6.16}$$

로 정하고, 이것을 **행렬다항식**(polynomial of a matrix)이라고 한다. 이 $f(A)$를

$$f(A)=\sum_{k=0}^{m}a_kA^k$$

라고도 쓰는데, 이 때는 형식적으로 $A^0=I$로 한다.

정리 6 · 10 (Frobenius[15]의 정리) $f(x)$를 다항식이라 한다. n차 정방행렬 A의 고유치를 $\lambda_1, \cdots, \lambda_n$이라고 하면, $f(A)$의 고유치는 $f(\lambda_1), \cdots, f(\lambda_n)$이다.

[증명]
$$P^{-1}AP=\begin{pmatrix}\lambda_1 & & * \\ & \ddots & \\ O & & \lambda_n\end{pmatrix}=\Gamma$$

로 되는 정칙행렬 P가 존재한다.

$$f(x)=\sum_{k=0}^{m}a_kx^k$$

라 하면

$$f(\Gamma)=\sum_{k=0}^{m}a_k\Gamma^k=\sum_{k=0}^{m}\begin{pmatrix}a_k\lambda_1^k & & * \\ & \ddots & \\ O & & a_k\lambda_n^k\end{pmatrix}=\begin{pmatrix}f(\lambda_1) & & * \\ & \ddots & \\ O & & f(\lambda_n)\end{pmatrix}$$

일반적으로 $(P^{-1}AP)^m=P^{-1}A^mP$로부터 $f(P^{-1}AP)=P^{-1}f(A)P$

$$\begin{aligned}|xI-f(A)|&=|xI-P^{-1}f(A)P|=|xI-f(P^{-1}AP)|\\&=|xI-f(\Gamma)|=(x-f(\lambda_1))\cdots(x-f(\lambda_n))\end{aligned}$$

따라서 $f(A)$의 고유치는 $f(\lambda_1), \cdots, f(\lambda_n)$이다.

정리 6 · 11 (Cayley–Hamilton[16]의 정리) A를 n차 정방행렬이라고 하고,

$$\phi_A(x)=|xI-A|=x^n-(tr\,A)x^{n-1}+\cdots+(-1)^n\det A$$

를 A의 고유다항식이라 하면, 다음이 성립한다.

$$\phi_A(A)=A^n-(tr\,A)A^{n-1}+\cdots+(-1)^n(\det A)I=O$$

[증명] A의 고유치를 $\lambda_1, \lambda_2, \cdots, \lambda_n$이라 하면,

$$\phi_A(x)=(x-\lambda_1)(x-\lambda_2)\cdots(x-\lambda_n)$$

이다. 정리 6.8에 의해,

$$P^{-1}AP=\begin{pmatrix}\lambda_1 & & * \\ & \ddots & \\ O & & \lambda_n\end{pmatrix}=\Gamma$$

로 되는 정칙행렬 P가 존재한다.
따라서,

---

15) Frobenius, Georg (1849~1917 ; 독일)
16) Cayley, Arthur (1821~1895 ; 영국)
Hamilton, William Rowan (1805~1865 ; 영국)

$$P^{-1}\phi_A(A)P=\phi_A(P^{-1}AP)=P_A(\Gamma)=(\Gamma-\lambda_1 I)(\Gamma-\lambda_2 I)\cdots(\Gamma-\lambda_n I)$$

$$=\begin{pmatrix} 0 & & & * \\ & \lambda_2-\lambda_1 & & \\ & & \ddots & \\ O & & & \lambda_n-\lambda_1 \end{pmatrix}\begin{pmatrix} \lambda_1-\lambda_2 & & & * \\ & 0 & & \\ & & \lambda_3-\lambda_2 & \\ & & & \ddots \\ O & & & \lambda_n-\lambda_2 \end{pmatrix}\cdots\begin{pmatrix} \lambda_1-\lambda_n & & * \\ & \ddots & \\ & & \lambda_{n-1}-\lambda_n \\ O & & 0 \end{pmatrix}$$

$$=\begin{pmatrix} 0 & 0 & & * \\ 0 & 0 & * & \\ \vdots & \vdots & O & \ddots \\ 0 & 0 & & * \end{pmatrix}\begin{pmatrix} \lambda_1-\lambda_3 & & & * \\ & \lambda_2-\lambda_3 & & \\ & & 0 & \\ & & & \ddots \\ O & & & \lambda_n-\lambda_3 \end{pmatrix}\cdots\begin{pmatrix} \lambda_1-\lambda_n & & * \\ & \ddots & \\ & & \lambda_{n-1}-\lambda_n \\ O & & 0 \end{pmatrix}$$

$$=\begin{pmatrix} 0 & 0 & 0 & & * \\ 0 & 0 & 0 & * & \\ \vdots & \vdots & \vdots & O & \ddots \\ 0 & 0 & 0 & & * \end{pmatrix}\begin{pmatrix} \lambda_1-\lambda_4 & & & * \\ & \lambda_2-\lambda_4 & & \\ & & 0 & \\ & & & \ddots \\ O & & & \lambda_n-\lambda_4 \end{pmatrix}\cdots\begin{pmatrix} \lambda_1-\lambda_n & & * \\ & \ddots & \\ & & \lambda_{n-1}-\lambda_n \\ O & & 0 \end{pmatrix}$$

이것을 계속해 가면 윗식의 우변은 영행렬로 된다. 따라서, $P^{-1}\phi_A(A)P=O$이므로, $\phi_A(A)=POP^{-1}=O$으로 된다.

예 12. $A=\begin{pmatrix} 1 & -4 \\ -3 & 2 \end{pmatrix}$일 때, $A^m(m \geq 1)$의 고유치를 구해 보자.

$$\phi_A(x)=|xI-A|=(x-1)(x-2)-12=(x-5)(x+2)$$

이므로, A의 고유치는 5, -2이다. Frobenius의 정리에 의해 $f(A)=A^m$의 고유치는, $f(5)=5^m$, $f(-2)=(-2)^m$이다.

예 13. $\phi_A(x)=|xI-A|$로부터 $\phi_A(A)=|AI-A|$로 하는 것은 잘못이다. 그것은 $\phi_A(A)$는 n차 정방행렬이고, $|AI-A|$는 행렬식이기 때문이다.

예 14. 2차 정칙행렬 $A=\begin{pmatrix} a & b \\ c & d \end{pmatrix}$에 대해서, Cayley-Hamilton의 정리를 이용하여 A^{-1}를 구해 보자.

$$\phi_A(x)=\begin{vmatrix} x-a & -b \\ -c & x-d \end{vmatrix}=x^2-(a+d)x+ad-bc=x^2-tr(A)x+|A|$$

이므로, Cayley-Hamilton의 정리에 의해,

$$\phi_A(A)=A^2-tr(A)A+|A|I=O$$

이 성립한다. A는 정칙이므로, $|A| \neq 0$이고,

$$\begin{aligned} I &= \frac{1}{|A|}(-A^2+tr(A)A) = A \cdot \frac{1}{|A|}(-A+tr(A)I) \\ &= A \cdot \frac{1}{|A|}\left\{\begin{pmatrix} -a & -b \\ -c & -d \end{pmatrix} + \begin{pmatrix} a+d & 0 \\ 0 & a+d \end{pmatrix}\right\} \\ &= A \cdot \frac{1}{|A|}\begin{pmatrix} d & -b \\ -c & a \end{pmatrix} \end{aligned}$$

로 된다. 따라서

$$A^{-1} = \frac{1}{|A|}\begin{pmatrix} d & -b \\ -c & a \end{pmatrix}$$

문 10. 정방행렬 A가 다음 관계를 만족할 때, 그 고유치를 구하여라.

(1) $A^2 = I$ (2) $A^2 + I = O$ (3) $A^2 = A$ (4) $A^3 + A = O$

6.4 2차형식

n개의 변수 $x_1, \cdots, x_n$에 관한 실수계수의 2차동차식

$$F(x_1, \cdots, x_n) = \sum_{i=1}^{n} a_{ii}x_i^2 + \sum_{i<j} 2a_{ij}x_i x_j \tag{6.17}$$

는 $a_{ij} = a_{ji}(i > j)$, $A = (a_{ij})$로 놓음으로써

$$\begin{aligned} F(x_1, \cdots, x_n) &= \sum_{i=1}^{n} a_{ii}x_i^2 + \sum_{i \neq j} a_{ij}x_i x_j = \sum_{i,j} a_{ij}x_i x_j \\ &= (x_1 \cdots x_n) A \begin{pmatrix} x_1 \\ \vdots \\ x_n \end{pmatrix} \end{aligned}$$

으로 나타내어진다. 여기에서 $A = (a_{ij})$는 실대칭행렬이다. 예를 들면

$$\begin{aligned} &2x_1^2 - x_2^2 - 3x_3^2 + 6x_1x_2 - 4x_1x_3 \\ &= 2x_1^2 - x_2^2 - 3x_3^2 + 3x_1x_2 + 3x_2x_1 - 2x_1x_3 - 2x_3x_1 \\ &= (x_1\ x_2\ x_3)\begin{pmatrix} 2 & 3 & -2 \\ 3 & -1 & 0 \\ -2 & 0 & -3 \end{pmatrix}\begin{pmatrix} x_1 \\ x_2 \\ x_3 \end{pmatrix} \end{aligned}$$

으로 표현된다.

그런데, $S_0 = \{\boldsymbol{e}_1, \cdots, \boldsymbol{e}_n\}$을 n항 실열벡터공간 $\boldsymbol{R}^n$의 표준기저, $A = (a_{ij})$를 n차의 실대칭행렬이라 할 때, $\boldsymbol{R}^n \ni \boldsymbol{x} = {}^t(x_1 \cdots x_n) = (\boldsymbol{e}_1 \cdots \boldsymbol{e}_n)[x_i]$에 대해서

$$F(\boldsymbol{x}) = {}^t\boldsymbol{x}A\boldsymbol{x} = \sum_{i,j} a_{ij}x_ix_j \tag{6.18}$$

로 놓으면, F는 $\boldsymbol{R}^n$으로부터 $\boldsymbol{R}$에의 사상으로 된다. 이 때 $F(\boldsymbol{x})$를 $\boldsymbol{R}^n$의 **2차형식** (quadratic form)이라 한다. 또 A를 (표준기저 S_0에 관한) $F(\boldsymbol{x})$의 계수행렬이라 한다.

$S' = \{\boldsymbol{p}_1, \cdots, \boldsymbol{p}_n\}$을 $\boldsymbol{R}^n$의 기저로 하고, n차의 행렬 $P = (\boldsymbol{p}_1 \cdots \boldsymbol{p}_n)$을 만들면 P는 정칙행렬이고 동시에 기저 S_0로부터 S'에의 기저변환행렬이 된다. 기저 S'에 관한 $\boldsymbol{x}$의 성분을 $[x_i']$라 하면, $(\boldsymbol{p}_1 \cdots \boldsymbol{p}_n) = (\boldsymbol{e}_1 \cdots \boldsymbol{e}_n)P$로부터

$$\boldsymbol{x} = (\boldsymbol{e}_1 \cdots \boldsymbol{e}_n)[x_i] = (\boldsymbol{p}_1 \cdots \boldsymbol{p}_n)[x_i'] = (\boldsymbol{e}_1 \cdots \boldsymbol{e}_n)P[x_i']$$

따라서 $[x_i] = P[x_i']$이므로

$$F(\boldsymbol{x}) = {}^t[x_i]A[x_i] = {}^t[x_i']{}^tPAP[x_i'] \tag{6.19}$$

로 되는데

$$A' = {}^tPAP \tag{6.20}$$

로 놓으면

$$F(\boldsymbol{x}) = {}^t[x_i']A'[x_i'] \quad (A'\text{는 실대칭행렬})$$

로 된다. 이것은 $F(\boldsymbol{x})$를 $\boldsymbol{x}$의 기저 S'에 관한 성분 $[x_i']$로 나타낸 것이다. 이 A'를 $F(\boldsymbol{x})$의 기저 S'에 관한 계수행렬이라 한다.

이제 다시 정칙행렬 Q에 의해 기저 S'에서 S''로 변환하고, S''에 관한 $F(\boldsymbol{x})$의 계수행렬을 A''라 하면 다음이 성립한다.

$$A'' = {}^tQA'Q = {}^t(PQ)A(PQ)$$

정리 6·12 $F(\boldsymbol{x})$를 $\boldsymbol{R}^n$의 2차형식이라 할 때, $\boldsymbol{R}^n$의 적당한 정규직교기저(正規直交基底) S'를 취함으로써

$$F(\boldsymbol{x}) = \lambda_1 {x_1'}^2 + \cdots + \lambda_n {x_n'}^2$$

으로 나타낼 수가 있다. 여기에서 $[x_i']$는 $\boldsymbol{x}$의 기저인 S'에 관한 성분이다.

[증명] $F(\boldsymbol{x}) = {}^t\boldsymbol{x}A\boldsymbol{x}$로 놓는다. A는 실대칭행렬이므로

$${}^tLAL = L^{-1}AL = diag(\lambda_1, \cdots, \lambda_n)$$

으로 되는 직교행렬 L이 존재한다. 여기에서 $\lambda_1, \cdots, \lambda_n$은 A의 고유치이고, 모두 실수이다. $L = (\boldsymbol{p}_1 \cdots \boldsymbol{p}_n)$이라 할 때 $S' = \{\boldsymbol{p}_1, \cdots, \boldsymbol{p}_n\}$은 $\boldsymbol{R}^n$의 정규직교기저이고

$$F(\boldsymbol{x}) = {}^t[x_i']{}^tLAL[x_i'] = \lambda_1 {x_1'}^2 + \cdots + \lambda_n {x_n'}^2$$

앞의 정리와 같이 표준기저에서 정규직교기저로 고치는 것을 2차형식 $F(\boldsymbol{x})$의 **주축변환**(principal axis transformation)이라 하고, 기저변환행렬인 직교행렬 L을 **주축변환의 행렬**이라 한다. 주축변환행렬의 열벡터가 새로운 정규직교기저이다.

정의 2차형식 $F(\boldsymbol{x})$가 적당한 기저 S를 고름으로써

$$F(\boldsymbol{x}) = \mu_1 x_1^2 + \cdots + \mu_r x_r^2 \quad (\mu_1 \cdots \mu_r \neq 0,\ 1 \leqq r \leqq n) \tag{6.21}$$

으로 표현될 때, 이것을 $F(\boldsymbol{x})$의 표준형(normal form, canonical form)이라 한다. 즉, $F(\boldsymbol{x})$의 기저 S에 관한 계수행렬이 $diag(\mu_1, \cdots, \mu_r, 0, \cdots, 0)$으로 될 때이다. 정리 6.12는 모든 2차형식 $F(\boldsymbol{x})$가 표준형을 갖는다는 것을 보이고 있다.

또한 $F(\boldsymbol{x})$의 표준형 (6.21)에 있어서

$$\mu_1, \cdots, \mu_p > 0\ ;\ \mu_{p+1}, \cdots, \mu_r < 0$$

이라 할 때

$$Q = diag\left(\frac{1}{\sqrt{\mu_1}}, \cdots, \frac{1}{\sqrt{\mu_p}}, \frac{1}{\sqrt{-\mu_{p+1}}}, \cdots, \frac{1}{\sqrt{-\mu_r}}, 1, \cdots, 1\right)$$

로 놓고, 정칙행렬 Q에 의해 기저 S를 변환하면, 그 기저에 관해서

$$F(\boldsymbol{x}) = {x_1'}^2 + \cdots + {x_p'}^2 - {x_{p+1}'}^2 - \cdots - {x_r'}^2 \tag{6.22}$$

의 형태로 된다. (6.22)도 표준형인데, 보통 표준형을 구하려면 (6.21)을 구하면 된다.

표준형 (6.22)에 있어서, r은 일정한데 실은 p도 일정하다. 이것을 **Sylvester**[17]**의 관성법칙**(Sylvester's law of inertia)이라 한다.

예 15. $\boldsymbol{R}^3$에 있어서의 2차형식이 다음과 같이 주어져 있을 때, 주축변환에 의해 표준형을 구해 보자.

(1) $F(\boldsymbol{x}) = x_1^2 + 3x_2^2 + 3x_3^2 - 2x_2x_3$

(2) $F(\boldsymbol{x}) = x_1^2 + x_2^2 + 4x_3^2 - 2x_1x_2 - 4x_2x_3 + 4x_1x_3$

(1) $F(\boldsymbol{x}) = (x_1\ x_2\ x_3)\begin{pmatrix} 1 & 0 & 0 \\ 0 & 3 & -1 \\ 0 & -1 & 3 \end{pmatrix}\begin{pmatrix} x_1 \\ x_2 \\ x_3 \end{pmatrix} = {}^t\boldsymbol{x}A\boldsymbol{x}$

$|\lambda I - A| = (\lambda - 1)(\lambda - 2)(\lambda - 4) \quad \therefore \lambda = 1,\ 2,\ 4$

따라서, $F(\boldsymbol{x}) = {x_1}'^2 + 2{x_2}'^2 + 4{x_3}'^2$

(2) $F(\boldsymbol{x}) = (x_1\ x_2\ x_3)\begin{pmatrix} 1 & -1 & 2 \\ -1 & 1 & -2 \\ 2 & -2 & 4 \end{pmatrix}\begin{pmatrix} x_1 \\ x_2 \\ x_3 \end{pmatrix} = {}^t\boldsymbol{x}A\boldsymbol{x}$

$|\lambda I - A| = \lambda^2(\lambda - 6) \quad \therefore \lambda = 6,\ 0,\ 0$

따라서 $F(\boldsymbol{x}) = 6{x_1}'^2$

고유치에 의해 표준형을 구하는 방법은 이론적으로 중요하지만, 구체적인 경우에 고유치는 쉽게 찾아지지 않는다. 다음에 다른 방법 하나를 소개한다.

정리 6 · 13 $F(\boldsymbol{x})$를 $\boldsymbol{R}^n$의 2차형식이라 하고, $F(\boldsymbol{x})$의 어떤 기저 S에 관한 계수행렬을 $A = (a_{ij})$라 한다.

$$A_k = \begin{pmatrix} a_{11} & a_{12} & \cdots & a_{1k} \\ a_{21} & a_{22} & \cdots & a_{2k} \\ \vdots & \vdots & & \vdots \\ a_{k1} & a_{k2} & \cdots & a_{kk} \end{pmatrix}$$

라 할 때, $|A_k| \neq 0$ $(k = 1,\ 2,\ \cdots,\ n)$이라면, $\boldsymbol{R}^n$의 적당한 기저 S'를 취함으로써

$$F(\boldsymbol{x}) = \frac{1}{|A_1|}{x_1}'^2 + \frac{|A_1|}{|A_1|}{x_2}'^2 + \cdots + \frac{|A_{n-2}|}{|A_{n-1}|}{x_{n-1}}'^2 + \frac{|A_{n-1}|}{|A|}{x_n}'^2 \qquad (6.23)$$

으로 된다.

17) Sylvester, James Joseph (1814~1897 ; 영국)

[증명] 연립1차방정식 $A_k\begin{pmatrix} c_{1k} \\ \vdots \\ c_{kk} \end{pmatrix}=\begin{pmatrix} 0 \\ \vdots \\ 0 \\ 1 \end{pmatrix}$은 $|A_k|\neq 0$이므로 단 1조의 해를 갖는다. Cramer의 공식에 의해 $c_{kk}=|A_{k-1}|/|A_k|$이다.

$$C=\begin{pmatrix} c_{11} & c_{12} & c_{13} & \cdots & c_{1n} \\ & c_{22} & c_{23} & \cdots & c_{2n} \\ & & c_{33} & \cdots & c_{3n} \\ & O & & \ddots & \vdots \\ & & & & c_{nn} \end{pmatrix}$$

으로 놓으면, AC는 대각성분이 모두 1인 하삼각행렬(下三角行列)로 된다. 또한 ${}^tC$도 하삼각행렬이므로 ${}^tCAC$는 대각성분이 c_{11}, …, c_{nn}인 하삼각행렬이다. 즉

$$ {}^tCAC=\begin{pmatrix} c_{11} & & & O \\ & c_{22} & & \\ & & \ddots & \\ * & & & c_{nn} \end{pmatrix}\begin{pmatrix} 1 & & O \\ & 1 & \\ & & \ddots & \\ * & & 1 \end{pmatrix}=\begin{pmatrix} c_{11} & & & O \\ & c_{22} & & \\ & & \ddots & \\ * & & & c_{nn} \end{pmatrix}$$

한편 A가 대칭행렬이므로 ${}^tCAC$도 대칭행렬이다.
따라서

$$\begin{aligned} {}^tCAC &= diag(c_{11},\ \cdots,\ c_{nn}) \\ &= diag\left(\frac{1}{|A_1|},\ \frac{|A_1|}{|A_2|},\ \cdots,\ \frac{|A_{n-1}|}{|A|}\right) \end{aligned}$$

또, $|C|=\frac{1}{|A_1|}\cdot\frac{|A_1|}{|A_2|}\cdot\cdots\cdot\frac{|A_{n-1}|}{|A|}=\frac{1}{|A|}\neq 0$이므로, 정칙행렬 C에 의해 바뀌는 기저를 S'로 하면, S'에 관해서 $F(\boldsymbol{x})$는

$$F(\boldsymbol{x})=\frac{1}{|A_1|}{x_1}'^2+\frac{|A_1|}{|A_2|}{x_2}'^2+\cdots+\frac{|A_{n-1}|}{|A|}{x_n}'^2$$

으로 된다. 이 정리를 이용해서 표준형을 구하는 것을 **Jacobi의 방법**이라고 한다.

예 16. $\boldsymbol{R}^3$의 2차형식 $F(\boldsymbol{x})=x_1^2-x_2^2-5x_3^2-2x_1x_2+6x_2x_3$의 표준형과 기저변환 행렬 C를 Jacobi의 방법으로 구해 보자.

$$F(\boldsymbol{x})=(x_1\ x_2\ x_3)\begin{pmatrix} 1 & -1 & 0 \\ -1 & -1 & 3 \\ 0 & 3 & -5 \end{pmatrix}\begin{pmatrix} x_1 \\ x_2 \\ x_3 \end{pmatrix}\text{이고}$$

$$|A_3|=|A|=1,\ |A_2|=\begin{vmatrix} 1 & -1 \\ -1 & -1 \end{vmatrix}=-2,\ |A_1|=1$$

이므로 Jacobi의 방법을 적용할 수 있어

$$F(\boldsymbol{x})={x_1}'^2-\frac{1}{2}{x_2}'^2-2{x_3}'^2$$

으로 된다.

이 때 C는 다음으로 쓸 수 있다.

$$C=\begin{pmatrix}1 & c_{12} & c_{13}\\ 0 & -\dfrac{1}{2} & c_{23}\\ 0 & 0 & -2\end{pmatrix}$$

$${}^tCAC=\begin{pmatrix}1 & 0 & 0\\ c_{12} & -\dfrac{1}{2} & 0\\ c_{13} & c_{23} & -2\end{pmatrix}\begin{pmatrix}1 & -1 & 0\\ -1 & -1 & 3\\ 0 & 3 & -5\end{pmatrix}C$$

$$=\begin{pmatrix}1 & -1 & 0\\ c_{12}+\dfrac{1}{2} & * & *\\ c_{13}-c_{23} & -c_{13}-c_{23}-6 & *\end{pmatrix}\begin{pmatrix}1 & c_{12} & c_{13}\\ 0 & -\dfrac{1}{2} & c_{23}\\ 0 & 0 & -2\end{pmatrix}$$

$$=\begin{pmatrix}1 & * & *\\ c_{12}+\dfrac{1}{2} & * & *\\ c_{13}-c_{23} & -\dfrac{1}{2}(c_{13}-c_{23}-6) & *\end{pmatrix}=\begin{pmatrix}1 & 0 & 0\\ 0 & -\dfrac{1}{2} & 0\\ 0 & 0 & -2\end{pmatrix}$$

따라서

$$c_{12}+\frac{1}{2}=0,\ c_{13}-c_{23}=0,\ -\frac{1}{2}(c_{13}-c_{23}-6)=0 \text{에서}$$

$$c_{12}=-\frac{1}{2},\ c_{13}=c_{23}=-3$$

$$\therefore\ C=\begin{pmatrix}1 & -\dfrac{1}{2} & -3\\ 0 & -\dfrac{1}{2} & -3\\ 0 & 0 & -2\end{pmatrix}$$

문 11. Jacobi의 방법에 의해 표준형과 기저변환행렬 C를 구하여라.

$$F(\boldsymbol{x})=-x_1^2+2x_2^2+3x_3^2-2x_1x_2+6x_2x_3+4x_1x_3$$

(**정의**) $F(\boldsymbol{x})$를 2차형식이라 할 때, $\boldsymbol{R}^n\ni\boldsymbol{x}(\neq\boldsymbol{0})$에 대해서 항상

$F(\boldsymbol{x})>0$일 때 $F(\boldsymbol{x})$를 **정치**(正値, positive definite)

$F(\boldsymbol{x})\geqq 0$일 때 $F(\boldsymbol{x})$를 **반정치**(半正値, positive semidefinite)

$F(\boldsymbol{x})<0$일 때 $F(\boldsymbol{x})$를 **부치**(負値, negative definite)

$F(\boldsymbol{x}) \leqq 0$일 때 $F(\boldsymbol{x})$를 **반부치**(半負値, negative semidefinite)라 한다.

정리 6 · 14 $F(\boldsymbol{x})$를 2차형식이라 하고, $F(\boldsymbol{x})$의 임의의 기저 S에 관한 계수행렬을 $A=(a_{ij})$라 할 때, 다음은 동치이다.

(1) $F(\boldsymbol{x})$는 정치(正値)이다.

(2) A의 고유치 $\lambda_1, \cdots, \lambda_n$은 모두 정(+)이다.

(3) $A={}^tQQ$로 되는 정칙행렬 Q가 존재한다.

(4) $A_k=\begin{pmatrix} a_{11} & a_{12} & \cdots & a_{1k} \\ a_{21} & a_{22} & \cdots & a_{2k} \\ \vdots & \vdots & & \vdots \\ a_{k1} & a_{k2} & \cdots & a_{kk} \end{pmatrix}$라 할 때, $|A_k|>0$ $(k=1, 2, \cdots, n)$이다.

[증명] (1) ⇨ (2) 정리 6.12와 마찬가지로 적당한 직교행렬 L에 의해 기저 S를 기저 S'로 변환해서 $F(\boldsymbol{x})=\lambda_1 x_1'^2+\cdots+\lambda_n x_n'^2$으로 되는데, 모든 $\boldsymbol{x}\neq\boldsymbol{0}$에 대해서 $F(\boldsymbol{x})>0$으로부터 $\lambda_1, \cdots, \lambda_n>0$이 된다.

(2) ⇨ (3) $\lambda_1, \cdots, \lambda_n>0$이므로, 기저 S'를 또 다시 정칙행렬 P에 의해 기저 S''로 변환하여 $F(\boldsymbol{x})=x_1''^2+\cdots+x_n''^2$으로 된다. 이 때 ${}^tP({}^tLAL)P=I$로 된다. 여기에서 $LP=Q^{-1}$로 놓으면, $A={}^tQQ$로 된다.

(3) ⇨ (4) $Q=(\boldsymbol{q}_1, \cdots, \boldsymbol{q}_n)$이라 하면, A_k는 $\boldsymbol{q}_1, \cdots, \boldsymbol{q}_k$의 ($\boldsymbol{R}^n$의 내적에 관한) Gram의 행렬이다. $\boldsymbol{q}_1, \cdots, \boldsymbol{q}_k$는 1차독립이므로, $W=\{\boldsymbol{q}_1, \cdots, \boldsymbol{q}_k\}$로 놓으면, $\dim W=k$이다. W의 정규직교기저를 $\boldsymbol{u}_1, \cdots, \boldsymbol{u}_k$라 한다.

$(\boldsymbol{u}_1, \cdots, \boldsymbol{u}_k)=(\boldsymbol{q}_1, \cdots, \boldsymbol{q}_k)T$ (T는 기저변환행렬로 정칙)

라 하면, (6.20)으로부터

$$I={}^tTA_kT \qquad \therefore |A_k|T^2=1$$

$$\therefore |A_k|>0$$

이다.

(4) ⇨ (1) 정리 6.13으로부터 적당한 기저 S'를 취함으로써

$$F(\boldsymbol{x})=\frac{1}{|A_1|}x_1'^2+\frac{|A_1|}{|A_2|}x_2'^2+\cdots+\frac{|A_{n-1}|}{|A|}x_n'^2$$

으로 되므로, $F(\boldsymbol{x})$는 정치이다.

계 6.15 $F(\boldsymbol{x})$를 2차형식이라 하고, $F(\boldsymbol{x})$의 임의의 기저 S에 관한 계수행렬을 $A=(a_{ij})$라 할 때, 다음은 동치이다.

(1) $F(\boldsymbol{x})$는 반정치이다.

(2) A의 고유치 $\lambda_1, \cdots, \lambda_n$은 부(−)가 아니다.

(3) $A = {}^t QQ$로 되는 정방행렬 Q가 존재한다.

문 12. 계 6.15를 증명하여라.

문 13. $F(\boldsymbol{x})$가 반정치일 때, 계수행렬 A에 관해서 $|A_k| \geqq 0\ (k=1,\ 2,\ \cdots,\ n)$이 성립함을 보이고, 다음에 역이 성립하지 않는 예를 A가 2차일 때 보여라.

A를 **실대칭행렬**이라 한다. A를 계수행렬로 하는 2차형식 $F(\boldsymbol{x})$가 **정치**, **반정치**, **부치**, **반부치**일 때, 각각 그것에 대응해서 A를 정치, 반정치, 부치, 반부치라 하고 $A > 0$, $A \geqq 0$, $A < 0$, $A \leqq 0$으로 나타낸다.

문 14. (1) $ax^2 + 2bxy + cy^2$은 $a > 0$인 동시에 $b^2 - ac < 0$일 때에 한하여 정치인 것을 보여라.

(2) $2ax^2 + 4ay^2 + z^2 + 2axy + 2xz + yz$가 정치로 되는 a값의 범위를 구하여라.

문 15. A, B를 n차의 실대칭행렬이라 한다. 다음을 보여라.

(1) $A > 0$, $B > 0$이라면 $A + B > 0$

(2) $A^2 \geqq 0$

(3) $A \geqq 0$일 때, $A > 0$이기 위한 조건은 A가 정칙이라야 한다.

연습문제

1. 행렬 $A=\begin{pmatrix} a & b \\ c & d \end{pmatrix}$에 대해서

(1) A가 고유치 1, -1을 갖기 위한 조건을 구하여라.

(2) A가 대각화 가능하기 위한 조건을 구하여라.

2. (1) 어떤 자연수 m에 대해서 $A^m = I$로 되는 행렬 A의 고유치를 λ라 하면, $\lambda^m = 1$인 것을 보여라.

(2) n차의 행렬 A의 고유치를 λ_1, $\cdots$, λ_n이라 한다. m을 자연수라고 할 때, $tr(A^m)$을 구하여라.

3. n차의 행렬 $A=(a_{ij})$의 고유다항식을

$$\phi_A(x) = |xI - A| = x^n + b_{n-1}x^{n-1} + b_{n-2}x^{n-2} + \cdots + b_1 x + b_0$$

라 할 때, 다음을 보여라.

(1) $b_0 = (-1)^n|A|$, $b_{n-1} = -tr(A)$, $b_{n-2} = \sum_{1 \le i < j \le n} \begin{vmatrix} a_{ii} & a_{ij} \\ a_{ji} & a_{jj} \end{vmatrix}$

(2) A가 정칙일 때, A의 수반행렬(隨伴行列) $adj\, A$는

$$adj\, A = (-1)^{n+1}\{A^{n-1} + b_{n-1}A^{n-2} + \cdots + b_2 A + b_1 I\}$$

(3) A가 정칙일 때, A^{-1}의 고유다항식은

$$|xI - A^{-1}| = x^n + \frac{b_1}{b_0}x^{n-1} + \cdots + \frac{b_{n-1}}{b_0}x + \frac{1}{b_0}$$

4. 다음의 행렬 A를 삼각화 또는 대각화하는 정칙행렬 P를 구하여라.

(1) $A=\begin{pmatrix} 0 & 1 & 0 & 0 \\ 0 & 0 & 1 & 0 \\ 0 & 0 & 0 & 1 \\ 1 & 0 & 0 & 0 \end{pmatrix}$ (2) $A=\begin{pmatrix} 1 & 0 & 2 & -1 \\ 0 & 1 & 4 & -2 \\ 2 & -1 & 0 & 1 \\ 2 & -1 & -1 & 2 \end{pmatrix}$

5. A, B를 n차의 행렬이라 하면, AB와 BA는 같은 고유다항식을 가짐을 증명하여라.

연습문제

6. n차의 실행렬 $A=(a_{ij})$가 $a_{ij} \geq 0 \ (i, \ j=1,2, \ \cdots, \ n), \sum_{j=1}^{n} a_{ij}=1$ $(i=1, \ 2, \ \cdots, \ n)$을 만족할 때, A를 **확률행렬**(stochastic matrix)이라 한다. 다음을 증명하여라.

(1) $A, \ B$가 확률행렬이라면, AB도 확률행렬이다.

(2) 확률행렬 A는 1을 고유치로 갖는다.

(3) 확률행렬 A의 고유치의 절대치는 1 이하이다.

7. 실정칙행렬 A는 $A=LS$ (S는 정치의 대칭행렬, L은 직교행렬)로 표현됨을, 다음 순서로 보여라.

(1) $L_1^{-1} {}^t\!AAL_1=\Lambda^2$로 되는 직교행렬 L_1, 정치의 대각행렬 Λ가 존재한다.

(2) $S=L_1\Lambda L_1^{-1}$라 하면, S는 정치의 대칭행렬이고 $S^2={}^t\!AA$이다.

(3) $L=AS^{-1}$라 하면, L은 직교행렬이다.

8. $\|\boldsymbol{x}\|=1$일 때, $f(\boldsymbol{x})={}^t\boldsymbol{x}A\boldsymbol{x}$의 최대치 · 최소치는, 각각 행렬 $A=(a_{ij})$의 최대고유치 λ_k, 최소고유치 λ_l과 같음을 보여라. 여기에서,

$$\|\boldsymbol{a}\|=\sqrt{\boldsymbol{a} \cdot \boldsymbol{a}}=\sqrt{a_1^2+a_2^2+\cdots+a_n^2}$$

는 $\boldsymbol{a}$의 크기(norm) 또는 길이를 나타낸다.

9. A를 n차 실대칭행렬이라 할 때, $f(\boldsymbol{x})=\dfrac{{}^t\boldsymbol{x}A\boldsymbol{x}}{{}^t\boldsymbol{x}\boldsymbol{x}}$의 최대치 · 최소치는, A의 고유치의 최대치 · 최소치와 같음을 보여라.

10. $x^2+y^2+z^2=1$일 때, 다음 함수의 최대치 · 최소치를 구하여라.

$$f(x, \ y, \ z)=4x^2+5y^2+3z^2+4xy+4xz$$

7 선형계획법

7.1 연립1차방정식의 특수한 해법

연립1차방정식의 해법에 대해서는 제4장에서 상술한 바 있다. 여기에서는, 그 특수한 해법에 대해 기술한다. 이것은 선형계획문제를 푸는 계산의 기초가 되는 것이다.

7.1.1 기저해

먼저. 다음과 같은 연립1차방정식을 생각해 보자.

$$\begin{cases} x_1 + 2x_2 + 3x_3 - x_4 + 2x_5 = 15 \cdots ① \\ 2x_1 + 7x_2 - 3x_3 - 5x_4 + 13x_5 = 36 \cdots ② \\ 3x_1 + 8x_2 + 5x_3 - 7x_4 + 14x_5 = 51 \cdots ③ \end{cases} \tag{7.1}$$

이 연립1차방정식은 식의 수보다 변수의 수가 2개 많다. 여분의 변수에 대해서는 임의의 값을 부여하여 이 방정식을 풀 수가 있다. 여기에서 중요한 것은 이 「여분의 변수」를 모두 0으로 했을 때의 해이며, 이 경우, 나머지의 변수(이것은 일반적으로 0이 되지 않는다)를 **기저변수**(基底變數, basic variable)라 하고, 0으로 하는 변수를 **비기저변수**(non-basic variable)라 한다. 예를 들면 x_4, x_5를 0으로 해서 식 (7.1)이 성립하도록 x_1, x_2, x_3의 값을 정해 얻어지는 해 등으로, 이와 같은 해를 x_1, x_2, x_3를 기저로 하는 **기저해**(基底解, basic solution)라 한다.

x_1, x_2, x_3를 기저로 하는 기저해를 구하는 데는, 다음과 같은 계산을 행하면 된다.

②, ③으로부터 x_1을 소거하면

$$\begin{cases} ① & x_1 + 2x_2 + 3x_3 - x_4 + 2x_5 = 15 \cdots ④ \\ ② - ① \times 2 & 3x_2 - 9x_3 - 3x_4 + 9x_5 = 6 \cdots ⑤ \\ ③ - ① \times 3 & 2x_2 - 4x_3 - 4x_4 + 8x_5 = 6 \cdots ⑥ \end{cases} \tag{7.2}$$

④, ⑥으로부터 x_2를 소거하면

$$\begin{cases} ④ - ⑧ \times 2 & x_1 + 9x_3 + x_4 - 4x_5 = 11 \cdots ⑦ \\ ⑤ \div 3 & x_2 - 3x_3 - x_4 + 3x_5 = 2 \cdots ⑧ \\ ⑥ - ⑧ \times 2 & 2x_3 - 2x_4 + 2x_5 = 2 \cdots ⑨ \end{cases} \tag{7.3}$$

⑦, ⑧로부터 x_3를 소거하면

$$\begin{cases} ⑦ - ⑫ \times 9 & x_1 + 10x_4 - 13x_5 = 2 \cdots ⑩ \\ ⑧ + ⑫ \times 3 & x_2 - 4x_4 + 6x_5 = 5 \cdots ⑪ \\ ⑨ \div 2 & x_3 - x_4 + x_5 = 1 \cdots ⑫ \end{cases} \tag{7.4}$$

이 (7.4)는 (7.1)로부터 유도되고 있으므로, (7.1)을 만족하는 x_1, x_2, x_3, x_4, x_5의 값은 (7.4)도 만족하게 된다. 즉, (7.1)의 해는 (7.4)의 해이다. 역으로 (7.4)로부터 출발해서 (7.1)을 유도할 수도 있다. 예를 들면, (7.4)로부터

⑩ + ⑫ × 9
⑪ − ⑫ × 3
⑫ × 2

를 만들면 (7.3)이 된다. 이와 같은 것을 반복하면 (7.1)까지 되돌아갈 수 있다. 따라서, (7.4)의 해는 (7.1)의 해이기도 하다. 결국 (7.1)과 (7.4)의 해는 완전히 일치하는데, 이때 (7.1)과 (7.4)는 동치(同値)라고 한다.

(7.4)의 특징은 기저변수인 x_1, x_2, x_3가 각 식에 하나씩 배분되고, 동시에 그 계수가 1로 되어 있는 것이다. 여기에서는 이 형태를 x_1, x_2, x_3를 기저로 했을 때의 표준계(標準系)라 부르기로 한다. 표준계의 이점은 기저해를 곧 알 수 있는 것으로, (7.4)에 있어서 x_4, x_5를 0으로 하면, 기저해로서

$$x_1 = 2,\ x_2 = 5,\ x_3 = 1,\ x_4 = x_5 = 0 \tag{7.5}$$

x_1, x_2, x_3를 기저로 하는 표준계를 만드는 데는, 반드시 위의 과정을 거칠 필요는 없다. 예를 들면 (7.1)의 제1식의 x_3를 남기고 제2, 3식으로부터는 x_3를 소거한다. 다음에 제2식의 x_1을 남기고 제1, 3식으로부터는 x_1을 소거한다. 마지막으로 제3식의

x_2를 남기고 제1, 2식의 x_2는 소거한다고 하는 방법도 있다. 그 결과는

$$\begin{cases} \quad x_3 + a_4x_4 + a_5x_5 = a \\ x_1 \qquad + b_4x_4 + b_5x_5 = b \\ \quad x_2 \quad + c_4x_4 + c_5x_5 = c \end{cases} \tag{7.6}$$

와 같은 형태로 될 것이다. (7.1), (7.4), (7.6)은 동치이므로, (7.5)는 (7.6)의 해가 되고, 대입하면

$$a = 1,\ b = 2, c = 5 \tag{7.7}$$

인 것을 알 수 있다. 다음에, (7.4)에 $x_4 = 1,\ x_5 = 0$을 대입해서 해를 구하면

$$x_1 = -8,\ x_2 = 6,\ x_3 = 2,\ x_4 = 1,\ x_5 = 0 \tag{7.8}$$

이 되어, 이것도 (7.6)의 해가 되므로 대입해서 (7.7)을 고려하면

$$a_4 = -1,\ b_4 = 10,\ c_4 = -4 \tag{7.9}$$

인 것을 알 수 있다. 마찬가지로, (7.4)에서 $x_4 = 0,\ x_5 = 1$로 놓으면

$$x_1 = 15,\ x_2 = -14,\ x_3 = 0,\ x_4 = 0, x_5 = 1 \tag{7.10}$$

이 해가 되고, 이것과 (7.7)을 (7.6)에 대입하면

$$a_5 = 1,\ b_5 = -13,\ c_5 = 6 \tag{7.11}$$

인 것을 알 수 있다. (7.7), (7.9), (7.11)을 (7.6)에 대입하면, (7.6)의 참모습을 알 수 있는데, 결국 (7.6)은 (7.4)를 바꾸어 늘어놓은 것에 지나지 않는 것을 알 수 있다. 즉, 기저를 정하면, 그것에 대한 표준계는, 어떤 경과로 구하더라도 같은 식이 된다. 이것을 **표준계의 일의성**이라 부르기로 한다. 또, 표준계의 식은 (7.4)와 같은 것뿐이므로, $x_4 = x_5 = 0$으로 놓고 얻어지는 기저해도 (7.5)밖에 없고, 이것을 **기저해의 일의성**이라 부르기로 한다.

7.1.2 계산의 간략화

전술한 연립1차방정식의 계산은 식을 쓰는 대신에 그 계수와 상수만을 늘어놓은 다음과 같은 표를 만들어서 간략화한 형태로 행할 수도 있다.

[표 7.1]은 앞에서의 계산과정을 그대로 표로 옮겨 놓은 것이다. 이것은 바로 제4장에서 설명했던 Gauss의 소거법에 의한 연립1차방정식의 해법인 것이다.

표 7.1

	x_1	x_2	x_3	x_4	x_5	상수		
	1	2	3	−1	2	15	①	
	2	7	−3	−5	13	36	②	(7.1)
	3	8	5	−7	14	51	③	
①	1	2	3	−1	2	15	④	
②-①×2	0	3	−9	−3	9	6	⑤	(7.2)
③-①×3	0	2	−4	−4	8	6	⑥	
④−⑧×3	1	0	9	1	−4	11	⑦	
⑤÷3	0	1	−3	−1	3	2	⑧	(7.3)
⑥−⑧×2	0	0	2	−2	2	2	⑨	
⑦−⑫×9	1	0	0	10	−13	2	⑩	
⑧+⑫×3	0	1	0	−4	6	5	⑪	(7.4)
⑨÷2	0	0	1	−1	1	1	⑫	

방정식 (7.4)는 x_1, x_2, x_3를 기저로 하는 표준계인데, 이 기저변수 x_2를 x_5로 바꾸어 넣고, x_1, x_5, x_3를 기저로 했을 때의 표준계를 만드는 것을 생각해 보자. 이 때, 방정식 (7.4)에 있어서 ⑪의 x_5를 남기고, ⑩, ⑫로부터는 x_5를 소거하면 된다. 즉, ⑪을 6으로 나누어 x_5의 계수를 1로 하고, 그 식에 적당한 수를 곱한 식을 ⑩에 더하고, ⑫로부터는 빼서 x_5를 소거하면 되고, 표에 의해서 그 계산을 행한 것이 [표 7.2]이다.

표 7.2

	x_1	x_2	x_3	x_4	x_5	상수		
	1	0	0	10	−13	2	⑩	
	0	1	0	−4	6	5	⑪	(7.4)
	0	0	1	−1	1	1	⑫	
⑩+⑭×13	1	$\frac{13}{6}$	0	$\frac{4}{3}$	0	$\frac{77}{6}$	⑬	
⑪÷6	0	$\frac{1}{6}$	0	$-\frac{2}{3}$	1	$\frac{5}{6}$	⑭	(7.12)
⑫−⑭	0	$-\frac{1}{6}$	1	$-\frac{1}{3}$	0	$\frac{1}{6}$	⑮	

[표 7.2]의 (7.12)의 부분을 식의 형태로 정리하면

$$\begin{cases} x_1 + \dfrac{13}{6}x_2 \quad\quad + \dfrac{4}{3}x_4 \quad\quad = \dfrac{77}{6} \cdots\cdots ⑬ \\ \quad \dfrac{1}{6}x_2 \quad\quad - \dfrac{2}{3}x_4 + x_5 = \dfrac{5}{6} \cdots\cdots ⑭ \\ -\dfrac{1}{6}x_2 + x_3 - \dfrac{1}{3}x_4 \quad\quad = \dfrac{1}{6} \cdots\cdots ⑮ \end{cases} \tag{7.12}$$

이다. 따라서, 이 때의 기저해를 구하면

$$x_1 = \frac{77}{6},\ x_5 = \frac{5}{6},\ x_3 = \frac{1}{6},\ x_2 = x_4 = 0$$

이 된다.

문 1. 연립1차방정식

$$\begin{aligned} 2x_1 + x_2 - \ x_3 + 4x_4 &= 6 \\ x_1 + x_2 + 3x_3 + \ x_4 &= 5 \end{aligned}$$

에 대해서

(1) x_1, x_2를 기저로 하는 표준계로 고치로, 기저해를 구하여라.

(2) x_3, x_4를 기저로 하는 표준계로 고치고, 기저해를 구하여라.

문 2. 다음의 연립1차방정식을, x_1, x_2, x_3를 기저로 하는 표준계로 고치로, 기저해를 구하여라.

$$\begin{aligned} 2x_2 + x_3 - 3x_4 + 4x_5 &= \ \ 9 \\ x_1 - x_2 \quad\quad + 3x_4 - 5x_5 &= -6 \\ 2x_1 + 2x_2 - x_3 + \ x_4 \quad\quad &= \ \ 7 \end{aligned}$$

문 3. 연립1차방정식

$$\begin{aligned} 3x_1 - \ x_2 + 14x_3 + 2x_4 + \ x_5 + 10x_6 &= 16 \\ x_1 - 4x_2 + 29x_3 + 3x_4 + 2x_5 + 26x_6 &= 34 \\ 2x_1 - \ x_2 + \ 9x_3 + \ x_4 + \ x_5 + \ 8x_6 &= 12 \end{aligned}$$

에 대해서,

(1) x_2, x_4, x_5를 기저로 하는 표준계로 고치고, 기저해를 구하여라.

(2) (1)에서 구한 표준계를 변형해서, 기저변수 x_5를 x_6로 바꾸어 넣고, x_2, x_4, x_6를 기저로 한 표준계로 고쳐서, 기저해를 구하여라.

(3) x_1, x_3, x_5를 기저로 한 표준계와 기저해를 구하여라.

7.2 단체법

7.2.1 전형적인 선형계획문제

선형계획법이 어떠한 것인가에 대해서, 간단하지만 전형적인 예를 들어 설명하기로 한다.

예 1. 어떤 공장에서, 원료 B_1, B_2, B_3를 이용하여 2종류의 제품 A_1, A_2를 만들 수가 있다. A_1을 1kg 만드는 데는 B_1, B_2, B_3를 각각 0.8kg, 0.2kg, 0.3kg 사용하고, A_2를 1kg 만드는 데는 마찬가지로 0.6kg, 0.8kg, 0.4kg 사용한다. A_1, A_2를 1kg 만들면, 각각 1만원, 2만원의 이익이 얻어진다. 가능한 한 많은 이익을 얻고 싶지만, B_1, B_2, B_3의 사용가능량에는 한도가 있어, 각각 8.8kg, 6.4kg, 4.0kg까지이다. 어떠한 생산계획을 세우면 이익이 최대로 될 것인가?

이와 같은 문제를 푸는 데는, 원료의 사용량, 제한, 이익 등의 관계를 보기 쉽게 하기 위해, [표 7.3]과 같이 정리하는 것이 좋다.

표 7.3

원료 \ 제품	A_1	A_2	제한
B_1	0.8	0.6	8.8
B_2	0.2	0.8	6.4
B_3	0.3	0.4	4.0
이익	1	2	

이제 A_1, A_2를, 각각 $x_1$kg, $x_2$kg 만들 계획을 세웠다고 하자. 이 때, B_1의 사용량

의 합계는

$$0.8x_1 + 0.6x_2(\mathbf{kg})$$

이고, 이 계획이 실행가능하기 위해서는, 사용량의 합계는 제한량인 8.8kg 이하가 아니면 안 되므로,

$$0.8x_1 + 0.6x_2 \leqq 8.8$$

이라 하는 부등식이 성립할 필요가 있다. B_2, B_3에 대해서도 같은 부등식의 성립이 필요하다. 또, x_1, x_2는 생산량이므로, 음수로는 될 수 없다. 이상의 내용을 정리해서 식으로 하면, 다음과 같이 된다.

$$\begin{cases} 0.8x_1 + 0.6x_2 \leqq 8.8 \\ 0.2x_1 + 0.8x_2 \leqq 6.4 \\ 0.3x_1 + 0.4x_2 \leqq 4.0 \\ \qquad x_1, \ x_2 \geqq 0 \end{cases} \tag{7.13}$$

한편, 이 생산계획으로부터 얻어지는 이익을 z만원이라 하면

$$z = x_1 + 2x_2 \tag{7.14}$$

이다. 결국, (7.13)을 만족하는 x_1, x_2로 (7.14)의 z를 최대로 하는 것을 구하는 문제로 된다.

이러한 문제를 도형으로 푸는 것은 잘 알려져 있다. 즉, 부등식 (7.13)을 만족하는 x_1, x_2를 좌표로 갖는 점의 범위는 [그림 7.1]에서 오각형 $OABCD$이고, (7.14)의 z를 상수로 생각한 직선은 그림의 점선으로 표시되고, z의 값이 변하면 직선은 평행이동한다. 이 직선이 B를 통과할 때의 z값이 최대이고, $x_1 = 4$, $x_2 = 7$, $z = 18$인 것을 알 수 있다.

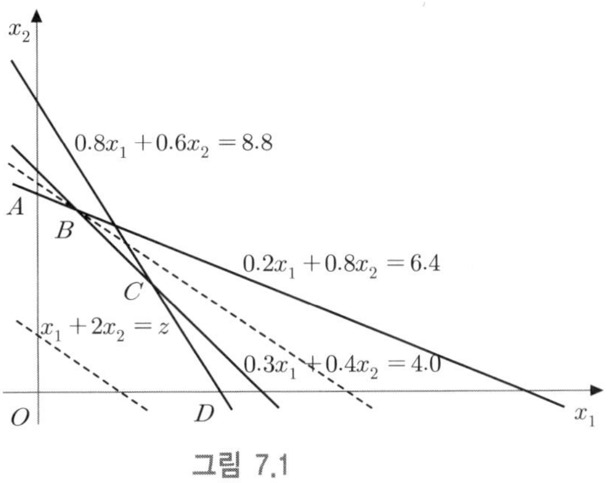

그림 7.1

이와 같은 도해법은 이해하기는 쉽지만 발전성이 없고, 조금만 복잡한 문제가 되더라도 사용할 수 없게 된다. 그래서, 그림에 의하지 않는 방법으로서, 다음과 같은 것을 생각해 볼 수도 있다.

먼저 아무것도 만들지 않는다고 하는 상태를 생각하고, 무엇인가 만드는 상태로 이행하는 편이 유리한지 어떤지를 검토한다. A_1, A_2의 어느 쪽을 만들어도 유리하게 되는 것은 분명하지만, A_1이면 1kg에 대해서 1만원, A_2이면 1kg에 2만원의 이익을 얻을 수 있어, A_2쪽이 유리하게 보이므로, 여하튼 A_2를 가능한 한 만들기로 한다. 결과는 A_2를 8kg까지 만들 수 있고, 이만큼 만들면 원료 B_2가 없어지고, B_1, B_3는 각각 4.0kg, 0.8kg 남는다는 것은 쉽게 계산할 수 있다. 다음에, A_1을 1kg 만드는 것을 생각해 본다. B_1, B_3의 필요량은 0.8kg, 0.3kg으로, 나머지 분으로도 족하지만, B_2는 나머지가 없으므로, 그 분만큼 A_2의 제조를 줄여서 A_1으로 돌릴 필요가 있다. A_1을 1kg 만드는 데는 0.2kg의 B_2가 필요한데, A_2의 제조를 1/4kg줄이면, 이 필요량이 나온다. 이 때 A_1 1kg 제조에 의한 이익이 1만원, A_2 1/4kg 줄이는데 따르는 손실이 2/4=1/2만원으로 차액 1/2만원의 이익이 증가한다. 그래서, A_2를 줄여서 A_1으로 돌리기로 하는데, A_2를 1kg 줄였을 때, 그에 따라 남은 원료와 전에 남아 있던 원료를 합치면, B: $0.6+4.0=4.6$(kg), B_2: 0.8(kg), B_3: $0.4+0.8=1.2$(kg)의 여유가 생긴다. 이것으로 A_1을 4kg 만들면 B_2와 B_3가 모두 없어져서, 이 이후는 A_2의 제조를 1/4kg 줄이더라도, A_1을 1kg 만들 수는 없다(A_2의 제조를 1/4kg 줄였을 때 B_3에 생기는 여유는 0.1kg이고, A_1 1kg 만드는데 필요한 B_3는 0.3kg이다). 결국, A_2를 3/4kg 줄이지 않으면 A_1을 1kg 만들 수가 없는데, 이 때 이익의 차액은 $1-2\times(3/4)=-1/2$(만원)으로 손실이 된다. 따라서, A_1을 4kg, A_2를 7kg 만들었을 때가, 이익은 최대이다.

위와 같은 방법이 선형계획법의 기본적인 발상이다. 선형계획의 문제는 원료와 제품에 한하지 않는다. 노동시간, 식품에 포함되는 영양소, 수송비 등 천차만별이다. 문제마다 구체적인 내용을 생각하면서 계산하기보다는, 순수한 수학의 문제로서 기계적인 해법에 의한 쪽이 다루기가 용이하다. 예 1을 추상화하면서 「연립1차부등식의 해로, 주어진 1차식의 값을 최대로 하는 것을 구하는 문제」라고 할 수 있을 것이다. 이러한 문제의 해를 구하는 계산법이 **선형계획법**(linear programming)이다.

그러나, 선형계획법은 수학의 문제를 풀기 위한 계산법이 아니라, 실제문제를 풀기 위한 계산법이다. 실제문제에서는 연립1차부등식이 극히 대형으로 되는 수도 있고,

그런 종류의 문제에 적용하더라도, 컴퓨터 등을 사용하면 단시간에 풀 수 있는 계산법이 아니면 의미가 없다. 그러한 계산법으로서 유명한 것에 Dantzig가 생각해 낸 **단체법**(單體法, simplex method)이라 불리는 것이 있다.

단체법에서는 연립1차부등식을 등식의 형태로 고쳐서, 연립1차방정식의 형태로서 다루게 된다.

7.2.2 단체법

전술한 전형적인 선형계획문제는, 결국 수학적인 형태로 되어

$$\begin{cases} 0.8x_1 + 0.6x_2 \leqq 8.8 \\ 0.2x_1 + 0.8x_2 \leqq 6.4 \\ 0.3x_1 + 0.4x_2 \leqq 4.0 \\ \quad x_1,\ x_2 \geqq 0 \end{cases} \tag{7.15}$$

을 만족하는 x_1, x_2의 값으로,

$$z = x_1 + 2x_2 \tag{7.16}$$

를 최대로 하는 것을 구하는 문제가 된다. 이제, 이 문제를 단체법에 의해 풀어 보기로 한다.

(7.15)의 좌변은 원료 B_1, B_2, B_3의 사용량을 나타내고 있었는데, 이 때의 각 원료의 나머지를 λ_1, λ_2, λ_3라 하면 (7.15) 대신에 등식

$$\begin{cases} 0.8x_1 + 0.6x_2 + \lambda_1 = 8.8 \\ 0.2x_1 + 0.8x_2 + \lambda_2 = 6.4 \\ 0.3x_1 + 0.4x_2 + \lambda_3 = 4.0 \\ x_1,\ x_2,\ \lambda_1,\ \lambda_2,\ \lambda_3 \geqq 0 \end{cases} \tag{7.17}$$

을 생각해도 좋다. 원료의 나머지는 1kg에 대해서 0만원의 이익을 가져온다고 생각해서, (7.16)은

$$z = x_1 + 2x_2 + 0\lambda_1 + 0\lambda_2 + 0\lambda_3 \tag{7.18}$$

의 생략형이라 생각해도 좋다. 결국, 최초의 문제는 표현을 바꾸어서, x_1, x_2, λ_1, λ_2, λ_3를 변수로 하는 연립1차방정식 (7.17)의 해로, (7.18)의 z값을 최대로 하는 것을 구하는 문제라 할 수 있다.

이 표현에 의하면, 수학적으로는 x_1, x_2와 λ_1, λ_2, λ_3를 구별할 필요는 없게 되지만, 부등식을 등식화하기 위해 도입된 λ_1, λ_2, λ_3를 특히 **여유변수**(slack variable)라 부른다. (7.17)은 **조건식**이라 하고, (7.18)을 **목적함수**(objective function)라 하는데, 이 양자가 동시에 일차식이 되므로, 이러한 종류의 문제를 **선형계획문제**(linear programming problem)라 부르고, 그 해를 구하는 계산법을 **선형계획법**이라 부르고 있다.

(7.17)이 보통의 연립1차방정식과 다른 점은, 변수의 값에 음수가 허용되지 않는다는 것이다. 「음수가 아니다」라고 하는 것을 **비부**(非負)라 하고, 조건식의 비부해를 **실행가능해**(feasible solution)라 한다. 음수를 포함하는 해는 비실행가능해라 하는데, 선형계획법에서는 보통 비부해만을 취급하므로, 본장에서 「해」라 하면, 특별한 경우를 제외하고 실행가능해를 의미하는 것으로 한다. 문제가 요구하고 있는 해(z의 값을 최대 또는 최소로 하는 해)를 **최적실행가능해** 또는 단지 **최적해**라 한다. 또한, 변수의 비부는 당연한 것으로 생각해서, 예를 들면 (7.17)의 식에서 x_1, x_2, λ_1, λ_2, $\lambda_3 \geq 0$을 생략하고 쓰지 않는 수도 있다. (7.17)은 λ_1, λ_2, λ_3를 기저로 하고 표준계로 되어 있으므로, 다음과 같이 쓰면 보기 쉽다.

$$\begin{cases} 0.8x_1 + 0.6x_2 + \lambda_1 \qquad\qquad = 8.8 \cdots ① \\ 0.2x_1 + 0.8x_2 \qquad + \lambda_2 \qquad = 6.4 \cdots ② \\ 0.3x_1 + 0.4x_2 \qquad\qquad + \lambda_3 = 4.0 \cdots ③ \end{cases} \tag{7.19}$$

기저해는

$$\lambda_1 = 8.8,\ \lambda_2 = 6.4,\ \lambda_3 = 4.0,\ x_1 = x_2 = 0 \tag{7.20}$$

이고, 목적함수 (7.16)에 대입하면 $z = 0$이다.

기저해의 일의성에 의해 $x_1 = x_2 = 0$인 해는 (7.20) 이외에는 없으므로, 그 밖의 해는 x_1, x_2의 적어도 한 쪽이 양수가 된다. x_1, x_2는 「여분의 변수」이므로 임의의 값을 부여할 수가 있다. 가령, $x_1 > 0$($x_2 = 0$인 채)으로 해 보면 (7.16)에 있어서의 x_1의 계수가 양수, 음수, 0임에 따라서 z의 값은 증가, 감소, 불변이다. (7.16)에서는 x_1의 계수가 1이므로, x_1이 1만큼 증가하면, z도 1만큼 증가한다. 마찬가지로 $x_2 > 0$($x_1 = 0$인 채)일 때를 생각하면, x_2가 1만큼 증가했을 때, z는 2만큼 증가하게 되어, z의 증가에는 x_1보다 유효하다. 앞으로, 기술(記述)의 사정상, (7.16)도 (7.19)와 마찬가지로 변수를 좌변에, 상수를 우변에 써서

$$z - x_1 - 2x_2 = 0 \tag{7.21}$$

의 형태로 취급하고자 하므로, z의 증감판정은 계수의 등호가 역으로 되어, 계수가 음수, 양수, 0임에 따라서 증가, 감소, 불변으로 되고, 음수가 작을수록 z의 증가에 유효하게 작용하게 된다.

(7.21)에서 x_2의 증가가 유효하므로, x_2를 증가시키는 것을 생각해 본다($x_1 = 0$인 채). (7.19)의 ①은 해 (7.20)에 있어서 $x_1 = x_2 = 0$, $\lambda_1 = 8.8$로 등호가 성립하고 있는데, $x_2 > 0$이 되면 $0.6x_2 > 0$이 되므로, 그만큼 λ_1을 감소시키지 않으면 등호가 성립하지 않는다. x_2가 점점 증가해서 $0.6x_2 = 8.8$이 되면 $\lambda_1 = 0$이 되고, 그 이상 증가하면 $\lambda_1 < 0$이 되어 비부의 조건에 반하므로, x_2의 증가는 8.8/0.6이 한도이다.

마찬가지로 ②, ③으로부터도 6.4/0.8=8, 4.0/0.4=10의 한도가 나온다. λ_1, λ_2, λ_3를 모두 비부로 해놓기 위해서는, 세 가지 한도의 최소치 8이, 말하자면 진짜의 한도이다.

x_2를 한도 8까지 증가하면 ②로부터 $\lambda_2 = 0$이 된다. $x_1 = 0$인 채 그대로이므로, 이때 2개의 변수 x_1, λ_2를 0으로 하는 해, 즉 1조의 기저해가 얻어진다. x_1, λ_2가 그 비기저변수, λ_1, x_2, λ_3가 기저변수이며, 해 (7.20)의 기저로부터 λ_2가 나가고, 대신에 x_2가 들어오고 있다. 이 신기저에 대한 기저해와 z의 값 및 더욱 더 z의 증가가 가능한지 어떤지를 알기 위해서는, 신기저에 관한 표준계를 만들고, z의 식으로부터는 신기저변수를 소거하는 것이 좋다. 그 계산은 다음과 같이 된다.

(i) 기저로부터 나가는 변수 λ_2를 포함하는 식 ②에 적당한 수를 곱해서, 기저에 들어오는 변수 x_2의 계수를 1로 한다.

(ii) (i)에서 만들어진 식을 이용해서 ①, ③ 및 z의 식으로부터 x_2를 소거한다.

(7.19), (7.21)에 대해서, 이 계산을 행한 결과를 써 보면, 다음과 같이 된다.

$$\begin{cases} ① - ⑤ \times 0.6 & 0.65x_1 \quad\quad + \lambda_1 - 0.75\lambda_2 \quad\quad = 4 \cdots ④ \\ ② \div 0.8 & 0.25x_1 + x_2 \quad\quad + 1.25\lambda_2 \quad\quad = 8 \cdots ⑤ \\ ③ - ⑤ \times 0.4 & 0.2x_1 \quad\quad\quad\quad - 0.5\lambda_2 + \lambda_3 = 0.8 \cdots ⑥ \end{cases} \tag{7.22}$$

$$(7.21) + ⑤ \times 2 \qquad z - 0.5x_1 + 2.5\lambda_2 = 16 \tag{7.23}$$

기저해는, (7.22)로부터

$$\lambda_1 = 4,\ x_2 = 8,\ \lambda_3 = 0.8,\ x_1 = \lambda_2 = 0 \tag{7.24}$$

이고, (7.23)에 대입하면 $z = 16$인 것을 알 수 있다. 또한 (7.23)에 있어서 x_1의 계수가 음수이므로, x_1을 증가시키면($\lambda_2 = 0$인 채) z는 증가하지만, λ_2의 계수는 양수이므로, λ_2를 증가시키면($x_1 = 0$인 채) z는 감소하는 것을 알 수 있다.

이상과 같은 사고에 의한 계산법을 **단체법**(simplex method)이라 한다.

이 계산은 연립1차방정식의 계산과 마찬가지로, 계수와 상수만을 늘어놓은 표에 의해서 기계적으로 행하는 것이 좋고, [표 7.4]는 (7.19)~(7.23)과 그것에 이어지는 계산 과정을 나타낸 것이다.

표 7.4

스텝	c →			1	2	0	0	0	0	
	↓	기저	z	x_1	x_2	λ_1	λ_2	λ_3	상수	θ
1	0	λ_1	0	0.8	0.6	1	0	0	8.8	$\frac{8.8}{0.6} = 14.6\cdots$
	0	λ_2	0	0.2	0.8	0	1	0	6.4	$\frac{6.4}{0.8} = 8$
	0	λ_3	0	0.3	0.4	0	0	1	4.0	$\frac{4.0}{0.4} = 10$
		z	1	−1	−2	0	0	0	0	
2	0	λ_1	0	0.65	0	1	−0.75	0	4	$\frac{4}{0.65} = 6.15\cdots$
	2	x_2	0	0.25	1	0	1.25	0	8	$\frac{8}{0.25} = 32$
	0	λ_3	0	0.2	0	0	−0.5	1	0.8	$\frac{0.8}{0.4} = 2$
		z	1	−0.5	0	0	2.5	0	16	
3	0	λ_1	0	0	0	1	0.875	−3.25	1.4	
	2	x_2	0	0	1	0	1.875	−1.25	7	
	1	x_1	0	1	0	0	−2.5	5	4	
		z	1	0	0	0	1.25	2.5	18	

일반적으로 **단체표**(simplex tableau)라 불리고 있다.

이와 같은 표에서는 가로줄을 **행**, 세로줄을 **열**이라 하는데, 설명을 위해서 행이나 열을 지정할 때는 스텝 1의 λ_1행, λ_2행, …, 스텝 1의 기저열, z열, x_1열, x_2열, λ_1열, λ_2열, λ_3열, 상수열 등으로 부르고, 다음과 같은 약속을 해 둔다.

(i) 「λ_i행」, 「x_j열」 등은 [그림 7.2]의 검은 실선 부분을 말한다.

(ii) 「z행」, 「기저열」, 「상수열」은 예외로, [그림 7.2]의 z나 * 를 제외하고, 실선으로 표시된 부분을 말한다.

(iii) * 는 「z의 값」이라 부른다.

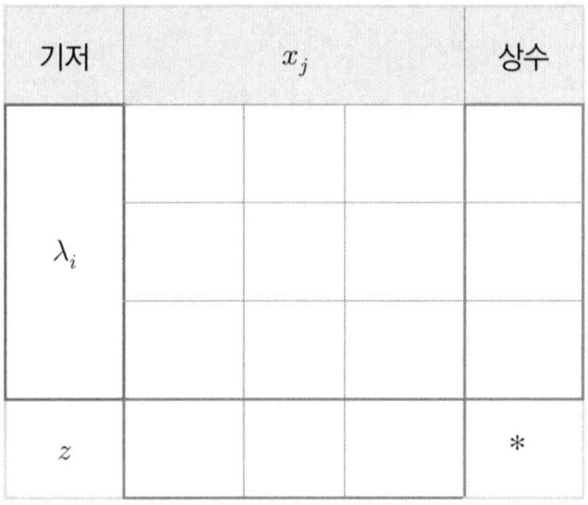

그림 7.2

[표 7.4]의 스텝 1에 있어서 λ_1, λ_2, λ_3의 3행은 조건식 (7.19)의 계수와 상수를 늘어놓은 것으로, 변수는 표제로서 위의 행에 쓰여져 있다. 이 3행은 (7.19)의 3식을 나타내고, 기저열은 이 3식에 포함되어 있는 기저변수를 뽑아내어 명시한 것이다. z행과 「z의 값」은 목적함수의 식(7.21)의 계수와 상수를 늘어놓은 것이다(c행은 처음에 주어졌던 목적함수의 식 (7.16)의 계수이고, 그 중에서 기저변수의 계수만을 c열에 쓴다. c행, c열에 대해서는 7.2.5에서 기술하기로 한다.). 이 표의 기저열의 변수와 상수열의 수를 등호로 맺고, 기저열에 없는 변수를 0으로 놓으면

$$\lambda_1 = 8.8,\ \ \lambda_2 = 6.4,\ \ \lambda_3 = 4.0,\ \ x_1 = x_2 = 0$$

으로, 이것은 기저해 (7.20)이다. 또, 이 때의 z 값은, 기저열 밑의 z와 상수열 밑의 「z의 값」 0을 등호로 맺은 $z = 0$이다. 요컨대, 스텝 1은 조건식 (7.19)와 목적함수의 식 (7.21)을 표의 형태로 해서, 그 때의 기저해와 z의 값도 곧바로 알 수 있도록 한 것이다.

스텝 1의 z행이, 식 (7.21)을 나타내고 있는 사실로부터, 이 행은 z의 증감판정에 도움이 된다. 즉, z행의 최소 음수 -2에 대응하고 있는 변수 x_2가 가장 유효하게 z를 증가시키는 변수이므로, 다음 스텝에서는 x_2를 기저에 집어넣기로 하고, 이 열을 테

로 두르고 있다. 이후, 이 열을 **피벗 열**(pivot column)이라 부르기로 한다. x_2의 증가한도를 정하는 앞서의 계산은, 표의 상수열의 수를 피벗 열의 수로 나눈 것이 되고, 그것이 우단(右端)에 θ열을 설정하여 쓰여져 있다. θ열의 최소치 8에 대한 행(이 행이 나타내는 (7.19)의 식)의 기저변수 λ_2가 기저로부터 쫓겨나는 변수로, 이 행도 테로 두르고 있다. 이후, 이 행을 **피벗 행**(pivot row)이라 부르기로 한다. 피벗 열과 피벗 행의 교점에 있는 수를 **피벗**(pivot)이라 부른다.

λ_2를 기저에서 쫓아내고, 대신에 x_2를 집어넣는 계산은, 식 (7.19), (7.21)로부터 식 (7.21), (7.23)을 만드는 계산인데, 이것을 표에서 행하면, 스텝 1에서 스텝 2로 옮기는 계산으로, 다음과 같이 된다.

(i) 기저열의 λ_2를 x_2로 바꾼 것을 스텝 2의 기저열로 한다.

(ii) 피벗 행의 수를 피벗의 0.8로 나눈 것을, 스텝 2의 x_2행으로 한다((7.22)의 ② ÷0.8에 상당한다).

(iii) (ii)에서 만들어진 x_2행에 0.6을 곱한 것을, 스텝 1의 λ_1행으로부터 빼서, 스텝 2의 λ_1행으로 한다((7.22)의 ① − ⑤ $\times 0.6$에 상당한다).

(iv) (ii)에서 만들어진 x_2행에 0.4를 곱한 것을, 스텝 1의 λ_3행으로부터 빼서, 스텝 2의 λ_3행으로 한다((7.22)의 ③ − ⑤ $\times 0.4$에 상당한다).

(v) (ii)에서 만들어진 x_2행에 2를 곱한 것을, 스텝 1의 z행과 「z의 값」에 더해서, 스텝 2의 z행과 「z의 값」으로 한다((7.23의 (7.21)+ ⑤ $\times 2$에 상당한다).

이상의 계산은 (7.19), (7.21)로부터 (7.22), (7.23)을 만드는 것과 마찬가지이므로, 당연히 스텝 2는 (7.22)와 (7.23)의 식을 나타내고 있다. 또, 기저열과 상수열로부터, 기저해는

$$\lambda_1 = 4,\ x_2 = 8,\ \lambda_3 = 0.8,\ x_1 = \lambda_2 = 0$$

이고, 그것에 대한 z의 값이 $z = 16$이란 것도 곧 알 수 있다.

스텝 2의 z행에는 음수가 하나 있고, 변수 x_1이 대응하고 있으므로, x_1의 값을 증가시키면 z의 값도 증가한다. 따라서, x_1열을 피벗 열로 하고, 상수열의 수를 피벗 열의 수로 나누어서 θ열을 만들며, 그 최소치 2가 대응하고 있는 λ_3행을 피벗 행으로 한다. 다음은 λ_3를 기저에서 쫓아내고, 대신에 x_1을 기저에 집어넣는 계산인데, 이것은 전술한 (i)~(v)와 마찬가지로, 그 계산결과가 스텝 3이다.

스텝 3의 기저변수는 λ_1, x_2, x_1이고, 기저해는

$$\lambda_1 = 1.4,\ x = 7,\ x_1 = 4,\ \lambda_2 = \lambda_3 = 0 \tag{7.25}$$

이며, $z = 18$이다. 또, 이 스텝의 z행에는 음수가 없으므로, 어느 변수를 증가시켜도 z가 증가하는 일은 없다. 한편, 기저해의 일의성으로부터 $\lambda_2 = \lambda_3 = 0$으로 되는 해는 (7.25) 이외는 없고, 다른 어떠한 해를 생각하더라도 λ_2, λ_3의 적어도 한 쪽은 양수의 값이 된 것이다. 그러나, 스텝 3의 z행에서 λ_2, λ_3에 대응하고 있는 값은 1.25, 2.5이고, 모두 양수이므로 λ_2, λ_3가 양수가 되면 z는 반드시 감소한다. 따라서, (7.25)가 z의 최대치를 부여하는 유일한 해이다. 이와 같이 z행이 모두 비부가 되면 최적해가 얻어진 것이 되므로, z행이 모두 비부로 되는 것을 **최적조건**이라 하기로 한다.

[표 7.4]와 같은 단체표는 본장의 핵심이 되는 것인데, 앞으로는 z열을 생략하고 쓰지 않기로 한다. 단체표의 각 스텝은 조건식과 목적함수의 식을 나타내고 있는데, 문자 z는 목적함수의 식만에 나타나고, 조건식에 나타나는 일은 없다. 따라서 z열은 언제나 z행이 있는 곳만이 1이고 다른 곳은 모두 0이 되어, 이 열을 생략해도 계산에 지장이 없기 때문이다. 단, 표를 식의 형태로 되돌릴 때는 생략한 z를 잊지 말고 써넣지 않으면 안 된다.

7.2.3 단체표에 일어나는 제현상

지금까지 기술한 문제를 일반화해서, 그 해법을 요약하면, 다음과 같이 된다.

[문제 I] 조건

$$\begin{cases} a_{11}x_1 + a_{12}x_2 + \cdots + a_{1n}x_n \leqq b_1 \\ a_{21}x_1 + a_{22}x_2 + \cdots + a_{2n}x_n \leqq b_2 \\ \cdots\cdots\cdots \\ a_{m1}x_1 + a_{m2}x_2 + \cdots + a_{mn}x_n \leqq b_m \\ x_1,\ x_2, \cdots,\ x_n \geqq 0 \end{cases} \tag{7.26}$$

아래에서

$$z = c_1x_1 + c_2x_2 + \cdots + c_nx_n \tag{7.27}$$

을 최대로 하여라. 단, b_1, b_2, $\cdots$, b_m은 비부(非負)라 한다.

[해법] 여유변수 λ_1, λ_2, $\cdots$, λ_m을 도입하여 조건식을 등식화하고, 목적함수의 식도 이항해서, 다음과 같이 한다.

$$\begin{cases} a_{11}x_1 + a_{12}x_2 + \cdots + a_{1n}x_n + \lambda_1 & = b_1 \\ a_{21}x_1 + a_{22}x_2 + \cdots + a_{2n}x_n + \lambda_2 & = b_2 \\ \cdots\cdots\cdots\cdots & \vdots \\ a_{m1}x_1 + a_{m2}x_2 + \cdots + a_{mn}x_n + \lambda_m & = b_m \end{cases} \tag{7.28}$$

$$z - c_1x_1 - c_2x_2 - \cdots - c_nx_n = 0 \tag{7.29}$$

이 (7.28)과 (7.29)의 계수와 상수를 늘어놓아 [표 7.5]의 단체표를 만들고, 이것을 스텝 1로 한다(여기서는 z열, c행, c열을 생략했다).

표 7.5

기저	x_1	x_2	$\cdots$	x_n	λ_1	λ_2	$\cdots$	λ_m	상수
λ_1	a_{11}	a_{12}	$\cdots$	a_{1n}	1	0	$\cdots$	0	b_1
λ_2	a_{21}	a_{22}	$\cdots$	a_{2n}	0	1	$\cdots$	0	b_2
$\vdots$	$\vdots$	$\vdots$		$\vdots$	$\vdots$	$\vdots$	$\vdots$	$\vdots$	$\vdots$
λ_m	a_{m1}	a_{m2}	$\cdots$	a_{mn}	0	0	$\cdots$	1	b_m
z	$-c_1$	$-c_2$	$\cdots$	$-c_n$	0	0	$\cdots$	0	0

스텝 1에 이어서, 다음의 계산을 행한다.

(i) z행의 최소 음수인 열을 피벗 열로 한다.

(ii) 상수열의 수를 피벗 열의 수로 나누어서 θ열을 만들고, θ열의 최소치의 행을 피벗 행으로 한다.

(iii) 피벗 행의 수를 피벗으로 나누어서, 피벗의 값을 1로 한다.

(iv) 피벗 행에 적당한 수를 곱해서 다른 행으로부터 빼고, 피벗 이외의 피벗 열의 수를 0으로 한다. 이것으로 새로운 스텝의 표가 완성된다.

(v) 상기 (i)~(ii)를 반복해서, z행의 수가 모두 비부로 되면 최적해가 얻어진다.

또한 단체표의 하나의 스텝에서 다음의 스텝으로 옮길 때의 수의 교체를 도시하면, [그림 7.3]과 같이 나타낼 수가 있다. 이 그림에서 A는 피벗 열, 피벗 행 어느 쪽에도 들어 있지 않은 수(상수열의 수, z행의 수, 「z의 값」이라도 좋다), B는 피벗 열에만 들어 있는 수, C는 피벗 행에만 들어 있는 수, P는 피벗을 나타내고, [그림 7.4]와 같이 써 있는 것은, C가 있었던 위치에, 다음의 스텝에서는 C/P가 들어가는 것을 나타낸 것이다. 이와 같은 교체가 일어나는 것은 전술한 (iii), (iv)로부터 알 수 있다. 즉,

(iii)에 의해 피벗 행은 피벗으로 나누므로, [그림 7.3]의 P는 1이 되고, C는 C/P가 된다. (iv)에 의해 B를 소거하지 않으면 안 되는데, 그러려면 피벗 행에 B/P를 곱해서 A, B의 행에서 빼면 된다.

그 결과, B는 0이 되고, A는 $A-C(B/P)$가 된다.

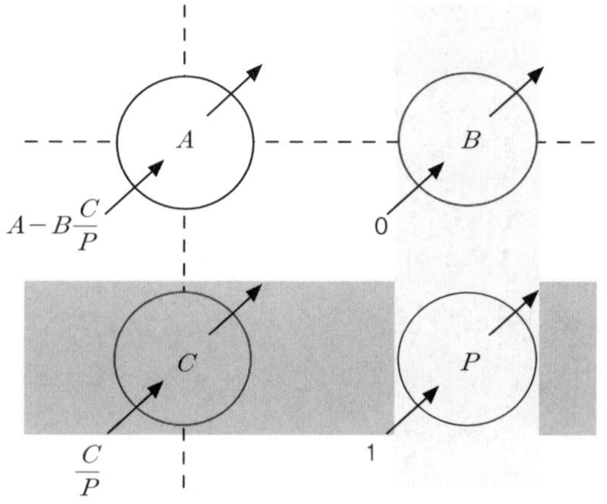

그림 7.3

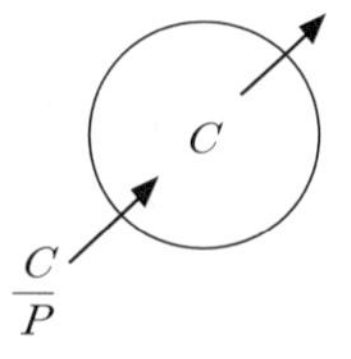

그림 7.4

이와 같이 해서 단체표의 계산을 행했을 때, 앞의 예에서는 볼 수 없었던 현상이 일어날 가능성이 있다. 여기에서, 그 해석과 처치를 열거해 놓기로 한다.

(A) z행의 최소 음수가 여러 개 있을 때는, 어느 것을 피벗 열로 해도 좋다.
z행의 음수에 대응하는 변수라면, 어느 것을 증가시켜도 z의 값은 증가한다. 따라서, 음수에 대응하는 열이라면 어느 것을 피벗 열로 해도 좋지만, 최소 음수에 대응하는 변수를 증가시키는 것이 z의 증가에 가장 유효하게 보이므로 (변수를 1만큼 증가시킬 때는, 최소 음수에 대응하는 변수가 가장 유효하지만, 증가한도의 관계에서 정말 가장 유효한지 어떤지 모른다) 최소 음수를 택한 것이기 때문에, 여러 개 있으면 어느 것으로 정해도 좋다.

(B) 피벗 열 내에 음수 또는 0이 있을 때는, 그 행에 대한 θ는 계산할 필요가 없다.
피벗 행은 계산된 θ가 최소인 행으로 한다.

다음의 단체표를 예로 해서 설명한다.

표 7.6

기저	x_1	x_2	x_3	λ_1	λ_2	λ_3	λ_4	λ_5	상수	θ
λ_1	0	3	0	1	0	−2	0	4	21	$\frac{21}{3}=7$
λ_2	0	0	0	0	1	4	0	1	16	계산
λ_3	0	−2	1	0	0	3	0	−3	10	불요
λ_4	0	4	0	0	0	3	1	−1	25	$\frac{25}{4}=6.25$
x_1	1	−5	0	0	0	0	0	2	18	계산불요
z	0	−3	0	0	0	1	0	2	38	

이 표는, 다음과 같은 조건식과 목적함수의 식을 나타내고 있다. 단, 고딕체는 기저 변수를 보기 쉽게 하기 위해서 표기한 것이다.

$$\begin{cases} \quad 3x_2 + \boldsymbol{\lambda_1} - 2\lambda_3 + 4\lambda_5 = 21 \\ \quad \boldsymbol{\lambda_2} + 4\lambda_3 + \lambda_5 = 16 \\ \quad -2x_2 + \boldsymbol{x_3} + 3\lambda_3 - 3\lambda_5 = 10 \\ \quad 4x_2 + 3\lambda_3 + \boldsymbol{\lambda_4} - \lambda_5 = 25 \\ \boldsymbol{x_1} - 5x_2 + 2\lambda_5 = 18 \end{cases} \tag{7.30}$$

$$z \quad -3x_2 + \lambda_3 + 2\lambda_5 = 38 \tag{7.31}$$

기저해는

$$\lambda_1 = 21,\ \lambda_2 = 16,\ x_3 = 10,\ \lambda_4 = 25,\ x_1 = 18,\ x_2 = \lambda_3 = \lambda_5 = 0 \tag{7.32}$$

이고, $z = 38$이다.

(7.31)의 x_2의 계수가 음수이므로 (7.32)의 해를 변경해서 x_2를 증가시키면 ($\lambda_3 = \lambda_5 = 0$인 채), z는 증가한다. 이 때, x_2의 증가한도는 (7.30)의 제1, 제4식에 대해서는 앞에서와 마찬가지로 생각할 수 있고, θ열에 그 한도가 기입되어 있다. 제2식은 x_2를 포함하고 있지 않으므로, 이 식으로부터는 x_2의 증가에 한도를 생각할 필요가 없다. 제3식은 x_2의 계수가 음수이고, x_2가 증가하면 $-2x_2$가 감소하므로, 그 감소분만큼 x_3를 증가시키지 않으면 등호가 성립하지 않는데, x_3가 음수로 될 걱정은 없으므로, x_2의 증가에 제한을 둘 필요는 없다. 제5식에 대해서도 마찬가지이다.

결국, 피벗 열의 양수의 수에 대해서만 한도의 θ를 생각하면 되고, 그 최소치가 사실상의 한도가 된다.

(C) 피벗 열의 수가 모두 음수이든지 0이면, z의 값은 얼마든지 크게 할 수가 있고, 최적해는 없다.

표 7.7

기저	x_1	x_2	λ_1	λ_2	λ_3	상수	θ
λ_1	-1	0	1	4	0	5	계산불요
x_2	-2	1	0	-3	0	10	
λ_3	0	0	0	2	1	15	
z	-4	0	0	1	0	20	

[표 7.7]을 예로 든다. 이 경우, x_1의 1만큼 증가에 대해서 z는 4만큼 증가하지만, (B)에 의해 θ의 계산은 모두 필요없고, x_1의 증가에는 전혀 제한이 없다. 따라서, x_1을 증가시키면 z는 얼마든지 증가하므로 최대치는 없다.

또한, x_1을 증가시키면 기저변수인 λ_1과 x_2는 증가하고, λ_3는 불변이다. 따라서, x_1을 아무리 증가시켜도 기저변수 중에 0이 되는 것은 없고 기저변수의 교체가 일어나지 않으므로, x_1을 증가시켰을 때의 해는 기저해로는 되지 않는다.

(D) 상수열에 0이 있을 때는 [표 7.8]에 그 예를 보이는데, 스텝 1, 2는 생략되어 있다.

상수열에 0이 있는 현상(기저해에 있어서의 기저변수의 값이 0으로 되는 현상)을 **퇴화**(退化, degeneration)라 한다. 퇴화하더라도 단체표의 계산방법은 변하지 않는데, 이 표의 스텝 3과 같이 θ의 최소치가 0이 되면, 스텝이 전행되더라도 z의 값은 증가하지 않는다.

표 7.8

	기저	x_1	x_2	λ_1	λ_2	λ_3	λ_4	상수	θ
스텝 3	x_1	1	0	1	0	0	0	3	$\frac{3}{1}=3$
	λ_2	0	0	1	1	-2	0	0	$\frac{0}{1}=0$
	x_2	0	1	-2	0	1	0	1	
	λ_4	0	0	2	0	-1	1	3	$\frac{3}{2}=1.5$
	z	0	0	-1	0	1	0	4	
스텝 4	x_1	1	0	0	-1	2	0	3	$\frac{3}{2}=1.5$
	λ_1	0	0	1	1	-2	0	0	
	x_2	0	1	0	2	-3	0	1	
	λ_4	0	0	0	-2	3	1	3	$\frac{3}{3}=1$
	z	0	0	0	1	-1	0	4	

스텝 3에서는 x_1, λ_2, x_2, λ_4가 기저변수이고, 기저해는

$$x_1 = 3,\ \lambda_2 = 0,\ x_2 = 1,\ \lambda_4 = 3,\ \lambda_1 = \lambda_3 = 0 \tag{7.33}$$

이다. 스텝 4에서는 기저변수의 λ_2가 λ_1과 교체되어, 기저해는

$$x_1 = 3,\ \lambda_1 = 0,\ x_2 = 1,\ \lambda_4 = 3,\ \lambda_2 = \lambda_3 = 0 \tag{7.34}$$

이 된다. 그런데 (7.33)과 (7.34)는 실질적으로는 같은 해이고, 이것들에 대한 z의 값도 증가하지 않는다. 양자의 차이는, 어떤 변수를 기저변수로 생각할 것인지 생각하지 않을 것인지의 차이에 지나지 않는다.

스텝 4도 퇴화하고 있는데, θ의 최소치는 0이 아니고, 스텝 5를 만들면 z의 값은 증가해서 최적해로 된다. 즉, 스텝 3에서 4로의 이행은 정체이긴 했지만, 헛되지는 않은 것으로 된다.

(E) θ열에 최소치가 여러 개 있을 때는, 어느 행을 피벗 행으로 해도 좋지만, 다음의 스텝에서는 반드시 퇴화가 일어난다.

[그림 7.5]는 θ열에 최소치가 여러 개 있는 단체표를 나타내고 있다. 즉, θ열의 A/B와 C/P가 같고, 동시에 최소치이며, C/P의 행을 피벗 행으로 했을 때의 그림이다. 화살표는 그림 7.3의 경우와 같은 의미를 나타내고 있다. 가정에 의해 $\dfrac{A}{B} = \dfrac{C}{P}$이므로 $A - B\dfrac{C}{P} = 0$ 이 성립한다. 즉, 그림의 A가 있는 곳에 다음 스텝에서 0이 되어 퇴화가 일어난다.

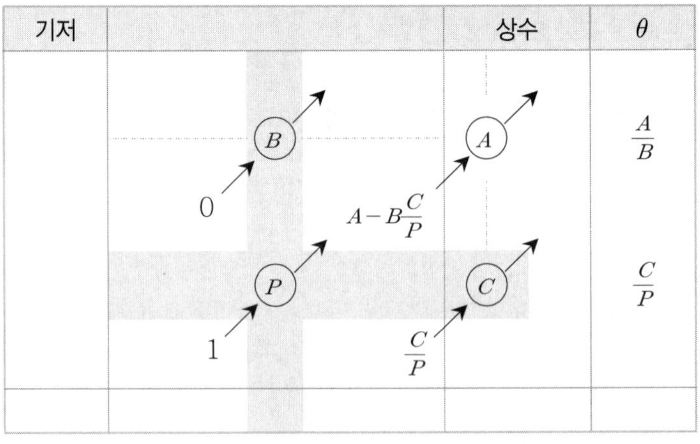

그림 7.5

7.2.4 최적해에의 도달

단체표에 의한 계산은 반드시 유한 회의 스텝으로 최적해에 도달할 수 있는지, 최적해에 도달할 수 있었다 해도 그 이외에 최적해는 없는지 하는 등의 문제에 대해서 기술하기로 한다.

단체표의 각 스텝은, 다음의 세 가지 형태 중의 어느 것인가로 되어 있다.

(a) z행은 모두 비부(非負)이다.

(b) z행에 음수가 있고, 피벗 열 중에 양수가 있다.

(c) z행에 음수가 있고, 피벗 열 중에 양수가 없다.

이 (a)의 경우는 이미 최적해가 얻어져 있고, (c)의 경우는 z의 값이 아무리 크게 되더라도 최적해는 존재하지 않으므로, 이 두 가지 경우는 결론이 나 있다. (b)의 경우는 다음의 스텝으로 진행하지 않으면 안 되는데, 이 때 퇴화하고 있지 않은 스텝으로부터 다음의 스텝으로 옮기면 z의 값은 반드시 증가한다. [그림 7.6]은 그 설명을 위한 것으로, 화살표는 지금까지와 같은 의미의 것이다.

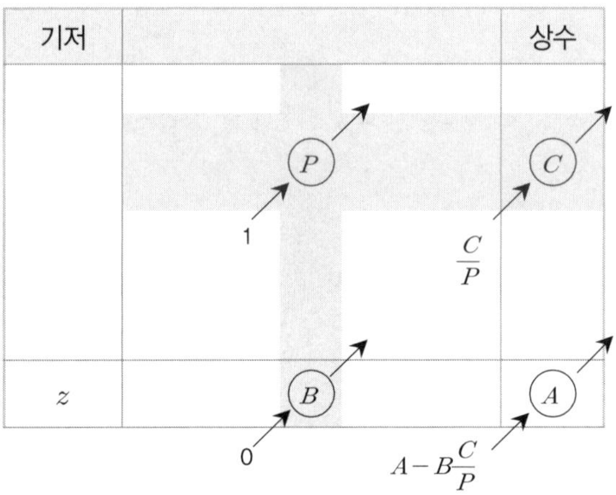

그림 7.6

이 그림에 있어서, 피벗 열은 B의 값으로 정한 것이므로 $B<0$이고, P는 피벗이므로 $P>0$이며, 퇴화하고 있지 않으므로 상수 C는 $C>0$이다.

따라서, $B(C/P)<0$이고,

$$A-B\frac{C}{P}>A$$

가 성립한다. 따라서, z의 값은 다음의 스텝 쪽이 크게 된다.

이로부터, 단체표의 계산에서 어느 스텝에서도 퇴화가 일어나지 않으면 유한 회의 스텝에서 반드시 (a) 또는 (c)의 상태에 도달해서 계산이 끝나는 것을 알 수 있다. 왜냐하면, 퇴화가 일어나지 않고 (b)의 상태가 계속된다고 하면, z의 값은 언제나 증가하기 때문에 같은 값이 두 번 나타나는 일은 없다. 한편, 각 스텝에는 1조의 기저가 대응하고 있는데, 기저는 변수의 조합이므로, 그 종류는 유한하다.[18] 따라서, (b)의 상태가 언제까지나 계속된다고 하면 같은 기저가 반복해서 나타나게 마련이다. 같은 기저에 대한 기저해는 같으므로(기저해의 일의성), z의 값도 같고 이것은 전술한 z의 같은 값이 두 번 나타나는 일은 없다고 하는 것과 모순된다. 따라서, 퇴화가 일어나지 않으면 (b)의 상태가 무한히 계속되는 일은 없고, 반드시 (a)나 (c)의 상태로 되어 계산이 끝난다. 실제로 문제를 풀어보면, 가령 퇴화가 일어나도 (b)의 상태가 무한히 계속되지 않고 결국 (a)나 (c)로 되어 끝나는데, 반드시 그렇게 된다고 하는 수학적 보증이 있는 것은 아니다. 즉, 퇴화한 문제에서 스텝이 진행되더라도 z의 값이 증가하지 않고, 정체를 계속하고 있는 사이에 다시 이전에 나타났던 것과 같은 단체표로 되돌아간다라고 하는 **순환**(cycling)이 일어나는 경우가 있다.[19]

다음에, 최적해가 여러 개 있는 간단한 예제를 보이기로 한다.

예 2. 조건

$$\begin{cases} x_1 + 3x_2 \leqq 12 \\ x_1 + \ \ x_2 \leqq \ 6 \\ x_1 \qquad\ \ \leqq \ 5 \end{cases} \tag{7.35}$$

아래에서

$$z = x_1 + x_2 \tag{7.36}$$

를 최대로 하여라.

---

18) 조건식을 (7.28)이라 하면, 기저는 x_1, $\cdots$, x_n, λ_1, $\cdots$, λ_m 중에서 m개를 택한 조합이므로, ${}_{m+n}C_m$종류까지이다.

19) 이에 대해서는 OR(Operations Research)관계 교재나 특히 E. M. I. Beale, "Cycling in Dual Simplex Algorithm", *Naval Research Logistics Quaterly*, Vol. 2, No. 4, 1955, pp. 269-276 등을 참조하기 바람.

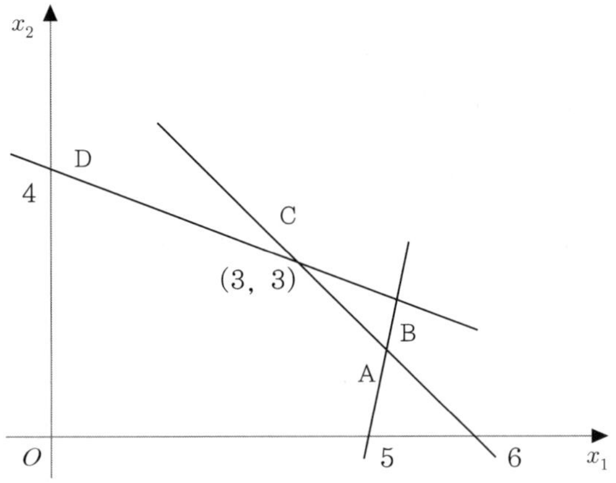

그림 7.7

이 문제를 그림으로 풀면 [그림 7.7]과 같이 되고, z의 최대치를 부여하는 직선은 직선 BC에 겹친다. 따라서, 변 BC상의 점은 모두 최적해를 부여하게 되어 최적해는 무수히 존재한다.

이와 같은 문제를 단체법으로 풀면 어떻게 되는가 살펴보기로 하자.

먼저, 여유변수를 도입해서 조건식 (7.35)를 등식화하고, 목적함수의 식도 이항하여 다음의 형태로 한다.

$$\begin{cases} x_1 + 3x_2 + \lambda_1 = 12 \\ x_1 + x_2 + \lambda_2 = 6 \\ x_1 + \lambda_3 = 5 \end{cases} \tag{7.37}$$

$$z - x_1 - x_2 = 0 \tag{7.38}$$

이것으로부터 단체표를 만들어 계산한 것이 [표 7.9]이다 (θ열은 생략했다).

표 7.9

스텝	c ↓	→ 기저	1 x_1	1 x_2	0 λ_1	0 λ_2	0 λ_3	0 상수
1	0	λ_1	1	3	1	0	0	12
	0	λ_2	1	1	0	1	0	6
	0	λ_3	1	0	0	0	1	5
		z	–1	–1	0	0	0	0
2	0	λ_1	0	3	1	0	–1	7
	0	λ_2	0	1	0	1	–1	1
	1	x_1	1	0	0	0	1	5
		z	0	–1	0	0	1	5
3	0	λ_1	0	0	1	–3	2	4
	1	x_2	0	1	0	1	–1	1
	1	x_1	1	0	0	0	1	5
		z	0	0	0	1	0	6

표 7.10

스텝	1	2	3
x_1의 값	0	5	5
x_2의 값	0	0	1

이 표의 각 스텝에 있어서의 x_1, x_2의 값을 늘어놓은 것이 [표 7.10]이다. 이 각 스텝의 x_1, x_2의 값을 좌표로 갖는 점을 [그림 7.7] 위에서 찾아가면, $O \to A \to B$의 순으로 꼭지점을 찾아 최적해에 도달한 셈이 된다.

[표 7.9]의 스텝 1의 z행에는 -1이 두 개 있다. [표 7.9]에서는 x_1열을 피벗 열로 했지만, x_2열을 피벗 열로 해도 괜찮아서, 그 계산이 [표 7.11]이다. 이 표는 스텝 4까지 기술되어 있는데, 실은 스텝 3에서 최적조건 (z행이 모두 비부)이 충족되어 있으므로, 본래대로라면 여기에서 끝이다. 스텝 3까지의 (x_1, x_2)값의 변화를 보면 $(0, 0) \to (0, 4) \to (3, 3)$으로 그림에서는 $O \to D \to C$를 거쳐서 최적해에 도달한 것이 된다.

표의 스텝 3에 있어서, 비기저변수인 λ_1열의 z행의 값은 0인데, 이것은 λ_1을 기저에 집어넣어도 z의 값이 변하지 않는다는 것을 나타내고 있다. 본래 필요없는 계산인데, 시험삼아 λ_1을 기저에 집어넣는 계산을 행해본 것이 스텝 3에서 스텝 4의 과정이다. 스텝 4는 [표 7.9]의 스텝 3과 같은 것(기저변수의 나열방식은 다르다)이다.

표 7.11

스텝	c	→	1	1	0	0	0	0
	↓	기저	x_1	x_2	λ_1	λ_2	λ_3	상수
1	0	λ_1	1	3	1	0	0	12
	0	λ_2	1	1	0	1	0	6
	0	λ_3	1	0	0	0	1	5
		z	−1	−1	0	0	0	0
2	1	x_2	$\frac{1}{3}$	1	$\frac{1}{3}$	0	0	4
	0	λ_2	$\frac{2}{3}$	0	$-\frac{1}{3}$	1	0	2
	0	λ_3	1	0	0	0	1	5
		z	$-\frac{2}{3}$	0	$\frac{1}{3}$	0	0	4
3	1	x_2	0	1	$\frac{1}{2}$	$-\frac{1}{2}$	0	3
	1	x_1	1	0	$-\frac{1}{2}$	$\frac{3}{2}$	0	3
	0	λ_3	0	0	$\frac{1}{2}$	$-\frac{3}{2}$	1	2
		z	0	0	0	1	0	6
4	1	x_2	0	1	0	1	−1	1
	1	x_1	1	0	0	0	1	5
	0	λ_1	0	0	1	−3	2	4
		z	0	0	0	1	0	6

단체표의 각 스텝은 기저해를 나타내고 있으므로, 단체법으로 얻어지는 최적해는 최적기저해이다. 상기의 예 2와 같이 최적기저해가 여러 개 있으면, 단체법에서는 그 중의 어느 것인가 하나에 도달한 곳에서 계산이 끝나는데, 상기에서 「본래 필요없는 계산」이라고 언급한 계산을 행하면 다른 최적기저해로 바뀔 수도 있다. 그러나 최적조건이 충족된 스텝에서, z행의 수로 비기저변수에 대응하는 것이 모두 양수라면, 그

스텝이 나타내는 최적기저해 이외에 최적기저해는 없다. 이 경우, 기저해 이외의 최적해도 없다.

또한, 예 2에 있어서 [그림 7.7]의 변 BC상의 점(B, C 이외의 점)은 기저해가 아닌 최적해이다. 일반적으로, 기저해가 아닌 최적해가 있으면 반드시 최적기저해도 있고, 단체법으로 최적기저해의 하나를 구할 수가 있다. 왜냐하면, 최적해가 있으면 z의 최대치가 있다. 따라서, 단체법으로 풀었을 때(순환은 일어나지 않는다고 가정해서), 전술한 (c)의 상태에서 계산이 끝나는 일은 없으므로, 반드시 (a)의 상태에서 끝난다. 즉, 최적기저해가 얻어진다.

7.2.5 c행, c열에 대해서

이제까지의 예에서는 c행, c열은 전혀 필요가 없었는데, 이것이 있으면 편리한 예를 들어서 설명을 하기로 한다.

예 3. 아래의 [표 7.12]는 예 1의 것과 똑같은 것이다. 예 1에서는 원료의 나머지가 이익을 낳는다고는 생각하지 않았는데, 만일 원료의 나머지는 매각이 가능해서 B_1, B_2, B_3의 1kg 당, 각각 0.1만원, 0.2만원, 0.3만원의 이익이 얻어진다고 하면, 최적계획은 어떻게 될까?

표 7.12

원료 \ 제품	A_1	A_2	제한
B_1	0.8	0.6	8.8
B_2	0.2	0.8	6.4
B_3	0.3	0.4	4.0
이익	1	2	

A_1, A_2의 생산량을 x_1, x_2라 하고, B_1, B_2, B_3의 나머지를 λ_1, λ_2, λ_3라 했을 때, 조건식은 전과 마찬가지로

$$\begin{cases} 0.8x_1+0.6x_2+\lambda_1 \qquad\qquad = 8.8 \cdots\cdots ① \\ 0.2x_1+0.8x_2 \qquad +\lambda_2 \qquad = 6.4 \cdots\cdots ② \\ 0.3x_1+0.4x_2 \qquad\qquad +\lambda_3 = 4.0 \cdots\cdots ③ \end{cases} \tag{7.39}$$

이고, 기저해도 마찬가지로

$$\lambda_1 = 8.8,\ \lambda_2 = 6.4,\ \lambda_3 = 4.0,\ x_1 = x_2 = 0 \tag{7.40}$$

인데, 목적함수는

$$z = x_1 + 2x_2 + 0.1\lambda_1 + 0.2\lambda_2 + 0.3\lambda_3 \tag{7.41}$$

으로 해서 생각하지 않으면 안 된다. (7.40)의 해를 변경해서, 예를 들면 x_1을 양수로 했을 때($x_2 = 0$인 채) z의 증가 여부를 알고자 한다. x_1이 양수로 되면 조건식이 성립하기 위해서는 λ_1, λ_2, λ_3도 변화시키지 않으면 안 된다. 따라서, z의 증감이 어떻게 되는가는, (7.41)의 식으로부터는 알기 어렵다. z의 증감을 보기 쉽게 하려면 (7.41)로부터 기저변수인 λ_1, λ_2, λ_3를 소거해 놓는 것이 좋다(이제까지의 예에서는 처음부터 λ_1, λ_2, λ_3가 소거된 형태로 되어 있었다). 이제, (7.41)을 이항해서

$$z - x_1 - 2x_2 - 0.1\lambda_1 - 0.2\lambda_2 - 0.3\lambda_3 = 0 \tag{7.42}$$

의 형태로 해서 생각하기로 한다. λ_1, λ_2, λ_3를 소거하려면 (7.41)에서의 λ_1, λ_2, λ_3의 계수를 (7.39)의 각 식에 곱해서 (7.42)에 더한다고 하는 계산

$$0.1 \times ① + 0.2 \times ② + 0.3 \times ③ + (7.42) \tag{7.43}$$

을 행하면 되고, 결과는

$$z - 0.79x_1 - 1.66x_2 = 3.36 \tag{7.44}$$

이 된다. (7.39)와 (7.44)의 계수와 상수를 늘어놓아 단체표를 만들면, 그 다음은 이제까지와 똑같은 계산이 된다.

c행, c열은 이 (7.44)의 계산을 단체표의 위에서 기계적으로 행하기 위한 것이다. [표 7.13]에서 λ_1, λ_2, λ_3의 3행은 조건식 (7.39)의 계수와 상수를 늘어놓은 것이고, c행은 목적함수의 최초의 식 (7.41)에 대한 계수를 늘어놓은 것이다. (「상수」의 위에 있는 0에 대해서는 뒤에서 기술한다.) c열은 기저변수만에 대해서 (7.41)의 계수를 기술한 것이다. 따라서, [표 7.13]까지는 주어진 조건식과 목적함수로부터 곧바로 쓸 수 있다.

표 7.13

스텝	c	→	1	2	0.1	0.2	0.3	0
	↓	기저	x_1	x_2	λ_1	λ_2	λ_3	상수
1	0.1	λ_1	0.8	0.6	1	0	0	8.8
	0.2	λ_2	0.2	0.8	0	1	0	6.4
	0.3	λ_3	0.3	0.4	0	0	1	4.0
		z						

표 7.14

c	→	c_j	
↓	기저		상수
c_1		a_1	
c_2		a_2	
c_3		a_3	
	z	*	

z행과 그 오른쪽의 「z의 값」에는 (7.44)의 계수와 상수가 늘어서게 마련인데, (7.44)의 계수는 (7.43)의 계산에 의해서 얻어진 것이다. (7.43)의 식에 포함되어 있는 (7.42)와 최초의 목적함수의 식(7.41)에서는 계수의 부호가 바뀌어 있는 것을 생각하면, 예를 들어 x_1의 계수에 대해서 다음의 관계가 성립한다.

$$\begin{aligned}&[(7.44)\text{의 } x_1 \text{의 계수}] = 0.1\times[①\text{의 } x_1 \text{의 계수}] + 0.2\times[②\text{의 } x_1 \text{의 계수}]\\&\qquad + 0.3\times[③\text{의 } x_1 \text{의 계수}] - [(7.41)\text{의 } x_1 \text{의 계수}]\end{aligned} \quad (7.45)$$

다른 계수에 대해서도 마찬가지이고, 이것을 [표 7.13]에서 보면

$$(z\text{행}) = 0.1\times(\lambda_1\text{행}) + 0.2\times(\lambda_2\text{행}) + 0.3\times(\lambda_3\text{행}) - (c\text{행}) \quad (7.46)$$

이라고 하는 것이 된다. (7.46)의 관계를 보기 쉽게 하면, [표 7.14]를 단체표로 했을 때

$$* = c_1a_1 + c_2a_2 + c_3a_3 - c_j \quad (7.47)$$

의 관계가 성립한다고 할 수 있다. 이 (7.47)을 공식으로 생각하면, [7.13]의 z행을 기

입할 수 있다. 이 때, 표에서 「상수」의 위에 0을 써 놓으면, 「z의 값」의 계산에도 (7.47)을 쓸 수 있으므로 0을 써 넣은 것이다.

(7.47)을 사용하면 편리한 점은, 단체표의 스텝 1을 만들 때에 목적함수의 주어진 형태 (7.41)을 그대로 사용할 수 있다는 것이다. 설명을 위해서, 원료의 나머지가 이익을 낳는 예를 이용했는데, 나머지가 이익을 낳지 않는 경우에도 사정은 똑 같아서 λ_1, λ_2, λ_3의 계수 0.1, 0.2, 0.3의 대신에 0으로 해서 생각하면 된다. [표 7.4]가 그것이다. 또한 스텝 2 이후의 계산에는 c열은 불필요하지만, (7.47)의 관계는 어느 스텝에서도 성립하므로, c열을 써 놓으면 검산에 이용할 수 있다.

문 4. 다음의 문제를 그래프를 이용해서 풀어라.

(1)
$$\begin{aligned} 3x_1+2x_2 &\leqq 12 \\ x_1+4x_2 &\leqq 8 \\ 3x_1+x_2 &\leqq 9 \\ x_1,\ x_2 &\geqq 0 \\ \max z &= x_1+x_2 \end{aligned}$$

(2)
$$\begin{aligned} x_1-x_2 &\leqq 3 \\ 3x_1+x_2 &\geqq 6 \\ 3x_1+2x_2 &\leqq 18 \\ x_1,\ x_2 &\geqq 0 \\ \min z &= 10x_1+x_2 \end{aligned}$$

(3)
$$\begin{aligned} x_1-2x_2 &\leqq 2 \\ -2x_1+x_2 &\leqq 3 \\ 3x_1+2x_2 &\geqq 12 \\ x_1,\ x_2 &\geqq 0 \\ \min z &= x_1+2x_2 \end{aligned}$$

문 5. 다음의 문제를 단체법으로 풀어라.

(1)
$$\begin{aligned} x_1+x_2+3x_3 &\leqq 35 \\ 2x_1+x_2+x_3 &\leqq 40 \\ x_1+2x_2+x_3 &\leqq 50 \\ x_1,\ x_2,\ x_3 &\geqq 0 \\ \max z &= 5x_1+7x_2+2x_3 \end{aligned}$$

(2)
$$\begin{aligned} x_1+x_2+2x_3 &\leqq 50 \\ x_1+2x_2+x_3 &\leqq 40 \\ 3x_1+x_2+x_3 &= 30 \\ x_1,\ x_2,\ x_3 &\geqq 0 \\ \max z &= 2x_1+5x_2+7x_3 \end{aligned}$$

(3)
$$\begin{aligned} -x_1-x_2+x_3 &\leqq 8 \\ 3x_1+2x_2+x_3 &\leqq 17 \\ -x_1+3x_2-2x_3 &\leqq 7 \\ x_1,\ x_2,\ x_3 &\geqq 0 \\ \max z &= x_1+2x_2+3x_3 \end{aligned}$$

연습문제

1. 조건

$$\begin{aligned} 10x_1+15x_2+10x_3 &\leqq 180 \\ 8x_1+13x_2+\ 9x_3 &\leqq 158 \\ 12x_1+\ 9x_2+\ 8x_3 &\leqq 144 \\ 9x_1+12x_2+13x_3 &\leqq 192 \\ x_1,\ x_2,\ x_3 &\geqq 0 \end{aligned}$$

아래에서

$$z=8x_1+7x_2+6x_3$$

을 최대로 하여라.

2. 조건

$$\begin{aligned} 2x_1+\ x_2+\ x_3 &\geqq 20 \\ 2x_1+3x_2+\ x_3 &\geqq 30 \\ 3x_1+2x_2+3x_3 &\geqq 40 \\ x_1,\ x_2,\ x_3 &\geqq 0 \end{aligned}$$

아래에서

$$z=7x_1+5x_2+8x_3$$

를 최소로 하여라.

3. 조건

$$\begin{aligned} 2x_2 \qquad\quad + x_4 &\leqq 10 \\ -x_1+2x_2+\ x_3+2x_4 &\leqq 18 \\ 3x_1-\ x_2+\ 2x_3 \qquad &\leqq 21 \\ x_1,\ x_2,\ x_3,\ x_4 &\geqq 0 \end{aligned}$$

아래에서

$$z=x_1+2x_2+3x_3+4x_4$$

를 최대로 하여라.

4. 조건

$$\begin{aligned} -3x_1+2x_2 \qquad\quad + x_4-\ x_5 &\leqq 15 \\ 3x_2+3x_3-2x_4+2x_5 &\leqq 20 \\ 4x_1+2x_2-\ x_3 \qquad\quad +\ x_5 &\leqq 12 \\ x_1,\ x_2,\ x_3,\ x_4,\ x_5 &\geqq 0 \end{aligned}$$

아래에서

$$z=-x_1+3x_2-3x_4+2x_5$$

를 최대로 하여라.

연습문제

5. 조건

$$\begin{array}{rrrrrl} 3x_1 & +2x_2 & -\ x_3 & & +4x_5 & \leqq 180 \\ -\ x_1 & +4x_2 & +3x_3 & +2x_4 & -2x_5 & \leqq 200 \\ 5x_1 & -3x_2 & +\ x_3 & +3x_4 & & \leqq 250 \\ & x_2 & +2x_3 & -3x_4 & +x_5 & \leqq 280 \\ & & & & x_1,\ x_2,\ x_3,\ x_4,\ x_5 & \geqq \ \ 0 \end{array}$$

아래에서

$$z = 3x_1 + 4x_2 - x_3 + 3x_4 - 2x_5$$

를 최대로 하여라.

6. 원료 B_1, B_2가 각각 240kg, 260kg 있고, 이것을 이용해서 3종류의 제품 A_1, A_2, A_3를 만들 수 있다. A_1을 10kg 만드는 데는 B_1, B_2를 각각 8kg, 4kg 사용하고, A_2를 10kg 만드는 데는 각각 6kg, 6kg 사용하고, A_3를 10kg 만드는 데는 각각 4kg, 9kg을 사용한다. A_1, A_2, A_3로부터는 10kg에 대해서 각각 15만원, 12만원, 13만원의 이익이 얻어진다. 이익의 합계를 최대로 하려면, A_1, A_2, A_3를 각각 몇 kg 만드는 것이 좋은가?

7. 2종류의 원유 A, B에 포함되는 성분 I, II, III의 백분율(%)은 아래 표와 같다. A, B 각 1단위를 구입할 때의 가격은 1.4, 1.6이고, 성분 I, II, III을 판매하면 각 1단위당의 가격이 2.4, 2.0, 1.8로 팔 수가 있다. 단, 수요에는 한도가 있어, I, II, III에 대해서 각각 400, 650, 580까지밖에 팔 수 없다고 한다. A, B를 각각 얼마만큼 구입하면 이익의 합계가 최대로 되는가?

	A	B
I	20%	40%
II	30	25
III	35	30

8. 제품 A, B, C를 각 1단위 만드는 데 요하는, 원료 1, 원료 2의 필요량과 필요한 노동시간 그리고 각 원료와 노동시간의 이용가능한 한도는 아래 표와 같다. A, B, C 각 1단위로부터 얻어지는 이익이 6, 5, 4일 때, 이익을 최대로 하는 생산계획을 구하여라.

연습문제

	A	B	C	제한
원료 1	3	1	2	210
원료 2	2	3	2	250
노동시간	6	4	3	360

9. 제품 A_1을 1단위 만드는 데는 원료 B_1, B_2, B_3를 각각 22.8g, 17.3g, 18.9g 사용하고, 제품 A_2를 1단위 만드는 데는 각각 17.6g, 24.0g, 19.8g을 사용한다. A_1, A_2의 각 1단위로부터는 300원, 400원의 이익이 생기는데, 원료는 모두 600g까지밖에 사용할 수 없다. 어떤 생산계획이 가장 유리한가?

10. 원료 B_1, B_2, B_3를 혼합해서 제품 A_1, A_2를 만든다. 단, A_1은 B_2를 50% 이상 포함하지 않으면 안 되고, A_2가 포함하는 B_3는 30% 이하가 아니면 안 된다. 그 밖에 특히 제한은 없다. B_1, B_2, B_3의 구입가격은 1kg당 각각 7천원, 6천원, 5천원이고, 구입한도는 100kg, 120kg, 140kg까지이다. A_1, A_2의 1kg당 판매가격이 각각 8천원, 9천원일 때, 최적생산계획을 구하여라.

제 2 부

미분 · 적분

극한 8

8.1 상한과 하한

실수 전체의 집합, 즉 실수직전 $\boldsymbol{R}$의 요소간에는 대소관계가 있다. $\boldsymbol{R}$는 이것에 대해서 중요한 특징을 갖고 있는데 순서에 따라 설명하기로 한다.

$A \subset \boldsymbol{R}(A \neq \phi)$가 **위로 유계**(有界, bounded to the above)이다라고 하는 것은, 어떤 $b \in \boldsymbol{R}$가 있어서

$$a \leqq b$$

가 모든 $a \in A$에 대해서 성립하는 것을 의미한다. 이 때, b를 A의 **상계**(上界, upper bound)라 한다. 즉, 상계를 갖는 집합이 위로 유계인 집합이다.

대소관계를 역으로 해서, A가 **하계**(下界, lower bound)를 가질 때, 즉 어떤 $b \in \boldsymbol{R}$가 존재해서

$$a \geqq b$$

가 모든 $a \in A$에 대해서 성립할 때, A는 **아래로 유계**(bounded to the below)이다라고 한다.

위로도 아래로도 유계인 집합은 단지 **유계**(bounded)이다라고 한다.

이상을 정리하면 다음과 같다.

정리 8·1

(실수의 연속성) 위로 유계인 집합은 반드시 **최소상계**(最小上界, least upper bound)를 갖는다. 또, 아래로 유계인 집합은 반드시 **최대하계**(最大下界, greatest lower bound)를 갖는다.

$A \subset \boldsymbol{R}$의 최소상계는

$$\sup A$$

라 쓰고, A의 **상한**(supremum)이라 부른다. 또 A의 최대하계는

$$\inf A$$

라 쓰고, A의 **하한**(infimum)이라 부른다.

정리 8.1은 $\boldsymbol{R}$의 기본적 성질의 하나를 나타내는 것이다. 증명에는 자연수, 유리수의 구성으로 되돌아가지 않으면 안 된다.

정리 8·2

$b = \sup A$이기 위한 필요충분조건은, 다음의 1), 2)가 성립하는 것이다.

1) $a \leqq b$가 모든 $a \in A$에 대해서 성립한다.

2) $b' < b$라면 $b' < a$로 되는 $a \in A$가 존재한다.

대칭적으로 $b = \inf A$이기 위한 필요충분조건은, 다음의 1'), 2')가 성립하는 것이다.

1') $a \geqq b$가 모든 $a \in A$에 대해서 성립한다.

2') $b' > b$라면 $b' > a$로 되는 $a \in A$가 존재한다.

예 1. $A \subset B \subset \boldsymbol{R}$이고 B가 유계, $A \neq \phi$라면

$$\inf B \leqq \inf A \leqq \sup A \leqq \sup B$$

실제, 각 $b \in B$에 대해서 $b \leqq \sup B$가 성립하므로, $\sup B$는 A의 상계이다. 따라서, $\sup A \leqq \sup B$.

문 1. 다음의 집합에 대해서, 상한 또는 하한이 존재할 때는 그 값을 구하여라.

(1) $\left\{2 - \dfrac{1}{n^2} \;;\; n = 1,\ 2,\ \cdots\right\}$

(2) 1보다 작은 무리수의 집합

(3) 자연수의 전체

(4) 반경이 10 이하인 원의 면적의 집합

문 2. $\max A$가 존재하면 sup $A=\max A$, 또, min A가 존재하면 $\inf A=\min A$로 됨을 보여라.

8.2 수열의 극한

자연수 1, 2, 3, ⋯, n, ⋯의 각각에 수가 하나씩 대응하고 있을 때, 이것을 순서대로 늘어놓은

$$a_1,\ a_2,\ a_3,\ \cdots,\ a_n,\ \cdots$$

을 **수열**(sequence)이라 하고, 기호 $\{a_1,\ a_2,\ \cdots,\ a_n,\ \cdots\}$ 또는 $\{a_n\}$으로 표시한다. 수열 $\{a_n\}$으로부터 그 일부분을 뽑아내어 늘어놓은 수열

$$a_{n_1},\ a_{n_2},\ \cdots,\ a_{n_i},\ \cdots\ (n_1 < n_2 < \cdots < n_i \cdots)$$

를 본래 수열 $\{a_n\}$의 **부분열** 또는 **부분수열**이라 한다.

수열 $\{a_n\}$에 있어서, 번호 n이 커짐에 따라서, a_n이 한없이 어떤 특정한 수 a에 접근할 때, 이것을

$$\lim_{n\to\infty} a_n = a \ \text{ 또는 } \ a_n \to a\,(n\to\infty)$$

로 나타내고, a를 수열 $\{a_n\}$의 **극한**(limit)이라 하고 이 수열은 a에 **수렴**(收斂, convergence)한다고 한다.

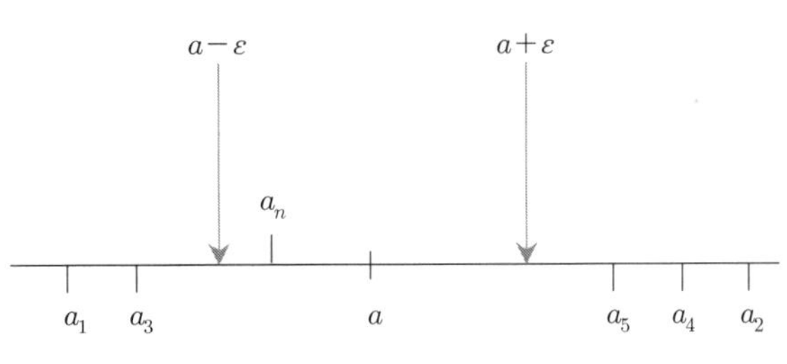

이것은, 번호 n을 충분히 크게 취하면, $|a_n - a|$를 얼마든지 작게 할 수 있다고 하는 것을 의미하고 있다. 더 정확하게 말하자면, 이것은 "어떠한 (작은) 양의 수 ε이 주어진 경우에도, 그것에 대해서 적당히 (큰) 자연수 N을 취하여

$$n > N\text{이면} \quad |a_n - a| < \varepsilon$$

이 되도록 할 수가 있다."라고 하는 것을 의미하고 있다.[20)]

예 2. 다음을 증명하여라.

$$\lim_{n\to\infty}\frac{1}{n} = 0$$

임의의 $\varepsilon > 0$에 대해서, 하나의 자연수 N을 $N > \dfrac{1}{\varepsilon}$이 되도록 취한다.

이때

$$n > N\text{이면} \left|\frac{1}{n} - 0\right| = \frac{1}{n} < \frac{1}{N} < \varepsilon$$
$$\therefore \frac{1}{n} \to 0 \ (n \to \infty)$$

수열 $\{a_n\}$이 수렴하지 않을 때, $\{a_n\}$은 **발산**(divergence)한다고 한다. 수열 $\{a_n\}$은 발산하는데, 특별히

"어떠한(큰) 양의 수 M이 주어져도, 그것에 대해서 적당히 (큰) 자연수 N을 취하여
$n > N$이면 $a_n > M$
이 되도록 할 수 있다."

라고 할 때, $\{a_n\}$은 $+\infty$로 발산한다고 하고, 이것을

$$\lim_{n\to\infty} a_n = +\infty \quad \text{또는} \quad a_n \to +\infty \ (n \to \infty)$$

로 표시한다.

또, 수열 $\{a_n\}$은 발산하는데, 수열 $\{-a_n\}$이 $+\infty$로 발산할 때 $\{a_n\}$은 $-\infty$로 발산한다고 하고, 이것을

20) 이것을 **$\varepsilon-N$법**에 의한 수열의 극한에 대한 정의라 한다.

$$\lim_{n\to\infty} a_n = -\infty \text{ 또는 } a_n \to -\infty\,(n\to\infty)$$

로 표시한다.

예를 들면, 수열 $\{1,\ 2,\ 4,\ 8,\ \cdots,\ 2^{n-1},\ \cdots\}$은 $+\infty$로 발산하고, 수열 $\{-\sqrt{1},\ -\sqrt{2},\ -\sqrt{3},\ \cdots,\ -\sqrt{n},\ \cdots\}$은 $-\infty$로 발산한다.

예 3. $a>0$이라 한다. 다음을 증명하여라.

$$\lim_{n\to\infty} a^n = \begin{cases} 0 & (0<a<1\text{일 때}) \\ 1 & (a=1\text{일 때}) \\ +\infty & (1<a\text{일 때}) \end{cases}$$

먼저 $a=1$일 때, $a^n=1$ $(n=1,\ 2,\ \cdots)$이므로, $a^n \to 1\ (n\to\infty)$, $a>1$일 때, $a=1+h\ (h>0)$라 놓으면

$$\begin{aligned} a^n = (1+h)^n &= 1+nh+\frac{n(n-1)}{2}h^2+\cdots+h^n \\ &\geqq 1+nh \end{aligned}$$

그래서, 임의의 $M>0$에 대해서, 자연수 N을 $N>(M-1)/h$이 되도록 취하면

$$n>N\text{이면 } a^n \geqq 1+nh>M$$

따라서,

$$a^n \to +\infty\ (n\to\infty)$$

마지막으로 $0<a<1$일 때는, $b=1/a$로 놓으면 $b>1$이다.

따라서, $b^n \to +\infty\ (n\to\infty)$로 된다. 즉, 임의의 $M>0$에 대해서 자연수 N을 적당히 취하면

$$n>N\text{이면 } b^n>M$$

따라서, 임의의 $\varepsilon>0$에 대해서 자연수 N을

$$n>N\text{이면 } b^n>\frac{1}{\varepsilon}$$

이 되도록 취할 수가 있다. 이 때, $n>N$이면 $|a^n-0|=a^n=\dfrac{1}{b^n}<\varepsilon$이 된다. 따라서

$$a^n \to 0\ (n \to \infty)$$

예 4. $\lim_{n\to\infty} \frac{\sin n}{n} = 0$

임의의 $\varepsilon > 0$에 대해서, $|a_n| < \varepsilon\ (a_n = \frac{\sin n}{n})$으로 되는 n의 범위를 조사한다.

$$|a_n| \leqq \frac{1}{n}$$

이므로, $\frac{1}{n} < \varepsilon$, 즉 $n > \frac{1}{\varepsilon}$이면 $|a_n| < \varepsilon$이 성립한다.

따라서, $N \geqq \frac{1}{\varepsilon}$인 번호 N을 취하면, $n > N$일 때 $|a_n| < \varepsilon$이다.

예 5. $\lim_{n\to\infty} a_n = a$이면

$$\lim_{n\to\infty} \frac{a_1 + a_2 + \cdots + a_n}{n} = a$$

이다.

실제로, 임의의 $\varepsilon > 0$에 대해서 번호 N을 충분히 크게 취하면, $n > N$일 때 $|a_n - a| < \varepsilon$이 된다. 그래서

$$b_n = \frac{a_1 + a_2 + \cdots + a_n}{n}$$

이라 놓고, $n > N$이라 하면

$$\begin{aligned} |b_n - a| &\leqq \frac{|a_1 - a| + \cdots + |a_N - a| + |a_{N+1} - a| + \cdots + |a_n - a|}{n} \\ &< \frac{NK + (n-N)\varepsilon}{n} < \frac{NK}{n} + \varepsilon \end{aligned}$$

여기에서, $K = \max\{|a_1 - a|, \cdots, |a_N - a|\}$로 했다. 더욱 $\frac{NK}{N'} < \varepsilon$이 성립하도록 $N'(> N)$를 충분히 크게 취하면, $n > N'$일 때

$$|b_n - a| < 2\varepsilon$$

이 성립한다. 따라서 $\lim_{n\to\infty} b_n = a$이다. 마지막 부등식의 우변에 있어서는, ε이 아니라 2ε으로 되어 있는데 ε의 계수 2는 결론적으로 영향을 미치지 않는다. 임의의 양수는 $2\varepsilon(\varepsilon > 0)$이라고 하는 형태로 나타내어지기 때문이다.

예 6. 수렴수열(收斂數列)은 유계이다.

$n\to\infty$일 때 $a_n\to a$라고 한다. 양수 $\varepsilon=1$에 대해서 번호 N을 충분히 크게 취하면, $n > N$일 때 $|a_n - a| < 1$로 된다. 따라서 $n > N$일 때

$$|a_n| = |(a_n - a) + a| \leqq |a_n - a| + |a| < 1 + |a|$$

따라서, $b = \max\{|a_1|, \cdots, |a_N|, 1+|a|\}$라 놓으면,

$$|a_n| \leqq b \ (n = 1, 2, \cdots)$$

가 성립한다. 따라서 $\{a_n\}$은 유계이다.

정리 8·3

$\lim_{n\to\infty} a_n = a$, $\lim_{n\to\infty} b_n = b$이면

(1) $\lim_{n\to\infty}(a_n \pm b_n) = a \pm b$ (복호동순)

(2) $\lim_{n\to\infty} a_n b_n = ab$

(3) $\lim_{n\to\infty} \dfrac{a_n}{b_n} = \dfrac{a}{b}$ $(b_n \neq 0,\ b \neq 0)$

(4) 모든 n에 대해서 $a_n \leqq b_n$이면, $a \leqq b$

(5) 모든 n에 대해서 $a_n \leqq c_n \leqq b_n$, $a = b$이면 $\lim_{n\to\infty} c_n = a$

[증명] 임의의 수 $\varepsilon > 0$에 대해서, 자연수 N_1과 N_2가 존재해서 $n > N_1$이면 $|a_n - a| < \varepsilon$으로 되고, $n > N_2$이면 $|b_n - b| < \varepsilon$으로 된다. N_1과 N_2중에 큰 것을 N이라 한다.

(1) $n > N$이면

$$\begin{aligned}|(a_n \pm b_n) - (a \pm b)| &= |(a_n - a) \pm (b_n - b)| \quad \text{(복호동순)}\\ &\leqq |a_n - a| + |b_n - b)| \leqq 2\varepsilon\end{aligned}$$

그런데, $\varepsilon > 0$은 임의이므로 2ε이 임의로 주어진 수가 되도록 ε을 택할 수 있다. 따라서,

$$\lim_{n\to\infty}(a_n \pm b_n) = a \pm b \quad \text{(복호동순)}$$

(2) $\{a_n\}$과 $\{b_n\}$은 수렴하므로, $|a|$, $|a_n|$, $|b_n| < M(n=1, 2, 3, \cdots)$으로 되는 수 M이 존재한다. $n > N$이면

$$\begin{aligned}|a_n b_n - ab| &= |(a_n b_n - ab_n) + (ab_n - ab)| \\ &\leqq |a_n - a| \cdot |b_n| + |a| \cdot |b_n - b| \\ &\leqq \varepsilon M + M\varepsilon = 2M\varepsilon\end{aligned}$$

따라서,

$$\lim_{n\to\infty} a_n b_n = ab$$

(3) $\lim_{n\to\infty} b_n = b$이므로, 자연수 N'가 존재해서 $n > N'$이면, $|b_n - b| < |b|/2$.

따라서, $|b| - |b_n| < |b|/2$. 즉, $|b_n| > |b|/2$. N과 N'중에 큰 것을 N''라고 한다. $n > N''$이면

$$\begin{aligned}\left|\frac{a_n}{b_n} - \frac{a}{b}\right| &= \frac{1}{|b_n b|}|ba_n b_n a| \\ &\leqq \frac{2}{|b|^2}|b(a_n - a) + a(b - b_n)| \qquad (\because |b_n| > \frac{|b|}{2}) \\ &\leqq \frac{2}{|b|^2}\{|b| \cdot |a_n - a| + |a| \cdot |b_n - b|\} < \frac{2(|a| + |b|)\varepsilon}{|b|^2}\end{aligned}$$

따라서,

$$\lim_{n\to\infty} \frac{a_n}{b_n} = \frac{a}{b}$$

(4) $a = \lim_{n\to\infty} a_n > b = \lim_{n\to\infty} b_n$이라고 가정한다. $\varepsilon = (a-b)/2$라고 했을 때, 자연수 N이 존재해서 $n > N$이면, $a_n > a - \varepsilon = b + \varepsilon > b_n$이 되어 $a_n \leqq b_n$과 모순이 된다. 따라서, $a \leqq b$가 아니면 안 된다.

(5) $0 \leqq c_n - a_n \leqq b_n - a_n$, 또한 $n \to \infty$일 때 $b_n - a_n \to b - a = 0$이다.
따라서 $c_n - a_n \to 0$. 그러므로 $c_n = a_n + (c_n - a_n) \to a$

예 7. 정리 8.3의 공식을 이용해서, 다음의 극한치를 구하여라.

(1) $\lim_{n\to\infty} \frac{(n-1)(2n+1)}{n^2} = \lim_{n\to\infty} (1 - \frac{1}{n})(2 + \frac{1}{n}) = 2$

(2) $\lim_{n\to\infty} \frac{5n^2 + 4n - 1}{n^2 - 2n + 3} = \lim_{n\to\infty} \frac{5 + \frac{4}{n} - \frac{1}{n^2}}{1 - \frac{2}{n} + \frac{3}{n^2}} = 5$

문 3. 다음의 극한을 구하여라.

(1) $\lim_{n\to\infty} (\sqrt[3]{n^3+1} - n)$

(2) $\lim_{n\to\infty} (\sqrt{n^3+1} - \sqrt{n^3-1})$

(3) $\lim_{n\to\infty} \frac{\cos^2 n + 3}{n}$

(4) $\lim_{n\to\infty} n\left(1 - \sqrt{1 + \frac{1}{n}}\right)$

문 4. 극한치 $\lim_{n\to\infty} \sqrt[n]{n}$ 을 구하여라.

수열 $\{a_n\}$이 조건

$$a_1 < a_2 < \cdots a_n < a_{n+1} < \cdots$$

을 만족할 때, $\{a_n\}$은 **단조증가**(monotone increasing)라고 한다.

수열 $\{a_n\}$이 조건

$$a_1 > a_2 > \cdots a_n > a_{n+1} > \cdots$$

을 만족할 때, $\{a_n\}$은 **단조감소**(monotone decreasing)라고 한다. 이와 같은 수열을 총칭해서, **단조수열**(monotone sequence)이라 한다.

또한 수열 $\{a_n\}$이 조건 $a_1 \leqq a_2 \leqq \cdots \leqq a_n \leqq a_{n+1} \leqq \cdots$을 만족할 때, 이것은 **광의의 단조증가**라고 한다. 수열 $\{a_n\}$이 조건 $a_1 \geqq a_2 \geqq \cdots \geqq a_n \geqq a_{n+1} \geqq \cdots$을 만족할 때, 이것은 **광의의 단조감소**라고 한다. 이와 같은 수열을 총칭해서, **광의의 단조수열**이라 한다.

정리 8·4 유계인 단조수열은 수렴한다.

[증명] 유계인 단조증가수열 $\{a_n\}$을 생각한다.

$$a = \sup_n a_n$$

으로 놓는다. 그래서 임의의 $\varepsilon > 0$에 대해서 $a - \varepsilon < a_N$으로 되는 번호 N을 취하면, $n > N$일 때

$$a - \varepsilon < a_N \leqq a_n \leqq a$$

가 성립하므로 $|a_n - a| < \varepsilon$. 따라서, $n \to \infty$일 때 $a_n \to a$이다.

유계인 단조감소수열 $\{a_n\}$에 대해서는

$$\lim_{n\to\infty} a_n = \inf_n a_n$$

인 것이 같은 방법으로 증명된다.

예 8. 수열 $\left\{(1+\frac{1}{n})^n\right\}$은 수렴하다. 극한치

$$e = \lim_{n\to\infty}(1+\frac{1}{n})^n$$

은 **자연대수의 밑**이고, 상세한 값은

$$e = 2.718281828459045\cdots$$

실제로 $a_n = \left(1 + \dfrac{1}{n}\right)^n$이라 놓으면, 이항정리에 의해

$$\begin{aligned} a_n &= \left(1+\frac{1}{n}\right)^n = 1 + {}_nC_1\frac{1}{n} + {}_nC_2\frac{1}{n^2} + {}_nC_3\frac{1}{n^3} + \cdots + {}_nC_n\frac{1}{n^n} \\ &= 1 + n \cdot \frac{1}{n} + \frac{n(n-1)}{2!} \cdot \left(\frac{1}{n}\right)^2 + \frac{n(n-1)(n-2)}{3!} \cdot \left(\frac{1}{n}\right)^3 + \cdots \\ &\qquad + \frac{n(n-1)\cdots(n-(n-1))}{n!} \cdot \left(\frac{1}{n}\right)^n \\ &= 2 + \frac{1}{2!}(1-\frac{1}{n}) + \frac{1}{3!}(1-\frac{1}{n})(1-\frac{2}{n}) + \cdots \\ &\qquad + \frac{1}{n!} \cdot \left(1-\frac{1}{n}\right)\left(1-\frac{2}{n}\right)\cdots\left(1-\frac{n-1}{n}\right) \end{aligned}$$

여기에서 $3! > 2^2, \cdots, n! > 2^{n-1}$을 사용해서

$$a_n \leqq 2 + \frac{1}{2} + \frac{1}{2^2} + \cdots + \frac{1}{2^{n-1}} < 3$$

따라서, $\{a_n\}$은 유계이다. 또, 전개식

$$\begin{aligned} a_{n+1} &= 2 + \frac{1}{2!}\left(1-\frac{1}{n+1}\right) + \cdots \\ &\quad + \frac{1}{(n+1)!}\left(1-\frac{1}{n+1}\right)\left(1-\frac{2}{n+1}\right)\cdots\left(1-\frac{n}{n+1}\right) \end{aligned}$$

이 2번째부터 n번째까지의 각 항은 a_n의 전개식의 대응하는 각 항보다 크고, a_n에는 $n+1$번째의 항은 없다. 따라서 $a_n < a_{n+1}$이므로 $\{a_n\}$은 단조증가이고, 결국 수렴하는 것을 알 수 있다.

정의 실수의 집합 $\{x ; a \leqq x \leqq b\}$는 **폐구간**(closed interval)이라 부르고, $[a, b]$로 표기한다. 집합 $\{x ; a < x < b\}$는 **개구간**(open interval)이라 부르고, (a, b)로 나타낸다. 개구간에는, 이외에 다음과 같은 것이 있다.

$$R = (-\infty, \infty),$$
$$\{x ; x > a\} = (a, \infty), \quad \{x ; x < b\} = (-\infty, b)$$

정리 8·5 **(Weierstrass)**[21] 유한수열 $\{a_n\}$으로부터는 수렴하는 부분수열 $\{a_{n_i}\}$를 뽑아낼 수 있다.

[증명] 유한수열 $\{a_n\}$을 포함하는 폐구간 $I_1=[\alpha_1,\ \beta_1]$을 취한다. I_1을 좌우 두 개의 폐구간

$$I_1'=\left[\alpha_1,\ \frac{\alpha_1+\beta_1}{2}\right],\ I_1''=\left[\frac{\alpha_1+\beta_1}{2},\ \beta_1\right]$$

으로 나눈다. 이들 폐구간 I_1', I_1''중에, 어느 쪽인가 한 편은 무한개의 n에 대해서 a_n을 포함한다. 그와 같은 폐구간의 하나를 골라서, 그것을

$$I_2=[\alpha_2,\ \beta_2]$$

로 한다. 더욱, I_2를 좌우 두 개의 폐구간

$$I_2'=\left[\alpha_2,\ \frac{\alpha_2+\beta_2}{2}\right],\ I_2''=\left[\frac{\alpha_2+\beta_2}{2},\ \beta_2\right]$$

나누면, 어느 쪽인가의 폐구간은 무한개의 n에 대해서 a_n을 포함한다. 그 하나를 정해서, 그것을 $I_3=[\alpha_3,\ \beta_3]$라고 놓는다. 이러한 조작을 계속해서 폐구간의 열 $I_i=[\alpha_i,\ \beta_i](i=1,\ 2,\ \cdots)$를 만들어, 다음의 조건을 만족하도록 할 수 있다.

1) $I_1\supset I_2\supset\cdots I_i\supset\cdots$

2) $\beta_i-\alpha_i\to 0(i\to\infty)$

3) 각 i에 대해서, 번호의 집합 $\{n\,;a_n\in I_i\}$는 무한집합이다.

조건 1)로부터

$$\alpha_1\leqq\alpha_2\leqq\cdots\leqq\alpha_i\leqq\cdots\beta_i\leqq\cdots\beta_2\leqq\beta_1$$

인 것을 알 수 있으므로, $\{\alpha_i\}$, $\{\beta_i\}$는 수렴한다. 조건 2)로부터, 이들의 극한은 일치한다. $\lim\limits_{i\to\infty}\alpha_i=\lim\limits_{i\to\infty}\beta_i=a$라 쓴다.

그래서 $n_1=1$로 한다. 다음에, $a_n\in I_2$인 $n(>1)$의 최소치를 n_2라 놓는다. 더욱, $a_n\in I_3$인 $n(>n_2)$ 중에 최소치를 n_3라 놓는다.

이하 마찬가지로 해서, 번호의 열

$$n_1<n_2<n_3<\cdots<n_i<\cdots$$

로, $a_{n_i}\in I_i$, 즉 $\alpha_i\leqq a_{n_i}\leqq\beta_i$를 만족하는 것을 뽑아낼 수가 있다. 그렇게 하면, $i\to\infty$일 때 $\alpha_i\to a$, $\beta_i\to a$이므로, $a_{n_i}\to a$이다.

정리 8·6 **(Cauchy열) 수열** $\{\alpha_n\}$이 수렴하기 위한 필요충분조건은, 임의의 $\varepsilon>0$에 대해서 번호 N을 충분히 크게 취하면, $m>N$, $n>N$일 때 $|a_m-a_n|<\varepsilon$이 성립하는 것이다.[22]

---

21) Weierstrass, Karl (1815~1897 ; 독일)

22) Cauchy, Augustin Louis (1789~1857 ; 프랑스). 위와 같은 수열을 **기본열** 또는 **Cauchy열**이라 한다.

[증명] 먼저, 필요성을 증명한다. $\lim_{i\to\infty} a_n = a$라면, 임의의 $\varepsilon > 0$에 대해서 N을 충분히 크게 취하면

$$|a_n - a| < \frac{\varepsilon}{2} \quad (n > N)$$

이 성립한다. 따라서 $m > N$, $n > N$이면

$$|a_m - a_n| \leqq |a_m - a| + |a_n - a| < \frac{\varepsilon}{2} + \frac{\varepsilon}{2} = \varepsilon$$

으로 된다. 이것은, $\{a_n\}$이 Cauchy열인 것을 보이고 있다.

다음에, 충분성에 대해 증명하다. $\{a_n\}$이 Cauch열이라고 한다. $\{a_n\}$은 이 경우 유계이다. 실제로, $\varepsilon = 1$에 대해서 N을 충분히 크게 취하면, $m > N$, $n > N$일 때 $|a_m - a_n| < 1$로 된다. $|a_n| - |a_m| \leqq |a_m - a_n| < 1$이므로 특히 $m = N+1$로 해서 $|a_n| \leqq 1 + |a_{N+1}|$, 따라서, $K = \max\{|a_1|, |a_2|, \cdots, |a_N|, |a_{N+1}| + 1\}$로 하면, 모든 n에 대해서 $|a_n| \leqq K$.

또한 $\{a_n\}$은 Cauchy열이므로, 임의의 $\varepsilon > 0$에 대해서, 자연수 N_1을 적당히 취하여 $m > N_1$, $n > N_1$일 때 $|a_m - a_n| < \frac{\varepsilon}{2}$이 되도록 한다. 또 수열 $\{a_n\}$이 a에 수렴하면, 그 임의의 부분열 $\{a_{n_i}\}$도 a에 수렴하므로 (정리 8.5로부터), 같은 ε에 대해서 자연수 N_2를 적당히 취하면 $i > N_2$일 때 $|a_{n_i} - a| < \frac{\varepsilon}{2}$으로 된다.

$N = \max\{N_1, N_2\}$라 놓으면, 일반적으로 $i \leqq n_i$이므로, $i > N$이면

$$|a_i - a| \leqq |a_i - a_{n_i}| + |a_{n_i} - a| < \frac{\varepsilon}{2} + \frac{\varepsilon}{2} = \varepsilon$$

따라서, $\lim_{i\to\infty} a_i = a$, 즉 $\lim_{n\to\infty} a_n = a$

문 5. 다음의 수열 $\{a_n\}$은 수렴하는가, 수렴하는 것에 대해서는 그 극한치를 구하여라.

(1) $a_n = \dfrac{2n+1}{1-3n}$ (2) $a_n = \dfrac{n^2-n}{2n^2+n}$

(3) $a_n = 1 + \dfrac{(-1)^n}{n}$ (4) $a_n = 1 + (-1)^n$

문 6. 다음의 극한치를 구하여라.

(1) $\lim_{n\to\infty} \dfrac{10^n}{n!}$ (2) $\lim_{n\to\infty} \sqrt[n]{3^n + 4^n}$

문 7. $a_n > 0$, $\lim_{n\to\infty} a_n = a$이면, $\lim_{n\to\infty} \sqrt[n]{a_1 a_2 \cdots a_n} = a$임을 보여라.

8.3 함수의 극한, 연속함수

함수에는 여러 가지가 있다.

예를 들면

$$y=[x]\cdots ① \qquad y=\frac{1}{1+x^2}\cdots ②$$
$$y=\frac{1}{1-x^2}\cdots ③ \qquad y=2^x\sin x\cdots ④$$

등의 함수를 생각해 보자. 이것들의 그래프를 그려보면 다음과 같다.

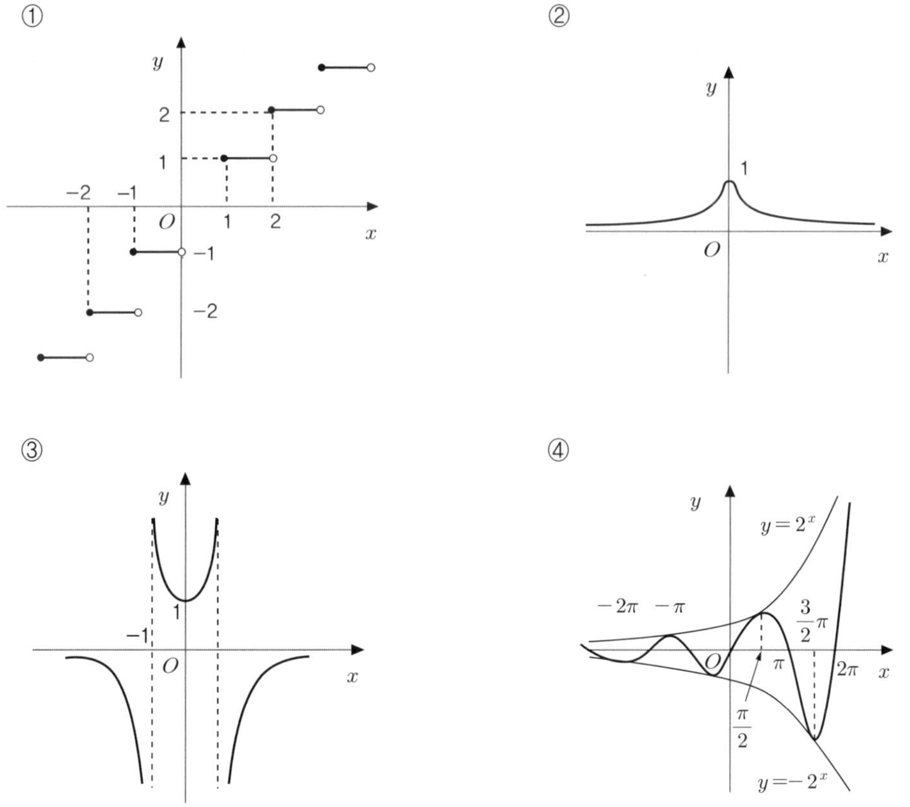

그림 8.1

이들 함수의 정의역은 어느 것도 유계는 아닌데, ①, ③과 같이 그래프가 연속이 아닌 것도 있고, ②, ④와 같이 연속인 것이 있다. 이와 같은 것을 상세히 알아보기 위해서, 먼저 함수의 극한치에 대해서 설명한다.

함수 $y=f(x)$에 있어서, 그 변수 x가 일정한 수 x_0에 한없이 접근해 갈 때, 그것에 따라서 함수 $f(x)$의 값이 일정한 수 y_0에 한없이 접근해 간다면, x가 x_0에 한없이 접근해 갈 때 함수 $f(x)$에는 극한이 존재해서 그 **극한**은 y_0이다, 또는 $f(x)$는 y_0에 **수렴**한다고 한다. 그리고, 이것을

$$f(x) \to y_0 \ (x \to x_0)$$

또는

$$\lim_{x \to x_0} f(x) = y_0$$

라고 표시한다.

이상의 조건은 $|x-x_0|$만 충분히 작게 잡으면, $|f(x)-y_0|$를 얼마든지 작게 할 수 있다고 하는 것을 의미하고 있다. 더 정확하게 말하자면 "어떠한 (작은) 양의 수 ε이 주어지더라도, 그것에 대해서 적당히 양의 수 δ를 취하여 $0<|x-x_0|<\delta$이고, 동시에 x가 $f(x)$의 정의역 내에 있으면

$$|f(x)-y_0|<\varepsilon$$

이 되도록 할 수가 있다."라고 하는 것을 의미한다.[23)]

주의 1. 여기에서 $0<|x-x_0|<\delta$로 해서 $x=x_0$가 되는 경우를 피하고 있는데 주의해야 할 것이다. 실제의 많은 예에 있어서는, $|x-x_0|=0$이더라도 또한 $|f(x)-y_0|<\varepsilon$이 성립되지만, 극한치의 정의로서는 $x=x_0$가 되는 경우를 제외한다. 일반적으로, x_0는 함수 $f(x)$의 정의역에 포함되어 있다고는 할 수 없다.

주의 2. 여기에서 δ는 ε에 관계해서 정해지는 것이다. 일반적인 경우에는, ε이 작아지면 δ도 작아진다.

예 9. 다음을 증명하여라.

(1) $\lim_{x \to 1}(1+2x)=3$ (2) $\lim_{x \to 1}\dfrac{1-x^2}{1-x}=2$

---

23) 이것을 **$\varepsilon-\delta$법**에 의한 함수의 극한치에 대한 정의라 한다.

(3) $\lim_{x \to x_0} x^2 = x_0^2$

(해답) (1) 임의의 $\varepsilon > 0$에 대해서, $\delta = \dfrac{\varepsilon}{2}$으로 하면

$$0 < |x-1| < \delta \text{이면 } |(1+2x)-3| = 2|x-1| < 2\delta = \varepsilon$$

으로 된다. 따라서

$$1+2x \to 3 \quad (x \to 1)$$

(2) $x=1$은 이 함수의 정의역에 속하지 않는다. 그런데 $x \neq 1$이면

$$\frac{1-x^2}{1-x} = 1+x$$

임의의 $\varepsilon > 0$에 대해서, $\delta = \varepsilon$으로 하면

$$0 < |x-1| < \delta \text{이면 } \left|\frac{1-x^2}{1-x} - 2\right| = |(1+x)-2| = |x-1| < \varepsilon$$

따라서,

$$\frac{1-x^2}{1-x} \to 2 \quad (x \to 1)$$

(3) $0 < |x - x_0| < \delta$이면

$$\begin{aligned} |x^2 - x_0^2| &= |(x+x_0)(x-x_0)| = |(x-x_0)+2x_0| \cdot |x-x_0| \\ &\leqq (|x-x_0|+2|x_0|) \cdot |x-x_0| < (\delta+2|x_0|)\delta \end{aligned}$$

이므로, 임의로 주어진 $\varepsilon > 0$에 대해서

$$0 < \delta < 1 \text{ 동시에 } \delta < \frac{\varepsilon}{1+2|x_0|}$$

이 되도록 δ를 취하면

$$0 < |x-x_0| < \delta \text{이면 } |x^2 - x_0^2| < (\delta+2|x_0|)\delta < (1+2|x_0|)\delta < \varepsilon$$

따라서,

$$x^2 \to x_0^2 \quad (x \to x_0)$$

주의 3. 예 9의 (1)과 (2)에서는 δ는 ε에만 관계해서 취해졌는데, (3)에서는 δ는 ε과 x_0의 양쪽에 관계해서 취해지고 있다.

예 10. $x \to 0$일 때 $\sin\dfrac{1}{x}$은 수렴하지 않는다는 것을 증명하여라.

(해답)

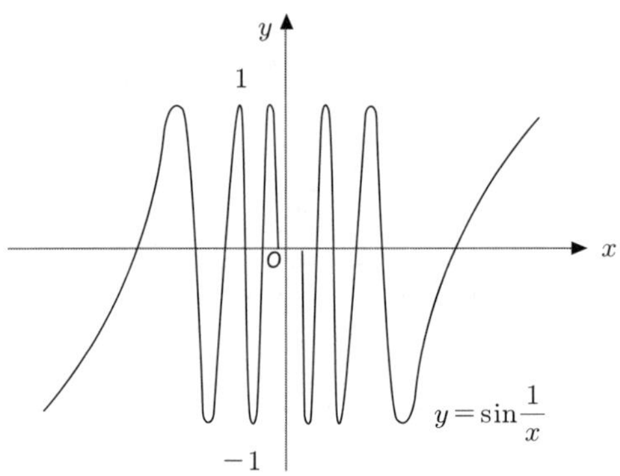

아무리 작은 $\delta > 0$에 대해서도 $0 < \dfrac{1}{2(n+1)\pi} < \dfrac{1}{2n\pi} \leqq \delta$로 되는 자연수 n이 있다. x를 $\left[\dfrac{1}{2(n+1)\pi},\ \dfrac{1}{2n\pi}\right]$ 내에서 변동시키면, $\dfrac{1}{x}$은 구간 $[2n\pi,\ 2(n+1)\pi]$ 내를 변동하고, $\sin\dfrac{1}{x}$은 $[-1,\ 1]$ 내를 변동한다. 따라서, $x \to 0$일 때 $\sin\dfrac{1}{x}$의 값은 일정한 수치에 접근하지 않는다. 즉, $x \to 0$일 때, $\sin\dfrac{1}{x}$은 수렴하지 않는다.

변수 x가 오른쪽에서 x_0에 접근할 때의 $f(x)$의 극한치를 $\lim\limits_{x \to x_0+0} f(x)$로 표현한다. 또, 변수 x가 왼쪽에서 x_0에 접근할 때의 $f(x)$의 극한치를 $\lim\limits_{x \to x_0-0} f(x)$로 표현한다.

즉, 임의로 주어진 $\varepsilon > 0$에 대해서, 적당히 $\delta > 0$을 취하여 $f(x)$의 정의역 내에 있는 x에 대해서

$$0 < x - x_0 < \delta \text{이면 } |f(x) - y_0| < \varepsilon$$

으로 할 수가 있을 때, 이것을

$$\lim_{x \to x_0 + 0} f(x) = y_0 \text{ 또는 } f(x) \to y_0 \ (x \to x_0 + 0)$$

으로 나타낸다. 또, 임의로 주어진 $\varepsilon > 0$에 대해서, 적당히 $\delta > 0$을 취하여 $f(x)$의 정의역 내의 x에 대해서

$$0 < x_0 - x < \delta \text{이면 } |f(x) - y_0| < \varepsilon$$

으로 할 수가 있을 때, 이것을 다음과 같이 나타낸다.

$$\lim_{x \to x_0 - 0} f(x) = y_0 \text{ 또는 } f(x) \to y_0 \ (x \to x_0 - 0)$$

예 11. 다음을 증명하여라.

$$\lim_{x \to 0+0} \frac{|x|}{x} = +1, \quad \lim_{x \to 0-0} \frac{|x|}{x} = -1$$

(해답) 함수 $y = \frac{|x|}{x}$는 $x = 0$에서는 정의되어 있지 않다. $x > 0$이면, $\frac{|x|}{x} = +1$, $x < 0$이면, $\frac{|x|}{x} = -1$이다. 따라서, $\lim_{x \to 0+0} \frac{|x|}{x} = +1$, $\lim_{x \to 0-0} \frac{|x|}{x} = -1$

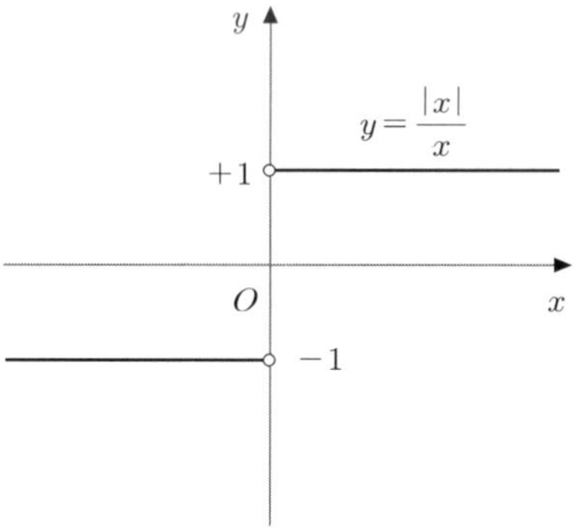

주의 4. 위에 나타난 $0+0$과 $0-0$은, 보통은 각각 $+0$과 -0이라 표기한다.

정리 8·7

$\lim_{x \to a} f(x) = A$, $\lim_{x \to a} g(x) = B$이면

(1) $\lim_{x \to a}(f(x) \pm g(x)) = A \pm B$ (복호동순)

(2) $\lim_{x \to a} f(x)g(x) = AB$

(3) $\lim_{x \to a} \dfrac{f(x)}{g(x)} = \dfrac{A}{B}$ $(g(x) \neq 0,\ B \neq 0)$

(4) $f(x) \leqq g(x)$이면, $A \leqq B$

(5) $f(x) \leqq h(x) \leqq g(x)$, $A = B$이면 $\lim_{x \to a} h(x) = A$

정리 8.7은 수열의 경우와 똑같은 방법으로 증명된다. 이 때, 다음과 같은 사실을 사용하지 않으면 안 된다.

$A = \lim_{x \to a} f(x)$가 존재하면, $\delta > 0$을 충분히 작게 취한다면 집합

$$\{f(x)\ ;\ 0 < |x - a| < \delta\}$$

는 유계이다. 실제로, $\varepsilon = 1$에 대해서 $\delta > 0$을 정하여,

$$0 < |x - a| < \delta \text{일 때 } |f(x) - A| < 1$$

따라서,

$$|f(x)| < 1 + |A|$$

가 성립하도록 할 수 있다.

예 12. 정리 8.7의 공식을 이용해서, 다음의 극한치를 구하여라.

(1) $\lim_{x \to a}(px^2 + qx + r) = pa^2 + qa + r$

(2) $\lim_{x \to 1} \dfrac{x^3 - 1}{x - 1} = \lim_{x \to 1} \dfrac{(x-1)(x^2 + x + 1)}{x - 1} = \lim_{x \to 1}(x^2 + x + 1) = 3$

(3) $\lim_{x \to -1}(x^2 + 1)(x^3 - 5) = -12$

(4) $\lim_{x \to 2} \dfrac{2x^3 + x + 2}{x^2 - 1} = \dfrac{20}{3}$

점 $x=a$의 가까이에서 정의되어 있는 함수 $y=f(x)$에 대해서 다음이 조건 (i), (ii), (iii)이 성립할 때, $y=f(x)$는 $x=a$에서 **연속**(continuation)이라고 한다.

(i) $y=f(x)$는 점 $x=a$ 및 점 $x=a$의 가까이에서 정의되어 있다.

(ii) $\lim_{x\to a} f(x)$가 존재한다.

(iii) $\lim_{x\to a} f(x)=f(a)$

$f(x)$가 $x=a$에서 연속이라 하는 것은, 정확하게 말하면, 임의의 $\varepsilon>0$에 대해서 $\delta>0$이 정해져, $|x-a|<\delta$일 때 $|f(x)-f(a)|<\varepsilon$으로 되는 것을 의미한다.

함수 $f(x)$가 어떤 구간 I의 각 점에서 연속일 때, $f(x)$는 **구간 I에서 연속**이라고 한다. 단, $f(x)$가 구간 I의 왼쪽의 끝점(端點) a(오른쪽의 끝점 b)에서 정의되어 있고,

$$\lim_{x\to a+0} f(x)=f(a)$$

$\left(\lim_{x\to b-0} f(x)=f(b)\right)$이면, $f(x)$는 끝점 a(끝점 b)에서 **연속**이라고 한다.

주의 5. 연속함수의 그래프는 연속곡선이 된다. 따라서, 그래프가 다음과 같이 되는 함수는 불연속이다.

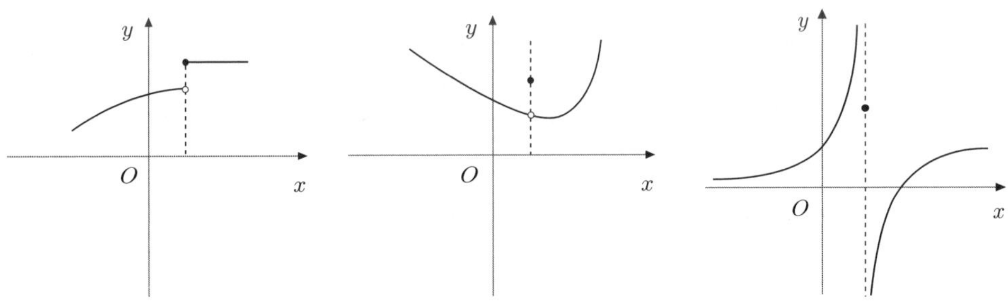

그림 8.2

정리 8.7로부터 용이하게 다음의 정리가 유도된다.

정리 8·8 연속함수의 덧셈, 뺄셈, 곱셈, 나눗셈(단, 0으로 나누는 것은 제외)의 결과는 역시 연속함수이다.

$\lim_{x \to a} x = a$로부터, $p(x)$가 다항식일 때, 정리의 공식을 이용하여 보면 $\lim_{x \to a} p(x) = p(a)$가 성립하는 것을 알 수 있다. 따라서, 다항식은 연속함수이다. 마찬가지로 유리수도 분모가 0으로 되는 점을 제외하고 연속이 된다.

정리 8 · 9 (최대치 · 최소치의 정리) 폐구간에서 연속인 함수는 최대치 및 최소치를 갖는다.

[증명] $f(x)$가 $[a, b]$에서 연속이라 한다. 먼저 $f(x)$는 위로 유계라는 것을 보이기로 하자. 배리법(背理法, reduction to absurdity)으로 이것을 보이기 위해서, 만일 $f(x)$가 위로 유계가 아니라고 가정해 본다. 이와 같은 경우는 $[a, b]$내의 점열 $\{x_n\}$으로 $f(x_n) \to \infty (n \to \infty)$로 되는 것이 있다. $\{x_n\}$의 부분수열 $\{x_{n_i}\}$를 적당히 뽑아내면 수렴하는데, 그 때

$$\lim_{i \to \infty} f(x_{n_i}) = f(x_0) \quad (x_0 = \lim_{i \to \infty} x_{n_i})$$

가 아니면 안 된다. 그러나 한편, $\lim_{i \to \infty} f(x_{n_i}) = \infty$이다. 이러한 일은 있을 수 없다. 따라서, $f(x)$는 위로 유계이다.

그래서 $M = \sup f(x)$로 놓는다. M이 $f(x)$의 어떤 값 $f(x_0)$ (x_0는 $[a, b]$내의 어떤 값)와 같다면, M은 $f(x)$의 최대치이다. 따라서 $f(x) \neq M (a \leq x \leq b)$으로서 모순을 이끌어 내면, $f(x)$가 최대치를 갖는다는 것이 증명된 셈이 된다. $f(x) \neq M$ $(a \leq x \leq b)$이면

$$g(x) = \frac{1}{M - f(x)}$$

은 역시 $[a, b]$에서 연속인데, 분모가 얼마든지 0에 접근할 수 있으므로 위로 유계가 아니다. 이것은 전 단계에서 증명한 것과 모순된다.

최소치의 존재에 대해서는, $f(x)$ 대신에 $-f(x)$를 생각하면 된다.

주의 6. $f(x)$가 유계라도 연속이 아닐 때는, $\max f(x)$ 혹은 $\min f(x)$가 존재한다고는 말할 수 없다. 예를 들면, 다음의 함수에 대해서는 양자 모두 존재하지 않는다.

$$f(x) = \begin{cases} x - [x] & (x\text{가 정수가 아닐 때}) \\ \dfrac{1}{2} & (x\text{가 정수일 때}) \end{cases}$$

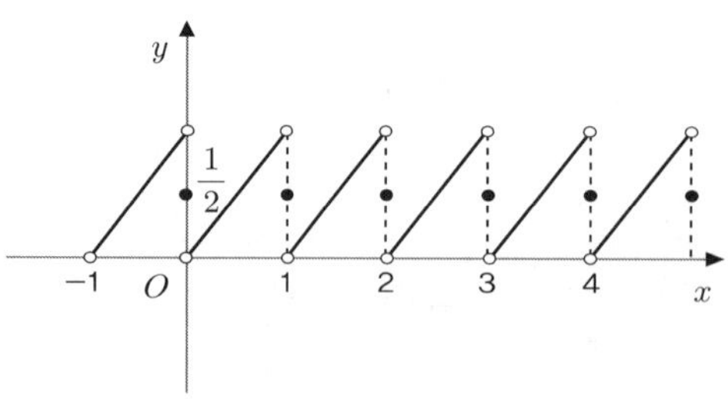

그림 8.3

정리 8 · 10 **(중간치의 정리)** 폐구간에서 연속인 함수는 임의의 중간치를 갖는다.

[증명] $f(x)$가 $[a, b]$에서 연속이고

$$f(0) < 0 < f(b)$$

이면, 어떤 $c \in (a, b)$에 대해서 $f(c) = 0$이 되는 것을 보이면 충분하다.

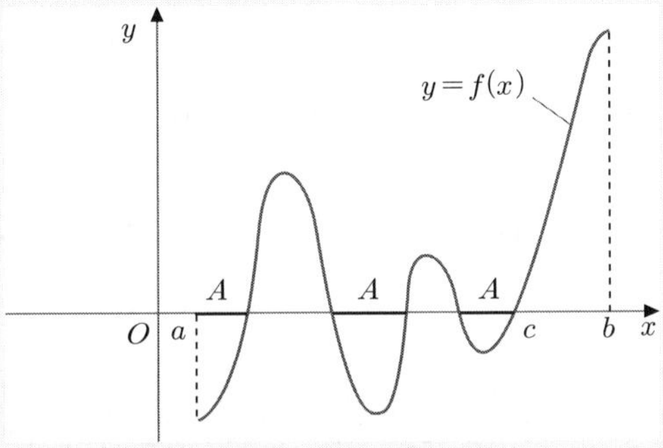

[그림 8.4]

A를 $f(x) < 0$인 $x \in [a, b]$의 집합으로 한다. $c = \sup A$라고 쓰면 (그림 8.4), 상한의 의미로부터 c의 가까이에는 A에 속하는 수가 있다.

따라서, c에 수렴하는 수열 $\{x_n\}$으로 $x_n \in A$를 만족하는 것이 있다. 연속성으로부터

$$\lim_{n \to \infty} f(x_n) = f(c)$$

인데, $f(x_n) < 0$으로부터 $f(c) \leqq 0$을 얻는다. 한편, $f(c) < 0$이면, $x = c$의 가까이에서는 $f(x) < 0$이 되므로, c보다 큰 A의 수가 있다. 이것은 c의 의미에 반한다. 따라서 $f(c) = 0$이 아니면 안 된다.

주의 7. 함수가 불연속일 때는, 정리 8.10은 성립하지 않는다. 예를 들면, 다음의 함수가 하나의 예이다.

$$f(x) = [x] \quad (-1 \leqq x \leqq 1)$$

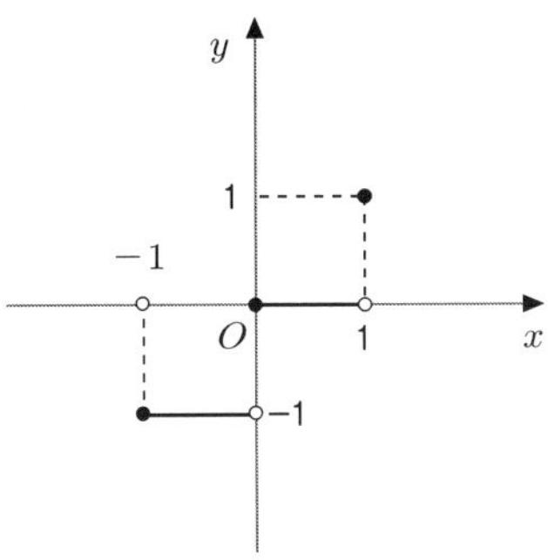

그림 8.5

여기에서, 기호 $[x]$를 **Gauss의 기호**라 하며, $f(x)=n$ (n은 $n \leqq x < n+1$을 만족하는 정수)의 함수를 $y=[x]$로 나타낸다.

x가 a에 한없이 접근할 때, $f(x)$가 한없이 커(작아)지면

$$\lim_{x \to a} f(x)=\infty(-\infty) \text{ 또는 } x \to a \text{일 때, } f(x) \to \infty(-\infty)$$

라고 쓴다.

또한, x가 한없이 커질 때, $f(x)$가 한없이 어떤 수 A에 접근한다면

$$\lim_{x \to \infty} f(x)=A \text{ 또는 } x \to \infty \text{일 때, } f(x) \to A$$

라고 쓴다.

등식 $\lim_{x \to \infty} f(x)=\infty$, $\lim_{x \to -\infty} \quad =A$ 등의 의미도, 앞에서의 경우와 마찬가지로 밝힐 수가 있다.

예 13. $\lim_{x \to \pm\infty} (1+\frac{1}{x})^x = e$

$x>0$으로 하고, n을 x의 정수부분이라 하면 $n \leqq x < n+1$. 이 때

$$1+\frac{1}{n+1} < 1+\frac{1}{x} \leqq 1+\frac{1}{n}$$

따라서, 지수함수의 단조성에 의해서

$$\left(1+\frac{1}{n+1}\right)^n < \left(1+\frac{1}{x}\right)^x < \left(1+\frac{1}{n}\right)^{n+1}$$

이 성립한다. 여기에서, $x \to \infty$로 하면 $n \to \infty$이므로

$$\lim_{n \to \infty}(1+\frac{1}{n})^{n+1} = \lim_{n \to \infty}(1+\frac{1}{n})^n \cdot \lim_{n \to \infty}(1+\frac{1}{n}) = e \cdot 1 = e$$

$$\lim_{n \to \infty}(1+\frac{1}{n+1})^n = \lim_{n \to \infty}(1+\frac{1}{n+1})^{n+1} \cdot \lim_{n \to \infty}(1+\frac{1}{n+1})^{-1} = e \cdot 1 = e$$

이다. 따라서, 위의 부등식을 이용해서

$$e=\lim_{n\to\infty}\left(1+\frac{1}{n+1}\right)^{n} \leqq \lim_{x\to\infty}\left(1+\frac{1}{x}\right)^{x} \leqq \lim_{n\to\infty}\left(1+\frac{1}{n}\right)^{n+1}=e$$

$$\therefore \lim_{x\to\infty}\left(1+\frac{1}{x}\right)^{x}=e$$

$x<0$일 때는 $x=-z$로 놓으면

$$\left(1+\frac{1}{x}\right)^{x}=\left(1-\frac{1}{z}\right)^{-z}=\left(\frac{z-1}{z}\right)^{-z}=\left(\frac{z}{z-1}\right)^{z}=\left(1+\frac{1}{z-1}\right)^{z}$$

$$=\left(1+\frac{1}{z-1}\right)^{z-1}\left(1+\frac{1}{z-1}\right)$$

따라서

$$\lim_{x\to-\infty}\left(1+\frac{1}{x}\right)^{x}=\lim_{z\to\infty}\left(1+\frac{1}{z-1}\right)^{z-1}\cdot\lim_{z\to\infty}\left(1+\frac{1}{z-1}\right)=e\cdot 1=e$$

예 14. 극한치 $\lim_{x\to\pm\infty}\left(1+\frac{a}{x}\right)^{x}$ $(a\neq 0)$을 구해 보자.

$x=at$로 놓으면, $x\to\pm\infty$일 때 $t=\frac{x}{a}\to\pm\infty$.

따라서

$$\lim_{x\to\pm\infty}\left(1+\frac{a}{x}\right)^{x}=\lim_{t\to\pm\infty}\left\{\left(1+\frac{1}{t}\right)^{t}\right\}^{a}=e^{a}$$

예 15. $\lim_{\theta\to O}\frac{\sin\theta}{\theta}=1$

중심 O, 반경 1인 원에서, 중심각 $\theta\ (0<\theta<\frac{\pi}{2})$의 부채꼴 OAP를 그려서, A에서의 접선과 OP의 연장선과의 교점을 T라 한다(그림 8.6).

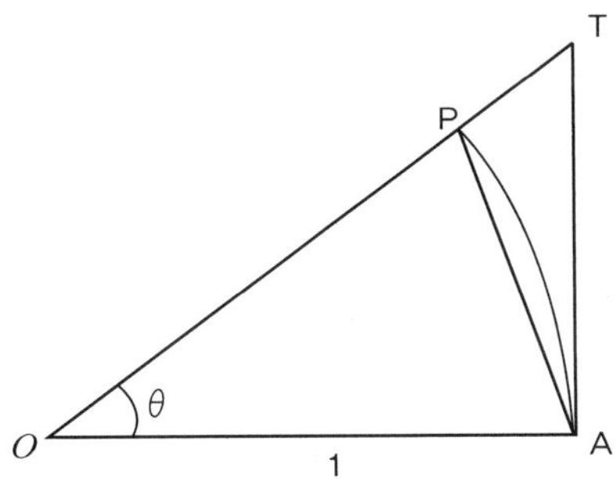

그림 8.6

면적의 관계는

$$\triangle OAP < \text{부채꼴 } OAP < \triangle OAT$$

이다. 이로부터 다음을 얻는다.

$$\sin\theta < \theta < \tan\theta \tag{8.1}$$

앞에서 먼저

$$|\sin\theta| \leqq |\theta| \quad \left(|\theta| < \frac{\pi}{2}\right)$$

임을 알 수 있으므로 $\lim_{\theta \to O} \sin\theta = 0$. 따라서 $\sin\theta$는 $\sin\theta = 0$에서 연속.

또, $0 < |\theta| < \frac{\pi}{2}$일 때 (8.1)로부터

$$1 > \cos\theta = \sqrt{1 - \sin^2\theta} > \sqrt{1 - \theta^2}$$

이 유도되므로 $\lim_{\theta \to O} \cos\theta = 1$. 따라서, $\cos\theta$도 $\theta = 0$에서 연속임을 알 수 있다. 그런데 (8.1)의 각 변을 $\sin\theta (> 0)$로 나누고, 역수를 취하면

$$\cos\theta < \frac{\sin\theta}{\theta} < 1 \tag{8.2}$$

이 $0 < \theta < \frac{\pi}{2}$에 있어서 성립하는데, 이 식의 각 변은 우함수(偶函數)이므로, 즉 $\frac{\sin(-\theta)}{-\theta} = \frac{\sin\theta}{\theta}$, $\cos(-\theta) = \cos\theta$이므로, 실은 $0 < |\theta| < \frac{\pi}{2}$에서도 성립한다. (8.2)에서 $\theta \to 0$으로 하면, $\cos\theta \to 1$이 되므로 $\frac{\sin\theta}{\theta} \to 1$이다.

예 16. 예 15를 이용해서 다음을 구하여라.

(1) $\lim_{\theta \to O} \frac{\tan\theta}{\theta} = \lim_{\theta \to O} \frac{\sin\theta}{\theta} \cdot \frac{1}{\cos\theta} = 1$

(2) $\lim_{\theta \to O} \frac{\sin a\theta}{\theta} = \lim_{\theta \to O} \frac{\sin a\theta}{a\theta} \cdot a = a \quad (a \neq 0)$

정의 함수 $y=f(x)$의 정의역(定義域)이 A이고 치역(値域)이 B라고 한다.

사상 $f: A \to B$가 1대 1이면, 사상 f의 역사상(逆寫像) $f^{-1}: B \to A$가 정해진다. 역사상 f^{-1}로 정해지는 함수 $y=f^{-1}(x)$를 주어진 함수 $y=f(x)$의 **역함수**(inverse function)라 한다.

예 17.

(1) 함수 $f: x \mapsto x^2 \quad (x \in [0, \infty))$의 치역은 $[0, \infty)$이다. $f(x_1)=f(x_2)$ $(x_1, x_2 \in [0, \infty))$으로 놓으면, $x_1^2 = x_2^2$, $x_1 \geqq 0$, $x_2 \geqq 0$이므로, $x_1 = x_2$가 나온다. 따라서, 이 함수는 1대 1이다. 역함수는 $f^{-1}: y \mapsto \sqrt{y}$ $(y \in [0, \infty))$이다.

(2) 함수 $f: x \mapsto x^2 \quad (x \in (-\infty, 0])$도 1대 1이고, 역함수는 $f^{-1}(x) = -\sqrt{x} \quad (x \in [0, \infty))$이다.

(3) $f(x) = \begin{cases} 2x+1 & (0 \leqq x \leqq 2\text{일 때}) \\ \frac{1}{2}x+4 & (2 \leqq x < 4\text{일 때}) \end{cases}$ 는 1대1이고, 역함수는

$$f^{-1}(x) = \begin{cases} \frac{1}{2}x - \frac{1}{2} & (1 \leqq x \leqq 5\text{일 때}) \\ 2x-8 & (5 \leqq x < 6\text{일 때}) \end{cases}$$ 이다.

함수 $y=f(x)$ $(x \in D)$에 역함수 $y=f^{-1}(x)$ $(x \in E)$가 존재할 때, 역함수 f^{-1}의 그래프와 함수 f의 그래프는, 서로 직선 $y=x$에 관해서 대칭이다.

예 18. $a>1$로 할 때, 지수함수 $y=a^x(-\infty < x < \infty)$는 증가함수이므로 1대 1이다. 따라서, 역함수가 존재한다. 이 역함수가 대수함수 $y=\log_a x$ $(0 < x < \infty)$이다.

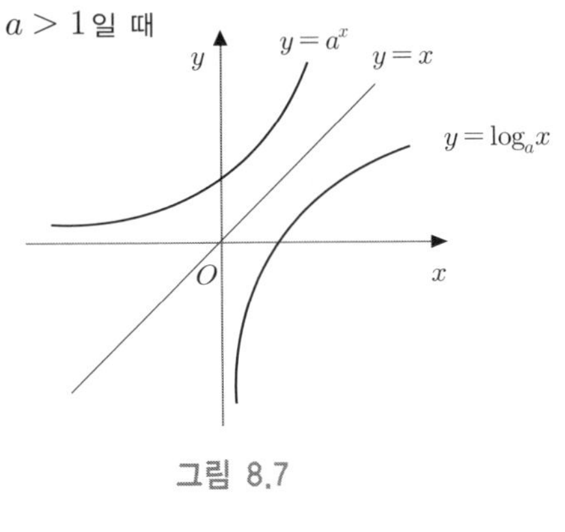

그림 8.7

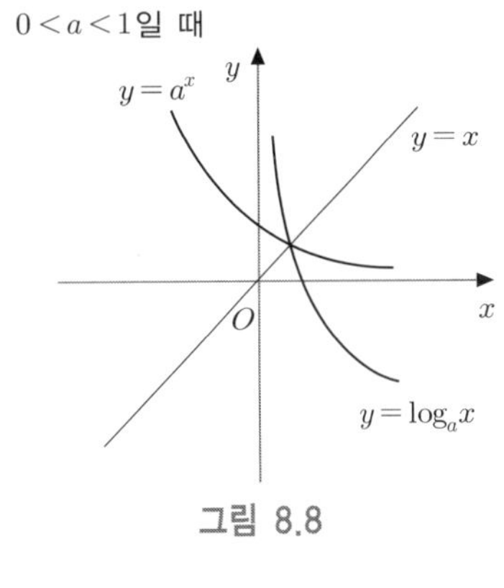

그림 8.8

$0 < a < 1$로 할 때도, 지수함수 $y = a^x (-\infty < x < \infty)$는 감소함수이므로 1대 1이다. 따라서, 역함수가 존재한다. 이 역함수도 대수함수 $y = \log_a x \ (0 < x < \infty)$이다.

정리 8 · 11

(역함수의 연속성) 함수 $y = f(x)$가 $[a, b]$에서 연속이고, 단조증가라고 한다. $\alpha = f(a)$, $\beta = f(b)$라 하면, 역함수 $y = f^{-1}(x)$가 $[\alpha, \beta]$에서 정해지고, 그것은 단조증가인 동시에 연속인 함수이다.

[증명] $[\alpha, \beta]$상의 임의의 y에 대해서, 중간치의 정리에 의해서, $f(x) = y$로 되는 x가 $[a, b]$상에 적어도 하나 있다. 이제, $x_1 < x_2$에서 $f(x_1) = f(x_2) = y$라고 하면, $f(x_1) < f(x_2)$라는 것에 모순된다. 따라서, $f(x) = y$로 되는 x는 $[a, b]$상에 단 하나밖에 없다. 여기에서, $x = f^{-1}(y)$에 의해서 함수 f^{-1}를 정의하면 $f(x)$의 역함수 $f^{-1}(x)$가 정해진다. 분명히, $f^{-1}(x)$의 정의역은 $[\alpha, \beta] = [f(a), f(b)]$이다.

그런데, y_1, $y_2 \in [\alpha, \beta]$이고, $y_1 < y_2$를 만족한다고 하면, $x_1 = f^{-1}(y_1)$, $x_2 = f^{-1}(y_2)$로 해서, $x_1 < x_2$로 된다. 왜냐하면, $x_1 \geqq x_2$이면, $f(x_1) \geqq f(x_2)$, 즉 $y_1 \geqq y_2$로 되기 때문이다. 즉, $f^{-1}(x)$는 단조증가이다.

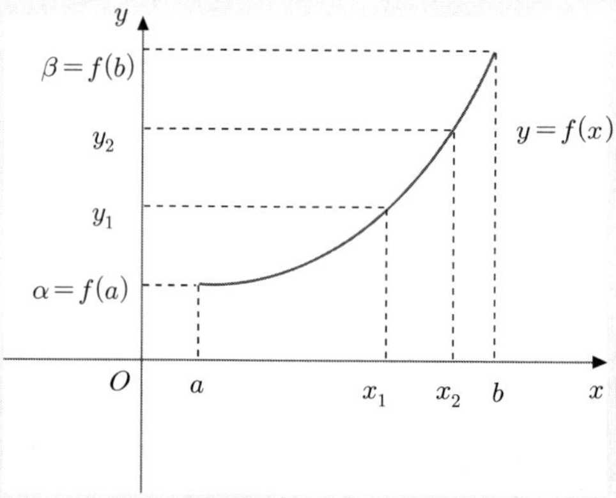

$\alpha < y_1 < \beta$를 만족하는 임의의 y_1을 취하여, $f^{-1}(y_1) = x_1$이라 한다. 임의의 양의 수 ε에 대해서

$$f(x_1 - \varepsilon) < f(x_1) = y_1 < f(x_1 + \varepsilon)$$

이므로, $f(x_1) - f(x_1 - \varepsilon)$과 $f(x_1 + \varepsilon) - f(x_1)$ 중에서 작은 쪽을 δ라고 하면, $|y - y_1| < \delta$이면 $f(x_1 - \varepsilon) < y < f(x_1 + \varepsilon)$으로 된다. 그런데, $f^{-1}(x)$는 단조(單調)증가이므로, $x_1 - \varepsilon < f^{-1}(y) < x_1 + \varepsilon$으로 된다. 즉,

$$|y - y_1| < \delta \text{이면 } |f^{-1}(y) - f^{-1}(y_1)| < \varepsilon$$

으로 된다. 따라서, $f^{-1}(x)$는 y_1에서 연속이다. $y_1 = \alpha$ 또는 $y_1 = \beta$일 때도 마찬가지이다.

문 8. 다음의 극한치를 구하여라.

(1) $\lim_{x \to 0} \dfrac{\sin^{-1} x}{\sin x}$　　　　(2) $\lim_{x \to 0} \dfrac{e^{ax} - e^{bx}}{x}$

문 9. $f(x) = \dfrac{e^{1/x}}{e^{1/x} + e^{-1/x}}$ 일 때, $\lim_{x \to +0} f(x)$, $\lim_{x \to -0} f(x)$, $\lim_{x \to +\infty} f(x)$를 구하여라.

문 10. 다음 함수의 연속성을 조사하여라.

(1) $f(x) = \begin{cases} x \sin \dfrac{1}{x} & (x \neq 0) \\ 0 & (x = 0) \end{cases}$　　　　(2) $f(x) = \begin{cases} \sin x \sin \dfrac{1}{x} & (x \neq 0) \\ 0 & (x = 0) \end{cases}$

연습문제

1. 다음 수열의 극한치를 구하여라.

(1) $\lim_{n\to\infty}(\sqrt{n+1}-\sqrt{n})$ (2) $\lim_{n\to\infty}\sqrt{n}(\sqrt{n+1}-\sqrt{n})$

(3) $\lim_{n\to\infty}\left(1-\frac{1}{n^2}\right)^n$ (4) $\lim_{n\to\infty}\left(1+\frac{1}{n^2}\right)^n$

2. (1) $a_n>0$, $\lim_{n\to\infty}\frac{a_{n+1}}{a_n}=\alpha$이면, $\lim_{n\to\infty}\sqrt[n]{a_n}=\alpha$인 것을 보여라.

(2) $\lim_{n\to\infty}\sqrt[n]{n}=1$, $\lim_{n\to\infty}\frac{n+1}{\sqrt[n]{n!}}=e$를 보여라.

3. $\lim_{n\to\infty}a_n=\alpha$, $\lim_{n\to\infty}b_n=\beta$일 때, $\lim_{n\to\infty}\frac{a_1b_n+a_2b_{n-1}+\cdots+a_nb_1}{n}=\alpha\beta$를 보여라.

4. 다음의 극한치를 구하여라.

(1) $\lim_{x\to0}\frac{\sin ax}{\sin bx}$, $(ab\neq0)$ (2) $\lim_{x\to0}\frac{\sin^{-1}x}{\tan x}$

(3) $\lim_{x\to0}\frac{\sin^2 x}{1-\cos x}$ (4) $\lim_{x\to\infty}x\sin\frac{m}{x}$

5. 다음의 함수의 연속성을 조사하여라.

(1) $y=\begin{cases}\frac{x^2-4}{x-2} & (x\neq2)\\ 4 & (x=2)\end{cases}$ (2) $y=\begin{cases}e^{\frac{1}{x}} & (x\neq0)\\ 1 & (x=0)\end{cases}$

6. 다음 함수의 연속성을 조사하여라.

(1) $f(x)=\lim_{n\to\infty}\frac{1}{x^n-x^{-n}}$ (2) $f(x)=\lim_{x\to\infty}\left(1+\frac{3}{2+x^{2n+1}}\right)$

7. $\lim_{x\to a}f(x)$가 존재해서 0이 아니면, $\delta>0$을 충분히 작게 취하여,

$$0<|x-a|<\delta\text{일 때 } |f(x)|\geq m$$

임을 보여라. 여기에서, m은 양의 어떤 상수이다.

연습문제

8. 함수 $y = \sqrt{x}\ (x \geqq 0)$는 연속임을 보여라.

9. 변수 x가 연속함수 $f(x)$의 정의역 내를 변화할 때, 그 값이 연속함수 $g(y)$의 정의역 내를 움직인다고 한다. 이 때, 합성함수 $g(f(x))$는 연속이다. 이것을 증명하여라.

10. 함수 f, g가 구간 I에서 연속임을 보여라.

(1) $|f|$ (2) $\max\{f,\ g\}$, $\min\{f,\ g\}$

미분 9

9.1 미분계수, 도함수

어떤 구간 I에서 정의된 함수 $y=f(x)$에 대해서, 극한

$$f'(a)=\lim_{x\to a}\frac{f(x)-f(a)}{x-a}$$

를 $f(x)$의 $x=a$에 있어서의 **미분계수**(differential coefficient)라 부른다. $f'(a)$는 $\left[\frac{dy}{dx}\right]_{x=a}$, $\frac{d}{dx}f(a)$등으로도 나타낸다. $f'(a)$가 존재할 때, $f(x)$는 $x=a$에 있어서 **미분가능**(differentiable)이라고 한다. $f(x)$가 I의 각 점에서 미분가능일 때, 함수 $f'(x)$를 $f(x)$의 **도함수**(derivative)라 부른다. $f'(x)$는

$$\frac{dy}{dx},\ \frac{df(x)}{dx},\ y',\ Df(x)$$

등으로도 표기한다. 함수 $f(x)$의 도함수 $f'(x)$를 구하는 것을, $f(x)$를 **미분한다**(differentiate)고 한다.

도함수를 구하는 공식은, 다음과 같다.

$$f'(x)=\lim_{\varDelta x\to 0}\frac{f(x+\varDelta x)-f(x)}{\varDelta x}$$

독립변수 x가 x로부터 $\varDelta x$만큼 변화해서 $x+\varDelta x$로 되었을 때, 종속변수 y가 y로부터 $\varDelta y$만큼 변화해서 $y+\varDelta y$로 되었다고 하면 (그림 9.1)

$$\varDelta y = f(x+\varDelta x) - f(x)$$

이다. x의 변화량 $\varDelta x$를 x의 **증분**(增分, increment)이라 부르고, 이것에 대응하는 y의 변화를 $\varDelta y$를 y의 증분이라 한다.

$$\frac{dy}{dx} = \lim_{\varDelta x \to 0} \frac{\varDelta y}{\varDelta x}$$

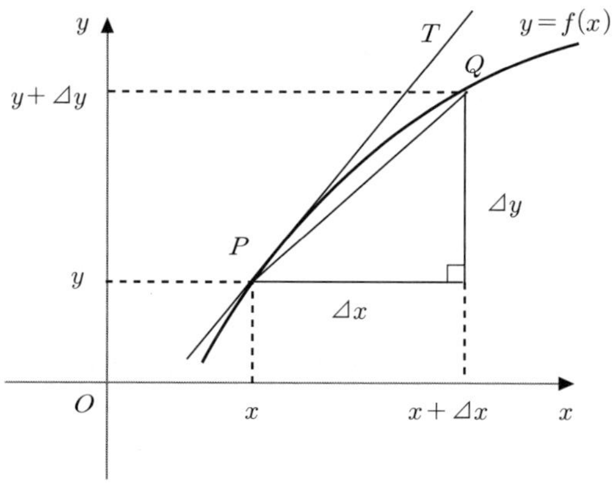

그림 9.1

결국, $\frac{dy}{dx}$는 증분의 비, 즉 평균변화율 $\frac{\varDelta y}{\varDelta x}$의 $\varDelta x \to 0$으로 했을 때의 극한이란 것을 알 수 있다. 더욱 [그림 9.1]에서, 점 Q를 P에 한없이 접근시켰을 때의 선분 PQ에 대한 기울기의 극한이 되므로, $\frac{dy}{dx}$는 P에 있어서의 접선 PT의 기울기가 되는 것을 알 수 있다.

예 1. $y = x^2$의 도함수는 $\varDelta y = (x+\varDelta x)^2 - x^2 = 2x \cdot \varDelta x + (\varDelta x)^2$
따라서,

$$\lim_{\varDelta x \to 0} \frac{\varDelta y}{\varDelta x} = \lim_{\varDelta x \to 0} (2x + \varDelta x) = 2x, \text{ 즉 } (x^2)' = 2x.$$

정리 9·1 함수 $y = f(x)$가 $x = a$에서 미분가능이면, $f(x)$는 $x = a$에서 연속이다.

[증명] $f(x)-f(a)=\dfrac{f(x)-f(a)}{x-a}(x-a)$이므로

$$\lim_{x\to a}(f(x)-f(a))=\lim_{x\to a}\frac{f(x)-f(a)}{x-a}\cdot\lim_{x\to a}(x-a)=f'(a)\cdot 0=0$$

$$\therefore \lim_{x\to a}f(x)=f(a)$$

따라서, $f(x)$는 $x=a$에서 연속이다.

예 2. $f(x)=|x|$를 $x=0$에서 생각한다.

$$\lim_{x\to 0}|x|=0=|0|$$

이므로, 이 함수는 $x=0$에서 연속이다. 그러나,

$$\lim_{h\to +0}\frac{|0+h|-|0|}{h}=\lim_{h\to +0}\frac{|h|}{h}=+1,\quad \lim_{h\to -0}\frac{|0+h|-|0|}{h}=\lim_{h\to -0}\frac{|h|}{h}=-1$$이므로

$f_+{}'(0)=+1$, $f_-{}'(0)=-1$이다. 즉 $f_+{}'(0)\neq f_-{}'(0)$이므로, $f'(0)$은 존재하지 않는다. 즉, 함수 $f(x)=|x|$는 $x=0$에서 미분가능이 아니다.

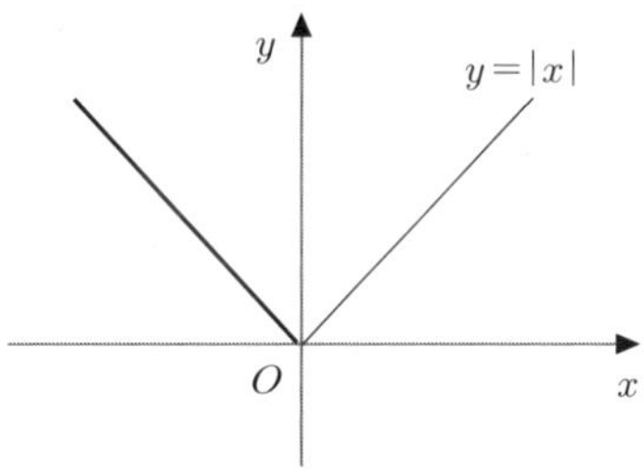

정리 9·2

두 개의 함수 $f(x)$와 $g(x)$가 구간 I에서 미분가능이면, 구간 I에서

(1) $(f(x)\pm g(x))'=f'(x)\pm g'(x)$ (복호동순)

(2) $(kf(x))'=kf'(x)$ (k는 상수)

(3) $(f(x)g(x))'=f'(x)g(x)+f(x)g'(x)$

(4) $\left(\dfrac{f(x)}{g(x)}\right)'=\dfrac{f'(x)g(x)-f(x)g'(x)}{g(x)^2}$ ($g(x)\neq 0$)

[증명] (1) $\dfrac{\{f(x+h)\pm g(x+h)\}-\{f(x)\pm g(x)\}}{h}$ (복호동순)

$=\dfrac{f(x+h)-f(x)}{h}\pm\dfrac{g(x+h)-g(x)}{h}$

여기에서, $h\to 0$으로 하면 우변은 $f'(x)\pm g'(x)$에 수렴하므로, $f(x)\pm g(x)$는 미분가능이고

$(f(x)\pm g(x))'=f'(x)\pm g'(x)$ (복호동순)

(2) $\dfrac{kf(x+h)-kf(x)}{h}=k\dfrac{f(x+h)-f(x)}{h}$

여기에서, $h\to 0$으로 하면 우변은 $kf'(x)$에 수렴하므로, $kf(x)$는 미분가능이고

$$(kf(x))'=kf'(x)$$

(3) $\dfrac{f(x+h)g(x+h)-f(x)g(x)}{h}$

$=\dfrac{f(x+h)-f(x)}{h}g(x+h)+f(x)\dfrac{g(x+h)-g(x)}{h}$

여기에서, $h\to 0$이면 $g(x)$의 연속성에 의해서, 우변은 $f'(x)g(x)+f(x)g'(x)$에 수렴하므로, $f(x)g(x)$는 미분가능이고

$$(f(x)g(x))'=f'(x)g(x)+f(x)g'(x)$$

(4) $\dfrac{\dfrac{f(x+h)}{g(x+h)}-\dfrac{f(x)}{g(x)}}{h}=\dfrac{\dfrac{f(x+h)-f(x)}{h}g(x)-f(x)\dfrac{g(x+h)-g(x)}{h}}{g(x+h)g(x)}$

여기에서, $h\to 0$이면 $g(x)$의 연속성에 의해서, 우변은 $\dfrac{f'(x)g(x)-f(x)g'(x)}{g(x)^2}$에 수렴하므로, $\dfrac{f(x)}{g(x)}$는 미분가능이고

$$\left(\frac{f(x)}{g(x)}\right)'=\frac{f'(x)g(x)-f(x)g'(x)}{g(x)^2}$$

정리 9·3

(Rolle[24]의 정리) $f(x)$가 $[a, b]$에서 연속, (a, b)에서 미분가능이라고 한다. $f(a)=f(b)$이면, 어떤 $c\in(a, b)$에 대해서 $f'(c)=0$이 된다.

[증명] $f(a)=f(b)=0$인 경우만을 살펴보면 된다. $f(x)=0$일 때는, c로서는 (a, b) 내의 임의의 점을 취해도 된다. 따라서 $f(x)\neq 0$이라고 해도 괜찮고, 또 $f(c)=\max f(x)>0$이라 가정할 수가 있다(그림 9.2).

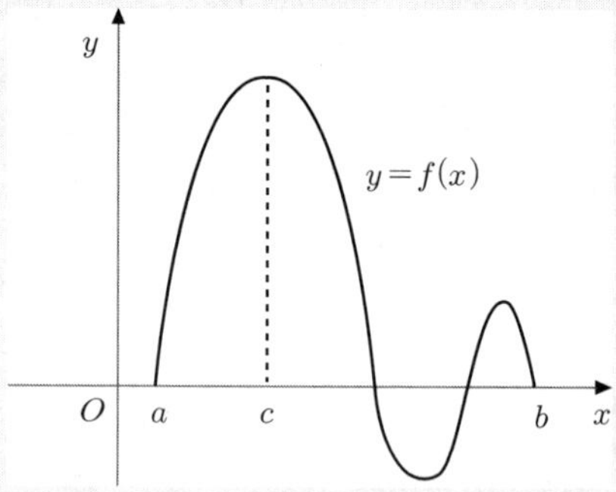

그림 9.2

24) Rolle, Michel (1652~1719 ; 프랑스)

$h>0$이면

$$\frac{f(c+h)-f(c)}{h} \leqq 0$$

이므로, $h>0$을 0에 한없이 접근시키면, $f'(c) \leqq 0$이 성립하는 것을 알 수 있다. 이번에는 $h<0$으로 하면

$$\frac{f(c+h)-f(c)}{h} \geqq 0$$

이므로, 이러한 $h<0$을 0에 한없이 접근시켜서 $f'(c) \geqq 0$을 얻는다. 따라서, $f'(c)=0$이 아니면 안 된다.

이 Rolle의 정리를 이용해서, 다음의 정리가 증명된다.

정리 9 · 4

(평균치의 정리) $f(x)$가 $[a,\ b]$에서 연속이고, $(a,\ b)$에서 미분가능이면, $(a,\ b)$상에 한 점 $c(a<c<b$로 되는 $c)$가 존재해서, 다음 식이 성립한다.

$$f'(c)=\frac{f(b)-f(a)}{b-a}$$

[증명] 이제 $g(x)=f(x)-f(a)-\dfrac{f(b)-f(a)}{b-a}(x-a)$로 놓는다. $f(x)$가 $[a,\ b]$에서 연속이고 $(a,\ b)$에서 미분가능이므로, $g(x)$는 $[a,\ b]$에서 연속이고 $(a,\ b)$에서 미분가능이다. 또 분명히

$$g(a)=g(b)=0$$

따라서, Rolle의 정리에 의해서, $(a,\ b)$상에 한 점 c가 있어

$$g'(c)=0$$

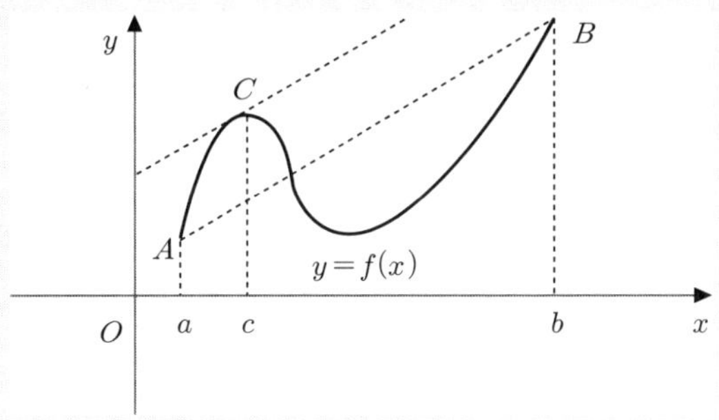

그림 9.3

$$\therefore \frac{f(b)-f(a)}{b-a}=f'(c)$$

주의 1. 이 정리는, $y=f(x)$의 그래프에 있어서, 두 점 $A(a,\ f(a))$, $B(b,\ f(b))$를 잇는 직선 AB에 평행한 접선을 갖는 점이 호 AB상에 존재하는 것을 나타내고 있다.

평균치의 정리에 의해, 다음이 성립한다.

정리 9·5 $f'(x)>0$이면 $f(x)$는 단조증가, $f'(x)<0$이면 $f(x)$는 단조감소이다. $f'(x)=0$인 함수 $f(x)$는 상수에 한한다.

예 3. $(x^n)'=nx^{n-1}(n=1,\ 2,\ \cdots)$

x의 변화 $\varDelta x$에 대한 $y=x^n$의 변화를 $\varDelta y$라 하면

$$\begin{aligned}\varDelta y&=(x+\varDelta x)^n-x^n\\&=nx^{n-1}\varDelta x+{}_nC_2x^{n-2}(\varDelta x)^2+\cdots+(\varDelta x)^n\end{aligned}$$

따라서, $\varDelta x\to 0$일 때

$$\begin{aligned}\frac{\varDelta y}{\varDelta x}&=nx^{n-1}+{}_nC_2x^{n-2}\varDelta x+\cdots+(\varDelta x)^{n-1}\\&\to nx^{n-1}\end{aligned}$$

예 4. 정리 9.2 및 예 3을 이용해서, 다항식 혹은 유리식은 용이하게 미분할 수 있다.

(1) $(-4x^3+x^2-2x+10)'=-12x^2+2x-2$

(2) $\{(x^2-1)(x+2)\}'=2x(x+2)+x^2-1=3x^2+4x-1$

(3) $\left(\dfrac{3x-2}{x^2+1}\right)=\dfrac{3(x^2+1)-2x(3x-2)}{(x^2+1)^2}=\dfrac{-3x^2+4x+3}{(x^2+1)^2}$

예 5. $(\sin x)'=\cos x$, $(\cos x)'=-\sin x$, $y=\sin x$의 도함수를 구해보자.

$$\begin{aligned}\varDelta y&=\sin(x+\varDelta x)-\sin x\\&=2\cos\left(x+\frac{\varDelta x}{2}\right)\sin\frac{\varDelta x}{2}\end{aligned}$$

이므로

$$\begin{aligned}\frac{\varDelta y}{\varDelta x}&=\cos\left(x+\frac{\varDelta x}{2}\right)\frac{\sin\frac{\varDelta x}{2}}{\frac{\varDelta x}{2}}\\&\to\cos x\quad(\varDelta x\to 0)\end{aligned}$$

여기에서, $\cos x$의 연속성을 사용했다. 이것을 확인해 보자. 제8장, 예 15에서, $\sin x$는 $x=0$에서 연속임을 보였다. 따라서, a를 임의의 수로 했을 때

$$\begin{aligned}|\cos x - \cos a| &= 2\left|\sin\frac{x+a}{2}\sin\frac{x-a}{2}\right| \\ &\leqq 2\left|\sin\frac{x-a}{2}\right| \to 0 \ \ (x \to a)\end{aligned}$$

이 되므로, $\cos x$는 $x=a$에서 연속임을 알 수 있다. 따라서 $\cos x$는 연속함수이다. 결국 $(\sin x)' = \cos x$인 것을 알 수 있다. 마찬가지로 해서, $(\cos x)' = -\sin x$도 나타낼 수 있다.

예 6. $(e^x)' = e^x$, $y=e^x$의 평균변화율은

$$\frac{\Delta y}{\Delta x} = \frac{e^{x+\Delta x} - e^x}{\Delta x} = e^x \frac{e^{\Delta x} - 1}{\Delta x}$$

이다. $t = e^{\Delta x} - 1$로 놓으면, $\Delta x \to 0$일 때 $t \to 0$. 따라서

$$\frac{e^{\Delta x} - 1}{\Delta x} = \frac{t}{\log_e(1+t)} = (\log_e(1+t)^{\frac{1}{t}})^{-1} \to 1$$

따라서 $\Delta x \to 0$일 때 $\dfrac{\Delta y}{\Delta x} \to e^x$이다.

이 예에서, e^x가 $x=0$에서 연속인 것을 가정했다. 이것을 증명해 보자.

$$e^{\frac{1}{n}} = 1 + h_n \ (h_n > 0)$$

으로 놓는다. $e = (1+h_n)^n > nh_n$이므로, $n \to \infty$ 일 때 $h_n \to 0$. 따라서

$$\lim_{n \to \infty} e^{\frac{1}{n}} = 1$$

0에 가까운 $x \neq 0$에 대해서 n을 $\dfrac{1}{|x|}$의 정수부분이라 하면, $x \to 0$일 때 $n \to \infty$로 된다.

$$e^{-\frac{1}{n}} \leqq e^x \leqq e^{\frac{1}{n}}$$

에 있어서 $x \to 0$으로 하면, $e^{\pm\frac{1}{n}} \to 1$이 되므로 $e^x \to 1$이다. 결국 e^x는 $x=0$에서 연속임을 알 수 있다. 다른 임의의 점에서도 연속이라는 것은, 미분가능이라는 사실로부터 알 수 있다.

문 1. 다음 함수의 도함수를 구하여라.

(1) $e^x(x^2+x+1)$　　　　(2) $e^x \sin x$

예 7. e를 밑으로 하는 대수 $\log_e x$를 **자연대수**(natural logarithm)라 하고, 미분적분학에서는 e를 생략하고 보통 $\log x$로 나타낸다. 상용대수 $\log_{10} x$는 밑을 생략하지 않는다. $y=\log x$의 도함수를 구해 보자. $\varDelta x \to 0$일 때

$$\begin{aligned}\frac{\varDelta y}{\varDelta x} &= \frac{1}{\varDelta x}\log\frac{x+\varDelta x}{x}\\ &= \frac{1}{x}\log\left(1+\frac{\varDelta x}{x}\right)^{\frac{x}{\varDelta x}} \to \frac{1}{x}\end{aligned}$$

따라서 $(\log)' = \dfrac{1}{x}$이다.

정리 9.5는 함수 사이의 부등식을 증명하는 데 자주 이용된다.

예 8. $x>0$일 때 $\cos x > 1-\dfrac{x^2}{2}$이 되는 것을 확인해 보자.

$f(x)=\cos x - 1 + \dfrac{x^2}{2}$으로 놓으면, $f'(x)=-\sin x + x$이고 $g(x)=f'(x)$로 놓으면,

$$g'(x) = -\cos x + 1 \geqq 0$$

이고, $g(0)=0$. 따라서 정리 9.5에 의해, $x>0$일 때

$$g(x)=f'(x)>0$$

또한 $f(0)=0$이므로, $x>0$일 때 $f(x)>0$. 이로부터, 부등식이 성립하는 것을 알 수 있다.

여기에서, 부정형의 극한을 계산하는 데 사용되는 다음의 정리를 들어 둔다.

정리 9·6 **(Cauchy의 평균치의 정리)** $f(x)$, $g(x)$가 $[a, b]$에서 연속이고, (a, b)에서 미분가능이라 한다. 특히, $g'(x) \neq 0$이면, (a, b)상에 한 점 $c(a<c<b$로 되는 $c)$가 존재해서, 다음 관계가 성립한다.

$$\frac{f(b)-f(a)}{g(b)-g(a)}=\frac{f'(c)}{g'(c)}$$

[증명] $g(b) \neq g(a)$인 것에 주의한다. 실제로, $g(b)=g(a)$일 때는, Rolle의 정리에 의해 (a, b)의 어떤 점에서 $g'(x)=0$이 되어버린다.

$$h(x)=f(x)-f(a)-k(g(x)-g(a)) \quad \left(k=\frac{f(b)-f(a)}{g(b)-g(a)}\right)$$

로 놓으면, $h(a)=h(b)=0$. 따라서 Rolle의 정리에 의해, 어떤 $c \in (a, b)$가 존재해서

$$h'(c)=f'(c)-kg'(c)=0$$

으로 된다. 이로부터 $k=\dfrac{f'(c)}{g'(c)}$가 얻어진다. 즉, 다음 식을 만족하는 c가 (a, b)상에 존재한다.

$$\frac{f(b)-f(a)}{g(b)-g(a)}=\frac{f'(c)}{g'(c)}$$

정리 9·8 **(로피탈[25]의 정리)** $f(x)$, $g(x)$가 $x=a$의 가까이에서 연속이고 $f(a)=g(a)=0$이다. 또한 $x \neq 0$에서 미분가능이고 $g'(x) \neq 0$이라 한다.

극한

$$\lim_{x \to a}\frac{f'(x)}{g'(x)}=A$$

가 존재하면

$$\lim_{x \to a}\frac{f(x)}{g(x)}=A$$

[증명] Cauchy의 평균치의 정리로부터, a에 가까운 $x(\neq a)$에 대해서

$$\frac{f(x)}{g(x)}=\frac{f(x)-f(a)}{g(x)-g(a)}=\frac{f'(c)}{g'(c)}$$

를 만족하는 $c \in (a, x)$ (또는 (x, a))가 존재한다. $x \to a$일 때 $c \to a$이므로, 윗 식의 값은 한없이 A에 접근한다.

---

25) de L'Hospital Guillaume F. A. (1661~1704 ; 프랑스)

예 9. 로피탈의 정리에 의해, 부정형(不定形)의 극한을 구할 수가 있다. 에를 들면,

$$\lim_{x\to 0}\frac{x-\sin x}{x^3}=\lim_{x\to 0}\frac{1-\cos x}{3x^2}=\lim_{x\to 0}\frac{\sin x}{6x}=\frac{1}{6}$$

이 방법은, a가 $\pm\infty$인 경우, 혹은 $\lim_{x\to a} f(x)=\pm\infty$, $\lim_{x\to a} g(x)=\pm\infty$인 경우에도 적용할 수 있다. 또한 $A=\pm\infty$에서도 마찬가지이다.

예 10. $\displaystyle\lim_{x\to\infty}\frac{e^x}{x^2}=\lim_{x\to\infty}\frac{e^x}{2x}=\lim_{x\to\infty}\frac{e^x}{2}=\infty$

문 2. 다음 함수를 미분하여라.

(1) $a^x \ (a>0)$ (2) $\log_a x \ (a>0,\ a\neq 1)$

문 3. 다음 부등식을 증명하여라.

(1) $e^x > 1+x+\dfrac{x^2}{2} \ (x>0)$ (2) $\log(1+x) < x \ (x>0)$

문 4. 다음의 극한을 계산하여라.

(1) $\displaystyle\lim_{x\to 0}\frac{e^x-1-x-\dfrac{x^2}{2}}{x^3}$ (2) $\displaystyle\lim_{x\to\infty}\frac{\log x}{x}$

(3) $\displaystyle\lim_{x\to 0}\frac{x-\sin x}{x-\tan x}$ (4) $\displaystyle\lim_{x\to\infty}\frac{x^n}{e^x}$

9.2 미분

함수 $y=f(x)$가 미분가능이라고 한다. x가 Δx만큼 변화했을 때 y가 Δy만큼 변화했다고 하면, $\Delta x\to 0$일 때 $\dfrac{\Delta y}{\Delta x}\to f'(x)$. 따라서

$$\frac{\Delta y}{\Delta x}=f'(x)+\varepsilon$$

으로 놓으면, $\Delta x \to 0$일 때 $\varepsilon \to 0$이다. 따라서,

$$\Delta y = f'(x)\Delta x + \varepsilon \Delta x \tag{9.1}$$

(9.1)식 우변의 제1항을 $y = f(x)$의 **미분**(differential)이라고 하고, dy, $df(x)$ 등이라 쓴다 :

$$dy = f'(x)\Delta x \tag{9.2}$$

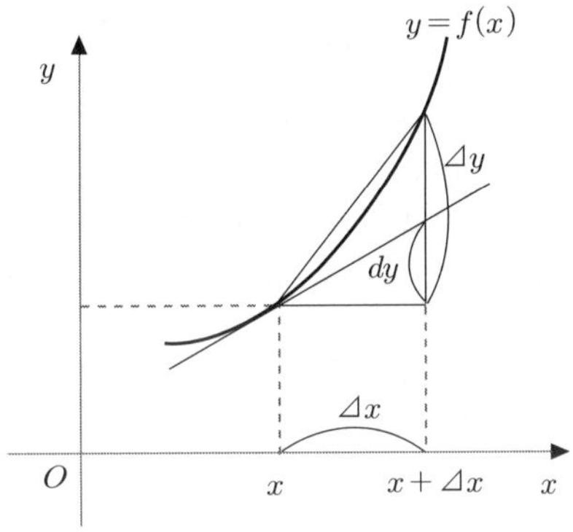

그림 9.4

(9.2)에 있어서, 특별한 함수 $y = x$에 대해서 생각해 보면 (따라서, 그 미분을 dx로 나타내기로 하면), 함수의 그래프와 접선이 일치하는 것으로부터 $dx = \Delta x$, 결국 (9.2)는

$$dy = f'(x)dx \tag{9.3}$$

라고 쓸 수 있다.

역으로 $\Delta y = \alpha\Delta x + \varepsilon\Delta x$, $\lim_{\Delta x \to 0} \varepsilon = 0$이 성립하면

$$\frac{\Delta y}{\Delta x} = \alpha + \varepsilon \to \alpha \quad (\Delta x \to 0)$$

를 얻으므로 $f'(x) = \alpha$가 성립한다. 이것으로부터, $y = f(x)$의 변화 Δy가 x의 변화 Δx의 1차식으로 근사된다고 하는 것이, 이 함수가 미분가능함을 의미하게 된다. (9.1)에 있어서, ε은 $\Delta x \neq 0$일 때 의미가 있는데, $\Delta x = 0$에 대해서도 $\varepsilon = 0$이라 하

는 값을 갖게 해도 괜찮다. 다음 정리의 증명에는 이와 같이 정한 ε을 사용한다.

정리 9·9 **(합성함수의 미분법)** $y=f(x)$, $z=g(y)$가 각각 미분가능이고, x가 함수 $f(x)$의 정의역 내를 움직일 때, 그 값 $y=f(x)$가 함수 $z=g(y)$의 정의역 내를 변동하는 것으로 한다. 이 때, 합성함수 $z=g(f(x))$는 미분가능이고

$$\frac{dz}{dx}=\frac{dz}{dy}\cdot\frac{dy}{dx}$$

다시 말하면,

$$(g(f(x)))'=g'(f(x))f'(x)$$

[증명] x가 Δx만큼 변화했을 때, y가 Δy, 그것에 따라서 z가 Δz만큼 변화했다고 하면

$$\Delta y=f'(x)\Delta x+\varepsilon_1\Delta x$$
$$\Delta z=g'(y)\Delta y+\varepsilon_2\Delta y \quad (y=f(x))$$

$\Delta x\to 0$일 때 $\varepsilon_1\to 0$, $\Delta y\to 0$. 따라서 $\varepsilon_2\to 0$으로 된다. 그러므로

$$\Delta z=g'(y)f'(x)\Delta x+\varepsilon\Delta x \quad (\varepsilon=\varepsilon_1\varepsilon_2+\varepsilon_2 f'(y)+\varepsilon_1 g'(x))$$

라고 쓰면, $\Delta x\to 0$일 때 $\varepsilon=0$. 따라서 z는 x의 함수로서 미분가능이고, 그 도함수는 $g'(y)f'(x)$와 같다.

예 11. 정리 9.9를 이용해서 합성함수를 미분해 보자.

(1) $y=(3x^2+1)^4$일 때, $u=3x^2+1$이라 놓으면, $y=u^4$, 따라서

$$\frac{dy}{dx}=\frac{dy}{du}\cdot\frac{du}{dx}=4u^3\cdot 6x=24x(3x^2+1)^3$$

(2) $y=\sin 3x$일 때는, $u=3x$라 놓으면 $y=\sin u$, 따라서

$$\frac{dy}{dx}=\frac{dy}{du}\cdot\frac{du}{dx}=\cos u\cdot 3=3\cos 3x$$

(3) $y=e^{x^2+x}$일 때, (10, (2)에서도 마찬가지인데, 새로운 변수 u를 쓰지 않고 다음과 같이 미분해도 된다.

$$y'=e^{x^2+x}\cdot(x^2+x)'=e^{x^2+x}\cdot(2x+1)=(2x+1)e^{x^2+x}$$

예 12. $y=x^a$ (a는 임의의 상수, $x>0$)일 때

양변에 log를 취하면

$$\log y=a\log x$$

양변을 x로 미분해서

$$\frac{1}{y}y' = \frac{a}{x}$$
$$\therefore\ y' = \frac{ay}{x} = ax^{a-1}$$

이와 같이 양변의 대수를 취해서 미분하는 계산법을 **대수미분법**(logarithmic differential calculus)이라 한다.

문 5. 다음 함수를 미분하여라.

(1) $y = \log\sqrt{\dfrac{\sqrt{1+x^2}+x}{\sqrt{1+x^2}-x}}$　　(2) $y = \log\dfrac{\sqrt{x+a}+\sqrt{x+b}}{\sqrt{x+a}-\sqrt{x+b}}$　$(a>b)$

문 6. 다음 함수를 미분하여라.

(1) $y = \dfrac{(x+1)^3}{(x+2)^4(x+3)^2}$　　(2) $y = \sqrt{\dfrac{(x+3)(x+4)}{(x+1)(x+2)}}$

(3) $y = x^x$　$(x>0)$　　(4) $y = x^{\frac{1}{x}}$

정리 9 · 10 (역함수의 미분법) 함수 $y=f(x)$가 단조, 미분가능이고 $f'(x) \neq 0$이면, 역함수 $x=f^{-1}(y)$는 미분가능이고, 그 미분계수는

$$\frac{dx}{dy} = \frac{1}{\dfrac{dy}{dx}}$$

[증명] 역함수 $x=f^{-1}(y)$가 연속임은 이미 기술했다(제8장 정리 8.11). $x=f^{-1}(y)$의 독립변수 y가 $\varDelta y$만큼 변했을 때, x가 $\varDelta x$만큼 변화했다고 하면, $\varDelta y \to 0$일 때 $\varDelta x \to 0$. 따라서

$$\lim_{\varDelta y\to 0}\frac{\varDelta x}{\varDelta y} = \lim_{\varDelta x\to 0}\frac{1}{\dfrac{\varDelta y}{\varDelta x}} = \frac{1}{f'(x)}$$

을 얻는다.

예 12. $\sin x$의 역함수 $y=\sin^{-1}x$는 구간 $[-1,\ 1]$내의 임의의 x에 대해서 무한개의 y의 값이 대응하고 있는데, 값을 $\left[-\dfrac{\pi}{2},\ \dfrac{\pi}{2}\right]$에 제한하면 1개 값의 함수를 얻는

다. 이것을 $\sin^{-1}x$의 **주치**(主値, principal value)라 한다. 여기서 역함수란 관계 $x=\sin y$를 의미하고 있다.

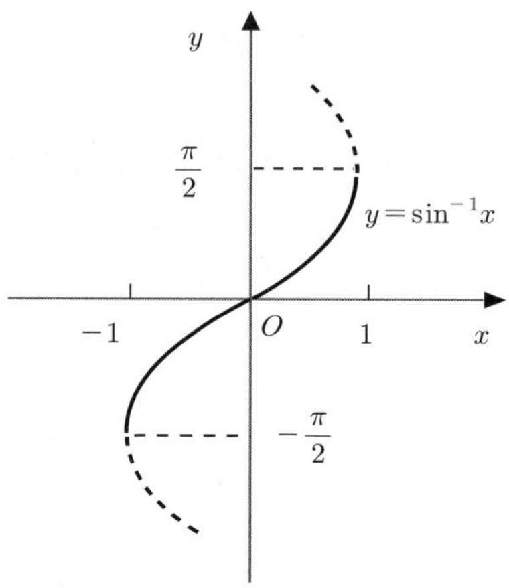

그림 9.5

$$y=\sin^{-1}x \ \ (|y| \leq \frac{\pi}{2})$$

의 도함수는

$$(\sin^{-1}x)'=\frac{1}{\cos y}=\frac{1}{\sqrt{1-x^2}}$$

이다.

예 14. $\cos x$의 역함수 $y=\cos^{-1}x$의 주치(主値)는 $[0, \ \pi]$의 범위 내에 취하고, 그것을

$$y=\cos^{-1}x \ \ (0 \leq y \leq \pi)$$

라고 쓴다(그림 9.6). 도함수는

$$(\cos^{-1}x)'=\frac{1}{-\sin y}=\frac{-1}{\sqrt{1-x^2}}$$

이다.

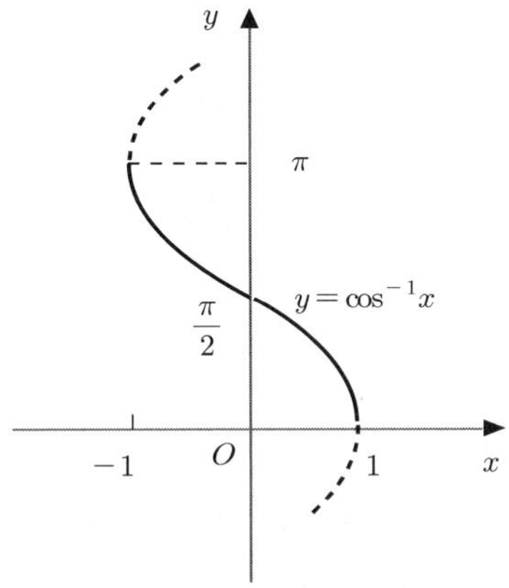

그림 9.6

예 15. $\tan x$의 역함수 $y = \tan^{-1}x$의 주치의 범위는 $(-\frac{\pi}{2}, \frac{\pi}{2})$로 하고,

$$y = \tan^{-1}x \quad (|y| < \frac{\pi}{2})$$

라고 쓴다(그림 9.7). 이 함수에 대해서는 다음과 같다.

$$(\tan^{-1}x)' = \frac{1}{\sec^2 y} = \frac{1}{1+x^2}$$

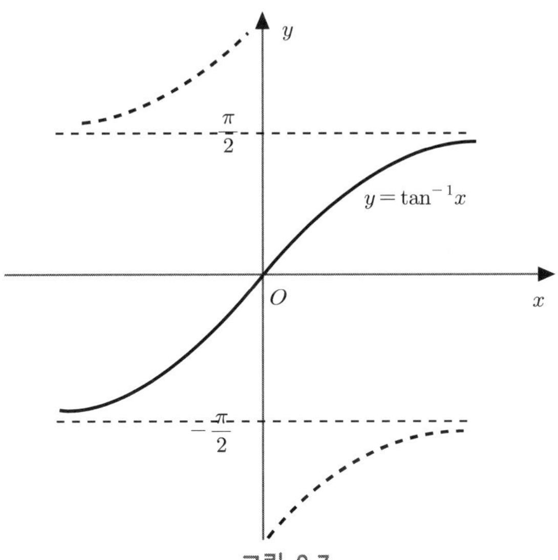

그림 9.7

문 7. 다음을 증명하여라.

(1) $y=\sin^{-1}x$일 때 $\qquad y'=\dfrac{1}{\sqrt{1-x^2}}$

(2) $y=\cos^{-1}x$일 때 $\qquad y'=\dfrac{-1}{\sqrt{1-x^2}}$

(3) $y=\tan^{-1}x$일 때 $\qquad y'=\dfrac{1}{\sqrt{1+x^2}}$

주의 2. 삼각함수의 역함수 $\sin^{-1}x$, $\cos^{-1}x$, $\tan^{-1}x$를 표기할 때, 특히 주치임을 나타내고자 할 때는 각각 $\mathrm{Sin}^{-1}x$, $\mathrm{Cos}^{-1}x$, $\mathrm{Tan}^{-1}x$로 쓰기도 한다.

지금까지 얻어진 주요한 **도함수의 공식**을 정리하면 다음과 같다.

함수 $f(x)$	도함수 $f'(x)$
x^a	ax^{a-1}
$\sin x$	$\cos x$
$\cos x$	$-\sin x$
$\tan x$	$\sec^2 x$
$\cot x$	$-\mathrm{cosec}^2 x$
e^x	e^x
$\log x$, $\log\lvert x\rvert$	$\dfrac{1}{x}$
$\sin^{-1}x$	$\dfrac{1}{\sqrt{1-x^2}}$
$\cos^{-1}x$	$\dfrac{-1}{\sqrt{1-x^2}}$
$\tan^{-1}x$	$\dfrac{1}{1+x^2}$

9.3 고차 도함수, Taylor의 정리

$y=f(x)$의 도함수 $\dfrac{dy}{dx}=f'(x)$가 미분가능일 때, $\dfrac{d}{dx}\left(\dfrac{dy}{dx}\right)$를

$$\frac{d^2y}{dx^2} \text{ 또는 } f''(x)$$

등으로 쓰고, 이것을 $f(x)$의 **제2차 도함수**라 한다. $f''(x)$가 더욱 더 미분가능일 때는 $f(x)$의 **제3차 도함수**

$$\frac{d}{dx}\left(\frac{d^2y}{dx^2}\right)=\frac{d^3y}{dx^3}=f'''(x)$$

가 얻어진다. 일반적으로 $f(x)$를 n회 미분해서 얻어지는 함수를 $f(x)$의 **제n차 도함수**라 하고 다음과 같이 나타낸다.

$$\frac{d^ny}{dx^n},\ f^{(n)} \text{ 또는 } f^{(n)}(x)$$

함수의 덧셈, 뺄셈, 상수 배에 대해서, 다음의 공식이 성립한다.

정리 9·1

$f(x)$, $g(x)$가 n회까지 미분가능이면

$$\{f(x)\pm g(x)\}^{(n)}=f^{(n)}(x)\pm g^{(n)}(x)$$

$$\{cf(x)\}^{(n)}=cf^{(n)}(x)$$

예 1. (1) $(e^x)^{(n)}=e^x$

(2) $(x^a)^{(n)}=a(a-1)\cdots(a-n+1)x^{a-n}$

(3) $(\sin x)'=\cos x=\sin(x+\frac{\pi}{2})$로부터 $(\sin x)''=\sin(x+\frac{2\pi}{2}),\cdots$

일반적으로 $(\sin x)^{(n)}=\sin(x+\frac{n\pi}{2})$가 얻어진다.

(4) $(e^x\sin x)'=e^x\sin x+e^x\cos x=\sqrt{2}\,e^x\sin(x+\frac{n\pi}{4})$로부터

$(e^x\sin x)^{(n)}=2^{\frac{n}{2}}e^x\sin(x+\frac{n\pi}{4})$

문 8. 다음 함수의 제 n차 도함수를 구하여라.

(1) $\cos x$ (2) $x^{\frac{5}{2}}$

(3) $\frac{1}{x(x-1)}$ (4) $e^x\cos x$

정리 9·2

(Leibniz[26]의 공식) 함수 $f(x)$, $g(x)$가 n회까지 미분가능이면

$$(fg)^{(n)} = \sum_{k=0}^{n} \binom{n}{k} f^{(n-k)} g^{(k)}$$
$$= f^{(n)}g + \binom{n}{1} f^{(n-1)}g' + \binom{n}{2} f^{(n-2)}g'' + \cdots$$
$$+ \binom{n}{r} f^{(n-r)}g^{(r)} + \cdots + \binom{n}{n-1} f' g^{(n-1)} + fg^{(n)}$$

여기에서 $\binom{n}{k} = {}_nC_k = \dfrac{n!}{k!(n-k)!}$, $f^{(0)}(x) = f(x)$, $g^{(0)}(x) = g(x)$

[증명] 수학적 귀납법으로 증명한다.

$$(fg)' = f'g + fg'$$

이므로, 증명해야 할 식은 $n=1$일 때 성립한다. 이제, 증명해야 할 식이 $n=k$일 때 성립한다고 가정하면

$$(fg)^{(k)} = f^{(k)}g + \binom{k}{1} f^{(k-1)}g' + \binom{k}{2} f^{(k-2)}g'' + \cdots + \binom{k}{r} f^{(k-r)}g^{(r)} + \cdots + fg^{(k)}$$

이 식의 양변을 미분해서

$$(fg)^{(k+1)} = f^{(k+1)}g + \left[1 + \binom{k}{1}\right] f^{(k)}g' + \left[\binom{k}{1} + \binom{k}{2}\right] f^{(k-1)}g'' + \cdots$$
$$+ \left[\binom{k}{r-1} + \binom{k}{r}\right] f^{(k+1-r)}g^{(r)} + \cdots + fg^{(k+1)}$$

그러나

$$\binom{k}{r-1} + \binom{k}{r} = \frac{k!}{(r-1)!(k-r+1)!} + \frac{k!}{r!(k-r)!}$$
$$= \frac{(k+1)!}{r!(k-r+1)!} = \binom{k+1}{r}$$

이므로, 이것을 윗식에 대입해서

$$(fg)^{(k+1)} = f^{(k+1)}g + \binom{k+1}{1} f^{(k)}g' + \binom{k+1}{2} f^{(k-1)}g'' + \cdots$$
$$+ \binom{k+1}{r} f^{(k+1-r)}g^{(r)} + \cdots + fg^{(k+1)}$$

이 식은, 증명해야 할 식이 $n=k+1$일 때 성립하는 것을 나타내고 있다. 따라서 증명해야 할 식은, 임의의 자연수 n에 대해서 성립한다.

예 2. $f(x) = x^3 e^x$일 때 $f^{(n)}(x)$를 구하여라.

Leibniz의 공식에 의해서

26) Leibniz, Gottfried Wilhelm (1646~1716 ; 독일)

$$f^{(n)}(x)=x^3e^x+\binom{n}{1}\cdot 3x^2\cdot e^x+\binom{n}{2}\cdot 6x\cdot e^x+\binom{n}{3}\cdot 6\cdot e^x$$
$$=(x^3+3nx^2+3n(n-1)x+n(n-1)(n-2))e^x$$

예 3. $f(x)=\tan^{-1}x$일 때 $f^{(n)}(0)$를 구하여라.

미분하면 $f'(x)=\dfrac{1}{1+x^2}$, 따라서

$$(1+x^2)f'(x)=1$$

양변을 n회 미분하면

$$(1+x^2)f^{(n+1)}(x)+\binom{n}{1}\cdot 2x\cdot f^{(n)}(x)+\binom{n}{2}\cdot 2\cdot f^{(n-1)}(x)=0$$

$x=0$으로 놓으면

$$f^{(n+1)}(0)+n(n-1)f^{(n-1)}(0)=0\ \ (n\geqq 1)$$

$f(0=0,\ f'(0)=1$이므로, 위에서 얻어진 점화식에 의해서

$$f^{(2k)}(0)=0,\ f^{(2k+1)}(0)=(-1)^k(2k)!\ \ (k=0,\ 1,\ 2,\ \cdots).$$

Taylor의 정리에 들어가기 전에 **좌우로부터의 극한, 좌우의 미분계수**에 대해서 설명해 두기로 한다.

함수 $f(x)$에 있어서, $x>a$인 x가 a에 한없이 접근할 대, $f(x)$가 한없이 어떤 수 A에 접근한다면

$$\lim_{x\to a+0} f(x)=A\ \text{ 또는 }\ x\to a+0\text{일 때, } f(x)\to A$$

라고 쓴다. 이 때, A를 $f(a+0)$라 쓴다. 마찬가지로, $x<a$가 a에 한없이 접근할 때, $f(x)$가 한없이 어떤 수 A에 접근한다면

$$\lim_{x\to a-0} f(x)=A\ \text{ 또는 }\ x\to a-0\text{일 때, } f(x)\to A$$

라고 쓴다. A는 이 때 $f(a-0)$로 표기한다.

$a=0$일 때, $x\to 0+0(0-0)$은 간단히 $x\to +0(-0)$로 쓰기로 한다.

그런데, 함수 $f(x)$에 있어서, 오른쪽으로부터의 극한

$$\lim_{x \to a+0} \frac{f(x)-f(a)}{x-a}$$

를 $f(x)$의 $x=a$에서의 **우미분계수**라 하고, $f_+{}'(a)$라고 쓴다. 마찬가지로 왼쪽으로부터의 극한

$$\lim_{x \to a-0} \frac{f(x)-f(a)}{x-a}$$

를 $f(x)$의 $x=a$에서의 **좌미분계수**라 하고, $f_-{}'(a)$라고 쓴다.

$f(x)$가 $x=a$에 있어서 미분가능이면, 물론

$$f'(a)=f_+{}'(a)=f_-{}'(a)$$

이고, 역도 성립하는데 주의를 요한다.

예 4. 함수 $f(x)=|x|(1-x)$에 대해서, $x=0$에 있어서의 좌우의 미분계수를 구하고, 또 이 함수의 그래프를 그려보자.

$$f_\pm{}'(0)=\lim_{x \to \pm 0} \frac{|x|(1-x)}{x}=\pm 1 \quad \text{(그림 9.8)}$$

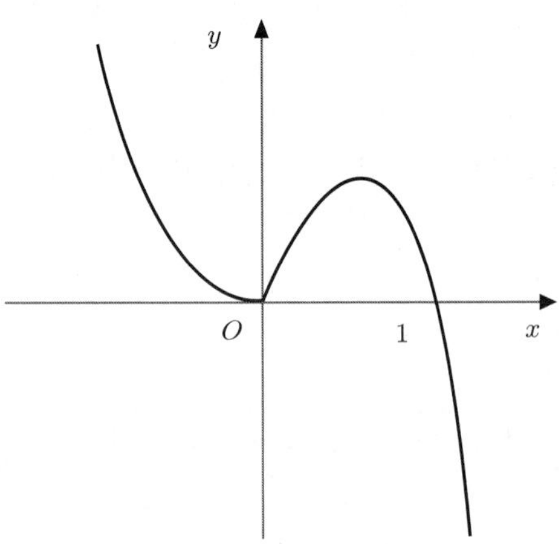

그림 9.8

함수 $f(x)$가 $[a, b]$에서 정의되어 있을 때, 양 끝점 $x=a$ 또는 $x=b$에서의 미분계수는 각각 좌우의 미분계수를 의미하는 것으로 약속한다.

$$f'(a)=f_+'(a),\ f'(b)=f_-'(b)$$

정리 9·3

(Taylor[27] 함수) $f(x)$가 $[a, b]$에서 연속이고, (a, b)에서 n회 미분가능이면, (a, b)상에 한 점 c가 존재해서

$$f(b)=f(a)+f'(a)(b-a)+\frac{f''(a)}{2!}(b-a)^2+\cdots+\frac{f^{(n-1)}(a)}{(n-1)!}(b-a)^{n-1}+R_n$$

이 성립한다. 단,

$$R_n=\frac{f^{(n)}(c)}{n!}(b-a)^n,\ a<c<b$$

[증명] 이제, 함수

$$F(x)=f(b)-\{f(x)+f'(x)(b-x)+\frac{f''(x)}{2!}(b-x)^2+\cdots+\frac{f^{(n-1)}(x)}{(n-1)!}(b-x)^{n-1}+k(b-x)^n\}$$

을 생각한다. 단, k는 어떤 상수이다. 분명히, $F(b)=0$이다. 여기에서, $F(a)=0$이 되도록 k를 정할 수가 있다.

이와 같은 k를 이용하기로 하면, $F(b)=F(a)=0$이므로, Rolle의 정리를 적용시키면, (a, b)상에 한 점 c가 존재해서 $F'(c)=0$이 된다. 그런데

$$F'(x)=\frac{f^{(n)}(x)}{(n-1)!}(b-x)^{n-1}+nk(b-x)^{n-1}$$

이므로, $F'(c)=0$에 의해서 다음과 같다.

$$k=\frac{f^{(n)}(c)}{n!}$$

여기에서, $b-c\neq 0$을 이용했다. 이 k를 $F(a)=0$를 나타내는 식에 대입하면, 증명해야 할 식이 얻어진다.

정리 9.3에 등식의 우변에 b 대신에 x를 대입한 것을, 함수 $f(x)$의 점 a에 있어서의 Taylor **전개**라 한다.

---

27) Taylor, Brook (1685~1731 ; 영국)

주의 3. 위의 정리에 나타난 R_n을 다음의 형태로 표기할 수 있다.

$$R_n = \frac{f^{(n)}(a+\theta(b-a))}{n!}(b-a)^n,\ 0<\theta<1$$

여기에서

$\theta = \dfrac{c-a}{b-a}$로 놓으면 $0<\theta<1,\ c=a+\theta(b-a)$

이것을 **Lagrange[28]의 잉여**(剩餘)라 부르고 있다.

Taylor의 정리에서, $a=0,\ b=x$로 하면 다음의 정리를 얻는다.

정리 9 · 4 **(Maclaurin[29])** 함수 $f(x)$가 $x=0$의 가까이에서 n회 미분가능이면

$$f(x) = f(0) + f'(0)x + \frac{f''(0)}{2!}x^2 + \cdots + \frac{f^{n-1)}(0)}{(n-1)!}x^{n-1} + R_n$$

단,

$$R_n = \frac{f^{(n)}(\theta x)}{n!}x^n,\quad 0<\theta<1$$

이 $x=0$의 충분히 가까이 있는 임의의 x에 대해서 성립한다.

정리 9.4의 등식의 우변을 함수 $f(x)$의 **Maclaurin 전개**라 한다. 이들 정리는 함수의 다항식 근사를 구하는 데에 유효하다.

예 5. e^x의 근사식

$$e^x = 1 + \frac{x}{1!} + \cdots + \frac{x^{n-1}}{(n-1)!} + R_n$$

으로 놓으면 $R_n = \dfrac{e^{\theta x}}{n!}x^n\,(0<\theta<1),\ e^{\theta x} \leqq e^{|x|}$로부터

$$|R_n| \leqq \frac{|x|^n}{n!}e^{|x|}$$

따라서, $x \fallingdotseq 0$일 때 근사식

28) Lagrange, Joseph Louis (1736~1813 ; 프랑스)
29) Maclaurin, Colin (1689~1746 ; 영국)

$$e^x \fallingdotseq 1+\frac{x}{1!}+\cdots+\frac{x^{n-1}}{(n-1)!}$$

이 성립한다. 오차의 한계는 $\dfrac{|x|^n}{n!}e^{|x|}$이다.

예 6. $\sin x$의 근사식

$f(x)=\sin x$에 대해서, $f^{(n)}(x)=\sin\left(x+\dfrac{n\pi}{2}\right)$ $(n=1,\ 2,\ \cdots)$이다.

따라서,

$$f^{(n)}(0)=\sin\frac{n\pi}{2}=\begin{cases}(-1)^k & (n=2k+1)\\ 0 & (n=2k)\end{cases}$$

또,

$$\begin{aligned}f^{(2n+1)}(\theta x)&=\sin\left(\theta x+\frac{(2n+1)\pi}{2}\right)=\cos\left(\theta x+\frac{(2n+1)\pi}{2}-\frac{\pi}{2}\right)\\&=\cos(\theta x+n\pi)=(-1)^n\cos\theta x\end{aligned}$$

따라서, Maclaurin의 정리에 의해서

$$\sin x=x-\frac{x^3}{3!}+\frac{x^5}{5!}-\frac{x^7}{7!}+\cdots+(-1)^{n-1}\frac{x^{2n-1}}{(2n-1)!}+R_{2n+1}$$

$$R_{2n+1}=(-1)^n\frac{x^{2n+1}}{(2n+1)!}\cos\theta x,\ 0<\theta<1$$

따라서, $x \fallingdotseq 0$일 때 근사식

$$\sin x \fallingdotseq x-\frac{x^3}{3!}+\frac{x^5}{5!}-\frac{x^7}{7!}+\cdots+(-1)^{n-1}\frac{x^{2n-1}}{(2n-1)!}$$

을 얻는다. 오차의 한계는 $\dfrac{|x|^{2n+1}}{(2n+1)!}$이다.

문 9. 다음 함수에 Maclaurin의 정리를 적용하여라.

(1) $\log(1+x)$　　(2) $\cos x$

9.4 극치, 최대치 및 최소치

이 절에서 취급되는 함수는 모두 필요한 횟수까지 미분가능이라 한다. 함수 $f(x)$의 정의역 내의 한 점 a에 충분히 가까운 $x(x \neq a)$에 대해서

$$f(x) < f(a)$$

로 될 때, $f(a)$를 $f(x)$의 **극대치**(極大値, maximum)라 한다. 즉, 국소적 최대치가 극대치이다. 마찬가지로, a에 충분히 가까운 $x(x \neq 0)$에 대해서

$$f(x) > f(a)$$

로 될 때, $f(a)$를 $f(x)$의 **극소치**(極小値, minimum)라 한다. 극대치, 극소치를 총칭하여 **극치**(extremum)라 한다.

극대 또는 극소가 되는 점에서는 미분계수가 0이 되므로, 다음의 판정 조건이 얻어진다.

정리 9·5 $f(a)$가 극치이면 $f'(a)=0$

도함수 $f'(x)$의 근(根) 중에서 극치가 구해지는데, 다음을 얻는다.

정리 9·6 $f'(a)=0$이라 한다. $f''(a)>0$이면 $f(a)$는 극소치이고, $f''(a)<0$이면 $f(a)$는 극대치이다. 일반적으로 다음과 같을 때

$$f'(a)=f''(a)=\cdots=f^{(n-1)}(a)=0,\ f^{(n)}(a)\neq 0$$

(1) n이 홀수이면 $f(a)$는 극치가 아니다.

(2) n이 짝수이면 $f^{(n)}(a)>0$ 또는 $f^{(n)}(0)<0$임에 따라서, $f(a)$는 극소치 또는 극대치로 된다.

[증명] Taylor의 정리로부터

$$f(x)-f(a)=\frac{1}{n!}f^{(n)}(a+\theta(x-a))(x-a)^n \quad (0<\theta<1)$$

그래서 n이 홀수이면, $f^{(n)}(x)$의 연속성으로부터 $f(x)-f(a)$의 부호는 $x=a$의 가까이에서 일정

하지 않은 것을 알 수 있다. 따라서 이 경우는, $f(a)$는 극치가 아니다. n이 짝수인 경우를 살펴보자. $f^{(n)}(a)>0$이면 $f^{(n)}(x)$는 $x=a$의 가까이에서 역시 양(+), 따라서 $f(x)-f(a)$는 $x=a$의 가까이에서 양(+)이다. 따라서 $f(a)$는 극소치이다. $f^{(n)}(a)<0$인 경우는, $f(a)$가 극대치라는 것이 같은 방법으로 증명된다.

함수의 증감에 관한 정리(정리 9.5)를 이용해서 극치를 구할 수도 있다. 즉, $y=f(x)$의 극치 혹은 최대치, 최소치는 함수의 증감상태를 $f'(x)$의 부호의 변화에 의해서 조사하고, 나아가 함수의 그래프의 개형을 그리는 데 유용하다.

예 7. $y=e^x\sin x \ (0 \leqq x \leqq 2\pi)$의 극치.

y의 증감과 $y'=\sqrt{2}\,e^x\sin\left(x+\dfrac{\pi}{4}\right)$의 부호의 관계를 표로 나타내면, [표 9.1]과 같이 된다. 이것에 의해서 이 함수의 그래프의 개형을 그릴 수가 있다(그림 9.9).

표 9.1

x	0	$\cdots$	$\frac{3}{4}\pi$	$\cdots$	$\frac{7}{4}\pi$	$\cdots$	2π
y'		$+$	0	$-$	0	$+$	
y		↗	$\frac{1}{\sqrt{2}}e^{\frac{3}{4}\pi}$	↘	$-\frac{1}{\sqrt{2}}e^{\frac{7}{4}\pi}$	↗	

극대치는 $\dfrac{1}{\sqrt{2}}e^{\frac{3}{4}\pi}$, 극소치는 $-\dfrac{1}{\sqrt{2}}e^{\frac{7}{4}\pi}$ 이다.

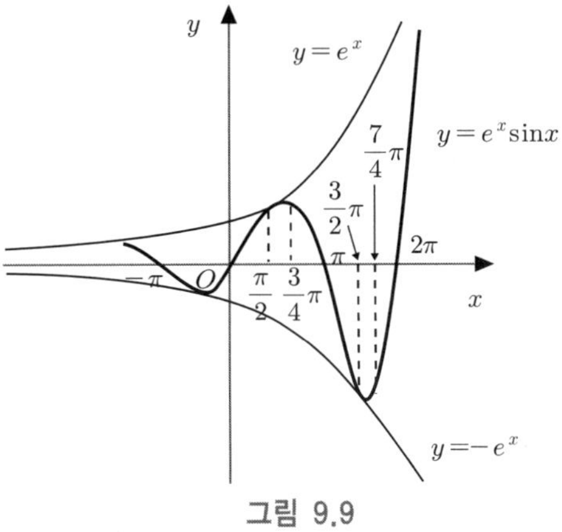

그림 9.9

예 8. 원판으로부터 부채꼴을 잘라내어 원추를 만든다. 그 용적을 최대로 하려면, 어떻게 잘라내면 좋은가?

원의 반경을 1, 잘라내는 부채꼴의 중심각을 θ, 이것에 의해서 만들어지는 원추의 용적을 V라 한다(그림 9.10).

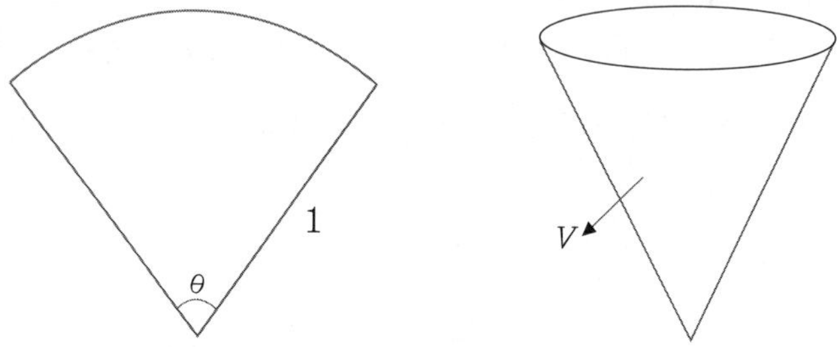

그림 9.10

간단한 계산에 의해서

$$V=\frac{1}{24\pi^2}\theta^2\sqrt{4\pi^2-\theta^2}$$

인 것을 알 수 있다. $V=[0,\ 2\pi]$에서 연속이므로 반드시 최대치를 갖는데, $\theta=0$ 또는 2π일 때 $V=0$이 되므로, 그 최대치는 $(0,\ 2\pi)$ 내의 점에서 취한다. 그 점에서는,

$$\frac{dV}{d\theta}=\frac{\theta}{24\pi^2\sqrt{4\pi^2-\theta^2}}(8\pi^2-3\theta^2)=0$$

이다. 이것을 풀어서 $\theta=\dfrac{2\sqrt{2}}{\sqrt{3}}\pi$. 따라서, 중심각 $\dfrac{2\sqrt{6}}{3}\pi$일 때 용적이 최대로 된다.

문 10. 다음 함수의 그래프의 개형을 그리고 또 극치를 구하여라.

(1) $y=x^4-3x^2$ (2) $y=x^3-3x^2+2x+1$

(3) $y=\dfrac{x^2+x+1}{x^2+2}$ (4) $y=\dfrac{e^x+e^{-x}}{2}$

연습문제

1. 다음 함수를 미분하여라.

(1) $(1+x)^m(2-x)^n$ (2) $x^2(a^2+x^2)\sqrt{a^2-x^2}$

(3) $\dfrac{x^3}{(1-x^2)^{\frac{3}{2}}}$ (4) $\dfrac{\sqrt[4]{1+x^4}}{x}$

2. 다음 함수를 미분하여라.

(1) $\sqrt[3]{1-x^2+3x^4}$ (2) $\sqrt{\dfrac{1-\sqrt[3]{x}}{1+\sqrt[3]{x}}}$

(3) $\log\sqrt{\dfrac{\sqrt{1+x^2}+x}{\sqrt{1+x^2}-x}}$ (4) $\log\dfrac{a+b\tan kx}{a-b\tan kx}$

3. 다음 함수의 제3차 도함수르 구하여라.

(1) $\dfrac{1}{1-x^2}$ (2) $(x^2+a^2)\tan^{-1}\dfrac{x}{a}$

(3) $x^3\log x$

4. 다음 함수의 제n차 도함수를 구하여라.

(1) $\dfrac{x}{x^2-1}$ (2) $\dfrac{x^4}{1-x}$

(3) $x\log x$ (4) $x^{n-1}\log x$

5. Leibniz의 공식에 의해 n차 도함수를 구하여라.

(1) $(1-x^2)^n$ (2) x^3a^x

6. 다음의 부등식을 증명하여라.

$$x-\frac{x^2}{2}<\log(1+x)<x-\frac{x^2}{2}+\frac{x^3}{3}$$

7. 다음의 함수를 $x=0$에 있어서 미분하여라.

$$f(x)=\begin{cases}0 & (x\leq 0)\\ e^{-\frac{1}{x}} & (x>0)\end{cases}$$

연습문제

8. x가 작을 때, 다음의 근사식을 증명하여라.

(1) $e^{x}+\log(1-x) \fallingdotseq 1-\dfrac{x^3}{6}$ (2) $e^{x}+e^{-x} \fallingdotseq 2+x^2$

9. $|x|$가 작을 때, 다음의 근사식이 성립하는 것을 증명하여라.

(1) $e^{x}\cos x \fallingdotseq 1+x-\dfrac{x^3}{3}-\dfrac{x^4}{6}$

(2) $\sqrt{1-x+x^2} \fallingdotseq 1-\dfrac{1}{2}x+\dfrac{3}{8}x^2+\dfrac{3}{16}x^3$

10. 다음 함수의 최대치 및 최소치를 구하여라.

(1) $\sqrt{1+x}+\sqrt{1-x}$ (2) $\dfrac{1-x}{2+x^2}$

적분 10

10.1 원시함수

함수 $F(x)$가 미분가능이고

$$\frac{d}{dx}F(x)=f(x)$$

로 될 때, $F(x)$를 $f(x)$의 **원시함수**(原始函數, primitive function) 또는 **부정적분**(indefinite integral)이라 하고, 이것을

$$\int f(x)dx$$

라고 표기한다.

제9장 2절 (9.2)의 맨 끝에 열거한 미분에 관한 공식을 이용하면, 기본적인 함수의 부정적분에 대한 다음의 공식을 유도할 수 있다.

$$\int kdx=kx \qquad (k\text{는 상수})$$
$$\int x^a dx=\frac{x^{a+1}}{a+1} \qquad (a\neq -1)$$
$$\int \frac{1}{x}dx=\log|x|,\quad \int e^x dx=e^x$$
$$\int \sin x\,dx=-\cos x,\quad \int \cos x\,dx=\sin x$$
$$\int \sec^2 x\,dx=\tan x,\quad \int \mathrm{cosec}^2 x\,dx=-\cot x$$

$$\int \frac{1}{\sqrt{1-x^2}}dx = \sin^{-1}x,\ \int \frac{-1}{\sqrt{1-x^2}}dx = \cos^{-1}x$$
$$\int \frac{1}{1+x^2}dx = \tan^{-1}x,\quad \int \frac{-1}{1+x^2}dx = \cot^{-1}$$

또한, 다음의 공식도 성립한다.

$$\int \tan x\,dx = -\log|\cos x| = \log|\sec x|$$
$$\int \cot x\,dx = \log|\sin x|$$
$$\int \frac{1}{x^2-a^2}dx = \frac{1}{2a}\log\left|\frac{x-a}{x+a}\right| \quad (a \neq 0)$$
$$\int \frac{1}{x^2+a^2}dx = \frac{1}{a}\tan^{-1}\frac{x}{a}$$
$$\int \frac{1}{\sqrt{x^2 \pm A}}dx = \log|x+\sqrt{x^2 \pm A}|$$

원시함수는 일의적으로는 정해지지 않는다. 예를 들면

$$\int xdx = \frac{x^2}{2}+C \quad (C\text{는 임의의 상수})$$

이다. 그러나, x의 원시함수는 모두 이 형태로 주어진다. 실제로

$$g(x) = \int xdx \text{ 이면 } g'(x) = \left(\frac{x^2}{2}\right)',$$

따라서, 임의의 상수 C를 적당히 택하여 $g(x) = \frac{x^2}{2} + C$로 된다.

이러한 식은 구간에 있어서 정의된 함수에 대해서도 마찬가지이다. 즉, $f(x)$의 어떤 원시함수 $F(x)$를 알 수 있으면, 다른 원시함수는 상수 C를 이용해서

$$\int f(x)dx = F(x) + C$$

라고 쓸 수 있다. 임의상수 C는 생략되는 것이 보통이다.

정리 10·1

$$\int \{f(x) \pm g(x)\}dx = \int f(x)dx \pm \int g(x)dx \quad (\text{복호동순})$$
$$\int kf(x)dx = k\int f(x)dx \quad (k\text{는 상수})$$

주의 1. 정리 10.1로부터 다음 사실을 알 수 있다. 유한개의 함수 $f(x)$, $g(x)$, $\cdots$, $h(x)$와 상수 a, b, $\cdots$, c에 대해서

$$\int \{af(x)+bg(x)+\cdots+ch(x)\}dx$$
$$=a\int f(x)dx+b\int g(x)dx+\cdots+c\int h(x)dx$$

문 1. 다음의 함수를 적분하여라.

(1) $\left(x+\dfrac{1}{x}\right)^2$　　(2) $\left(\cos\dfrac{x}{2}-\sin\dfrac{x}{2}\right)^2$

(3) $\dfrac{3}{x^2}+\dfrac{2}{1+x^2}$　　(4) $\dfrac{4}{x}-\dfrac{3}{\sqrt{1-x^2}}$

정리 10 · 2 **(부분적분법)**

$$\int f'(x)g(x)dx=f(x)g(x)-\int f(x)g'(x)dx$$

[증명] $\{f(x)g(x)\}'=f'(x)g(x)+f(x)g'(x)$

$$\therefore\ f'(x)g(x)=\{f(x)g(x)\}'-f(x)g'(x)$$

이 양변을 적분하면

$$\int f'(x)g(x)dx=f(x)g(x)-\int f(x)g'(x)dx$$

예 1.
$$\begin{aligned}\int \log x\,dx &= x\log x-\int x\cdot\frac{1}{x}dx\\ &= x\log x-x\end{aligned}$$

예 2.
$$\begin{aligned}\int xe^x\,dx &= xe^x-\int 1\cdot e^x dx\\ &= xe^x-e^x\end{aligned}$$

문 2. 다음의 함수를 적분하여라.

(1) $\sqrt{x^2+A}$　　(2) $e^{ax}\sin bx\quad (b\neq 0)$

(3) $\tan^{-1}x$　　(4) $(\log x)^2$

정리 10 · 3 **(치환적분법)** 변환 $x=\varphi(t)$에 있어서, $\varphi'(t)$가 연속이면

$$\int f(x)dx=\int f(\varphi(t))\varphi'(t)dt$$

[증명] $F(x)$를 $f(x)$의 원시함수로 한다면, 합성함수의 미분법에 의해

$$\frac{dF(\varphi(t))}{dt}=f(\varphi(t))\varphi'(t)$$

따라서, $F(\varphi(t))$는 $f(\varphi(t))\varphi'(t)$의 원시함수이다

예 3. $x=a\sin\theta \quad \left(|\theta|<\frac{\pi}{2}\right)$로 하면

$$I=\int\frac{dx}{\sqrt{a^2-x^2}}=\int\frac{1}{a\cos\theta}\frac{d}{d\theta}(a\sin\theta)d\theta=\int d\theta=\theta=\sin^{-1}\frac{x}{a}$$

치환적분법의 공식을, $d\varphi(t)=\varphi'(t)dt$를 이용해서

$$\int f(x)dx=\int f(\varphi(t))d\varphi(t)$$

라 해석하기로 하자. 그러면 이제의 적분은

$$I=\int\frac{d(x/a)}{\sqrt{1-(x/a)^2}}=\sin^{-1}\frac{x}{a}$$

와 같이 해서, 새로운 변수를 사용하지 않고도 구해진다.

예 4. $I=\int\sin(ax+b)dx$

$ax+b=t$라 놓으면,

$$I=\int\sin t\cdot\frac{dx}{dt}dt=\frac{1}{a}\int\sin t\,dt=-\frac{1}{a}\cos t=-\frac{1}{a}\cos(ax+b)$$

예 5. $\int\tan x\,dx=\int\frac{\sin x}{\cos x}dx=-\int\frac{d\cos x}{\cos x}=-\log|\cos x|$

유리함수의 부정적분에 대해서는 몇 가지 예를 들어, 그 해법을 생각해 보기로 한다.

예 6. 다음 함수를 적분하여라.

(1) $\dfrac{x^3+2}{x-1}$ (2) $\dfrac{1}{(x-1)(x-2)}$

(3) $\dfrac{x+1}{x(x-1)^2(x+2)}$ (4) $\dfrac{1}{x^3+1}$

(해답) (1) 주어진 분수식의 분자의 차수는 분모의 차수보다 높다. 나눗셈을 하면

$$\frac{x^3+2}{x-1}=x^2+x+1+\frac{3}{x-1}$$
$$\therefore \int \frac{x^3+2}{x-1}dx=\int\left[x^2+x+1+\frac{3}{x-1}\right]dx$$
$$=\frac{x^3}{3}+\frac{x^2}{2}+x+3\log|x-1|$$

(2) 주어진 분수식을 변형하면

$$\frac{1}{(x-1)(x-2)}=-\frac{1}{x-1}+\frac{1}{x-2}$$
$$\therefore \int \frac{dx}{(x-1)(x-2)}=\int\left[-\frac{1}{x-1}+\frac{1}{x-2}\right]dx$$
$$=-\log|x-1|+\log|x-2|=\log\left|\frac{x-2}{x-1}\right|$$

(3) 위의 (2)에 따라서, 주어진 분수식을 다음과 같다고 한다.

$$\frac{x+1}{x(x-1)^2(x+2)}=\frac{a}{x}+\frac{b}{x-1}+\frac{c}{(x-1)^2}+\frac{d}{x+2}$$

앞의 식이 항등적으로 성립하도록 상수 a, b, c, d를 정하고 분모를 통분하여

$$x+1=a(x-1)^2(x+2)+bx(x-1)(x+2)+cx(x+2)+dx(x-1)^2$$

이 식은 항등식이므로

$x=0$으로 놓으면 $a=\dfrac{1}{2}$; $x=1$로 놓으면 $c=\dfrac{2}{3}$

$x=-2$로 놓으면 $d=\dfrac{1}{18}$

또, 양변의 x^3의 계수를 비교하여 $0=a+b+d$

이들 방정식으로부터, $b=-\frac{5}{9}$가 된다. 따라서,

$$\int \frac{x+1}{x(x-1)^2(x+2)}dx = \int \left[\frac{1}{2x} - \frac{5}{9(x-1)} + \frac{2}{3(x-1)^2} + \frac{1}{18(x+2)}\right]dx$$
$$= \frac{1}{2}\log|x| - \frac{5}{9}\log|x-1| - \frac{2}{3(x-1)} + \frac{1}{18}\log|x+2|$$

(4) $x^3+1=(x+1)(x^2-x+1)$인데, $x^2-x+1=0$은 실근을 갖지 않으므로, x^3+1은 이 이상 (실수의 범위에서는) 인수분해되지 않는다. 이와 같은 때는

$$\frac{1}{x^3+1} = \frac{1}{(x+1)(x^2-x+1)} = \frac{a}{x+1} + \frac{Ax+B}{x^2-x+1}$$

가 항등적으로 성립하도록 상수 a, A, B를 정한다. 분모를 통분해서

$$1 = a(x^2-x+1)+(x+1)(Ax+B)$$

이것은 항등식이므로, $x=-1$로 놓고 $a=\frac{1}{3}$이 얻어진다. 또 x^2의 계수를 비교하여 $0=a+A$. 따라서 $A=-\frac{1}{3}$. 마지막으로 $x=0$으로 놓고, $1=a+B$. 따라서 $B=\frac{2}{3}$를 얻는다. 이것을 윗식에 대입하여

$$\int \frac{dx}{x^3+1} = \int \frac{dx}{3(x+1)} + \int \frac{-x+2}{3(x^2-x+1)}dx$$

그런데

$$\int \frac{dx}{3(x+1)} = \frac{1}{3}\log|x+1|$$

$$\int \frac{-x+2}{3(x^2-x+1)}dx = -\frac{1}{6}\int \frac{(2x-1)-3}{x^2-x+1}dx$$
$$= -\frac{1}{6}\int \frac{2x-1}{x^2-x+1}dx + \frac{1}{2}\int \frac{dx}{x^2-x+1}$$
$$= -\frac{1}{6}\int \frac{(x^2-x+1)'}{x^2-x+1}dx + \frac{1}{2}\int \frac{dx}{(x-\frac{1}{2})^2+\frac{3}{4}}$$
$$= -\frac{1}{6}\log(x^2-x+1) + \frac{1}{2}\cdot\frac{2}{\sqrt{3}}\tan^{-1}\frac{x-\frac{1}{2}}{\frac{\sqrt{3}}{2}}$$
$$= -\frac{1}{6}\log(x^2-x+1) + \frac{1}{\sqrt{3}}\tan^{-1}\frac{2x-1}{\sqrt{3}}$$

따라서

$$\int \frac{dx}{x^3+1} = \frac{1}{3}\log|x+1| - \frac{1}{6}\log(x^2-x+1) + \frac{1}{\sqrt{3}}\tan^{-1}\frac{2x-1}{\sqrt{3}}$$

앞의 예 6의 해답에서 기술한 방법을 일반화해서 유리함수, 즉 분수함수에 대한 부정적분의 계산법을 기술하고자 한다. 이를 위해서 다음의 정리가 필요하다.

정리 10 · 4

(부분분수분해) 유리함수 $f(x)/g(x)$의 분자의 차수는 분모의 차수보다 낮고 이 분수식은 기약(既約, 분모와 분자는 공통인수를 포함하지 않는다.)이라고 한다. 이제, 분모 $g(x)$를 인수분해해서

$$g(x) = (x-\alpha)^m(x-\beta)^n \cdots [(x-p)^2+q^2]^h\,[(x-r)^2+s^2]^k \cdots$$

로 되어 있다고 하면, 다음과 같이 놓을 수가 있다.

$$\begin{aligned}\frac{f(x)}{g(x)} = &\left[\frac{A_1}{x-\alpha} + \frac{A_2}{(x-\alpha)^2} + \cdots + \frac{A_m}{(x-\alpha)^m}\right] \\ &+ \left[\frac{B_1}{x-\beta} + \frac{B_2}{(x-\beta)^2} + \cdots + \frac{B_n}{(x-\beta)^n}\right] + \cdots\cdots \\ &+ \left[\frac{a_1x+b_1}{(x-p)^2+q^2} + \frac{a_2x+b_2}{[(x-p)^2+q^2]^2} + \cdots + \frac{a_hx+b_h}{[(x-p)^2+q^2]^h}\right] \\ &+ \left[\frac{c_1x+d_1}{(x-r)^2+s^2} + \frac{c_2x+d_2}{[(x-r)^2+s^2]^2} + \cdots + \frac{c_kx+d_k}{[(x-r)^2+s^2]^k}\right] \\ &+ \cdots\cdots \qquad\qquad \cdots\cdots\end{aligned}$$

여기에서, $A_1, \cdots A_m$, $B_1, \cdots, B_n; \cdots; a_1, \cdots, a_h$, $b_1, \cdots, b_h$; $c_1, \cdots, c_k$, $d_1, \cdots, d_,; \cdots$는 모두 상수이다.

이 정리의 증명은 생략하는데, 이와 같이 유리함수를 간단한 분수식의 합으로 분해하는 것을 **부분분수로 분해**한다고 한다. 위의 정리는, 기약의 유리함수를 부분분수로 분해할 수 있는 가능성을 주장하고 있는 것이고, 실제로 윗식의 우변에 나타난 상수 $A_1, \cdots, A_m, B_1, B_n; \cdots; a_1, \cdots, a_h, b_1, \cdots, b_h; \cdots$ 등을 구하는데 있어서는, 각각의 경우에 적합한 방법을 고안하면 된다.

그런데, 위의 정리에 의하면, 분자의 차수가 분모의 차수보다 낮은 기약의 유리함수는

$$\frac{a}{(x-d)^m}, \quad \frac{Ax+B}{[(x-p)^2+q^2]^n}$$

인 형태의 분수식의 합으로 분해할 수 있음을 알았다. 그런데

$$\int \frac{a}{(x-d)^m}dx = \begin{cases} \dfrac{a}{(1-m)(x-d)^{m-1}} & (m \neq 1) \\ a\log|x-d| & (m=1) \end{cases}$$

이다. 또,

$$\int \frac{Ax+B}{[(x-p)^2+q^2]^n}dx = \frac{1}{2}\int \frac{2A(x-p)+2(Ap+B)}{[(x-p)^2+q^2]^n}dx$$

$$= \frac{A}{2}\int \frac{[(x-p)^2+q^2]'}{[(x-p)^2+q^2]^n}dx + (Ap+B)\int \frac{dx}{[(x-p)^2+q^2]^n}$$

이다. 그런데,

$$\int \frac{[(x-p)^2+q^2]'}{[(x-p)^2+q^2]^n}dx = \begin{cases} \dfrac{1}{(1-n)[(x-p)^2+q^2]^{n-1}} & (n \neq 1) \\ \log[(x-p)^2+q^2] & (n=1) \end{cases}$$

다음에, $x-p=t$로 놓으면

$$\int \frac{dx}{[(x-p)^2+q^2]^n} = \int \frac{dt}{(t^2+q^2)^n}$$

이 되므로, 결국

$$I_n = \int \frac{dx}{(x^2+a^2)^n} \quad (n=2,\ 3,\ \cdots)$$

와 같은 형태의 문제만 풀면 다음을 구할 수 있다.

$$\int \frac{Ax+B}{[(x-p)^2+q^2]^n}dx$$

예 7. (1) $I_n = \int \frac{dx}{(x^2+a^2)^n} \quad (n=2,\ 3,\ \cdots)$

로 놓으면, 다음 식이 성립하는 것을 증명하여라.

$$I_n = \frac{1}{2(n-1)a^2}\left[\frac{x}{(x^2+a^2)^{n-1}} + (2n-3)I_{n-1}\right]$$

(2) $I_1,\ I_2,\ I_3$를 구하여라.

(해답) (1) 부분적분법을 적용해서

$$\begin{aligned} I_{n-1} &= \int \frac{dx}{(x^2+a^2)^{n-1}} = \frac{x}{(x^2+a^2)^{n-1}} - \int x\left[-\frac{2(n-1)x}{(x^2+a^2)^n}\right]dx \\ &= \frac{x}{(x^2+a^2)^{n-1}} + 2(n-1)\int \frac{x^2+a^2-a^2}{(x^2+a^2)^n}dx \\ &= \frac{x}{(x^2+a^2)^{n-1}} + 2(n-1)I_{n-1} - 2a^2(n-1)I_n \\ \therefore\ 2(n-1)a^2 I_n &= \frac{x}{(x^2+a^2)^{n-1}} + (2n-3)I_{n-1} \\ \therefore\ I_n &= \frac{1}{2(n-1)a^2}\left[\frac{x}{(x^2+a^2)^{n-1}} + (2n-3)I_{n-1}\right] \end{aligned}$$

$$\begin{aligned} (2)\ I_1 &= \int \frac{dx}{x^2+a^2} = \frac{1}{a}\tan^{-1}\frac{x}{a} \\ I_2 &= \frac{1}{2a^2}\left[\frac{x}{x^2+a^2} + I_1\right] = \frac{1}{2a^2}\left[\frac{x}{x^2+a^2} + \frac{1}{a}\tan^{-1}\frac{x}{a}\right] \\ I_3 &= \frac{1}{4a^2}\left[\frac{x}{(x^2+a^2)^2} + 3I_2\right] \\ &= \frac{1}{4a^2}\left[\frac{x}{(x^2+a^2)^2} + 3\cdot\frac{1}{2a^2}\left(\frac{x}{x^2+a^2} + \frac{1}{a}\tan^{-1}\frac{x}{a}\right)\right] \\ &= \frac{1}{4a^2}\frac{x}{(x^2+a^2)^2} + \frac{3}{8a^4}\frac{x}{x^2+a^2} + \frac{3}{8a^5}\tan^{-1}\frac{x}{a} \end{aligned}$$

주의 2. 위와 같이, I_n을 $I_{n-1},\ I_{n-2},\ \cdots$로 나타낸 식을 I_n의 **점화식**(漸化式, recursion formula)이라 한다. 앞의 예에서는 I_n을 I_{n-1}로 나타냈기 때문에, 이것을 반복해서 이용하면 I_n을 I_1으로 나타낼 수가 있다.

이상의 논의에 의해서, 분자의 차수가 분모의 차수보다 낮은 유리함수의 부정적분은 항상 구해지게 되었다.

유리함수 $f(x)/g(x)$의 분자의 차수가 분모의 차수와 같거나 그것보다 높을 때는,

$f(x)$를 $g(x)$로 나누어 몫을 $f_0(x)$로 하고 나머지를 $R(x)$로 하면, $R(x)$의 차수는 $g(x)$의 차수보다 낮다. 따라서

$$\frac{f(x)}{g(x)}=f_0(x)+\frac{R(x)}{g(x)}$$

로 되어, $f_0(x)$는 다항식이고 유리함수 $R(x)/g(x)$의 분자의 차수는 분모의 차수보다 낮다. 따라서, $f_0(x)$와 $R(x)/g(x)$의 부정적분을 구할 수가 있고, 결국 $f(x)/g(x)$의 부정적분을 구할 수가 있다.

문 3. 다음 함수를 적분하여라.

(1) $\dfrac{x+2}{(x-1)(x-3)}$ (2) $\dfrac{1}{(x^2+4)(x^2-9)}$

(3) $\dfrac{5x+1}{2x^2+5x-3}$ (4) $\dfrac{x}{x^4-1}$

(5) $\dfrac{1}{(x^2-1)^2}$ (6) $\dfrac{1}{x(x^2+1)^2}$

[무리함수의 부정적분 · 기타]

무리함수의 부정적분을 생각해 보기로 한다. 이하에서 몇 가지의 특별한 형태를 한 무리함수의 부정적분만을 생각하기로 하는데, 어느 경우에도 적당한 치환을 행하여, 구하는 적분을 유리함수의 적분으로 귀착시킨다고 하는 것이 기본적인 원리이다. 그러나 일반적으로 말해서, 임의로 주어진 무리함수의 부정적분을 우리들이 지금까지 알고 있는 함수로 표기할 수는 없다.

다음에 여러 종류의 중요한 경우를 열거하는데, $R(X,\ Y)$, $R(X,\ Y,\ Z)$ 등은, 문자 X, Y, Z 등의 유리함수를 나타내는 것으로 약속해 둔다.

I. $\displaystyle\int \boldsymbol{R}\left(\boldsymbol{x},\ \sqrt[n]{\frac{\boldsymbol{ax+b}}{\boldsymbol{cx+d}}}\right)\boldsymbol{dx}$ $(ad-bc\neq 0,\ n=2,\ 3,\ \cdots)$

이 때

$$\sqrt[n]{\frac{\boldsymbol{ax+b}}{\boldsymbol{cx+d}}}=\boldsymbol{t}$$

로 놓으면

$$x=\frac{dt^n-b}{-ct^n+a},\ dx=\frac{n(ad-bc)t^{n-1}}{(-ct^n+a)^2}dt$$

이것들을 주어진 부정적분에 대입해서

$$\int R\left(x,\ \sqrt[n]{\frac{ax+b}{cx+d}}\right)dx=\int R\left(\frac{dt^n-b}{-ct^n+a},\ t\right)\cdot\frac{n(ad-bc)t^{n-1}}{(-ct^n+a)^2}dt$$

우변은 t에 관한 유리함수의 부정적분이므로, 이것을 구할 수 있다.

예 8. $\displaystyle\int\sqrt{\frac{x-\alpha}{\beta-x}}\,dx\quad(\alpha<\beta)$

(해답) 피적분함수의 정의역은 $[\alpha,\ \beta)$이다. 이제

$$\sqrt{\frac{x-\alpha}{\beta-x}}=t$$

로 놓으면

$$x=\frac{\alpha+\beta t^2}{t^2+1},\ dx=\frac{2(\beta-\alpha)t}{(t^2+1)^2}dt$$

$$\begin{aligned}\therefore\int\sqrt{\frac{x-\alpha}{\beta-x}}\,dx&=\int t\cdot\frac{2(\beta-\alpha)t}{(t^2+1)^2}dt=t\left(-\frac{\beta-\alpha}{t^2+1}\right)-\int\left(-\frac{\beta-\alpha}{t^2+1}\right)dt\\&=-\frac{(\beta-\alpha)t}{t^2+1}+(\beta-\alpha)\tan^{-1}t\\&=-\frac{(\beta-\alpha)\sqrt{\frac{x-\alpha}{\beta-x}}}{\frac{x-\alpha}{\beta-x}+1}+(\beta-\alpha)\tan^{-1}\sqrt{\frac{x-\alpha}{\beta-x}}\\&=-\sqrt{(x-\alpha)(\beta-x)}+(\beta-\alpha)\tan^{-1}\sqrt{\frac{x-\alpha}{\beta-x}}\end{aligned}$$

문 4. 다음 함수를 적분하여라.

(1) $\dfrac{1}{(1+x)\sqrt{1-x}}$　　(2) $\dfrac{1}{x+\sqrt{x-1}}$　　(3) $\dfrac{\sqrt{x}}{1+\sqrt{x}}$

II. $\int R(x,\ \sqrt{ax^2+bx+c})dx$

(i) $a>0$일 때

$$\sqrt{ax^2+bx+c}+\sqrt{a}x=t$$

로 놓으면, $\sqrt{ax^2+bx+c}=t-\sqrt{a}x$이고

$$ax^2+bx+c=t^2-2\sqrt{a}tx+ax^2$$

따라서,

$$x=\frac{t^2-c}{2\sqrt{a}t+b},\ dx=\frac{1(\sqrt{a}t^2+bt+\sqrt{a}c)}{(2\sqrt{a}t+b)^2}dt$$

그런데,

$$\sqrt{ax^2+bx+c}=t-\sqrt{a}x=\frac{\sqrt{a}t^2+bt+\sqrt{a}c}{2\sqrt{a}t+b}$$

이것들을 주어진 부정적분에 대입하여

$$\begin{aligned}&\int R(x,\ \sqrt{ax^2+bx+c})dx\\&=2\int R\left(\frac{t^2-c}{2\sqrt{a}t+b},\ \frac{\sqrt{a}t^2+bt+\sqrt{a}c}{2\sqrt{a}t+b}\right)\frac{\sqrt{a}t^2+bt+\sqrt{a}c}{(2\sqrt{a}t+b)^2}dt\end{aligned}$$

우변은 유리함수의 부정적분이다.

(ii) $a<0$일 때, $D=b^2-4ac>0$으로 가정해도 된다(왜냐하면, $b^2-4ac\leqq 0$일 때는, $\sqrt{\ }$ 내의 ax^2+bx+c는 0 또는 음(-)으로 되기 때문이다). 이 때, $ax^2+bx+c=0$는 두 개의 서로 다른 실근 $\alpha,\ \beta(\alpha<\beta)$를 갖고

$$ax^2+bx+c=a(x-\alpha)(x-\beta)$$

가 되므로, 이 2차식은 구간 $(\alpha,\ \beta)$에서 양(+)이다. 그런데

$$\sqrt{ax^2+bx+c}=\sqrt{a(x-\alpha)(x-\beta)}=\sqrt{-a}(\beta-x)\sqrt{\frac{x-\alpha}{\beta-x}}$$

이므로, 이 부정적분은 I의 형태로 귀착된다.

예 9. $I=\int \frac{dx}{\sqrt{x^2+A}}$ 에서 변환 $t=x+\sqrt{x^2+A}$ 를 행한다.

$$x=\frac{t^2-A}{2t},\ dx=\frac{t^2+A}{2t^2}dt$$
$$\sqrt{x^2+A}=\frac{t^2+A}{2t}$$

로부터

$$I=\int \frac{dx}{\sqrt{x^2+A}}=\int \frac{2t}{t^2+A}\cdot\frac{t^2+A}{2t^2}dt=\int \frac{dt}{t}=\log|t|$$
$$=\log|x+\sqrt{x^2+A}\,|$$

예 10. $I=\int \frac{dx}{\sqrt{x(1-x)}}$ 에서 $t=\sqrt{\frac{1-x}{x}}$ 로 놓으면

$$x=\frac{1}{1+t^2},\ dx=-\frac{2t}{(1+t^2)^2}dt$$
$$\sqrt{x(1-x)}=\frac{t}{1+t^2}$$

따라서,

$$I=-2\int \frac{dt}{1+t^2}=-2\tan^{-1}t=-2\tan^{-1}\sqrt{\frac{1-x}{x}}$$

문 5. 다음 함수를 적분하여라.

(1) $\frac{1}{(1-x)\sqrt{1+x+x^2}}$ (2) $\frac{1}{\sqrt{(x-\alpha)(\beta-x)}}$ $(\alpha<\beta)$

III. $\int R(\sin x,\ \cos x)dx$

이 때

$$\tan\frac{x}{2}=t$$

로 놓으면

$$\sin x = \frac{2t}{1+t^2}, \quad \cos x = \frac{1-t^2}{1+t^2}, \quad dx = \frac{2}{1+t^2}dt$$

이것들을 주어진 부정적분에 대입하여

$$\int R(\sin x,\ \cos x)dx = \int R\left(\frac{2t}{1+t^2},\ \frac{1-t^2}{1+t^2}\right) \cdot \frac{2}{1+t^2}dt$$

우변은 유리함수의 부정적분이다. 즉 $\sin x$와 $\cos x$의 유리식의 부정적분은 언제나 구해진다.

예 11. $I = \int \frac{dx}{\sin x}$

$t = \tan \frac{x}{2}$로 놓으면

$$I = \int \frac{1}{\frac{2t}{1+t^2}} \cdot \frac{2}{1+t^2}dt = \int \frac{dt}{t} = \log|t| = \log\left|\tan\frac{x}{2}\right|$$

문 6. 다음 함수를 적분하여라.

(1) $\frac{1}{1-\cos x}$　　(2) $\frac{1}{\sin x - \cos x}$

(3) $\frac{1}{1+\sin x}$　　(4) $\frac{1+\sin x}{\sin x}$

10.2 정적분

함수 $f(x)$는, 구간 $[a,\ b]$에서 정의되고 유계(有界)라고 할 때, 구간 $[a,\ b]$를 n개의 소구간으로 분할하여, 각 소구간의 x좌표 $a,\ a_1,\ a_2,\ \cdots,\ a_{n-1},\ b$를,

$$a < a_1 < a_2 < \cdots < a_{n-1} < b$$

를 만족하도록 정한다. 각 소구간의 길이를 각각 $\varDelta x_1$, $\varDelta x_2$, $\cdots$, $\varDelta x_n$이라 하면, 다음과 같다.

$$\varDelta x_1 = a_1 - a,\ \varDelta x_2 = a_2 - a_1,\ \cdots,\ \varDelta x_n = b - a_{n-1}$$

[그림 10.1]에서 보이는 바와 같이 각 소구간 $[a,\ a_1]$, $[a_1,\ a_2]$, $\cdots$, $[a_{n-1},\ b]$에 임의의 점을 잡아, 각각의 x좌표를 x_1, x_2, $\cdots$, x_n이라 하면,

$$f(x_1)\varDelta x_1,\ f(x_2)\varDelta x_2,\ \cdots,\ f(x_n)\varDelta x_n$$

은 [그림 10.1]에서와 같이 $\varDelta x_1$, $\varDelta x_2$, $\cdots$, $\varDelta x_n$을 밑변으로 하는 각 직사각형의 면적을 나타낸다.

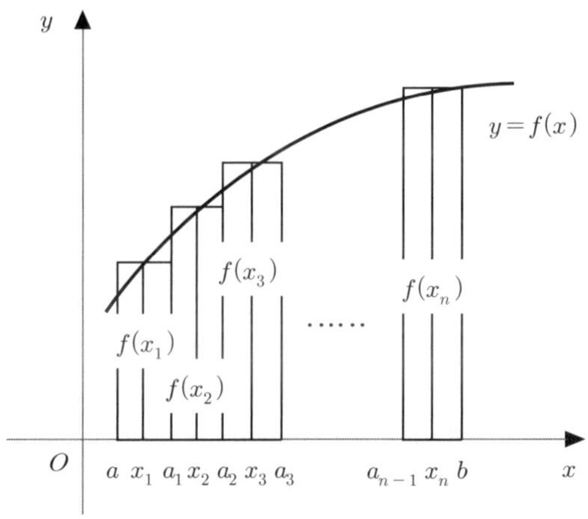

그림 10.1

이들 면적의 합 S_n은

$$\begin{aligned} S_n &= f(x_1)\varDelta x_1 + f(x_2)\varDelta x_2 + \cdots + f(x_n)\varDelta x_n \\ &= \sum_{i=1}^{n} f(x_i)\varDelta x_i \end{aligned} \tag{10.1}$$

다음에 $\varDelta x_i \to 0\ (i = 1,\ 2, \cdots,\ n)$일 때 $n \to \infty$로 된다.

이제 [그림 10.1]에서 곡선 $y = f(x)$와 x축 및 직선 $x = a$, $x = b$로 둘러싸인 면적을 S라 하면, $n \to \infty$일 때의 S_n의 극한은 한없이 이 S에 접근한다. 즉,

$$\lim_{n\to\infty} S_n = S$$

로 된다. 이 극한치 S를 $y=f(x)$의 a에서 b까지의 **정적분**이라 하고,

$$\int_a^b f(x)dx \tag{10.2}$$

로 나타낸다. 여기에서 $f(x)$를 **피적분함수**, x를 **적분변수**, a를 **정적분의 하한**, b를 **상한**, a, b를 **정적분의 한계**라 한다. 또, 구간 $[a,\ b]$에서 $f(x)$의 정적분이 존재할 때, $f(x)$는 구간 $[a,\ b]$에서 적분가능이라고 한다.

10.3 정적분의 공식

10.3.1 정적분의 성질

부정적분에서 함수 $f(x)$의 원시함수를 $F(x)$라 하면,

$$\begin{aligned} \int f(x)dx &= F(x) \\ F'(x) &= f(x) \end{aligned} \tag{10.3}$$

이다. 앞 절에서 기술한 바와 같이 구간 $[a,\ b]$를 n개의 소구간 $[a,\ a_1]$, $[a_1,\ a_2]$, $\cdots$, $[a_{n-1},\ b]$ 로 분할하고 각 소구간의 길이를 $\varDelta x_1$, $\varDelta x_2$, $\cdots$, $\varDelta x_n$이라 할 때, 각 구간에 **평균치의 정리**를 적용하면,

$$\begin{aligned} F(a_1)-F(a) &= (a_1-a)F'(c_1) && (a<c_1<a_1) \\ &= f(c_1)\varDelta x_1 \\ F(a_2)-F(a_1) &= f(c_2)\varDelta x_2 && (a_1<c_2<a_2) \\ &\cdots\cdots\cdots\cdots\cdots \\ F(b)-F(a_{n-1}) &= f(c_n)\varDelta x_n && (a_{n-1}<c_n<b) \end{aligned}$$

이들 식을 변변 더하면,

$$\begin{aligned} F(b)-F(a) &= f(c_1)\varDelta x_1 + f(c_2)\varDelta x_2 + \cdots + f(c_n)\varDelta x_n \\ &= \sum_{i=1}^{n} f(c_i)\varDelta x_i \end{aligned}$$

여기에서 $\varDelta x_i \to 0$의 극한을 생각하면,

$$\lim_{\varDelta x \to 0} \sum_{i=1}^{n} f(c_i) \varDelta x_i = \int_a^b f(x) dx$$

이므로,

$$\int_a^b f(x) dx = F(b) - F(a) \tag{10.4}$$

의 관계를 얻는다. 우변의 $F(b)-F(a)$를 $[F(x)]_a^b$ 또는 $[F(x)]_a^b$로 나타낸다. 따라서 (10.4)는,

$$\int_a^b f(x) dx = [F(x)]_a^b = F(b) - F(a) \tag{10.5}$$

와 같이 표현된다. $f(x)$의 부정적분 $F(x)$가 구해지면 그것을 이용해서 정적분을 계산할 수가 있다.

예 12. 다음의 정적분의 값을 구하여라.

(1) $\int_1^5 x\, dx$ (2) $\int_0^{\pi/2} \cos x\, dx$ (3) $\int_0^1 \frac{1}{1-x^2} dx$

(해답) (1) $\int_1^5 x\, dx = \left[\frac{x^2}{2}\right]_1^5 = \frac{5^2}{2} - \frac{1^2}{2} = 12$

(2) $\int_0^{\frac{\pi}{2}} \cos x\, dx = [\sin x]_0^{\frac{\pi}{2}} = \sin\frac{\pi}{2} - \sin 0 = 1$

(3) $\int_0^1 \frac{dx}{1-x^2} = [\sin^{-1} x]_0^1 = \sin^{-1} 1 - \sin^{-1} 0 = \frac{\pi}{2}$

예 13. 다음의 정적분의 값을 구하여라.

생산에 있어서의 변동비는 생산단위수 x의 함수로서 나타내어지는 한계비용 MC에 의해 계산된다. 생산단위가 a에서 b까지이고, 생산의 변동비 VC는,

$$VC = \int_{a-1}^b MC(x) dx$$

로서 주어진다. 이제, 어떤 상품의 한계비용 MC가,

$$MC(x)=3x^2-2x+5$$

일 때 5단위에서 12단위까지 생산할 경우의 변동비를 구하여라.

(**해답**) $a=5,\ b=12$로 해서 변동비 VC를 구하면,

$$VC=\int_4^{12}(3x^2-2x+5)dx=\left[x^3-x^2+5x\right]_4^{12}=1576$$

10.3.2 정적분의 공식

(10.5)로부터 다음의 공식이 유도된다.

정리 10 · 5

$$\int_a^b f(x)dx=-\int_b^a f(x)dx$$

[증명] $\int_a^b f(x)dx=F(b)-F(a)=-\{F(a)-F(b)\}=-\int_b^a f(x)dx$

정리 10 · 6

$$\int_a^b kf(x)dx=k\int_a^b f(x)dx$$

[증명] $\int_a^b kf(x)dx=kF(b)-kF(a)=k\{F(b)-F(a)\}=k\int_a^b f(x)dx$

정리 10 · 7

$$\int_a^b\{f(x)\pm g(x)\}dx=\int_a^b f(x)dx\pm\int_a^b g(x)dx$$

[증명]
$$\begin{aligned}\int_a^b\{f(x)\pm g(x)\}dx&=\{F(b)\pm G(b)\}-\{F(a)\pm G(a)\}\\&=\{F(b)-G(a)\}\pm\{F(b)-G(a)\}\\&=\int_a^b f(x)dx\pm\int_a^b g(x)dx\end{aligned}$$

정리 10 · 8 $\int_a^b f(x)dx = \int_a^c f(x)dx + \int_c^b f(x)dx$

[증명] $\int_a^b f(x)dx = F(b) - F(a) = F(c) - F(a) + F(b) - F(c)$

$$= \int_a^c f(x)dx + \int_c^b f(x)dx$$

(10.5)에 미분에 있어서의 평균치의 정리를 적용하면,

$$\int_a^b f(x)dx = F(b) - F(a) \tag{10.6}$$

$$= (b-a)F'(c) \quad (a < c < b)$$

$$= (b-a)f(c)$$

이것을 **적분에 있어서의 평균치의 정리**라고 한다.

(10.6)의 기하학적 의미는, [그림 10.2]에 보이는 바와 같이 c를 a, b 사이에 적당히 택함으로써 $(b-a)f(c)$의 면적 $(abB'A')$와 $\int f(x)dx$의 면적 $(abBA)$가 같게 되는 것을 의미한다. 다음에 상한을 x로 하는 정적분은,

$$\int_a^x f(x)dx = F(x) - F(a)$$

로 되어 x의 함수가 되므로,

$$\frac{d}{dx}\int_a^x f(x)dx = \frac{d}{dx}\{F(x) - F(a)\}$$

$$= \frac{d}{dx}F(x) = f(x)$$

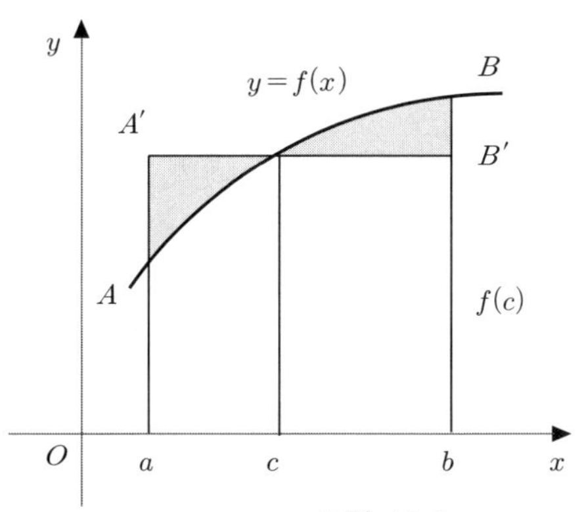

그림 10.2

따라서, 다음의 관계가 성립한다.

$$\frac{d}{dx}\int_a^x f(x)dx = f(x) \tag{10.7}$$

10.3.3 치환적분법

부정적분에 있어서의 치환적분에서는

$$\int f(x)dx = F(x)$$

에서 $x = \varphi(t)$로 놓고 합성함수의 미분법을 이용하면,

$$\frac{dF(x)}{dt} = \frac{dF(x)}{dx}\frac{dx}{dt} = f(x)\varphi'(t) = f(\varphi(t))\varphi'(t)$$

가 되므로, 다음의 식을 이용해서 적분을 행했다.

$$F(x) = \int f(\varphi(t))\varphi'(t)dt$$

정적분에 있어서는 다음과 같은 점에 유의하지 않으면 안 된다. 피적분함수 $f(x)$에 있어서 $x = \varphi(t)$로 놓을 때 t가 t_1에서 t_2로 변하는 사이에, x가 x_1에서 x_2로 변할 때에는

$$\int_{x_1}^{x_2} f(x)dx = \int_{t_1}^{t_2} f(\varphi(t))\varphi'(t)dt \tag{10.8}$$

로 하지 않으면 안 된다. 이 식은 우변에 있어서 변수 t로 부정적분을 구한 다음, 적분한계 t_1, t_2를 대입함으로써 좌변의 정적분이 구해지는 것을 나타내고 있다. 즉,

$$x_1 = \varphi(t_1),\ x_2 = \varphi(t_2)$$

이므로, 다음과 같다.

$$\begin{aligned}\int_{t_1}^{t_2} f(\varphi(t))\varphi'(t)dt &= F(\varphi(t_2)) - F(\varphi(t_1))\\ &= F(x_2) - F(x_1)\\ &= \int_{x_1}^{x_2} f(x)dx\end{aligned}$$

예 14. (1) $\int_0^1 x^2\sqrt{1-x}\,dx$ (2) $\int_0^a \frac{x}{\sqrt{a^2-x^2}}dx$

(해답) (1) $\sqrt{1-x}=t$로 놓으면, $x=1-t^2$, $dx=-2tdt$ x가 0에서 1로 변하는 사이에 t는 1에서 0으로 변하므로,

$$\begin{aligned}\int_0^1 x^2\sqrt{1-x} &= \int_1^0 (1-t^2)^2 t(-2t)dt \\ &=-2\int_1^0 (t^2-2t^4+t^6)dt \\ &=-2\left[\frac{t^3}{3}-\frac{2t^5}{5}+\frac{t^7}{7}\right]_1^0=\frac{16}{105}\end{aligned}$$

(2) $x=a\sin\theta$로 놓으면, $dx=a\cos\theta\,d\theta$

x와 θ의 변역은, x가 $0\to a$ 일 때 θ은 $0\to\frac{\pi}{2}$

따라서,

$$\begin{aligned}\int_0^a \frac{x}{\sqrt{a^2-x^2}}dx &= \int_0^{\pi/2}\frac{a\sin\theta(a\cos\theta\,d\theta)}{a\cos\theta} \\ &=\int_0^{\pi/2} a\sin\theta\,d\theta=-a[\cos\theta]_0^{\pi/2} \\ &=-a(0-1)=a\end{aligned}$$

문 7. 다음 정적분의 값을 구하여라.

(1) $\int_0^{\pi/2} x\cos x\,dx$ (2) $\int_{-a}^{a}\sqrt{a^2-x^2}\,dx$

10.3.4 부분적분법

부정적분에 있어서의 부분적분법의 공식

$$\int f'(x)g(x)dx=f(x)g(x)-\int f(x)g'(x)dx$$

와 정적분의 정의로부터 다음의 식이 성립한다.

$$\begin{aligned}\int_a^b f'(x)g(x)dx &= \left[f(x)g(x)-\int f(x)g'(x)dx\right]_a^b \\ &=[f(x)g(x)]_a^b-\int_a^b f(x)g'(x)dx\end{aligned}$$

예 15. (1) $\int_0^{\pi/2} x\sin x\,dx$ (2) $B_n = \int_0^{\pi/2} \sin^n x\,dx$

(3) $B_{m,n} = \int_0^{\pi/2} \sin^m x\cos^n x\,dx$

(해답) (1) $f(x) = -\cos x$, $g(x) = x$로 놓으면,

$$f'(x) = \sin x,\ g'(x) = 1$$

따라서,

$$\int_0^{\pi/2} x\sin x\,dx = [-x\cos x]_0^{\pi/2} - \int_0^{\pi/2}(-\cos x)\,dx = [\sin x]_0^{\pi/2} = 1$$

(2) $B_n = \int_0^{\pi/2} \sin x\sin^{n-1}x\,dx$로 변형한다.

$$f(x) = -\cos x,\ g(x) = \sin^{n-1}x \text{로 놓으면,}$$
$$f'(x) = \sin x,\ g'(x) = (n-1)\sin^{n-2}x\cos x$$

따라서

$$\begin{aligned}
B_n &= \int_0^{\pi/2} \sin x\sin^{n-1}x\,dx \\
&= [-\cos x\sin^{n-1}x]_0^{\pi/2} - \int_0^{\pi/2}(-\cos x)(n-1)\sin^{n-2}x\cos x\,dx \\
&= [-\cos x\sin^{n-1}x]_0^{\pi/2} + (n-1)\int_0^{\pi/2}\cos^2 x\sin^{n-2}x\,dx \\
&= (n-1)\int_0^{\pi/2}(1-\sin^2 x)(\sin^{n-2}x)dx \\
&= (n-1)\int_0^{\pi/2}\sin^{n-2}x dx - (n-1)\int_0^{\pi/2}\sin^n x\,dx \\
&= (n-1)B_{n-2} - (n-1)B_n
\end{aligned}$$

$$\{1+(n-1)\}B_n = (n-1)B_{n-2}$$

따라서

$$B_n = \frac{n-1}{n}B_{n-2}$$

로 된다. 이와 같이 몇 개의 $B_k(k \leqq n-1)$를 이용해서 B_n을 유도하는 식을 B_n에 대한 **점화식**이라 한다.

$$B_0 = \int_0^{\pi/2} dx = [x]_0^{\pi/2} = \frac{\pi}{2}$$
$$B_1 = \int_0^{\pi/2} \sin x\, dx = [-\cos x]_0^{\pi/2} = 1$$

$n \geqq 2$에 대해서는 위의 점화식을 이용해서

$$B_2 = \frac{1}{2}B_0 = \frac{1}{2} \cdot \frac{\pi}{2} = \frac{\pi}{4}$$
$$B_3 = \frac{2}{3}B_1 = \frac{2}{3}$$

에 의해 순차적으로 B_n을 구할 수가 있다.

일반적으로 n이 짝수일 때, 즉 $n = 2k$ $(k = 1,\ 2,\ 3,\ \cdots)$일 때는,

$$B_{2k} = \frac{2k-1}{2k} \cdot \frac{2k-3}{2k-2} \cdots \frac{1}{2}\pi \quad (k = 1,\ 2,\ 3,\ \cdots)$$

마찬가지로 n이 홀수일 때, 즉 $n = 2k+1$일 때는,

$$B_{2k+1} = \frac{2k}{2k+1} \cdot \frac{2k-2}{2k-1} \cdots \frac{2}{3}\pi \quad (k = 1,\ 2,\ 3,\ \cdots)$$

(3) $B_{m,n} = \int_0^{\pi/2} \sin^m x \cos^{n-1} x \cos x\, dx$라 생각하고, $f(x) = \dfrac{\sin^{m+1} x}{m+1}$,

$g(x) = \cos^{n-1} x$로 놓으면,

$$f'(x) = \sin^m x \cos x,\ g'(x) = (n-1)\cos^{n-2} x(-\sin x)$$

따라서,

$$\begin{aligned}
B_{m,n} &= \int_0^{\pi/2} \sin^m x \cos^{n-1} x \cos x\, dx \\
&= \left[\frac{\sin^{m+1} x \cos^{n-1} x}{m+1}\right]_0^{\pi/2} - \int_0^{\pi/2} \frac{\sin^{m+1} x}{m+1}(n-1)\cos^{n-2} x(-\sin x)\, dx \\
&= \left[\frac{\sin^{m+1} x \cos^{n-1} x}{m+1}\right]_0^{\pi/2} + \frac{n-1}{m+1}\int_0^{\pi/2} \sin^{m+2} x \cos^{n-2} x\, dx \\
&= \frac{n-1}{m+1}\int_0^{\pi/2} \sin^m x \cos^{n-2} x(1-\cos^2 x)dx \\
&= \frac{n-1}{m+1}\left(\int_0^{\pi/2} \sin^m x \cos^{n-2} x\, dx - \int_0^{\pi/2} \sin^m x \cos^n x\, dx\right) \\
&= \frac{n-1}{m+1}(B_{m,n-2} - B_{m,n})
\end{aligned}$$

이로부터 $B_{m,n}$을 구하면,

$$B_{m,n}=\frac{n-1}{m+n}B_{m,n-2}\ (n \geqq 2)$$

다음에 준식을,

$$B_{m,n}=\int_0^{\pi/2}\sin^{m-1}x\sin x\cos^n x\,dx$$

라 생각하고, $f(x)=\dfrac{-\cos^{n+1}x}{n+1}$, $g(x)=\sin^{m-1}x$로 놓으면,

$$f'(x)=\cos^n x\sin x,\ g'(x)=(m-1)\sin^{m-2}x\cos x$$

따라서,

$$\begin{aligned}
B_{m,n}&=\int_0^{\pi/2}\sin^{m-1}x\sin x\cos^n x\,dx\\
&=\left[\frac{-\cos^{n+1}x\sin^{m-1}x}{n+1}\right]_0^{\pi/2}+\int_0^{\pi/2}\frac{\cos^{n+1}x}{n+1}(m-1)\sin^{m-2}x\cos x\,dx\\
&=\frac{m-1}{n+1}\int_0^{\pi/2}\cos^{n+2}x\sin^{m-2}x\,dx\\
&=\frac{m-1}{n+1}\left(\int_0^{\pi/2}\cos^n x\sin^{m-2}x\,dx-\int_0^{\pi/2}\cos^n x\sin^m x\,dx\right)\\
&=\frac{m-1}{n+1}(B_{m-2,n}-B_{m,n})
\end{aligned}$$

이로부터 $B_{m,n}$을 구하면,

$$B_{m,n}=\frac{m-1}{m+n}B_{m-2,n}\ (m \geqq 2)$$

문 8. (1) 자연수 n에 대해서, 다음의 등식을 증명하여라.

$$\int_0^{\pi/2}\cos^n x\,dx=\int_0^{\pi/2}\sin^n x\,dx=\begin{cases}\dfrac{n-1}{n}\cdot\dfrac{n-3}{n-2}\cdots\dfrac{4}{5}\cdot\dfrac{2}{3} & (n:\text{홀수})\\[2ex] \dfrac{n-1}{n}\cdot\dfrac{n-3}{n-2}\cdots\dfrac{3}{4}\cdot\dfrac{1}{2}\cdot\dfrac{\pi}{2} & (n:\text{짝수})\end{cases}$$

(2) 이 결과를 이용해서, $\displaystyle\int_0^{\pi/2}\cos^2 x\sin^6 x\,dx$를 구하여라.

10.4 이상적분과 무한적분

10.4.1 이상적분

정적분 $\int_a^b f(x)dx$에 있어서, 구간 $[a,\ b]$에서 피적분함수 $f(x)$가 불연속인 점을 갖는 경우가 있다. 이와 같은 정적분을 **이상적분**(異常積分, improper integral) 또는 **특이적분**(特異積分)이라 한다.

① **피적분함수 $f(x)$가 적분구간의 끝점에서 불연속인 경우**

ε을 작은 양의 수라 할 때,

1) $x=a$에서 불연속, $(a,\ b]$에서 연속일 때 $\lim_{\varepsilon \to 0}\int_{a+\varepsilon}^{b} f(x)dx$

2) $x=b$에서 불연속, $[a,\ b)$에서 연속일 때 $\lim_{\varepsilon \to 0}\int_{a}^{b-\varepsilon} f(x)dx$

3) $x=a,\ x=b$에서 불연속, $(a,\ b)$에서 연속일 때 $\lim_{\substack{\varepsilon \to 0 \\ \varepsilon' \to 0}}\int_{a+\varepsilon}^{b-\varepsilon'} f(x)dx$

이들의 극한이 존재한다면, 이 극한을 정적분 $\int_a^b f(x)dx$의 값으로 한다.

② **피적분함수 $f(x)$가 구간 $[a,\ b]$ 내에서 유한개의 값 $x_1,\ x_2,\ \cdots,\ x_n$에서 불연속인 경우**

$a < x_1 < x_2 < \cdots < x_n < b$라 하면,

$$\int_a^{x_1} f(x)dx = \lim_{\varepsilon \to 0}\int_a^{x_1-\varepsilon} f(x)dx$$
$$\int_{x_1}^{x_2} f(x)dx = \lim_{\varepsilon \to 0}\int_{x_1}^{x_2-\varepsilon} f(x)dx$$
$$\cdots\cdots\cdots$$
$$\int_{x_n}^{b} f(x)dx = \lim_{\varepsilon \to 0}\int_{x_n}^{b-\varepsilon} f(x)dx$$

$$\int_a^b f(x)dx = \int_a^{x_1} f(x)dx + \int_{x_1}^{x_2} f(x)dx + \cdots + \int_{x_n}^{b} f(x)dx$$

로 한다. 이상 ①, ②에서 정의한 적분을 **제1종의 이상적분**이라 한다.

예 16. 다음 적분의 값을 구하여라.

(1) $\displaystyle\int_0^1 \frac{1}{\sqrt{1-x}}dx$ (2) $\displaystyle\int_0^1 \frac{1}{\sqrt{x}}dx$

(3) $\displaystyle\int_{-1}^1 \frac{1}{\sqrt{1-x^2}}dx$ (4) $\displaystyle\int_{-1}^1 \frac{1}{x^2}dx$

(해답) (1) $\dfrac{1}{\sqrt{1-x}}$ 은 $x=1$ 에서 불연속이므로,

$$\int_0^{1-\varepsilon} \frac{1}{\sqrt{1-x}}dx = -2\left[\sqrt{1-x}\,\right]_0^{1-\varepsilon} = 2(1-\sqrt{\varepsilon})$$
$$\int_0^1 \frac{1}{\sqrt{1-x}}dx = \lim_{\varepsilon\to 0} 2(1-\sqrt{\varepsilon}) = 2$$

(2) $\dfrac{1}{\sqrt{x}}$ 은 $x=0$ 에서 불연속이므로,

$$\int_0^1 \frac{1}{\sqrt{x}}dx = \lim_{\varepsilon\to 0}\int_\varepsilon^1 \frac{1}{\sqrt{x}}dx = \lim_{\varepsilon\to 0}\left[2\sqrt{x}\,\right]_\varepsilon^1 = \lim_{\varepsilon\to 0} 2(1-\sqrt{\varepsilon}) = 2$$

(3) $\dfrac{1}{\sqrt{1-x^2}}$ 은 $x=\pm 1$ 에서 불연속이므로,

$$\begin{aligned}\int_{-1}^1 \frac{1}{\sqrt{1-x^2}}dx &= \lim_{\substack{\varepsilon\to 0\\ \varepsilon'\to 0}}\int_{\varepsilon'\to 1}^{1-\varepsilon} \frac{1}{\sqrt{1-x^2}}dx\\ &= \lim_{\substack{\varepsilon\to 0\\ \varepsilon'\to 0}}\{\sin^{-1}(1-\varepsilon)-\sin^{-1}(-1+\varepsilon')\}\\ &= \sin^{-1}1-\sin^{-1}(-1)=\pi\end{aligned}$$

(4) $\dfrac{1}{x^2}$ 은 $x=0$ 에서 불연속이므로,

$$\begin{aligned}\int_{-1}^1 \frac{1}{x^2}dx &= \lim_{\varepsilon\to 0}\int_{-1}^{-\varepsilon} \frac{1}{x^2}dx + \lim_{\varepsilon\to 0}\int_\varepsilon^1 \frac{1}{x^2}dx\\ &= \lim_{\varepsilon\to 0}\left[-\frac{1}{x}\right]_{-1}^{-\varepsilon} + \lim_{\varepsilon'\to 0}\left[-\frac{1}{x}\right]_{\varepsilon'}^1\\ &= \lim_{\varepsilon\to 0}\left(\frac{1}{\varepsilon}-1\right)+\lim_{\varepsilon'\to 0}\left(\frac{1}{\varepsilon'}-1\right)=\infty\end{aligned}$$

10.4.2 무한적분

정적분의 상한 또는 하한이 무한대로 되는 적분, 즉 무한구분 또는 반무한구간의 정적분을 **무한적분**(infinite integral)이라 한다.

① **함수 $f(x)$가 $(-\infty,\ b]$에서 연속일 때**

$$\int_{-\infty}^{b} f(x)dx = \lim_{a\to-\infty}\int_{a}^{b} f(x)dx$$

② **함수 $f(x)$가 $[a,\ +\infty)$에서 연속일 때**

$$\int_{a}^{\infty} f(x)dx = \lim_{b\to+\infty}\int_{a}^{b} f(x)dx$$

③ **함수 $f(x)$가 $(-\infty,\ +\infty)$에서 연속일 때**

$$\int_{a}^{b} f(x)dx = \lim_{\substack{a\to-\infty\\ b\to+\infty}}\int_{a}^{b} f(x)dx$$

이와 같은 정적분을 **제2종의 이상적분**이라 한다.

예 17. 다음 정적분의 값을 구하여라.

(1) $\displaystyle\int_{0}^{\infty} e^{-x}dx$ (2) $\displaystyle\int_{-\infty}^{\infty}\frac{1}{1+x^2}dx$

(해답) (1) $\displaystyle\int_{0}^{\infty} e^{-x}dx = \lim_{b\to+\infty}\int_{0}^{b} e^{-x}dx = \lim_{b\to+\infty}\left[-e^{-x}\right]_0^b$

$$= \lim_{b\to+\infty}(-e^{-b}+1) = 1$$

(2) $\displaystyle\int_{-\infty}^{\infty}\frac{1}{1+x^2}dx = \lim_{\substack{a\to-\infty\\ b\to\infty}}\int_{a}^{b}\frac{1}{1+x^2}dx = \lim_{\substack{a\to-\infty\\ b\to\infty}}\left[\tan^{-1}x\right]_a^b$

$$= \lim_{\substack{a\to-\infty\\ b\to\infty}}(\tan^{-1}b - \tan^{-1}a) = \pi$$

문 9. 다음의 정적분을 구하여라.

(1) $\displaystyle\int_{0}^{\infty} xe^{-x}dx$ (2) $\displaystyle\int_{0}^{\infty} e^{-ax}\sin bx\,dx$

10.5 정적분의 응용

10.5.1 평면도형의 면적

[직교좌표에 의한 평면도형의 면적]

구간 $[a,\ b]$에 있어서 $f(x) \geq 0$에서 연속인 함수의 도형을 그림 [10.3]에 나타낸다. $y=f(x)$와 x축 및 두 직선 $x=a$, $x=b$로 둘러싸인 면적은 정적분의 정의로부터,

$$S=\int_a^b f(x)dx$$

에 의해서 나타내어진다.

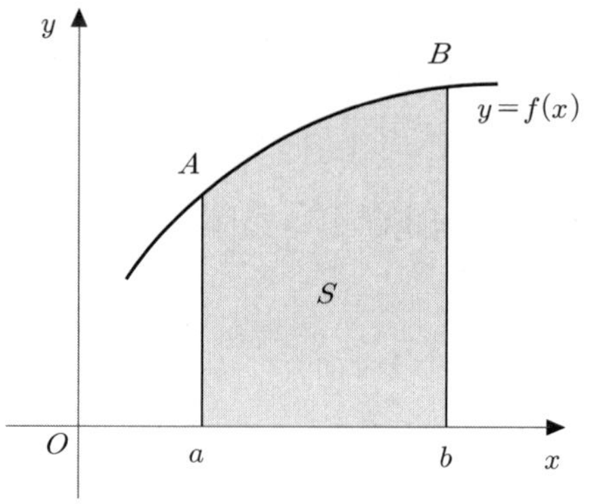

그림 10.3

마찬가지로 구간 $[a,\ b]$에서 연속인 두 개의 함수 $f(x)$와 $g(x)$에 대해서 $f(x) \geq g(x)$일 때, [그림 10.4]에 보이는 바와 같이 두 곡선 $y=f(x)$, $y=g(x)$와 x축 및 두 직선 $x=a$, $x=b$로 둘러싸인 면적은,

$$\begin{aligned} S &= \int_a^b \{f(x)-g(x)\}dx \\ &= \int_a^b f(x)dx - \int_a^b g(x)dx \end{aligned}$$

로 주어진다.

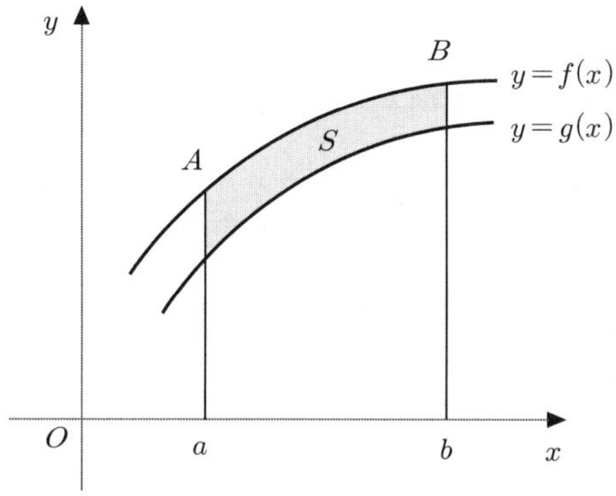

그림 10.4

예 18. 곡선 $y = 3x^2 + 4x + 3$과 x축 및 두 직선 $x = 0$, $x = 5$에 의해서 둘러싸인 면적 S를 구하면,

$$S = \int_0^5 (3x^2 + 4x + 3)dx = [x^3 + 2x^2 + 3x]_0^5 = 190$$

예 19. 원 $x^2 + y^2 = r^2$의 면적을 구해 보자.

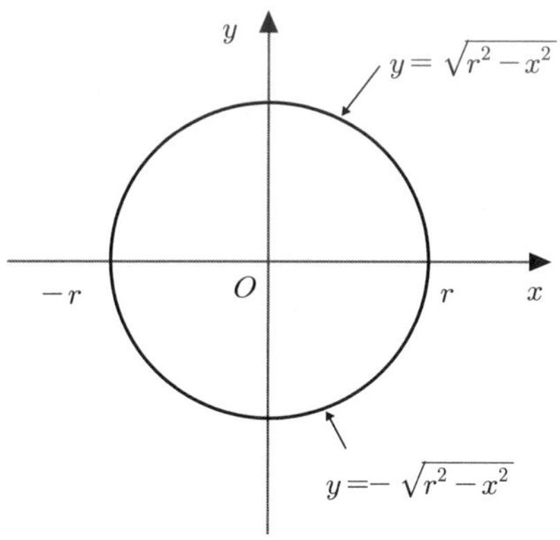

$y = \pm\sqrt{r^2 - x^2}$의 양의 부분, 즉 x축보다 윗 부분의 면적의 2배가 원의 면적이 되므로,

$$S = 2\int_{-r}^{r} \sqrt{r^2 - x^2}\, dx = 4\int_0^r \sqrt{r^2 - x^2}\, dx$$

$$x = r\sin\theta \text{로 놓으면 } dx = r\cos\theta\, d\theta$$

또 x가 0에서 r까지 변할 때 θ는 0에서 $\pi/2$까지 변하므로,

$$\begin{aligned} S &= 4\int_0^{\pi/2}\sqrt{r^2 - r^2\sin^2\theta}\; r\cos\theta\, d\theta \\ &= 4\int_0^{\pi/2} r^2\cos^2\theta\; d\theta = 4r^2\int_0^{\pi/2}\frac{1}{2}(\cos 2\theta + 1)\, d\theta \\ &= 2r^2\left[\frac{\sin 2\theta}{2} + \theta\right]_0^{\pi/2} = \pi r^2 \end{aligned}$$

[극좌표에 의한 평면도형의 면적]

구간 $[\alpha, \beta]$에서 연속인 극방정식(極方程式) $r = f(\theta)$의 도형을 [그림 10.5]에 나타낸다. $\theta = \alpha$ 및 $\theta = \beta$에 대한 곡선 $r = f(\theta)$상의 점을 A, B라 할 때, 동경(動徑, radius) OA, OB 및 곡선 $r = f(\theta)$로 둘러싸인 면적을 S라 한다. 이제 θ로부터 미소치(微小値) $\Delta\theta$를 취하면 도형 OCC'는 근사적으로 부채꼴로 간주할 수 있으므로, 그 면적을 ΔS라 하면,

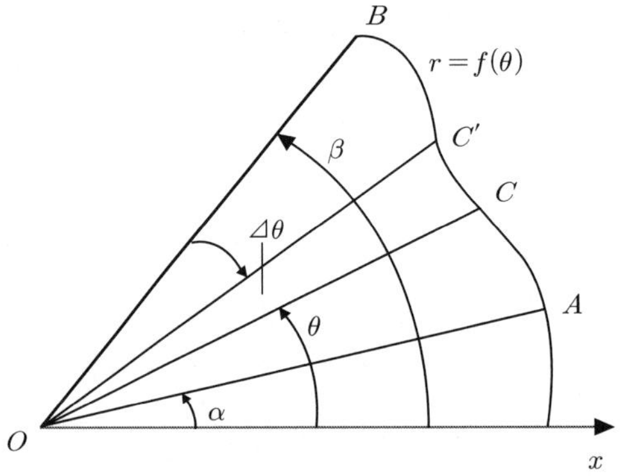

그림 10.5

$$\Delta S = \frac{1}{2}f^2(\theta)\Delta\theta$$

로 쓸 수 있다.

$$\lim_{\Delta\theta\to 0}\frac{\Delta S}{\Delta\theta} = \frac{dS}{d\theta}$$

로 하면,

$$dS = \frac{1}{2} f^2(\theta) d\theta$$

θ에 대해서 α에서 β까지 적분하여, 다음이 얻어진다.

$$S = \int_{\alpha}^{\beta} \frac{1}{2} f^2(\theta) d\theta$$

예 20. **심장형(cardioid)**

$r = a(1 + \cos\theta)$에 의해서 둘러싸인 면적을 구해 보자.

$r = f(\theta) = a(1 + \cos\theta)$

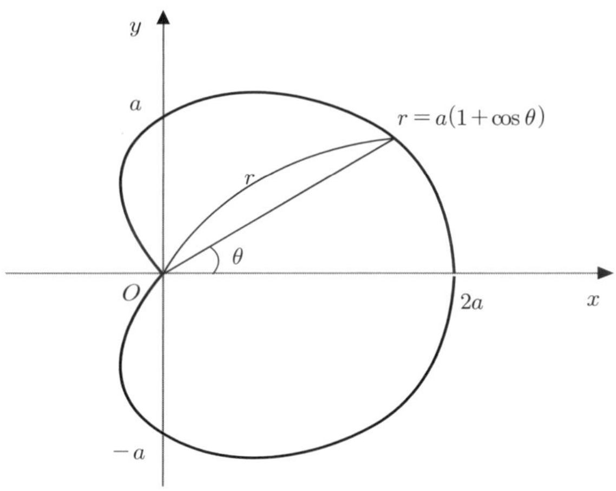

면적 $S = \int_{0}^{2\pi} \frac{1}{2} f^2(\theta) d\theta$

$$= \int_{0}^{2\pi} \frac{1}{2} a^2 (1 + \cos\theta)^2 d\theta$$

$$= 2\int_{0}^{\pi} \frac{1}{2} a^2 (1 + \cos\theta)^2 d\theta$$

$$= a^2 \int_{0}^{\pi} (1 + 2\cos\theta + \frac{\cos 2\theta + 1}{2}) d\theta$$

$$= a^2 \left[\theta + 2\sin\theta + \frac{1}{2}\left(\frac{\sin 2\theta}{2} + \theta\right)\right]_0^{\pi} = \frac{3\pi}{2} a^2$$

10.5.2 평면곡선의 길이

[직각좌표에 있어서의 평면곡선의 길이]

평면상의 곡선 $y=f(x)$ 위의 두 점을 A, B로 할 때, 곡선 AB 위에 $n-1$개의 점 P_1, P_2, $\cdots$ P_{n-1}을 순차적으로 취하여, 점 P_i의 좌표를 $(x_i,\ y_i)$, $x_i - x_{i-1} = \varDelta x_i$, $y_i - y_{i-1} = \varDelta y_i$로 하면, 선분 $\overline{P_{i-1}P_i}$는,

$$\overline{P_{i-1}P_i} = \sqrt{\varDelta x_i^2 + \varDelta y_i^2}$$

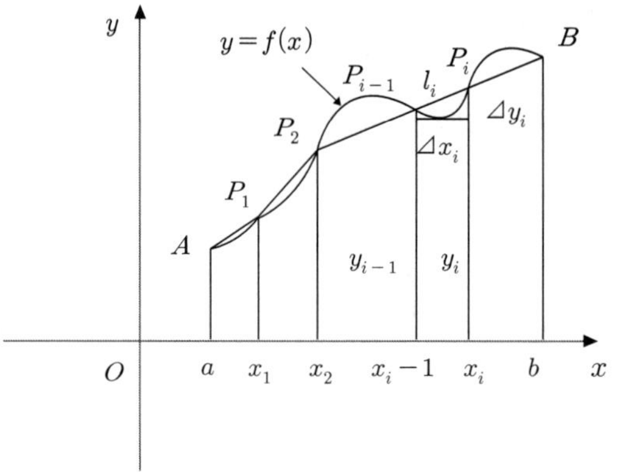

그림 10.6

평균치의 정리로부터,

$$\varDelta y_i = f(x_i) - f(x_{i-1}) = (x_i - x_{i-1})f'(c_i) \ \ (x_{i-1} < c_i < x_i)$$

이므로,

$$\overline{P_{i-1}P_i} = \sqrt{1+\left(\frac{\varDelta y_i}{\varDelta x_i}\right)^2}\,\varDelta x_i = \sqrt{1+\{f'(c_i)\}^2}\,\varDelta x_i$$

따라서, A, B 사이의 꺾은선의 전길이는,

$$\sum_{i=1}^{n}\overline{P_{i-1}P_i} = \sum_{i=1}^{n}\sqrt{1+\{f'(c_i)\}^2}\,\varDelta x_i \quad (P_0 = A,\ P_n = B)$$

로 된다. 여기에서 곡선의 전길이를 l로 하고, $\varDelta x_i$를 한없이 작게 해 가면, 즉 분할

수 n을 한없이 크게 해 가면,

$$l=\lim_{n\to\infty}\sum_{i=1}^{n}\sqrt{1+\{f'(c_i)\}^2}\,\Delta x_i$$

로 된다. 정적분의 정의에 의해,

$$l=\int_a^b\sqrt{1+f'(x)^2}\,dx=\int_a^b\sqrt{1+\left(\frac{dy}{dx}\right)^2}\,dx \qquad (10.9)$$

이 식의 양변을 x로 미분하면,

$$\frac{dl}{dx}=\sqrt{1+\left(\frac{dy}{dx}\right)^2}$$

따라서,

$$dl=\sqrt{dx^2+dy^2}$$

이것을 **호의 미분**이라 한다. 또 이 곡선의 길이의 미분 dl을 **곡선의 선소**(線素, line element of curve) 라 한다.

[매개변수표시의 경우]

곡선의 방정식이 구간 $[t_1,\ t_2]$에서 연속인 함수 $x=f(t),\ y=g(t)$에 의해서 주어져 있는 경우, 즉 **매개변수표시**의 경우

$$\frac{dy}{dx}=\frac{dy}{dt}\Big/\frac{dx}{dt}=\frac{g'(t)}{f'(t)}$$

이므로, 곡선의 l은, $x_1=f(t_1),\ x_2=f(t_2)$로 해서

$$\begin{aligned}l&=\int_{x_1}^{x_2}\sqrt{1+\left(\frac{dy}{dx}\right)^2}\,dx=\int_{t_1}^{t_2}\sqrt{1+\left(\frac{g'(t)}{f'(t)}\right)^2}\,f'(t)\,dt \qquad (10.10)\\&=\int_{t_1}^{t_2}\sqrt{\{f'(t)\}^2+\{g'(t)\}^2}\,dt\end{aligned}$$

로 된다.

예 21. 예 20의 cardioid(심장형) $r=a(1+\cos\theta)$의 전체의 길이를 구해 보자.

$r=f(\theta)=a(1+\cos\theta)$에서 θ를 매개변수로 생각하고, $x=f(\theta)\cos\theta, y=f(\theta)\sin\theta$로부터 곡선의 길이 l은

$$\begin{aligned} l &= \int_0^{2\pi}\sqrt{\left(\frac{dx}{d\theta}\right)^2+\left(\frac{dy}{d\theta}\right)^2}\,d\theta = 2\int_0^{\pi}\sqrt{\{f'(\theta)\}^2+\{f(\theta)\}^2}\,d\theta \\ &= 2\int_0^{\pi}\sqrt{a^2\sin^2\theta+a^2(1+\cos\theta)^2}\,d\theta = 2a\int_0^{\pi}\sqrt{2(1+\cos\theta)}\,d\theta \\ &= 4a\int_0^{\pi}\cos\frac{\theta}{2}\,d\theta = 8a \end{aligned}$$

문 10. **성망형**(星芒形, asteroid) $x^{2/3}+y^{2/3}=a^{2/3}\,(a>0)$의 면적 S, 전체의 길이 l을 구하여라.

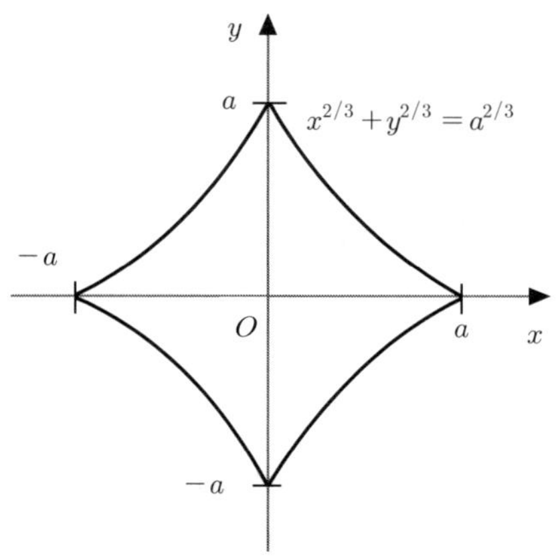

10.5.3 회전체의 체적과 표면적

[회전체의 체적]

구간 $[a,\ b]$에서 연속이고 양인 함수 $f(x)$의 도형을 [그림 10.7]에 나타낸다. 곡선 $y=f(x)$가 x축을 중심으로 회전해서 생기는 입체의 체적 V는, 점 x를 지나고 x축에 수직인 평면으로 이 입체를 절단했을 때의 단면적을 $S(x)$라 하면,

$$S(x)=\pi y^2=\pi\{f(x)\}^2$$

이다. 따라서, 회전체의 체적 V는,

$$V=\pi\int_a^b y^2dx=\pi\int_a^b\{f(x)\}^2dx$$

로 된다.

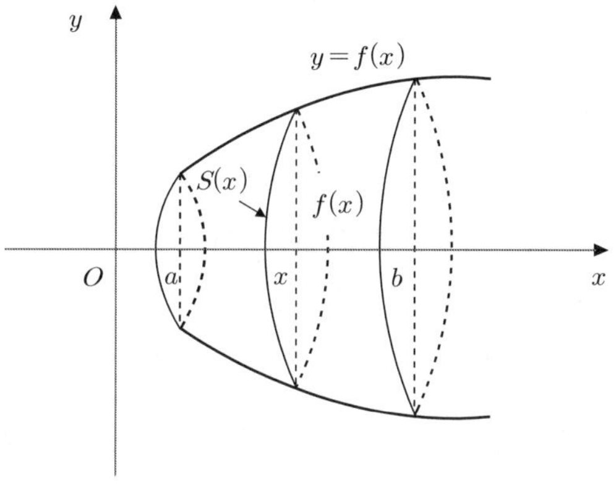

그림 10.7

예 22. 타원 $\dfrac{x^2}{a^2}+\dfrac{y^2}{b^2}=1$이 x축을 중심으로 회전해서 생기는 회전타원체(回轉楕圓體)의 체적 V를 구해 보자.

타원의 방정식을 y에 대해서 풀면,

$$y=\pm\frac{b}{a}\sqrt{a^2-x^2}$$

따라서 체적은

$$\begin{aligned}V&=\int_{-a}^{a}\pi y^2dx=\int_{-a}^{a}\pi\left\{\frac{b^2}{a^2}(a^2-x^2)\right\}dx=\frac{2\pi b^2}{a^2}\int_0^a(a^2-x^2)dx\\&=\frac{2\pi b^2}{a^2}\left[a^2x-\frac{x^3}{3}\right]_0^a=\frac{4}{3}\pi ab^2\end{aligned}$$

예 23. 반지름이 r인 공의 체적 V를 구해 보자.

반지름 r인 공은 반지름 r인 원 $x^2+y^2=r^2$이 x축을 중심으로 회전해서 생기므로, 원의 방정식을 y에 대해서 풀면,

$$y=\pm\sqrt{r^2-x^2}$$

따라서,

$$V = \int_{-r}^{r} \pi y^2 dx = \int_{-r}^{r} (r^2 - x^2) dx$$
$$= 2\pi \int_{0}^{r} (r^2 - x^2) dx = 2\pi \left[r^2 x - \frac{x^3}{3} \right]_0^r = \frac{4\pi}{3} r^3$$

[회전체의 표면적]

구간 $[a, b]$에서 연속이고 양인 함수 $f(x)$의 도형을 [그림 10.8]에 보인다.

곡선 $y = f(x)$가 x축을 중심으로 회전했을 때에 생기는 곡면의 표면적을 구해 보기로 한다. 곡선 AB상에 $n-1$개의 점 P_1, P_2, $\cdots$, P_{n-1}을 순서대로 취해, 선분 $\overline{AP_1}$, $\overline{P_1P_2}$, $\cdots$, $\overline{P_{n-1}B}$의 길이를 각각 l_1, l_2, $\cdots$ l_n이라 한다. 각 P_i의 x좌표를 x_i, y좌표를 y_i라 하면, 선분 $\overline{P_{i-1}P_i}$가 x축을 중심으로 회전해서 생기는 입체는 작은 직원뿔대로 생각할 수 있다. 이제, A, B의 x좌표를 a, b, P_{i-1}의 x좌표를 x, P_i의 x좌표를 $x + \varDelta x$로 하면, 선분의 길이 l_i는 다음으로 나타내어진다.

$$l_i = \sqrt{\varDelta x^2 + \varDelta y^2} = \sqrt{1 + \left(\frac{\varDelta y}{\varDelta x} \right)^2} \varDelta x$$

$\varDelta x$가 매우 작다고 가정하면, 직원뿔대의 표면적 s_i는 근사적으로 $2\pi f(x) l_i$가 되므로,

$$s_i \fallingdotseq 2\pi f(x) \sqrt{1 + \left(\frac{\varDelta y}{\varDelta x} \right)^2} \varDelta x$$
$$\fallingdotseq 2\pi f(x) \sqrt{1 + \left(\frac{dy}{dx} \right)^2} \varDelta x$$

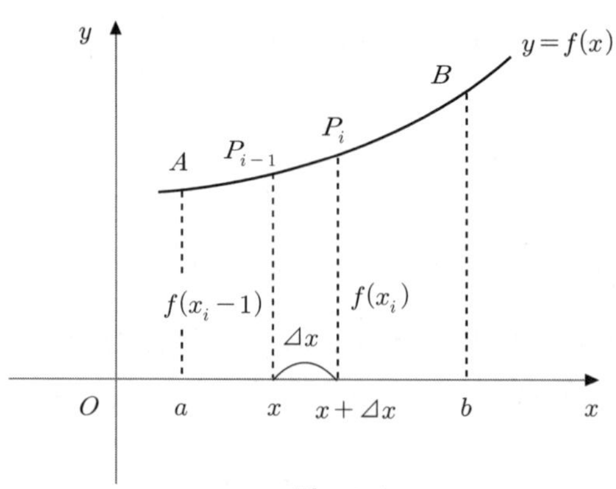

그림 10.8

따라서, 곡선 AB가 x축을 중심으로 회전해서 생기는 **회전체의 표면적**을 S라 하면,

$$S = \lim_{n\to\infty}\sum_{i=1}^{n} s_i = 2\pi\int_a^b f(x)\sqrt{1+\left(\frac{dy}{dx}\right)^2}\,dx \qquad (10.11)$$
$$= 2\pi\int_a^b f(x)\sqrt{1+\{f'(x)\}^2}\,dx$$

예 24. 반지름이 r인 공의 표면적을 구해 보자.

원의 방정식 $x^2+y^2=r^2$을 y에 대해서 풀면,

$$y = \pm\sqrt{r^2-x^2},\ y' = \frac{-x}{\sqrt{r^2-x^2}}$$

공은 $y>0$의 부분, 즉 x축보다도 위의 반원이 x축을 중심으로 회전해서 생기는 회전체이므로, 공의 표면적 S는,

$$S = 2\pi\int_{-r}^{r}\sqrt{r^2-x^2}\sqrt{1+\left(\frac{-x}{\sqrt{r^2-x^2}}\right)^2}\,dx$$
$$= 4\pi\int_0^r r\,dx = 4\pi r^2$$

연습문제

1. 다음 함수의 원시함수를 구하여라.

(1) $\dfrac{(x^2+1)^2}{x^3}$ (2) $\dfrac{1}{x^4+1}$

(3) $\sqrt{x}\log x$ (4) $(\log x)^2$

2. 원시함수 $I=\int e^{ax}\sin bx\,dx$, $J=\int e^{ax}\cos bx\,dx$에 대해서 다음의 연립방정식이 성립함을 보여라.

$$\begin{cases} aI+bJ=e^{ax}\sin bx \\ -bI+aJ=e^{ax}\cos bx \end{cases}$$

또, 이로부터 I, J를 계산하여라.

3. $J_n=\int \cos^n x\,dx$의 점화식을 구하여라.

4. 다음 정적분의 값을 구하여라.

(1) $\displaystyle\int_0^2 x^2e^x\,dx$ (2) $\displaystyle\int_0^1 \frac{1+x}{1+x+x^2}dx$

(3) $\displaystyle\int_0^{2\pi} e^x\sin 2x\,dx$ (4) $\displaystyle\int_0^{\frac{\pi}{2}} x\cos x\,dx$

5. $\dfrac{d}{dx}\displaystyle\int_x^{3x} f(t)\,dt$를 계산하여라. 단, $f(x)$는 연속이라 한다.

6. $f(x)$, $g(x)$가 $[a, b]$에서 적분가능일 때, 다음의 부등식이 성립하는 것을 보여라(**Schwarz의 부등식**).

$$\left\{\int_a^b f(x)\,g(x)\,dx\right\}^2 \leqq \int_a^b \{f(x)\}^2dx \int_a^b \{g(x)\}^2dx$$

7. 적분 $\Gamma(s)=\displaystyle\int_0^\infty e^{-x}x^{s-1}dx\ (s>0)$는 수렴하는 것을 증명하고, 다음의 (1), (2)를 확인하여라(이 $\Gamma(s)$를 **Gamma 함수**라 한다.).

(1) $\Gamma(s+1)=s\Gamma(s)$ (2) n이 자연수이면 $\Gamma(n+1)=n!$

연습문제

8. 다음의 이상적분을 계산하여라.

(1) $\displaystyle\int_0^1 \frac{dx}{x^a}$　　(2) $\displaystyle\int_0^1 \sqrt{\frac{x}{1-x}}\,dx$

(3) $\displaystyle\int_0^{\frac{\pi}{2}} \frac{\cos^3 x}{\sqrt{\sin x}}dx$　　(4) $\displaystyle\int_0^{\infty} e^{-ax}\cos bx\,dx \ (a>0)$

9. 석유, 천연가스, 석탄과 같은 천연자원은 양에 한계가 있고, 고갈되는 양은 각 자원의 소비에 대한 비율에 의존한다. 이제 $t=0$에서 자원의 소비량을 A_0, 연간 소비의 비율을 $k\%$로 할 때 소비의 비율이 연속해서 복리계산된다고 가정하면, T년 후의 총소비량 A는

$$A=\int_0^T A_0 e^{kt}dt$$

로써 계산된다. 1976년 시점에서 전세계 석유 소비량은 210억 배럴이고, 연간 소비가 8%로 증가하고 있다. 이 비율이 앞으로도 지속된다고 하면,

(1) 1976년부터 1989년까지의 총 소비량은 얼마인가?

(2) 1976년의 매장량이 5500억 배럴이라고 하면, 몇 년 뒤에 고갈하는가?

10. (cycloid)

곡선 $\begin{cases} x=a(\theta-\sin\theta) \\ y=a(1-\cos\theta) \end{cases}$ $(a>0,\ 0\leqq\theta\leqq 2\pi)$

에 있어서 다음을 구하여라.

(1) 이 곡선과 x축 사이의 면적을 구하여라.

(2) 이 곡선의 길이를 구하여라.

(3) 이 곡선이 x축을 중심으로 회전해서 생기는 곡면의 표면적을 구하여라.

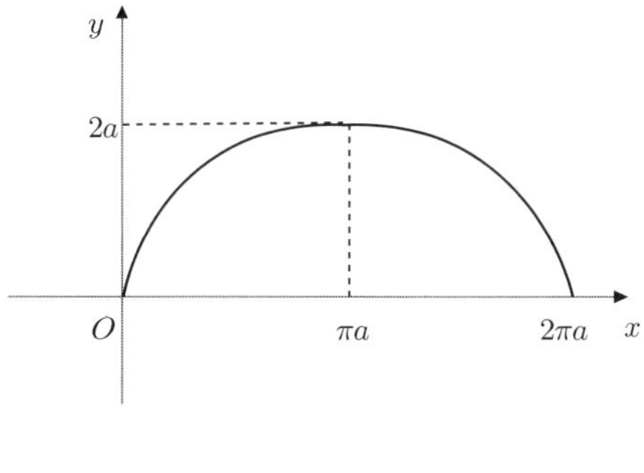

편미분 11

11.1 편미분, 편도함수

본장과 다음 장에서는 주로 2변수의 함수를 취급하는데, 변수의 개수가 더 많더라도 사정은 서로 비슷하다.

2변수함수 $f(x, y)$에서 $y=b$ (상수)로 놓았을 때, 즉 $f(x, b)$를 1변수 x의 함수로 보았을 때, 이것이 점 $x=a$에서 미분가능이라고 하자. 즉

$$\lim_{h\to 0}\frac{f(a+h, b)-f(a, b)}{h} \tag{11.1}$$

가 존재한다고 하자. 이 때 이 값을

$$f_x(a, b) \text{ 또는 } \frac{\partial f}{\partial x}(a, b)$$

라고 표기하고, 이것을 점 (a, b)에서의 $f(x, y)$의 x에 관한 **편미분계수**(partial differential coefficient)라 한다.

마찬가지로 $x=a$(상수)로 놓고 얻어지는 1변수 y의 함수 $f(a, y)$가 점 $y=b$에서 미분가능일 때, 즉

$$\lim_{k\to 0}\frac{f(a, b+k)-f(a, b)}{k} \tag{11.2}$$

가 존재할 때, 이 값을

$$f_y(a, b) \text{ 또는 } \frac{\partial f}{\partial y}(a, b)$$

로 쓰고, 이것을 점 (a, b)에서의 $f(x, y)$의 y에 관한 편미분계수라 한다.

1변수의 함수는, 그것이 미분가능이면 당연히 연속이다. 왜냐하면, 이제 $y=f(x)$가 미분가능이라고 하면,

$$\lim_{h\to 0}\frac{f(x+h)-f(x)}{h}=f'(x)$$

가 존재할 것이므로,

$$\frac{f(x+h)-f(x)}{h}-f'(x)=\varepsilon$$

으로 놓으면, ε이라고 하는 값은

$$\lim_{h\to 0}\varepsilon=0$$

으로 되는 것이다. 따라서, 미분가능이면

$$f(x+h)-f(x)=f'(x)h+\varepsilon\cdot h$$

라고 쓸 수 있다. 여기에서 $h\to 0$으로 하면,

$$[f(x+h)-f(x)]\to 0$$

$$\therefore \lim_{h\to 0}f(x+h)=f(x)$$

이것은 바로 $f(x)$가 점 x에서 연속이라고 하는 정의인 것이다.

그러나, 역은 성립하지 않는다. 연속이라고 해서 미분가능이 되는 것은 아니다.

예를 들면, 함수

$$y=f(x)=|x|$$

는 다음과 같이 나타낼 수 있다.

$$\lim_{x\to 0}f(x)=0=f(0)$$

따라서, 점 $x=0$에서 연속이지만, 점 0에서는 미분불능이다. 왜냐하면

$$\begin{cases}|h|=h & (h>0)\\ |h|=-h & (h<0)\end{cases} \text{ 이므로}$$

$$\frac{f(h)-f(0)}{h}=\frac{|h|-0}{h}=\begin{cases}\dfrac{h-0}{h}=1 & (h>0)\\ -\dfrac{h-0}{h}=-1 & (h<0)\end{cases}$$

이 되고

$$\lim_{h\to 0+0}\frac{f(h)-f(0)}{h}=1,\ \lim_{h\to 0-0}\frac{f(h)-f(0)}{h}=-1$$

이기 때문에,

$$\lim_{h\to 0}\frac{f(h)-f(0)}{h}$$

은 존재하지 않는다.

또 다른 예로서는, 함수

$$y=\begin{cases}x\sin\dfrac{1}{x} & (x\neq 0)\\ 0 & (x=0)\end{cases}$$

도 원점 (0, 0)에서 연속이지만, $x=0$에서는 미분불능이다. 즉

$$\frac{f(h)-f(0)}{h}=\frac{h\sin\dfrac{1}{h}-0}{h}=\sin\frac{1}{h}$$

은 $h\to 0$일 때 극한값을 갖지 않기 때문이다.

이제 2변수의 함수

$$z=f(x,\ y)$$

가 점 $(a,\ b)$에서 편미분가능이라고 하자. 즉

$$f_x(a,\ b)\ \text{및}\ f_y(a,\ b)$$

가 존재한다고 가정하는 것이다.

$f_x(a,\ b)$란, 1변수 x의 함수 $f(x,\ b)$에 관한 점 $x=a$에서의 미분계수이고, 또

$f_y(a,\ b)$란, 1변수 y의 함수 $f(a,\ y)$에 관한 점 $y=b$에서의 미분계수이다.

따라서 $f_x(a,\ b)$가 존재하면, 함수 $f(x,\ b)$는 $x=a$에서 연속이고, 또 $f_y(a,\ b)$가 존재하면, 함수 $f(a,\ y)$는 $y=b$에서 연속이다. 그러나 그렇다고 해서, $f(x,\ y)$가 $(a,\ b)$에서 연속이 되는 것은 아니다.

예 1. $f(x,\ y)=\begin{cases} \dfrac{xy}{x^2+y^2} & ((x,\ y)\neq(0,\ 0)) \\ 0 & ((x,\ y)=(0,\ 0)) \end{cases}$

에 있어서는

$$f_x(0,\ 0)=\lim_{x\to0}\frac{f(x,\ 0)-f(0,\ 0)}{x}=\lim_{x\to0}\frac{0-0}{x}=0 \quad : \text{존재한다.}$$

$$f_y(0,\ 0)=\lim_{y\to0}\frac{f(0,\ y)-f(0,\ 0)}{y}=\lim_{y\to0}\frac{0-0}{y}=0 \quad : \text{존재한다.}$$

그러나,

$$\lim_{(x,y)\to(0,0)}\frac{xy}{x^2+y^2} \quad : \text{존재하지 않는다.}$$

따라서 $f(x,\ y)$는 점 (0, 0)에서 연속이 아니다.

평면상의 어떤 영역 내의 점 $(a,\ b)$에서 $f(x,\ y)$가 편미분계수를 가질 때, $f_x(a,\ b)$ 내지는 $f_y(a,\ b)$의 a 및 b를 이 영역에서의 변수로 볼 때, 이것들을 **편도함수**(partial derivative)라 한다.

x에 관한 편도함수를 기호로

$$f_x(x,\ y) \text{ 또는 } \frac{\partial f}{\partial x}(x,\ y)$$

y에 관한 편도함수를 기호로

$$f_y(x,\ y) \text{ 또는 } \frac{\partial f}{\partial y}(x,\ y)$$

라 쓴다. 즉,

$$f_x(x,\ y)=\frac{\partial f}{\partial x}(x,\ y)=\lim_{h\to0}\frac{f(x+h,\ y)-f(x,\ y)}{h} \tag{11.3}$$

$$f_y(x, y) = \frac{\partial f}{\partial y}(x, y) = \lim_{h \to 0} \frac{f(x, y+h) - f(x, y)}{h} \tag{11.4}$$

편도함수를 구하는 것을 **편미분한다**고 한다.

예 2. 다음을 편미분하여라.

(1) $f(x, y) = ax + by$　　(2) $f(x, y) = ax^2 + bxy + cy^2$

(3) $f(x, y) = e^{-(x^2+y^2)}$　　(4) $f(x, y) = \sin(xy)$

(해답) (1) $f_x = a,\ f_y = b$

(2) $f_x = 2ax + by,\ f_y = bx + 2cy$

(3) $f_x = -2xe^{-(x^2+y^2)},\ f_y = -2ye^{-(x^2+y^2)}$

(4) $f_x = y\cos(xy),\ f_y = x\cos(xy)$

문 1. 다음을 편미분하여라.

(1) $f(x, y) = \log xy$　　(2) $f(x, y) = ax^2e^y + bxe^{xy}$

(3) $f(x, y) = \sqrt{x^2 + y^2}$　　(4) $f(x, y) = \dfrac{x}{x^2 + y^2}$

함수 $z = f(x, y)$에서 x, y의 변화 Δx, Δy가 작을 때, z의 변화 Δz는 평균치의 정리에 의해서

$$\begin{aligned}\Delta z &= f(x + \Delta x, y + \Delta y) - f(x, y) \\ &= \{f(x + \Delta x, y + \Delta y) - f(x, y + \Delta y)\} + \{f(x, y + \Delta y) - f(x, y)\} \\ &= f_x(x + \theta\Delta x, y + \Delta y)\Delta x + f_y(x, y + \theta'\Delta y)\Delta y\end{aligned}$$

로 된다. 여기에서 $0 < \theta < 1$, $0 < \theta' < 1$이다. f_x, f_y의 연속성으로부터

$$\Delta z = f_x(x, y)\Delta x + f_y(x, y)\Delta y + \varepsilon\sqrt{\Delta x^2 + \Delta y^2} \tag{11.5}$$

로 놓으면

$$\lim_{\substack{\Delta x \to 0 \\ \Delta y \to 0}} \varepsilon = 0 \tag{11.6}$$

이 성립한다. (11.5)에서 우변의 주요부를 $z=f(x,\ y)$의 **전미분**(total differential)이라 하고, dz 또는 $df(x,\ y)$라 쓴다. 즉

$$dz=f_x(x,\ y)\Delta x+f_y(x,\ y)\Delta y$$

특히, $f(x,\ y)=x$ 또는 $f(x,\ y)=y$로 놓으면, $dx=\Delta x$, $dy=\Delta y$가 되므로, 결국

$$dz=f_x(x,\ y)dx+f_y(x,\ y)dy$$

로 나타내어진다.

정리 11·1

(합성함수의 미분법) 함수관계

$z=f(x,\ y),\ x=g(t),\ y=h(t)$

로부터 생기는 합성함수 $z=f(g(t),h(t))$에서

$$\frac{dz}{dt}=\frac{\partial z}{\partial x}\frac{dx}{dt}+\frac{\partial z}{\partial y}\frac{dy}{dt}$$

가 성립한다.

[증명] t가 Δt만큼 변화했을 때, $x,\ y$가 각각 $\Delta x,\ \Delta y$만큼 변화하고, 그것에 따라서 z가 Δz만큼 변화했다고 하면

$$\begin{cases}\Delta x=g'(t)\Delta t+\varepsilon_1\Delta t\\ \Delta y=h'(t)\Delta t+\varepsilon_2\Delta t\\ \Delta z=f_x\Delta x+f_y\Delta y+\varepsilon\sqrt{\Delta x^2+\Delta y^2}\end{cases}$$

여기에서, $\Delta t\to0$일 때 $\varepsilon_1\to0,\ \varepsilon_2\to0$이고 $\Delta x\to0,\ \Delta y\to0$일 때 $\varepsilon\to0$이다. 따라서, $\Delta t\to0$일 때 $\varepsilon\to0$이다. 윗식으로부터

$$\frac{\Delta z}{\Delta t}=f_xg'+f_yh'+f_x\varepsilon_1+f_y\varepsilon_2\pm\varepsilon\sqrt{\left(\frac{\Delta x}{\Delta t}\right)^2+\left(\frac{\Delta y}{\Delta t}\right)^2}$$

이 유도된다. $\Delta t\to0$으로 하면, z는 t의 함수로서 미분가능이고, 도함수는

$$\frac{dz}{dt}=f_xg'+f_yh'$$

에 의해서 주어지는 것을 알 수 있다.

예 3. $z=f(x,\ y)=x^2+xy+y^2,\ x=t^2,\ y=t^3$일 때,

$$\begin{aligned}\frac{dz}{dt}&=\frac{\partial z}{\partial x}\frac{dx}{dt}+\frac{\partial z}{\partial y}\frac{dy}{dt}\\&=(2x+y)\cdot2t+(x+2y)\cdot3t^2\\&=(2t^2+t^3)\cdot2t+(t^2+2t^3)\cdot3t^2\\&=t^3(6t^2+5t+4)\end{aligned}$$

정리 11·2 **(합성함수의 편미분)** 함수 $z=f(x,\ y)$가 전미분가능이고, x와 y는 모두 $u,\ v$의 함수로 편미분가능이면,

$$\begin{cases} \dfrac{\partial z}{\partial u}=\dfrac{\partial z}{\partial x}\dfrac{\partial x}{\partial u}+\dfrac{\partial z}{\partial y}\dfrac{\partial y}{\partial u} \\ \dfrac{\partial z}{\partial v}=\dfrac{\partial z}{\partial x}\dfrac{\partial x}{\partial v}+\dfrac{\partial z}{\partial y}\dfrac{\partial y}{\partial v} \end{cases}$$

[증명] v를 상수로 생각하고 z를 u에 대해서 편미분하면, 편미분의 정의와 정리 11.1에 의해서

$$\frac{\partial z}{\partial u}=f_x\frac{\partial x}{\partial u}+f_y\frac{\partial y}{\partial u}=\frac{\partial z}{\partial x}\frac{\partial x}{\partial u}+\frac{\partial z}{\partial y}\frac{\partial y}{\partial u}$$

두 번째 식도 마찬가지로 증명된다.

예 4. 함수 $z=f(x,\ y)$의 독립변수 $x,\ y$를 극좌표 $r,\ \theta$로 변환해서

$$x=r\cos\theta,\ y=r\sin\theta$$

로 하면

$$\frac{\partial z}{\partial r}=\frac{\partial z}{\partial x}\frac{\partial x}{\partial r}+\frac{\partial z}{\partial y}\frac{\partial y}{\partial r}=z_x\cos\theta+z_y\sin\theta$$
$$\frac{\partial z}{\partial \theta}=\frac{\partial z}{\partial x}\frac{\partial x}{\partial \theta}+\frac{\partial z}{\partial y}\frac{\partial y}{\partial \theta}=-z_x r\sin\theta+z_y r\cos\theta$$

따라서, 특히 다음의 관계식이 성립한다.

$$\left(\frac{\partial z}{\partial x}\right)^2+\left(\frac{\partial z}{\partial y}\right)^2=\left(\frac{\partial z}{\partial r}\right)^2+\frac{1}{r^2}\left(\frac{\partial z}{\partial \theta}\right)^2$$

예 5. **(접평면의 방정식)** 곡면 $z=f(x,\ y)$ 상의 점 $(a,\ b,\ c)$에서의 접평면의 방정식은, 함수관계 $z=f(x,\ y)$를 $x-a,\ y-b,\ z-c$의 1차관계에 의해서 근사한 것으로 생각되어지므로, 전미분의 식

$$dz=f_x(a,\ b)dx+f_y(a,\ b)dy$$

에서,

$$dx=x-a,\ dy=y-b,\ dz=z-c$$

로 놓고 얻어진다. 따라서 구하는 방정식은

$$z-c=f_x(a,\ b)(x-a)+f_y(a,\ b)(y-b)$$

이다.

문 2. 다음의 함수 z를 편미분함으로써 f를 소거하여라.

(1) $z=f(x^2+y^2)$ (2) $z=\dfrac{1}{x}f\left(\dfrac{y}{x}\right)$ (3) $\dfrac{1}{z}-\dfrac{1}{x}=f\left(\dfrac{1}{y}-\dfrac{1}{x}\right)$

11.2 고차편도함수

함수 $f(x,\ y)$가 주어졌을 때, 그 편도함수 $f_x(x,\ y)$와 $f_y(x,\ y)$가 다시 편미분가능이라고 하면

$$\frac{\partial}{\partial x}f_x=\frac{\partial^2 f}{\partial x^2}=f_{xx},\quad \frac{\partial}{\partial y}f_x=\frac{\partial^2 f}{\partial y\partial x}=f_{xy}$$
$$\frac{\partial}{\partial x}f_y=\frac{\partial^2 f}{\partial x\partial y}=f_{yx},\quad \frac{\partial}{\partial y}f_y=\frac{\partial^2 f}{\partial y^2}=f_{yy}$$

라 쓰고, 이것들을 $f(x,\ y)$의 **제2차 편도함수**라 한다. 제2차 편도함수 f_{xx}, f_{xy}, f_{yx}, f_{yy}가 다시 편미분가능이면, 이것들을 편미분해서, **제3차 편도함수**가 얻어진다. 더 나아가, 일반적으로 고차도함수를 생각할 수가 있다.

예 6. 다음 함수 $f(x,\ y)$의 제2차 도함수를 구해 보자.

(1) $f(x,\ y)=e^{x^2+y^2}$ (2) $f(x,\ y)=x^3+y^3-3axy$

(해답) (1) $f_x=2xe^{x^2+y^2},\ f_y=2ye^{x^2+y^2}$
$f_{xx}=2(1+2x^2)e^{x^2+y^2},\ f_{yy}=2(1+2y^2)e^{x^2+y^2}$
$f_{xy}=4xye^{x^2+y^2},\ f_{yx}=4xye^{x^3+y^2}$

(2) $f_x=3x^2-3ay,\ f_y=3y^2-3ax$
$f_{xx}=6x,\ f_{yy}=6y,\ f_{xy}=-3a,\ f_{yx}=-3a$

예 6의 함수 $f(x,\ y)$에 대해서

$$f_{xy}=f_{yx}$$

가 성립하는 것을 알 수 있다. 이것에 관하여 일반적으로 다음 정리가 성립한다.

정리 11 · 3 함수 $f(x,\ y)$에 대해서 f_{xy}와 f_{yx}가 존재하고, 동시에 이것들이 연속이면

$$f_{xy}=f_{yx}$$

[증명] $F=f(x+h,\ y+k)-f(x+h,\ y)-f(x,\ y+k)+f(x,\ y)$

를 생각한다. 이제

$$\varphi(x)=f(x,\ y+k)-f(x,y)$$

로 놓으면,

$$F=\varphi(x+h)-\varphi(x)$$

이다. 평균치의 정리에 의하면

$$F=\varphi_x(x+\theta_1 h)h=\{f_x(x+\theta_1 h,\ y+k)-f_x(x+\theta_1 h,\ y)\}h,\ 0<\theta_1<1$$

이 식의 가장 오른쪽 변에서 y를 변수로 생각하면, 평균치의 정리에 의해서

$$F=f_{xy}(x+\theta_1 h,\ y+\theta_2 k)hk,\ 0<\theta_1,\ \theta_2<1 \cdots\cdots\cdots\cdots ①$$

다음에

$$\psi(y)=f(x+h,\ y)-f(x,y)$$

로 놓으면,

$$F=\psi(y+k)-\psi(y)$$

이므로, 위와 마찬가지로

$$F=f_{yx}(x+\theta_3 h,\ y+\theta_4 k)hk,\ 0<\theta_3,\ \theta_4<1 \cdots\cdots\cdots\cdots ②$$

①과 ①로부터

$$f_{xy}(x+\theta_1 h,\ y+\theta_2 k)=f_{yx}(x+\theta_3 h,\ y+\theta_4 k)$$

여기에서, $(h,\ k)\to(0,\ 0)$으로 하면, $0<\theta_1,\ \theta_2,\ \theta_3,\ \theta_4<1$이므로, f_{xy}와 f_{yx}의 연속성에 의해서

$$f_{xy}(x,\ y)=f_{yx}(x,\ y)$$

주의 1. $f(x,\ y)=\begin{cases} xy\dfrac{x^2-y^2}{x^2+y^2} & ((x,\ y)\neq(0,\ 0)) \\ 0 & ((x,\ y)=(0,\ 0)) \end{cases}$ 일 때

$$f_{yx}(0,\ 0)=1,\quad f_{xy}(0,\ 0)=-1$$

이다(**Peano**[30]의 예).

실제로, $f_{yx}(0,\ 0)=(f_y)_x(0,\ 0)$이고, 이것은 함수 $f_y(x,\ y)$의점(0, 0)에서의 x에 관한 편미분계수이다. 따라서

$$f_{yx}(0,\ 0)=\lim_{h\to 0}\frac{f_y(0+h,\ 0)-f_y(0,\ 0)}{h}$$

그러므로, $f_y(0+h,\ 0)=f_y(h,\ 0)$과 $f_y(0,\ 0)$을 모르면 이것을 계산할 수 없다. 그런데

$$f_y(h,\ 0)=\lim_{k\to 0}\frac{f(h,\ 0+k)-f(h,\ 0)}{k}$$

$$f_y(0,\ 0)=\lim_{k\to 0}\frac{f(0,\ 0+k)-f(0,\ 0)}{k}$$

그리고

$$f(h,0+k)=f(h,k)=hk\frac{h^2-k^2}{h^2+k^2}$$

$$f(h,0)=\left[\frac{xy(x^2-y^2)}{x^2+y^2}\right]_{\substack{x=h\\y=0}}=0$$

$$f(0,\ 0+k)=f(0,\ k)=\left[xy\frac{x^2-y^2}{x^2+y^2}\right]_{\substack{x=0\\y=k}}=0$$

$$f(0,\ 0)=0$$

$$\therefore f_y(h,\ 0)=\lim_{k\to 0}\frac{hk\dfrac{h^2-k^2}{h^2+k^2}-0}{k}=h$$

$$f_y(0,\ 0)=\lim_{k\to 0}\frac{0-0}{k}=0$$

$$f_{yx}(0,\ 0)=\lim_{h\to 0}\frac{f_y(h,\ 0)-f_y(0,\ 0)}{h}=\lim_{h\to 0}\frac{h-0}{h}=1$$

마찬가지 방법으로

$$f_{xy}(0,\ 0)=(f_x)_y(0,\ 0)=\lim_{k\to 0}\frac{f_x(0,\ k)-f_x(0,\ 0)}{k}$$

---

30) Peano (1858~1932 ; 이탈리아)

여기에서,

$$f_x(0,\ k)=\lim_{h\to0}\frac{f(h,\ k)-f(0,\ k)}{h}=\lim_{h\to0}\frac{hk\dfrac{h^2-k^2}{h^2+k^2}-0}{h}=-k$$
$$f_x(0,\ 0)=\lim_{h\to0}\frac{f(h,\ 0)-f(0,\ 0)}{h}=\lim_{h\to0}\frac{0-0}{h}=0$$
$$\therefore f_{xy}(0,\ 0)=\lim_{k\to0}\frac{f_x(0,\ k)-f_x(0,\ 0)}{k}=\lim_{k\to0}\frac{-k-0}{k}=-1$$

주의 2. $f(x,\ y)$의 고차 편미분 가능성과 고차 편도함수의 연속성의 가정 아래에서, 편미분의 순서를 교환해도 고차도함수는 변하지 않는다. 예를 들면, f의 제3차 편도함수가 모두 연속이면, 다음 식이 성립한다.

$$f_{xxy}=f_{xyx}=f_{yxx}$$

그런데, 편미분의 기호 $\dfrac{\partial}{\partial x}$는, 함수 $f(x,\ y)$가 주어졌을 때, 그 편도 함수 $\dfrac{\partial f}{\partial x}$를 만든다고 하는 조작을 가리키는 **연산자**(operator)를 나타낸다고 생각할 수 있다. 같은 의미를 $\dfrac{\partial}{\partial y}$도 갖고 있다. 그래서 2개의 함수 $\varphi(x,\ y)$와 $\psi(x,\ y)$가 주어졌다고 한다.

이 때, 기호

$$\varphi\frac{\partial}{\partial x}+\psi\frac{\partial}{\partial y} \tag{11.7}$$

로 함수 f가 주어졌을 때, 함수

$$\left(\varphi\frac{\partial}{\partial x}+\psi\frac{\partial}{\partial y}\right)f=\varphi\frac{\partial f}{\partial x}+\psi\frac{\partial f}{\partial y}$$

를 만든다고 하는 조작을 가리키는 연산자를 나타내기로 한다. 연산자 (11.7)을 n회 반복해서 얻어지는 연산자를

$$\left(\varphi\frac{\partial}{\partial x}+\psi\frac{\partial}{\partial y}\right)^n$$

으로 나타낸다.

그런데, h와 k를 상수로 하면,

$$\left(h\frac{\partial}{\partial x}+k\frac{\partial}{\partial y}\right)^2=h^2\frac{\partial^2}{\partial x^2}+hk\frac{\partial^2}{\partial x\partial y}+kh\frac{\partial^2}{\partial y\partial x}+k^2\frac{\partial^2}{\partial y^2}$$

이다. 따라서, 함수 f가 연속인 제2차 편도함수를 갖는다면,

$$\left(h\frac{\partial}{\partial x}+k\frac{\partial}{\partial y}\right)^2 f=\left(h^2\frac{\partial^2}{\partial x^2}+2hk\frac{\partial^2}{\partial x\partial y}+k\frac{\partial^2}{\partial y^2}\right)f$$

로 된다. 이 식의 우변에 있는 연산자는, 좌변에 있는 연산자의 제곱을 보통의 대수적인 전개공식에 따라서 얻어진다.

마찬가지로 해서, 함수 f가 연속인 제n차 편도함수를 갖는다고 하면, $r+s \leqq n$일 때,

$$\frac{\partial^r}{\partial x^r}\frac{\partial^s}{\partial y^s}f=\frac{\partial^s}{\partial y^s}\frac{\partial^r}{\partial x^r}f$$

가 성립한다. 따라서

$$\left(h\frac{\partial}{\partial x}+k\frac{\partial}{\partial y}\right)^n f=\sum_{r=0}^{n}\binom{n}{r}h^r k^{n-r}\frac{\partial^n}{\partial x^r\partial y^{n-r}}f \tag{11.8}$$

가 성립한다.

예 7. 함수 $f(x,\ y)$가 연속인 제n차 편도함수를 가질 때

$$g(t)=f(a+ht,\ b+kt)\ (h,\ k\text{는 상수})$$

로 놓으면, 다음 식이 성립하는 것을 증명하여라.

$$g^{(n)}(t)=\sum_{r=0}^{n}\binom{n}{r}h^r k^{n-r}\frac{\partial^n}{\partial x^r\partial y^{n-r}}f(a+ht,\ b+kt)$$

(해답) $f(a+ht,\ b+kt)$를 f로 나타내면, 정리 11.1에 의해서

$$\begin{aligned}\frac{dg(t)}{dt}&=h\frac{\partial f}{\partial x}+k\frac{\partial f}{\partial y}=\left(h\frac{\partial}{\partial x}+k\frac{\partial}{\partial y}\right)f\\ \frac{d^2g(t)}{dt^2}&=\frac{d}{dt}\frac{dg(t)}{dt}=\left(h\frac{\partial}{\partial x}+k\frac{\partial}{\partial y}\right)\left[\left(h\frac{\partial}{\partial x}+k\frac{\partial}{\partial y}\right)f\right]\\ &=\left(h\frac{\partial}{\partial x}+k\frac{\partial}{\partial y}\right)^2 f\\ &\cdots\cdots\cdots\cdots\\ \frac{d^ng(t)}{dt^n}&=\left(h\frac{\partial}{\partial x}+k\frac{\partial}{\partial y}\right)^n f\end{aligned}$$

이 마지막 식의 우변을 (11.8)에 의해서 변형하면, 증명해야 할 관계가 얻어진다. 이상에서 다음의 정리를 얻을 수 있다.

정리 11·4 **(Taylor)** 함수 $f(x,\ y)$가 연속인 제n차 편도함수를 갖는다면,

$$\begin{aligned} f(x+h,\ y+k) &= f(x,\ y)+\frac{1}{1\,!}\left(h\frac{\partial}{\partial x}+k\frac{\partial}{\partial y}\right)f(x,\ y) \\ &\quad +\frac{1}{2\,!}\left(h\frac{\partial}{\partial x}+k\frac{\partial}{\partial y}\right)^2 f(x,\ y)+\cdots \\ &\quad \cdots+\frac{1}{(n-1)!}\left(h\frac{\partial}{\partial x}+k\frac{\partial}{\partial y}\right)^{n-1} f(x,\ y)+R_n \end{aligned}$$

단, $R_n=\dfrac{1}{n\,!}\left(h\dfrac{\partial}{\partial x}+k\dfrac{\partial}{\partial y}\right)^n f(x+\theta h,\ y+\theta k),\ 0<\theta<1$

[증명] $g(t)=f(x+ht,\ y+kt),\ 0\leqq t\leqq 1$

로 놓고, 이것을 t의 함수로 생각한다. 정리 11.1과 예 7에 의하면

$$g^{(r)}(t)=\left(h\frac{\partial}{\partial x}+k\frac{\partial}{\partial y}\right)^r f(x+ht,\ y+kt)\ (r=1,\ 2,\ \cdots)\ \cdots\cdots\cdots ①$$

이므로

$$g^{(r)}(0)=\left(h\frac{\partial}{\partial x}+k\frac{\partial}{\partial y}\right)^r f(x,\ y)\ (r=1,\ 2,\ \cdots)\ \cdots\cdots\cdots\cdots\cdots\cdots ②$$

따라서, $g(t)$를 Maclaurin의 전개를 이용해서 전개하면

$$\begin{aligned} g(t) &= g(0)+\frac{1}{1\,!}g'(0)t+\frac{1}{2\,!}g''(0)t^2+\cdots \\ &\quad \cdots+\frac{1}{(n-1)\,!}g^{(n-1)}(0)t^{n-1}+\frac{1}{n\,!}g^{(n)}(\theta t)t^n,\ 0<\theta<1 \end{aligned}$$

을 얻는다. 이것에 ①과 ②를 대입하면

$$\begin{aligned} f(x+ht,\ y+kt) &= f(x,y)+\left[\left(h\frac{\partial}{\partial x}+k\frac{\partial}{\partial y}\right)f(x,\ y)\right]t+\cdots \\ &\quad \cdots+\frac{1}{(n-1)!}\left[\left(h\frac{\partial}{\partial x}+k\frac{\partial}{\partial y}\right)^{n-1} f(x,\ y)\right]t^{n-1} \\ &\quad +\frac{1}{n!}\left[\left(h\frac{\partial}{\partial x}+k\frac{\partial}{\partial y}\right)^n f(x+\theta th,\ y+\theta tk)\right]t^n \end{aligned}$$

여기에서 $t=1$이라 놓으면 증명해야 할 식이 얻어진다.

예 8. $f(x,\ y)=x\sqrt{y}$에 대해서, $n=3$인 경우에, 점 (0, 1)에서 Taylor의 정리를 적용해 보자.

정리의 전개식은 다음과 같이 된다.

$$f(h,\ 1+k)=f(0,\ 1)+\{hf_x(0,\ 1)+kf_y(0,\ 1)\}$$
$$+\frac{1}{2}\{h^2f_{xx}(0,\ 1)+2hkf_{xy}(0,\ 1)+k^2f_{yy}(0,\ 1)\}+R_3$$
$$R_3=\frac{1}{6}\{h^3f_{xxx}(x,\ y)+3h^2kf_{xxy}(x,\ y)+3hk^2f_{xyy}(x,\ y)+k^3f_{yyy}(x,\ y)\}_{y=1+\theta k}^{x=\theta h}$$

여기에서 θ는 구간 (0, 1) 내의 수이다.

f의 편도함수를 계산하면,

$$f_x=\sqrt{y},\ f_y=\frac{x}{2\sqrt{y}}$$
$$f_{xx}=0,\ f_{xy}=\frac{1}{2\sqrt{y}},\ f_{yy}=\frac{-x}{4y\sqrt{y}}$$
$$f_{xxx}=f_{xxy}=0,\ f_{xyy}=\frac{-1}{4y\sqrt{y}},\ f_{yyy}=\frac{3x}{8y^2\sqrt{y}}$$

이것을 이용하면,

$$f(h,\ 1+k)=h\sqrt{1+k}=h-\frac{hk}{4}+R^3,\ R_3=\frac{k^2(k-2h-\theta k)}{16(1+\theta k)^{\frac{5}{2}}}$$

로 된다. 이 전개식에 의해서, 더욱 다음과 같은 것을 알 수 있다. 즉, $h,\ k$가 0에 가까울 때는

$$f(h,\ 1+k)\fallingdotseq h-\frac{hk}{4}$$

이고, 오차는 $h,\ k$에 대해서 3차의 무한소(無限小)로 된다.

11.3 극치, 최대치, 최소치

2변수 혹은 다변수함수의 극대치·극소치는 물론 국소적인 최대치·최소치를 의미한다. 극대치·극소치를 합쳐서 **극치**라고 하는 것도 1변수일 때와 변함이 없다.

$f(x,\ y)$가 극치 $f(a,\ b)$를 갖는다면, x의 함수 $f(x,\ b)$는 $x=a$에서 극치를 취하므로, $f_x(a,\ b)=0$이 아니면 안 된다. 마찬가지로, $f_y(a,\ b)=0$이다. 따라서, $f(a,\ b)$가 극치이면

$$f_x(a,\ b)=f_y(a,\ b)=0$$

이다(필요조건).

정리 11 · 5

(극치의 판정) $f_x(a,\ b)=f_y(a,\ b)=0$으로 한다.

$$\varDelta = f_{xy}(a,\ b)^2 - f_{xx}(a,\ b)f_{yy}(a,\ b)$$

로 쓰면,

(1) $\varDelta<0$일 때

① $f_{xx}(a,\ b)>0$이면 $f(a,\ b)$는 극소치

② $f_{xx}(a,\ b)<0$이면 $f(a,\ b)$는 극대치

(2) $\varDelta>0$일 때는 $f(a,\ b)$는 극치가 아니다.

(3) $\varDelta=0$일 때는 불분명

[증명] $h,\ k$가 충분히 작다면, Taylor의 정리로부터

$$L=f(a+h,\ b+k)-f(a,b)=\frac{1}{2}(Ah^2+2Bhk+Ck^2)+\varepsilon(h^2+k^2)$$

이 성립한다. 여기에서

$$A=f_{xx}(a,\ b),\ B=f_{xy}(a,\ b),\ C=f_{yy}(a,\ b)$$

이고, ε는 $h,\ k\to 0$일 때 0으로 접근하는 값이다.

$r=\sqrt{h^2+k^2}$ $(h=ru,\ k=rv)$로 놓으면,

$$L=\frac{r^2}{2}(Au^2+2Buv+Cv^2+2\varepsilon)$$

으로 되고, $r\to 0$일 때 $\varepsilon\to 0$이다. 따라서 L의 부호는, r이 작을 때 2차식 $Q=Au^2+2Buv+Cv^2$의 부호와 일치한다. 따라서, 충분히 작은 r에 대해서는

(1) $\varDelta=B^2-AC<0$일 때는 정부호(定符號)이다 : $A>0$일 때 $L>0$, $A<0$일 때 $L<0$으로 된다.

(2) $\varDelta>0$일 때 Q의 부호는 일정하지 않으므로, L의 부호도 일정하지 않다.

(3) $\varDelta=0$일 때는 Q는 완전평방식이 되어, L의 부호는 판정할 수 없다.

이로부터 앞의 정리가 유도된다.

예 9. $f(x,\ y)=2x^2+xy+y^2-x-y+1$

$$\begin{cases} f_x=4x+y-1\ , & f_y=x+2y-1 \\ f_{xx}=4,\ f_{xy}=1\ , & f_{yy}=2 \end{cases}$$

이다. $f_x=f_y=0$을 풀면 $x=\frac{1}{7},\ y=\frac{3}{7}$이다. 그리고 이 점에서 $\varDelta=f_{xy}^2-f_{xx}f_{yy}=-7<0$, $f_{xx}=4>0$이므로, $f(\frac{1}{7},\ \frac{3}{7})=\frac{5}{7}$가 극소치이다. 그 밖에 극치는 없다.

예 10. $f(x, y) = x^2 + 2xy$

$$\begin{cases} f_x = 2x + 2y, \ f_y = 2x \\ f_{xx} = 2, \ f_{xy} = 2, \ f_{yy} = 0 \end{cases}$$

$f_x = f_y = 0$을 풀면 $x = 0, \ y = 0$이고, 원점에서 $\varDelta = 4 > 0$이므로, $f(0, \ 0) = 0$은 극치가 아니다. 그 밖에도 극치는 없으므로, $f(x, \ y)$의 극치는 없다.

예 11. $f(x, y) = x^2 + y^6$

$f_x = f_y = 0$을 풀면 $x = 0, \ y = 0, f_{xx}(0, \ 0) = 2, f_{xy}(0, \ 0) = 0, f_{yy}(0, \ 0) = 0$으로부터, 원점에서 $\varDelta = 0$이다. 따라서 $f(0, \ 0) = 0$이 극치인지 어떤지를 정리 11.5로부터 판정할 수 없다. 그러나, 분명히 $(x, \ y) \neq (0, \ 0)$일 때 $f(x, \ y) > 0$이다. 따라서, $f(0, \ 0)$은 극소치(실은 최소치)이다.

문 3. 다음 함수 $f(x, \ y)$의 극치를 구하여라.

(1) $f(x, \ y) = \dfrac{x^2}{a^2} + \dfrac{y^2}{b^2} \ (a, \ b > 0)$

(2) $f(x, \ y) = x^2 + xy + y^2 - 4x - 2y$

(3) $f(x, \ y) = x^2 + y^2$

(4) $f(x, \ y) = (x + y)^2 + x^4 + y^4$

문 4. 반지름이 a인 원에 내접하는 삼각형 중에서 면적이 최대로 되는 것을 구하여라.

최대치, 최소치는 정리 11.5에 의하지 않고 구해지는 경우가 많다.

예 12. 변의 길이의 합이 일정한 직방체(直方體)의 체적의 최대치.
3변이 $x, \ y, \ z$인 직방체의 체적은

$$V = xyz$$

이다.

조건으로부터 $x + y = z = l$(상수). 따라서,

$$V = xy(l - x - y)$$

함수 V의 정의역은, 다음의 유계폐집합(有界閉集合)이다.

$$D: x,\ y \geqq 0,\ x + y \leqq l$$

D의 경계상에서는 $V = 0$이므로, 최대치는 D의 내부에서 취해진다.

거기에서는

$$\frac{\partial V}{\partial x} = y(l - 2x - y) = 0$$
$$\frac{\partial V}{\partial y} = x(l - x - 2y) = 0$$

이것을 풀어서 x, y, z을 구하면 $x = y = \frac{l}{3}$, $z = \frac{l}{3}$이다. 따라서, 입방체일 때 V는 최대로 된다.

11.4 음함수

음함수 두 개의 변수 x와 y의 사이에

$$F(x,\ y) = 0 \tag{11.9}$$

인 관계가 있다고 한다. 이것을 y에 관한 방정식으로 간주하고, y에 관해서 풀 수가 있다면, 그 해는

$$y = f(x) \tag{11.10}$$

라고 하는 형태의 x에 관한 함수로 된다. 이 (11.10)을 (11.9)에 대입하면, 항등식

$$F(x,\ f(x)) = 0 \tag{11.11}$$

이 얻어진다. 또한 $F(x,\ y)$가 편미분가능이고, $f(x)$도 미분가능이라고 가정하면, (11.11)의 양변을 x로 미분해서

$$F_x + F_y \frac{df(x)}{dx} = 0$$

만일 $F_y \neq 0$이면, 방정식 (11.10)에서 주어진 함수 $y=f(x)$에 대해서

$$\frac{dy}{dx}=-\frac{F_x}{F_y} \tag{11.12}$$

가 얻어진다.

만일 $F_x \neq 0$이면, 방정식 (11.9)를 x에 대해서 풀어서

$$x = g(y)$$

가 얻어진다. 이 때, $g(y)$가 미분가능이면,

$$\frac{dx}{dy}=-\frac{F_y}{F_x}$$

로 된다.

이와 같이 방정식 (11.9)로 나타내어지는 함수 $y=f(x)$ 또는 $x=g(y)$가 존재할 때, 이것을 **음함수**(陰函數, implicit function)라 한다. 음함수의 존재를 보증하는 다음의 정리가 있다.

정리 11 · 5

(음함수정리) 함수 $F(x,\ y)$에 대해서 F_x와 F_y가 연속이고, $F(a,\ b)=0$, $F_y(a,\ b)\neq 0$이면, 다음의 성질 (a), (b), (c)를 가진 함수 $y=f(x)$가 점 $x=a$의 가까이에서 단 하나 존재한다.

(a) $b=f(a)$　　　(b) $F(x,\ f(x))=0$

(c) $f(x)$는 점 $x=a$의 가까이에서 연속인 도함수를 갖는다.

[증명] 생략

그리고 정리 11.6에서, $F(x,\ y)$가 연속인 제n차 편도함수를 갖는다면, $y=f(x)$는 연속인 제n차 도함수를 갖는다는 것을 알 수 있다. 또한 (11.12)로부터 알 수 있듯이, 정리 11.6에서 $y=f(x)$의 도함수는 다음 식으로 주어진다.

$$\frac{dy}{dx}=-\frac{F_x(x,\ f(x))}{F_y(x,\ f(x))} \tag{11.13}$$

주의 3. 위의 정리에서 $F_y(a,\ b) \neq 0$의 대신에 $F_x(a,\ b) \neq 0$을 가정하면, x가 y의 함수로서 표시되어, $x=g(y)$로 되어

$$\frac{dx}{dy} = -\frac{F_y(x,\ y)}{F_x(x,\ y)}$$

로 된다.

예 13. $x^3 - 3xy + y^2 - 3x + 2y + 1 = 0$으로부터 y'를 구해 보자.

양변을 미분하면

$$3x^2 - 3y - 3xy' + 2yy' - 3 + 2y' = 0$$

따라서

$$y' = \frac{3(x^2 - y - 1)}{3x - 2y - 2}$$

문 5. $x^2 + 2xy + 2y^2 = 1$에서 y', y''를 구하여라.

그런데 방정식 (11.13)에서 $F_x = F_y = 0$인 경우에는 $\dfrac{dy}{dx}$ 또는 $\dfrac{dx}{dy}$가 존재할지도 모르는데, 존재한다고 해도 이 방법으로는 구해지지 않는다.

이와 같은 점 $(x,\ y)$를 방정식 (11.9)로 나타내어지는 xy평면상의 곡선 C의 **특이점**(singular point) 또는 함수 $F(x,\ y)$의 특이점이라 한다. 즉 곡선 C의 특이점 $(a,\ b)$는

$$F(a,\ b) = 0,\ F_x(a,\ b) = 0,\ F_y(a,\ b) = 0$$

으로 특징지어진다. C상의 점으로 특이점이 아닌 것을 **정칙점**(正則點, regular point)이라 한다. 정리 11.6에 의하면 다음을 알 수 있다.

방정식 $F(x,\ y) = 0$의 궤적은 정칙점의 가까이에서는 방정식 $y = f(x)$ 또는 $x = g(y)$로 나타내어진다. 따라서 방정식 $F(x,\ y) = 0$의 궤적은, 정칙점의 가까이에서는 매개변수 표시 $x = x(t)$, $y = y(t)$ $(x'^2 + y'^2 > 0)$로 표현된다. 정리 11.6은 변수의 개수가 많은 경우에도 성립하여, 다음의 정리로 된다. 이에 대한 증명도 생략한다.

정리 11·7 **(음함수정리)** 함수 $F(x_1, x_2, \cdots, x_n, z)$가 연속인 편도함수를 갖고

$$F(a_1, a_2, \cdots, a_n, b)=0, \ F_z(a_1, a_2, \cdots, a_n, b) \neq 0$$

이면, 다음의 성질 (a), (b), (c)를 갖는 함수

$$z=f(x_1, x_2, \cdots, x_n)$$

이 점 $(a_1, a_2, \cdots, a_n)$의 근방에서 단 하나 존재한다.

(a) $b=f(a_1, a_2, \cdots, a_n)$

(b) $F(x_1, x_2, \cdots, x_n, f(x_1, x_2, \cdots, x_n))=0$

(c) f는 점 $(a_1, a_2, \cdots, a_n)$의 근방에서 연속인 편도함수를 갖는다.

위의 정리에서, $F(x_1, x_2, \cdots, x_n, z)$가 연속인 제$n$차 편도함수를 갖는다면, 함수 $z=f(x_1, x_2, \cdots, x_n)$도 또 연속인 제$n$차 편도함수를 갖는 것을 알 수 있다. 또한 정리 11.7에서, $z=f(x_1, x_2, \cdots, x_n)$의 편도함수는 다음 식으로 주어진다.

$$\frac{\partial z}{\partial x_j}=-\frac{F_{xj}(x_1, x_2, \cdots, x_n, f(x_1, x_2, \cdots, x_n))}{F_z(x_1, x_2, \cdots, x_n, f(x_1, x_2, \cdots, x_n))} \tag{11.14}$$

Jacobi 행렬식 두 개의 독립변수 x, y의 두 개의 함수

$$u=u(x, y), \ v=v(x, y) \tag{11.15}$$

가 연속인 편도함수를 갖는다고 한다. 편도함수로 만든 행렬식

$$J=\frac{\partial(u, v)}{\partial(x, y)}=\begin{vmatrix} \dfrac{\partial u}{\partial x} & \dfrac{\partial u}{\partial y} \\ \dfrac{\partial v}{\partial x} & \dfrac{\partial v}{\partial y} \end{vmatrix}$$

를 (u, v)의 (x, y)에 관한 **Jacobi 행렬식**, **Jacobian** 또는 **함수행렬식**이라 하고, 이것을 좌변의 기호로 나타낸다.

그런데 위의 두 개 방정식 (11.15)의 우변에 있는 함수인 $u(x, y)$와 $v(x, y)$의 정의역을 xy 평면상의 영역 D_1으로 하고, uv 평면상에서 집합

$$D_2=\{(u, v) | u=u(x, y), \ v=v(x, y), \ (x, y) \in D_1\}$$

가 하나의 영역이라고 하면, 방정식 (11.15)는 하나의 사상 $f: D_1 \rightarrow D_2$로 나타내어진다.

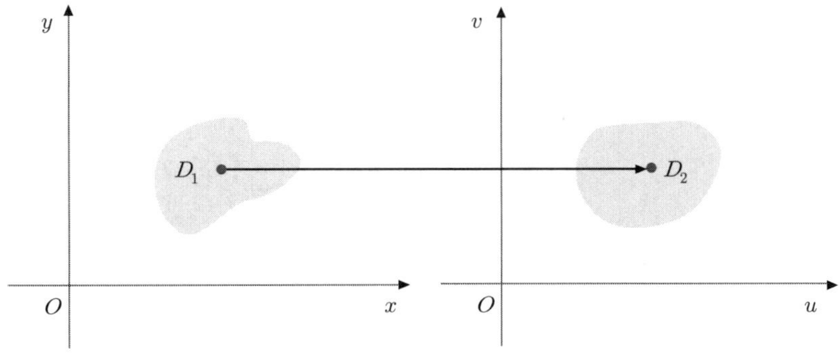

예 14. $f_1 = x^2 - y^2$, $f_2 = xy$의 Jacobian은

$$J = \frac{\partial(f_1, f_2)}{\partial(x, y)} = \begin{vmatrix} 2x & -2y \\ y & x \end{vmatrix} = 2(x^2 + y^2)$$

이제 Jacobian을 응용해서, 다음과 같은 것을 생각해 보자.

두 방정식

$$F(x, y, z) = 0, \ G(x, y, z) = 0$$

에 있어 양변에 미분을 취하면

$$\begin{cases} \dfrac{\partial F}{\partial x}dx + \dfrac{\partial F}{\partial y}dy + \dfrac{\partial F}{\partial z}dz = 0 \\ \dfrac{\partial G}{\partial x}dx + \dfrac{\partial G}{\partial y}dy + \dfrac{\partial G}{\partial z}dz = 0 \end{cases} \tag{11.16}$$

여기에서 $dx \neq 0$이면

$$\begin{cases} F_x + F_y \dfrac{dy}{dx} + F_z \dfrac{dz}{dx} = 0 \text{ 또는 } F_y \dfrac{dy}{dx} + F_z \dfrac{dz}{dx} = -F_x \\ G_x + G_y \dfrac{dy}{dx} + G_z \dfrac{dz}{dx} = 0 \text{ 또는 } G_y \dfrac{dy}{dx} + G_z \dfrac{dz}{dx} = -G_x \end{cases} \tag{11.17}$$

가 된다. (11.17)에 Cramer의 공식을 적용하면

$$\frac{dy}{dx}, \ \frac{dz}{dx}$$

를 구할 수 있다. 즉, 연립방정식 $F(x, y, z) = 0$, $G(x, y, z) = 0$에서

$$J=\begin{vmatrix} F_y & F_z \\ G_y & G_z \end{vmatrix} \neq 0$$

이면,

$$\frac{dy}{dx}=-\frac{1}{J}\begin{vmatrix} F_x & F_z \\ G_x & G_z \end{vmatrix}, \quad \frac{dz}{dx}=-\frac{1}{J}\begin{vmatrix} F_y & F_x \\ G_y & G_x \end{vmatrix} \tag{11.18}$$

가 된다.

예 15. $\begin{cases} F(x,\ y,\ z) = x^2 + y^2 + z^2 - 5 = 0 \\ G(x,\ y,\ z) = x + y + z - 3 = 0 \end{cases}$ 일 때

$$J=\begin{vmatrix} F_y & F_z \\ G_y & G_z \end{vmatrix}=\begin{vmatrix} 2y & 2z \\ 1 & 1 \end{vmatrix}=2(y-z)$$

이고

$$\frac{dy}{dx}=-\frac{1}{J}\begin{vmatrix} F_x & F_z \\ G_x & G_z \end{vmatrix}=-\frac{1}{2(y-z)}\begin{vmatrix} 2x & 2z \\ 1 & 1 \end{vmatrix}=\frac{z-x}{y-z}$$

$$\frac{dz}{dx}=-\frac{1}{J}\begin{vmatrix} F_y & F_x \\ G_y & G_x \end{vmatrix}=-\frac{1}{2(y-z)}\begin{vmatrix} 2y & 2x \\ 1 & 1 \end{vmatrix}=\frac{x-y}{y-z}$$

가 된다(단, $y \neq z$).

Lagrange[31)]의 승수법 조건 $f(x,\ y)=0$의 아래에서 함수 $g(x,\ y)$의 극치를 구해 보자.

$f=0$를 풀어서 $y=\varphi(x)$로 한다. 함수 $g=g(x,\ \varphi(x))$의 극치의 필요조건은

$$g_x + g_y\varphi' = 0$$

한편, $f_x + f_y\varphi' = 0$이므로

$$f_x : f_y = g_x : g_y$$

가 아니면 안 된다. 이 방정식은, 다음과 같이 해도 유도된다. 3변수 $x,\ y,\ \lambda$의 함수

$$F(x,\ y,\ \lambda)=g(x,\ y)+\lambda(x,\ y)$$

---

31) Lagrange, Joseph Louis (1736~1813 ; 프랑스)

가 어떤 점에서 극치를 갖기 위한 필요조건을 쓰면

$$\frac{\partial F}{\partial x} = g_x + \lambda f_x = 0$$
$$\frac{\partial F}{\partial y} = g_y + \lambda f_y = 0$$
$$\frac{\partial F}{\partial \lambda} = f = 0$$

이들 방정식으로부터 $f_x : f_y = g_x : g_y$가 얻어진다. 따라서, 조건 $f(x, y) = 0$ 하에서의 g의 극치는 $F = g + \lambda f$의 극치 중에서 구해진다. 이 방법을 **Lagrange의 승수법** (method of Lagrange's multiplier)이라 한다.

이 방법은 다음과 같이 확장된다. 조건

$$f_i(x_1, \cdots, x_m) = 0 \ (i = 1, 2, \cdots, n < m)$$

하에서의 $g(x_1, \cdots, x_m)$의 극치는 $m + n$변수의 함수

$$F = (x_1, \cdots, x_m, \lambda_1, \cdots, \lambda_n) = g + \sum_{i=1}^{n} \lambda_i f_i$$

의 극치로부터 구해진다.

예 16. 조건 $x^2 + y^2 + z^2 = 1$의 아래에서

$$g(x, y, z) = ax^2 + by^2 + cz^2 + 2pxy + 2qyz + 2rzx$$

의 최대치, 최소치를 구하여라.

$$F(x, y, z, \lambda) = g(x, y, z) - \lambda(x^2 + y^2 + z^2 - 1)$$

의 극치를 조사한다. 방정식

$$\begin{cases} \frac{1}{2}F_x = (a-\lambda)x + py + rz = 0 \\ \frac{1}{2}F_y = px + (b-\lambda)y + gz = 0 \\ \frac{1}{2}F_z = rx + gy + (c-\lambda)z = 0 \\ -\frac{1}{2}F_\lambda = x^2 + y^2 + z^2 - 1 = 0 \end{cases} \quad \cdots\cdots\cdots\cdots\cdots ①$$

의 해가 F의 극치가 되는데, 그 때의 λ 값은 다음 방정식의 근이다.

$$\begin{vmatrix} a-\lambda & p & r \\ p & b-\lambda & q \\ r & q & c-\lambda \end{vmatrix} = 0 \cdots\cdots\cdots\cdots\cdots\cdots ②$$

②의 근을 λ_1, λ_2, $\lambda_3(\lambda_1 \leqq \lambda_2 \leqq \lambda_3)$로 한다. λ_i에 속하는 ①의 해를 x_i, y_i, z_i라 하면, 행렬연산에 의해서

$$\begin{aligned} g(x_i,\ y_i,\ z_i) &= (x_i,\ y_i,\ z_i)\begin{pmatrix} a & p & r \\ p & b & q \\ r & q & c \end{pmatrix}\begin{pmatrix} x_i \\ y_i \\ z_i \end{pmatrix} \\ &= \lambda_i(x_i^2 + y_i^2 + z_i^2) = \lambda_i \end{aligned}$$

따라서 g의 최대치, 최소치는 각각 λ_3, λ_1이다.

연습문제

1. 다음 함수의 편도함수를 구하여라.

(1) $z=\sin(xy+\sqrt{y})$

(2) $z=\cos^{-1}(x^2+y^2)$

2. 다음의 관계로부터 $\dfrac{\partial z}{\partial x}$, $\dfrac{\partial z}{\partial y}$를 구하여라.

(1) $z=\sin u\cos v,\ u=x+y,\ v=xy$

(2) $z=e^{-u}\sin v,\ u=x^2+y^2,\ v=ax+by$

3. 다음 함수 $z=f(x,\ y)$의 모든 제2차 편도함수를 구하여라.

(1) $\sin x^2y$　　(2) x^y

4. 다음 함수의 극치를 구하여라.

(1) $z=x^3+y^2-3xy$

(2) $z=x^4-y^2$

(3) $z=\sin(x+y)+\cos x\quad (0<x,\ y<2\pi)$

(4) $z=-xye^{y-x}$

5. $u=\begin{vmatrix} 1 & 1 & 1 \\ x & y & z \\ x^2 & y^2 & z^2 \end{vmatrix}$일 때 다음 식의 값을 구하여라.

(1) $u_x+u_y+u_z$

(2) $xu_x+yu_y+zu_z$

(3) $\varDelta x=u_{xx}+u_{yy}+u_{zz}$

6. 다음 함수의 전미분(全微分)을 구하여라.

(1) $z=\log\sqrt{1+x^2+y^2}$

(2) $z=xy\sin\dfrac{1}{\sqrt{x^2+y^2}}$

7. $x=r\cos\theta,\ y=r\sin\theta$일 때 $dx,\ dy$를 구하고, 다음 식을 증명하여라.

$$xdx+ydy=rdr$$

연습문제

8. 관계식 $x^3+2xy+y^2=1$로부터 y', y''를 구하여라.

9. 조건 $x^2+y^2=1$의 아래에서, $g=ax^2+2bxy+cy^2$의 최대치, 최소치를 구하여라.

10. $x,\ y,\ z \geqq 0,\ x+y+z=a(>0)$일 때, Lagrange의 승수법을 이용해서 $f(x,\ y,\ z)=xyz$의 최대치를 구하여라.

중적분 12

12.1 2중적분

12.1.1 2중적분의 정의

$z = f(x,\ y)$를 xy평면상의 영역 D 내에 있어서 연속인 x, y의 함수로 한다. $z = f(x,\ y)$는 영역 내에서 영역 D의 상부에 있는 연속곡면(連續曲面) S를 나타낸다.

이제 영역 D 내의 영역 A를 n개의 소영역 $\varDelta A_1$, $\varDelta A_2$, $\cdots$, $\varDelta A_n$으로 분할하면 $\varDelta A_i$는 소영역의 면적을 나타내게 된다.

이 소영역 $\varDelta A_i$ 내의 xy좌표를 x_i, y_i, 소영역을,

$$\varDelta A_i = \varDelta x_i \varDelta y_i$$

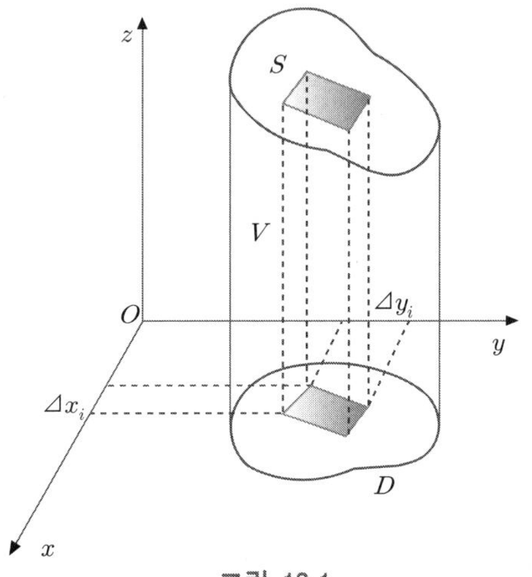

그림 12.1

라고 한다. xy평면상의 소영역 ΔA_i를 밑면으로 하고, 이 위에 선 작은 직각기둥과 곡면 S와의 접촉면을 ΔS_i로 해서, 작은 직각기둥의 체적을 ΔV_i라 하면 ΔV_i는 근사적으로,

$$\Delta V_i \fallingdotseq f(x_i,\ y_i)\Delta A_i$$

로 나타낼 수 있다. 즉, $f(x_i,\ y_i)$는 ΔA_i와 ΔS_i 사이의 작은 직각기둥의 높이를 나타내고 있다. 영역 A를 밑면으로 하고 $z=f(x,\ y)$와의 사이에 있는 직각기둥의 체적을 V라 하면, ΔV_i의 총합은 근사적으로 V와 같아지므로,

$$\begin{aligned} V \fallingdotseq \sum_{i=1}^{n} \Delta V_i &= \sum_{i=1}^{n} f(x_i,\ y_i)\Delta A_i \\ &= \sum_{i=1}^{n} f(x_i,\ y_i)\Delta x_i \Delta y_i \end{aligned}$$

로 된다. 이제 소영역 ΔA_i를 한없이 작게 하면, 즉 분할수 n을 무한히 크게 하면, ΔV_i의 총합은 한없이 체적 V에 접근한다.

$$\begin{aligned} V &= \lim_{n\to\infty}\sum_{i=1}^{n} f(x_i,\ y_i)\Delta A_i \\ &= \lim_{n\to\infty}\sum_{i=1}^{n} f(x_i,\ y_i)\Delta x_i \Delta y_i \end{aligned}$$

이 우변의 극한을,

$$V=\iint_A f(x,\ y)dA \qquad (12.1)$$

또는,

$$V=\iint_A f(x,\ y)dxdy \qquad (12.2)$$

로 나타내고, 이것을 영역 A에 있어서의 함수 $f(x,\ y)$의 **2중적분**(double integral)이라 한다.

12.1.2 2중적분의 계산

평면상의 영역 A 내에서 연속인 함수 $f(x,\ y)$의 이중적분 $\iint_A (x,\ y)dA$는, 영

역 A의 밑면과 $z=f(x,\ y)$에 의한 곡면 S와의 사이의 직각기둥에 대한 체적 V를 나타낸다. [그림 12.2]에 보이는 바와 같이 이 직각기둥을 x축에 평행한 평면으로 잘랐을 때, 평면과 영역 A의 2개의 교점을 P, Q, 곡면 S와의 교점을 P', Q'라 하고, 교점 P, Q의 x좌표를 x_1, x_2라 하면, 평면 $PQQ'P'$의 면적은 y의 함수로 된다. 이것을 $\phi(y)$로 나타내면,

$$\phi(y)=\int_{x_1}^{x_2} f(x,\ y)dx \tag{12.3}$$

또한 직각기둥의 체적 V를 $\phi(y)$로 나타내면,

$$V=\int_{c}^{d} \phi(y)dy \tag{12.4}$$

로 된다. (12.3)을 (12.4)에 대입해서,

$$V=\int_A f(x,\ y)dxdy=\int_c^d\left\{\int_{x_1}^{x_2} f(x,\ y)dx\right\}dy \tag{12.5}$$

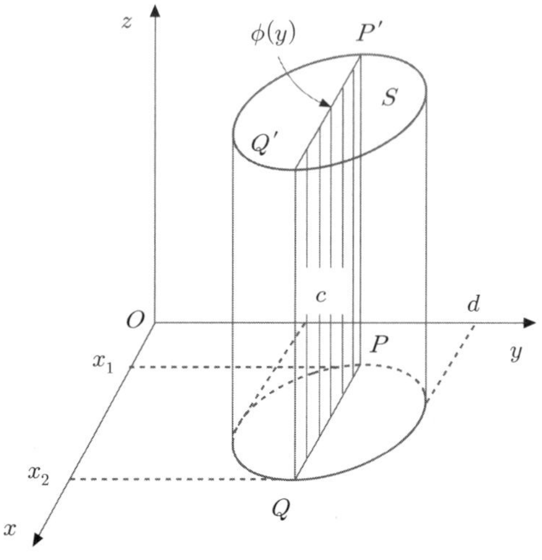

그림 12.2

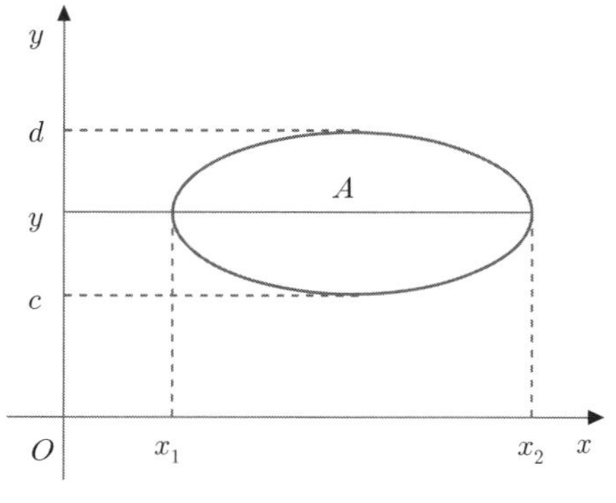

그림 12.3

(12.5)의 이중적분은 y를 일정하다고 놓고 x에 대해서 적분하고, 이어서 y에 대해서 적분하는 것을 나타내고 있다.

x_1, x_2, c, d의 관계는 [그림 12.3]에 보이는 바와 같이 직각기둥과 평면의 교점 P, Q의 y의 변화에 따라서 x좌표 x_1, x_2도 변하므로, x_1, x_2는 y의 함수로 된다.

이 적분순서는 다음과 같이 바꿀 수 있다.

$$\int_c^d \left\{ \int_{x_1}^{x_2} f(x,\ y)dx \right\} dy = \int_a^b \left\{ \int_{y_1}^{y_2} f(x,\ y)dy \right\} dx \qquad (12.6)$$

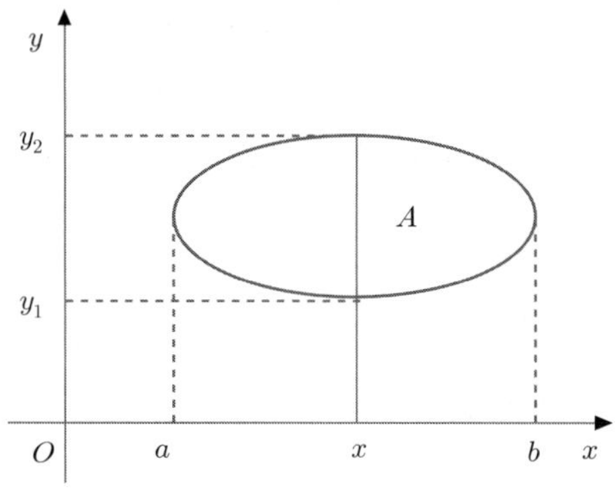

그림 12.4

(12.6)의 우변의 적분은, 먼저 x를 일정하다고 놓고 y에 대해서 적분을 행한다. 이어서 x에 대해서 적분을 행하는 것을 나타내고 있다. 적분한계 a, b, y_1, y_2의 관계는 [그림 12.4]에서 보는 바와 같이 x의 변화에 따라서 영역 A의 교점의 y좌표 y_1, y_2가 변하므로, y_1, y_2는 x의 함수로 된다. 이와 같이 단일적분을 2회 행함으로써 이중적분을 계산할 수 있다. 이 방법은 1변수의 적분을 반복한다고 하는 의미에서 **누차적분**(累次積分, repeated integral)이라고도 한다.

예 1. xy평면의 영역 A의 상부, 평면 $z=xy$의 하부에 있는 사각기둥의 체적을 구하여라. 단, xy평면상의 영역 A는 $x=0$, $x=a$, $y=0$, $y=b$의 네 직선으로 둘러 싸인 직사각형이다.

(해답) $V = \iint_A xydA = \int_0^b \left\{ \int_0^a xydx \right\} dy$

$= \int_0^b \left[\dfrac{x^2y}{2} \right]_0^a dy$

$= \left[\dfrac{a^2y^2}{4} \right]_0^b = \dfrac{a^2b^2}{4}$

예 2. xy평면의 상부, 평면 $z=2x$의 하부에 있는 원기둥의 체적 V를 계산하여라. 영역은 $0 \leqq x$, $x^2+y^2 \leqq a^2$이다.

(해답) $$V=\int_{-a}^{a}\left\{\int_{0}^{\sqrt{a^2-y^2}} 2x\,dx\right\}dy = \int_{-a}^{a}[x^2]_0^{\sqrt{a^2-y^2}}dy$$
$$=\int_{-a}^{a}(a^2-y^2)dy$$
$$=\left[a^2y-\frac{y^3}{3}\right]_{-a}^{a}=\frac{4a^3}{3}$$

예 3. xy평면상의 영역 A의 상부, $z=x^2+3y^2$의 하부에 있는 삼각기둥의 체적 V를 구하여라. 단, 영역 A는 $x \geqq y$, $0 \leqq x \leqq 1$, $y \geqq 0$으로 한다.

(해답)

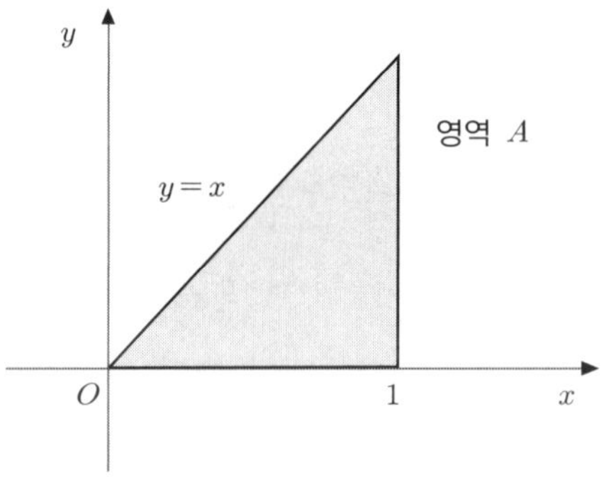

$$V=\int_0^1\left\{\int_y^1(x^2+3y^2)dx\right\}dy=\int_0^1\left[\frac{x^3}{3}+3y^2x\right]_y^1dy$$
$$=\int_0^1\left(\frac{1}{3}+3y^2-\frac{y^3}{3}-3y^3\right)dy=\left[\frac{y}{3}+y^3-\frac{y^4}{12}-\frac{3y^4}{4}\right]_0^1$$
$$=\frac{1}{2}$$

또는,

$$V=\int_0^1\left\{\int_0^x(x^2+3y^2)dy\right\}dx=\int_0^1[x^2y+y^3]_0^x dx$$
$$=\int_0^1 2x^3dx=\left[\frac{x^4}{2}\right]_0^1$$
$$=\frac{1}{2}$$

문 1. 다음의 이중적분을 구하여라.

(1) $\displaystyle\int_0^1\int_1^2 (x-y)dydx$ (2) $\displaystyle\int_0^a\int_1^{\sqrt{a^2-x^2}} dydx$

문 2. 다음의 이중적분을 구하여라.

(1) $\displaystyle\iint_A (1-x-y)dxdy \quad (A:\ x \geqq 0,\ y \geqq 0,\ x+y \leqq 1)$

(2) $\displaystyle\iint_A (x^2+y^2)dxdy \quad (A:\ x \geqq 0,\ y \geqq 0,\ x+y \leqq 1)$

(3) $\displaystyle\iint_A (x+y)^2dxdy \quad (A: 0 \leqq x \leqq 1,\ 0 \leqq y \leqq 1)$

(4) $\displaystyle\iint_A \sqrt{x}\,dxdy \quad (A: x^2+y^2 \leqq x)$

12.1.3 극좌표에서의 2중적분

직각좌표상의 점 $P(x,\ y)$를 극좌표의 점 $P(r,\ \theta)$로 표현하면 [그림 12.6]으로부터

$$x = r\cos\theta,\ y = r\sin\theta \tag{12.7}$$

이다.

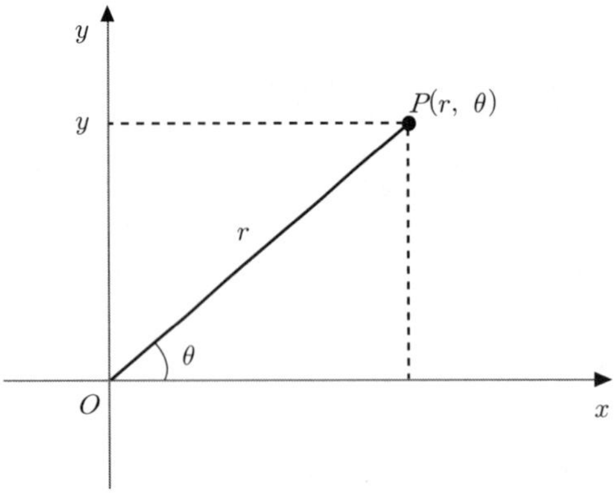

그림 12.6

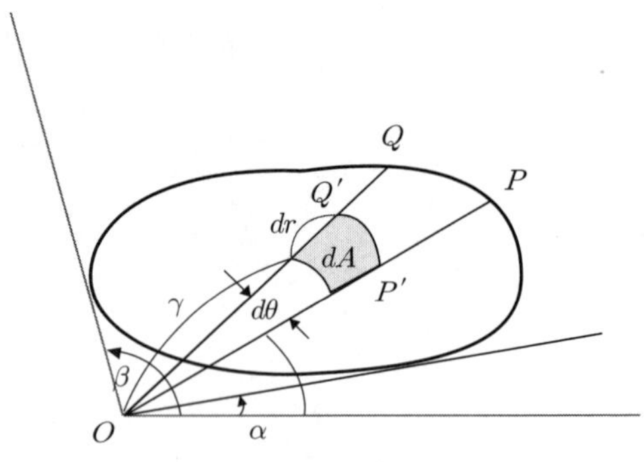

그림 12.7

[그림 12.7]에서 보는 바와 같이 극좌표상에 영역 A를 취한다. 이 영역을, 원점을 지나는 $\theta = c$의 직선군과 원점을 중심으로 하는 $r = c'$의 원군(圓群, c, c'은 상수)으

로써 소영역으로 분할하면 dA는 r방향이 dr, θ방향이 $d\theta$인 소영역으로 된다. $OP'Q'$는 중심각이 $d\theta$인 부채꼴이므로,

$$\begin{aligned} dA &= \frac{1}{2}(r+dr)^2 d\theta - \frac{1}{2}r^2 d\theta \\ &= rdrd\theta + \frac{1}{2}dr^2 d\theta \fallingdotseq rdrd\theta \end{aligned} \tag{12.8}$$

(12.7), (12.8)을 직각좌표에서의 이중적분의 식

$$V = \iint_A f(x,\ y)dxdy$$

에 대입해서

$$V = \int_\alpha^\beta \int_{r_1}^{r_2} f(r\cos\theta,\ r\sin\theta) rdrd\theta \tag{12.9}$$

를 얻는다.

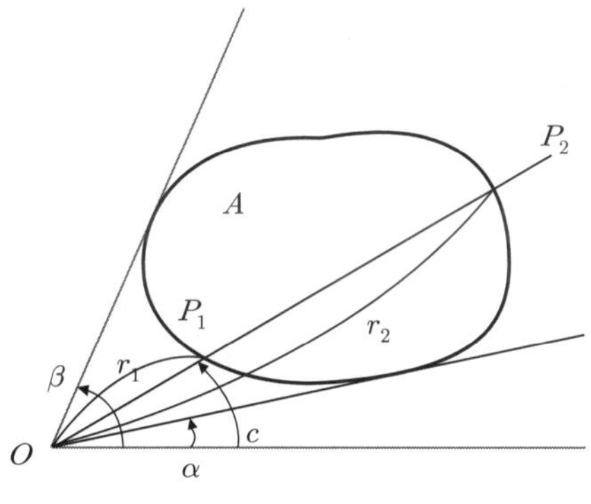

그림 12.8

[그림 12.8]에서 보는 바와 같이 $\theta = c$의 직선과 영역 A의 두 교점을 P_1, P_2라 하고, 그 극좌표를 $(r_1,\ \theta)$, $(r_2,\ \theta)$라 하면, r_1, r_2는 θ의 함수로 된다.

(12.9)의 적분은 $r = r_1$에서 $r = r_2$까지 r에 대해서 적분하고, 이어서 $\theta = \alpha$에서 $\theta = \beta$까지 θ에 대해서 적분하는 것을 나타내고 있다.

따라서 직각좌표상의 이중적분

$$\iint_A f(x,\ y)dxdy$$

에서 $x = r\cos\theta$, $y = r\sin\theta$에 의해서 변수를 r, θ로 변환하여 극좌표상의 이중적분으로 옮기는 데는,

$$\iint_A f(x,\ y)dxdy = \iint_K f(r\cos\theta,\ r\sin\theta)\, rdrd\theta$$

로 한다. 단, A는 직각좌표상의 영역, K는 극좌표상의 영역으로 한다.

주의 1. 일반적으로, 변환

$$x = x(u,\ v),\ y = y(u,\ v)$$

에 의해서, xy평면상의 영역A와 uv평면상의 영역 K가 1대 1로 대응하고 있고, 또한 $x(u,v)$와 $y(u,v)$는 u와 v에 대해서 연속인 편도함수를 갖는다고 한다. 이 때 **Jacobi 행렬식**

$$J = \frac{\alpha(x,\ y)}{\alpha(u,\ v)} = \begin{vmatrix} \frac{\alpha x}{\alpha u} & \frac{\alpha x}{\alpha v} \\ \frac{ay}{au} & \frac{ay}{av} \end{vmatrix}$$

를 이용해서

$$\iint_a f(x,y)\, dxdy = \iint_k f(x(u,v),\ y(u,v))|J|dudv$$

의 관계가 성립한다.
위의 극좌표에로의 변환에서는,

$$x = r\cos\theta,\ y = r\sin\theta$$

따라서, 이 경우는

$$J = \frac{\partial(x,\ y)}{\partial(r,\ \theta)} = \begin{vmatrix} \frac{\partial x}{\partial r} & \frac{\partial x}{\partial\theta} \\ \frac{\partial y}{\partial r} & \frac{\partial y}{\partial\theta} \end{vmatrix} = \begin{vmatrix} \cos\theta & -rsin\theta \\ \sin\theta & rcos\theta \end{vmatrix} = r$$

인 특수한 경우이다.

예 4. 다음의 이중적분을 구하여라.

$$\iint_a (x^2 + y^2)\, dxdy \quad (A: x^2 + y^2 \leq a^2)$$

(해답) $x = r\cos\theta$, $y = r\sin\theta$로 놓는다.

$$J = \begin{vmatrix} \frac{\partial x}{\partial r} & \frac{\partial x}{\partial\theta} \\ \frac{\partial y}{\partial r} & \frac{\partial y}{\partial\theta} \end{vmatrix} = \begin{vmatrix} \cos\theta & -r\sin\theta \\ \sin\theta & r\cos\theta \end{vmatrix} = r$$

$$\therefore \iint_A (x^2+y^2)\,dxdy = \int_0^{2\pi}\int_0^a r^2 r dr d\theta$$
$$= \int_0^{2\pi}\left[\frac{r^4}{4}\right]_0^a d\theta$$
$$= \left[\frac{a^4\theta}{4}\right]_0^{2\pi} = \frac{\pi a^4}{2}$$

예 5. 다음의 이중적분을 구하여라.

$$\iint_A \sqrt{x^2+y^2}\,dxdy \quad (A:\ x^2+y^2 \leqq 1,\ x^2+y^2 \geqq x,\ x \geqq 0,\ y \geqq 0)$$

(해답) $x = r\cos\theta,\ y = r\sin\theta$의 변환을 행하면, $\cos\theta \leqq r \leqq 1,\ 0 \leqq \theta \leqq \frac{\pi}{2}$

따라서,

$$\iint_A \sqrt{x^2+y^2}\,dxdy = \int_0^{\pi/2}\int_{\cos\theta}^1 r^2 dr d\theta = \int_0^{\pi/2}\left[\frac{r^3}{3}\right]_{\cos\theta}^1 d\theta$$
$$= \frac{1}{3}\int_0^{\pi/2}(1-\cos^3\theta)d\theta = \frac{1}{3}\left[\theta - \frac{1}{3}(\sin\theta\cos^2\theta + 2\sin\theta)\right]_0^{\pi/2} = \frac{1}{3}\left(\frac{\pi}{2}-\frac{2}{3}\right)$$

예 6. $\int_0^\infty e^{-x^2}dx$의 정적분을 구하여라.

(해답) $f(a) = \int_0^a e^{-x^2}dx$

로 놓으면

$$f(a)^2 = \int_0^a e^{-x^2}dx \int_0^a e^{-y^2}dy$$
$$= \int_0^a \left[\int_0^a e^{-x^2}dx\right] e^{-y^2}dy$$
$$= \int_0^a\int_0^a e^{-x^2-y^2}dxdy$$

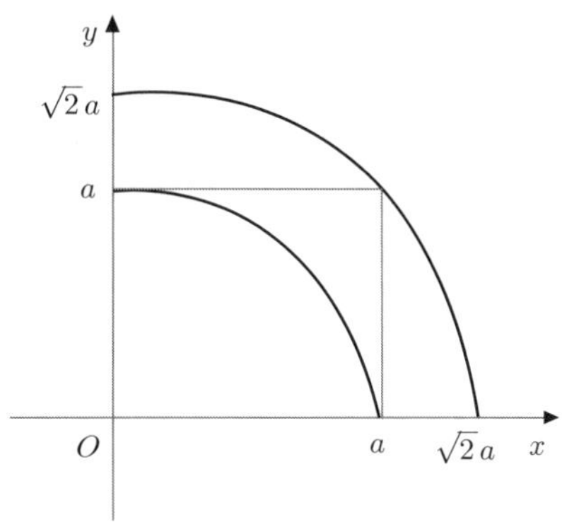

이것은 그림에서 보는 바와 같이, 한변이 a인 정사각형 내에서의 $e^{-x^2-y^2}(>0)$의 이중적분이다. 따라서, 위의 그림과 같이 원점을 중심으로 해서 반경이 각각 $a, \sqrt{2a}$인 4반원을 각각 $D_1,\ D_2$라 하면,

$$\iint_{D_1} e^{-x^2-y^2}dxdy < \int_0^a\int_0^a e^{-x^2-y^2}dxdy < \iint_{D_2} e^{-x^2-y^2}dxdy$$

양쪽 끝의 이중적분에서, $x = r\cos\theta$, $y = r\sin\theta$로 놓으면,

$$\int_0^{\pi/2}\int_0^a e^{-r^2}rdrd\theta < f(a)^2 < \int_0^{\pi/2}\int_0^{\sqrt{2}a} e^{-r^2}rdrd\theta$$

그런데,

$$\int_0^a e^{-r^2}rdr = \left[-\frac{1}{2}e^{-r^2}\right]_0^a = \frac{1}{2}(1-e^{-a^2})$$

이므로,

$$\frac{\pi}{4}(1-e^{-a^2}) < f(a)^2 < \frac{\pi}{4}(1-e^{-2a^2})$$

여기에서, $a\to\infty$로 하면 양끝의 식의 극한은 모두 $\pi/4$이므로,

$$\lim_{a\to\infty} f(a)^2 = \frac{\pi}{4}$$
$$\therefore \int_0^\infty e^{-x^2}dx = \frac{\sqrt{\pi}}{2}$$

문 3. 다음의 이중적분을 구하여라.

(1) $\displaystyle\iint_A \frac{dxdy}{\sqrt{1-x^2-y^2}}$ $\quad (A : x^2+y^2 \leqq 1)$

(2) $\displaystyle\iint_A (x^2+y^2)dxdy$ $\quad (A : |x|+|y| \leqq 1)$

12.2 중적분

3차원 공간의 영역 V에서 연속인 함수 $f(x, y, z)$가 정의되어 있을 때, 공간영역 V를 미소영역(微小領域)으로 분할한다. 공간영역 내에서 임의의 소영역의 x, y, z좌표

를 x_i, y_i, z_i라 하고, 그 소영역을 $\varDelta V_i$라 할 때, 이 $\varDelta V_i$를 근사적으로

$$\varDelta V_i = \varDelta x_i \varDelta y_i \varDelta z_i$$

로 나타내기로 한다. 공간영역 V의 분할수를 한없이 크게 해 가면, 이$\varDelta V_i$는 무한히 작아진다. 이 때,

$$\sum f(x_i, y_i, z_i)\varDelta V_i = \sum f(x_i, y_i, z_i)\varDelta x_i \varDelta y_i \varDelta z_i \tag{12.10}$$

의 극한은 한없이

$$\iiint_V f(x, y, z) dV = \iiint_V f(x, y, z)\, dx dy dz \tag{12.11}$$

에 수렴한다. 이 (12.11)을 영역 V에서의 **3중적분**(triple integral)이라 한다.

일반적으로, n차원 공간의 영역에서 n변수의 함수에 대한 적분을 n중적분이라 한다. $n \geqq 2$인 경우의 적분을 **다중적분** 또는 **중적분**(multiple integral)이라 한다.

예 7. $\iiint_V dx\, dy\, dz, \quad V:\ x^2 + y^2 + z^2 \leqq a\ (a > 0)$

(해답) 먼저, x와 y를 일정하다고 생각해서 z로 적분하는데, z의 적분범위는 $\left[-\sqrt{a^2 - x^2 - y^2},\ \sqrt{a^2 - x^2 - y^2}\right]$이다.

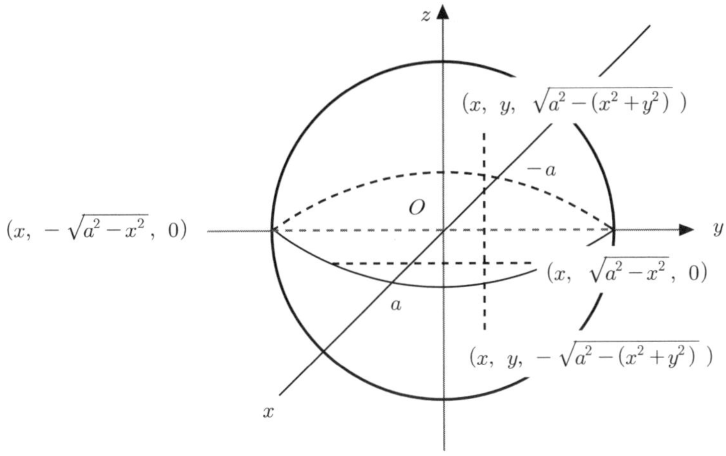

다음에, x와 y는 $x^2 + y^2 \leqq a^2$을 만족해야 하므로 x를 일정하다고 생각해서 y로

적분하는데, 그 적분범위는 $\left[-\sqrt{a^2-x^2},\ \sqrt{a^2-x^2}\right]$ 이다. 마지막으로 x는 $x^2 \leqq a^2$을 만족해야 하므로, x로 적분하는데 x의 적분범위는 $[-a, a]$ 이다. 따라서

$$
\begin{aligned}
\iiint_V dxdydz &= \int_{-a}^{a} dx \int_{-\sqrt{a^2-x^2}}^{\sqrt{a^2-x^2}} dy \int_{-\sqrt{a^2-x^2-y^2}}^{\sqrt{a^2-x^2-y^2}} dz \\
&= \int_{-a}^{a} dx \int_{-\sqrt{a^2-x^2}}^{\sqrt{a^2-x^2}} 2\sqrt{a^2-x^2-y^2}\, dy \\
&= \int_{-a}^{a} \left[y\sqrt{a^2-x^2-y^2} + (a^2-x^2)\sin^{-1}\frac{y}{\sqrt{a^2-x^2}} \right]_{y=-\sqrt{a^2-x^2}}^{y=\sqrt{a^2-x^2}} dx \\
&= \int_{-a}^{a} \pi(a^2-x^2)dx = \frac{4}{3}\pi a^3
\end{aligned}
$$

이 예에서 공의 체적이 구해졌다.

문 4. 다음의 3중적분을 구하여라.

$$\iiint_V dx\,dy\,dz, \quad V: \ \frac{x^2}{a^2} + \frac{y^2}{b^2} + \frac{z^2}{c^2} \leqq 1 \ (a, b, c > 0)$$

문 5. 다음의 3중적분을 구하여라.

(1) $\iint_V x\,dx\,dy\,dz, \qquad V: \ 0 \leqq x,\ y,\ z: \ x^2 + y^2 + z^2 \leqq a^2 \quad (a > 0)$

(2) $\iiint_V x^2\,dx\,dy\,dz, \qquad V: \ x^2 + y^2 + z^2 \leqq a^2 \qquad (a > 0)$

연습문제

1. 다음의 중적분을 구하여라.

(1) $\displaystyle\iint_A (8x^2+4y)\,dxdy, \quad A: 1 \leqq x \leqq 2,\ 2-x \leqq y \leqq x^2$

(2) $\displaystyle\iint_A ye^{xy}\,dxdy, \quad A: 1 \leqq x \leqq 3,\ \frac{1}{x} \leqq y \leqq 2$

2. 다음의 누차적분을 구하여라.

(1) $\displaystyle\int_0^1 dx \int_x^1 e^{-y^2}dy$

(2) $\displaystyle\int_0^1 dy \int_{\sqrt{y}}^1 \sqrt{x^3+1}\,dx$

(3) $\displaystyle\int_0^{\pi/2} dx \int_x^{\pi/2} \frac{\cos y}{y}dy$

(4) $\displaystyle\int_0^{\pi/2} dx \int_x^{\pi/2} \sin(y^2)\,dy$

3. 다음의 중적분을 구하여라.

(1) $\displaystyle\iiint_V \frac{1}{(x+y+z+1)^3}dxdydz, \quad V:\ x \geqq 0,\ y \geqq 0,\ z \geqq 0,\ x+y+z \leqq 1$

(2) $\displaystyle\iiint_V xyz\,dxdydz, \quad V:\ 0 \leqq x \leqq y \leqq z \leqq 1$

4. 다음의 중적분을 계산하여라.

(1) $\displaystyle\iint_A \frac{x+y}{y^2}e^{x+y}dxdy, \quad A:\ 0 \leqq x \leqq y,\ 1 \leqq y \leqq 2$

(2) $\displaystyle\iint_A \frac{2x^2+3y^2}{(x+y)^3}dxdy, \quad A:\ x \geqq 0,\ y \geqq 0,\ 1 \leqq x+y \leqq 2$

5. 다음의 중적분을 계산하여라.

$$\iint_A (px^2+qy^2)dxdy, \quad A\ :\ x^2+y^2 \leqq a^2\ \ (a>0)$$

6. 다음 적분의 순서를 변경하여라. 단, $a>0$으로 한다.

(1) $\displaystyle\int_0^{2a} dx \int_{x^2/4a}^{3a-x} f(x,\ y)\,dy$

(2) $\displaystyle\int_0^{a/\sqrt{2}} dx \int_x^{\sqrt{a^2-x^2}} f(x,\ y)\,dy$

연습문제

7. 연속함수 f, g에 대해서,

$$(f * g)(x) = \int_0^x f(x-t)\,g(t)\,dt$$

로 놓을 때, $(f * g) * h = f * (g * h)$가 성립함을 보여라.

8. $f_o(x) = f(x)$, $f_n(x) = \int_0^x f_{n-1}(t)\,dt \quad (n \geq 1)$이면

$$f_n(x) = \frac{1}{(n-1)!}\int_a^x (x-t)^{n-1} f(t)\,dt$$

로 되는 것을 보여라.

9. Gamma 함수 $\Gamma(s) = \int_0^\infty e^{-x} x^{s-1} dx \quad (s>0)$에서 $\Gamma(\frac{1}{2}) = \sqrt{\pi}$를 증명하여라.

10. $\iint_A e^{-x-y} x^{p-1} y^{q-1} dxdy \quad (A: x \geq 0,\ y \geq 0)$를 계산함으로써 다음 식을 보여라.

$$\frac{\Gamma(p)\Gamma(q)}{\Gamma(p+q)} = B(p,\ q) \quad \text{단, } p > 0,\ q > 0$$

이것을 **Beta 함수**라 한다.

제 3 부

Excel에 의한 경영수학 연습

13 행렬·행렬식

13.1 행렬

행렬

$m\times n$개의 숫자나 변수를 세로로 m개, 가로로 n개 늘어놓은 것을 **행렬**(matrix)이라고 한다. 예를 들면 다음과 같은 것이 행렬이다.

$$S=\begin{bmatrix}1 & 2 & 3\\4 & 5 & 6\\7 & 8 & 9\end{bmatrix},\quad A=\begin{bmatrix}a_{11} & a_{12} & \cdots & a_{1n}\\a_{21} & a_{22} & \cdots & a_{2n}\\\cdot & \cdot & \cdots & \cdot\\a_{m1} & a_{m2} & \cdots & a_{mn}\end{bmatrix}$$

행렬을 가령 가로 방향으로 분할하면 행렬 S의 경우에 [1 2 3], [4 5 6], [7 8 9]가 얻어지고 각각을 제1행, 제2행, 제3행이라고 부른다. 이것을 각각 행벡터라고 한다. 또한 세로 방향으로 분할하면,

$$\begin{bmatrix}1\\4\\7\end{bmatrix}\quad\begin{bmatrix}2\\5\\8\end{bmatrix}\quad\begin{bmatrix}3\\6\\9\end{bmatrix}$$

이 얻어져서 각각을 제1열, 제2열, 제3열이라고 부른다. 이것을 **열벡터**라고 한다. 행렬 A의 경우에는 행의 수가 m개, 열의 수가 n개이다. 이것을 $m\times n$ 행렬이라고 한다. 행렬을 구성하는 하나하나의 수나 변수를 행렬의 요소(element)라고 한다. 제i행과 제j열이 교차하는 위치의 요소를 $(i,\ j)$ 요소 혹은 i행 j열 요소라고 한다. 벡터(vector)도 하나의 행렬이라고 생각할 수 있는데 m차 열벡터는 $m\times 1$ 행렬, n차 행벡

터는 $1 \times n$ 행렬이라고 생각할 수 있다.

행렬의 덧셈과 뺄셈

행렬의 덧셈과 뺄셈은 대응하는 각 요소간에 덧셈과 뺄셈을 실시한다.

예제 13-1

행렬 A와 B는 다음과 같다.

$$A = \begin{bmatrix} 5 & 7 & 4 \\ 6 & 9 & 3 \\ 3 & 6 & 4 \end{bmatrix}, \quad B = \begin{bmatrix} 1 & 3 & 2 \\ 7 & 2 & 3 \\ 5 & 2 & 7 \end{bmatrix}$$

A+B, A−B를 각각 계산하라.

▶ Excel에 의한 해법

[순서 1] 데이터의 입력 및 준비

(1) Excel의 워크시트에 다음과 같이 행렬 A, B의 데이터를 입력한다.

(2) 셀 A10에 'A+B'를, 셀 A14에 'A−B'를 입력해 놓는다.

	A	B	C	D	E	F
1		5	7	4		
2	A	6	9	3		
3		3	6	4		
4						
5		1	3	2		
6	B	7	2	3		
7		5	2	7		
8						
9						
10	A+B					
11						
12						
13						
14	A-B					
15						
16						

[순서 2] A+B의 계산

(1) 셀 B9:D11 영역을 범위 지정한다.

(2) 수식 ‘=B1:D3+B5:D7’을 입력한다.

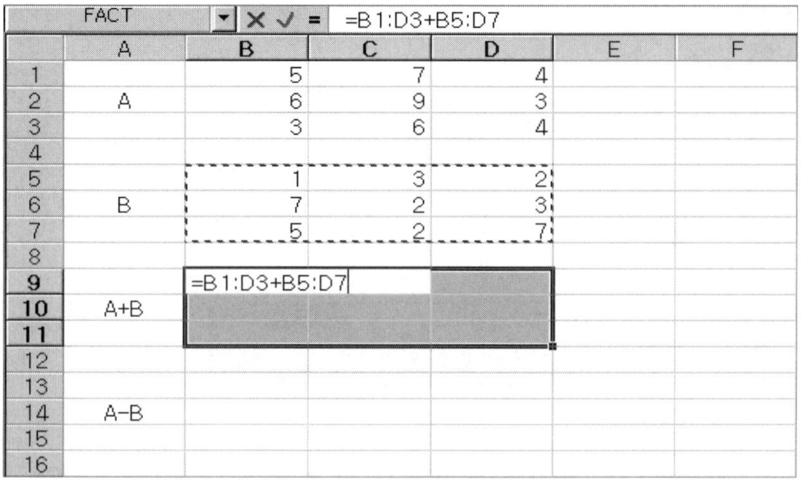

(3) Ctrl + Shift + Enter↵ 키를 동시에 눌러 배열복사를 실시한다.

(4) 셀 B9:D11 영역에 계산결과가 출력된다.

(5) B9:D11 영역의 각 셀에는 수식 ‘{=B1:D3+B5:D7}’이 입력된다.

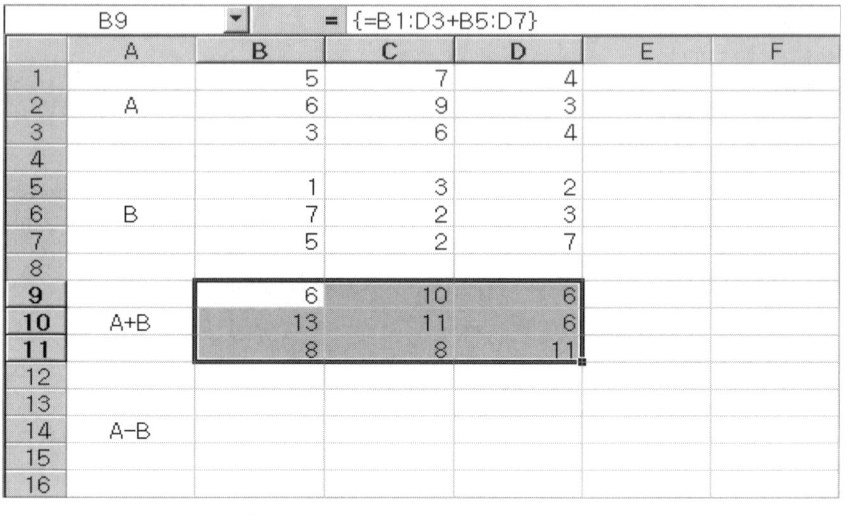

[순서 3] A−B의 계산

(1) 셀 B13:D15 영역을 범위 지정한다.

(2) 수식 ‘=B1:D3−B5:D7’을 입력한다.

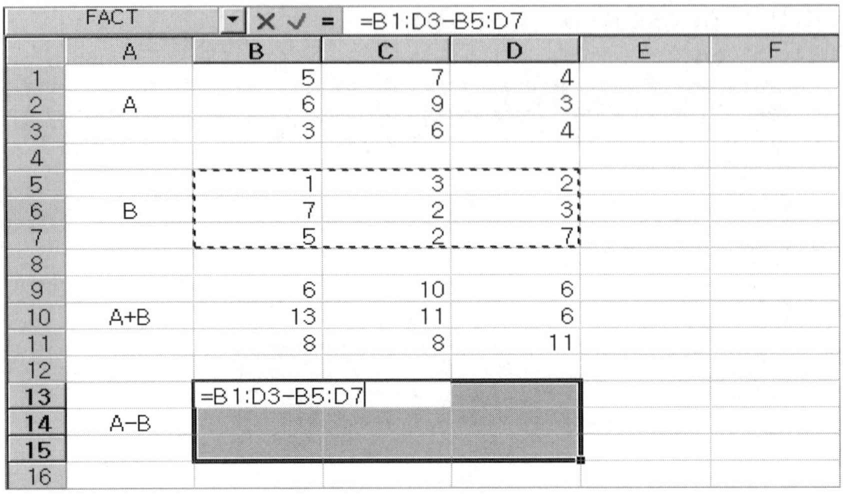

FACT = =B1:D3-B5:D7

	A	B	C	D	E	F
1		5	7	4		
2	A	6	9	3		
3		3	6	4		
4						
5		1	3	2		
6	B	7	2	3		
7		5	2	7		
8						
9		6	10	6		
10	A+B	13	11	6		
11		8	8	11		
12						
13		=B1:D3-B5:D7				
14	A-B					
15						
16						

(3) Ctrl + Shift + Enter↵ 키를 동시에 눌러 배열복사를 실시한다.

(4) 셀 B13:D15 영역에 계산결과가 출력된다.

(5) B13:D15 영역의 각 셀에는 수식 '{=B1:D3−B5:D7}'이 입력된다.

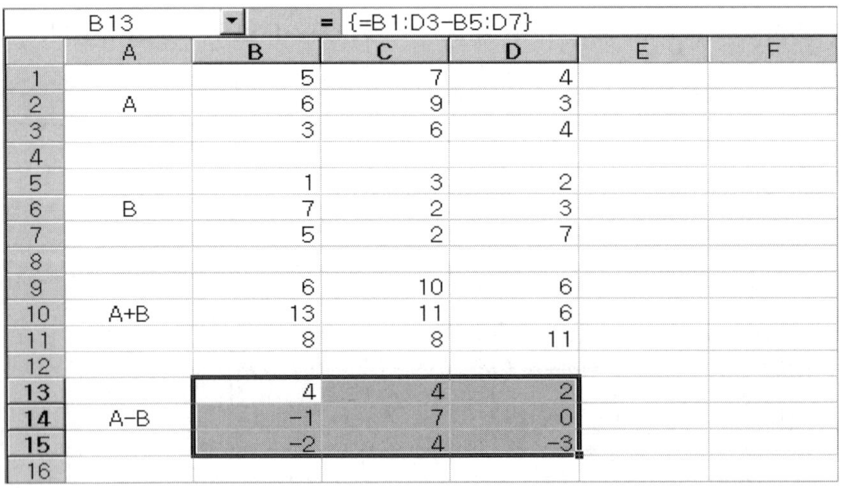

B13 = {=B1:D3-B5:D7}

	A	B	C	D	E	F
1		5	7	4		
2	A	6	9	3		
3		3	6	4		
4						
5		1	3	2		
6	B	7	2	3		
7		5	2	7		
8						
9		6	10	6		
10	A+B	13	11	6		
11		8	8	11		
12						
13		4	4	2		
14	A-B	-1	7	0		
15		-2	4	-3		
16						

예 제 13-2

행렬 A와 B는 다음과 같다.

$$A=\begin{bmatrix}5&7&4\\6&9&3\\3&6&4\end{bmatrix},\quad B=\begin{bmatrix}1&3&2\\7&2&3\\5&2&7\end{bmatrix}$$

2A + 3B, 3A − 2B를 각각 계산하라.

▶ Excel에 의한 해법

[순서 1] 데이터의 입력 및 준비

(1) Excel의 워크시트에 다음과 같이 행렬 A, B의 데이터를 입력한다.

(2) 셀 A10에 '2A+3B'를, 셀 A14에 '3A−2B'를 입력해 놓는다.

	A	B	C	D	E	F
1		5	7	4		
2	A	6	9	3		
3		3	6	4		
4						
5		1	3	2		
6	B	7	2	3		
7		5	2	7		
8						
9						
10	2A+3B					
11						
12						
13						
14	3A-2B					
15						
16						

[순서 2] 2A + 3B의 계산

(1) 셀 B9:D11 영역을 범위 지정한다.

(2) 수식 '=B1:D3*2+B5:D7*3'을 입력한다.

FACT ▾ ✕ ✓ = =B1:D3*2+B5:D7*3

	A	B	C	D	E	F
1		5	7	4		
2	A	6	9	3		
3		3	6	4		
4						
5		1	3	2		
6	B	7	2	3		
7		5	2	7		
8						
9		=B1:D3*2+B5:D7*3				
10	2A+3B					
11						
12						
13						
14	3A-2B					
15						
16						

(3) Ctrl + Shift + Enter↵ 키를 동시에 눌러 배열복사를 실시한다.

(4) 셀 B9:D11 영역에 계산결과가 출력된다.

(5) B9:D11 영역의 각 셀에는 수식 '{=B1:D3*2+B5:D7*3}'이 입력된다.

B9 = {=B1:D3*2+B5:D7*3}

	A	B	C	D	E	F
1		5	7	4		
2	A	6	9	3		
3		3	6	4		
4						
5		1	3	2		
6	B	7	2	3		
7		5	2	7		
8						
9		13	23	14		
10	2A+3B	33	24	15		
11		21	18	29		
12						
13						
14	3A-2B					
15						
16						

[순서 3] 3A−2B의 계산

(1) 셀 B13:D15 영역을 범위 지정한다.

(2) 수식 '=B1:D3*3−B5:D7*2'를 입력한다.

FACT =B1:D3*3-B5:D7*2

	A	B	C	D	E	F
1		5	7	4		
2	A	6	9	3		
3		3	6	4		
4						
5		1	3	2		
6	B	7	2	3		
7		5	2	7		
8						
9		13	23	14		
10	2A+3B	33	24	15		
11		21	18	29		
12						
13		=B1:D3*3-B5:D7*2				
14	3A-2B					
15						
16						

(3) Ctrl + Shift + Enter↵ 키를 동시에 눌러 배열복사를 실시한다.

(4) 셀 B13:D15 영역에 계산결과가 출력된다.

(5) B13:D15 영역의 각 셀에는 수식 '{=B1:D3*3−B5:D7*2}'이 입력된다.

B13 = {=B1:D3*3-B5:D7*2}

	A	B	C	D	E	F
1		5	7	4		
2	A	6	9	3		
3		3	6	4		
4						
5		1	3	2		
6	B	7	2	3		
7		5	2	7		
8						
9		13	23	14		
10	2A+3B	33	24	15		
11		21	18	29		
12						
13		13	15	8		
14	3A-2B	4	23	3		
15		-1	14	-2		
16						

행렬의 곱셈

행렬의 곱셈은 왼쪽 행렬의 행과 오른쪽 행렬의 열의 요소를 곱셈해서 합계한다. 따라서 행렬의 곱셈이 성립하려면 다음과 같은 조건이 충족되어야 한다.

'왼쪽 행렬의 열의 개수 = 오른쪽 행렬의 행의 개수'

그래서 왼쪽 행렬이 $m \times p$ 행렬, 오른쪽 행렬이 $p \times n$ 행렬이라고 하면 곱셈을 실시한 답은 $m \times n$ 행렬이 된다.

예제 13-3

행렬 A와 B는 다음과 같다.

$$A=\begin{bmatrix}5 & 7\\ 6 & 9\\ 3 & 6\end{bmatrix},\ B=\begin{bmatrix}1 & 3 & 2\\ 7 & 2 & 3\end{bmatrix}$$

AB, BA를 각각 계산하라.

▶ Excel에 의한 해법

[순서 1] 데이터의 입력 및 준비

(1) Excel의 워크시트에 다음과 같이 행렬 A, B의 데이터를 입력한다.

(2) 셀 A9에 'AB'를, 셀 A12에 'BA'를 입력해 놓는다.

	A	B	C	D	E	F
1		5	7			
2	A	6	9			
3		3	6			
4						
5	B	1	3	2		
6		7	2	3		
7						
8						
9	AB					
10						
11						
12	BA					
13						
14						

[순서 2] AB의 계산

(1) 셀 B8:D10 영역을 범위 지정한다.

(2) 메뉴에서 [함수 마법사] 아이콘을 클릭한다.

(3) [함수 마법사] 대화상자에서,

'수학/삼각'의 'MMULT'를 선택하고 [확인] 버튼을 클릭한다.

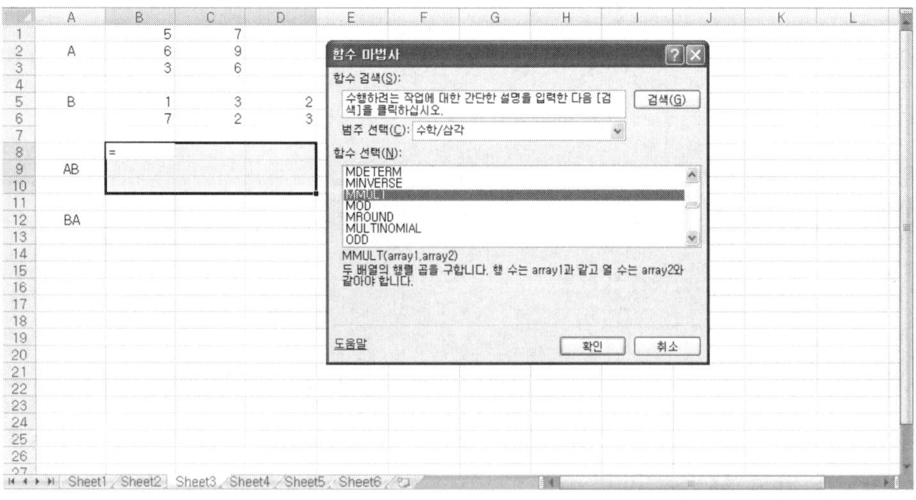

(4) [MMULT] 함수 입력상자에서,

Array1 : B1:C3

Array2 : B5:D6

를 입력하고

(5) Ctrl + Shift + Enter↵ 키를 동시에 눌러 배열복사를 실시한다.

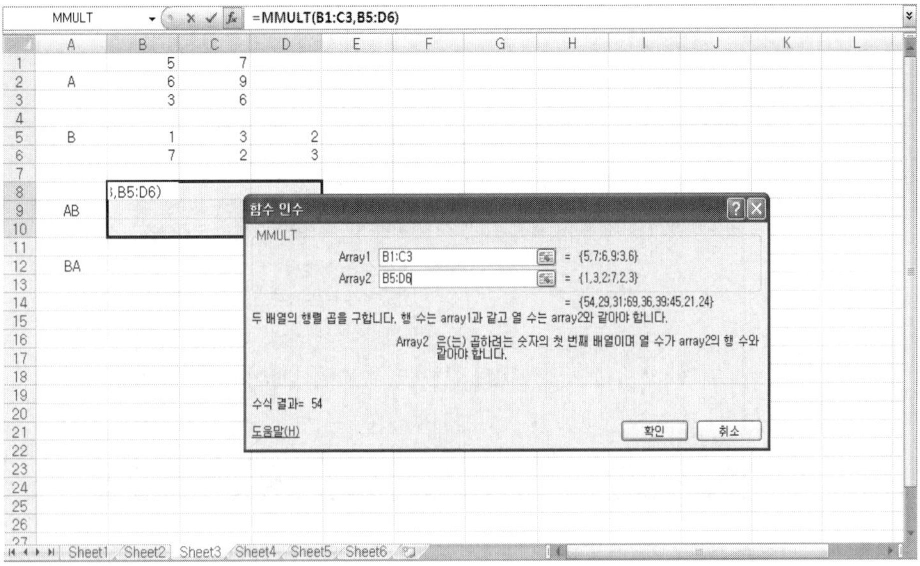

(6) 셀 B8:D10 영역에 계산결과가 출력된다.

(7) B8:D10 영역의 각 셀에는 수식 '{=MMULT(B1:C3, B5:D6)}'이 입력된다.

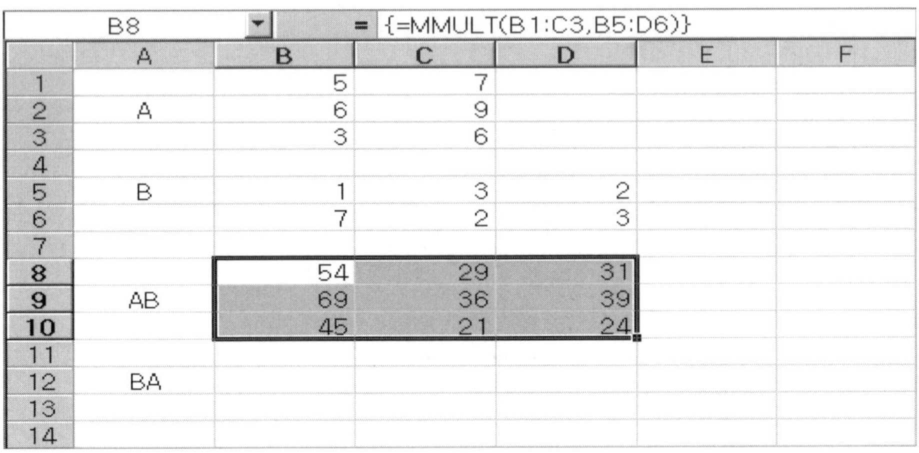

[순서 3] BA의 계산

(1) 셀 B12:C13 영역을 범위 지정한다.

(2) 메뉴에서 [함수 마법사] 아이콘을 클릭한다.

(3) [함수 마법사] 대화상자에서,

'수학/삼각'의 'MMULT'를 선택하고 [확인] 버튼을 클릭한다.

(4) [MMULT] 함수 입력상자에서,

Array1 : B5:D6

Array2 : B1:C3

를 입력한다.

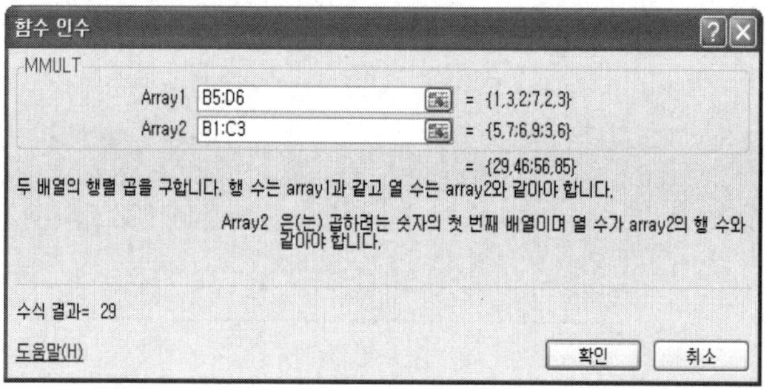

(5) Ctrl + Shift + Enter↵ 키를 동시에 눌러 배열복사를 실시한다.

(6) 셀 B12:C13 영역에 계산결과가 출력된다.

(7) B12:C13 영역의 각 셀에는 수식 '{=MMULT(B5:D6, B1:C3)}'이 입력된다.

B12 = {=MMULT(B5:D6,B1:C3)}

	A	B	C	D	E	F
1		5	7			
2	A	6	9			
3		3	6			
4						
5	B	1	3	2		
6		7	2	3		
7						
8		54	29	31		
9	AB	69	36	39		
10		45	21	24		
11						
12	BA	29	46			
13		56	85			
14						

역행렬의 계산

I를 단위행렬(identity matrix)이라고 하자. $n \times n$ 행렬 A에 대해서

$$XA = I, \ AX = I$$

를 만족시키는 행렬 X가 존재할 때, 행렬 X를 행렬 A의 **역행렬**(inverse matrix)이라

하고 A^{-1}라고 나타낸다.

여기에서 단위행렬이란 주대각 요소가 모두 1이고 그 이외의 요소는 모두 0인 정방행렬을 말한다. I 혹은 E로 나타내고, 특히 차수를 표시할 필요가 있을 때에는 I_n, E_n 등과 같이 나타낸다. 예를 들면 다음과 같다.

$$I_2=\begin{bmatrix}1&0\\0&1\end{bmatrix},\ I_3=\begin{bmatrix}1&0&0\\0&1&0\\0&0&1\end{bmatrix}$$

예제 13-4

행렬 A와 B는 다음과 같다.

$$A=\begin{bmatrix}2&1\\3&1\end{bmatrix},\ B=\begin{bmatrix}2&1&1\\1&1&2\\1&1&1\end{bmatrix}$$

행렬 A, B의 역행렬을 각각 계산하라.

▶ Excel에 의한 해법

[순서 1] 데이터의 입력 및 준비

(1) Excel의 워크시트에 다음과 같이 행렬 A, B의 데이터를 입력한다.

(2) 셀 A8에 'A^{-1}'을, 셀 A12에 'B^{-1}'을 입력해 놓는다.

	A	B	C	D	E	F
1	A	2	1			
2		3	1			
3						
4		2	1	1		
5	B	1	1	2		
6		1	1	1		
7						
8	A^{-1}					
9						
10						
11						
12	B^{-1}					
13						
14						

[순서 2] A^{-1}의 계산

(1) 셀 B8:C9 영역을 범위 지정하고, 메뉴에서 [함수 마법사] 아이콘을 클릭한다.

(2) [함수 마법사] 대화상자에서, '수학/삼각'의 'MINVERSE'를 선택한다.

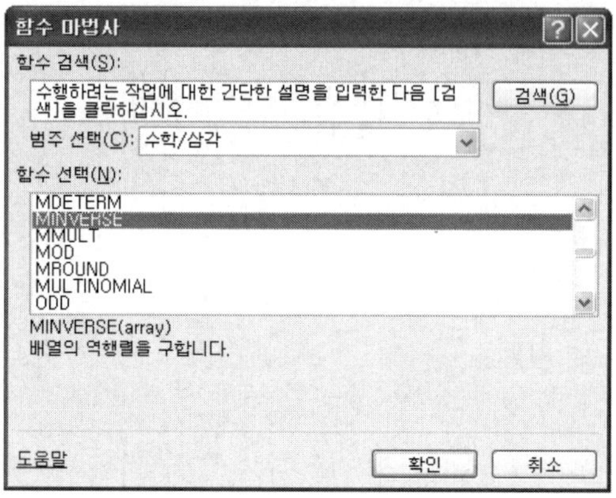

(3) [확인] 버튼을 클릭한다.

(4) [MINVERSE] 함수 입력상자에서,

Array : B1:C2

를 입력하고

(5) Ctrl + Shift + Enter↵ 키를 동시에 눌러 배열복사를 실시한다.

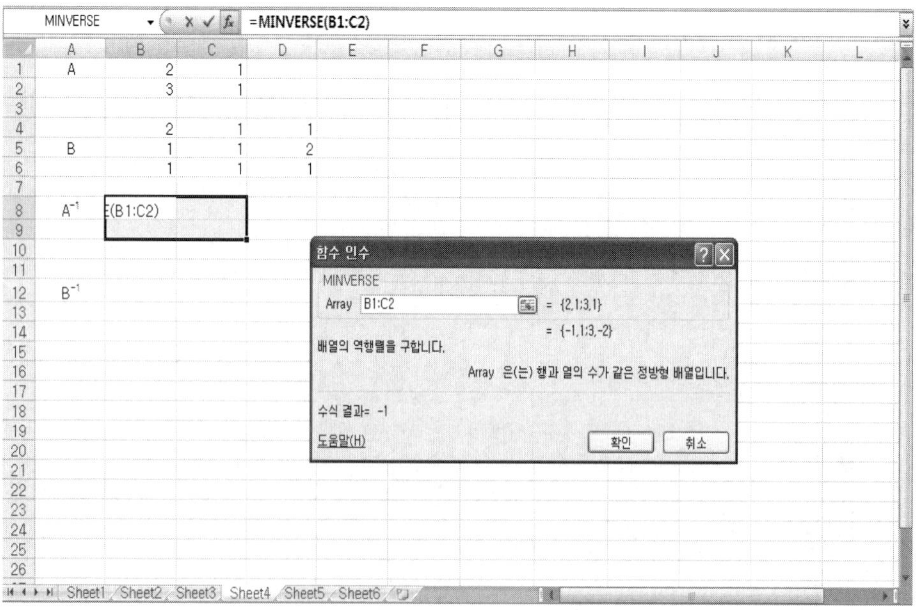

(6) 셀 B8:C9 영역에 계산결과가 출력된다.

(7) B8:C9 영역의 각 셀에는 수식 '{=MINVERSE(B1:C2)}'이 입력된다.

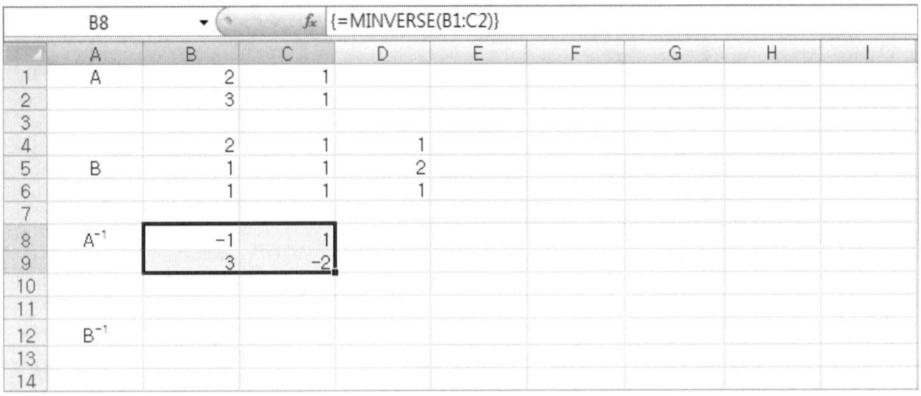

[순서 3] B^{-1}의 계산

(1) 셀 B11:D13 영역을 범위 지정하고, 메뉴에서 [함수 마법사] 아이콘을 클릭한다.

(2) [함수 마법사] 대화상자에서, '수학/삼각'의 'MINVERSE'를 선택한다.

(3) [확인] 버튼을 클릭한다.

(4) [MINVERSE] 함수 입력상자에서,

Array : B4:D6

를 입력하고

(5) Ctrl + Shift + Enter↵ 키를 동시에 눌러 배열복사를 실시한다.

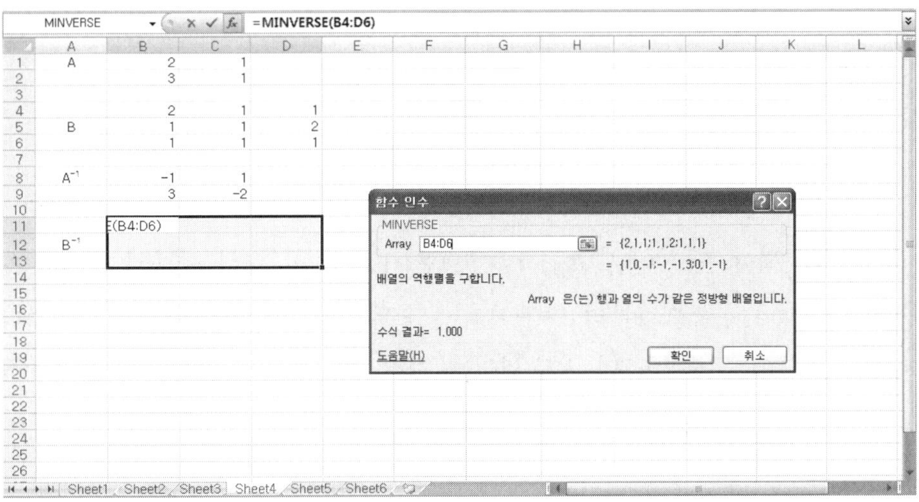

(6) 셀 B11:D13 영역에 계산결과가 출력된다.

(7) B11:D13 영역의 각 셀에는 수식 '{=MINVERSE(B4:D6)}'가 입력된다.

B11 | {=MINVERSE(B4:D6)}

	A	B	C	D	E	F	G	H	I
1	A	2	1						
2		3	1						
3									
4		2	1	1					
5	B	1	1	2					
6		1	1	1					
7									
8	A^{-1}	-1	1						
9		3	-2						
10									
11		1	0	-1					
12	B^{-1}	-1	-1	3					
13		0	1	-1					
14									
15									

13.2 행렬식

n차 정방행렬 A의 행렬식은

$$\det A = |A| = \begin{vmatrix} a_{11} & a_{12} & \cdots & a_{1n} \\ a_{21} & a_{22} & \cdots & a_{2n} \\ \cdot & \cdot & \cdots & \cdot \\ a_{n1} & a_{n2} & \cdots & a_{nn} \end{vmatrix}$$

과 같이 표현되며,

$$|A| = \sum \pm a_{1p_1} a_{2p_2} \cdots a_{np_n}$$

과 같이 정의된다. 단, $(p_1, p_2, \cdots, p_n)$은 1, 2, ⋯, n의 하나의 순열을 나타내고, $\sum$는 1, 2, ⋯, n으로부터 만들어지는 모든 순열($n!$ 개 있다)의 합을 나타낸다.

그리고 $(p_1, p_2, \cdots, p_n)$이 우순열(偶順列)일 때 +를 취하고, 기순열(奇順列)일 때 −를 취한다. 우순열이란 1, 2, ⋯, n을 짝수회 교환하여 얻어지는 순열을 가리킨다. 예를 들면,

$$A=\begin{bmatrix} a_{11}\, a_{12}\, a_{13} \\ a_{21}\, a_{22}\, a_{23} \\ a_{31}\, a_{32}\, a_{33} \end{bmatrix}$$

의 경우에 1, 2, 3의 순열은 전부해서 3!=6가지 있다. 우순열과 기순열로 나누어서 쓰면 다음과 같이 된다.

우순열 (1, 2, 3)(2, 3, 1)(3, 1, 2)
기순열 (3, 2, 1)(1, 3, 2)(2, 1, 3)

이 6가지의 순열을 $|A|=\sum \pm a_{1p_1}a_{2p_2}a_{3p_3}$에 대입하면

$$|A|=a_{11}a_{12}a_{23}+a_{12}a_{23}a_{31}+a_{13}a_{21}a_{32}-a_{13}a_{22}a_{31}-a_{11}a_{23}a_{32}-a_{12}a_{21}a_{33}$$

이 된다. 즉, $\sum \pm a_{1p_1}a_{2p_2}\cdots a_{np_n}$은 각행 각열로부터 하나씩의 요소를 중복되지 않도록 뽑아 그 곱을 취하고, 적당한 부호를 부여한 $n!$개 항의 합이라고 하는 것을 알 수 있다. 그리고 n차 정방행렬의 행렬식을 n차 행렬식이라고 한다. 행렬식 $|A|$를 기하학적으로 생각하면, A가 2차 정방행렬인 경우에는 A를 두 개의 행벡터 또는 열벡터로 했을 때에 $|A|$(의 절대값)는 두 벡터가 만드는 평행사변형의 면적을 나타낸다. A가 3차 정방행렬인 경우에는 $|A|$(의 절대값)는 세 개의 행(열)벡터가 만드는 평행육면체의 체적을 나타낸다. A가 n차 정방행렬인 경우에는 $|A|$(의 절대값)는 n개의 행(열)벡터가 만드는 n차원 평행 초평면체의 초체적을 나타낸다.

행렬식은 어떤 하나의 행(열)의 요소와 그 요소의 **여인자**(餘因子, cofactor)의 곱에 대한 합으로서 나타내진다. 이것을 **행렬식의 전개**라고 한다.

$$i\text{행에 의한 전개 } |A|=\sum_{k=1}^{n} a_{ik}A_{ik}$$

$$j\text{열에 의한 전개 } |A|=\sum_{l=1}^{n} a_{lj}A_{lj}$$

단, A_{ij}는 A의 (i, j) 요소에 대한 여인자(cofactor)이다.

행렬 A의 행렬식이 $|A|=0$일 때 A의 역행렬은 존재하지 않는다.

예제 13-5

행렬 A와 B는 다음과 같다.

$$A=\begin{bmatrix}2&1\\3&1\end{bmatrix},\quad B=\begin{bmatrix}2&1&1\\1&1&2\\1&1&1\end{bmatrix}$$

행렬 A, B의 행렬식을 각각 계산하라.

▶ Excel에 의한 해법

[순서 1] 데이터의 입력 및 준비

(1) Excel의 워크시트에 다음과 같이 행렬 A, B의 데이터를 입력한다.

(2) 셀 A8에 'det A'를, 셀 A10에 'det B'를 입력해 놓는다.

	A	B	C	D	E	F	G	H	I
1	A	2	1						
2		3	1						
3									
4		2	1	1					
5	B	1	1	2					
6		1	1	1					
7									
8	det A								
9									
10	det B								
11									

[순서 2] det A의 계산

(1) 셀 B8을 지정하고, 메뉴에서 [함수 마법사] 아이콘을 클릭한다.

(2) [함수 마법사] 대화상자에서, '수학/삼각'의 'MDETERM'을 선택한다.

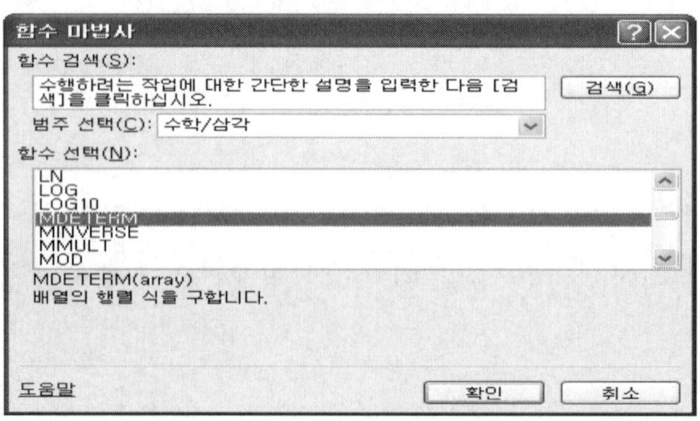

(3) [확인] 버튼을 클릭한다.

(4) [MDETERM] 함수 입력상자에서,

Array : B1:C2

를 입력하고

(5) [확인] 버튼을 클릭한다.

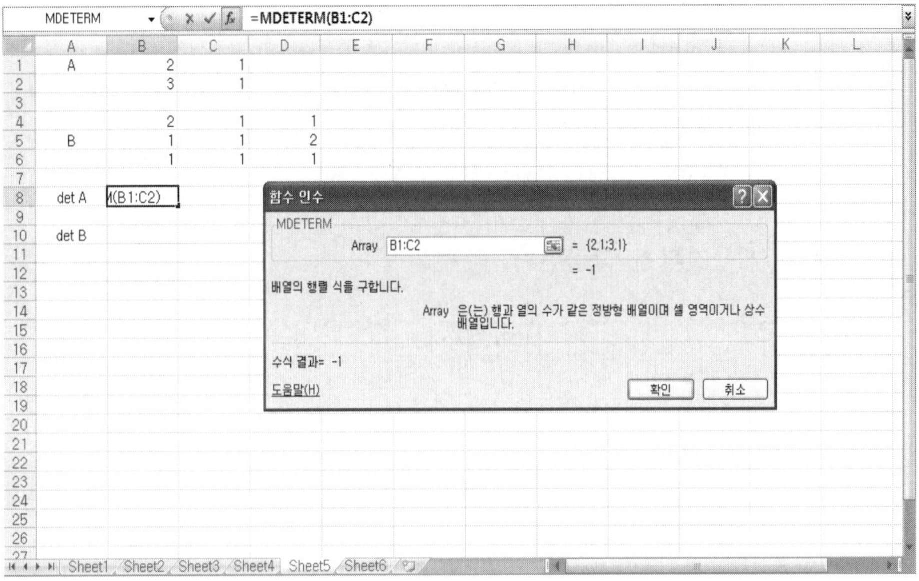

(6) 셀 B8에 계산결과가 출력된다.

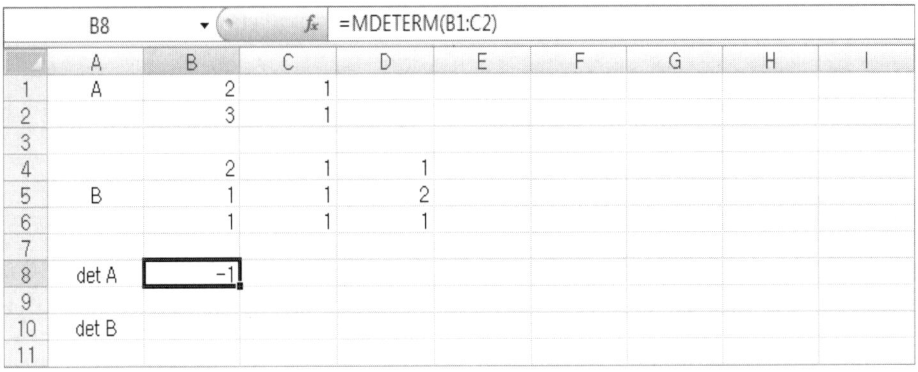

[순서 3] det B의 계산

(1) 셀 B10을 지정하고, 메뉴에서 [함수 마법사] 아이콘을 클릭한다.

(2) [함수 마법사] 대화상자에서, '수학/삼각'의 'MDETERM'을 선택한다.

(3) [확인] 버튼을 클릭한다.

(4) [MDETERM] 함수 입력상자에서 다음과 같이 입력하고, [확인] 버튼을 클릭한다.

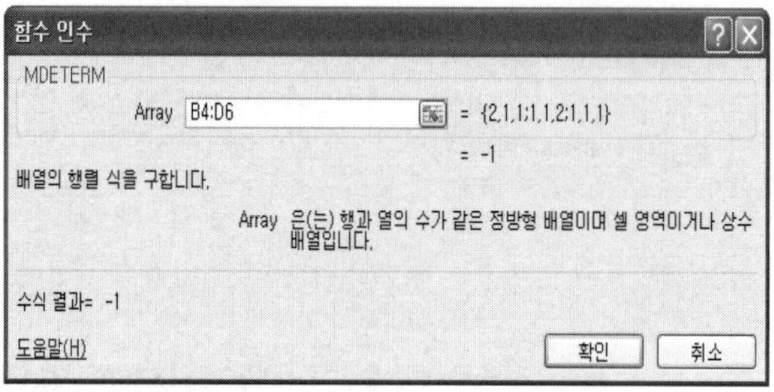

(5) 셀 B10에 계산결과가 출력된다.

B10 =MDETERM(B4:D6)

	A	B	C	D	E	F	G	H	I
1	A	2	1						
2		3	1						
3									
4		2	1	1					
5	B	1	1	2					
6		1	1	1					
7									
8	det A	-1							
9									
10	det B	-1							
11									

13.3 고유치 · 고유벡터

고유치의 문제

n행 n열로 이루어진 행렬 A가 있다고 한다.
이제,

$$A\boldsymbol{p} = \lambda \boldsymbol{p} \quad (\boldsymbol{p} \neq \boldsymbol{0})$$

가 성립하는 미지의 벡터 $\boldsymbol{p}$와 상수 λ 를 구하는 것을 고유치 문제라고 한다.
여기서, $\boldsymbol{p}$를 고유벡터라 하고, λ 를 고유치라고 한다.

이 문제는

$$(\mathrm{A}-\lambda \mathrm{I})\boldsymbol{p} = \mathbf{0} \quad (\mathbf{0}\text{는 제로벡터})$$

로 되는 방정식을 푸는 문제로 귀착한다.

이 방정식이 $\boldsymbol{p} = \mathbf{0}$의 자명한 해가 아닌 의미 있는 해를 구하고 싶다. 이를 위해서는,

$$|\mathrm{A}-\lambda \mathrm{I}| = 0$$

가 성립할 필요가 있고, 이것을 전개하면 λ 에 관한 n차 방정식이 된다. 따라서 n개의 해가 구해진다(λ 가 n개 구해진다).

고유치와 고유벡터를 구체적으로 구하는 방법으로서는 **야코비법**(Jacobi method), **멱승법**(冪乘法), **하우스홀더법**(Householder method) 등의 계산방법이 있다.

다변량분석의 이론은 고유치 문제로 귀착하는 경우가 많기 때문에, 다변량분석을 실시하려면 고유치 문제가 풀려야 한다.

예를 들어 행렬

$$A=\begin{bmatrix}1 & 3\\4 & 2\end{bmatrix}$$

의 고유치 문제를 생각해 보자. 이 때

$$\text{고유치를 } \lambda\text{, 고유벡터를 } \boldsymbol{p}=\begin{bmatrix}p_1\\p_2\end{bmatrix}$$

라고 하면

$$\mathrm{A}\boldsymbol{p} = \lambda \boldsymbol{p}$$

즉,

$$\begin{bmatrix}1 & 3\\4 & 2\end{bmatrix}\begin{bmatrix}p_1\\p_2\end{bmatrix}=\lambda\begin{bmatrix}p_1\\p_2\end{bmatrix}$$

가 된다.

이 등식의 우측에 주목해 보자. 예를 들면 $\lambda = 5$일 때

고유벡터 $\boldsymbol{p} = \begin{bmatrix}3\\4\end{bmatrix}$와 $5\boldsymbol{p} = 5\begin{bmatrix}3\\4\end{bmatrix} = \begin{bmatrix}15\\20\end{bmatrix}$를 비교해 보면 두 벡터의 방향은 같

다. 즉, 5배한 벡터는 길이가 5배가 되지만 벡터의 방향은 전혀 변하지 않는다.

따라서 다음의 등호

$$\begin{bmatrix}1 & 3\\4 & 2\end{bmatrix}\begin{bmatrix}p_1\\p_2\end{bmatrix}=\lambda\begin{bmatrix}p_1\\p_2\end{bmatrix}$$

가 성립한다고 하는 것은 고유벡터 $\begin{bmatrix}p_1\\p_2\end{bmatrix}$에 행렬 $A=\begin{bmatrix}1 & 3\\4 & 2\end{bmatrix}$를 왼쪽으로부터 곱해도 고유벡터 $\begin{bmatrix}p_1\\p_2\end{bmatrix}$의 방향은 변하지 않는다고 하는 것을 의미하고 있다.

그래서 위의 등호 양변에 다시 한 번 행렬 $A=\begin{bmatrix}1 & 3\\4 & 2\end{bmatrix}$를 왼쪽으로부터 곱해 보자.

$$\begin{aligned}\begin{bmatrix}1 & 3\\4 & 2\end{bmatrix}\begin{bmatrix}1 & 3\\4 & 2\end{bmatrix}\begin{bmatrix}p_1\\p_2\end{bmatrix}&=\begin{bmatrix}1 & 3\\4 & 2\end{bmatrix}\lambda\begin{bmatrix}p_1\\p_2\end{bmatrix}\\&=\lambda\begin{bmatrix}1 & 3\\4 & 2\end{bmatrix}\begin{bmatrix}p_1\\p_2\end{bmatrix}\\&=\lambda^2\begin{bmatrix}p_1\\p_2\end{bmatrix}\end{aligned}$$

다시 한 번 반복하면,

$$\begin{aligned}\begin{bmatrix}1 & 3\\4 & 2\end{bmatrix}\begin{bmatrix}1 & 3\\4 & 2\end{bmatrix}\begin{bmatrix}1 & 3\\4 & 2\end{bmatrix}\begin{bmatrix}p_1\\p_2\end{bmatrix}&=\begin{bmatrix}1 & 3\\4 & 2\end{bmatrix}\lambda^2\begin{bmatrix}p_1\\p_2\end{bmatrix}\\&=\lambda^2\begin{bmatrix}1 & 3\\4 & 2\end{bmatrix}\begin{bmatrix}p_1\\p_2\end{bmatrix}\\&=\lambda^3\begin{bmatrix}p_1\\p_2\end{bmatrix}\end{aligned}$$

더욱 반복하면 …

$$\underbrace{\begin{bmatrix}1 & 3\\4 & 2\end{bmatrix}\begin{bmatrix}1 & 3\\4 & 2\end{bmatrix}\begin{bmatrix}1 & 3\\4 & 2\end{bmatrix}\quad\begin{bmatrix}p_1\\p_2\end{bmatrix}}_{n\text{회}}=\lambda^n\begin{bmatrix}p_1\\p_2\end{bmatrix}$$

이 된다.

다음과 같은 실험을 실시해 보자. 행렬 A와 벡터 $\boldsymbol{p}$를

$$A=\begin{bmatrix}2 & 3\\3 & 2\end{bmatrix},\ \boldsymbol{p}=\begin{bmatrix}1\\0\end{bmatrix}$$

라 하고, 벡터 $\boldsymbol{p}$의 왼쪽으로부터 행렬 A를 7회 곱해 보자. 배열복사 방식을 이용하면 간단히 산출할 수 있다.

	A	B	C	D	E	F	G	H
1	A	2	3		B	1		
2		3	2			0		
3								
4	1회	2회	3회	4회	5회	6회	7회	
5	Ap	A^2p	A^3p	A^4p	A^5p	A^6p	A^7p	
6	2	13	62	313	1562	7813	39062	
7	3	12	63	312	1563	7812	39063	
8								

6회째와 7회째를 비교해 보면 재미있는 현상을 발견할 수 있다.

$$6회째\ \cdots\ \mathrm{A6}\begin{bmatrix}p_1\\p_2\end{bmatrix}=\begin{bmatrix}7813\\7812\end{bmatrix}$$

$$7회째\ \cdots\ \mathrm{A7}\begin{bmatrix}p_1\\p_2\end{bmatrix}=\begin{bmatrix}39062\\39063\end{bmatrix}$$

이 두 개의 벡터는 거의 같은 방향을 향하고 있다.

$$\begin{array}{c}1회\ 6회\qquad 7회\\ \mathrm{A}\cdot\mathrm{A6}\begin{bmatrix}1\\0\end{bmatrix}=\mathrm{A7}\begin{bmatrix}1\\0\end{bmatrix}\\ \mathrm{A}\cdot\ \begin{bmatrix}7812\\7812\end{bmatrix}=5\begin{bmatrix}7812\\7812\end{bmatrix}\\ \begin{bmatrix}2\,3\\3\,2\end{bmatrix}\begin{bmatrix}7812\\7812\end{bmatrix}=5\begin{bmatrix}7812\\7812\end{bmatrix}\end{array}$$

이 등호가 바로 고유치·고유벡터의 정의인 것이다. 따라서

$A=\begin{bmatrix}2 & 3\\3 & 2\end{bmatrix}$의 고유치 λ 와 고유벡터 $\boldsymbol{p}$는

$$\lambda\ =5,\ \boldsymbol{p}=\begin{bmatrix}7812\\7812\end{bmatrix}$$

임을 알 수 있다.

물론

$$\begin{bmatrix} 2 & 3 \\ 3 & 2 \end{bmatrix}\begin{bmatrix} 1 \\ 1 \end{bmatrix}=5\begin{bmatrix} 1 \\ 1 \end{bmatrix}$$

도 성립한다. 그러므로

$$\begin{bmatrix} 1 \\ 1 \end{bmatrix}$$

도 고유치 $\lambda = 5$의 고유벡터이다. 따라서 일반적으로

$A = \begin{bmatrix} 2 & 3 \\ 3 & 2 \end{bmatrix}$의 고유치 λ 와 고유벡터 $\boldsymbol{p}$는

$\lambda = 5$, $\boldsymbol{p}=\alpha\begin{bmatrix} 1 \\ 1 \end{bmatrix}$ (α는 임의의 실수, $\alpha \neq 0$)

라고 표현할 수 있다.

★ 이 방법은 행렬 A가 대칭행렬일 때에 잘 들어맞는다. 그런데 다행히도 다변량분석에 나오는 분산공분산행렬은 대칭행렬이므로 문제가 없다.

13.4 고유벡터와 직교행렬의 관계

행렬 A를

$$A=\begin{bmatrix} 1 & 2 \\ 2 & 1 \end{bmatrix}$$

라 하고 두 개의 벡터 $\boldsymbol{p}_1$, $\boldsymbol{p}_2$를 각각

$$\boldsymbol{p}_1=\begin{bmatrix} 1 \\ 1 \end{bmatrix},\ \boldsymbol{p}_2=\begin{bmatrix} 1 \\ -1 \end{bmatrix}$$

이라고 한다.

이 때 다음의 곱셈을 실시해 본다.

$$\mathrm{A}\boldsymbol{p}_1=\begin{bmatrix}1&2\\2&1\end{bmatrix}\begin{bmatrix}1\\1\end{bmatrix}=\begin{bmatrix}3\\3\end{bmatrix}=3\begin{bmatrix}1\\1\end{bmatrix}=3\boldsymbol{p}_1$$

$$\mathrm{A}\boldsymbol{p}_2=\begin{bmatrix}1&2\\2&1\end{bmatrix}\begin{bmatrix}1\\-1\end{bmatrix}=\begin{bmatrix}-1\\1\end{bmatrix}=-1\begin{bmatrix}1\\-1\end{bmatrix}=-1\boldsymbol{p}_2$$

따라서 행렬 A의 고유치·고유벡터는

$$\lambda_1=3\cdots\ \boldsymbol{p}_1=\begin{bmatrix}1\\1\end{bmatrix}$$

$$\lambda_2=-1\cdots\ \boldsymbol{p}_2=\begin{bmatrix}1\\-1\end{bmatrix}$$

임을 알 수 있다.

이 두 개의 고유벡터를 합친 행렬 P

$$\mathrm{P}=\begin{bmatrix}1&1\\1&-1\end{bmatrix}$$

는 재미있는 성질을 가지고 있다.

행렬 P의 행과 열을 바꾸어 넣어 본다. 이 행렬 ${}^t\mathrm{P}$를 행렬 P의 **전치행렬**이라고 한다.

$$\mathrm{tP}=\begin{bmatrix}1&1\\1&-1\end{bmatrix}$$

그리고 행렬 P와 전치행렬 ${}^t\mathrm{P}$를 곱한다.

$$\mathrm{P}\cdot{}^t\mathrm{P}=\begin{bmatrix}1&1\\1&-1\end{bmatrix}\begin{bmatrix}1&1\\1&-1\end{bmatrix}=\begin{bmatrix}2&0\\0&2\end{bmatrix}=2\begin{bmatrix}1&0\\0&1\end{bmatrix}$$

단위행렬의 2배로 되어 있다.

고유벡터의 크기를 1로 해 놓으면 두 개의 고유벡터는

$$\begin{bmatrix}\frac{1}{\sqrt{2}}\\\frac{1}{\sqrt{2}}\end{bmatrix},\ \begin{bmatrix}\frac{1}{\sqrt{2}}\\-\frac{1}{\sqrt{2}}\end{bmatrix}$$

이 되므로 이 두 개의 벡터로 만들어진 행렬과

$$\begin{bmatrix}\frac{1}{\sqrt{2}}&\frac{1}{\sqrt{2}}\\\frac{1}{\sqrt{2}}&-\frac{1}{\sqrt{2}}\end{bmatrix}$$

그 전치행렬

$$\begin{bmatrix} \frac{1}{\sqrt{2}} & \frac{1}{\sqrt{2}} \\ \frac{1}{\sqrt{2}} & -\frac{1}{\sqrt{2}} \end{bmatrix}$$

의 곱셈

$$\begin{bmatrix} \frac{1}{\sqrt{2}} & \frac{1}{\sqrt{2}} \\ \frac{1}{\sqrt{2}} & -\frac{1}{\sqrt{2}} \end{bmatrix} \begin{bmatrix} \frac{1}{\sqrt{2}} & \frac{1}{\sqrt{2}} \\ \frac{1}{\sqrt{2}} & -\frac{1}{\sqrt{2}} \end{bmatrix} = \begin{bmatrix} 1 & 0 \\ 0 & 1 \end{bmatrix}$$

이 된다.

직교행렬

정방행렬 A에 대해서

$$A \cdot {}^{t}A = I, \quad {}^{t}A \cdot A = I$$

를 만족시킬 때, 행렬 A를 **직교행렬**이라고 한다.

즉, 크기 1인 고유벡터로부터 만들어진 행렬은 직교행렬로 되어 있다.

주성분분석 14

14.1 주성분분석의 기초지식

14.1.1 주성분분석의 개요

주성분분석

주성분분석(principal component analysis)이란 상관이 있는 많은 변수의 값을 하나 또는 소수의 합성변수(주성분)로 나타내는 기법이다. 그 때 이 합성변수 안에 원래의 변수가 가지고 있는 정보를 가능한 한 많이 포함시키는 것이 필요하다. 다시 말하면 주성분분석이란 해석하고자 하는 다차원의 데이터를 거기에 포함된 정보의 손실을 가능한 한 적게 해서 하나 혹은 소수 차원의 데이터로 축약하는 수법이다. 주성분분석을 활용하면 관측대상이 어떠한 위치에 있는지 시각적으로 파악할 수 있게 된다.

주성분분석이란 예를 들면 변수 1, 변수 2, 변수 3에 대해서 다음과 같은 느낌을 말한다.

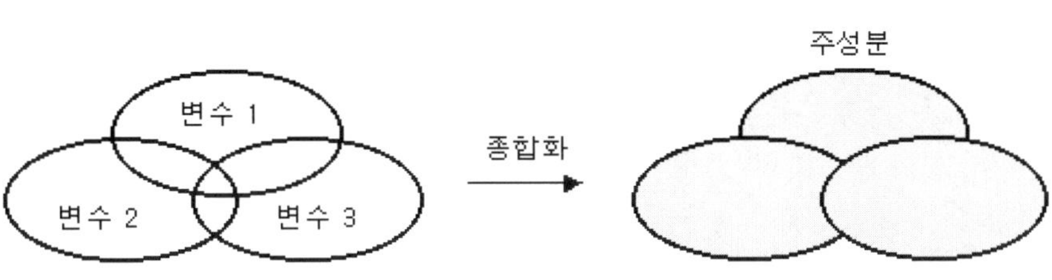

종합화된 주성분을 다음과 같이 표현하면,

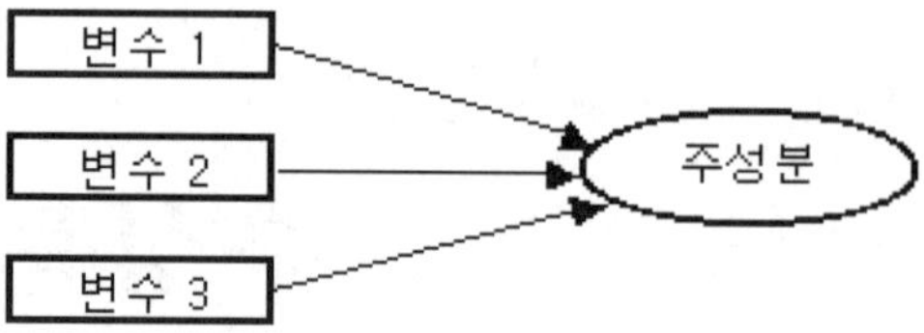

이것이 바로 주성분분석의 이미지라고 할 수 있다. 각각의 변수가 갖는 가중치를 a_1, a_2, a_3라고 하면,

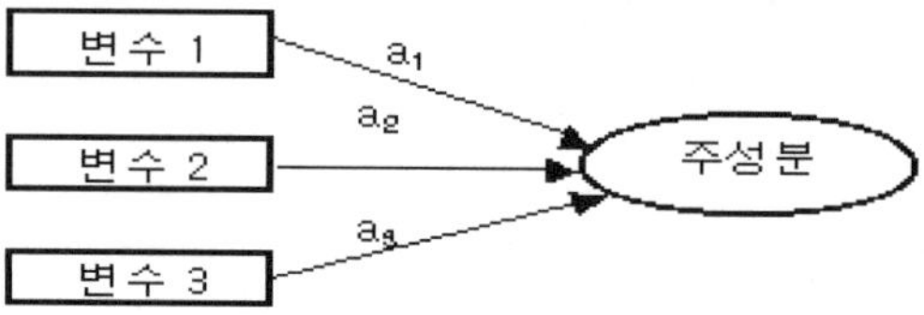

과 같이 된다.

주성분분석의 목적

주성분분석은 다음과 같은 목적으로 이용된다.

(1) 다수의 지표를 통합한 종합적인 지표를 작성한다.

(2) 관측대상을 몇 개의 그룹으로 나눈다.

(3) 중회귀분석이나 판별분석을 위한 데이터를 다른 관점에서 음미한다.

변수의 통합과 주성분분석

다음의 산포도는 성인 20명의 신장과 체중의 데이터를 기초로 작성한 것이다.

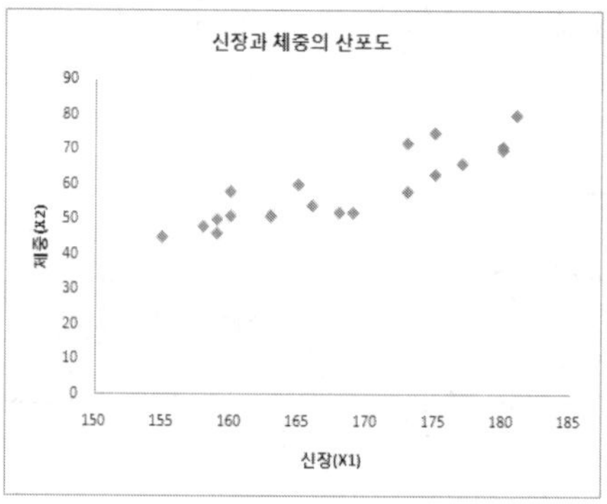

그림 14-1 **신장과 체중의 산포도**

그런데 이 산포도를 다음 <그림 14-2>의 (그림 A)와 같이 4개의 영역으로 구분해 보자. 산포도의 제1상한에 위치하는 사람은 신장이 크고 체중도 무거운 「몸집이 큰」 사람이다. 역으로 제3상한에 위치하는 사람은 「몸집이 작은」 사람이다.

또 제4상한에 위치하는 사람은 신장이 큰 데 비해 체중이 가벼우므로 「마른」 사람이고, 제2상한의 사람은 「살찐」 사람이다.

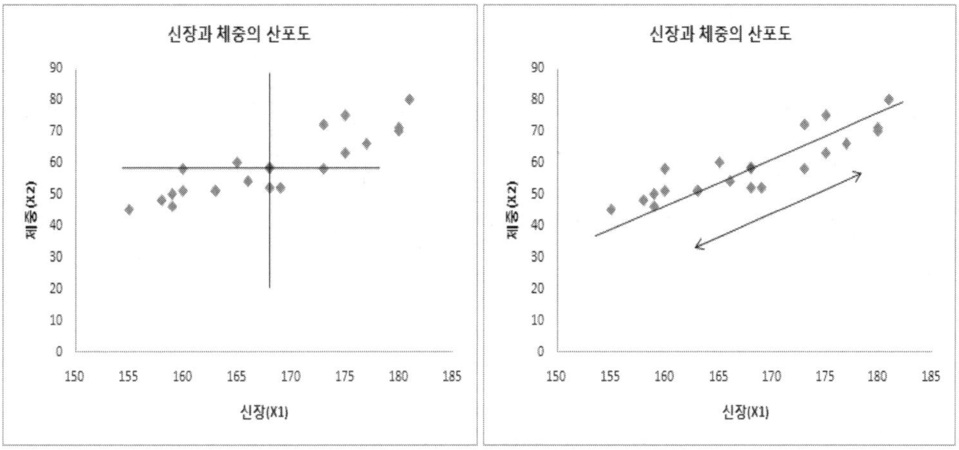

그림 14-2 **종합적인 변수**

여기에서 산포도상에 (그림 B)와 같은 직선을 그어 본다(회귀직선은 아니다). 이 직선을 축으로 생각하고 눈금을 넣으면, 이 축은 몸집이 크냐 작으냐를 나타내는 것이라고 생각할 수 있을 것이다.

주성분분석은 이와 같은 축을 구하기 위한 수법으로, x_1과 x_2의 데이터를 통합해서 새로운 종합적인 변수를 만들어 내는 것을 목적으로 하고 있다.

주성분분석의 계산

주성분분석은 수집한 다변량 데이터로부터 새로운 변수를 만들어 내는 것을 목적으로 한 수법으로, 중회귀분석이나 판별분석의 경우와 같은 목적변수와 설명변수라고 하는 구별은 없다. 이제 변수의 수가 p개(x_1, x_2, ⋯, x_p), 관측대상의 수가 n개인 다변량 데이터가 있다고 한다.

관측대상	x_1	x_2	x_3	…	x_p
1					
2					
·					
·					
·	데 이 터				
·					
·					
·					
n					

이 데이터를 기초로 p개보다 적은 m개의 새로운 변수 z_1, z_2, …, z_m을 만들어 내는 것을 생각한다. 새로운 변수 z_1, z_2, …, z_m은 원래의 변수 x_1, x_2, …, x_p를 결합한 변수로, 다음과 같은 식으로 나타낼 수 있도록 하고 싶다.

$$z_1 = a_{11}x_1 + a_{12}x_2 + \cdots + a_{1p}x_p$$
$$z_2 = a_{21}x_1 + a_{22}x_2 + \cdots + a_{2p}x_p$$
$$\cdots\cdots\cdots\cdots\cdots$$
$$z_m = a_{m1}x_1 + a_{m2}x_2 + \cdots + a_{mp}x_p$$

계산에 의해서 구하고 싶은 것은 x_1, x_2, …, x_p의 각 계수 a_{11}, a_{12}, …, a_{mp}이다. 여기에서 새로운 변수는 다음과 같은 성질을 갖는 것으로 하고 싶다.

(1) z_1은 x_1에서 x_p까지의 정보가 최대한 집약되도록 한다.
  (p개의 변수가 갖고 있는 정보를 하나의 변수 z_1에 집약하고자 하는 것이므로, 정보의 손실이 생긴다. 이 손실을 최소한으로 억제하고자 한다)

(2) z_2는 x_1, x_2, …, x_p의 정보가 z_1의 다음에 가능한 한 많이 집약되도록 한다. 게다가 z_1과는 독립이 되도록 한다.

(3) z_3는 x_1, x_2, …, x_p의 정보가 z_1과 z_2의 다음에 가능한 한 많이 집약되도록 한다. 게다가 z_1 및 z_2와는 독립이 되도록 한다.

(4) 이하 z_4에서 z_m까지 마찬가지로 생각한다.

이와 같은 성질을 충족시키도록 a_{11}, a_{12}, …, a_{mp}를 산출하고자 하는 것이 주성분 분석의 계산이다. 결국 주성분분석이란 많은 변수의 값에 다른 가중치를 부여하여 서로 독립적인 합성변수를 구하는 기법이라고 할 수 있다.

그런데 (1)은 z_1의 분산이 최대가 되도록 하는 것과 같은 의미를 갖는다. 그러나 그러기 위해서는 a_{11}, a_{12}, ⋯, a_{1p}를 한없이 크게 하면 되는데, 그렇게 해서는 z_1이 정해지지 않는다.

그래서

$$a_{11}2+a_{12}2+\cdots+a_{1p}2=1$$

이라고 하는 조건을 붙인다.

(2)는 z_1과는 독립이고 또한 분산이 최대가 되도록 하는 것과 같은 의미를 갖는다. 이 경우도,

$$a_{21}2+a_{22}2+\cdots+a_{2p}2=1$$

이라고 하는 조건을 붙인다.

(3)과 (4)도 마찬가지로 생각한다.

이와 같은 조건하에서 a_{11}, a_{12}, ⋯, a_{mp}를 구하는 것은, x_1, x_2, ⋯, x_p의 분산공분산행렬(각 변수의 분산과 공분산을 요소로 하는 행렬)의 고유치(eigenvalue)와 고유벡터(eigenvector)를 계산하는 것에 귀착하고, a_{11}, a_{12}, ⋯, a_{mp}는 바로 고유벡터가 되는 것이다.

이상의 사실로부터 주성분분석을 실시하는 데는 행렬의 고유치와 고유벡터를 계산하지 않으면 안 된다.

그런데 새로운 변수 z_1, z_2, ⋯, z_m의 식이 구해지면 그 식에 x_1, x_2, ⋯, x_p의 구체적인 수치를 대입함으로써 관측대상마다 새로운 변수의 값을 구할 수 있다.

이 수치를 **주성분득점** 혹은 **주성분 스코어**라고 부르고 있다.

관측대상	z_1	z_2	z_3	⋯	z_m
1					
2					
·					
·					
·			주성분득점		
·					
·					
·					
n					

주성분분석의 효용

새로운 변수 z_1, z_2, …, z_m이 구해지면 p개의 변수를 m개로 집약할 수 있게 된다. 이러한 사실은 어떠한 장점을 가져오는 것일까?

이제 6개의 변수로 이루어지는 다변량 데이터가 있다고 하자. 이들 변수의 관계를 파악하기 위해서 산포도를 이용하기로 하면, 두 변수마다 15매의 산포도를 관찰하지 않으면 안 된다. 주성분분석에 의해서, 예를 들면 이 데이터를 2개의 새로운 변수로 집약할 수 있다고 하면 6변수의 정보를 1매의 산포도에 표현할 수 있어 정보의 이해가 훨씬 용이해진다. 또 이 산포도상에서 관측대상을 몇 개의 그룹으로 나눌 수 있다고 하는 효용가치가 있다.

데이터의 표준화

다변량 데이터는 각 변수가 같은 단위로 측정되어 있는 경우와 변수의 단위가 다른 경우가 있다. 변수의 단위가 다르다고 하는 것은, 신장이라고 하는 변수는 cm의 단위로 측정되고 체중이라고 하는 변수는 kg의 단위로 측정되어 있는 경우 등을 말한다.

이와 같은 경우에는 변수마다 데이터를 표준화하고 나서 주성분분석을 적용하는 것이 좋다. 왜냐하면 주성분분석은 측정단위를 어떻게 취하느냐에 따라서 영향을 받기 때문이다. 물건의 길이를 나타내는 변수이더라도 cm의 단위로 기술된 데이터와 m의 단위로 기술된 데이터에서는 주성분분석의 결과가 달라지므로, 데이터는 표준화해 놓은 편이 무난하다.

데이터의 표준화란,

각 데이터로부터 평균을 빼고 표준편차로 나눈다

는 것으로 표준화된 데이터는 평균 0, 표준편차 1이 된다. 변수마다 데이터를 표준화함으로써 변수 간 단위의 상위를 소거할 수 있다.

분산공분산행렬

이제 3개의 설명변수 x_1, x_2, x_3로 이루어지는 다변량 데이터가 있다고 한다. 이것들을 기초로 변수마다의 분산(variance)과 두 변수마다의 공분산(covariance)을 계산하여 다음과 같은 형태로 정리한 행렬을 **분산공분산행렬**이라고 한다.

	x_1	x_2	x_3
x_1	x_1의 분산	x_1과 x_2의 공분산	x_1과 x_3의 공분산
x_2	x_1과 x_2의 공분산	x_2의 분산	x_2와 x_3의 공분산
x_3	x_1과 x_3의 공분산	x_2와 x_3의 공분산	x_3의 분산

주성분분석의 종류

데이터를 표준화하지 않고 직접 원 데이터에 대해서 주성분분석을 적용하는 방법을 「분산공분산행렬로부터 출발하는 주성분분석」이라 하고, 표준화한 데이터에 대해서 주성분분석을 적용하는 방법을 「상관행렬로부터 출발하는 주성분분석」이라고 한다.

어느 쪽의 행렬로부터 출발하느냐의 판단기준은 다음과 같이 생각할 수 있다.

① 각 변수의 측정단위가 다르다 → 상관행렬
② 각 변수의 산포도(散布度) 차이를 반영시키고 싶다 → 분산공분산행렬
③ 각 변수의 산포도 차이를 반영시키고 싶지 않다 → 상관행렬
④ 그 외 → 양쪽 적용

14.1.2 제1주성분

다음의 데이터는 전술한 성인 20명의 신장(cm)과 체중(kg)을 측정한 데이터이다.

No.	신장(x_1)	체중(x_2)	No.	신장(x_1)	체중(x_2)
1	165	60	11	177	66
2	160	58	12	180	71
3	173	58	13	181	80
4	175	63	14	175	75
5	180	70	15	173	72
6	160	51	16	168	52
7	158	48	17	159	46
8	163	51	18	163	51
9	169	52	19	166	54
10	155	45	20	159	50

전술한 바와 같이 주성분분석은 두 변수 x_1(신장), x_2(체중)의 데이터를 통합해서 새로운 종합변수를 만들고자 하는 것이 목적이다.

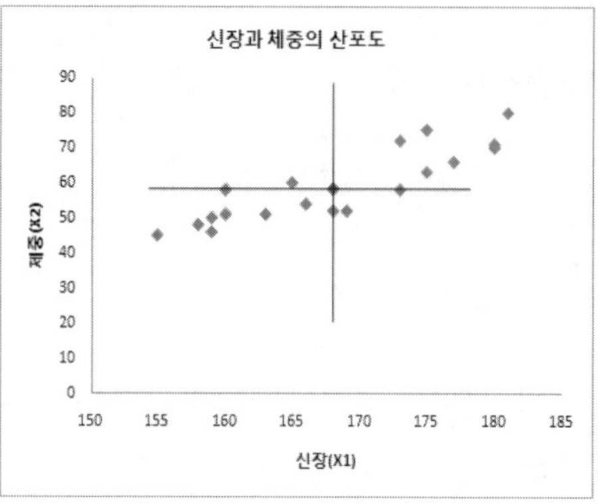

(그림 A)

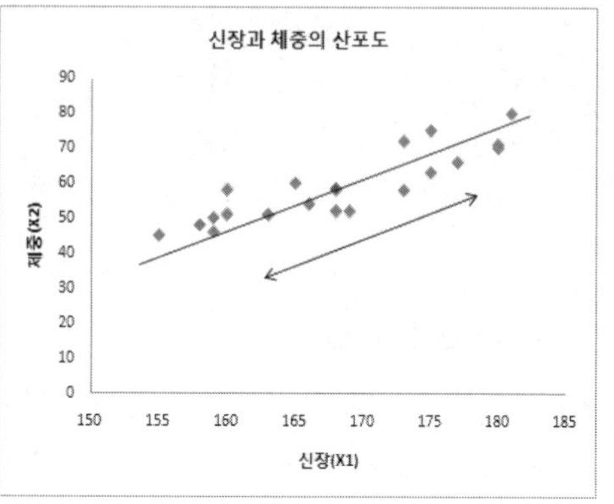

(그림 B)

그림 14-3 제1주성분

두 개의 변수에 각각 계수 a_1, a_2를 곱해서

$$z_1 = a_1x_1 + a_2x_2$$

로 한다. 이것이 제1주성분인 것이다. 이 계수 a_1, a_2는 <그림 14−3>의 (그림 B)에서와 같이 어떤 방향을 나타내고 있는데, 이 방향이 주성분 축의 방향비(方向比)이다.

그런데

계수 a_1, a_2가 나타내는 방향의 축 = 제1주성분

은 새로 만들어진 좌표축이므로, 이 축에는 아직 이름이 정해져 있지 않다.

따라서 주성분분석이란,

(1) 계수 a_1, a_2를 구하고

(2) a_1, a_2가 나타내는 방향의 축에 이름을 붙인다.

고 하는 것을 말한다.

그러면 계수 a_1, a_2의 방향비를 구해 보도록 하자. <그림 14−3>의 (그림 B)에서 변수를 '종합화한다"고 하는 것은 데이터를 '제1주성분의 축 위에서 생각한다"고 하는 것이다. 즉, 각 데이터로부터 제1주성분에 수직선(垂直線)을 내려서 생각한다고 하는 것이다. 달리 표현을 하자면 데이터가 가지고 있는 주요 성분을 찾아낸다고도 할 수 있다.

그렇다면 제1주성분을 어떻게 취하면 각 데이터를 가장 잘 표현할 수 있겠는가? 이 a_1, a_2의 방향은

$$a_1x_1 + a_2x_2$$

의 분산이 최대가 되는 방향인 것이다. 즉, 데이터를 가장 잘 표현하는 축은 분산이 최대가 되는 축인 것이다.

이 분산을 식으로 나타내면

$$Var(a_1x_1 + a_2x_2) = {a_1}^2 Var(x_1) + {a_2}^2 Var(x_2) + 2a_1a_2Cov(x_1, x_2)$$

이 된다. 데이터로부터 분산과 공분산을 계산하면,

$$Var(x_1) = 65.4475$$
$$Var(x_2) = 103.9275$$
$$Cov(x_1, x_2) = 72.6825$$

가 되므로 결국

$$Q(a_1, a_2) = 65.4475{a_1}^2 + 103.9275{a_2}^2 + 2 \times 72.6825a_1a_2$$

가 최대로 되는 a_1, a_2를 구하면 되는 것이다.

그런데 유감스럽게도 이대로는 a_1, a_2를 구할 수 없다. 다음과 같이 식을 약간 변형할 필요가 있다.

$$\begin{aligned} F(a_1, a_2) &= Q(a_1, a_2) - \lambda({a_1}^2 + {a_2}^2 - 1) \\ &= 65.4475{a_1}^2 + 103.9275{a_2}^2 + 2 \times 72.6825a_1a_2 - \lambda{a_1}^2 - \lambda{a_2}^2 + \lambda \end{aligned}$$

가 최대로 되는 a_1, a_2를 구하는 것이다. 그렇다면 이제부터는 간단하다. $F(a_1, a_2)$를 a_1, a_2로 편미분해서 0으로 놓으면 되는 것이다.

a_1으로 편미분하면,

$$\frac{\partial}{\partial a_1} F(a_1, a_2) = 2(65.4475a_1 + 72.6825a_2 - \lambda a_1) = 0$$

이 된다. 그리고 a_2로 편미분하면,

$$\frac{\partial}{\partial a_2}F(a_1, a_2) = 2(72.6825a_1 + 103.9275a_2 - \lambda a_2) = 0$$

이 된다. 따라서

$$65.4475a_1 + \ 72.6825a_2 - \lambda a_1 = 0$$
$$72.6825a_1 + 103.9275a_2 - \lambda a_2 = 0$$

$$65.4475a_1 + \ 72.6825a_2 = \lambda a_1$$
$$72.6825a_1 + 103.9275a_2 = \lambda a_2$$

이 식을 행렬로 나타내면,

$$\begin{bmatrix} 65.4475 & 72.6825 \\ 72.6825 & 103.9275 \end{bmatrix} \begin{bmatrix} a_1 \\ a_2 \end{bmatrix} = \lambda \begin{bmatrix} a_1 \\ a_2 \end{bmatrix}$$

이 된다. 이것은 바로 고유치문제에 해당된다. 이 때,

$$\lambda = \text{고유치}, \qquad \begin{bmatrix} a_1 \\ a_2 \end{bmatrix} = \text{고유벡터}$$

이다. 즉, a_1, a_2를 구한다고 하는 것은

$$\text{분산공분산행렬} = \begin{bmatrix} 65.4475 & 72.6825 \\ 72.6825 & 103.9275 \end{bmatrix}$$

의 고유치· 고유벡터를 구하는 것이다.

그런데 주성분분석에서는 고유벡터의 크기를 1로 제한해 놓기로 한다. 따라서

$$a_1^{\ 2} + a_2^{\ 2} = 1$$

이라고 하는 조건이 붙는다.

14.2 주성분분석의 실제

14.2.1 제1주성분의 산출

▶ Excel에 의한 해법

[순서 1] 데이터의 입력

B열에 신장, C열에 체중에 관한 데이터를 입력한다.

	A	B	C
1	No.	신장(x_1)	체중(x_2)
2	1	165	60
3	2	160	58
4	3	173	58
5	4	175	63
6	5	180	70
7	6	160	51
8	7	158	48
9	8	163	51
10	9	169	52
11	10	155	45
12	11	177	66
13	12	180	71
14	13	181	80
15	14	175	75
16	15	173	72
17	16	168	52
18	17	159	46
19	18	163	51
20	19	166	54
21	20	159	50

[순서 2] 분산공분산행렬 구하기

(1) 메뉴에서 [데이터]-[데이터 분석]을 선택한다.

(2) [통계 데이터 분석] 대화상자가 나타나면 [공분산분석]을 선택하고, [확인] 버튼을 클릭한다.

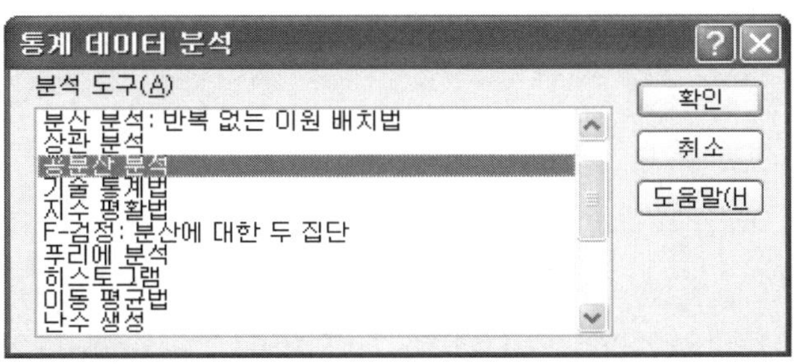

(3) [공분산분석] 대화상자가 나타나면, 다음과 같이 입력하고 [확인] 버튼을 클릭한다.

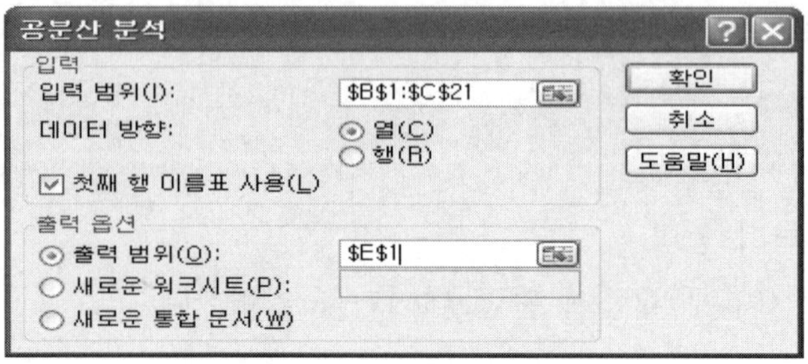

(4) 분산공분산행렬이 출력된다.

분산공분산행렬이 셀 E1 이하에 출력된다. 이 때의 분산은 전체 모집단의 분산을 구하고 있음에 유의해야 한다.

셀 F2의 입력내용; =VARP(Sheet1!$B$2:$B$21)

	E	F	G	H	I
1		신장(x1)	체중(x2)		
2	신장(x1)	65.4475			
3	체중(x2)	72.6825	103.9275		
4					
5					

[순서 3] 첫 번째 행렬의 곱셈

(1) 준비

셀 F3의 값을 복사하여 셀 G2에 붙여 넣는다. 배열 I2:I3에 1, 0을 입력해 놓는다.

	A	B	C	D	E	F	G	H	I
1	No.	신장(x_1)	체중(x_2)			신장(x1)	체중(x2)		
2	1	165	60		신장(x1)	65.4475	72.6825		1
3	2	160	58		체중(x2)	72.6825	103.9275		0
4	3	173	58						
5	4	175	63						
6	5	180	70						
7	6	160	51						
8	7	158	48						
9	8	163	51						
10	9	169	52						
11	10	155	45						
12	11	177	66						
13	12	180	71						
14	13	181	80						
15	14	175	75						
16	15	173	72						
17	16	168	52						
18	17	159	46						
19	18	163	51						
20	19	166	54						
21	20	159	50						

Sheet1 Sheet2 Sheet3 Sheet4

(2) 셀 D10:D11 영역을 지정하고 메뉴에서 [함수 마법사]를 클릭한다.

(3) [함수 마법사] 대화상자에서 '수학/삼각'의 'MMULT'를 선택한다.

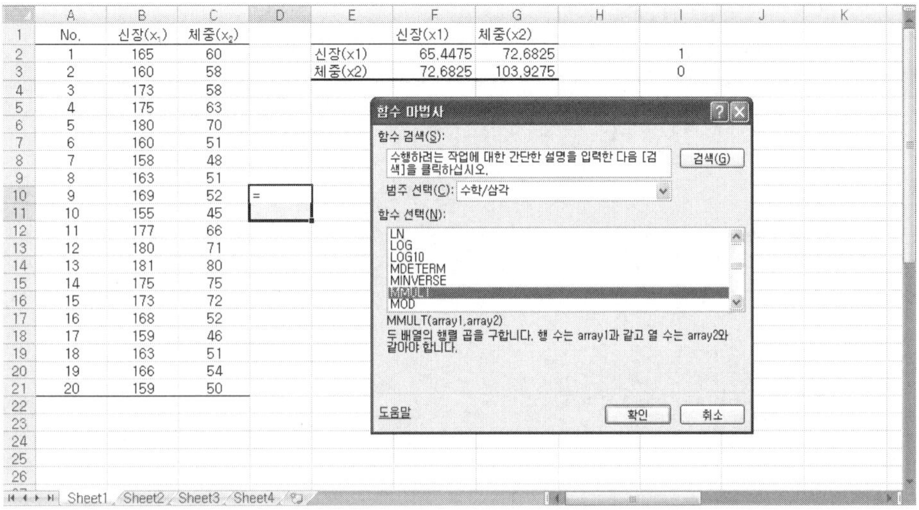

(4) [확인] 버튼을 클릭한다.

(5) MMULT 함수 입력상자에서,

Array1 : F2:G3

Array2 : I2:I3

를 입력하고 Ctrl + Shift + Enter↵ 키를 동시에 누른다.

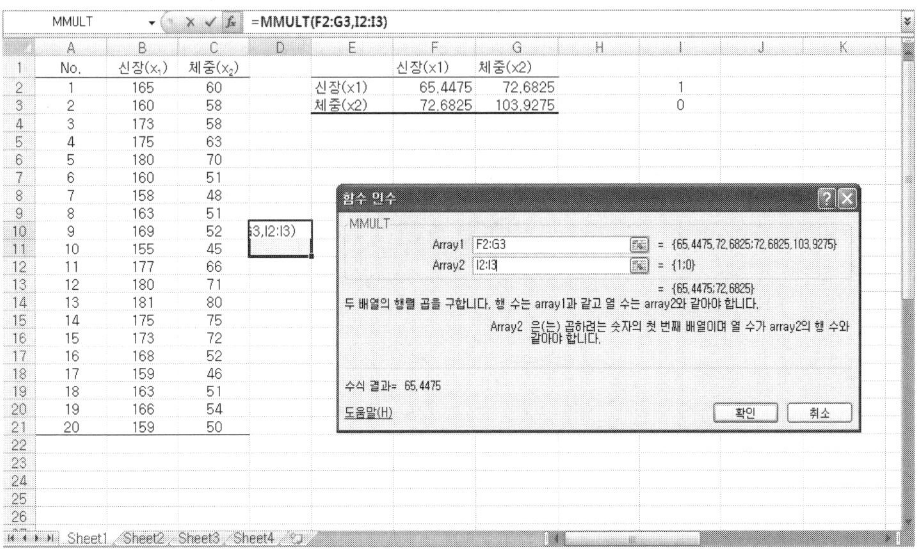

(6) 셀 D10:D11 영역에 곱셈의 결과가 출력된다. 배열 D10:D11의 크기에 대한 제곱값을 구하기 위해 먼저 셀 D12를 클릭한다.

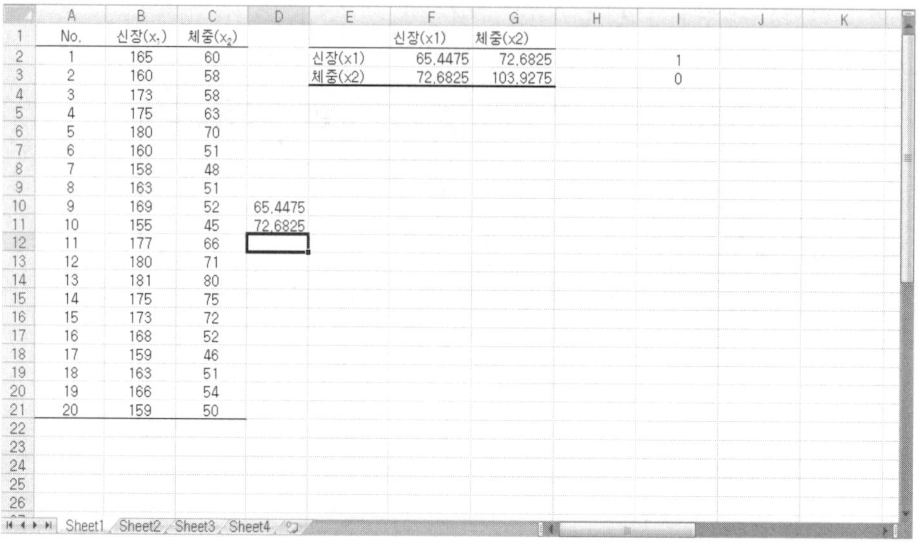

(7) 메뉴에서 [함수 마법사]를 클릭한다. [함수 마법사] 대화상자에서 '수학/삼각'의 'SUMSQ'를 선택한다.

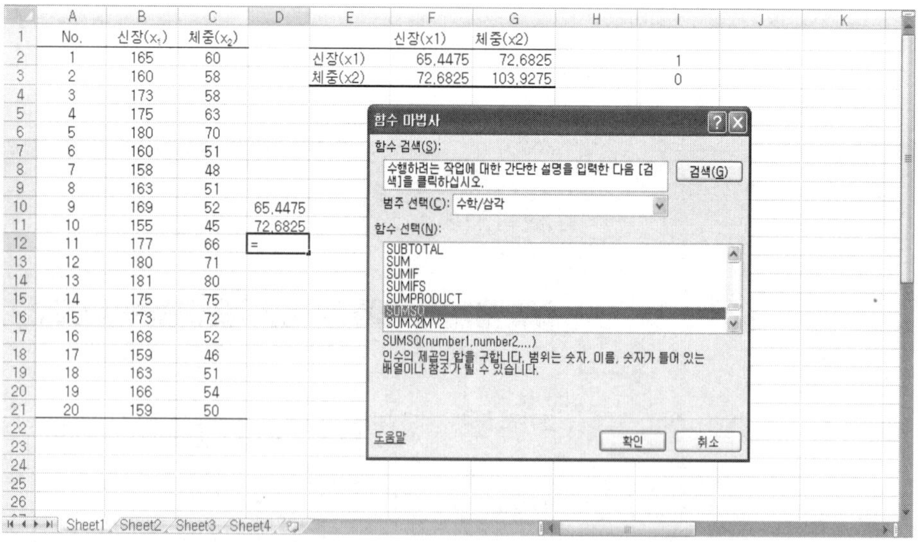

(8) SUMSQ 함수 입력상자가 나타나면, 범위 D10:D11를 입력하고 [확인] 버튼을 클릭한다.

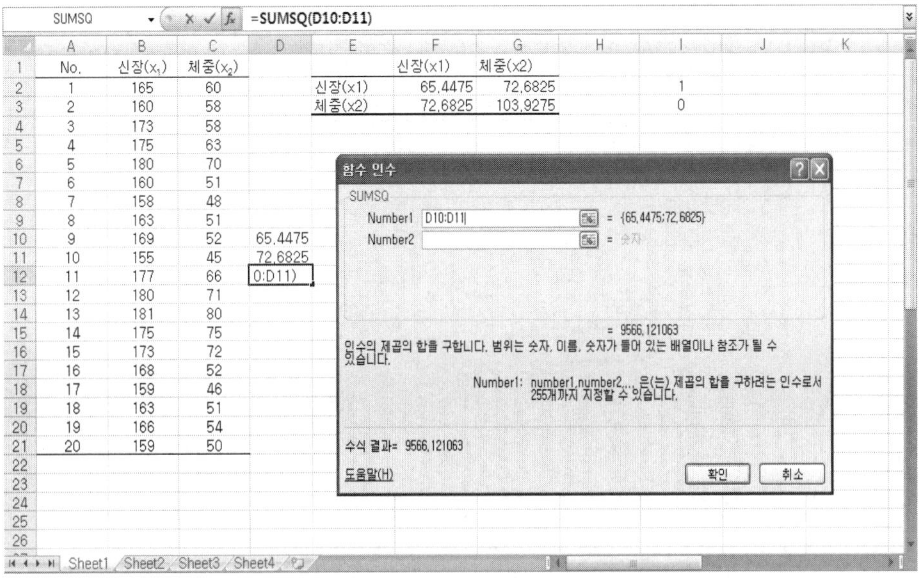

(9) 셀 D12에 벡터 크기의 제곱 $(64.4475)^2 + (72.6825)^2$이 출력된다.

(10) 배열 D10:D11에서 구한 벡터의 크기를 1로 하기 위해서 배열 D10:D11을 $\sqrt{D12}$, 즉 $\sqrt{9566.1211}$로 나누어야 한다.

(11) 그러기 위해서 먼저 셀 D14:D15 영역을 범위 지정한다.

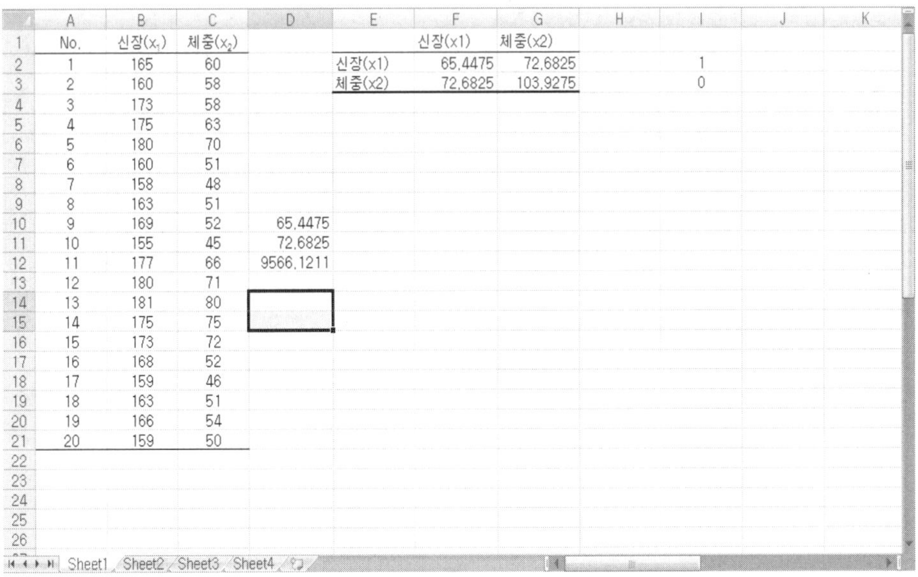

(12) 수식 '=D10:D11/D12^0.5'를 입력한다.

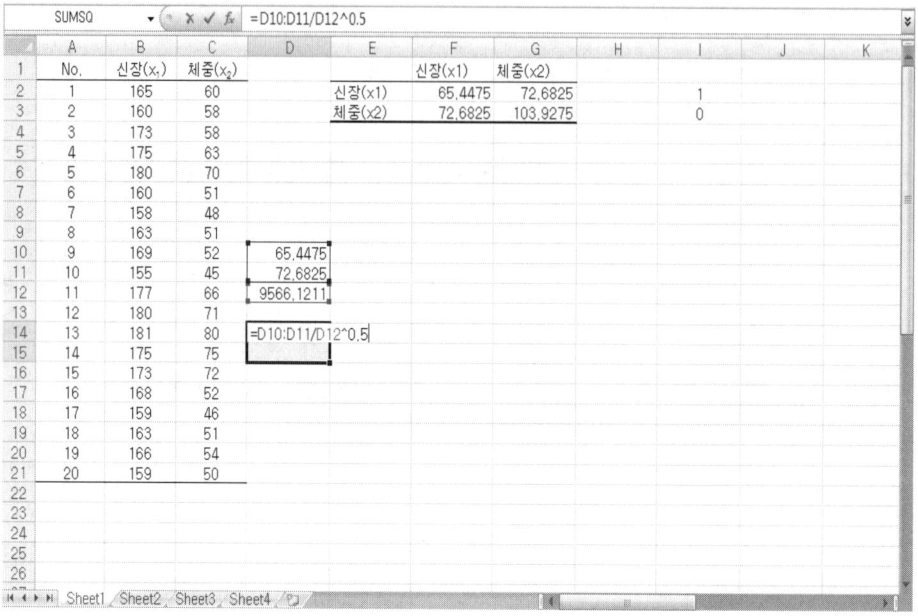

(13) Ctrl + Shift + Enter↵ 키를 동시에 누른다. 배열 D14:D15의 벡터는 크기가 1로 되었다.

즉, $(0.6692)^2 + (0.7431)^2 = 1$

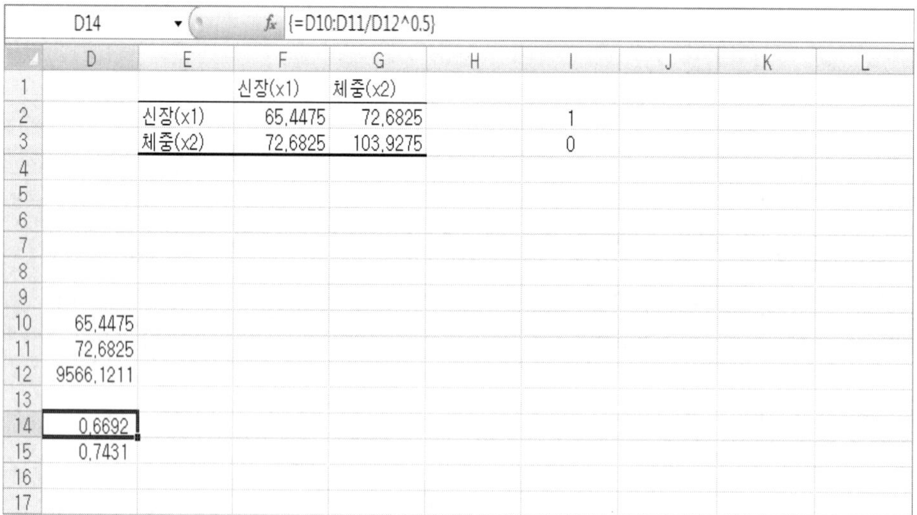

[순서 4] 두 번째 이후 행렬의 곱셈

(1) 배열 F2:G3와 배열 D14:D15를 곱하여 E10:E11에 출력한다.

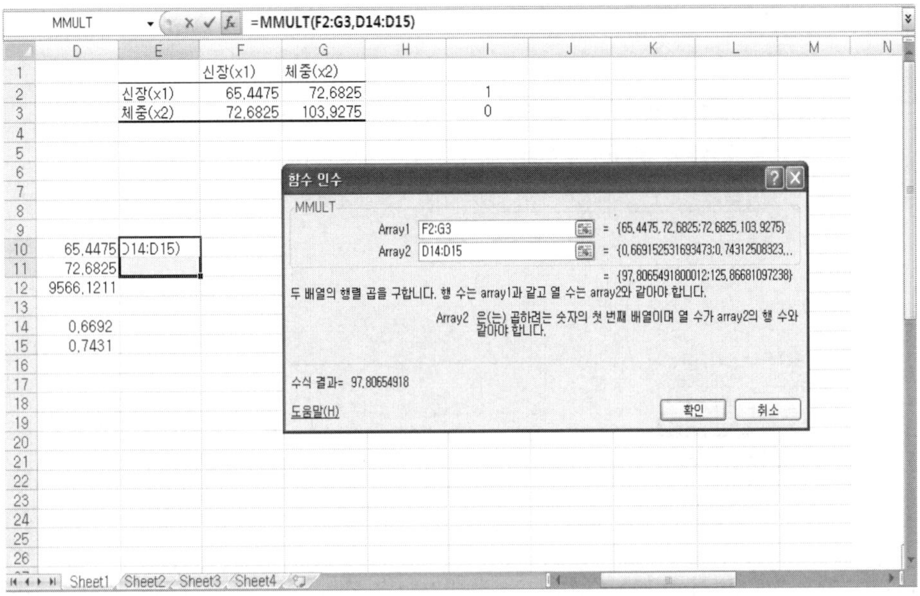

즉, 위와 같이 입력하고 Ctrl + Shift + Enter↵ 키를 동시에 누른다.

(2) 배열 E10:E11의 크기에 대한 제곱값을 구하기 위해서 전술한 [순서 3]의 (6)~(8)을 반복하면 된다. 셀 D12의 계산결과를 E12에 끌어서 복사하면 간단히 구할 수도 있다.

(3) 셀 E12에 벡터 크기의 제곱 $(97.8065)^2 + (125.8668)^2$이 출력된다.

(4) 배열 E10:E11에서 구한 벡터의 크기를 1로 하기 위해서 배열 E10:E11을 $\sqrt{E12}$, 즉 $\sqrt{25408.5752}$로 나누어야 한다.

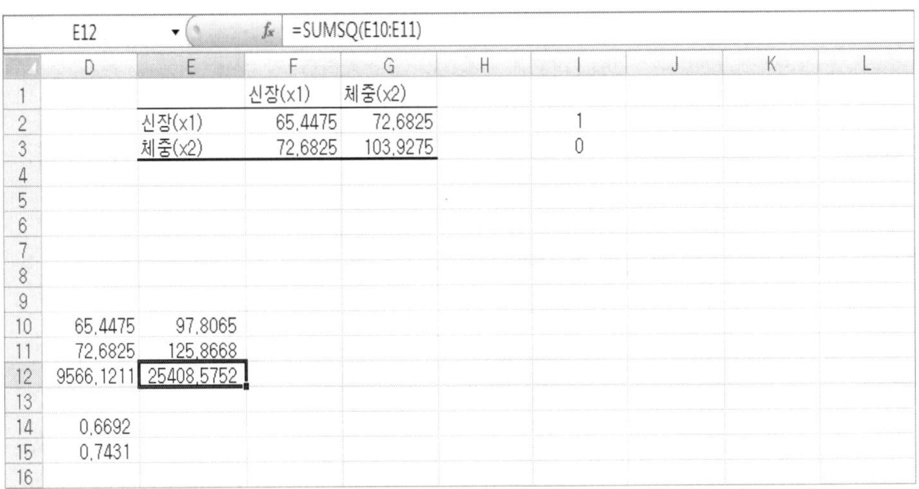

(5) [순서 3]의 (11)~(13)을 반복하면 된다.

E14 f_x {=E10:E11/E12^0.5}

	D	E	F	G	H	I	J	K	L
1			신장(x1)	체중(x2)					
2		신장(x1)	65,4475	72,6825		1			
3		체중(x2)	72,6825	103,9275		0			
4									
5									
6									
7									
8									
9									
10	65,4475	97,8065							
11	72,6825	125,8668							
12	9566,1211	25408,5752							
13									
14	0,6692	0,6136							
15	0,7431	0,7896							
16									
17									

(6) 이상을 반복 실시하여 14행·15행에서 이웃하는 배열의 값이 거의 같을 때에 멈춘다.

	D	E	F	G	H	I	J	K
1			신장(x1)	체중(x2)				
2		신장(x1)	65,4475	72,6825		1		
3		체중(x2)	72,6825	103,9275		0		
4								
5								
6								
7								
8								
9								
10	65,4475000	97,8065492	97,5498292	97,5183553	97,5164275	97,5163127	97,5163059	
11	72,6825000	125,8668110	126,6609914	126,6873344	126,6888257	126,6889141	126,6889194	
12	9566,1210625	25408,5751669	25558,9759101	25559,5103143	25559,5122020	25559,5122086	25559,5122087	
13								
14	0,6691525	0,6135893	0,6101755	0,6099723	0,6099602	0,6099595	0,6099594	
15	0,7431251	0,7896253	0,7922663	0,7924227	0,7924320	0,7924326	0,7924326	
16								
17								
18								

[순서 5] 고유치·고유벡터의 산출

(1) 배열 I14:I15와 배열 J14:J15의 값이 거의 같게 되었다.

이것이 구하고자 하는 고유벡터이다.

$$\text{고유벡터} = \begin{bmatrix} 0.6099594 \\ 0.7924326 \end{bmatrix}$$

(2) 이 때의 고유치는

$$고유치 = \sqrt{25559.5122}$$
$$= 159.8734$$

이다.

이상으로부터

$$\begin{bmatrix} 65.4475 & 72.6825 \\ 72.6825 & 103.9275 \end{bmatrix} \begin{bmatrix} a_1 \\ a_2 \end{bmatrix} = \lambda \begin{bmatrix} a_1 \\ a_2 \end{bmatrix}$$

을 만족하는 값은 다음과 같다.

$$\lambda = 159.8734, \qquad \begin{bmatrix} a_1 \\ a_2 \end{bmatrix} = \begin{bmatrix} 0.6099594 \\ 0.7924326 \end{bmatrix}$$

따라서 제1주성분 z_1은

$$z_1 = 0.6100x_1 + 0.7924x_2$$
$$= 0.6100 \times 신장 + 0.7924 \times 체중$$

이 된다. 다음은 제1주성분이 의미하는 종합적 특성을 간파하면 된다.

신장, 체중의 계수는 모두 플러스로 신장과 체중이 클수록 z_1의 값은 커지게 마련이다. 그렇다면 제1주성분 z_1의 종합적 특성을 '몸집의 크기'라고 이름 붙여도 무방할 것이다.

14.2.2 주성분득점의 산출

위에서 제1주성분은 다음과 같이 되었다.

$$z_1 = 0.6100 \times 신장 + 0.7924 \times 체중$$

그런데 1번과 3번 중에서 어느 쪽이 '몸집'이 크다고 할 수 있을까? 그것을 비교하기 위해서 주성분득점을 계산하기로 한다. 주성분득점이란 제1주성분

$$z_1 = 0.6100 \times 신장 + 0.7924 \times 체중 - 148.9238$$

의 각 변수 x_1(신장), x_2(체중)에 각 데이터의 값을 대입한 것이다.

예를 들면 1번의 경우,

$$신장 = 165, \quad 체중 = 60$$

이므로 주성분득점은

$$z_1 = 0.6100 \times 165 + 0.7924 \times 60 - 148.9238 = -0.7298$$

이 된다.

단, 상수항 148.9238은 평균(167.95, 58.65)을 대입했을 때의 값이다.

$$z_1 = 0.6100 \times 167.95 + 0.7924 \times 58.65 = 148.9238$$

이것은 주성분득점의 평균을 0으로 하기 위한 것이다.

▶ Excel에 의한 해법

[순서 1] 데이터의 입력 및 준비

	A	B	C	D	E	F	G	H	I	J
1	No.	신장(x_1)	체중(x_2)		주성분득점					
2	1	165	60							
3	2	160	58							
4	3	173	58							
5	4	175	63							
6	5	180	70							
7	6	160	51							
8	7	158	48							
9	8	163	51							
10	9	169	52							
11	10	155	45							
12	11	177	66							
13	12	180	71							
14	13	181	80							
15	14	175	75							
16	15	173	72							
17	16	168	52							
18	17	159	46							
19	18	163	51							
20	19	166	54							
21	20	159	50							
22										
23										

[순서 2] 신장, 체중의 평균 산출

B23 =AVERAGE(B2:B21)

	A	B	C	D	E	F	G	H	I	J
1	No.	신장(x_1)	체중(x_2)		주성분득점					
2	1	165	60							
3	2	160	58							
4	3	173	58							
5	4	175	63							
6	5	180	70							
7	6	160	51							
8	7	158	48							
9	8	163	51							
10	9	169	52							
11	10	155	45							
12	11	177	66							
13	12	180	71							
14	13	181	80							
15	14	175	75							
16	15	173	72							
17	16	168	52							
18	17	159	46							
19	18	163	51							
20	19	166	54							
21	20	159	50							
22										
23	평균	167.95	58.65							
24										

[셀의 입력내용]

B23; =AVERAGE(B2:B21)

C23; =AVERAGE(C2:C21)

[순서 3] 주성분득점의 산출

(1) 셀 E2를 클릭하고 다음의 수식을 입력한다.

E2; =0.6100*B2+0.7924*C2−(0.6100*167.95+0.7924*58.65)

E2 =0.61*B2+0.7924*C2-(0.61*167.95+0.7924*58.65)

	A	B	C	D	E	F	G	H	I	J
1	No.	신장(x_1)	체중(x_2)		주성분득점					
2	1	165	60		-0.7298					
3	2	160	58							
4	3	173	58							
5	4	175	63							
6	5	180	70							
7	6	160	51							
8	7	158	48							
9	8	163	51							
10	9	169	52							
11	10	155	45							
12	11	177	66							
13	12	180	71							
14	13	181	80							
15	14	175	75							
16	15	173	72							
17	16	168	52							
18	17	159	46							
19	18	163	51							
20	19	166	54							
21	20	159	50							
22										
23	평균	167.95	58.65							
24										

(2) 셀 E2를 E3에서 E21까지 복사한다.

E4 =0.61*B4+0.7924*C4-(0.61*167.95+0.7924*58.65)

	A	B	C	D	E	F	G	H	I	J
1	No.	신장(x_1)	체중(x_2)		주성분득점					
2	1	165	60		-0.7298					
3	2	160	58		-5.3646					
4	3	173	58		2.5654					
5	4	175	63		7.7474					
6	5	180	70		16.3442					
7	6	160	51		-10.9114					
8	7	158	48		-14.5086					
9	8	163	51		-9.0814					
10	9	169	52		-4.6290					
11	10	155	45		-18.7158					
12	11	177	66		11.3446					
13	12	180	71		17.1366					
14	13	181	80		24.8782					
15	14	175	75		17.2562					
16	15	173	72		13.6590					
17	16	168	52		-5.2390					
18	17	159	46		-15.4834					
19	18	163	51		-9.0814					
20	19	166	54		-4.8742					
21	20	159	50		-12.3138					
22										
23	평균	167.95	58.65							
24										

이 출력결과를 보면,

$$1번의\ 주성분득점 = -0.7298$$
$$3번의\ 주성분득점 = 2.5654$$

이므로 3번이 1번보다 몸집이 더 크다고 할 수 있다.

선형계획법 15

15.1 선형계획법의 기초지식

생산계획이나 판매계획을 생각할 때, 어떤 제약조건 하에서 최대한의 효과를 내도록 관련된 각 항목의 값을 정하고 싶은 경우가 있다. 예를 들면, 어떤 빵집에서는 딸기 케이크 x개와 스페셜 케이크 y개를 만들어서 400원/개 × x개와 500원/개 × y개의 이익을 예상하고 있다. 딸기 케이크에는 밀가루를 200g, 딸기를 2개 사용하고 스페셜 케이크에는 밀가루를 300g, 딸기를 1개 사용한다. 지금 이 빵집에는 밀가루는 10kg, 딸기는 60개밖에 없으며 이 만큼의 재료로 케이크를 만들지 않으면 안 된다. 만든 케이크는 모두 팔릴 것으로 가정하고 최대의 이익 z를 올리기 위해서는 각각의 케이크를 몇 개 만들면 좋겠는가?

이와 같은 문제를 풀 수 있는 수학적 방법으로서 **선형계획법**(LP : linear programming)이 있다. 선형계획법에서는 구하려고 하는 수량(이익, 코스트의 합계 등)을 몇 개의 변수(각 상품의 개수, 각 재료의 중량 등)에 의한 1차식으로 나타낸다(이것을 **목적함수**라고 부른다). 동시에 이들 변수가 취할 수 있는 범위에 대해서도 등식 또는 부등식으로 나타낸다(이것을 **제약조건**이라고 부른다).

앞에서 언급했던 케이크의 이익문제에서는 $z = 400x + 500y$가 목적함수이고, $200x + 300y \leq 10000$과 $2x + y \leq 60$이 제약조건이 된다. 이와 같은 목적함수와 제약조건을 식으로 나타내는 것을 **정식화**라고 한다. 정식화가 되면 이 식을 기초로 도식해법이나 수치해법으로 해를 구한다. 어느 해법으로든 해는 같다. 이 예제에서는 딸기 케이크를 20개, 스페셜 케이크를 20개 만들었을 때 이익이 18000원으로 최대가 된다고 하는 해가 구해진다.

선형계획법은 서로 관련된 몇 가지의 활동에 있어서 종합적으로 보아 가장 좋은 계획을 세우기 위한 하나의 계산기술로서, 1차식의 제약조건 하에서 1차식을 최적화하는 문제라고 하는 것을 알 수 있다. 구해진 해를 **최적해**라고 부른다. 도식해법은 제약조건과 목적함수의 관계를 시각적으로 파악하여 문제의 이해를 깊게 할 수 있다. 그러나 도식해법에서는 2변수까지밖에 취급할 수 없다고 하는 문제가 있다.

실제의 문제를 풀기 위한 수치해법으로서는 G. B. Dantzig에 의해서 제안된 **단체법** (simplex method)이라고 불리는 방법이 유명하다. 단체법을 손으로 계산한다는 것은 어려우므로, 이전부터 몇 가지의 소프트웨어가 개발되어 이용되어 왔다. 한편, Excel에는 선형계획법을 위한 도구로서 「해 찾기」가 준비되어 있어 간단히 이용할 수 있다. 여기에서는 도식해법에 대해서 이해한 다음, Excel의 「해 찾기」에 의해서 몇 가지 대표적인 문제를 풀어 보기로 한다.

15.2 최대화 · 최소화 문제

최대화 문제란 목적변수 z가 식 (15－1)에서 보이는 바와 같은 몇 개의 계획변수 x_j, $j = 1, \cdots, n$과 이익계수 c_j, $j = 1, \cdots, n$의 1차식으로 표현되어 있고 식 (15－2)~(15－5)의 제약조건 하에서 z를 최대화하는 해를 얻는 것이다. 식 (15－1)~(15－5)는 최대화 문제를 일반적인 형태로 기술한 것이다.

목적변수 : $z = \sum_{j=1}^{n} c_j x_j$ (15－1)

(이 z를 최대화하기 위한 x_j를 구한다)

제약조건 1 : $\sum_{j=1}^{n} c_{ij} x_{ij} \leq b_i \quad j = 1, \cdots, m_1$ (15－2)

제약조건 2 : $\sum_{j=1}^{n} c_{ij} x_{ij} = b_i \quad j = m_1 + 1, \cdots, m_2$ (15－3)

제약조건 3 : $\sum_{j=1}^{n} c_{ij} x_{ij} \geq b_i \quad j = m_2 + 1, \cdots, m$ (15－4)

$x_j \geq 0 \quad j = 1, \cdots, n$ x_j가 음이 아닌 조건 (15－5)

$b_i \geq 0 \quad i = 1, \cdots, m$

식 (15－2)~(15－4)의 b_i가 음이 아닌 조건 (15－6)

최소화 문제의 경우에는 식 (15−1)의 목적함수에 −1을 곱해서 최대화 문제와 마찬가지로 다룰 수 있다.

일반적인 형태로 나타내면 어렵게 보이지만 구체적인 예를 들어 생각하면 극히 일상생활에서 일어나고 있는 친숙한 문제라는 것을 알 수 있다.

예제 15-1 최대화 문제

어떤 회사에서 제품 A와 제품 B를 생산하고자 한다. 제품 A를 10kg 만들기 위해서는 원료가 9kg, 전력이 4kw, 인력이 3인/일 만큼 필요하다. 또한 제품 B를 10kg 만들기 위해서는 원료가 4kg, 전력이 5kw, 인력이 10인/일 만큼 필요하다. 그런데 지금 이 회사에서 이용할 수 있는 것은 원료가 360kg, 전력이 200kw, 인력이 300인/일까지라고 하는 제한이 있다. 제품 A는 10kg에 대해서 7만원의 이익을 낳고, 제품 B는 10kg에 대해서 12만원의 이익을 낳는다는 것을 알고 있다. 이와 같은 조건에서 이익이 최대가 되도록 제품 A와 제품 B의 생산량 x, y를 정해 보자.

생산량 x, y를 10kg 단위로 생각하면 이익을 나타내는 목적함수 z는 다음과 같이 된다.

$$z=7x+12y \qquad \cdots \quad \text{(a)}$$

또한 원료, 전력, 인력의 제약조건은 다음과 같이 된다.

$$9x+4y \le 360 \qquad \cdots \quad \text{(b)}$$
$$4x+5y \le 200 \qquad \cdots \quad \text{(c)}$$
$$3x+10y \le 300 \qquad \cdots \quad \text{(d)}$$

당연한 사실이지만 생산량은 음(마이너스)이 되지 않으므로 다음과 같은 제약조건이 추가된다.

$$x \ge 0,\ y \ge 0 \qquad \cdots \quad \text{(e)}$$

이 문제는 <그림 15−1>과 같은 도형으로 풀 수가 있다. <그림 15−1>에서는 식 (b)~(e)의 모든 제약조건을 만족하는 영역이 다각형 OABCD이다 이 영역 내에서 식 (a)의 z가 최대가 되는 것은 식 (a)에 대해서 y 절편을 β 로 놓고 직선의 식으로 변형한 $y=-\frac{7}{12}x+\beta$의 직선 중 β 가 최대가 되는 경우이다. 즉, 식 (c)와 식 (d)의 교점인 B점 (20, 24)를 지나는 것이라는 사실을 알 수 있다. 따라서 제품 A를 20단위(200kg), 제품 B를 24단위(240kg) 만들었을 때 이익 z는 $7\times20+12\times24=428$만 원으로 최대가 된다. 이것이 이 문제의 최적해이다.

그림에 의한 해법을 봄으로써 어떤 문제를 다루고자 하는지에 대해서 이해할 수 있을 것이다. 그러나 실제의 문제에서는 제품의 종류는 수없이 많이 존재하고 원료, 전력이나 인력 이외에도 많은 제약조건이 존재한다. 즉, 대형의 연립부등식이 될 터인데,

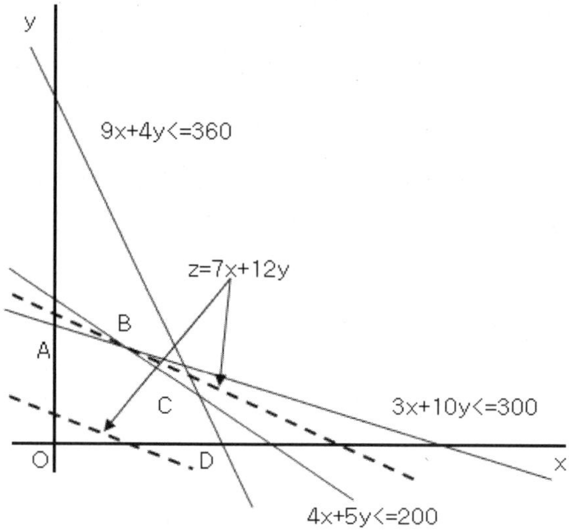

그림 15-1 도식해법

그것들을 도해법으로 푼다는 것은 간단하지 않다. 그래서 Excel의 해 찾기를 이용해서 문제를 풀기로 한다.

해 찾기란 Excel의 도구 중 하나로서 준비되어 있는 코멘드 세트이다. 해 찾기를 사용하면 워크시트의 목표 셀이라고 불리는 셀에 입력되어 있는 수식의 최적해를 구할 수 있다. 해 찾기는 「목표 셀」의 수식에 직접 또는 간접적으로 관련된 복수의 셀을 사용해서 실행된다. 즉, 해 찾기에서는 제약조건식을 지정한 다음에 「값을 바꿀 셀」이라고 불리는 셀의 값을 자동적으로 증감시킴으로써 최적해를 찾아낼 수 있는 것이다.

[예제 15-1]을 해 찾기로 풀어 보도록 하자.

▶ Excel에 의한 해법

[순서 1] 제약조건과 목적함수의 입력

주어진 제약조건과 목적함수를 입력하고, 제품 A(x)와 제품 B(y)의 값을 바꿀 셀에 대한 초기값을 각각 '1'이라고 입력한다.

E10 ▾ fx =B9*B10+C9*C10

	A	B	C	D	E	F	G	H	I
1	<제약조건>	제품 A(x)	제품 B(y)	합계	부등호	제한			
2	제약조건 1(원료)	9	4	13	<=	360			
3	제약조건 2(전력)	4	5	9	<=	200			
4	제약조건 3(인력)	3	10	13	<=	300			
5	제약조건 4(x)	1	0	1	>=	0			
6	제약조건 5(y)	0	1	1	>=	0			
7									
8	<목적함수>	제품 A(x)	제품 B(y)		이익합계(만원)				
9	이익(만원/10kg)	7	12						
10	생산량(x 10kg)	1	1		19				
11									
12									
13									
14									
15									

[셀의 입력내용]

D2; =B2*$B$10+C2*$C$10 (D2를 D3에서 D6까지 복사한다)

E10; =B9*B10+C9*C10

[순서 2] 해 찾기의 실행

(1) 메뉴에서 [데이터]−[해 찾기]를 선택하면 [해 찾기 모델 설정]이라고 하는 대화상자가 나타난다. 다음과 같이 입력한다.

목표 셀(E) : $E$10

값을 바꿀 셀(B) : $B$10:$C$10

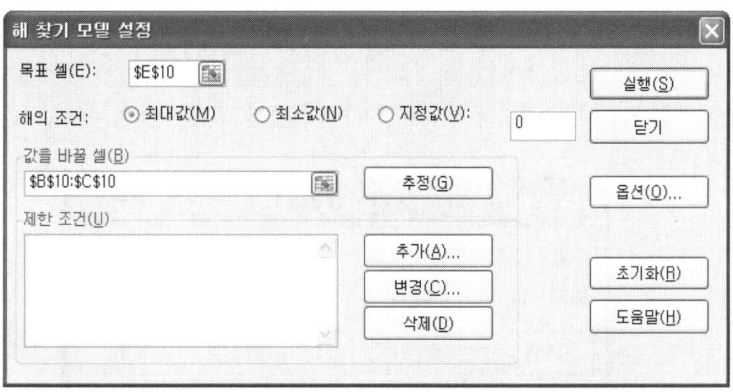

(2) 제한 조건을 입력하기 위해서 먼저 [추가(A)] 버튼을 클릭하면 다음과 같은 [제한 조건 추가] 대화상자가 나타난다.

셀 참조 영역 : $D$2:$D$4
제한 조건 : $F$2:$F$4

라고 입력하고 [확인] 버튼을 클릭한다. 여기에서 관련기호가 같으면 [셀 참조 영역]과 [제한 조건]의 셀 범위를 지정하는 것도 가능하다.

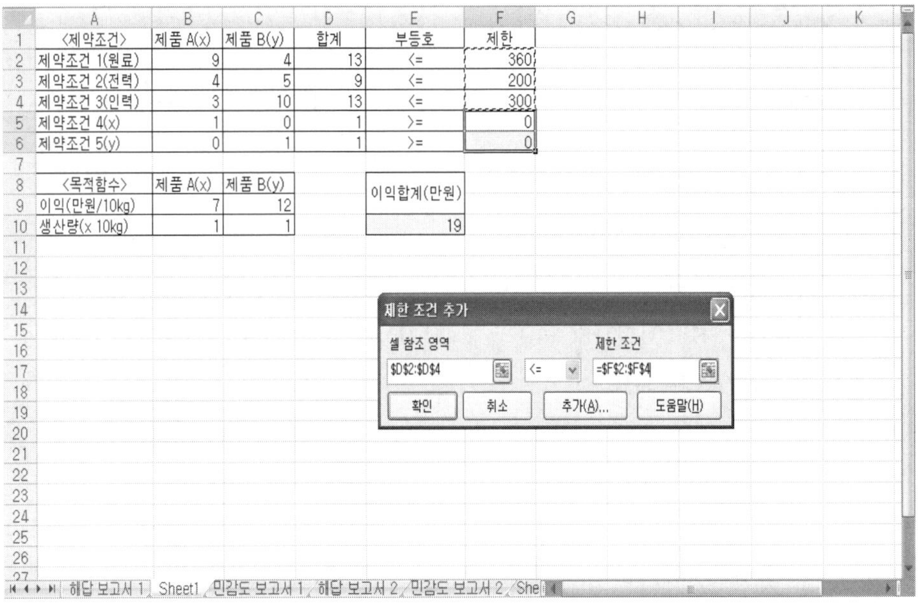

(3) 같은 방법으로 [추가(A)] 버튼을 클릭한 다음

셀 참조 영역 : $D$5:$D$6
제한 조건 : $F$5:$F$6

라고 입력하고 [확인] 버튼을 클릭한다. 이 때 부등호도 다음과 같이 바꾸어 준다.

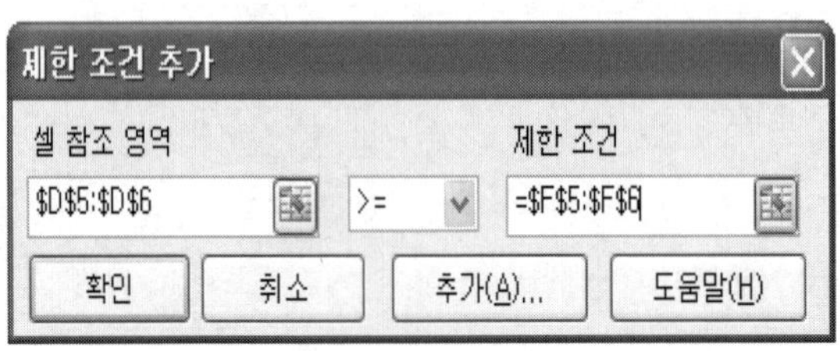

(4) 입력이 끝난 [해 찾기 모델 설정] 대화상자는 다음과 같다.

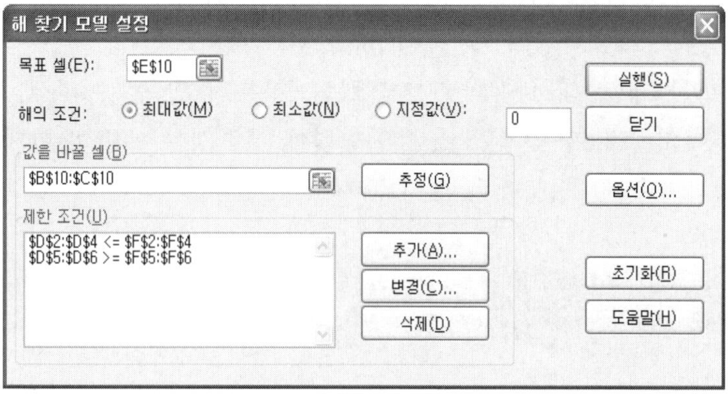

(5) 여기에서 [실행(S)] 버튼을 클릭하면 [해 찾기 결과] 대화상자가 나타난다. [보고서(R)] 난의 [해답]을 선택하고 나서 [확인] 버튼을 누른다.

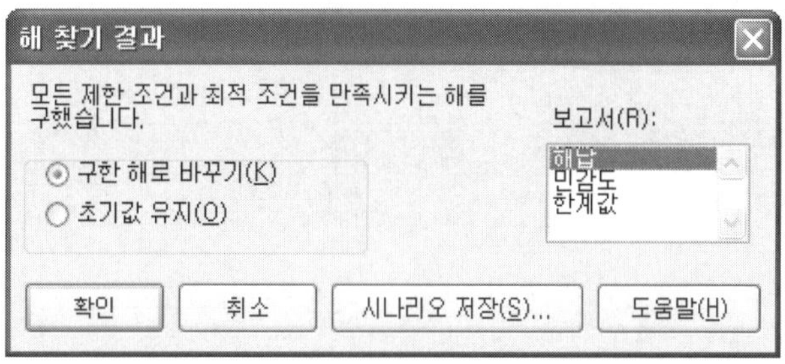

[순서 3] 해 찾기의 실행결과

해 찾기를 실행하면 A(x)와 제품 B(y)의 값을 바꿀 셀에 대한 최적해가 구해지고, 이에 대한 이익합계가 계산되어 구해지고 있는 것을 알 수 있다.

E10 =B9*B10+C9*C10

	A	B	C	D	E	F	G	H	I
1	<제약조건>	제품 A(x)	제품 B(y)	합계	부등호	제한			
2	제약조건 1(원료)	9	4	276	<=	360			
3	제약조건 2(전력)	4	5	200	<=	200			
4	제약조건 3(인력)	3	10	300	<=	300			
5	제약조건 4(x)	1	0	20	>=	0			
6	제약조건 5(y)	0	1	24	>=	0			
7									
8	<목적함수>	제품 A(x)	제품 B(y)		이익합계(만원)				
9	이익(만원/10kg)	7	12						
10	생산량(x 10kg)	20	24		428				
11									
12									
13									
14									
15									

이 예제에서의 최적해로서 도해법과 같은 $x = 20$, $y = 24$가 구해지고 각 제약조건이 충족되고 있다는 것을 확인할 수 있다. 자동적으로 출력된 「해답 보고서 1」 이라고 하는 시트에는 다음과 같은 내용이 표시된다. 제약조건 2, 3에는 「만족」 이라고 하는 표시가 있는데 비해서 제약조건 1에는 「부분적 만족」 이라고 표시되어 있다. 즉, 원료에는 아직 여유가 있지만 전력과 인력에 대해서는 제한의 한계점까지 이용한다고 하는 결과가 되었다는 것을 나타내고 있다.

Microsoft Excel 12.0 해답 보고서
워크시트 이름: [제12장(선형계획법).xls]Sheet1
보고서 작성일: 2007-12-03 오전 8:04:40

목표 셀 (최대값)

셀	이름	계산 전의 값	계산 값
$E$10	생산량(x 10kg) 이익합계(만원)	19	428

값을 바꿀 셀

셀	이름	계산 전의 값	계산 값
$B$10	생산량(x 10kg) 제품 A(x)	1	20
$C$10	생산량(x 10kg) 제품 B(y)	1	24

제한 조건

셀	이름	셀의 값	수식	만족 정도	조건과의 차
$D$2	제약조건 1(원료) 합계	276	$D$2<=$F$2	부분적 만족	84
$D$3	제약조건 2(전력) 합계	200	$D$3<=$F$3	만족	0
$D$4	제약조건 3(인력) 합계	300	$D$4<=$F$4	만족	0
$D$5	제약조건 4(x) 합계	20	$D$5>=$F$5	부분적 만족	20
$D$6	제약조건 5(y) 합계	24	$D$6>=$F$6	부분적 만족	24

해답 보고서 1 / Sheet1 / 민감도 보고서 1 / 해답 보고서 2 / 민감도 보고서 2 / She

민감도분석

선형계획법에 대한 문제에서 입력 데이터의 값이 변할 때 최적해가 얼마나 민감하게 변화하는가에 대한 분석을 **민감도분석**(sensitivity analysis)이라고 한다. 주어진 입력 데이터에 대한 최적해를 구한 다음 입력 데이터가 변할 때 최적해의 변화 양상을 미리 분석해 보는 것은 모형을 현실문제에 적용하는 데 있어서 아주 중요한 과정이라고 할 수 있다. 선형계획법의 모형에 대한 민감도분석은 보통 목표 셀 계수와 제한 조건의 우변 상수에 대하여 주로 행해져 왔다.

[예제 15-1]에 대한 민감도분석의 실행순서는 다음과 같다.

[순서 1] 옵션의 선택

(1) 최적해를 구했던 다음의 대화상자에서 [옵션(O)] 버튼을 클릭한다.

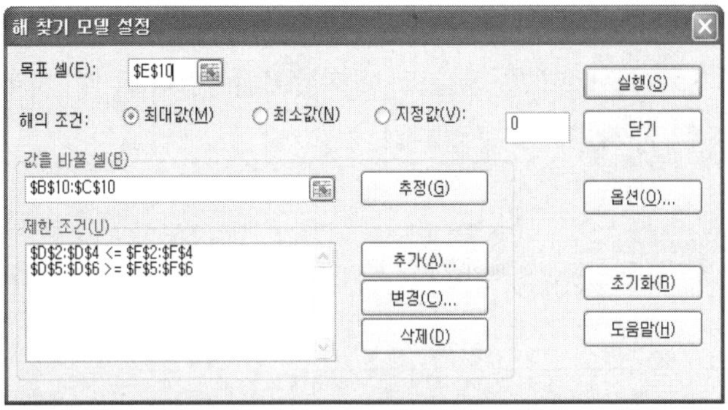

(2) [예제 15－1]은 선형계획법 문제이므로 [옵션]을 선택한 다음, [선형 모델 가정]과 [음수 아닌 것으로 가정]을 선택한다. 그 나머지 사항은 원래대로 둔다. 여기에서 [확인] 버튼을 클릭하면 다시 [해 찾기 모델 설정] 대화상자로 돌아온다.

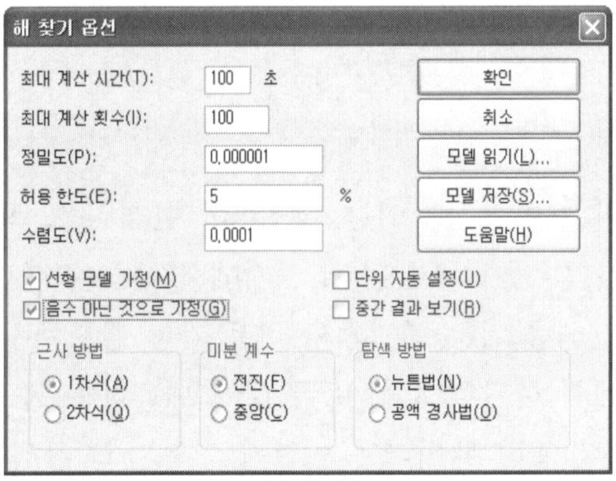

(3) [해 찾기 모델 설정] 대화상자에서 [실행] 버튼을 클릭한다.

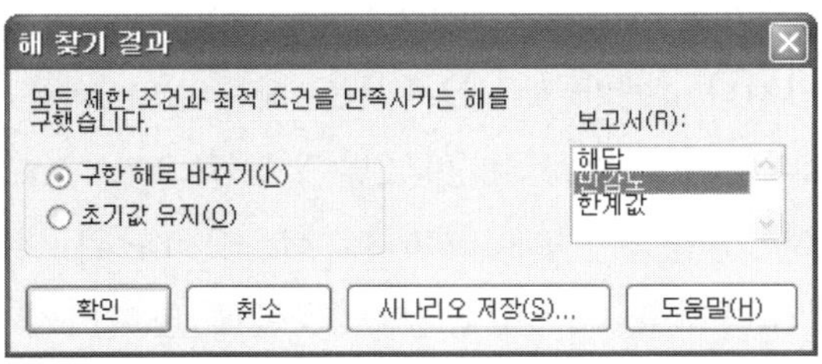

[해 찾기 결과] 대화상자에서 [보고서(R)] 난의 「민감도」를 선택하고 나서 [확인] 버튼을 누른다.

[순서 2] 민감도분석 결과 출력

다음은 [예제 15－1]에 대한 민감도 보고서이다. 민감도 보고서는 값을 바꿀 셀과 제한 조건의 두 가지 표로 구성된다.

Microsoft Excel 12.0 민감도 보고서
워크시트 이름: [제12장(선형계획법).xls]Sheet2
보고서 작성일: 2007-12-03 오전 8:57:27

값을 바꿀 셀

셀	이름	계산 값	한계 비용	목표 셀 계수	허용 가능 증가치	허용 가능 감소치
$B$10	생산량(x 10kg) 제품 A(x)	20	0	7	2.6	3.4
$C$10	생산량(x 10kg) 제품 B(y)	24	0	12	11.33333333	3.25

제한 조건

셀	이름	계산 값	잠재 가격	제한 조건 우변	허용 가능 증가치	허용 가능 감소치
$D$2	제약조건 1(원료) 합계	276	0	360	1E+30	84
$D$3	제약조건 2(전력) 합계	200	1.36	200	26.92307692	50
$D$4	제약조건 3(인력) 합계	300	0.52	300	100	72.4137931
$D$5	제약조건 4(x) 합계	20	0	0	20	1E+30
$D$6	제약조건 5(y) 합계	24	0	0	24	1E+30

해답 보고서 1 / Sheet1 / 민감도 보고서 1 / 해답 보고서 2 / 민감도 보고서 2 / She

값을 바꿀 셀에 대한 표에는 셀, 이름, 계산 값, 한계비용, 목표 셀 계수, 허용 가능 증가치, 허용 가능 감소치 등이 포함된다. 여기에서 계산 값이란 해 찾기에 의해서 얻어진 최적해를 말한다. 허용 가능 증가치와 허용 가능 감소치란 현재의 최적해가 변하지 않는다는 조건 하에서 하나의 값을 바꿀 셀에 대응하는 목표 셀 계수의 허용 가능 범위를 의미한다. 이 때 입력 데이터는 변하지 않는다고 가정한다. 즉, 값을 바꿀 셀 B10에 대응하는 목표 셀 계수의 입력 데이터는 셀 B9의 데이터이다. 따라서 셀 B9의 값이 현재의 7에서 [3.6, 9.6] 범위 내에서 어떤 값으로 변해도 최적해는 변함이 없다.

값을 바꿀 셀의 **한계비용**(marginal cost)은 해당 제품을 1단위 생산하는 데 추가로 발생하는 비용을 가리킨다. [예제 15－1]에서는 제품 A나 제품 B모두가 최적의 상태에서 생산하고 있기 때문에 추가로 비용이 발생할 필요가 없다. 그러나 최적의 상태에서 어느 제품에 대한 생산량이 '0'이라면 이 제품을 1단위 생산에 참여하게 함으로써 전체의 이익은 감소하게 된다. 이와 같이 생산에 참여하지 않았던 제품을 1단위 생산하게 함으로써 발생하는 이익의 감소분을 그 제품의 한계비용 또는 **수정비용**(reduced cost)이라고 부른다.

민감도 보고서의 제한 조건 표 중 **잠재가격**(shadow price)이란 해당 제한 조건의 우변 값을 1단위 증가시킬 때 목표 셀 값의 변화량을 의미하고 라그랑지 승수(Lagrange multiplier)라고도 한다. 즉, 최적의 상태에서 원료 1kg의 증가는 이익을 증가시키지 않는다. 왜냐하면 최적 상태에서 원료의 사용량은 276kg인데 사용 가능한 양은 360kg이기 때문이다. 그러므로 잠재가격은 0이다. 전력 1kw의 증가는 1.36만 원의 이익을 증가시키므로 잠재가격이 1.36만 원이다. 그리고 인력 1인/일의 증가는 0.52만 원의 이익을 증가시키므로 잠재가격은 0.52만 원이다.

예제 15-2 최소화 문제

식품 1, 식품 2, 식품 3을 편성해서 비타민 A, 비타민 B, 비타민 C를 확보하고자 한다. 비타민 A, B, C에 대해서 1일당 최저 필요한 양은 각각 12mg, 18mg, 12mg이다. 또한 식품 1, 식품 2, 식품 3의 100g당 가격은 각각 600원, 700원, 800원이다. 1일에 필요한 비타민을 가장 싼 값으로 취하려면 식품 1, 식품 2, 식품 3을 각각 몇 g 섭취하면 좋겠는가?

표 15-1 각 식품 100g 중에 포함된 비타민 (단위 : mg)

	식품 1	식품 2	식품 3
비타민 A	2	1	3
비타민 B	2	6	1
비타민 C	0	4	2

100g을 1단위로 해서 식품 1, 식품 2, 식품 3을 각각 x단위, y단위, z단위 구입했을 때의 가격 w는 다음의 식으로 표현된다.

$$\text{가격} \quad w = 600x + 700y + 800z$$

이것이 목적함수이며 w가 최소가 되는 x, y, z의 편성을 구하면 된다. 이 경우에 각각의 식품에 포함되는 비타민의 양과 1일의 최저 필요한 양으로부터 다음과 같은 제약조건이 구성된다.

비타민 A의 최저 필요한 양으로부터의 제약조건 $2x + y + 3z \geq 12$
비타민 B의 최저 필요한 양으로부터의 제약조건 $2x + 6y + z \geq 18$
비타민 C의 최저 필요한 양으로부터의 제약조건 $4y + 2z \geq 12$

Excel의 해 찾기를 이용해서 계산한 결과는 다음과 같다.

F11 ▾ f_x =B10*B11+C10*C11+D10*D11

	A	B	C	D	E	F	G	H	I
1	<제약조건>	식품 1(x)	식품 2(y)	식품 3(z)	합계	부등호	1일 최저 필요한 양		
2	비타민 A (mg)	2	1	3	12	>=	12		
3	비타민 B (mg)	2	6	1	18	>=	18		
4	비타민 C (mg)	0	4	2	12	>=	12		
5	식품 1(x) (x 100g)	1	0	0	2	>=	0		
6	식품 2(y) (x 100g)	0	1	0	2	>=	0		
7	식품 3(z) (x 100g)	0	0	1	2	>=	0		
8									
9	<목적함수>	식품 1(x)	식품 2(y)	식품 3(z)		가격합계(원)			
10	가격(원/100g)	600	700	800					
11	섭취량(x 100g)	2	2	2		4200			
12									
13									
14									
15									

식품 1, 식품 2, 식품 3을 각각 200g씩 섭취하는 것이 최적해이며 비타민 A, 비타민 B, 비타민 C를 각각 12mg, 18mg, 12mg 확보하게 된다. 이 때의 가격은 4200원이다. [예제 15−2]에 대한 해답 보고서를 보면 비타민 A, 비타민 B, 비타민 C에 대한 제약조건에 모두 「만족」 이라고 하는 표시가 있는데 이것은 비타민 A, 비타민 B, 비타민 C에 대해서 모두 1일 최저 필요한 양을 확보하고 있다는 것을 의미한다.

Microsoft Excel 12.0 해답 보고서
워크시트 이름: [제12장(선형계획법).xls]Sheet2
보고서 작성일: 2007-12-03 오후 9:17:11

목표 셀 (최소값)

셀	이름	계산 전의 값	계산 값
$F$11	섭취량(x 100g) 가격합계(원)	2100	4200

값을 바꿀 셀

셀	이름	계산 전의 값	계산 값
$B$11	섭취량(x 100g) 식품 1(x)	1	2
$C$11	섭취량(x 100g) 식품 2(y)	1	2
$D$11	섭취량(x 100g) 식품 3(z)	1	2

제한 조건

셀	이름	셀의 값	수식	만족 정도	조건과의 차
$E$2	비타민 A (mg) 합계	12	$E$2>=$G$2	만족	0
$E$3	비타민 B (mg) 합계	18	$E$3>=$G$3	만족	0
$E$4	비타민 C (mg) 합계	12	$E$4>=$G$4	만족	0
$E$5	식품 1(x) (x 100g) 합계	2	$E$5>=$G$5	부분적 만족	2
$E$6	식품 2(y) (x 100g) 합계	2	$E$6>=$G$6	부분적 만족	2
$E$7	식품 3(z) (x 100g) 합계	2	$E$7>=$G$7	부분적 만족	2

해답 보고서 1 / Sheet1 / 민감도 보고서 1 / 해답 보고서 2 / 민감도 보고서 2 / She

[예제 15－2]에 대한 민감도분석을 실시하면 다음과 같은 결과를 얻는다.

Microsoft Excel 12.0 민감도 보고서
워크시트 이름: [제12장(선형계획법).xls]Sheet2
보고서 작성일: 2007-12-03 오후 9:20:51

값을 바꿀 셀

셀	이름	계산 값	한계 비용	목표 셀 계수	허용 가능 증가치	허용 가능 감소치
$B$11	섭취량(x 100g) 식품 1(x)	2	0	600	35.29411765	240
$C$11	섭취량(x 100g) 식품 2(y)	2	0	700	2100	150
$D$11	섭취량(x 100g) 식품 3(z)	2	0	800	300	60.00000001

제한 조건

셀	이름	계산 값	잠재 가격	제한 조건 우변	허용 가능 증가치	허용 가능 감소치
$E$2	비타민 A (mg) 합계	12	233.3333333	12	18	9
$E$3	비타민 B (mg) 합계	18	66.66666666	18	9	7.2
$E$4	비타민 C (mg) 합계	12	16.66666667	12	4.235294118	7.2
$E$5	식품 1(x) (x 100g) 합계	2	0	0	2	1E+30
$E$6	식품 2(y) (x 100g) 합계	2	0	0	2	1E+30
$E$7	식품 3(z) (x 100g) 합계	2	0	0	2	1E+30

해답 보고서 1 / Sheet1 / 민감도 보고서 1 / 해답 보고서 2 / 민감도 보고서 2 / She

15.3 수송문제

어떤 상품이 공급지(생산지, 유통센터 등)에서 수요지(판매점, 소비자 등)로 수송되는 상황을 생각한다. 이와 같은 문제를 **수송문제**라고 한다. 수송에는 코스트가 들고 이 코스트는 경로에 따라서 다르다. 이 코스트를 최소화하려면 어떤 경로를 취하면 좋을까?

예제 15-3

수송문제의 가장 전형적인 것은 몇 개의 물품에 대한 실제의 수송을 다루는 문제이다. 여기에서는 다음과 같은 캔 주스의 배송을 생각한다. 캔 주스는 24개가 1상자에 채워져 있어 상자 단위로 배송되는 것으로 한다. 지금 창고 A와 창고 B에 캔 주스의 재고가 각각 15상자, 18상자 있다. 이 상황에서 대전 지점에서는 10상자, 부산 지점에서는 14상자, 광주 지점에서는 9상자의 주문이 들어왔다고 한다. 1상자당 수송비는 다음의 표와 같다. 수송비를 최소로 하려면 어떠한 배송계획을 세우는 것이 좋을까?

표 15－2 수송비 단가와 재고량 및 주문량

창고	지점	수송비 단가	주문량	재고량
창고 A	대전	1260원	10상자	창고 A : 15상자
창고 B		1400원		
창고 A	부산	1570원	14상자	
창고 B		950원		창고 B : 18상자
창고 A	광주	1610원	9상자	
창고 B		1030원		

창고에서 각 지점으로의 수송량(상자수)을 나타내는 기호를 다음의 <표 15－3>과 같이 정한다.

표 15－3 수송량

	대전	부산	광주	합계
창고 A	x_{11}	x_{12}	x_{13}	15상자
창고 B	x_{21}	x_{22}	x_{23}	18상자
합계	10상자	14상자	9상자	33상자

창고에서 각 지점으로 수송한 상자수의 합계가 그 지점의 주문수와 일치하지 않으면 안 되므로 다음의 식이 성립한다.

$$x_{11}+x_{21}=10$$
$$x_{12}+x_{22}=14$$
$$x_{13}+x_{23}=9$$

또한 창고에서 수송되는 상자수의 합계를 재고량 이하로 하지 않으면 안 된다.

$$x_{11}+x_{12}+x_{13} \leq 15$$
$$x_{21}+x_{22}+x_{23} \leq 18$$

암묵적인 제약조건으로서 창고에서 지점으로의 수송량(상자수)은 음이면 안 된다는 사실도 고려한다. 이상의 제한하에서 수송비 z의 합계

$$z=1260x_{11}+1570x_{12}+1610x_{13}+1400x_{21}+950x_{22}+1030x_{23}$$

을 최소로 할 수 있으면 되는 것이다. 해 찾기로 푼 결과는 다음과 같다.

I17 = B16*B17+C16*C17+D16*D17+E16*E17+F16*F17+G16*G17

<제약조건>	x_{11}	x_{12}	x_{13}	x_{21}	x_{22}	x_{23}	합계	부등호	제한
제약조건 1(대전지점 주문수)	1			1			10	=	10
제약조건 2(부산지점 주문수)		1			1		14	=	14
제약조건 3(광주지점 주문수)			1			1	9	=	9
제약조건 4(창고 A 재고수)	1	1	1				15	<=	15
제약조건 5(창고 B 재고수)				1	1	1	18	<=	18
수송량 x_{11}	1						10	>=	0
수송량 x_{12}		1					0	>=	0
수송량 x_{13}			1				5	>=	0
수송량 x_{21}				1			0	>=	0
수송량 x_{22}					1		14	>=	0
수송량 x_{23}						1	4	>=	0

<목적함수>	x_{11}	x_{12}	x_{13}	x_{21}	x_{22}	x_{23}		수송비 합계(원)
수송비 단가(원/상자)	1260	1570	1610	1400	950	1030		
수송 상자수	10	0	5	0	14	4		38070

해답 보고서 2 / 민감도 보고서 2 / Sheet2 / Sheet3 / 해답 보고서 3 / Sheet4

이 예제에서는 수요량(주문량)과 공급량(재고량)이 같아지기 때문에 어디에도 여유는 허용되지 않는 상태이다. 결과로서 창고 A에서 대전 지점으로 10상자, 광주 지점으로 5상자, 그리고 창고 B에서 부산 지점으로 14상자, 광주 지점으로 4상자 배송하면 비용이 38,070원이 되어 최소가 된다고 하는 해답이 얻어진다. [예제 15-3]에 대한 해답 보고서는 다음과 같다.

Microsoft Excel 12.0 해답 보고서
워크시트 이름: [제12장(선형계획법).xls]Sheet4
보고서 작성일: 2007-12-03 오후 10:37:05

목표 셀 (최소값)

셀	이름	계산 전의 값	계산 값
$I$17	수송 상자수 수송비 합계(원)	7820	38070

값을 바꿀 셀

셀	이름	계산 전의 값	계산 값
$B$17	수송 상자수 x11	1	10
$C$17	수송 상자수 x12	1	0
$D$17	수송 상자수 x13	1	5
$E$17	수송 상자수 x21	1	0
$F$17	수송 상자수 x22	1	14
$G$17	수송 상자수 x23	1	4

제한 조건

셀	이름	셀의 값	수식	만족 정도	조건과의 차
$H$3	제약조건 1(대전지점 주문수) 합계	10	$H$3=$J$3	부분적 만족	0
$H$4	제약조건 2(부산지점 주문수) 합계	14	$H$4=$J$4	부분적 만족	0
$H$5	제약조건 3(광주지점 주문수) 합계	9	$H$5=$J$5	부분적 만족	0
$H$6	제약조건 4(창고 A 재고수) 합계	15	$H$6<=$J$6	만족	0
$H$7	제약조건 5(창고 B 재고수) 합계	18	$H$7<=$J$7	만족	0
$H$8	수송량 x11 합계	10	$H$8>=$J$8	부분적 만족	10
$H$9	수송량 x12 합계	0	$H$9>=$J$9	만족	0
$H$10	수송량 x13 합계	5	$H$10>=$J$10	부분적 만족	5
$H$11	수송량 x21 합계	0	$H$11>=$J$11	만족	0
$H$12	수송량 x22 합계	14	$H$12>=$J$12	부분적 만족	14
$H$13	수송량 x23 합계	4	$H$13>=$J$13	부분적 만족	4

민감도 보고서 2 / Sheet2 / Sheet3 / 해답 보고서 3 / 민감도 보고서 3 / Sheet4

그리고 [예제 15－3]에 대한 민감도분석을 실시하면 다음과 같은 결과를 얻는다.

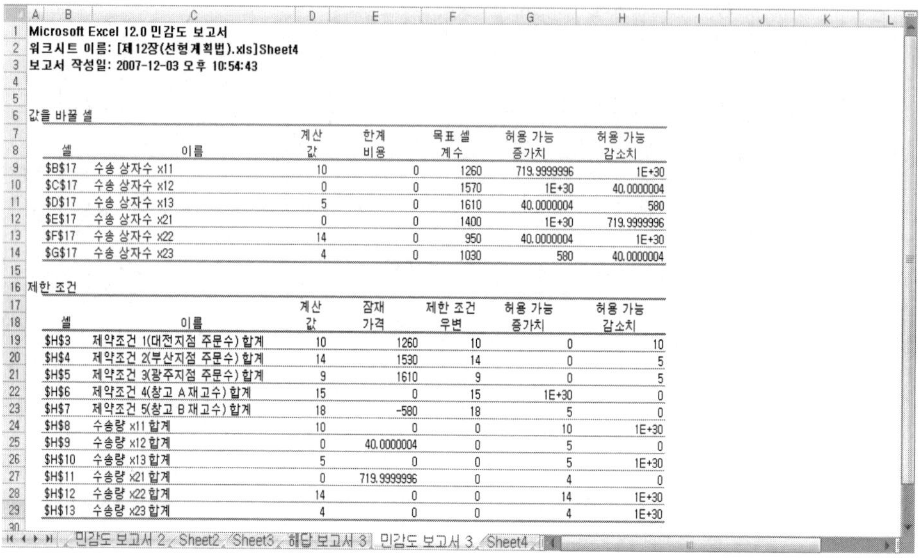

Microsoft Excel 12.0 민감도 보고서
워크시트 이름: [제12장(선형계획법).xls]Sheet4
보고서 작성일: 2007-12-03 오후 10:54:43

값을 바꿀 셀

셀	이름	계산 값	한계 비용	목표 셀 계수	허용 가능 증가치	허용 가능 감소치
$B$17	수송 상자수 x11	10	0	1260	719.9999996	1E+30
$C$17	수송 상자수 x12	0	0	1570	1E+30	40.0000004
$D$17	수송 상자수 x13	5	0	1610	40.0000004	580
$E$17	수송 상자수 x21	0	0	1400	1E+30	719.9999996
$F$17	수송 상자수 x22	14	0	950	40.0000004	1E+30
$G$17	수송 상자수 x23	4	0	1030	580	40.0000004

제한 조건

셀	이름	계산 값	잠재 가격	제한 조건 우변	허용 가능 증가치	허용 가능 감소치
$H$3	제약조건 1(대전지점 주문수) 합계	10	1260	10	0	10
$H$4	제약조건 2(부산지점 주문수) 합계	14	1530	14	0	5
$H$5	제약조건 3(광주지점 주문수) 합계	9	1610	9	0	5
$H$6	제약조건 4(창고 A 재고수) 합계	15	0	15	1E+30	0
$H$7	제약조건 5(창고 B 재고수) 합계	18	-580	18	5	0
$H$8	수송량 x11 합계	10	0	0	10	1E+30
$H$9	수송량 x12 합계	0	40.0000004	0	5	0
$H$10	수송량 x13 합계	5	0	0	5	1E+30
$H$11	수송량 x21 합계	0	719.9999996	0	4	0
$H$12	수송량 x22 합계	14	0	0	14	1E+30
$H$13	수송량 x23 합계	4	0	0	4	1E+30

민감도 보고서 2 / Sheet2 / Sheet3 / 해답 보고서 3 / 민감도 보고서 3 / Sheet4

정수계획법 16

16.1 정수계획법의 기초지식

선형계획 문제의 정수(integer)해를 얻기 위한 방법을 일컬어 **정수계획법**(integer programming)이라고 한다. **절단평면법**(cutting plane method), **분기한계법**(分岐限界法, branch and bound method) 등의 연산법이 개발되어 있다. 분기한계법에서는 먼저 정수라고 하는 제약을 제거하고, 선형계획 문제를 푼다. 정수가 아닌 해가 얻어진 경우, 그 변수를 두 가지의 경우로 나누어서 새로운 제약을 부가한 선형계획 문제를 푼다. 즉, $x_k = 2.7$이라고 하는 해가 얻어졌을 때에는 $x_k \geq 3$이라고 하는 제약을 부가한 문제와 $x_k \leq 2$라고 하는 제약을 부가한 문제를 별개로 풀어서 그 최적해(어느 쪽인가 한 쪽으로 해가 얻어지지 않는 경우도 있다)를 비교한다. 이 때, x_k는 정수가 되지만 x_l은 정수가 된다고는 할 수 없다. 그래서 또 x_l을 두 가지의 경우로 나누어서 선형계획 문제를 푼다. 이 연산법을 모든 변수가 정수로 될 때까지 반복하는 것이 분기한계법이다. 절단평면법도 역시 처음에는 우선 정수 조건을 제거하고 선형계획 문제를 풀고, 그 뒤에 절단평면이라고 불리는 제약을 부가해서 새로운 문제를 푼다. 그 후 심플렉스표의 정수성(문제는 정수로 주어져 있는 것으로 한다)을 유지한 채, 절단평면을 도입하는 변형된 심플렉스 연산법이 개발되고 있다.

일반적으로 정수계획 문제라고 하면, 선형계획 문제의 변수 중 일부 또는 전부에 정수 조건이 부가된 것을 가리키는 것이 보통이다. 즉,

$$\text{최소화} \quad : z = \sum_{j=1}^{n} c_j x_j$$

$$\begin{aligned} \text{조 건 : } & \sum_{j=1}^{n} a_{ij} x_j \le b_i \qquad i=1,\cdots,m_1; \\ & \sum_{j=1}^{n} a_{ij} x_j = b_i \qquad i=m_1+1,\cdots,m; \\ & x_j \ge 0 \qquad j=1,\cdots,n; \\ & x_j \in Z, \qquad j=1,\cdots,n_1(\le n). \end{aligned} \tag{16-1}$$

여기에서 c_j, a_{ij}, b_i는 주어진 데이터, x_j는 변수이고 Z는 정수 전체의 집합을 나타낸다. 식 (16-1)은 $n_1 = n$일 때 **순수 정수계획법 문제**(all integer programming problem)라고 부르고, $n_1 < n$일 때는 **혼합 정수계획법 문제**(mixed integer programming problem)라고 부른다. 또한 특히 정수변수가 취할 수 있는 값이 0 또는 1이라고 하는 제한이 붙은 문제를 **0-1 정수계획법 문제**라고 한다.

(16-1)은 그 안에 나오는 식이 모두 1차식으로 되어 있으므로, 엄밀히 말하면 정수선형계획법 문제라고 해야 할 것이다. 정수계획법 문제 중에는 비선형의 식을 포함하는 **비선형정수계획법 문제**도 포함된다.

16.2 정수계획법 문제의 해법

예제 16-1

다음의 정수계획법 문제를 Excel을 이용하여 풀어 보자.

$$\begin{aligned} \text{최대화 : } & z = 45x_1 + 40x_2 \\ \text{조 건 : } & x_1 + x_2 \le 300 \\ & 9x_1 + 6x_2 \le 2{,}500 \\ & 12x_1 + 16x_2 \le 3{,}500 \\ & x_1, x_2 \ge 0, \quad x_1, x_2 : \text{정수} \end{aligned}$$

▶ Excel에 의한 해법

[순서 1] 제약조건과 목적함수의 입력

주어진 제약조건과 목적함수를 입력하고, x_1과 x_2의 값을 바꿀 셀에 대한 초기값을 각각 '1'이라고 입력한다.

	A	B	C	D	E	F
1	<제약조건>	x_1	x_2	합계	부등호	제한
2	제약조건 1	1	1	2	<=	300
3	제약조건 2	9	6	15	<=	2500
4	제약조건 3	12	16	28	<=	3500
5	제약조건 4(x_1)	1	0	1	>=	0
6	제약조건 5(x_2)	0	1	1	>=	0
7						
8	<목적함수>	x_1	x_2		목적함수값	
9	목적함수계수	45	40			
10	최적해	1	1		85	

[셀의 입력내용]

D2; =B2*\$B\$10+C2*\$C\$10 (D2를 D3에서 D6까지 복사한다)

E10; =B9*B10+C9*C10

[순서 2] 해 찾기의 실행

(1) 메뉴에서 [데이터]-[해 찾기]를 선택하면 [해 찾기 모델 설정]이라고 하는 대화상자가 나타난다. 다음과 같이 입력한다.

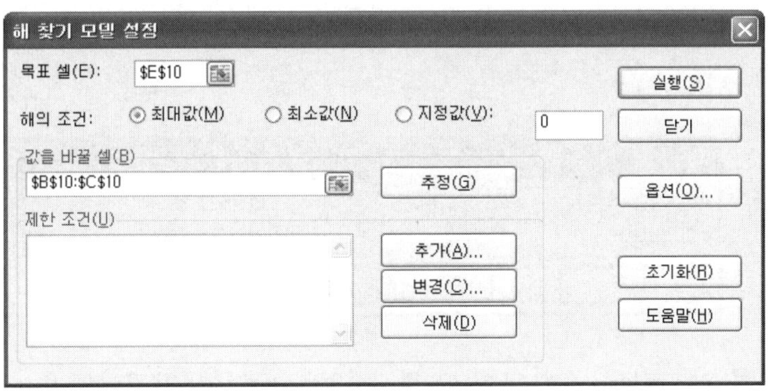

(2) 제한 조건을 입력하기 위해서 먼저 [추가(A)] 버튼을 클릭하면 다음과 같은 [제한 조건 추가] 대화상자가 나타난다.

셀 참조 영역 : $D$2:$D$4

제한 조건 : $F$2:$F$4

라고 입력하고 [확인] 버튼을 클릭한다. 여기에서 관련기호가 같으면 [셀 참조 영역]과 [제한 조건]의 셀 범위를 지정하는 것도 가능하다.

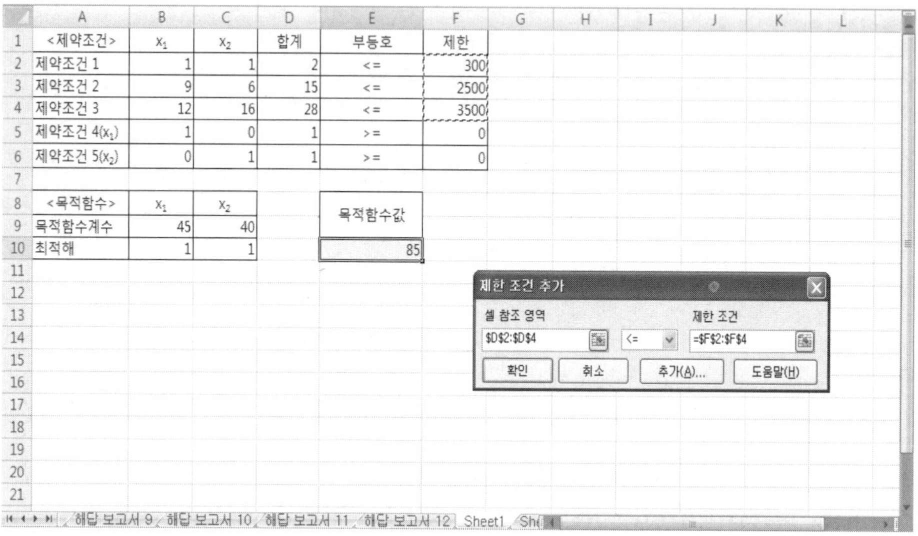

(3) 같은 방법으로 [추가(A)] 버튼을 클릭한 다음

셀 참조 영역 : $D$5:$D$6
제한 조건 : $F$5:$F$6

라고 입력하고 [확인] 버튼을 클릭한다. 이 때 부등호도 다음과 같이 바꾸어 준다.

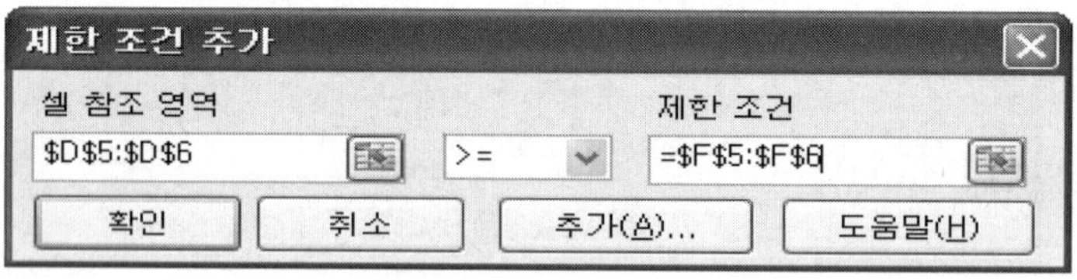

(4) 정수화 조건식을 추가하기 위해서 다음과 같이 입력한다.

(5) 입력이 끝난 [해 찾기 모델 설정] 대화상자는 다음과 같다.

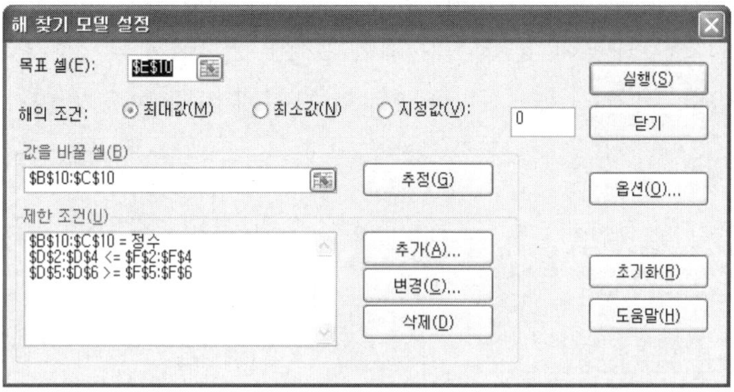

(6) 여기에서 [실행(S)] 버튼을 클릭하면 [해 찾기 결과] 대화상자가 나타난다. [보고서(R)] 난의 [해답]을 선택하고 나서 [확인] 버튼을 누른다.

[순서 3] 해 찾기의 실행결과

해 찾기를 실행하면 x_1과 x_2의 값을 바꿀 셀에 대한 최적해가 구해지고, 이에 대한 목적함수값이 계산되어 구해지고 있는 것을 알 수 있다.

	A	B	C	D	E	F
1	<제약조건>	x_1	x_2	합계	부등호	제한
2	제약조건 1	1	1	284	<=	300
3	제약조건 2	9	6	2496	<=	2500
4	제약조건 3	12	16	3488	<=	3500
5	제약조건 4(x_1)	1	0	264	>=	0
6	제약조건 5(x_2)	0	1	20	>=	0
7						
8	<목적함수>	x_1	x_2		목적함수값	
9	목적함수계수	45	40			
10	최적해	264	20		12680	

이 예제에서의 최적해로서 $x_1 = 264$, $x_2 = 20$이 구해지고 각 제약조건이 충족되고 있다는 것을 확인할 수 있다. 자동적으로 출력된 「해답 보고서 13」 이라고 하는 시트에는 다음과 같은 내용이 표시된다. 제약조건 1, 2, 3에 모두 「부분적 만족」 이라고 하는 표시가 있다. 이것은 제약조건 1, 2, 3의 자원에 아직 여유가 있다는 것을 나타내고 있다.

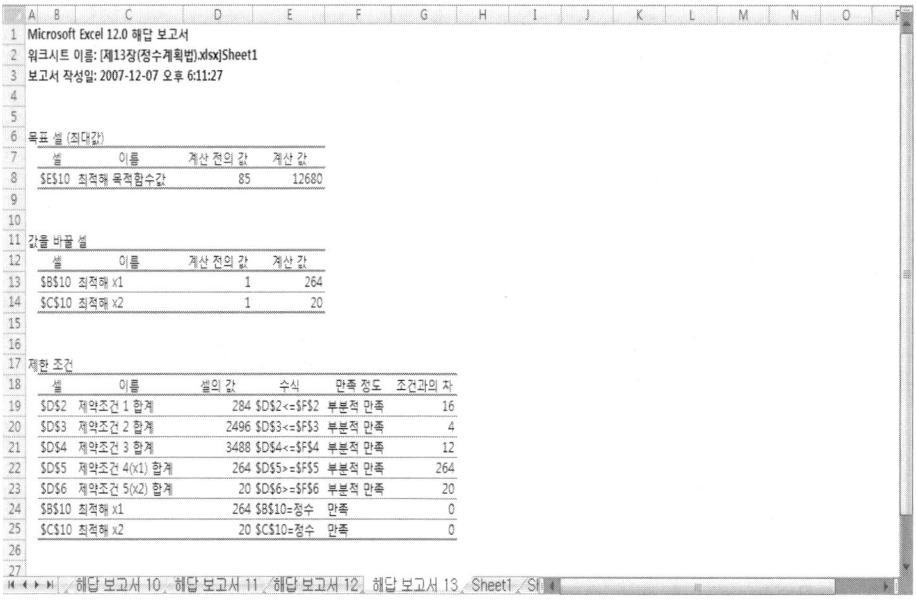

Microsoft Excel 12.0 해답 보고서
워크시트 이름: [제13장(정수계획법).xlsx]Sheet1
보고서 작성일: 2007-12-07 오후 6:11:27

목표 셀 (최대값)

셀	이름	계산 전의 값	계산 값
$E$10	최적해 목적함수값	85	12680

값을 바꿀 셀

셀	이름	계산 전의 값	계산 값
$B$10	최적해 x1	1	264
$C$10	최적해 x2	1	20

제한 조건

셀	이름	셀의 값	수식	만족 정도	조건과의 차
$D$2	제약조건 1 합계	284	$D$2<=$F$2	부분적 만족	16
$D$3	제약조건 2 합계	2496	$D$3<=$F$3	부분적 만족	4
$D$4	제약조건 3 합계	3488	$D$4<=$F$4	부분적 만족	12
$D$5	제약조건 4(x1) 합계	264	$D$5>=$F$5	부분적 만족	264
$D$6	제약조건 5(x2) 합계	20	$D$6>=$F$6	부분적 만족	20
$B$10	최적해 x1	264	$B$10=정수	만족	0
$C$10	최적해 x2	20	$C$10=정수	만족	0

해답 보고서 10 / 해답 보고서 11 / 해답 보고서 12 / 해답 보고서 13 / Sheet1

그런데 정수화 조건을 추가하여 구한 정수해 $x_1 = 264$, $x_2 = 20$은 사실 이 문제의 진정한 최적해가 아닐 수 있다. 이와 같은 현상은 왜 일어나는가? 이는 해 찾기 모델 설정 대화상자에서 [옵션(O)] 버튼을 누르면 [해 찾기 옵션] 대화상자가 나타나는데, 이 대화상자의 [허용 한도(E)]의 설정값(초기 설정값 5%)과 관련이 있다. 이 설정값은 Excel의 해 찾기 도구가 최적해를 구하는 계산과정에서 특정 단계에서의 목적함수값이 상한(upper bound)값과의 차이 비율이 설정값 이내에 들어오면 계산과정을 멈추라는 것을 의미한다. 따라서 자동설정값이 5%로 되어 있는 경우에 $x_1 = 264$, $x_2 = 20$일 때의 목적함수값 12,680에 대해서 (상한값 –12,680) / 5%이었기 때문에 계산과정이 멈추게 된 것이다. 그러므로 [허용 한도(E)]의 값이 0이 아닌 값으로 설정되어 있을 때, 계산결과는 일반적으로 최적해가 아닐 가능성이 있다. 그럼에도 불구하고 이러한 허용 한도를 설정하는 이유는 규모가 큰 정수계획법 문제의 최적해를 구하기 위해서 지나치게 오랜 계산시간이 소요되는 것을 방지하기 위함이다. 본 예제에 대해서 다음과 같이 [허용 한도(E)]의 값을 0%로 설정하고 [선형 모델 가정(M)]을 선택한 다음, [확인] 버튼을 클릭한다.

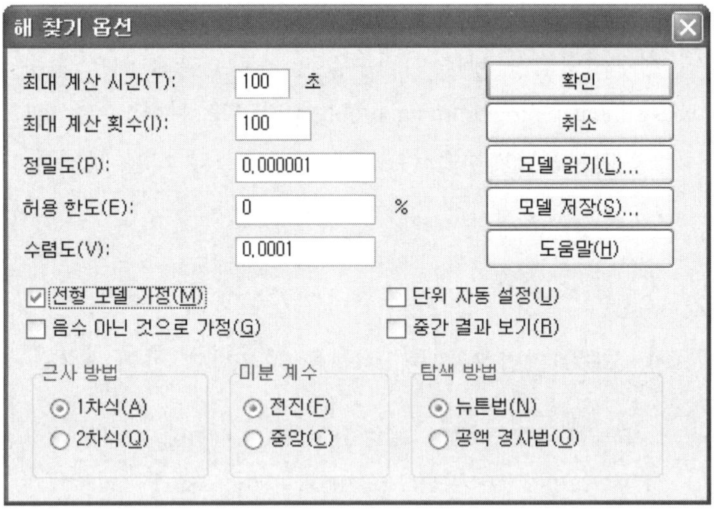

[해 찾기 모델 설정] 대화상자에서 [실행(S)] 버튼을 클릭하면, [해 찾기 결과] 대화상자가 나타난다. [보고서(R)] 난의 [해답]을 선택하고 나서 [확인] 버튼을 누르면, 최적해를 구하게 된다.

	A	B	C	D	E	F
1	<제약조건>	x_1	x_2	합계	부등호	제한
2	제약조건 1	1	1	284	<=	300
3	제약조건 2	9	6	2499	<=	2500
4	제약조건 3	12	16	3484	<=	3500
5	제약조건 4(x_1)	1	0	265	>=	0
6	제약조건 5(x_2)	0	1	19	>=	0
7						
8	<목적함수>	x_1	x_2		목적함수값	
9	목적함수계수	45	40			
10	최적해	265	19		12685	

16.3 순수 0-1 정수계획법 문제

모든 의사결정변수가 0 또는 1의 값을 취하는 문제를 **순수 0-1 정수계획법 문제**라고 한다. 이러한 정수계획법 문제는 이진수값만을 취한다고 해서 **순수 이진 정수계획법 문제**(pure binary integer programming problem)라고도 한다. 순수 0-1 정수계획법 문제는 특정 의사결정 대안을 선택하느냐 선택하지 않느냐 하는 문제를 다루는 데에 주로 적용된다.

예제 16-2

다음의 순수 0-1 정수계획법 문제를 Excel을 이용하여 풀어 보자.

$$
\begin{aligned}
\text{최대화} \quad &: z = 190x_1 + 270x_2 + 200x_3 + 170x_4 + 180x_5 \\
\text{제약조건} \quad &: 90x_1 + 110x_2 + 100x_3 + 80x_4 + 80x_5 \le 300 \\
&\quad 50x_1 + 70x_2 + 50x_3 + 40x_4 + 60x_5 \le 200 \\
&\quad 25x_1 + 35x_2 + 30x_3 + 20x_4 + 15x_5 \le 80 \\
&\quad 15x_1 + 25x_2 + 15x_3 + 10x_4 + 15x_5 \le 50 \\
\text{정수화 조건} \quad &: x_i = 0 \text{ 또는 } 1, \quad i = 1, 2, 3, 4, 5 \\
&\quad \text{즉, } x_i \ge 0,\ x_i \le 1,\ x_i : \text{정수},\ i = 1, 2, 3, 4, 5
\end{aligned}
$$

▶ Excel에 의한 해법

[순서 1] 제약조건과 목적함수의 입력

(1) 주어진 제약조건과 목적함수를 다음과 같은 구조로 입력한다.

(2) 셀 범위 B4:B8은 값을 바꿀 셀들로서, 초기값을 각각 '0'으로 입력한다.

C13 =SUMPRODUCT(C4:C8, B4:B8)

변수	선택여부 (1:선택, 0:선택 안함)	계수	제약조건 첫째	둘째	셋째	넷째
1	0	190	90	50	25	15
2	0	270	110	70	35	25
3	0	200	100	50	30	15
4	0	170	80	40	20	10
5	0	180	80	60	15	15
	사용자원		0	0	0	0
	가용자원		300	200	80	50
	목적함수값	0				

[셀의 입력내용]

D9 ; =SUMPRODUCT(D4:D8, $B$4:$B$8) (셀 D9를 G9까지 복사)

C13; =SUMPRODUCT(C4:C8, B4:B8)

[순서 2] 해 찾기의 실행

(1) 메뉴에서 [데이터]−[해 찾기]를 선택하여 다음과 같이 해 찾기 모델을 설정하고 [옵션(O)] 버튼을 클릭한다.

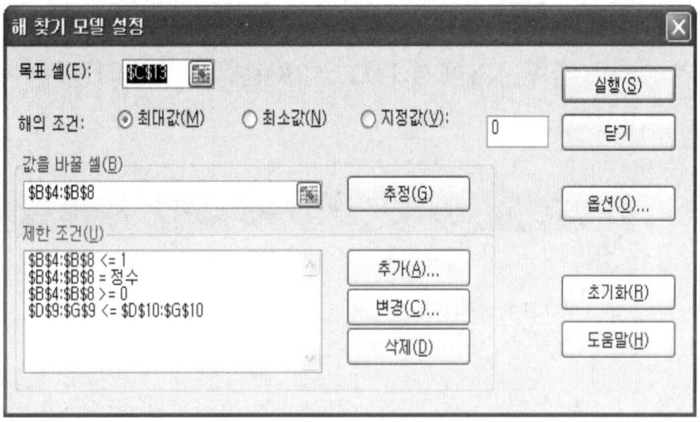

(2) [해 찾기 옵션] 대화상자에서 [허용 한도(E)]를 0%로 설정하고 [확인] 버튼을 클릭한다.

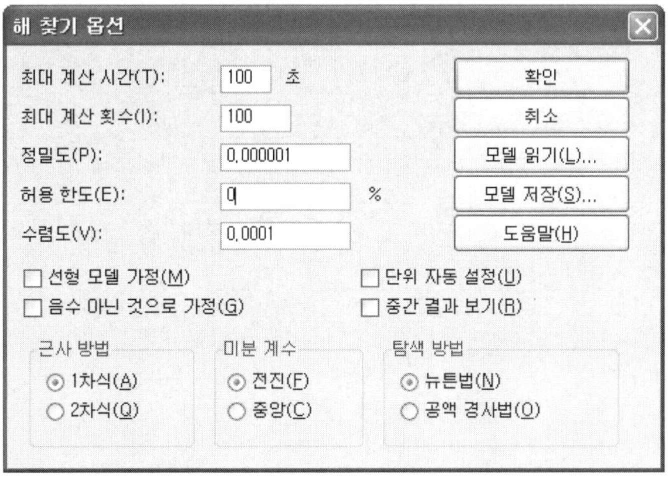

(3) 다음의 대화상자로 돌아오면 [실행(S)] 버튼을 클릭한다.

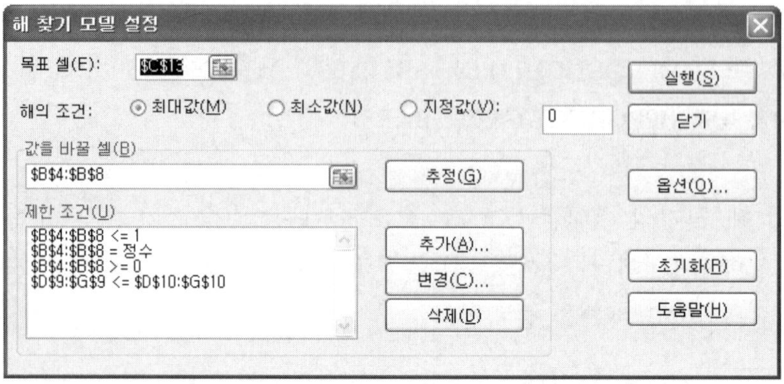

(4) [해 찾기 결과] 대화상자에서 [보고서(R)] 난의 [해답]을 선택하고 나서 [확인] 버튼을 클릭한다.

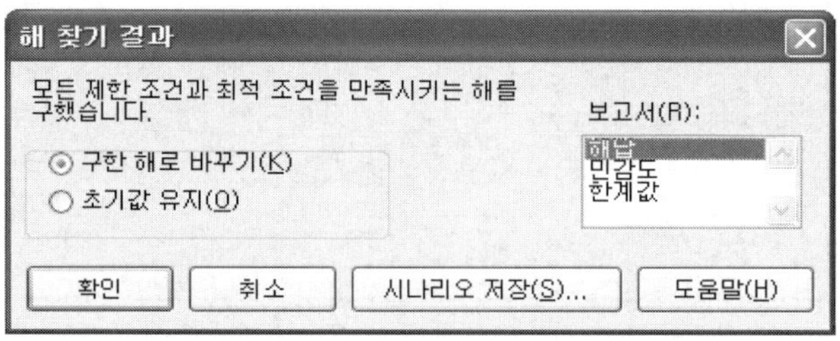

[순서 3] 해 찾기의 실행결과

다음과 같이 최적해가 얻어진다.

	선택여부		제약조건			
변수	(1:선택, 0:선택 안함)	계수	첫째	둘째	셋째	넷째
1	1	190	90	50	25	15
2	1	270	110	70	35	25
3	0	200	100	50	30	15
4	1	170	80	40	20	10
5	0	180	80	60	15	15
	사용자원		280	160	80	50
	가용자원		300	200	80	50
	목적함수값	630				

이상에서 보는 바와 같이 최선의 방법은 변수 x_1, x_2, x_4를 선택하는 것이고, 이 때의 목적함수값은 630으로 최대가 된다.

만일 특별한 이유로 변수 x_1, x_2, x_3 중에서 반드시 하나의 변수만을 선택해야 한다고 가정해 보자. 이러한 조건은 다음과 같은 제약조건식을 통해서 수학적 모델에 반영될 수 있다.

$$x_1 + x_2 + x_3 = 1$$

또한 변수 x_1, x_2, x_3 중에서 기껏해야 하나의 변수만을 선택해야 한다면, 다음과 같은 제약식이 추가되어야 할 것이다.

$$x_1 + x_2 + x_3 \leq 1$$

그리고 변수 x_1, x_2, x_3 중에서 최소한 하나의 변수를 반드시 선택해야 한다면, 다음과 같은 제약식이 추가되어야 한다.

$$x_1 + x_2 + x_3 \geq 1$$

만일, 변수 x_1과 변수 x_3의 관련성으로 인하여 변수 x_3은 변수 x_1이 선택될 때만 선택이 가능하다고 한다면, 다음과 같은 제약조건식에 의해 모델에 반영될 수 있다.

$$x_3 \leq x_1$$

위 식의 의미는 다음과 같이 설명할 수 있다. 변수 x_1이 선택되지 않았을 때, 즉 $x_1 = 0$일 때, 위의 제약조건식을 만족시키기 위해서 변수 x_3는 반드시 0이 되어야 한다. 즉, 변수 x_3는 선택될 수가 없는 것이다. 한편, 변수 x_1이 선택되면($x_1 = 1$), 변수 x_3는 0 또는 1의 값을 취할 수 있게 되어 제시한 조건을 만족시키게 된다.

16.4 순수 일반 정수계획법 문제

순수 일반 정수계획법 문제는 순수 이진 정수계획법 문제와 마찬가지로 모든 의사결정변수가 정수가 아니면 안 되지만, 순수 이진 정수계획법 문제와는 달리 0 또는 1

이외의 일반 정수값을 취할 수 있는 문제이다. 그러므로 순수 일반 정수계획법 문제는 순수 이진 정수계획법 문제를 포함한다고 말할 수 있다.

예제 16-3

S양은 다이어트를 위해서 하루에 필요한 에너지 2,500kcal, 단백질 70g, 칼슘 1,100mg 이상을 섭취할 것을 의사로부터 처방 받았다. 음식별 영양분 함유량과 음식 단위당 가격에 대한 데이터는 다음의 <표 16-1>과 같다. S양은 편식을 피하기 위해서 특정 음식을 하루에 지나치게 많이 먹지 않기로 했다. 그래서 각 음식별 하루의 섭취량을 <표 16-2>와 같이 제한하고 있다. S양은 하루에 필요한 영양분을 섭취하기 위해서 최소 비용으로 구입할 수 있는 음식들의 양을 구하려고 한다.

표 16-1 **음식별 영양분 함유량 및 가격**

음식	에너지(kcal)	단백질(g)	칼슘(mg)	단위당 가격(백원)
식빵(1)	110	4	2	3
닭고기(2)	205	32	12	24
달걀(3)	160	13	54	13
우유(4)	160	8	285	9
치즈(5)	420	4	22	20
두부(6)	260	14	80	19

표 16-2 **음식별 하루 최대 섭취량**

음 식	식빵	닭고기	달걀	우유	치즈	두부
최대 섭취량	4	3	2	8	2	2

이것을 수식화하면 다음과 같다. 다음의 순수 일반 정수계획법 문제를 Excel을 이용하여 풀어 보자.

$$\begin{aligned}
\text{최소화} \;&: z = 3x_1 + 24x_2 + 13x_3 + 9x_4 + 20x_5 + 19x_6 \\
\text{제약조건} \;&: 110x_1 + 205x_2 + 160x_3 + 160x_4 + 420x_5 + 260x_6 \geq 2500 \\
&\quad 4x_1 + 32x_2 + 13x_3 + 8x_4 + 4x_5 + 14x_6 \geq 70 \\
&\quad 2x_1 + 12x_2 + 54x_3 + 285x_4 + 22x_5 + 80x_6 \geq 1100 \\
&\quad x_1 \leq 4,\ x_2 \leq 3,\ x_3 \leq 2,\ x_4 \leq 8,\ x_5 \leq 2,\ x_6 \leq 2 \\
&\quad x_i \geq 0,\ x_i : \text{정수},\ i = 1,\ 2,\ \cdots,\ 6
\end{aligned}$$

▶ Excel에 의한 해법

[순서 1] 제약조건과 목적함수의 입력

(1) 주어진 제약조건과 목적함수를 다음과 같은 구조로 입력한다.

(2) 셀 범위 F2:F7은 값을 바꿀 셀들로서, 초기값을 각각 '0'으로 입력한다.

	A	B	C	D	E	F	G
1	음식	에너지	단백질	칼슘	단위당 가격	섭취량	제한량
2	식빵	110	4	2	3	0	4
3	닭고기	205	32	12	24	0	3
4	달걀	160	13	54	13	0	2
5	우유	160	8	285	9	0	8
6	치즈	420	4	22	20	0	2
7	두부	260	14	80	19	0	2
8	총섭취량	0	0	0			
9	최소섭취량	2500	70	1100			
10							
11					총비용	0	

해답 보고서 18 / 해답 보고서 19 / 해답 보고서 20 / Sheet2 / Sheet3

[셀의 입력내용]

F11; =SUMPRODUCT(E2:E7, F2:F7)

B8 ; =SUMPRODUCT(B2:B7, $F$2:$F$7) (B8을 D8까지 복사한다)

[순서 2] 해 찾기의 실행

(1) 메뉴에서 [데이터]−[해 찾기]를 선택하여 다음과 같이 해 찾기 모델을 설정하고 [옵션(O)] 버튼을 클릭한다.

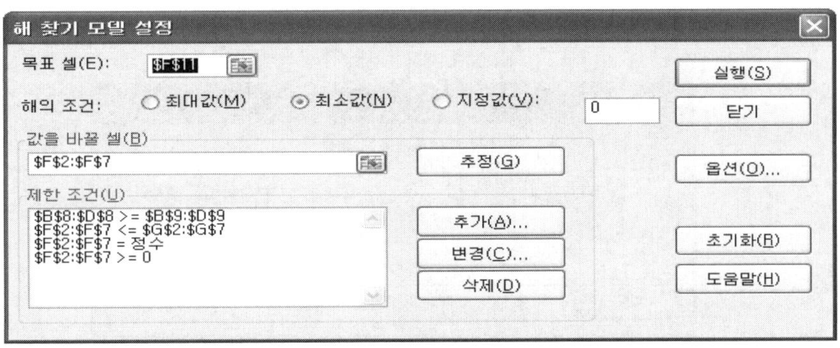

(2) [해 찾기 옵션] 대화상자에서 [허용 한도(E)]를 0%로 설정하고 [확인] 버튼을 클릭한다.

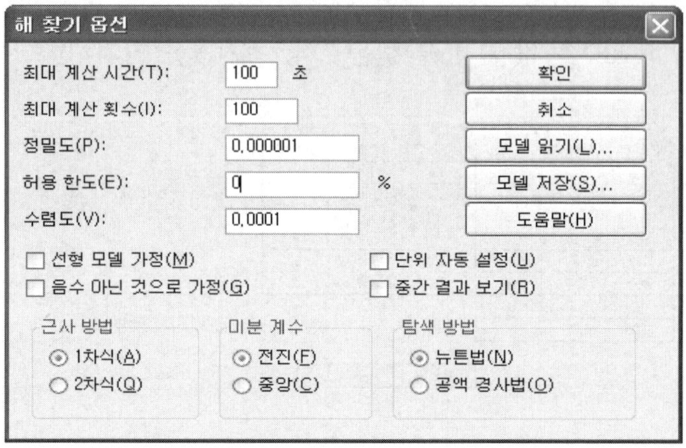

(3) 다음의 대화상자로 돌아오면 [실행(S)] 버튼을 클릭한다.

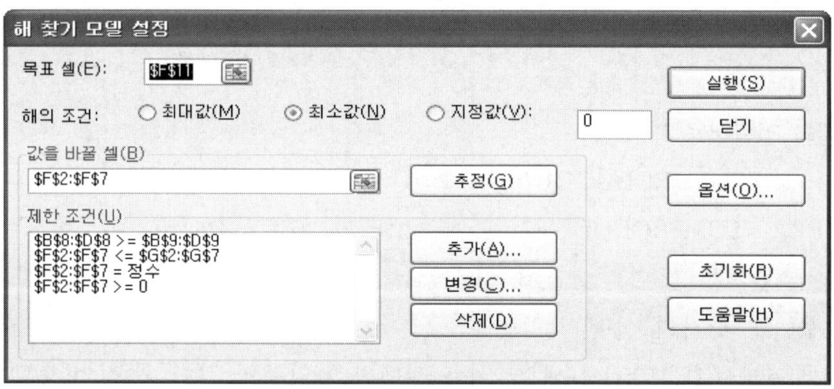

(4) [해 찾기 결과] 대화상자에서 [보고서(R)] 난의 [해답]을 선택하고 나서 [확인] 버튼을 클릭한다.

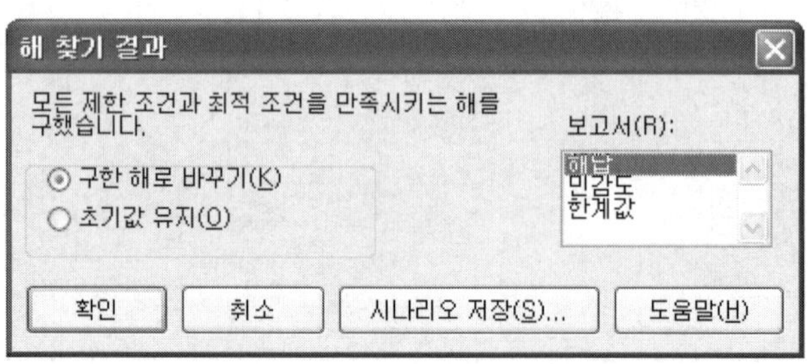

[순서 3] 해 찾기의 실행결과

다음과 같이 최적해가 얻어진다.

	A	B	C	D	E	F	G
1	음식	에너지	단백질	칼슘	단위당 가격	섭취량	제한량
2	식빵	110	4	2	3	4	4
3	닭고기	205	32	12	24	0	3
4	달걀	160	13	54	13	0	2
5	우유	160	8	285	9	8	8
6	치즈	420	4	22	20	2	2
7	두부	260	14	80	19	0	2
8	총섭취량	2560	88	2332			
9	최소섭취량	2500	70	1100			
10							
11					총비용	124	

해답 보고서 19 / 해답 보고서 20 / Sheet2 / 해답 보고서 21 / Sheet3

17 삼각함수

17.1 삼각함수의 그래프

17.1.1 삼각비와 호도법

삼각비

삼각비(三角比)라고 하면 **사인**(정현, 正弦), **코사인**(여현, 餘弦) 및 **탄젠트**(정접, 正接)를 들 수 있다. 이것들은 [그림 17.1]과 같은 직각삼각형 ABC에 있어서, sin, cos 및 tan라고 하는 기호를 이용해서 다음과 같이 나타낸다.

삼각비

$$\sin A = \frac{BC}{AB} \qquad \cos A = \frac{AC}{AB} \qquad \tan A = \frac{BC}{AC}$$

그렇다면 도대체 이것들에는 어떠한 의미가 있는 것일까?

우리들은 물건을 살 때, 식료품매장 등에서 100g당 얼마가 되는가 등을 생각하여 값을 비교하는 경우가 있다. '100g당 얼마'라고 하는 것처럼 비교할 때는 무엇인가를 기준(단위)로 한다.

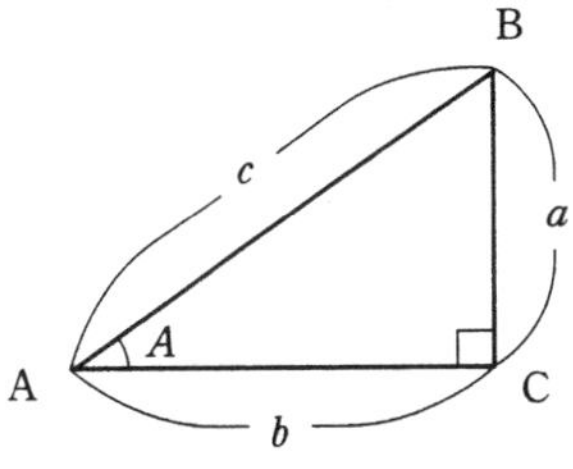

그림 17.1 직각삼각형

이야기를 다시 삼각비로 되돌리도록 하자. 사인과 코사인은 삼각형의 빗변(그림 17.1에서는 변 AB)을 단위, 즉 '1'로 했을 때의 비율이다. 사인과 코사인의 식에는 나눗셈이 등장하는데, 나눈다고 하는 것은 1단위당 얼마인가를 구하는 계산이기도 하다. 빗변을 1로 하고 변 AB와 변 AC가 이루는 각(角)이 A도일 때, 세로의 길이인 변 BC가 얼마가 될 되느냐가 $\sin A$이며, 가로의 길이인 변 AC가 얼마가 되느냐 하는 것이 $\cos A$의 값이 된다. 어디까지나 빗변을 1로 고정하고 값을 구하고 있다. 그 때문에 나눗셈이 등장하는 것이다.

다음은 탄젠트이다. 기억력이 좋은 사람이라면 탄젠트가 사인이나 코사인 전에 교과서에서 이미 등장했던 것을 기억하고 있을지도 모른다. 이 탄젠트, 실은 내용이 똑같은 것이 중학교 때에 등장하고 있다. 1차함수 등에서 변화의 비율이나 기울기로서 다루었던 것이 그것이다. 이것들은 모두 세로/가로의 비율이다. 나눗셈이기 때문에 비율이고, 가로 1당 세로는 얼마인가로 생각하는 것이다. 탄젠트는 세로/가로의 비율이므로, 사인이나 코사인과 달리 빗변을 1로 고칠 필요는 없다.

둔각의 삼각비

[그림 17.2]와 같이 좌표평면상에 원점 O를 중심으로 하는 반경 r의 반원을 그린다. 이 반원과 x축상의 교점 A는 $(r, 0)$이 된다.

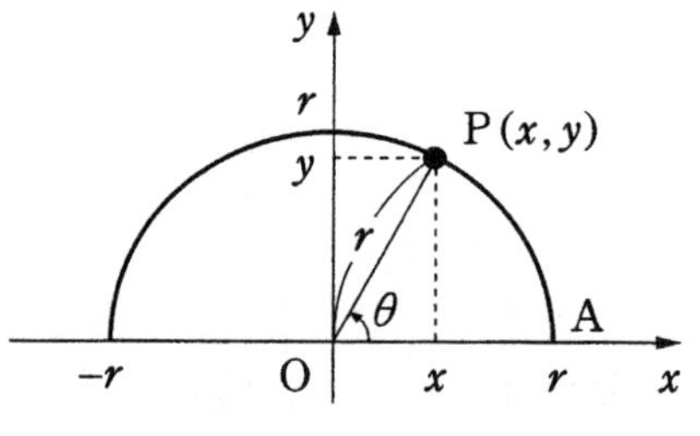

그림 17.2 점 P가 제 1상한이 될 때의 삼각비

반원주상의 점 $P(x, y)$에 대해서, $\angle AOP = \theta$에서 θ가 예각(鋭角, 0°보다 크고 90°보다 작은 각)일 때, 점 P는 제1상한(象限)에 있고 다음과 같이 된다.

$$\sin\theta = \frac{y}{r},\ \cos\theta = \frac{x}{r},\ \tan\theta = \frac{y}{x}$$

삼각비를 둔각(鈍角, 90°보다 크고 180°보다 작은 각)의 범위도 생각하여 θ가

$0° \leqq \theta \leqq 180°$ 일 때도 θ의 삼각비를 위의 세 가지 식으로 정한다. 구체적으로, 점 P가 제2상한에 있는 135° 의 삼각비(그림 17.3)는 다음과 같이 된다.

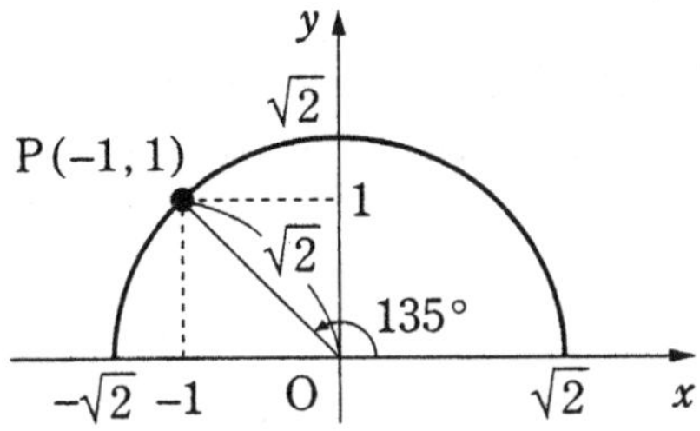

그림 17.3 점 P가 제2상한에 있을 때의 삼각비

$$\sin 135° = \frac{1}{\sqrt{2}}$$
$$\cos 135° = \frac{-1}{\sqrt{2}} = -\frac{1}{\sqrt{2}}$$
$$\tan 135° = \frac{1}{-1} = -1$$

삼각비의 상호관계

탄젠트는 세로/가로의 비인데, 이 값은 사인/코사인과 같게 된다. 또한 직각삼각형이라고 하는 것은 **삼평방의 정리**(그림 17.1에서 $a^2+b^2=c^2$)가 성립한다. 이 삼평방의 정리 $a^2+b^2=c^2$는,

$$\left(\frac{a}{c}\right)^2+\left(\frac{b}{c}\right)^2=1$$

로 바꾸어 쓰고,

$$\frac{a}{c}=\sin A$$
$$\frac{b}{c}=\cos A$$

를 대입할 수 있다. 이상으로부터 다음과 같은 관계가 성립한다.

> **삼각비의 상호관계**
>
> $$\tan A = \frac{\sin A}{\cos A}$$
> $$\sin^2 A + \cos^2 A = 1$$

그리고 $(\sin A)^2$는 $\sin^2 A$, $(\cos A)^2$는 $\cos^2 A$, $(\tan A)^2$는 $\tan^2 A$라고 쓴다.

정현정리 · 여현정리 · 도형의 계량

삼각비에 대한 유명한 정리로 **정현정리**와 **여현정리**가 있다. 이 정리들은 직각삼각형일 필요는 없다. 모든 삼각형에서 성립한다. 삼각형 ABC의 외접원의 반경을 R이라고 한다(그림 17.4).

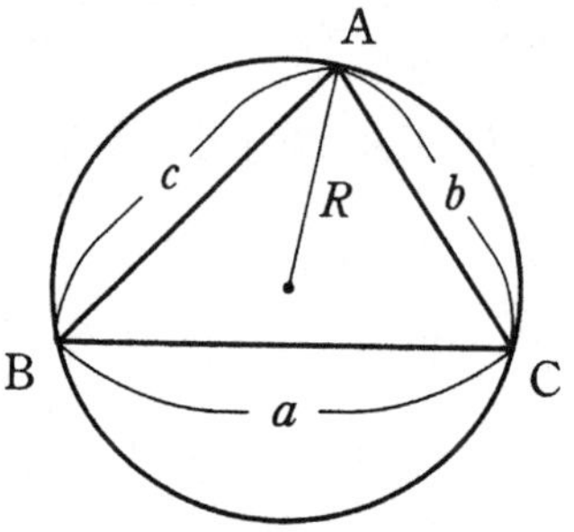

그림 17.4 삼각형 ABC와 반경 R의 외접원

정현정리

$$a = 2R\sin A$$
$$b = 2R\sin B$$
$$c = 2R\sin C$$

또한 이로부터

$$\frac{a}{\sin A} = \frac{b}{\sin B} = \frac{c}{\sin C} = 2R$$

여현정리

$$a^2 = b^2 + c^2 - 2bc\cos A$$
$$b^2 = c^2 + a^2 - 2ca\cos B$$
$$c^2 = a^2 + b^2 - 2ab\cos C$$

삼각형의면적

$$S = \frac{1}{2} \cdot bc\sin A = \frac{1}{2} \cdot ca\sin B = \frac{1}{2} \cdot ab\sin C$$

호도법

각의 크기를 나타내는 데, 직각에 대한 90분의 1의 크기를 1도로 나타내는 **도수법**(度數法)의 외에 **호도법**(弧度法)이라고 하는 것이 있다. 호도법은 하나의 원에서 중심각과 호의 길이는 비례한다는 사실을 이용해서 각의 크기를 나타내는 방법이다.

초등학교에서 원주율이 나와서 원둘레를 구한다거나 원의 면적을 구한다거나 하는데, 생각해 보면 원주율이라고 하는 비율 이외에 또 하나의 기준 비슷한 것이 존재한다. 그것은 반경과 같은 길이가 되는 호의 길이를 만드는 각도는 몇 도인가라고 하는 기준이다. 이것이 호도법에서 사용하는 단위인 1라디안(그림 17.5)이라고 하는 것이 된다.

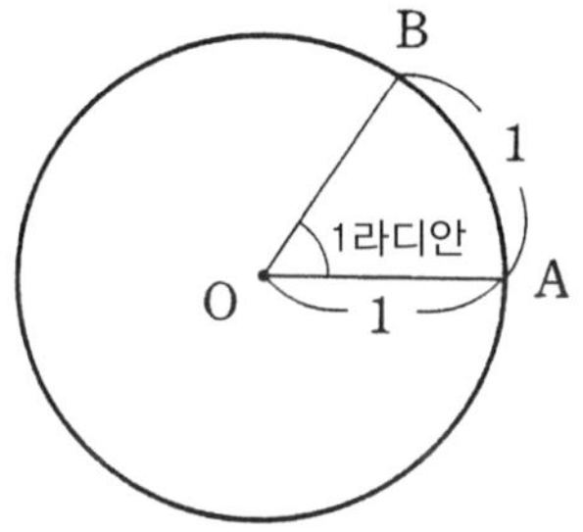

그림 17.5 1라디안

중심각과 호의 길이가 비례한다는 사실로부터 다음의 식이 성립한다. 반경 1의 원에서 중심각을 360° 로 하면, 그것에 대응하는 호는 원주(원둘레)이고, 그 길이는 $2\times\pi\times1=2\pi$ 가 된다. 따라서,

$$360^\circ = 2\pi \text{라디안}$$

이로부터 1라디안(radian)은

$$1\text{라디안} = \frac{360^\circ}{2\pi} = \frac{180^\circ}{\pi} = \frac{180^\circ}{3.14} \fallingdotseq 57.3^\circ$$

가 된다. 즉, 약 57.3° 의 중심각으로 호의 길이는 반경의 길이와 같게 되는 것을 알 수 있다.

또한 도수를 라디안으로 나타내기 위해서는 1라디안으로 나누면, 즉 1라디안의 역수 $\frac{\pi}{180^\circ}$ 를 곱하면, 도수를 호도로 바꾸어 쓸 수 있다. 가령 도수 30° 는

$30^\circ \times \frac{\pi}{180^\circ} = \frac{\pi}{6}$ 라디안이 된다.

▶ Excel에 의한 삼각비의 표 작성

Excel을 사용하면 삼각비의 근사치를 간단히 계산할 수 있다. 교과서의 부록 등에 실려 있는 삼각비의 표를 만들어 보자.

Excel에도 삼각비를 계산하는 함수로서 SIN 함수, COS 함수, TAN 함수 등이 준비되어 있다. 각 함수 모두 인수(引數)로서 각도를 지정하는데, 각도의 단위에는 호도법을 이용한다. 도수법에서 호도법으로 변환하는 Excel의 함수는 RADIANS 함수이다.

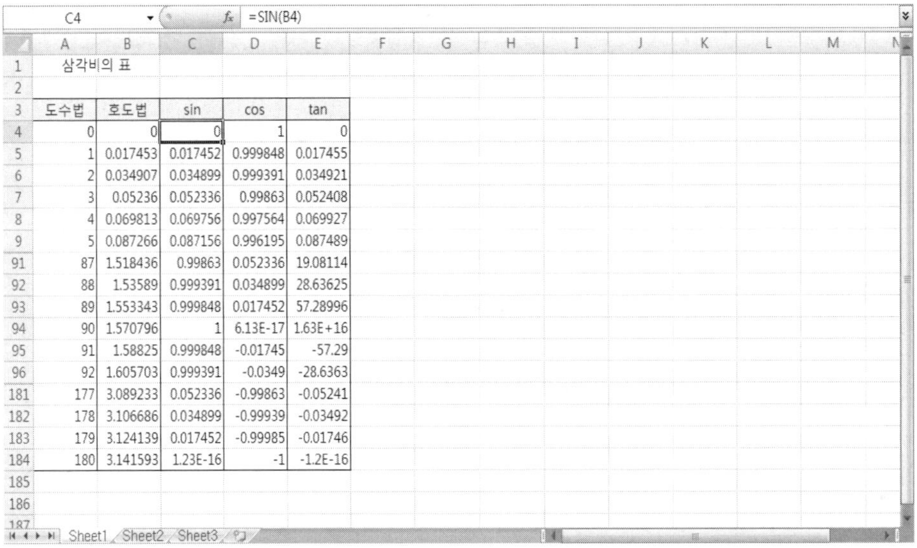
C4 =SIN(B4)

삼각비의 표

도수법	호도법	sin	cos	tan
0	0	0	1	0
1	0.017453	0.017452	0.999848	0.017455
2	0.034907	0.034899	0.999391	0.034921
3	0.05236	0.052336	0.99863	0.052408
4	0.069813	0.069756	0.997564	0.069927
5	0.087266	0.087156	0.996195	0.087489
87	1.518436	0.99863	0.052336	19.08114
88	1.53589	0.999391	0.034899	28.63625
89	1.553343	0.999848	0.017452	57.28996
90	1.570796	1	6.13E-17	1.63E+16
91	1.58825	0.999848	-0.01745	-57.29
92	1.605703	0.999391	-0.0349	-28.6363
177	3.089233	0.052336	-0.99863	-0.05241
178	3.106686	0.034899	-0.99939	-0.03492
179	3.124139	0.017452	-0.99985	-0.01746
180	3.141593	1.23E-16	-1	-1.2E-16

[셀의 입력내용]

B4;=RADIANS(A4)

C4;=SIN(B4)

D4;=COS(B4)

E4;=TAN(B4)

셀 B4에 입력되어 있는 내용 '=RADIANS(A4)'는 π를 되돌리는 PI 함수를 사용한 '=A4*PI()/180'과 동등이다. 셀 범위 B4:E4를 제 184행까지 복사하면 삼각비의 표가 완성된다.

먼저 $\cos 90°$ 와 $\tan 90°$ 의 계산결과를 살펴보자. $\cos 90°$ 는 '0'이 될 것이고 $\tan 90°$ 는 '1/0'이 되어 계산이 불가능할 터인데, $\cos 90°$ 는 대단히 작은 숫자로, $\tan 90°$ 는 대단히 큰 숫자로 되어 있다. 이것은 무리수를 유한한 값으로서 다루는 데 따르는 오차이다. Excel뿐만 아니라 계산기로 구한 근사치에는 이와 같은 오차가 포함되어 있다는 사실에 주의를 요한다.

다음에 이 표의 처음 부분과 $80° \sim 90°$ 주변의 부분을 서로 비교해 보자. $\cos 90°$ 를 '0'으로 간주한다면, $\sin 0°$ 와 $\cos 90° (=0)$, $\sin 1°$ 와 $\cos 89°$, $\sin 2°$ 와 $\cos 88°$, $\sin 3°$ 와 $\cos 87°, \cdots$ 의 값이 같다.

이러한 사실로부터 $90° - \theta$의 정현·여현에는 다음의 관계가 있다는 것을 알 수 있다.

$$\sin(90° - \theta) = \cos\theta$$
$$\cos(90° - \theta) = \sin\theta$$

마지막으로 표의 처음 부분과 마지막 부분을 비교해 보자. Excel의 계산결과에서는 $\sin 180°$ 가 '0'이 되어 있지 않지만, 그러나 이것을 '0'으로 간주하면, $\sin 0°$ 와 $180°$, $1°$ 와 $179°$, $2°$ 와 $178°$, $3°$ 와 $177° \cdots$ 의 값이 같다. 또한 cos과 tan에 대해서도 살펴보면, 약간의 오차는 있지만 $180°, 179°, 178°, 177° \cdots$ 의 값은 $0°, 1°, 2°, 3° \cdots$ 의 값을 음수로 한 값이다. 이러한 사실로부터 $180° - \theta$의 삼각비에는 다음의 관계가 있다는 것을 알 수 있다.

$$\sin(180° - \theta) = \sin\theta$$
$$\cos(180° - \theta) = -\cos\theta$$
$$\tan(180° - \theta) = -\tan\theta$$

17.1.2 $y = \sin\theta$의 그래프

일반각

아인슈타인의 상대성이론은 먼저 특수상대성이론이 만들어지고, 그 후 약 10년 뒤에 일반상대성이론이 발표되었다. 보통 사물을 생각할 때에는 좁은 범위, 즉 특수가 먼저이고 넓은 범위, 즉 일반이 나중이 되는 것이 대부분이다.

그런데 삼각비(三角比)에서는 삼각형이 기본이기 때문에 다루는 각도의 크기는 $0°$ 에서 $180°$ 까지이다. 단위원으로서 그 한 바퀴를 생각하더라도 $360°$ 이다. 그러나 좀 더 넓은 범위를 생각하지 않으면 안 될 것이다. 예를 들면, $-180°$ 라든가, $1000°$ 라

든가, 단위원을 시계방향으로 돌려 본다거나, 2회전 또는 3회전시켜 보면 그러한 각도가 나타난다. 각도는 두 개의 반직선으로 만들어지지만 회전하는 쪽을 동경(動徑)이라고 하고, 이와 같이 동경이 회전하는 방향이나 360° 이상의 회전을 하는 경우도 생각한 각을 일반각이라고 한다. 좁은 범위의 한정된 각도가 아니라, 넓게 실수이면 얼마든지 좋으므로 일반이라고 하는 말이 쓰인다. 이와 같은 일반적인 각에 대한 삼각비가 **삼각함수**이다.

▶ Excel에 의한 $y=\sin\theta$의 그래프 작성

$\sin\theta$ 그래프의 일반형은 a, α, b가 상수이고, m을 양의 상수라고 할 때, θ의 함수로서

$$y=a\sin(m\theta+\alpha)+b$$

로 나타낼 수 있다. sin이나 cos도 원래는 주기가 360° 이지만, 이 경우에 주기는 모두 $\dfrac{360°}{m}$이 된다. 주기(週期)란 같은 변화를 반복하는 단위로서 함수 $f(\theta+c)=f(\theta)$일 때 c를 주기라고 한다.

다음과 같이 워크시트를 작성한다. 여기에서 a, m, α 및 b에 여러 가지의 값을 대입할 수 있도록, 셀 B3에 a의 값을, 셀 B4에 m의 값을, 셀 B5에 α의 값을, 셀 B6에 b의 값을 입력한다. θ의 값 (−180° ~ 540°)를 10° 간격으로 셀 범위 A8:A81에 입력한다. 비교를 위해서 셀 B9에 $\sin\theta$의 값을, 셀 C9에 $a\sin(m\theta+\alpha)+b$의 값을 계산한다.

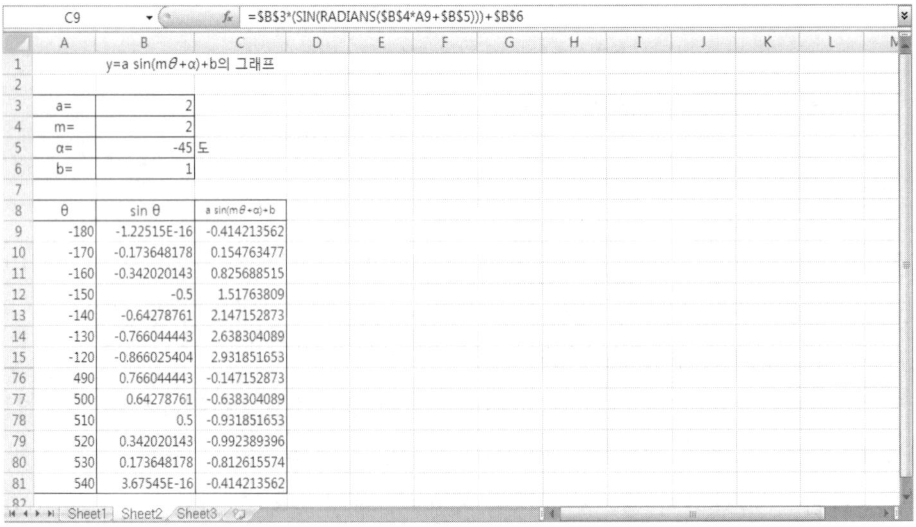
C9 =$B$3*(SIN(RADIANS($B$4*A9+$B$5)))+$B$6

	A	B	C
1		y=a sin(mθ+α)+b의 그래프	
2			
3	a=	2	
4	m=	2	
5	α=	-45	도
6	b=	1	
7			
8	θ	sin θ	a sin(mθ+α)+b
9	-180	-1.22515E-16	-0.414213562
10	-170	-0.173648178	0.154763477
11	-160	-0.342020143	0.825688515
12	-150	-0.5	1.51763809
13	-140	-0.64278761	2.147152873
14	-130	-0.766044443	2.638304089
15	-120	-0.866025404	2.931851653
76	490	0.766044443	-0.147152873
77	500	0.64278761	-0.638304089
78	510	0.5	-0.931851653
79	520	0.342020143	-0.992389396
80	530	0.173648178	-0.812615574
81	540	3.67545E-16	-0.414213562

[셀의 입력내용]

B9;=SIN(RADIANS(A9))

C9;=$B$3*(SIN(RADIANS($B$4*A9+$B$5)))+$B$6

그 다음에 셀 범위 A8:C81을 지정하고 2차원 꺾은선형 그래프를 그려서 적당히 수정하면 다음과 같은 그래프를 얻는다.

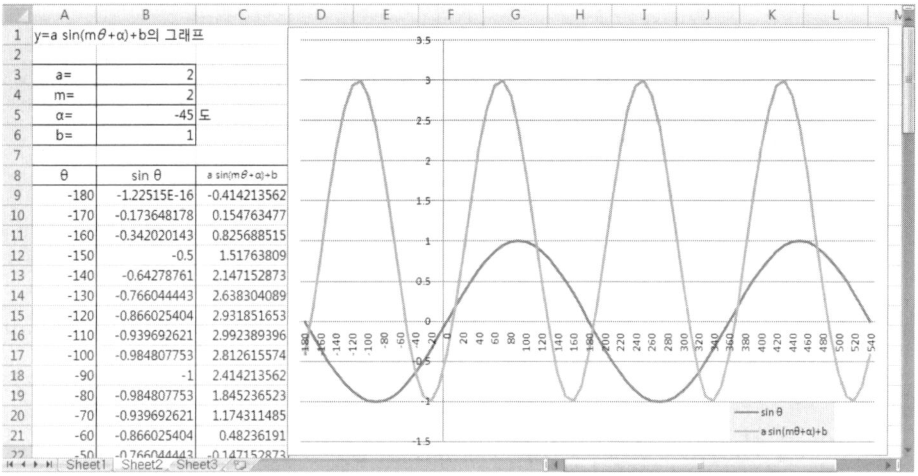

상수를 여러 가지로 변화시켜서 어떠한 그래프가 되는지를 시도해 볼 수 있다. 단 m의 값을 크게 취하면 1주기당 플롯의 수가 적어지므로, 정확한 그래프를 그릴 수 없다. 이와 같은 경우는 θ값의 간격을 작게 할 필요가 있다.

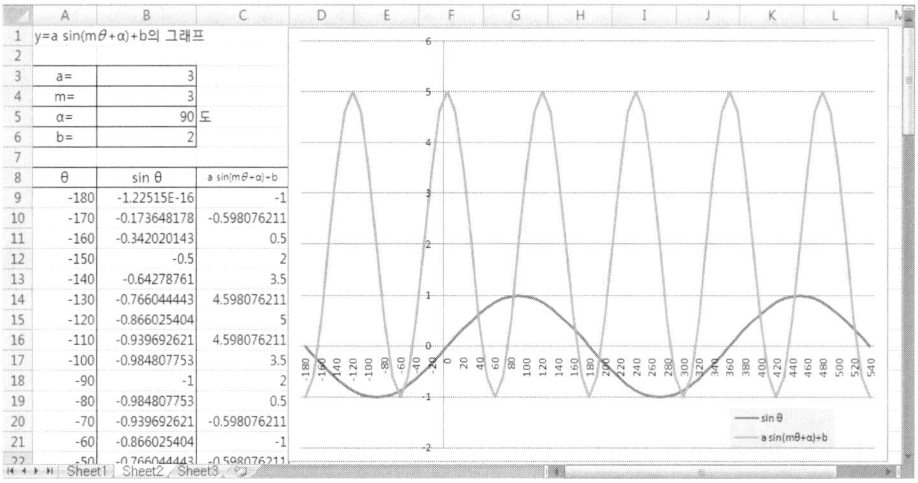

17.1.3 $y = \cos\theta$의 그래프

cos과 sin의 차이

여기에서 다시 한 번 삼각비에서 다루었던 직각삼각형(그림 17.1)을 생각해 보자. $\angle A$를 기준으로 해 보면,

$$\sin A = \frac{a}{c}$$

였다. 그러면 $\angle B$를 기준으로 해서 생각해 보면 어떻게 될까. 그것은,

$$\sin B = \frac{b}{c}$$
$$\cos B = \frac{a}{c}$$

와 같이 된다. 예상한 바와 같이 $\sin A = \cos B$가 된다. 그런데 삼각형 내각의 합은 180°가 된다. 이제, 직각삼각형이므로 하나의 각이 90°라는 것이 이미 확정되고,

$$A + B = 90^\circ$$

가 된다. 따라서 $A = 90^\circ - B$가 성립한다. 이러한 사실로부터,

$$\cos B = \sin(90^\circ - B)$$

가 되어 cos은 sin으로 표현할 수 있다. 물론 이것은 모든 경우에 성립한다. 따라서 sin과 cos은 완전히 별개의 것이 아니라 그래프로 했을 때, 모양은 같고 θ축 방향으로 얼마인가(정확하게는 -90°) 어긋나 있을 뿐이다.

▶ Excel에 의한 $y = \cos\theta$의 그래프 작성

$\sin\theta$ 그래프와 마찬가지로 $\cos\theta$ 그래프의 일반형은 a, α, b가 상수이고, m을 양의 상수라고 할 때, θ의 함수로서

$$y = a\cos(m\theta + \alpha) + b$$

로 표현할 수 있다.

다음과 같이 워크시트를 작성한다. 여기에서 a, m, α 및 b에 여러 가지의 값을 대입할 수 있도록, 셀 B3에 a의 값을, 셀 B4에 m의 값을, 셀 B5에 α의 값을, 셀 B6에 b의 값을 입력한다. θ의 값 $(-180° \sim 540°)$를 $10°$ 간격으로 셀 범위 A9:A81에 입력한다. 비교를 위해서 셀 B9에 $\cos\theta$의 값을, 셀 C9에 $a\cos(m\theta+\alpha)+b$의 값을 계산한다.

	A	B	C
1	y=a cos(mθ+α)+b의 그래프		
2			
3	a=	1	
4	m=	2	
5	α=	-60	도
6	b=	0.5	
7			
8	θ	cosθ	a cos(mθ+α)+b
9	-180	-1	1
10	-170	-0.9848078	1.266044443
11	-160	-0.9396926	1.439692621
12	-150	-0.8660254	1.5
13	-140	-0.7660444	1.439692621
14	-130	-0.6427876	1.266044443
15	-120	-0.5	1
77	500	-0.7660444	-0.26604444
78	510	-0.8660254	-1.5543E-15
79	520	-0.9396926	0.326351822
80	530	-0.9848078	0.673648178
81	540	-1	1
82			

[셀의 입력내용]

B9;=COS(RADIANS(A9))

C9;=$B$3*(COSN(RADIANS($B$4*A9+$B$5)))+$B$6

그 다음에 셀 범위 A8:C81을 지정하고 2차원 꺾은선형 그래프를 그려서 적당히 수정하면 다음과 같은 그래프를 얻는다.

	A	B	C
1	y=a cos(mθ+α)+b의 그래프		
2			
3	a=	1	
4	m=	2	
5	α=	-60	도
6	b=	0.5	
7			
8	θ	cosθ	a cos(mθ+α)+b
9	-180	-1	1
10	-170	-0.9848078	1.266044443
11	-160	-0.9396926	1.439692621
12	-150	-0.8660254	1.5
13	-140	-0.7660444	1.439692621
14	-130	-0.6427876	1.266044443
15	-120	-0.5	1
16	-110	-0.3420201	0.673648178
17	-100	-0.1736482	0.326351822
18	-90	6.126E-17	0
19	-80	0.1736482	-0.26604444
20	-70	0.3420201	-0.43969262
21	-60	0.5	-0.5
22	-50	0.6427876	-0.43969262

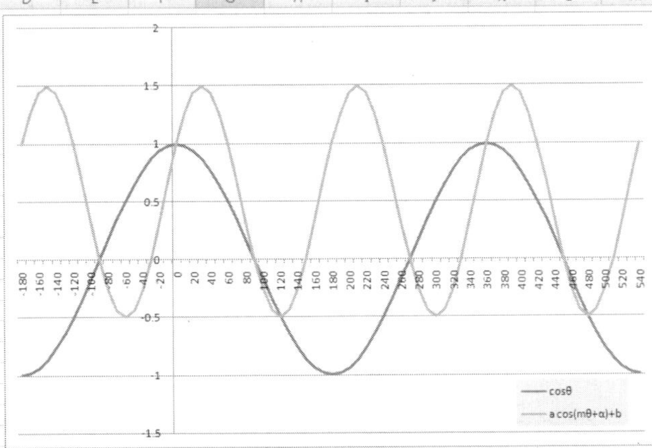

상수를 여러 가지로 변화시켜서 어떠한 그래프가 되는지를 시도해 볼 수 있다. 단 m의 값을 크게 취하면 1주기당 플롯의 수가 적어지므로, 정확한 그래프를 그릴 수 없다. 이와 같은 경우는 θ값의 간격을 작게 할 필요가 있다.

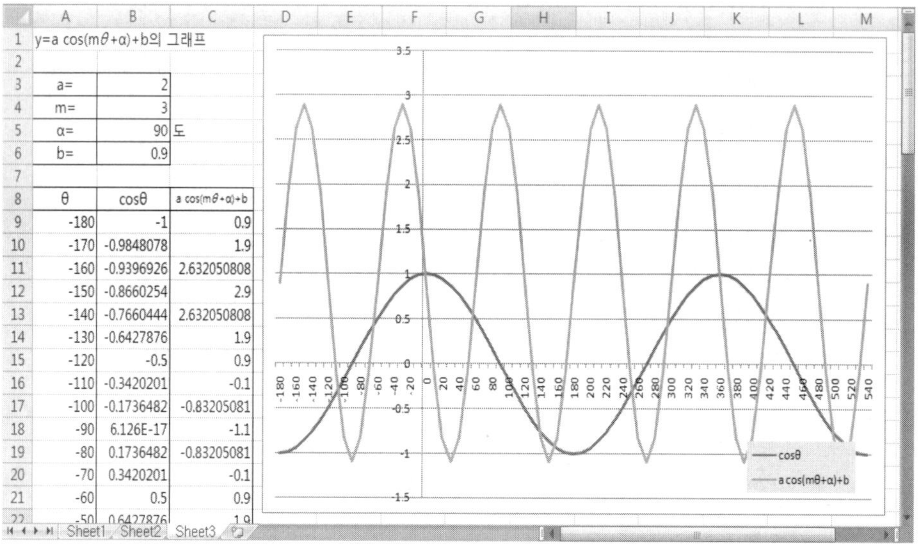

17.1.4 $y = \tan\theta$의 그래프

$y = \tan\theta$란 어떤 그래프

정현(sin)곡선과 여현(cos)곡선을 배우면 자연스럽게 다음은 정접(tan)의 곡선이 되는데, 그런데 도대체 이것은 무엇을 의미하는 그래프인가. 여기에서 다시 한 번 삼각비에서 다루었던 직각삼각형(그림 17.1)으로 생각해 보기로 하자. $\tan A$는 $\sin A$를 $\cos A$로 나눈 값(여기에서는 a/b)인데, 간단히 말하자면 세로÷가로이다. 즉, 1차함수에서 나온 기울기라고 하는 것이 된다.

다시 말하면, 각각의 각도를 θ로 했을 때, 그 θ에서 동경이 만들어내는 기울기라고 하는 것이 된다. 그 하나하나의 기울기의 크기를 그래프로 한 것이 $y = \tan\theta$의 그래프이다. $y = \tan\theta$의 그래프는 기울기의 집단에 대한 그래프라고 볼 수 있다.

▶ Excel에 의한 $y = \tan\theta$의 그래프 작성

지금까지의 그래프와 마찬가지로 $\tan\theta$ 그래프의 일반형도 a, m, α, b를 상수라고

할 때, θ의 함수로서

$$y = a\tan(m\theta + \alpha) + b$$

로 표현할 수 있다.

다음과 같이 워크시트를 작성한다. 여기에서 a, m, α 및 b에 여러 가지의 값을 대입할 수 있도록, 셀 B3에 a의 값을, 셀 B4에 m의 값을, 셀 B5에 α의 값을, 셀 B6에 b의 값을 입력한다. θ의 값 $(-180° \sim 180°)$를 $1°$ 간격으로 셀 범위 A9:A369에 입력한다. 비교를 위해서 셀 B9에 $\tan\theta$의 값을, 셀 C9에 $a\tan(m\theta+\alpha)+b$의 값을 계산한다.

$\tan\theta$와 같은 곡선의 경우에 그 곡선상의 점이 한없이 멀리 이동했을 때, 그 거리가 한없이 작아지는 정직선(定直線)이 존재할 때, 그 정직선을 **점근선**(漸近線)이라고 한다.

Excel의 TAN 함수는 인수(引數)에 호도법의 각도를 부여하므로, RADIAND 함수로 변환한다.

	A	B	C
1	y=a tan(mθ+α)+b의 그래프		
2			
3	a=	2	
4	m=	0.5	
5	α=	45	도
6	b=	0	
7			
8	θ	tanθ	a tan(mθ+α)+b
9	-180	1.22515E-16	-2
10	-179	0.017455065	-1.965394526
11	-178	0.034920769	-1.93137755
12	-177	0.052407779	-1.897929133
13	-176	0.069926812	-1.865030172
14	-175	0.087488664	-1.832662348
363	174	-0.105104235	-2.22122503
364	175	-0.087488664	-2.182617002
365	176	-0.069926812	-2.14473742
366	177	-0.052407779	-2.107560251
367	178	-0.034920769	-2.071060628
368	179	-0.017455065	-2.035214786
369	180	-1.22515E-16	-2
370			

Sheet1 Sheet2 Sheet3 Sheet4

[셀의 입력내용]

B9;=TAN(RADIANS(A9))

C9;=$B$3*(TANN(RADIANS($B$4*A9+$B$5)))+$B$6

그 다음에 셀 범위 A8:C81을 지정하고 2차원 꺾은선형 그래프를 그려서 적당히 수정하면 다음과 같은 그래프를 얻는다.

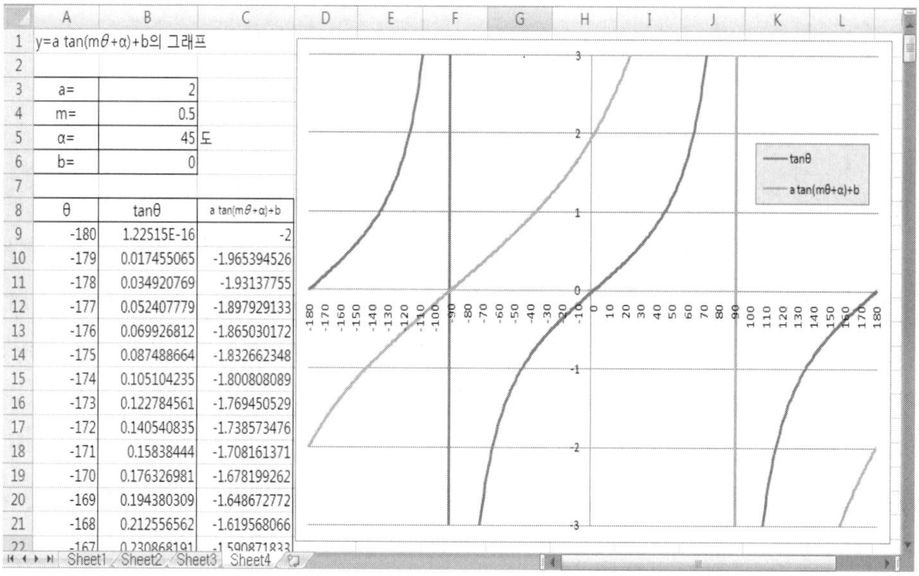

tanθ의 그래프는 본래 주기마다 불연속인데, 이 그래프에서는 하나의 계열로서 데이터 요소를 평활선으로 이어져 있으므로, 주기와 주기의 사이도 선으로 연결되어 있다. $y = \tan\theta$의 그래프에 대해서는 θ가 $-90°$ 및 $90°$가 되는 셀 B99 및 B279의 데이터를 제거함으로써 이것을 피할 수 있다. 단, $y = a\tan(m\theta + \alpha) + b$의 그래프에서는 주기와 주기의 경계가 상수 값에 의해서 변화하기 때문에, 어디가 경계인지를 Excel에 판단시키는 것이 어려우므로, 주기와 주기의 사이도 선으로 연결해 있으니 주의를 요한다.

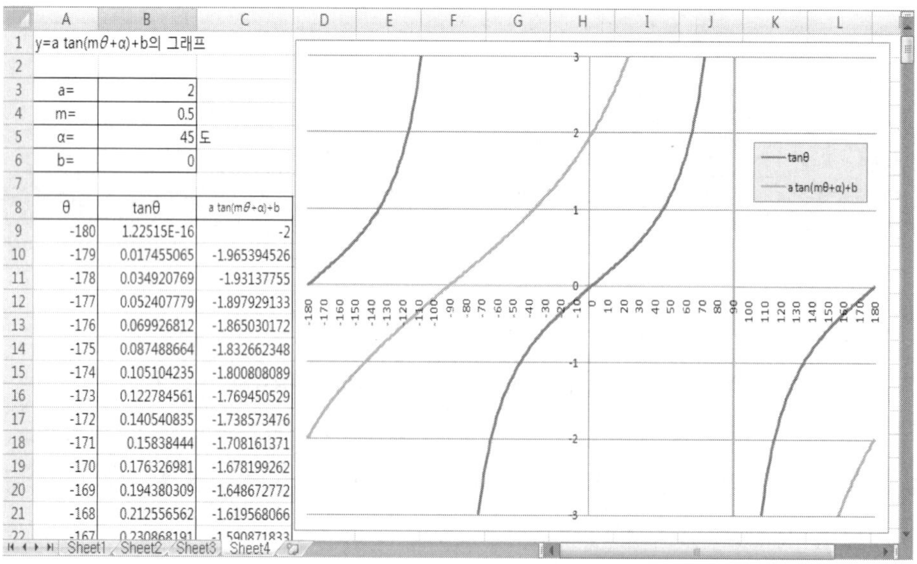

상수를 여러 가지로 변화시켜서 어떠한 그래프가 되는지를 시도해 볼 수 있다.

17.2 삼각함수의 가법정리

17.2.1 삼각함수의 가법정리와 2배각·반각의 공식

삼각함수의 가법정리

삼각방정식 등은 가법정리가 있으면 편리하므로, 삼각함수의 가법정리를 소개하기로 한다. 유도방법은 생략한다. 필요한 경우에는 일반적인 교과서나 고교수학을 참고하기 바란다.

정현·여현의 가법정리

$$\sin(\alpha+\beta)=\sin\alpha\cos\beta+\cos\alpha\sin\beta$$
$$\sin(\alpha-\beta)=\sin\alpha\cos\beta-\cos\alpha\sin\beta$$
$$\cos(\alpha+\beta)=\cos\alpha\cos\beta-\sin\alpha\sin\beta$$
$$\cos(\alpha-\beta)=\cos\alpha\cos\beta+\sin\alpha\sin\beta$$

예제 17-1

가법정리를 이용해서 $\sin 75^\circ$, $\cos 15^\circ$ 의 값을 구해 보자.

$$\begin{aligned}\sin 75^\circ &= \sin(45^\circ+30^\circ)\\ &= \sin 45^\circ\cos 30^\circ+\cos 45^\circ\sin 30\\ &= \frac{\sqrt{2}}{2}\cdot\frac{\sqrt{3}}{2}+\frac{\sqrt{2}}{2}\cdot\frac{1}{2}=\frac{\sqrt{6}+\sqrt{2}}{4}\end{aligned}$$

$$\begin{aligned}\cos 15^\circ &= \cos(45^\circ-30^\circ)\\ &= \cos 45^\circ\cos 30^\circ+\sin 45^\circ\sin 30\\ &= \frac{\sqrt{2}}{2}\cdot\frac{\sqrt{3}}{2}+\frac{\sqrt{2}}{2}\cdot\frac{1}{2}=\frac{\sqrt{6}+\sqrt{2}}{4}\end{aligned}$$

이 된다.

2배각의 공식

β와 α를 같은 값으로 하여 $\alpha+\beta=\alpha+\alpha=2\alpha$ 라고 하면, 다음과 같이 2배각의 공

식이 얻어진다.

2배각의 공식
$\sin 2\alpha = 2\sin\alpha\cos\cos\alpha$ $\cos 2\alpha = \cos^2\alpha - \sin^2\alpha = 2\cos^2\alpha - 1 = 1 - \sin^2\alpha$

반각의 공식

2배각의 공식 $\cos 2\alpha = 2\cos^2\alpha - 1 = 1 - \sin^2\alpha$를 변형하면, 다음과 같이 반각의 공식이 유도된다.

반각의 공식
$\sin^2\frac{\alpha}{2} = \frac{1-\cos\alpha}{2}$ $\cos^2\frac{\alpha}{2} = \frac{1+\cos\alpha}{2}$

예제 17-2

$0 \leqq \theta \leqq 360^\circ$ 일 때, 함수 $y = \cos 2\theta + 2\sin\theta + 2$의 최대치와 최소치를 구하라. 또한 그 때의 θ의 값도 구해 보자.

$\cos 2\theta = 1 - 2\sin^2\theta$라고 하는 것을 이용한다.

$$y = \cos 2\theta + 2\sin\theta + 2 = 1 - 2\sin^2\theta + 2\sin\theta + 2$$
$$= -2\sin^2\theta + 2\sin\theta + 3$$

여기에서 $\sin\theta = x$ 라고 놓으면, $-1 \leqq \sin\theta \leqq 1$이므로,

x의 변역은 $-1 \leqq x \leqq 1$이 된다. 따라서,

$$y = -2x^2 + 2x + 3 = -2(x^2 - x) + 3$$
$$= -2(x^2 - x + \frac{1}{4} - \frac{1}{4}) + 3$$
$$= -2(x - \frac{1}{2})^2 + \frac{7}{2}$$

이 되어, 결국 y는 다음과 같이 된다.

$$x=\frac{1}{2} \text{ 즉 } \theta=30^{\circ},\ 150^{\circ} \text{ 일 때, 최대치 } \frac{7}{2}$$

$$x=-1 \text{ 즉 } \theta=270^{\circ} \text{ 일 때, 최소치 } -1$$

17.2.2 삼각함수의 합성

삼각함수 합성의 효과

$f(\theta)=\sin\theta+\sqrt{3}\cos\theta$의 그래프를 그릴 때, 문제가 되는 것은 변수 θ에 대해서 우변의 함수는 $\sin\theta$과 $\sqrt{3}\cos\theta$의 양쪽이 동시에 변해 버린다고 하는 것이다. 동시에 2개소 이상 변해 버리면, 그래프는 그리기 어렵게 된다. 다만, Excel을 사용하면 괜찮지만 수작업일 때는 이 $\sin\theta$과 $\sqrt{3}\cos\theta$을 무엇인가 하나의 함수로 치환하고 싶은 것이다.

삼각함수 합성

가법정리를 사용해서 $\sin\theta+\sqrt{3}\cos\theta$의 변형을 생각해 보기로 한다. $\sin\theta$와 $\cos\theta$의 계수는 각각 1과 $\sqrt{3}$이므로, 점 $P(1,\ \sqrt{3})$을 좌표축으로 취한다. 그렇게 하면 빗변이 2인 직각삼각형이 된다.

이것은 길이의 비가 $1:2:\sqrt{3}$인 직각삼각형(그림 17.6)이므로,

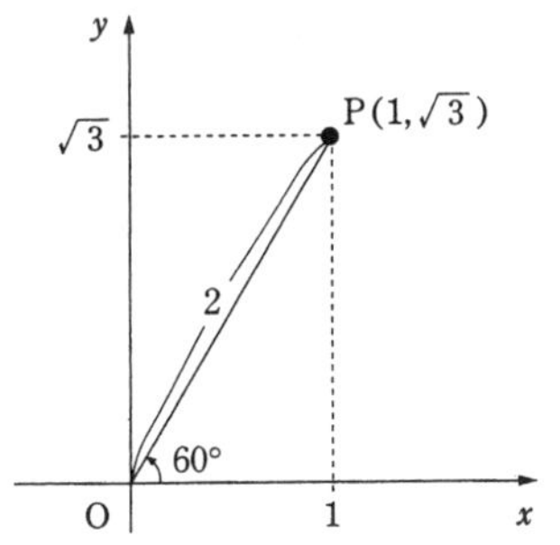

그림 17.6 빗변이 2인 직각삼각형

다음과 같이 된다.

$$1=2\cos 60^{\circ},\quad \sqrt{3}=2\sin 60^{\circ}$$

그래서 $\sin\theta$와 $\cos\theta$의 계수 대신에 각각 1과 $\sqrt{3}$인 우변의 식을 대입한다. 그렇게

하면,

$$\begin{aligned}\sin\theta+\sqrt{3}\cos\theta &= 2\cos60^\circ\sin\theta+2\sin60^\circ\cos\theta \\ &= 2(\sin\theta\cos60^\circ+\cos\theta\sin60^\circ) \\ &= 2\sin(\theta+60^\circ)\end{aligned}$$

이 된다. 즉, $y=\sin\theta+\sqrt{3}\cos\theta$의 그래프는 $y=2\sin(\theta+60^\circ)$의 그래프를 그리면 된다.

일반적으로 삼각함수의 합성은 다음과 같이 된다.

삼각함수의 합성

$$a\sin\theta+b\cos\theta=\sqrt{a^2+b^2}\sin(\theta+\alpha)$$

단,

$$\cos\alpha=\frac{a}{\sqrt{a^2+b^2}}$$

$$\sin\alpha=\frac{b}{\sqrt{a^2+b^2}}$$

예제 17-3

$0\leqq\theta\leqq360^\circ$ 일 때, 함수 $y=\sin\theta+\cos\theta$의 최대치와 최소치를 구하라. 또한 그 때의 θ의 값도 구해 보자.

$$\begin{aligned}y=\sin\theta+\cos\theta &= \sqrt{1+1}\left(\frac{1}{\sqrt{2}}\sin\theta+\frac{1}{\sqrt{2}}\cos\theta\right) \\ &= \sqrt{2}(\cos45^\circ\sin\theta+\sin45^\circ\cos\theta) \\ &= \sqrt{2}(\sin\theta\cos45^\circ+\cos\theta\sin45^\circ) \\ &= \sqrt{2}(\theta+45^\circ)\end{aligned}$$

여기에서 $0^\circ\leqq\theta<360^\circ$ 로부터, $45^\circ\leqq\theta+45^\circ\leqq405^\circ$ 가 되고, 또한 $-1\leqq\sin(\theta+45^\circ)\leqq1$이 되므로 답은 다음과 같이 된다.

$\sin(\theta+45^\circ)=1$, 즉 $\theta=45^\circ$ 일 때, 최대치 $\sqrt{2}$

$\sin(\theta+45^\circ)=-1$, 즉 $\theta=225^\circ$ 일 때, 최소치 $-\sqrt{2}$

▶ Excel에 의한 삼각함수의 합성

$a\sin(m\theta+\alpha)+b\cdots$ (1)과 $a'\cos(m'\theta+\alpha')+b'\cdots$ (2)의 그래프를 그리고, 이 두 개를 합성한 그래프를 그려 보자. 다음과 같이 워크시트를 작성한다.

여기에서 셀 B5~B8에 (1)식의 a, m, α 및 b의 값을, 셀 D5~D8에 (2)식의 a', m', α' 및 b'의 값을 입력한다. θ의 값 $(-180° \sim 600°)$를 10° 간격으로 셀 범위 A11:A143에 입력한다.

B열에 (1)식의 계산결과를, C열에 (2)식의 계산결과를, D열에 (1)식과 (2)식을 더한 계산결과를 구한다.

D5 =SQRT(3)

	A	B	C	D
1	삼각함수의 합성			
2				
3	(1)식		(2)식	
4	y=a sin(mθ+α)+b		y=a' sin(m'θ+α')+b'	
5	a=	1	a'=	1.732050808
6	m=	1	m'=	1
7	α=	0	α'=	0
8	b=	0	b'=	0
9				
10	θ	(1)식	(2)식	(1)+(2)
11	-180	-1.225E-16	-1.73205081	-1.73205081
12	-170	-0.1736482	-1.70573706	-1.87938524
13	-160	-0.3420201	-1.62759536	-1.96961551
14	-150	-0.5	-1.5	-2
15	-140	-0.6427876	-1.3268279	-1.96961551
16	-130	-0.7660444	-1.1133408	-1.87938524
17	-120	-0.8660254	-0.8660254	-1.73205081
18	-110	-0.9396926	-0.59239627	-1.53208889
19	-100	-0.9848078	-0.30076747	-1.28557522
20	-90	-1	1.06101E-16	-1
21	-80	-0.9848078	0.300767466	-0.68404029
22	-70	-0.9396926	0.592396265	-0.34729636

Sheet1 Sheet2 Sheet3 Sheet4 Sheet5

[셀의 입력내용]

D5;=SQRT(3)

B11;=$B$5*(SIN(RADIANS($B$6*A11+$B$7)))+$B$8

C11;=$D$5*(COS(RADIANS($D$6*A11+$D$7)))+$D$8

D11;=B11+C11

셀 범위 B11:D11을 제89행까지 복사하면 삼각함수의 합성 계산결과가 완성된다. 그 다음에 셀 범위 A10:D89을 지정하고 2차원 꺾은선형 그래프를 그려서 적당히 수정하면 다음과 같은 그래프를 얻는다.

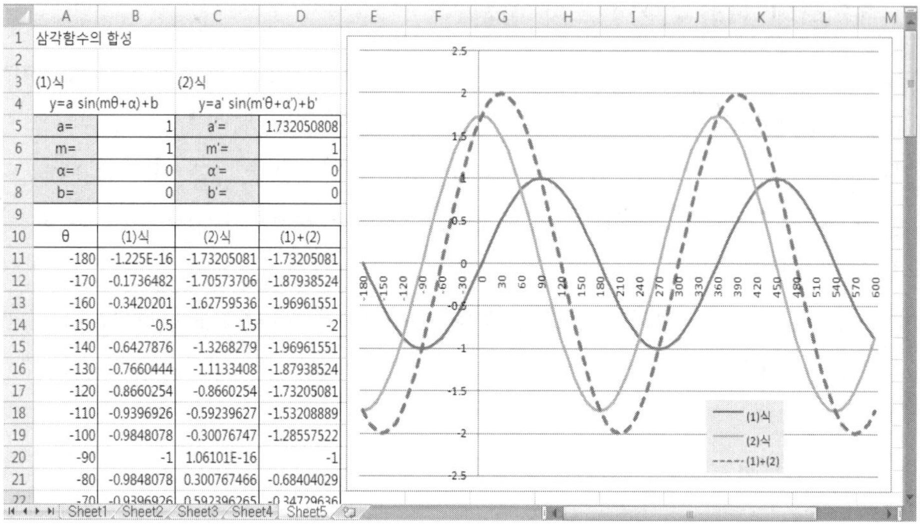

	A	B	C	D
1	삼각함수의 합성			
2				
3	(1)식		(2)식	
4	y=a sin(mθ+α)+b		y=a' sin(m'θ+α')+b'	
5	a=	1	a'=	1.732050808
6	m=	1	m'=	1
7	α=	0	α'=	0
8	b=	0	b'=	0
9				
10	θ	(1)식	(2)식	(1)+(2)
11	-180	-1.225E-16	-1.73205081	-1.73205081
12	-170	-0.1736482	-1.70573706	-1.87938524
13	-160	-0.3420201	-1.62759536	-1.96961551
14	-150	-0.5	-1.5	-2
15	-140	-0.6427876	-1.3268279	-1.96961551
16	-130	-0.7660444	-1.1133408	-1.87938524
17	-120	-0.8660254	-0.8660254	-1.73205081
18	-110	-0.9396926	-0.59239627	-1.53208889
19	-100	-0.9848078	-0.30076747	-1.28557522
20	-90	-1	1.06101E-16	-1
21	-80	-0.9848078	0.300767466	-0.68404029
22	-70	-0.9396926	0.592396265	-0.34729636

상수를 여러 가지로 변화시켜서 어떠한 그래프가 되는지를 시도해 볼 수 있다. 위의 그림에서는 (1)식의 상수를 $a=1, m=1, \alpha=0$ 및 $b=0$, (2)식의 상수를 $a'=\sqrt{3}, m'=1, \alpha'=0$ 및 $b'=0$ 으로 하여, $y=\sin\theta+\sqrt{3}\cos\theta=2\sin(\theta+60°)$라고 하는 것을 확인하고 있다.

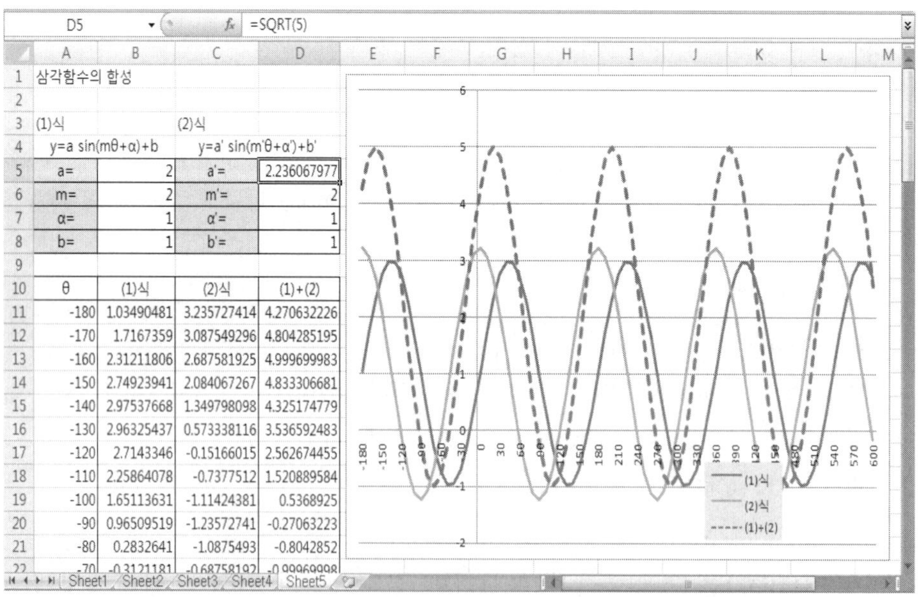

D5 =SQRT(5)

	A	B	C	D
1	삼각함수의 합성			
2				
3	(1)식		(2)식	
4	y=a sin(mθ+α)+b		y=a' sin(m'θ+α')+b'	
5	a=	2	a'=	2.236067977
6	m=	2	m'=	2
7	α=	1	α'=	1
8	b=	1	b'=	1
9				
10	θ	(1)식	(2)식	(1)+(2)
11	-180	1.03490481	3.235727414	4.270632226
12	-170	1.7167359	3.087549296	4.804285195
13	-160	2.31211806	2.687581925	4.999699983
14	-150	2.74923941	2.084067267	4.833306681
15	-140	2.97537668	1.349798098	4.325174779
16	-130	2.96325437	0.573338116	3.536592483
17	-120	2.7143346	-0.15166015	2.562674455
18	-110	2.25864078	-0.7377512	1.520889584
19	-100	1.65113631	-1.11424381	0.5368925
20	-90	0.96509519	-1.23572741	-0.27063223
21	-80	0.2832641	-1.0875493	-0.8042852
22	-70	-0.3121181	-0.68758192	-0.99969998

미분·적분 18

18.1 미분

18.1.1 도함수와 그 그래프

미분계수와 도함수

일반적으로 함수 $y=f(x)$의 x가 a에서 $a+h$까지 변화할 때,

$$(\text{평균변화율})=\frac{f(a+h)-f(a)}{h}$$

이 된다(그림 18.1).

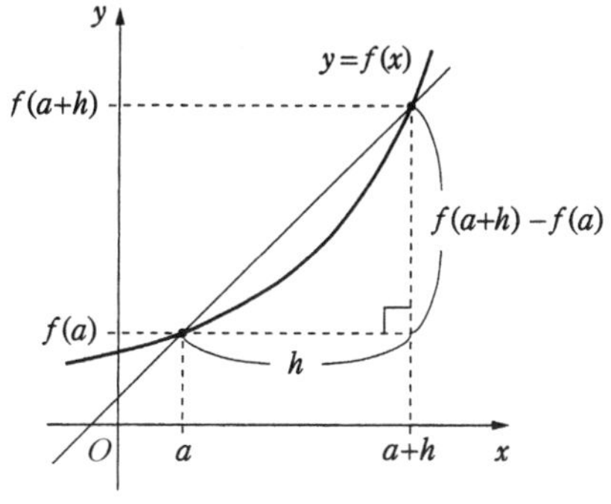

그림 18.1 **평균변화율**

이 h가 한없이 0에 접근한다고 하면, 그것은 a에서의 순간의 값이 된다. 식으로 나

타내면,

$$\lim_{h \to 0} \frac{f(a+h)-f(a)}{h}$$

이 되어 이 함수를 기호 $f'(a)$로 나타내고, $y=f(x)$의 $x=a$에서의 **미분계수** 또는 **변화율**이라고 한다.

그런데 a는 문자이지만 변수가 아니라 상수이다. 따라서 함수 $f(x)$의 미분계수 값은 a의 값에 대해서 하나씩 정해진다. 그래서 a를 변수 x로 치환하면 미분계수 $f'(x)$는 새로운 함수가 된다. 이 새로 구한 함수 $f'(x)$를 원래의 함수의 도함수(導函數)라고 한다. 더욱이 x의 함수 $f(x)$로부터 그 도함수 $f'(x)$를 구하는 것을, $f(x)$를 x에 대해서 **미분한다** 혹은 단지 미분한다고 한다. 함수 $y=f(x)$의 도함수는 $f'(x)$ 외에,

$$y',\ \{f(x)\}',\ \frac{dy}{dx},\ \frac{d}{dx}f(x)$$

등으로도 표기한다.

도함수

$$f'(x)=\lim_{h \to 0} \frac{f(a+h)-f(a)}{h}$$

예제 18-1

함수 (1) $y=x$, (2) $y=x^2$, (3) $y=x^3$를 미분해 보자.

$$(1)\ f'(x)=\lim_{h \to 0} \frac{f(a+h)-f(a)}{h}=\lim_{h \to 0} \frac{f(x+h)-x}{h}$$
$$=\lim_{h \to 0} \frac{h}{h}=\lim_{h \to 0} 1=1$$

$$(2)\ f'(x)=\lim_{h \to 0} \frac{f(a+h)-f(a)}{h}=\lim_{h \to 0} \frac{f(x+h)^2-x^2}{h}$$
$$=\lim_{h \to 0} \frac{x^2+2xh+h^2-x^2}{h}=\lim_{h \to 0} \frac{2xh+h^2}{h}$$
$$=\lim_{h \to 0} (2x+h)=2x$$

$$(3)\ f'(x)=\lim_{h\to 0}\frac{f(a+h)-f(a)}{h}=\lim_{h\to 0}\frac{f(x+h)^3-x^3}{h}$$
$$=\lim_{h\to 0}\frac{x^3+3x^2h+3xh^2+h^3-x^3}{h}=\lim_{h\to 0}\frac{3x^2h+3xh^2+h^3}{h}$$
$$=\lim_{h\to 0}(3x^2+3xh+h^2)=3x^2$$

x^n의 도함수

앞의 예로부터 다음과 같은 사실을 말할 수 있다.
$n=1, 2, 3$일 때, 함수 $y=x^n$의 도함수는,

$$(x^n)'=nx^{n-1}$$

이 된다.

함수와 도함수의 그래프

원래의 함수와 도함수의 그래프를 함께 다루어 보자. 예를 들면, 자유낙하의 문제를 생각해 보자.

정지해 있는 물체가 낙하할 때, 낙하하기 시작하고 나서 t초간에 낙하하는 거리를 ym, 중력가속도를 g라고 하면,

$$y=\frac{1}{2}gt^2$$

이라고 하는 관계가 있다. 단, 여기에서는 공기저항을 무시하고 있다.

이 y는 경과시간 t의 함수로서, t에 대한 낙하거리를 나타낸다. 이제, 중력가속도 g를 9.8m/s^2라고 했을 때, 이들 도함수를 구해 보자.

$$y'=\left(\frac{1}{2}gt^2\right)'=gt=9.8t$$

구한 도함수는 경과시간 t에 대한 물체의 속도 v이다.

$$v=y'=9.8t,\ y=\frac{1}{2}gt^2=4.9t^2$$

여기에서 Excel을 사용해서 경과시간 t에 대한 자유낙하의 속도나 거리를 계산하여 그래프를 그리고 변화의 상태을 조사해 보자.

다음과 같이 워크시트를 작성한다. 여기에서는, A열에 경과시간(0~100초), B열에 경과시간에 대한 속도, C열에 경과시간에 대한 거리를 구한다.

먼저 제목으로서 셀 A3에 '*t*', 셀 B3에 'v=9.8t', 셀 C3에 '*y*=4.9t^2'라고 입력한다. 셀 범위 A4:A104에 0~100의 연속 데이터를 작성한다. 셀 B4에 '=9.8*A4'라고 입력하고 제104행까지 복사한다. 셀 C4에 '=4.9*A^2'라고 입력하고 제104행까지 복사한다.

그 다음에 셀 범위 A3:C104를 지정하고 2차원 꺾은선형 그래프를 그려서 적당히 수정하면 다음과 같은 그래프를 얻는다.

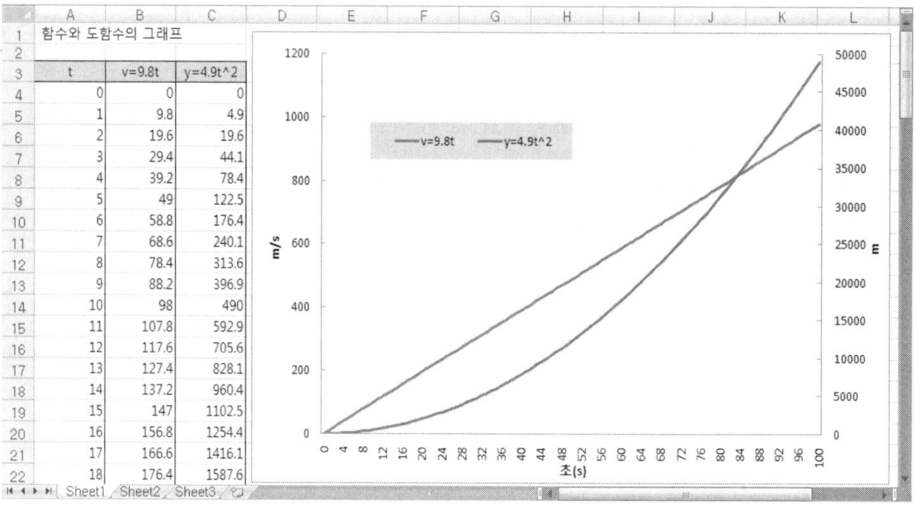

t	v=9.8t	y=4.9t^2
0	0	0
1	9.8	4.9
2	19.6	19.6
3	29.4	44.1
4	39.2	78.4
5	49	122.5
6	58.8	176.4
7	68.6	240.1
8	78.4	313.6
9	88.2	396.9
10	98	490
11	107.8	592.9
12	117.6	705.6
13	127.4	828.1
14	137.2	960.4
15	147	1102.5
16	156.8	1254.4
17	166.6	1416.1
18	176.4	1587.6

[셀의 입력내용]

B4;=9.8*A4

C4;=4.9*A4^2

표와 그래프로부터 속도는 경과시간마다 일정한 비율로 증가하고, 거리는 경과시간이 진행됨에 따라서 증가의 비율이 늘어나고 있는 것을 알 수 있다.

18.1.2 도함수의 응용

제트 코스터와 미분

만일 제트 코스터(jet coaster)가 맹 스피드로 달리고 있을 때, 레일에서 벗어나 버린다면 어떤 방향으로 날아갈까. 제트 코스터가 움직이는 레일의 궤도를 어떤 함수로 나타낼 수 있다고 하자. 그때, 이 함수를 미분한 것이 날아가는 방향을 부여하게 된다. 실제로 날아가지 않더라도, 코스터에, 똑바로 앞을 보며 몸을 움직이지 않고 타고 있었다고 했을 경우에 자신이 보고 있는 방향이 그 제트 코스터의 궤도함수에 대한 그때 그때에 있어서 미분한 것이 된다. 극단적으로 말하면, 미분을 본다거나 체험한다거나 할 수도 있는 것이다.

우리들은 지구가 둥글다는 사실을 알고 있다. 그러나 바다를 보더라도 그것이 곡면이라고 하는 것을 의식할 수 있을까. 우리들 인간은 지구에 비해서 너무나 작고, 지구의 극히 일부 작은 공간에서 생활하고 있는 존재이다. 작은 세계를 보고 있다고 하는 것은 원래의 세계를 미분한 것을 보고 있다고 하는 셈이 된다. 즉, 우리들은 지구를 미분한 세계에 살고 있는 것이다. 사실, 공의 방정식을 미분하면 평면의 방정식이 나타난다.

함수의 극대·극소

극대·극소는 최대·최소와 겹친다는 사실, 즉 극대가 최대가 되는 경우나 극소가 최소가 되는 경우는 있지만, 같은 것은 아니다. 이름이 다른 데는 의미가 있다. 그러면 어디가 극대이고 어디가 극소인가 하면, 제트 코스터의 예로 설명해 보자.

어느 제트 코스터의 궤도에서도 일단 수평이 되는 곳이 몇 군데 있는 것이다. 올라가다 떨어지기 전 일순간의 수평이 되는 곳, 이것이 극대가 된다. 역으로 떨어지다 오르기 전 일순간의 수평이 되는 곳, 이것이 극소가 된다. 제트 코스터는 스릴을 위해서 오르막길 내리막길이 많기 때문에 극대나 극소는 하나뿐이 아니라는 것을 알 수 있다. 이와 같이 극대·극소는 여러 개 있더라도 상관없다. 개수는 다루는 함수의 성질이나 정의역에 의존한다.

제트 코스터의 궤도가 아니라 함수로 설명하면 다음과 같이 된다. 일반적으로 함수 $f(x)$에 있어서 $x=a$의 전후에서 증가에서 감소로 바뀔 때, $f(x)$는 $x=a$에서 **극대**(極大)라고 하고, 이때의 $f(a)$를 **극대치**(極大値)라고 한다. 또 $x=b$의 전후에서 감소에서 증가로 변할 때, $f(x)$는 $x=b$에서 **극소**(極小)라고 하고, 이때의 $f(b)$를 **극소치**(極小値)라고 한다. 극대치와 극소치를 합쳐서 **극치**라고 한다.

$f(x)$가 $x=a$에서 극치를 취할 때는, $f(x)$의 값은 $x=a$를 경계선으로서 증감이 교체한다. 즉, $x=a$의 경계선에서의 $f'(a)$에 대한 순간의 값은 0이라고 하는 것을 알 수 있다.

예제 18-2

함수 $y=-2x^3+6x+1$의 극치를 조사하고 그 그래프를 그려보자.

$y=-2x^3+6x+1$의 도함수 y'는 다음과 같다.

$$y'=-6x^2+6=-6(x^2-1)=-6(x+1)(x-1)$$

$y'=0$이라고 하면 $x=-1, 1$이 된다. 여기에서 y'의 부호와 y의 증가를 「↗」, 감소를 「↘」로 나타낸 표(**증감표**)를 만들면 다음과 같다.

x	…	−1	…	1	…
y'	−	0	+	0	−
y	↘	−3	↗	5	↘

$x=-1$일 때, 극소치 −3

$x=1$일 때, 극대치 5

▶ Excel에 의한 그래프 작성

위의 예제에 대한 그래프는 Excel을 사용해서 그려 보자.

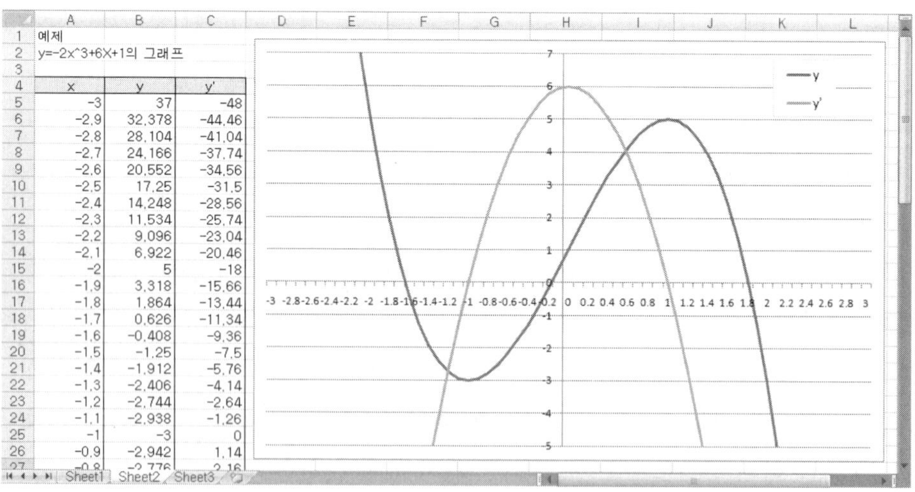

[셀의 입력내용]

B5;=-2*A5^3+6*A5+1

C5;=-6*A5^2+6

함수의 최대치 · 최소치, 방정식과 부등식

도함수를 구하고 증감표를 만드는 방법은 함수의 **최대치 · 최소치**를 구하는 경우에도 이용할 수 있다.

예제 18-3

함수 $y = 2x^3 - 3x^2 - 12x - 6\ (-2 \leqq x \leqq 4)$의 최대치와 최소치를 조사하고 그 그래프를 그려보자.

$y = 2x^3 - 3x^2 - 12x - 6\ (-2 \leqq x \leqq 4)$의 도함수 y'는 다음과 같다.

$$y' = 6x^2 - 6x - 12 = 6(x^2 - x - 2) = 6(x+1)(x-2)$$

$y' = 0$이라고 하면 $x = -1, 2$이 된다. 따라서 $-2 \leqq x \leqq 4$에 있어서의 증감표는 다음과 같다.

x	−2	…	−1	…	2	…	4
y'		+	0	−	0	+	
y	−10	↗	1	↘	−26	↗	26

따라서 이 함수는,

$x = 4$일 때, 최대치 26

$x = 2$일 때, 최소치 −26

을 취한다.

▶ Excel에 의한 그래프 작성

위의 예제에 대한 그래프는 Excel을 사용해서 그려 보자.

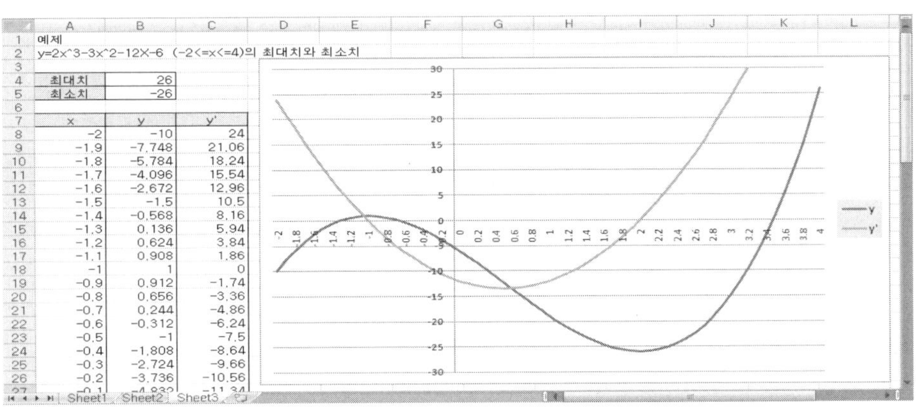

[셀의 입력내용]

B8;=2*A8^3-3*A8^2-12*A8-6

C8;=6*A8^2-6*A8-12

18.1.3 2차곡선과 접선

접선의 여러 가지

2차함수 $y=x^2$이나 3차함수 $y=x^3$에만 접선이 있는 것이 아니고, 거기에 매끄러운 곡선(미분가능 등의 말을 사용한다)이 존재하는 한 접선은 존재한다. 지수함수든 대수함수든 그리고 타원이든 쌍곡선이든 접선은 존재한다. 여기에서는 대수함수와 타원의 접선 그리고 법선에 대해서 생각해 보자.

접선과 법선의 방정식

접선의 정체는 직선이다. 전차의 바퀴와 쭉 곧은 레일을 연상해 보자. 레일이라고 하는 직선은 바퀴라고 하는 원의 접선인 셈이다. 접선이 직선이라고 하는 것은 그 직선이 통하는 1점의 좌표와 기울기를 알면 방정식이 구해진다. 구체적으로 다음과 같이 생각한다.

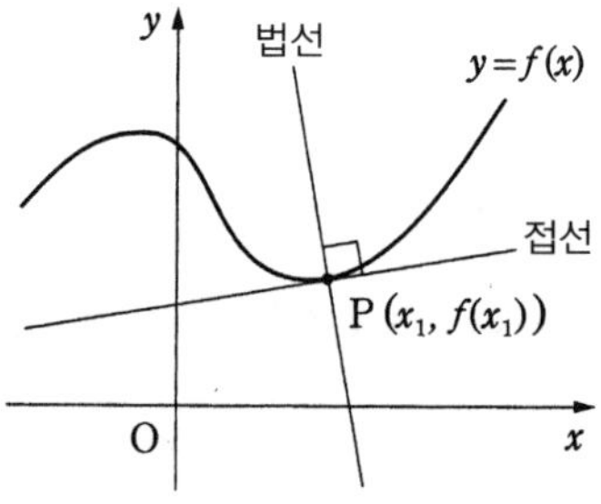

그림 18.2 **접선과 법선**

곡선 $y=f(x)$상의 점 $P(x_1, f(x_1))$에 대한 이 곡선의 **접선**(接線)은, 점 P를 지나고 기울기가 $f'(x_1)$의 직선이 된다. 따라서 접선의 방정식은,

$$y-f(x_1)=f'(x_1)(x-x_1)$$

이 된다.

또 곡선상의 점 P를 지나고 점 P에 대한 접선에 수직인 직선을 점 P에 있어서의 이 곡선 $y=f(x)$의 **법선**(法線)이라고 한다. 곡선상의 점 $P(x_1, f(x_1))$에 대한 접선의 기울기는 $f'(x_1)$이므로, 이것에 수직이라고 하는 것은 곱해서 –1이 되는 값이라고 하는 것이다. 따라서 $f'(x_1) \neq 0$일 때, 이 점에 대한 법선의 기울기는 ,

$$-\frac{1}{f'(x_1)}$$

이 된다. 법선이 지나는 1점의 좌표와 기울기를 알았으므로, 법선의 방정식은,

$$y-f(x_1)=-\frac{1}{f'(x_1)}(x-x_1)$$

이 된다.

자연대수와 대수함수의 도함수

대수함수 $y=\log_a x$의 미분을 해 보자. 도함수의 정의로부터,

$$\begin{aligned} y' = (\log_a x)' &= \lim_{\Delta x \to 0} \frac{\log_a(x+\Delta x)-\log_a x}{\Delta x} \\ &= \lim_{\Delta x \to 0} \frac{1}{\Delta x} \log_a \frac{x+\Delta x}{x} = \lim_{\Delta x \to 0} \frac{1}{\Delta x} \log_a (1+\frac{\Delta x}{x}) \end{aligned}$$

여기에서 $\frac{\Delta x}{x}=h$라고 치환하기로 한다. 그렇게 하면 $\Delta x \to 0$일 때, $h \to 0$이 된다. 따라서 이 함수는,

$$\begin{aligned} y' &= \lim_{h \to 0} \frac{1}{xh} \log_a(1+h) = \lim_{h \to 0} \frac{1}{x} \log(1+h)^{\frac{1}{h}} \\ &= \frac{1}{x} \lim_{h \to 0} \log_a(1+h)^{\frac{1}{h}} \end{aligned}$$

이 되고, $e=\lim_{h \to 0}(1+h)^{\frac{1}{h}}$ 라고 놓으면, 대수의 밑에 대한 변환공식을 이용해서,

$$(\log_a x)' = \frac{1}{x}\log_a e = \frac{1}{x\log_e a}$$

이 된다. 특히 $a=e$일 때는, $\log_e a = \log_e e = 1$로부터,

$$(\log_a x)' = \frac{1}{x}$$

이 된다.

또한 도중에 $e = \lim_{h \to 0}(1+h)^{\frac{1}{h}}$ 라고 놓았는데, 이 e를 밑으로 하는 대수를 **자연대수** 라고 한다. 이때, 일반적으로 밑 e를 생략하고 $\log x$라고 쓴다.

> **대수함수의 도함수**
>
> $$(\log x)' = \frac{1}{x},\ (\log_a x)' = \frac{1}{x \log a}$$

예제 18-4

곡선 $y = \log x$상의 점 P(1, 0)에 있어서의 접선과 법선의 방정식을 구해 보자.

$y' = \dfrac{1}{x}$이라고 하는 사실로부터 $x = 1$일 때 $y' = 1$이 된다. 따라서 접선의 방정식은 다음과 같이 된다.

$$y - 0 = 1 \times (x-1)$$
$$y = x - 1$$

또 법선의 방정식은 다음과 같이 된다.

$$y - 0 = -\frac{1}{1} \times (x-1)$$
$$y = -x + 1$$

▶ Excel에 의한 그래프 작성

위의 예제에 대한 그래프를 Excel을 사용해서 그려 보자. 여기에서는 A열에 x의 값을 준비하고, B열에 $y = \log x$, C열에 y', D열에 접선, E열에 법선의 각각에 대해서 대응하는 y의 값을 계산한다.

먼저 셀 범위 A5:A104에 0.05 간격으로 0.05~5의 연속 데이터를 입력한다. 셀 범위 B5:E5를 제104행까지 복사한다.

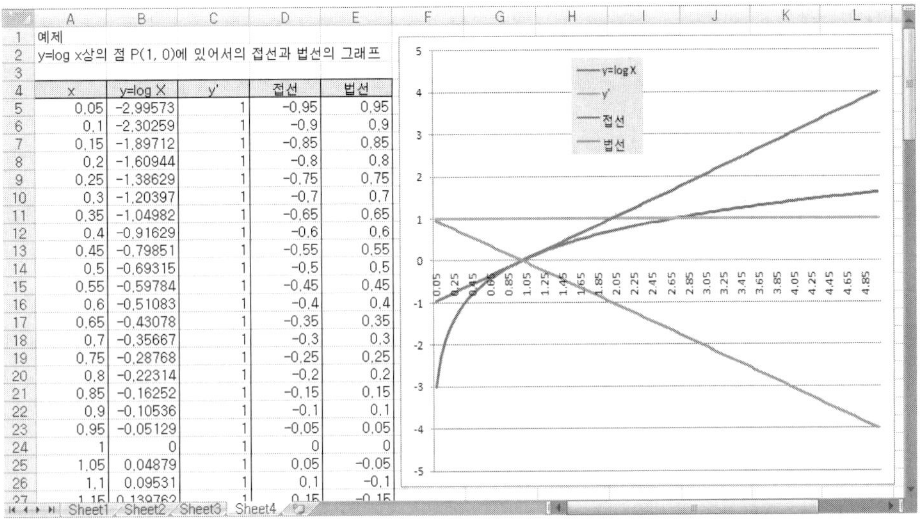

	A	B	C	D	E
1	예제				
2	y=log x상의 점 P(1, 0)에 있어서의 접선과 법선의 그래프				
3					
4	x	y=log X	y'	접선	법선
5	0.05	-2.99573	1	-0.95	0.95
6	0.1	-2.30259	1	-0.9	0.9
7	0.15	-1.89712	1	-0.85	0.85
8	0.2	-1.60944	1	-0.8	0.8
9	0.25	-1.38629	1	-0.75	0.75
10	0.3	-1.20397	1	-0.7	0.7
11	0.35	-1.04982	1	-0.65	0.65
12	0.4	-0.91629	1	-0.6	0.6
13	0.45	-0.79851	1	-0.55	0.55
14	0.5	-0.69315	1	-0.5	0.5
15	0.55	-0.59784	1	-0.45	0.45
16	0.6	-0.51083	1	-0.4	0.4
17	0.65	-0.43078	1	-0.35	0.35
18	0.7	-0.35667	1	-0.3	0.3
19	0.75	-0.28768	1	-0.25	0.25
20	0.8	-0.22314	1	-0.2	0.2
21	0.85	-0.16252	1	-0.15	0.15
22	0.9	-0.10536	1	-0.1	0.1
23	0.95	-0.05129	1	-0.05	0.05
24	1	0	1	0	0
25	1.05	0.04879	1	0.05	-0.05
26	1.1	0.09531	1	0.1	-0.1
27	1.15	0.139762	1	0.15	-0.15

[셀의 입력내용]

B5;=LN(A5)

C5; 1

C6;=C5

D5;=A5-1

E5;=-A5+1

예제 18-5

타원에 대한 예제로서 타원 $\frac{x^2}{4}+y^2=1$상의 점 $\left(\frac{6}{5}, \frac{4}{5}\right)$에 있어서의 접선의 방정식을 구해 보자.

타원의 방정식

$$\frac{x^2}{4}+y^2=1$$

의 양변을 x로 미분한다.

$$\frac{x}{2}+2y\frac{dy}{dx}=0$$

$y \neq 0$일 때,

$$\frac{dy}{dx} = -\frac{x}{4y}$$

이 된다. 따라서 $y \neq 0$일 때, 점 $\left(\frac{6}{5}, \frac{4}{5}\right)$에 있어서의 접선의 방정식은 다음과 같이 된다.

$$y - \frac{4}{5} = -\frac{\frac{6}{5}}{4\frac{4}{5}}\left(x - \frac{6}{5}\right)$$
$$y = -\frac{3}{8}x + \frac{5}{4}$$

▶ Excel에 의한 그래프 작성

Excel을 사용해서 타원 $\frac{x^2}{4} + y^2 = 1$상의 점 $\left(\frac{6}{5}, \frac{4}{5}\right)$에 있어서의 접선의 그래프를 그려 보자. 다음과 같이 워크시트를 작성한다. 먼저 셀 범위 A5:A85에 0.05 간격으로 –2~2의 연속 데이터를 입력한다. $\frac{x^2}{4} + y^2 = 1$을 y에 대해서 정리하면, $y = \pm\sqrt{1 - \frac{x^2}{4}}$이므로, 셀 B5에는 '=SQRT(1-A5^2/4', 셀 C5에는 '=-SQRT(1-A5^2/4'라고 입력한다.

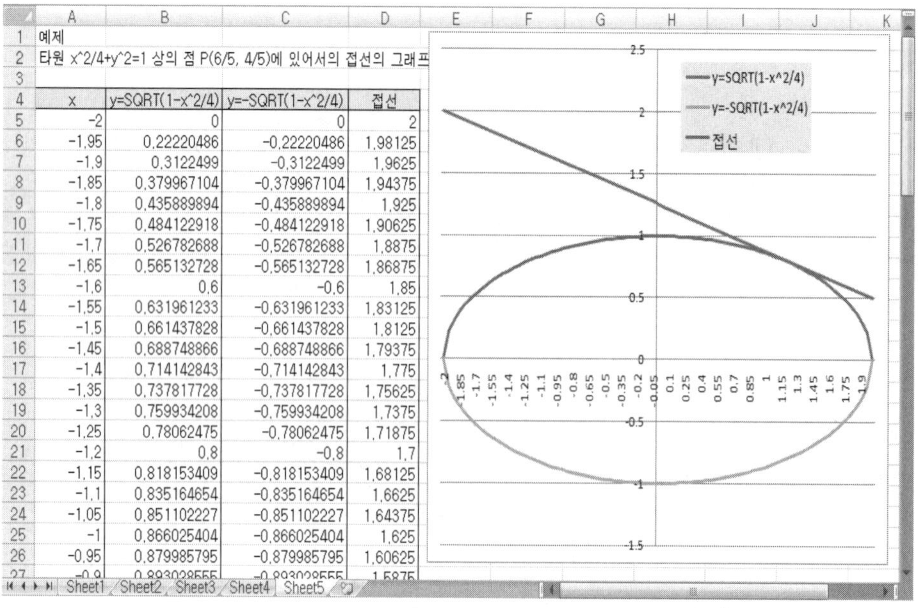

예제

타원 x^2/4+y^2=1 상의 점 P(6/5, 4/5)에 있어서의 접선의 그래프

x	y=SQRT(1-x^2/4)	y=-SQRT(1-x^2/4)	접선
-2	0	0	2
-1,95	0,22220486	-0,22220486	1,98125
-1,9	0,3122499	-0,3122499	1,9625
-1,85	0,379967104	-0,379967104	1,94375
-1,8	0,435889894	-0,435889894	1,925
-1,75	0,484122918	-0,484122918	1,90625
-1,7	0,526782688	-0,526782688	1,8875
-1,65	0,565132728	-0,565132728	1,86875
-1,6	0,6	-0,6	1,85
-1,55	0,631961233	-0,631961233	1,83125
-1,5	0,661437828	-0,661437828	1,8125
-1,45	0,688748866	-0,688748866	1,79375
-1,4	0,714142843	-0,714142843	1,775
-1,35	0,737817728	-0,737817728	1,75625
-1,3	0,759934208	-0,759934208	1,7375
-1,25	0,78062475	-0,78062475	1,71875
-1,2	0,8	-0,8	1,7
-1,15	0,818153409	-0,818153409	1,68125
-1,1	0,835164654	-0,835164654	1,6625
-1,05	0,851102227	-0,851102227	1,64375
-1	0,866025404	-0,866025404	1,625
-0,95	0,879985795	-0,879985795	1,60625
-0,9	0,893028555	-0,893028555	1,5875

[셀의 입력내용]

B5;=SQRT(1-A5^2/4)

C5;=-SQRT(1-A5^2/4)

D5;=-3/8*A5+5/4

셀 범위 B5:D5를 제85행까지 복사한다.

18.2 적분

18.2.1 부정적분

원시함수와 적분상수

미분과 적분을 완전히 다른 것으로 볼 것인가 내용은 같은 것으로 볼 것인가는 사람에 따라서 다르다. 발상이나 조작을 조금만 바꾸면, 미분과 적분은 비슷한 것이라고도 말할 수 있다. 간단히 말하면, 미분은 나눗셈과 같은 것이고 적분은 그 역으로 곱셈과 같은 것이다. 일반적으로 곱셈 나눗셈에서는 곱한 다음에 같은 것으로 나누거나, 나눈 다음에 같은 것을 곱하거나 해도 원래의 값으로 되돌아간다. 이것과 마찬가지로 일반적으로 어떤 함수를 적분하고 나서 미분하거나, 미분하고 나서 적분하더라도 원래의 함수로 되돌아간다. 적분한 결과가 옳은지 어떤지는 그것을 미분해서 원래로 되돌아가는지 어떤지를 확인하면 알 수 있다.

주어진 함수 $f(x)$에 관해서 $F'(x)=f(x)$가 되는 경우, $F(x)$는 $f(x)$의 **원시함수**라고 한다. 어떤 함수 $f(x)$의 원시함수 중 하나를 $F(x)$라고 하면, 다른 모든 함수는 상수 C를 이용해서 $F(x)+C$라고 쓸 수 있고, 이 상수 C를 **적분상수**라고 한다. 적분에는 이 적분상수가 나오는 부정적분과 적분상수가 상쇄되어 나오지 않는 정적분이 있다.

미분과 부정적분

x의 함수 $F(x)$의 도함수가 $f(x)$일 때, 즉

$$F'(x)=f(x)$$

일 때, $F(x)$를 $f(x)$의 원시함수라고 한다.

$f(x)$의 원시함수 중 하나를 $F(x)$라고 하면, $f(x)$의 임의의 원시함수는 다음의 형태로 쓸 수 있다.

$$F(x)+C \quad \text{단, } \boldsymbol{C}\text{는 임의의 상수}$$

이것을 $f(x)$의 **부정적분**이라고 하고, $\int f(x)dx$로 표기한다.

부정적분

$$F'(x)=f(x)\text{일 때, } \int f(x)dx=F(x)+C$$

$$\int x^n dx=\frac{1}{n+1}x^{n+1}C \qquad \text{단, } C\text{는 적분상수}$$

18.2.2 구분구적법과 정적분

미지수는 서로 소거

부정적분의 계산에서는 아무래도 적분상수 C가 등장해서 그것이 남으므로, 부정적분의 계산만으로는 명확한 값은 나오지 않는다. 그러나 다음의 계산에서는 어떻게 될까.

$$(2+C)-(1+C)=1$$

여기에서 C의 값은 특히 한정되어 있지 않지만, 그 C의 값과 관계없이 이 뺄셈은 값이 1로 정해진다. 이것을 적분에 이용해 보자.

함수 $f(x)$의 부정적분 중 하나를 $F(x)$라고 하면, 그것에 적분상수 C를 붙여서 $f(x)$의 부정적분은

$$F(x)+C$$

라고 나타낼 수 있다. 이것을 이제 $G(x)$라 하고,

$$G(x)=F(x)+C$$

라고 표기하기로 한다. 이때, 이 함수에 a, b를 대입해서 뺄셈을 하면,

$$G(b)-G(a)=\{F(b)+C\}-\{F(a)+C\}$$
$$=F(b)-F(a)$$

가 된다. 다시 말하면, $G(b)-G(a)$의 값은 적분상수 C에 관계없이 일정한 값 $F(b)-F(a)$가 된다. 이 $F(b)-F(a)$를 기호 $[F(x)]_a^b$로 나타내면,

$$[F(x)]_a^b=F(b)-F(a)$$

이 된다. 이 계산을 함수 $f(x)$의 a에서 b까지의 **정적분**이라고 한다. 또,

$$\int_a^b f(x)dx$$

라고 표기하고 이것을 $f(x)$를 a에서 b까지 적분한다고 한다. 두 가지는 같은 내용이므로,

$$\int_a^b f(x)dx=[F(x)]_a^b=F(b)-F(a)$$

의 식이 성립한다.

구분구적법과 도형의 면적

함수 $f(x)$가 구간 $[a, b]$에서 연속이고, 항상 $f(x)\geq 0$일 때, 곡선 $y=f(x)$와 x축 및 두 직선 $x=a$, $x=b$로 둘러싸인 부분에 대한 도형의 면적 S는 정적분을 이용해서,

$$S=\int_a^b f(x)dx$$

라고 나타낼 수 있다(그림 18.3(A)).

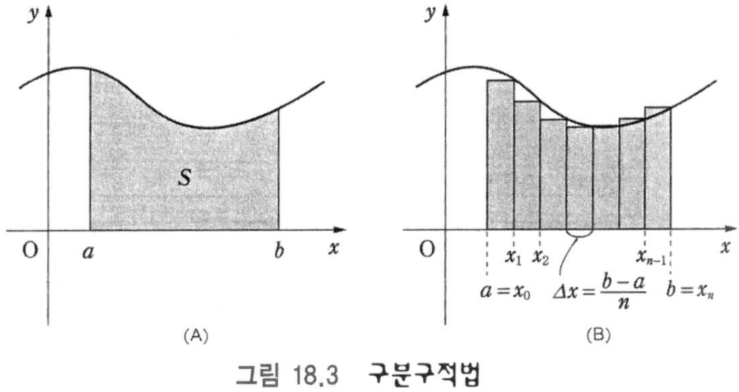

그림 18.3 **구분구적법**

이제 구간 $[a, b]$에서 표현되는 도형을 n등분하고 a, b 및 각 분기점을 순서대로

$$x_0 = 0, x_1, x_2, \cdots, x_n = b$$

라고 한다. 그러면 각 구간의 폭은 $\dfrac{b-a}{n}$이 되고, 이것을 Δx라고 표기하기로 한다.

$$\Delta x = \frac{b-a}{n}$$

이때, n을 한없이 크게 하면, 면적 S는 무수한 장방형의 집합이라고 할 수 있다. 따라서 일정한 가로의 폭을 Δx라 하고, 맨처음 장방형의 높이를 $f(x_1)$이라 하며, 마지막 장방형의 높이를 $f(x_n)$라고 하면, [그림 18.3] (B)와 같은 n개 장방형의 면적의 합은,

$$\begin{aligned} S_n &= f(x_1)\Delta x + f(x_2)\Delta x + \cdots + f(x_n)\Delta x \\ &= \sum_{k=1}^{n} f(x_k)\Delta x \end{aligned}$$

가 된다. 여기에서 n을 한없이 크게 하고 있으므로, S_n은 한없이 S에 접근하여,

$$\lim_{n\to\infty} S_n = S$$

가 된다. 원래 $S = \int_a^b f(x)dx$이므로, 다음이 성립한다.

$$\lim_{n\to\infty}\sum_{k=1}^{n} f(x_k)\Delta x = \int_a^b f(x)dx$$

이와 같이 도형의 면적이나 체적을 간단한 도형의 면적이나 체적의 합에 대한 극한으로 해서 구하는 방법을 **구분구적법**(區分求積法)이라고 한다.

예제 18-6

구분구적법을 이용해서 곡선 $y = x^2$과 x축 및 $x = 1$로 둘러싸인 면적을 구해 보자.

구간을 n등분하고, 각 소구간에서 오른쪽 끝의 값을 높이로 하는 n개의 장방형을 만든다(그림 18.4).

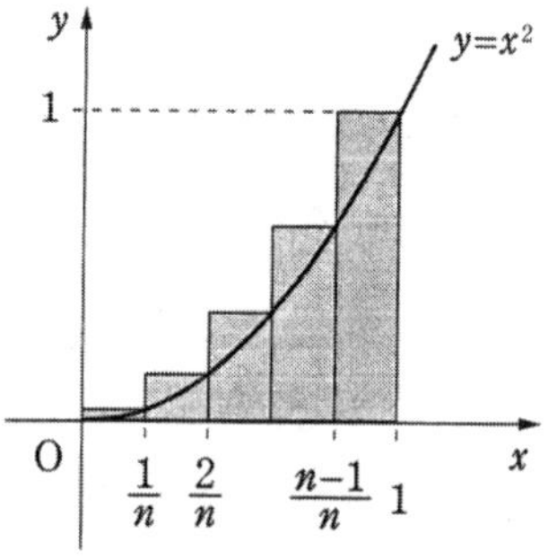

그림 18.4 **구분구적법**

이들 장방형의 면적의 합을 S_n이라고 하면, 수열의 합의 공식,

$$\sum_{k=1}^{n} k^2 = 1^2+2^2+3^2+\cdots+n^2 = \frac{1}{6}n(n+1)(2n+1)$$

으로부터 다음과 같이 된다.

$$\begin{aligned} S_n &= \left(\frac{1}{n}\right)^2 \cdot \frac{1}{n} + \left(\frac{2}{n}\right)^2 \cdot \frac{1}{n} + \cdots + \left(\frac{n}{n}\right)^2 \cdot \frac{1}{n} \\ &= \frac{1}{n}(1^2+2^2+\cdots+n^2) \\ &= \frac{1}{n^3} \cdot \frac{1}{6}n(n+1)(2n+1) = \frac{1}{6}\left(1+\frac{1}{n}\right)\left(2+\frac{1}{n}\right) \end{aligned}$$

여기에서 n을 한없이 크게 하면, S_n은 한없이 S에 접근하므로,

$$S = \lim_{n\to\infty} S_n = \lim_{n\to\infty} \frac{1}{6}\left(1+\frac{1}{n}\right)\left(2+\frac{1}{n}\right) = \frac{1}{6} \cdot 1 \cdot 2 = \frac{1}{3}$$

이 된다.

그와 관련하여 이것은 정적분

$$S = \int_0^1 x^2 dx = \left[\frac{x^3}{3}\right]_0^1 = \left(\frac{1}{3}-0\right) = \frac{1}{3}$$

의 값과 같게 된다.

▶ Excel에 의한 그래프 작성

Excel을 사용해서 곡선 $y=x^2$과 x축 및 직선 $x=1$로 둘러싸인 면적의 근사치를 구해 보자. 다음과 같이 워크시트를 작성한다.

여기에서는 $0 \leqq x \leqq 1$의 구간을 100의 소구간으로 나누고, 각각의 소구간의 면적을 합치기로 한다.

A열에 n으로서 0~100의 연속 데이터를 입력한다. B열에는 x의 값을 계산한다. 셀 B7에 '=A7*0.01'을 입력하고, 제107행까지 복사한다. 셀 범위 C7:C107에는 소구간의 폭으로서 '0.01'을 입력한다. D열에는 소구간의 오른쪽 끝의 y의 값을 계산한다. 셀 D7에 '=B7^2'를 입력하고 제107행까지 복사한다. E열에는 각각의 소구간 면적을 계산한다. 셀 E7에 '=C7*D7'을 입력하고 제107행까지 복사한다.

다음에 셀 E2에 '=SUM(E8:E107)'이라고 입력해서 S_n을, 셀 E3에 '=SUM(E7:E106)'이라고 입력해서 S_{n-1}을 계산한다. 여기에서 소구간의 높이를 오른쪽 끝으로 취한 경우의 면적과 왼쪽 끝으로 취한 경우의 면적을 평균하기 위해서, 셀 E4에 '=AVERAGE(E2:E3)'를 입력한다.

셀 범위 A6:A107 및 셀 범위 D6:D107로부터 막대그래프를 작성한다.

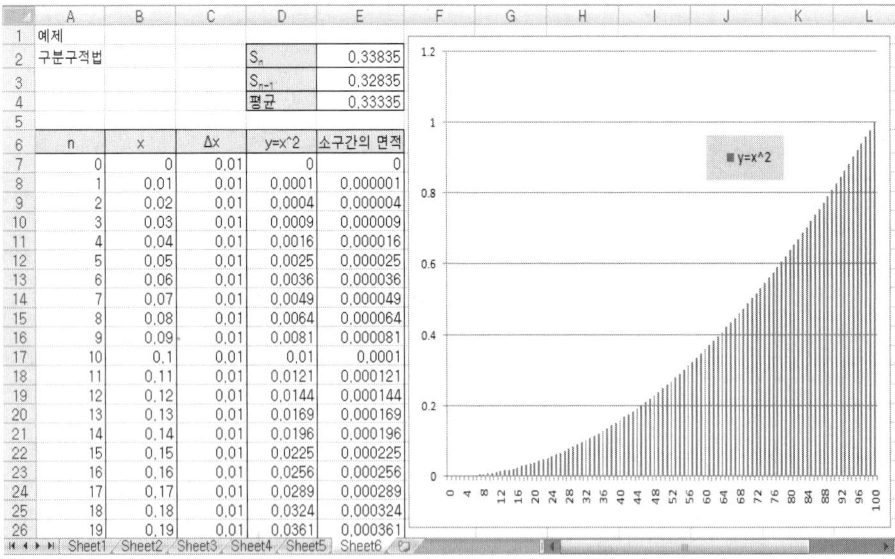
예제

구분구적법

			S_n	0.33835
			S_{n-1}	0.32835
			평균	0.33335
n	x	Δx	y=x^2	소구간의 면적
0	0	0.01	0	0
1	0.01	0.01	0.0001	0.000001
2	0.02	0.01	0.0004	0.000004
3	0.03	0.01	0.0009	0.000009
4	0.04	0.01	0.0016	0.000016
5	0.05	0.01	0.0025	0.000025
6	0.06	0.01	0.0036	0.000036
7	0.07	0.01	0.0049	0.000049
8	0.08	0.01	0.0064	0.000064
9	0.09	0.01	0.0081	0.000081
10	0.1	0.01	0.01	0.0001
11	0.11	0.01	0.0121	0.000121
12	0.12	0.01	0.0144	0.000144
13	0.13	0.01	0.0169	0.000169
14	0.14	0.01	0.0196	0.000196
15	0.15	0.01	0.0225	0.000225
16	0.16	0.01	0.0256	0.000256
17	0.17	0.01	0.0289	0.000289
18	0.18	0.01	0.0324	0.000324
19	0.19	0.01	0.0361	0.000361

[셀의 입력내용]

B7;=A7*0.01　　　　　E2;=SUM(E8:E107)

D7;=B7^2　　　　　　　E3;=SUM(E7:E106)

E7;=C7*D7　　　　　　　E4;=AVERAGE(E2:E3)

18.2.3 곡선의 길이

구부러진 것을 곧바로 보면

둥근 것을 둥글게, 사각인 것은 사각으로 솔직히 보는 마음은 중요하다. 그러나 때로는 약간 관점을 바꾸어서 곡선을 직선으로 보는 것도 필요하다. 왜냐하면, 직선이면 거기에 가로세로의 직선을 그어서 직각삼각형을 만들어 삼평방의 정리를 적용할 수가 있기 때문이다. 그렇게 하면 좌표평면상에서 구부러진 것의 크기나 길이를 구할 수 있는 것이다.

거리와 곡선의 길이

평면상을 점 P의 시각 t에 있어서의 좌표를 $(f(t), g(t))$라고 한다. 이때, 속도의 x 성분은 $\frac{dx}{dt}$, 속도의 y성분은 $\frac{dy}{dt}$가 된다. 따라서 이 점의 속도 $\vec{v}$는,

$$\vec{v}=\left(\frac{dx}{dt}, \frac{dy}{dt}\right)$$

가 되고, 또 그 크기, 즉 절대치는 다음과 같이 된다(그림 18.5).

$$|\vec{v}|=\sqrt{\left(\frac{dx}{dt}\right)^2+\left(\frac{dy}{dt}\right)^2}$$

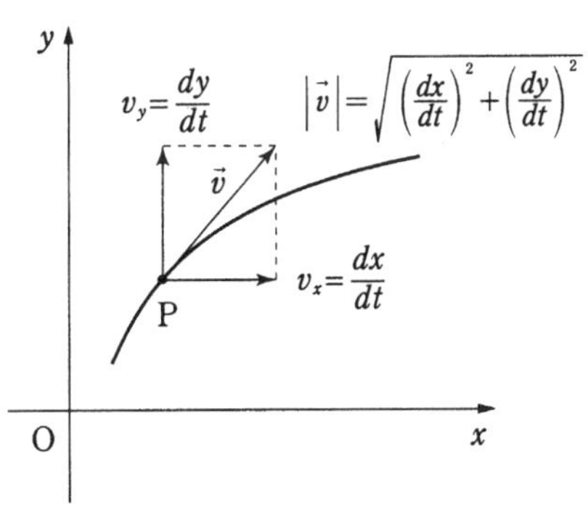

그림 18.5 **속도 $\vec{v}$의 절대치**

더욱이 이 점 P가 시각 t_1에서 t까지 이동한 거리를 t의 함수라고 생각하여 $s(t)$로 표기하기로 한다. 그리고 시간의 경과 t의 증가 Δt에 대한 $f(t)$, $g(t)$, $s(t)$의 증분을 각각 Δx, Δy, Δs라고 한다.

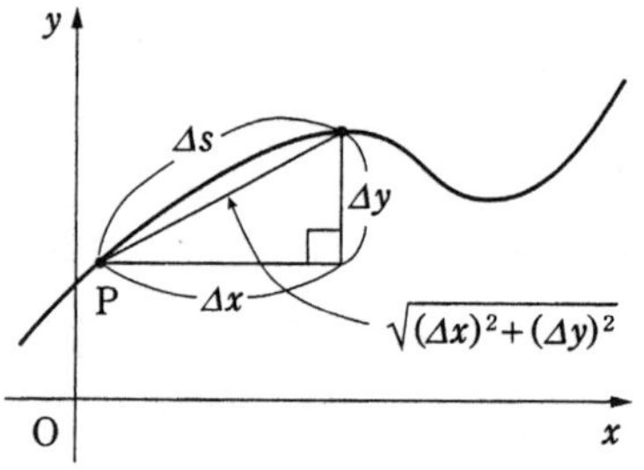

그림 18.6 Δs를 근사치로서 표시

그렇게 하면 [그림 18.6]으로부터 Δs를 근사치로서,

$$\Delta s \fallingdotseq \sqrt{(\Delta x)^2+(\Delta y)^2}$$

로 표현할 수 있고, 더욱이 양변을 Δt로 나누어서,

$$\frac{\Delta s}{\Delta t} \fallingdotseq \sqrt{\left(\frac{\Delta x}{\Delta t}\right)^2+\left(\frac{\Delta y}{\Delta t}\right)^2}$$

으로 나타낼 수 있다.

여기에서 Δt를 한없이 0에 접근시키면, 거리인 곡선 Δs는 한없이 직선에 가까워진다. 이것은 극히 좁은 곡선을 현미경으로 들여다보고 크게 확대했다고 생각할 수 있다. 그래서 $\Delta t \to 0$으로 함으로써,

$$\frac{\Delta x}{\Delta t} \to \frac{dx}{dt},\ \frac{\Delta y}{\Delta t} \to \frac{dy}{dt},\ \frac{\Delta s}{\Delta t} \to \frac{ds}{dt}$$

가 되고,

$$\frac{ds}{dt} = \sqrt{\left(\frac{dx}{dt}\right)^2+\left(\frac{dy}{dt}\right)^2}$$

으로 나타낼 수 있다. 그리고 이것은 $|\vec{v}|$의 식과 같아서,

$$\frac{ds}{dt} = |\vec{v}|$$

가 된다.

그러므로 시각 $t = t_1$에서 $t = t_2$까지 움직인 거리 s는,

$$s = \int_{t_1}^{t_2} |\vec{v}| dt = \int_{t_1}^{t_2} \sqrt{\left(\frac{dx}{dt}\right)^2 + \left(\frac{dy}{dt}\right)^2}\, dt$$

로 구할 수 있다.

곡선의 길이

곡선 $x = f(t)$, $y = g(t)$ $(t_1 \leqq t \leqq t_2)$의 길이를 s라 하면,

$$\begin{aligned} s &= \int_{t_1}^{t_2} \sqrt{\left(\frac{dx}{dt}\right)^2 + \left(\frac{dy}{dt}\right)^2}\, dt \\ &= \int_{t_1}^{t_2} \sqrt{\{f'(t)\}^2 + \{g'(t)\}^2}\, dt \end{aligned}$$

예제 18-7

사이클로이드(cycloid)의 길이 s를 구해 보자.

$$x = t - \sin t,\ y = 1 - \cos t \quad (0 \leqq t \leqq 2\pi)$$

$$\begin{aligned} \int \sqrt{\left(\frac{dx}{dt}\right)^2 + \left(\frac{dy}{dt}\right)^2} &= \sqrt{(1-\cos t)^2 + \sin^2 t} \\ &= \sqrt{1 - 2\cos t + \cos^2 t + \sin^2 t} \end{aligned}$$

$\cos^2 t + \sin^2 t = 1$로부터,

$$\int \sqrt{\left(\frac{dx}{dt}\right)^2 + \left(\frac{dy}{dt}\right)^2} = \sqrt{2 - 2\cos t} = \sqrt{2(1-\cos t)}$$

삼각함수의 반각의 공식, $\sin^2 \frac{\alpha}{2} = \frac{1-\cos\alpha}{2}$로부터,

$$\int \sqrt{\left(\frac{dx}{dt}\right)^2 + \left(\frac{dy}{dt}\right)^2} = \sqrt{2 \cdot 2\sin^2 \frac{t}{2}}$$

$0 \leqq \dfrac{t}{2} \leqq \pi$이므로, $\sin\dfrac{t}{2} \geqq 0$으로부터,

$$\int \sqrt{\left(\frac{dx}{dt}\right)^2 + \left(\frac{dy}{dt}\right)^2} = 2\sin\frac{t}{2}$$

따라서 구하는 길이 s는다음과 같이 된다.

$$\begin{aligned} s &= 2\int_0^{2\pi} \sin\frac{t}{2}dt = 2\left[-2\cos\frac{t}{2}\right]_0^{2\pi} \\ &= 2(-2\cos\pi + 2\cos 0) = 8 \end{aligned}$$

▶ Excel에 의한 해법

Excel을 사용해서 사이클로이드 곡선의 길이에 대한 근사치를 구해 보자. 다음과 같이 워크시트를 작성한다.

먼저 사이클로이드의 좌표 데이터를 계산한다. A열에 t의 값을 준비한다. $0 \leqq t \leqq 2\pi$로부터, 여기에서는 2π를 180의 소구간으로 분할하기로 하고, 셀 범위 A5:A185에 2간격으로 0~360의 연속 데이터를 입력한다.

B열에는 x의 값을 계산한다. 셀 B5에 '=RADIANS(A5)-SIN(RADIANS(A5))'를 입력하고 제185행까지 복사한다. C열에는 y의 값을 계산한다. 셀 C5에 '=1-COS(RADIANS(A5))'를 입력하고 제185행까지 복사한다. 셀 범위 B4:C185를 지정하여 곡선 및 표식이 있는 분산형 그래프를 작성하면, 이 사이클로이드의 형태를 알 수 있다.

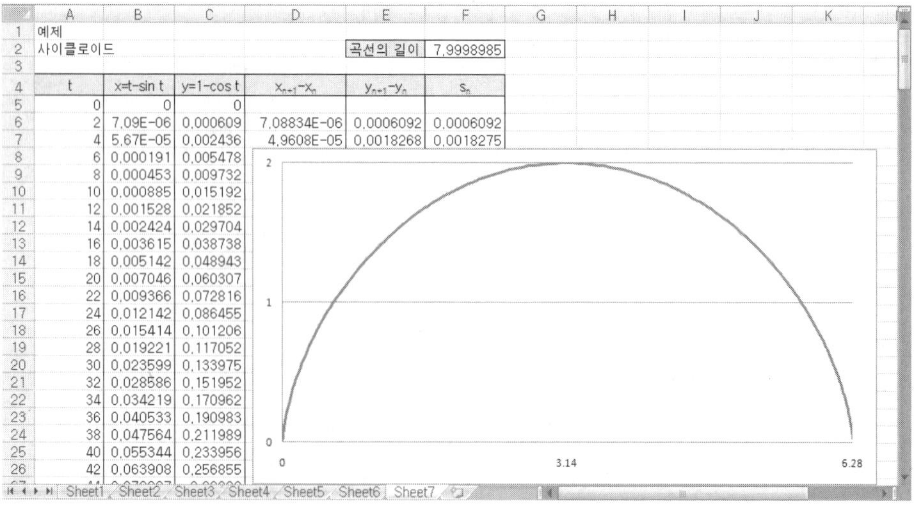

	A	B	C	D	E	F
1	예제					
2	사이클로이드				곡선의 길이	7.9998985
3						
4	t	x=t-sin t	y=1-cos t	$x_{n+1}-x_n$	$y_{n+1}-y_n$	s_n
5	0	0	0			
6	2	7.09E-06	0.000609	7.08834E-06	0.0006092	0.0006092
7	4	5.67E-05	0.002436	4.9608E-05	0.0018268	0.0018275
8	6	0.000191	0.005478			
9	8	0.000453	0.009732			
10	10	0.000885	0.015192			
11	12	0.001528	0.021852			
12	14	0.002424	0.029704			
13	16	0.003615	0.038738			
14	18	0.005142	0.048943			
15	20	0.007046	0.060307			
16	22	0.009366	0.072816			
17	24	0.012142	0.086455			
18	26	0.015414	0.101206			
19	28	0.019221	0.117052			
20	30	0.023599	0.133975			
21	32	0.028586	0.151952			
22	34	0.034219	0.170962			
23	36	0.040533	0.190983			
24	38	0.047564	0.211989			
25	40	0.055344	0.233956			
26	42	0.063908	0.256855			

[셀의 입력내용]

B5;=RADIANS(A5)-SIN(RADIANS(A5))

C5;=1-COS(RADIANS(A5))

D6;=B6-B5

E6;=C6-C5

F6;=SQRT(D6^2+E6^2)

F2;=SUM(F6:F185)

D열에는 소구간의 x방향 길이 Δx, 즉 $x_{n+1}-x_n$을 계산한다. 셀 D6에 '=B6-B5'를 입력하고 제185행까지 복사한다. E열에는 소구간의 y방향 길이 Δy, 즉 $y_{n+1}-y_n$을 계산한다. 셀 E6에 '=C6-C5'를 입력하고 제185행까지 복사한다. F열에는 소구간에 대한 사이클로이드 곡선의 길이에 대한 근사치 Δs를 계산한다. 셀 F6에 '=SQRT(D6^2+E6^2)'를 입력하고 제185행까지 복사한다.

F열에 계산한 소구간마다의 길이를 더해서 이 사이클로이드 곡선의 길이를 구한다. 셀 F2에 '=SUM(F6:F185)'를 입력한다. 계산결과는 '7.9998985'가 되어 정적분으로 구한 답 '8'과 거의 같다는 사실이 밝혀졌다.

해 답

제1장 벡 터

연습문제 1

1. (1) 구하는 벡터를 $\boldsymbol{x}=(x_1,\ x_2,\ x_3)$라 한다.

$\boldsymbol{a}\cdot\boldsymbol{x}=0,\ \boldsymbol{b}\cdot\boldsymbol{x}=0$으로부터

$$\begin{cases} 5x_1+7x_2+\sqrt{6}\,x_3=0 \ \cdots\cdots \ ① \\ \qquad\quad 2x_2+\sqrt{6}\,x_3=0 \cdots\cdots \ ② \end{cases}$$

②로부터

$x_3=2k,\ x_2=-\sqrt{6}\,k$ (k는 임의의 스칼라)

이것을 ②에 대입하면, $x_1=\sqrt{6}\,k$

$\therefore \boldsymbol{x}=k(\sqrt{6},\ -\sqrt{6},\ 2)$

(별해) 3차원 벡터공간의 2개의 벡터 $\boldsymbol{a}$, $\boldsymbol{b}$가 1차독립일 때, 다음의 성질을 갖는 벡터 $\boldsymbol{c}$가 오직 하나 존재하는데, 이 $\boldsymbol{c}$를 $\boldsymbol{a}$와 $\boldsymbol{b}$의 **벡터 곱**(vector product) 또는 **외적**(外積, exterior product)이라 하고, $\boldsymbol{a}\times\boldsymbol{b}$로 나타낸다.

1) $\boldsymbol{c}$는 $\boldsymbol{a}$, $\boldsymbol{b}$ 양쪽에 직교한다.

2) $\boldsymbol{a}$, $\boldsymbol{b}$, $\boldsymbol{c}$는 우수계(右手系)이다.

3) $\boldsymbol{c}$의 길이는, $\boldsymbol{a}$, $\boldsymbol{b}$가 정하는 평행사변형의 면적과 같다. 여기에서 벡터 $\boldsymbol{c}$가 곧 위에서의 $\boldsymbol{x}$(의 하나)라는 것을 쉽게 알 수 있다.

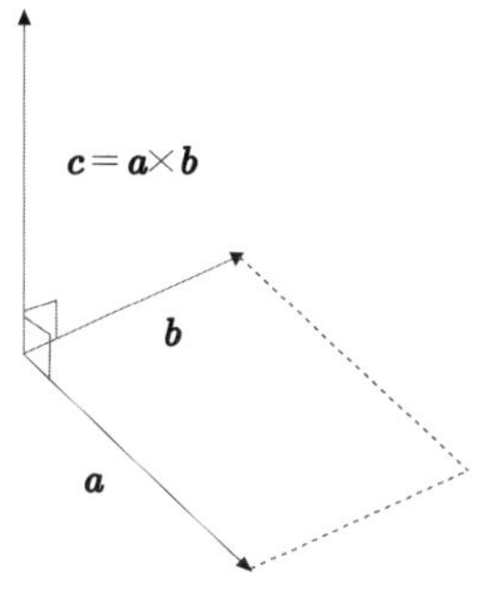

$$\boldsymbol{c}=\boldsymbol{a}\times\boldsymbol{b}=\left(\begin{vmatrix} a_2 & a_3 \\ b_2 & b_3 \end{vmatrix},\ \begin{vmatrix} a_3 & a_1 \\ b_3 & b_1 \end{vmatrix},\ \begin{vmatrix} a_1 & a_2 \\ b_1 & b_2 \end{vmatrix}\right)$$

$$=(a_2b_3-b_2a_3,\ a_3b_1-b_3a_1,\ a_1b_2-b_1a_2)$$

따라서, 앞에서 구하는 $\boldsymbol{x}$는

$$\boldsymbol{x}=\left(\begin{vmatrix} 7 & \sqrt{6} \\ 2 & \sqrt{6} \end{vmatrix},\ \begin{vmatrix} \sqrt{6} & 5 \\ \sqrt{6} & 0 \end{vmatrix},\ \begin{vmatrix} 5 & 7 \\ 0 & 2 \end{vmatrix}\right)=(5\sqrt{6},\ -5\sqrt{6},\ 10)$$

$\therefore$ 일반적으로, $\boldsymbol{x}=k(\sqrt{6},\ -\sqrt{6},\ 2)$

➡ **주의** 3차원 이외의 경우에 이 방법을 적용할 수는 없다!

(2) $|\boldsymbol{a}|=\sqrt{5^2+7^2+(\sqrt{6})^2}=3\sqrt{20},\ |\boldsymbol{b}|=\sqrt{0^2+2^2+(\sqrt{6})^2}=\sqrt{10}$

$\boldsymbol{a}\cdot\boldsymbol{b}=5\cdot 0+7\cdot 2+\sqrt{6}\cdot\sqrt{6}=20,$

$\cos\theta=\dfrac{\boldsymbol{a}\cdot\boldsymbol{b}}{|\boldsymbol{a}||\boldsymbol{b}|}=\dfrac{20}{2\sqrt{20}\cdot\sqrt{10}}=\dfrac{\sqrt{2}}{2}$ $\quad\therefore \theta=45^\circ$

2. 2개씩 내적을 구해 보면 알 수 있다. $\boldsymbol{b} \perp \boldsymbol{d}$

3. $\boldsymbol{c}=(x,\ y,\ z)$로 놓는다. 우수계의 경우는 $z>0$이므로 $x-y=0,\ x+2z=0$. 따라서 $z=1$로 하면, $x=y=-2 \quad \therefore \boldsymbol{c}=(-2,\ -2, 1)$. 좌수계의 경우는 $\boldsymbol{c}$의 방향을 역으로 하면 되기 때문에 $\boldsymbol{c}=(2,\ 2,\ -1)$

4. (1),(3)은 1차독립, (2)는 1차종속

5. (1) $\boldsymbol{c}=-2\boldsymbol{a}+\boldsymbol{b}$ (2) $\boldsymbol{c}=-2\boldsymbol{a}+\boldsymbol{b}$

6. $k_1\boldsymbol{a}_1+k_2\boldsymbol{a}_2+\cdots+k_r\boldsymbol{a}_r=\mathbf{0}$으로 놓고, $\boldsymbol{a}_1$과의 내적을 생각하면,

$$(k_1\boldsymbol{a}_1+k_2\boldsymbol{a}_2+\cdots+k_r\boldsymbol{a}_r)\cdot\boldsymbol{a}_1=\mathbf{0}\cdot\boldsymbol{a}_1=0$$
$$\therefore k_1\boldsymbol{a}_1\cdot\boldsymbol{a}_1+k_2\boldsymbol{a}_2\cdot\boldsymbol{a}_1+\cdots+k_r\boldsymbol{a}_r\cdot\boldsymbol{a}_1=0$$
$$\therefore k_1\boldsymbol{a}_1\cdot\boldsymbol{a}_1=0\ (\because \boldsymbol{a}_2\cdot\boldsymbol{a}_1=\cdots=\boldsymbol{a}_r\cdot\boldsymbol{a}_1=0)$$
$\therefore k_1=0\ (\because \boldsymbol{a}_1\neq 0)$ 마찬가지로 $k_2=0,\ \cdots,\ k_r=0$

7. $0=\boldsymbol{a}\cdot(\boldsymbol{a}+\boldsymbol{b}+\boldsymbol{c})=\boldsymbol{a}\cdot\boldsymbol{a}+\boldsymbol{a}\cdot\boldsymbol{b}+\boldsymbol{a}\cdot\boldsymbol{c}=1+\boldsymbol{a}\cdot\boldsymbol{b}+\boldsymbol{a}\cdot\boldsymbol{c}$
$$\therefore \boldsymbol{a}\cdot\boldsymbol{b}+\boldsymbol{c}\cdot\boldsymbol{a}=-1$$
마찬가지로, $\boldsymbol{a}\cdot\boldsymbol{b}+\boldsymbol{b}\cdot\boldsymbol{c}=-4,\ \boldsymbol{b}\cdot\boldsymbol{c}+\boldsymbol{c}\cdot\boldsymbol{a}=-9.$
$$\therefore \boldsymbol{b}\cdot\boldsymbol{c}=-6,\ \boldsymbol{c}\cdot\boldsymbol{a}=-3,\ \boldsymbol{a}\cdot\boldsymbol{b}=2$$

8. (1) $|\boldsymbol{a}|=|\boldsymbol{b}|=1,\ (\boldsymbol{a},\ \boldsymbol{b})=0$이므로, $\boldsymbol{a},\ \boldsymbol{b}$는 수직인 단위벡터이다. $\boldsymbol{c}=(x,\ y,\ z)$로 하면, 이것이 $\boldsymbol{a},\ \boldsymbol{b}$에 수직이라는 것으로부터

$$\frac{2}{3}x+\frac{1}{3}y+\frac{2}{3}z=0,\ -\frac{2}{3}x+\frac{2}{3}y+\frac{1}{3}z=0,$$

단위벡터라는 것으로부터

$$x^2+y^2+z^2=1,$$

이것을 풀어서, $\boldsymbol{c}=-\dfrac{1}{3}\boldsymbol{i}-\dfrac{2}{3}\boldsymbol{j}+\dfrac{2}{3}\boldsymbol{k}$

(2) $\boldsymbol{i}=\dfrac{2}{3}\boldsymbol{a}-\dfrac{2}{3}\boldsymbol{b}-\dfrac{1}{3}\boldsymbol{c},\ \boldsymbol{j}=\dfrac{1}{3}\boldsymbol{a}+\dfrac{2}{3}\boldsymbol{b}-\dfrac{2}{3}\boldsymbol{c},\ \boldsymbol{k}=\dfrac{2}{3}\boldsymbol{a}+\dfrac{1}{3}\boldsymbol{b}+\dfrac{2}{3}\boldsymbol{c}$

9.
$$\begin{cases}\boldsymbol{b}_1=\left(\dfrac{1}{\sqrt{2}},\ 0,\ \dfrac{1}{\sqrt{2}},\ 0\right)\\ \boldsymbol{b}_2=\left(\dfrac{1}{\sqrt{6}},\ \dfrac{2}{\sqrt{6}},\ -\dfrac{1}{\sqrt{6}},\ 0\right)\\ \boldsymbol{b}_3=\left(-\dfrac{1}{2\sqrt{3}},\ \dfrac{1}{2\sqrt{3}},\ \dfrac{1}{2\sqrt{3}},\ \dfrac{3}{2\sqrt{3}}\right)\\ \boldsymbol{b}_4=\left(-\dfrac{1}{2},\ \dfrac{1}{2},\ \dfrac{1}{2},\ -\dfrac{1}{2}\right)\end{cases}$$

10. V의 임의의 벡터 $\boldsymbol{x}$는 일의적으로 $\boldsymbol{x}=\sum_{i=1}^{n}\lambda_i\boldsymbol{a}_i$로 쓸 수 있다.

이 때

$$(\boldsymbol{x},\ \boldsymbol{a}_j)=(\sum_{i=1}^{n}\lambda_i\boldsymbol{a}_i,\ \boldsymbol{a}_j)=\lambda_j(\boldsymbol{a}_j,\ \boldsymbol{a}_j)=\lambda_j$$

이므로

$$\boldsymbol{x}=\sum_{i=1}^{n}\lambda_i\boldsymbol{a}_i=\sum_{i=1}^{n}(\boldsymbol{x},\ \boldsymbol{a}_i)\boldsymbol{a}_i$$

라고 일의적으로 나타내어진다.

제2장 행렬

문 1. $A^m\begin{pmatrix} a^m & ma^{m-1}b \\ 0 & a^m \end{pmatrix}$ (수학적 귀납법을 이용한다.)

문 2. $A=(a_{ij})$라 한다. $a_{ij}=a_{ji}=-a_{ij}$로부터 $2a_{ij}=0$ 따라서, $a_{ij}=0$

문 3. 명제 2.9의 결과로부터

$$\begin{aligned} A&=\frac{1}{2}(A+{}^tA)+\frac{1}{2}(A-{}^tA) \\ &=\frac{1}{2}\left\{\begin{pmatrix} 3 & 2 & -1 \\ 1 & 3 & 0 \\ 3 & 1 & 2 \end{pmatrix}+\begin{pmatrix} 3 & 1 & 3 \\ 2 & 3 & 1 \\ -1 & 0 & 2 \end{pmatrix}\right\}+\frac{1}{2}\left\{\begin{pmatrix} 3 & 2 & -1 \\ 1 & 3 & 0 \\ 3 & 1 & 2 \end{pmatrix}-\begin{pmatrix} 3 & 1 & 3 \\ 2 & 3 & 1 \\ -1 & 0 & 2 \end{pmatrix}\right\} \\ &=\begin{pmatrix} 3 & \frac{3}{2} & 1 \\ \frac{3}{2} & 3 & \frac{1}{2} \\ 1 & \frac{1}{2} & 2 \end{pmatrix}+\begin{pmatrix} 0 & \frac{1}{2} & -2 \\ -\frac{1}{2} & 0 & -\frac{1}{2} \\ 2 & \frac{1}{2} & 0 \end{pmatrix} \end{aligned}$$

문 4. $k^{-1}A^{-1}$가 kA의역행렬이 된다.

문 5. $AB=BA$의 양변에 좌, 우로부터 B^{-1}를 곱하면 된다.

문 6. $m>0,\ l<0$인 경우, $n=-l>0$로 놓는다.

(1) $A^mA^l=A^m(A^{-1})^n=A^{m-n}\ (m\geqq n)$
$\qquad\qquad\qquad\quad =(A^{-1})^{n-m}\ (n>m)$
어느쪽이든, $=A^{m+l}$

(2) $(A^m)^l=(A^m)^{-n}=((A^m)^{-1})^n=((A^{-1})^m)^n$
$\qquad\qquad\qquad =(A^{-1})^{mn}=A^{-mn}$
$\qquad\qquad\qquad =A^{ml}$

다른 경우도 마찬가지이다.

문 7. ${}^tE_1(c)=E_i(c),\ {}^tE_{ij}(d)=E_{ji}(d),\ {}^tP_{ij}=P_{ij}$

문 8. $\begin{pmatrix} c\alpha & c\beta & c\gamma \\ \alpha' & \beta' & \gamma' \\ \alpha'' & \beta'' & \gamma'' \end{pmatrix}$, $\begin{pmatrix} \alpha & \beta & \gamma \\ \alpha'+d\alpha'' & \beta'+d\beta'' & \gamma'+d\gamma'' \\ \alpha'' & \beta'' & \gamma'' \end{pmatrix}$, $\begin{pmatrix} \alpha & \beta & \gamma \\ \alpha'' & \beta'' & \gamma'' \\ r' & \beta' & \gamma' \end{pmatrix}$

문 9. A에 있어서의 대각성분 λ_i와 λ_j가 바뀌어서 생기는 대각행렬, 즉 $(i,\ i)$ 성분이 λ_j, $(j,\ j)$ 성분이 λ_i, 그 밖의 $(k,\ l)$ 성분은 A의 $(k,\ l)$ 성분과 같은 n차 대각행렬.

문 10. (1) $\begin{pmatrix} 1 & 0 & -1 \\ -1 & -1 & 3 \\ 0 & 1 & -1 \end{pmatrix}$ (2) 정칙이 아니다. (3) $\begin{pmatrix} 1 & 1 & 2 & 1 \\ 2 & 3 & 4 & 1 \\ 3 & 3 & 3 & 1 \\ 1 & 2 & 3 & 1 \end{pmatrix}$

연습문제 2

1. (1) $\begin{pmatrix} \sum_{i=1}^{n} a_i^2 & \sum_{i=1}^{n} a_ib_i \\ \sum_{i=1}^{n} a_ib_i & \sum_{i=1}^{n} b_i^2 \end{pmatrix}$ (2) $\left(\sum_{j=1}^{n}\sum_{i=1}^{m} a_{ij}x_iy_j\right)$ (3) $\begin{pmatrix} AB & A\boldsymbol{b}+\boldsymbol{a} \\ {}^t\boldsymbol{a}B & {}^t\boldsymbol{ab}+\lambda \end{pmatrix}$

(4) $m=2$일 때 $\begin{pmatrix} 0 & 0 & 1 & 0 \\ 0 & 0 & 0 & 1 \\ 0 & 0 & 0 & 0 \\ 0 & 0 & 0 & 0 \end{pmatrix}$, $m=3$일 때 $\begin{pmatrix} 0 & 0 & 0 & 1 \\ 0 & 0 & 0 & 0 \\ 0 & 0 & 0 & 0 \\ 0 & 0 & 0 & 0 \end{pmatrix}$, $n \geqq 4$일 때 O

2. 수학적 귀납법에 의한다. $m=1$일 때는 성립한다. $m>1$이라 하고, $m-1$에 대해서 성립한다고 가정하면,

$$\begin{aligned} A^m &= AA^{m-1} \\ &= \begin{pmatrix} 1 & 1 & 0 \\ 0 & 1 & 1 \\ 0 & 0 & 1 \end{pmatrix}\begin{pmatrix} 1 & m-1 & (m-1)(m-2)/2 \\ 0 & 1 & m-1 \\ 0 & 0 & 1 \end{pmatrix} = \begin{pmatrix} 1 & m & m(m-1)/2 \\ 0 & 1 & m \\ 0 & 0 & 1 \end{pmatrix} \end{aligned}$$

3. (1), (2)는 용이하므로 (3)만 증명한다. $A=(a_{ij})$, $B=(b_{ij})$라 하면

$$tr(AB)=\sum_{i=1}^{n}\left(\sum_{k=1}^{n} a_{ik}b_{ki}\right)=\sum_{k=1}^{n}\left(\sum_{i=1}^{n} b_{ki}a_{ik}\right)=tr(BA).$$

4. (1) $\begin{pmatrix} a & -a^2/b \\ b & -a \end{pmatrix}$, $\begin{pmatrix} a & c \\ -a^2/c & -a \end{pmatrix}$ $(b,\ c\neq 0)$ 및 O

(2) $\begin{pmatrix} a & a(1-a)/b \\ b & 1-a \end{pmatrix}$, $\begin{pmatrix} a & c \\ a(1-a)/c & 1-a \end{pmatrix}$ $(b,\ c\neq 0)$, I 및 O

(3) $\begin{pmatrix} a & (1-a^2)/b \\ b & -a \end{pmatrix}$, $\begin{pmatrix} a & c \\ (1-a^2)/c & -a \end{pmatrix}$ $(b,\ c \neq 0)$ 및 $\begin{pmatrix} \pm 1 & 0 \\ 0 & \pm 1 \end{pmatrix}$

(4) $\begin{pmatrix} a & -(1+a^2)/b \\ b & -a \end{pmatrix}$ $(b \neq 0)$

5. $\begin{pmatrix} a^2-1 & 2a & 0 & 0 \\ -2a & a^2-1 & 0 & 0 \\ 0 & 0 & b^2+1 & 2b \\ 0 & 0 & 2b & b^2+1 \end{pmatrix}$, $\begin{pmatrix} a^2 & 2a & 0 & 0 \\ -a & a^2-1 & 0 & 0 \\ 0 & 0 & b^2 & 2b \\ 0 & 0 & b & b^2+1 \end{pmatrix}$, $\begin{pmatrix} a^3 & 3a^2 & 0 & 0 \\ 0 & a^3 & 0 & 0 \\ 0 & 0 & b^3 & 3b^2 \\ 0 & 0 & 0 & b^3 \end{pmatrix}$

6. m이 짝수일 때 $A^m = I_{2n}$, m이 홀수일 때 $A^m = A$

7. (1) $(I-A)(I+A+A^2+\cdots+A^{m-1}) = I$
$(I+A)(I-A+A^2+\cdots+(-1)^{m-1}A^{m-1}) = I$

(2) $A^p = O$, $B^q = O$이라 한다. $s = p+q$로 놓으면,
$(AB)^s = O$, $(A+B)^s = O$.

8. 멱등행렬 A가 정칙이라고 가정한다. $A^2 = A$의 양변에 오른쪽으로부터 A^{-1}를 곱하면,
$A = A^2A^{-1} = AA^{-1} = I$.

9. (1) $\begin{pmatrix} 1 & 0 & 0 \\ 0 & 1 & 0 \\ 0 & 0 & 0 \end{pmatrix}$ (2) $\begin{pmatrix} 1 & 0 & 0 & 0 \\ 0 & 1 & 0 & 0 \\ 0 & 0 & 1 & 0 \end{pmatrix}$

10. (1) $\begin{pmatrix} ab & -a & 1 \\ -b & 1 & \\ 1 & & \end{pmatrix}$ (2) $\dfrac{1}{a^2+b^2}\begin{pmatrix} a & b \\ -b & a \end{pmatrix}$

(3) $\begin{pmatrix} 1 & & & & -a_1 \\ & 1 & & & -a_2 \\ & & \ddots & & \vdots \\ & & & 1 & -a_{n-1} \\ & & & & 1 \end{pmatrix}$

제3장 행렬식

문 1. (1) $\dfrac{1}{2}$ (2) $a^3+b^3+c^3-3abc$ (3) abc

문 2. (1) $x_1 = 16/3,\ x_2 = -11/3$ (2) $x = 1,\ x_2 = 2,\ x_3 = 3$
(3) $x_1 = -2,\ x_2 = 0,\ x_3 = 4$ (4) $x_1 = 23,\ x_2 = -13,\ x_3 = -1$

문 3. $x=(d-b)(c-d)/(a-b)(c-a)$,
$y=(a-d)(d-c)/(a-b)(b-c)$,
$z=(b-d)(d-a)/(b-c)(c-a)$

문 4. (1) 0 (2) $a(y-z)+b(z-x)+c(x-y)$

문 5. (1) 0 (2) $4abc$

문 6. $D=-(a^2+b^2+c^2)$

문 7. (1) 4열×(-1)을 5열에, 3열×(-1)을 4열에, 2열×(-1)을 3열에, 1열×(-1)을 2열에, 각각 이 순서로 더하면 대각성분이 모두 1인 삼각행렬식이 된다. 그러므로, $D=1$

(2) $$D\overset{①}{=}\begin{vmatrix} 1 & 2 & 3 & 4 & 5 \\ -4 & -3\cdot 2 & -2\cdot 3 & -1\cdot 4 & 0 \\ -4 & -3\cdot 2^2 & -2\cdot 3^2 & -1\cdot 4^2 & 0 \\ -4 & -3\cdot 2^3 & -2\cdot 3^3 & -1\cdot 4^3 & 0 \\ -4 & -3\cdot 2^4 & -2\cdot 3^4 & -1\cdot 4^4 & 0 \end{vmatrix}\overset{②}{=}5!\begin{vmatrix} 1 & 2 & 3 & 4 \\ 1^2 & 2^2 & 3^2 & 4^2 \\ 1^3 & 2^3 & 3^3 & 4^3 \\ 1^4 & 2^4 & 3^4 & 4^4 \end{vmatrix}$$
$$\overset{③}{=}5!\,4!\,3!\,2!\,1!$$

① : 4행×(−5), 3행×(−5), …, 1행×(−5)을, 5행, 4행, …에 더한다.

② : 5열에 대해서 전개한 후, 1열로부터 −4를 2열로부터 −3을, …묶어낸다.

③ : 위의 ①, ②와 유사한 계산을 반복한다.

문 8. $$|A|\overset{①}{=}abcd\begin{vmatrix} a+(1/a) & b & c & d \\ a & b+(1/b) & c & d \\ a & b & c+(1/c) & d \\ a & b & c & d+(1/d) \end{vmatrix}$$
$$\overset{②}{=}\begin{vmatrix} a^2+1 & b^2 & c^2 & d^2 \\ a^2 & b^2+1 & c^2 & d^2 \\ a^2 & b^2 & c^2+1 & d^2 \\ a^2 & b^2 & c^2 & d^2+1 \end{vmatrix}$$
$$\overset{③}{=}(a^2+b^2+c^2+d^2+1)\begin{vmatrix} 1 & b^2 & c^2 & d^2 \\ 1 & b^2+1 & c^2 & d^2 \\ 1 & b^2 & c^2+1 & d^2 \\ 1 & b^2 & c^2 & d^2+1 \end{vmatrix}$$
$$\overset{④}{=}a^2+b^2+c^2+d^2+1$$

① : 1, 2, 3, 4행으로부터 각각 a, b, c, d를 묶어낸다.

② : 1, 2, 3, 4열로부터 각각 $\frac{1}{a}$, $\frac{1}{b}$, $\frac{1}{c}$, $\frac{1}{d}$을 묶어낸다.

③ : 2, 3, 4열을 1열에 더하고 1열로부터 $a^2+b^2+c^2+d^2+1$을 묶어낸다.

④ : 1행×(−1)을, 2, 3, 4행에 더하면 삼각행렬식이 된다.

문 9. $|A|=4a^2b^2c^2$

문 10.

$$|A|\varDelta_r=\begin{vmatrix} a_{11} & \cdots a_{1r} & a_{1r+1} & \cdots a_{1n} \\ \vdots & \vdots & \vdots & \vdots \\ a_{r1} & \cdots a_{rr} & a_{rr+1} & \cdots a_{rn} \\ a_{r+11} & \cdots a_{r+1r} & a_{r+1r+1} & \cdots a_{r+1n} \\ \vdots & \vdots & \vdots & \vdots \\ a_{n1} & \cdots a_{nr} & a_{nr+1} & \cdots a_{nn} \end{vmatrix}\begin{vmatrix} 1 & & & \widetilde{A}_{r+11} & \cdots \widetilde{A}_{n1} \\ & \ddots & & \vdots & \vdots \\ & & 1 & \widetilde{A}_{r+1r} & \cdots \widetilde{A}_{nr} \\ 0 & \cdots & 0 & \widetilde{A}_{r+1r+1} & \cdots \widetilde{A}_{nr+1} \\ \vdots & & \vdots & \vdots & \vdots \\ 0 & \cdots & 0 & \widetilde{A}_{r+1n} & \cdots \widetilde{A}_{nn} \end{vmatrix}$$

$$=\begin{vmatrix} a_{11} & \cdots a_{1r} & 0 & \cdots & 0 \\ \vdots & \vdots & \vdots & & \vdots \\ a_{r1} & \cdots a_{rr} & 0 & \cdots & 0 \\ a_{r+11} & \cdots a_{r+1r} & |A| & & \\ \vdots & \vdots & & \ddots & \\ a_{n1} & \cdots a_{nr} & & & |A| \end{vmatrix}=|A|^{n-r}\begin{vmatrix} a_{11} & \cdots & a_{1r} \\ \vdots & & \vdots \\ a_{r1} & \cdots & a_{rr} \end{vmatrix}$$ 로부터 분명.

연습문제 3

1.

(1) 360

(2) 제2열, 제3열을 제1열에 더하면, $1+w+w^2=0$이므로 구하는 값은 0

(3) 0

(4) 0, 제1, 2, 3열을 각각 −1, 1, −1배해서 제4열에 더하면 모두 0이 된다.

2.

(1) $(b-c)(c-a)(a-b)(a+b+c)$

(2) $(b-c)(c-a)(a-b)(a+b+c)$

(3) $-(b-c)(c-a)(a-b)$

(4) $(b-c)(c-a)(a-b)(a^2+b^2+c^2+bc+ca+ab)$

3.

(1) 제2, 3열을 제1열에 더해서 $2(a+b+c)$를 하나 묶어내고, 제1행을 제2행 및 제3행으로부터 뺀다.

(2) 제 1, 2, 3열을 각각 a, b, c로 나누고, 제 1, 2, 3행을 각각 a, b, c배하면 아래의 행렬식이 얻어진다. 제1, 2열에서 각각 제3열을 빼고, 제 1, 2열로부터 $a+b+c$를 묶어낸다. a, b, c중에 0인 것이 있으면 직접 행렬식의 값은 0이 되는데, 그것은 위의 결과에 포함된다.

$$\begin{vmatrix} (b+c)^2 & a^2 & a^2 \\ b^2 & (c+a)^2 & b^2 \\ c^2 & c^2 & (a+b)^2 \end{vmatrix}$$

4.

(1) 제2, 3열을 제4열에 더해서, 인수 $a+b+c+d$를 묶어내면 제1, 4열이 같아진다. 그러므로 값은 0.

(2) 제1행을 제2, 3, 4행으로부터 빼서, 제2, 3, 4행으로부터 각각 $b-a$, $c-a, d-a$를 묶어내고, 제1열에 대해서 전개한다. 그리고 1의 요소를 이용해서 제1행을 제2, 3행으로부터 빼고, 인수 $c-b$, $d-b$를 묶어내고, 제1열에 대해서 전개하면, 2차의 행렬식에서 제1, 2행이 같아지므로 값은 0이다.

5. (1)

$$\text{좌변} \overset{①}{=} abcd\begin{vmatrix} 1+(1/a) & 1/b & 1/c & 1/d \\ 1/a & 1+(1/b) & 1/c & 1/d \\ 1/a & 1/b & 1+(1/c) & 1/d \\ 1/a & 1/b & 1/c & 1+(1/d) \end{vmatrix}$$

$$\overset{②}{=} abcd\left(1+\frac{1}{a}+\frac{1}{b}+\frac{1}{c}+\frac{1}{a}\right)\begin{vmatrix} 1 & 1/b & 1/c & 1/d \\ 1 & 1+(1/b) & 1/c & 1/d \\ 1 & 1/b & 1+(1/c) & 1/d \\ 1 & 1/b & 1/c & 1+(1/d) \end{vmatrix}$$

$$\overset{③}{=} \text{우변}$$

① : 1, 2, 3, 4열에서, 각각 a, b, c, d를 묶어낸다.

② : 2, 3, 4열을 1열에 더한 후, 1열로부터 $1+\frac{1}{a}+\frac{1}{b}+\frac{1}{c}+\frac{1}{d}$을 묶어낸다.

③ : 1열의 $-\frac{1}{b}$배, $-\frac{1}{c}$배, $-\frac{1}{d}$배를, 각각 2, 3, 4열에 더하면, 삼각행렬식.

6.

(1) $\begin{vmatrix} a_1 & 1 & 0 \\ a_2 & 1 & 0 \\ a_3 & 1 & 0 \end{vmatrix}\begin{vmatrix} 1 & 1 & 1 \\ b_2 & b_2 & b_3 \\ 0 & 0 & 0 \end{vmatrix}=0$

(2) $\begin{vmatrix} 1 & 0 & 0 & 0 \\ \cos\alpha & \sin\alpha & 0 & 0 \\ \cos 2\alpha & \sin 2\alpha & 0 & 0 \\ \cos 3\alpha & \sin 3\alpha & 0 & 0 \end{vmatrix}\begin{vmatrix} 1 & \cos\alpha & \cos 2\alpha & \cos 3\alpha \\ 0 & \sin\alpha & \sin 2\alpha & \sin 3\alpha \\ 0 & 0 & 0 & 0 \\ 0 & 0 & 0 & 0 \end{vmatrix}=0$

7. 제2, 3, $\cdots$, n열을 제1열에 더하면, 제1열의 요소는 모두 $x+a_1+a_2+\cdots+a_n$이 되므로, 이것을 묶어낸다. 제1열에 a_2, a_3, $\cdots$, a_n을 곱해서 각각 제2, 3, $\cdots$, n열로부터 뺀다.

(1) $a_k=k(k=1,\ 2,\ 3,\ 4)$로 놓는다. $x^3(x+10)$

(2) $x=a+(x-a)$, $a_1=a_2=\cdots=a_n=a$로 놓는다. $(x-a)^{n-1}(x+na-a)$.

8. 좌변의 행렬식을 D_n이라 하면,

$$D_n \overset{①}{=} \begin{vmatrix} a_0 & -1 & & \\ a_1 & x & -1 & \\ \vdots & & \ddots & \ddots \\ a_{n-1} & & & x & -1 \\ P(x) & & & 0 & 0 \end{vmatrix} \overset{②}{=} (-1)^{n+2}P(x)\underbrace{\begin{vmatrix} -1 & & & \\ x & -1 & & \\ & \ddots & \ddots & \\ & & x & -1 \end{vmatrix}}_{n\text{차}}$$

$\overset{③}{=} (-1)^{n+2}P(x)(-1)^n = P(x)$

여기에서, $P(x) = a_0x^n + a_1x^{n-1} + \cdots + a_{n-1}x + a_n$

각 단계에서의 변형은,

① : 1행×x^n, 2행×x^{n-1}, …, n행×x를 $n+1$행에 더한다.

② : $n+1$ 행에 대해서 전개

③ : 삼각행렬식

9. (1) $D_0 = -16$

(2) $(a+b+c+d)(a+b-c-d)(a-b+c-d)(a-b-c+d)$

10. 예 31의 Vandermonde의 행렬식에서 $x_k = k$로 놓으면 된다. 값은 $2^{n-2} \cdot 3^{n-3} \cdots\cdots (n-2)^2 \cdot (n-1)$.

제4장 연립1차방정식

문 1. (1) (3)의 계수는 2, (2)의 계수는 3

문 2. (1) 다음의 기본변형 ① ~ ⑦을 번호순으로 행하면,

$$A \to \begin{pmatrix} 1 & -1 & 2 & a+2 \\ 0 & 1 & a-1 & -1 \\ 0 & 0 & -(a-1) & -(a-1)^2 \\ 0 & 0 & 0 & (a-1)^3 \end{pmatrix} \qquad \therefore rank\, A = \begin{cases} 4 & (a \neq 1\text{일 때}) \\ 2 & (a = 1\text{일 때}) \end{cases}$$

① : 1열과 2열을 교환

② : 2행+1행×($-a$+3), 4행++1행×(-1)

③ : 2행과 3행을 교환

④ : 2열과 4열을 교환

⑤ : 3행+2행×($-a$+2), 4행+2행×($-a$+1)

⑥ : 3행+4행×(−1)

⑦ : 4행+3행×($-a$+1)

(2) 다음의 기본변형 ①, ②를 번호순으로 행하면,

$$A \to \begin{pmatrix} a+2b & b & b \\ 0 & a-b & 0 \\ 0 & 0 & a-b \end{pmatrix}$$

$$\therefore rank\,A = \begin{cases} 3 & (a+2b \neq 0, \quad a \neq b\text{일 때}) \\ 2 & (a+2b = 0, \quad a \neq b\text{일 때}) \\ 1 & (a+2b \neq 0, \quad a = b\text{일 때}) \\ 0 & (a+2b = 0, \quad a = b = 0\text{일 때}) \end{cases}$$

① : 2열, 3열을 1열에 더한다.

② : 1행×(-1)을 2행, 3행에 더한다.

(3) $A \overset{①}{\rightarrow} \begin{pmatrix} 1 & a & bc \\ 0 & b-a & c(a+b) \\ 0 & c-a & b(a-c) \end{pmatrix} = B \quad ①: \begin{cases} 2\text{행} + 1\text{행} \times (-1) \\ 3\text{행} + 1\text{행} \times (-1) \end{cases}$

(i) $a=b=c$일 때 : $rank\,A = 1$

(ii) $a,\ b,\ c$ 중 2개만이 같을 때(예를 들면, $a \neq b,\ a = c$) : $rank\,A = 2$

(iii) $a,\ b,\ c$가 서로 다를 때 : 아래의 변형으로부터, $rank\,A = 3$

$$B \overset{②}{\rightarrow} \begin{pmatrix} 1 & a & bc \\ 0 & 1 & -c \\ 0 & 1 & -b \end{pmatrix} \overset{③}{\rightarrow} \begin{pmatrix} 1 & a & bc \\ 0 & 1 & -c \\ 0 & 0 & c-b \end{pmatrix} \quad \begin{matrix} ②: 2\text{행}/(b-a),\ 3\text{행}/(c-a) \\ ③: 3\text{행} + 2\text{행} \times (-1) \end{matrix}$$

문 3. (1) $rank\,A = n$이라면 $|A| \neq 0 \quad \therefore |adj\,A| = |A|^{n-1} \neq 0$

(제3장 예 28 참조) $\therefore rank(adj\,A) = n$

(2) $rank\,A < n-1$이라면 A의 요소의 여인자는 모두 0이므로

$adj\,A = 0 \quad \therefore rank(adj\ A) = 0.$

문 4. (1) $|A| = a^3 + b^3$이다. $a+b+\neq 0$일 때 $rank\,A = 3,\ a+b=0$일 때

$$rank\,A = rank\begin{pmatrix} a & -a & 0 \\ 0 & a & -a \\ -a & 0 & a \end{pmatrix} = rank\begin{pmatrix} a & -a & 0 \\ 0 & a & -a \\ 0 & -a & a \end{pmatrix} = rank\begin{pmatrix} a & -a & 0 \\ 0 & a & -a \\ 0 & 0 & 0 \end{pmatrix}$$
$$= rank\begin{pmatrix} a & -a & 0 \\ 0 & a & -a \end{pmatrix}$$

따라서 $a = -b \neq 0$일 때 $rank\,A = 2,\ a = b = 0$일 때 $rank\,A = 0.$

(2) $|A| = \{1+(n-1)x\}(1-x)^{n-1}$이다. $x \neq 1,\ -1/(n-1)$일 때 $rank\,A = n,\ x = 1$일 때 $rank\,A = 1,\ x = -1(n-1)$일 때 n행, n열을 제외한 $n-1$차의 소행렬식이 0이 아니므로 $rank\ A = n-1.$

문 5. $\begin{pmatrix} 2 & 3 & 4 & : & b_1 \\ 3 & 4 & 7 & : & b_2 \\ 1 & 3 & -1 & : & b_3 \end{pmatrix} \rightarrow \begin{pmatrix} 1 & 0 & 5 & : & -4b_1 + 3b_2 \\ 0 & 1 & -2 & : & 3b_1 - 2b_2 \\ 0 & 0 & 0 & : & -5b_1 + 3b_2 + b_3 \end{pmatrix}$

$\therefore \quad b_3 = 5b_1 - 3b_2$

문 6. 행기본변형만으로,

$$\begin{pmatrix} 1 & 2 & 2 & 2 & -1 \\ 3 & 6 & 3 & 9 & -6 \\ 2 & 4 & 7 & 1 & 1 \end{pmatrix} \rightarrow \begin{pmatrix} 1 & 2 & 0 & 4 & -3 \\ 0 & 0 & 1 & -1 & 1 \\ 0 & 0 & 0 & 0 & 0 \end{pmatrix}$$

$$\therefore \quad \text{기본해는, } \begin{pmatrix}-2\\1\\0\\0\\0\end{pmatrix}, \begin{pmatrix}-4\\0\\1\\1\\0\end{pmatrix}, \begin{pmatrix}3\\0\\-1\\0\\1\end{pmatrix}$$

문 7. $\begin{pmatrix}2&3&4\\5&6&7\end{pmatrix} \to \begin{pmatrix}1&0&-1\\0&1&2\end{pmatrix}$

$\therefore \begin{cases} x=t \\ y=-2t \\ z=t \end{cases}$에서 $x:y:z=1:(-2):1$

문 8. (1)

$$(A|\boldsymbol{b}) = \begin{pmatrix}1&-2&-3&\vdots&2\\3&4&0&\vdots&2\\5&0&-6&\vdots&1\end{pmatrix} \overset{①}{\to} \begin{pmatrix}1&-2&-3&\vdots&2\\0&10&9&\vdots&-4\\0&10&9&\vdots&-9\end{pmatrix}$$

$$\overset{②}{\to} \begin{pmatrix}1&-2&-3&\vdots&2\\0&10&9&\vdots&-4\\0&0&0&\vdots&-5\end{pmatrix}$$

① : 2행+1행×(−3), 3행+1행×(5)

② : 3행+2행×(−1)

위의 제3행은 $0x+0y+0z=-5$를 의미하는데, 이 식을 만족하는 x, y, z는 존재하지 않으므로, 주어진 연립방정식은 해를 갖지 않는다.

(2) $x=0$, $y=1$, $z=-1$

문 9. (1) 해 없음

(2) $x=5k_1-k_2+1$, $y=k_1+2k_2-1$, $z=k_1$, $w=k_2$ (k_1, k_2는 임의의 상수)

문 10. 계수행렬 A의 계수와 확대계수행렬 B의 계수가 같지 않음을 보이면 된다.

연습문제 4

1. (1) $k\neq-2$ 동시에 $k\neq1$일 때 계수는 3, $k=-2$일 때 계수는 2, $k=1$일 때 계수는 1.

(2) a, b, c의 어느 것인가가 0이 아닐 때 계수는 2, $a=b=c=0$일 때 계수는 0.

(3) $w\neq1$일 때 계수는 2, $w=1$일 때 계수는 1.

(4) $a\neq b$ 동시에 $a\neq-3b$일 때 계수는 4. $a=-3b\neq0$일 때 계수는 3. $a=b\neq0$일 때 계수는 1. $a=b=0$일 때 계수는 0.

2. A 및 B의 열벡터가 생성하는(span) 벡터공간의 기저를 각각 $\{\boldsymbol{a}_1, \cdots, \boldsymbol{a}_r\}$, $\{\boldsymbol{b}_1, \cdots, \boldsymbol{b}_s\}$라 하면, $kA+lB$의 각 열벡터는 $\boldsymbol{a}_1, \cdots, \boldsymbol{a}_r, \boldsymbol{b}_1, \cdots, \boldsymbol{b}_s$의 1차결합으로 되므로

$$rank(kA+lB) \leqq r+s \leqq rank\,A+rank\,B.$$

3. $\{\boldsymbol{a}_1, \cdots, \boldsymbol{a}_r\}$, $\{\boldsymbol{b}_1, \cdots, \boldsymbol{b}_s\}$를 연습문제 2와 같이 취하면, $\left\{\begin{pmatrix}\boldsymbol{a}_1\\ \mathbf{0}\end{pmatrix}, \cdots, \begin{pmatrix}\boldsymbol{a}_r\\ \mathbf{0}\end{pmatrix}, \begin{pmatrix}\mathbf{0}\\ \boldsymbol{b}_1\end{pmatrix}, \cdots, \begin{pmatrix}\mathbf{0}\\ \boldsymbol{b}_s\end{pmatrix}\right\}$는, $\begin{pmatrix}A & O\\ O & B\end{pmatrix}$의 열벡터가 생성하는 벡터공간의 기저로 된다. 따라서, 그 차원은 $r+s=rank\,A+rank\,B$.

4. $3a-2b-c=0$

5. (1) $x=\dfrac{(d-b)(d-c)}{(a-b)(a-c)}$, $y=\dfrac{(d-c)(d-a)}{(b-c)(b-a)}$, $z=\dfrac{(d-a)(d-b)}{(c-a)(c-b)}$

(2) $x=\dfrac{abc}{(a-b)(a-c)}$, $y=\dfrac{abc}{(b-c)(b-a)}$, $z=\dfrac{abc}{(c-a)(c-b)}$

6. (1) $x=3,\ y=-2,\ z=1$ (2) $x=2,\ y=-1,\ z=2,\ u=3$

7. k를 임의상수라 하면

(1) $x=k,\ y=z=2k$ (2) $x=3k,\ y=2k,\ z=5k$

8. 계수행렬식을 0과 같다고 하면 $a=0,\ 3$. 그리고 $a=0$일 때 $x-y=0$, $x+2y-3z=0$으로부터 $x=y=z=k$(k는 임의상수), $a=3$일 때 $x+5y+3z=0$으로부터 $x=-5k_1-3k_2$, $y=k_1$, $z=k_2$(k_1, k_2는 임의상수)

9. 계수행렬식의 값은 0이다. 또한, 이 행렬식으로부터 제n행과 제n열을 제외하고 만들어지는 행렬식의 값은 $(-1)^{n-1}\cdot n^{n-2}\neq 0$이다. 따라서 k를 임의상수로 하면, 해는 다음과 같다.

$$x_1=x_2=\cdots x_n=k.$$

10. (필요성) $\boldsymbol{e}_1, \boldsymbol{e}_2, \cdots, \boldsymbol{e}_n$을 n항 기본열벡터로 할 때, $A\boldsymbol{x}_i=\boldsymbol{e}_i$로 되는 정수를 성분으로 하는 n항 열벡터 $\boldsymbol{x}_i$가 존재한다. 이렇게 해서 얻어진 $\boldsymbol{x}_1, \boldsymbol{x}_2, \cdots, \boldsymbol{x}_n$에 대해서, $X=(\boldsymbol{x}_1\cdots\boldsymbol{x}_n)$이라 하면

$$AX=A(\boldsymbol{x}_1\cdots\boldsymbol{x}_n)=(A\boldsymbol{x}_1\cdots A\boldsymbol{x}_n)=(\boldsymbol{e}_1\cdots\boldsymbol{e}_n)=I$$
$$\therefore |AX|=|A||X|=|I|=1$$

여기에서 $|A|$, $|X|$는 정수이므로 $|A|=\pm 1$

(충분성) $|A|=\pm 1$이라 하면, Cramer의 공식에 의해 주어진 연립방정식은 단 1조의 정수해를 갖는다.

제5장 선형사상

문 1.

$f: \boldsymbol{R} \to [0, \infty);\ x \mapsto x^2$	전사이지만 단사는 아니다.
$f: \boldsymbol{R} \to \boldsymbol{R};\ x \mapsto e^2$	단사이지만 전사는 아니다.
$f: \boldsymbol{R} \to \boldsymbol{R};\ x \mapsto \sin x$	단사도 전사도 아니다.

문 2. 보조정리 5.2와 항등사상은 전단사(全單射)이므로 g는 전단사인 것을 알 수 있다. 따라서, 그 역사상 g^{-1}가 존재한다. 임의의 요소 $x \in M$에 대해서,

$$f(x) = (f \circ I_M)(x) = (f \circ (g \circ g^{-1}))(x) = ((f \circ g) \circ {}^{-1})(x) = (I_N \circ g^{-1})(x) = g^{-1}(x).$$
$$\therefore f = g^{-1}$$

문 3. $(f(\boldsymbol{v}_1)f(\boldsymbol{v}_2)f(\boldsymbol{v}_3))\begin{pmatrix} 2 & -1 & 5 \\ 0 & 1 & -2 \\ -1 & 2 & -6 \end{pmatrix} = (\boldsymbol{w}_1\, \boldsymbol{w}_2\, \boldsymbol{w}_3)$로부터,

$$(f(\boldsymbol{v}_1)f(\boldsymbol{v}_2)f(\boldsymbol{v}_3)) = (\boldsymbol{w}_1\, \boldsymbol{w}_2\, \boldsymbol{w}_3)\begin{pmatrix} 2 & -1 & 5 \\ 0 & 1 & -2 \\ -1 & 2 & -6 \end{pmatrix}^{-1} = (\boldsymbol{w}_1\, \boldsymbol{w}_2\, \boldsymbol{w}_3)\begin{pmatrix} 2 & -4 & 3 \\ -2 & 7 & -4 \\ -1 & 3 & -2 \end{pmatrix}$$

$\therefore$ 구하는 표현행렬은 $\begin{pmatrix} 2 & -4 & 3 \\ -2 & 7 & -4 \\ -1 & 3 & -2 \end{pmatrix}$

문 4. 구하는 표현행렬을 $A = \begin{pmatrix} a & b \\ c & d \end{pmatrix}$라 한다.

(1) $(f(\boldsymbol{p}_1)\ f(\boldsymbol{p}_2)) = \begin{pmatrix} 1-2 & 2-3 \\ 1+2 \cdot 2 & 2+2 \cdot 3 \end{pmatrix} = \begin{pmatrix} -1 & -1 \\ 5 & 8 \end{pmatrix} = (\boldsymbol{p}_1,\ \boldsymbol{p}_2)\begin{pmatrix} a & b \\ c & d \end{pmatrix}$

따라서

$\begin{pmatrix} -1 \\ 5 \end{pmatrix} = \begin{pmatrix} a+2c \\ 2a+3c \end{pmatrix},\ \begin{pmatrix} -1 \\ 8 \end{pmatrix} = \begin{pmatrix} b+2d \\ 2b+3d \end{pmatrix}$

이것을 풀어서, $a=13,\ c=-7,\ b=19,\ d=-10$을 얻는다.

$\therefore A = \begin{pmatrix} 13 & 19 \\ -7 & 10 \end{pmatrix}$

(2) $(f(\boldsymbol{p}_1)\ f(\boldsymbol{p}_2)) = \begin{pmatrix} 0 & 0 \\ 2 & 3 \end{pmatrix}$

따라서

$\begin{pmatrix} 0 \\ 2 \end{pmatrix} = \begin{pmatrix} a+2c \\ 2a+3c \end{pmatrix},\ \begin{pmatrix} 0 \\ 3 \end{pmatrix} = \begin{pmatrix} b+2d \\ 2b+3d \end{pmatrix}$

이것을 풀어서, $a=4,\ c=-2,\ b=6,\ d=-3$을 얻는다.

$\therefore A = \begin{pmatrix} 4 & 6 \\ -2 & -3 \end{pmatrix}$

(3) $(f(\boldsymbol{p}_1)\ f(\boldsymbol{p}_2))=\begin{pmatrix} 4 & 5 \\ 14 & 23 \end{pmatrix}$

따라서

$\begin{pmatrix} 4 \\ 14 \end{pmatrix}=\begin{pmatrix} a+2c \\ 2a+3c \end{pmatrix},\ \begin{pmatrix} 5 \\ 23 \end{pmatrix}=\begin{pmatrix} b+2d \\ 2b+3d \end{pmatrix}$

이것을 풀어서, $a=16$, $c=-6$, $b=31$, $d=-13$을 얻는다.

$\therefore A=\begin{pmatrix} 16 & 31 \\ -6 & -13 \end{pmatrix}$

문 5. $B(AB)B^{-1}=(BA)(BB^{-1})=(BA)I=BA \quad \therefore AB \sim BA$

문 6. (1) $\det(\boldsymbol{v}_1\ \boldsymbol{v}_2\ \boldsymbol{v}_3)=4\neq 0$이므로, $\{\boldsymbol{v}_1,\ \boldsymbol{v}_2,\ \boldsymbol{v}_3\}$는 $\boldsymbol{R}^3$의 기저이다.

(2) $P=\begin{pmatrix} 1 & 0 & -1 \\ -2 & 2 & 2 \\ 3 & 2 & -1 \end{pmatrix},\ P^{-1}=\dfrac{1}{2}\begin{pmatrix} -3 & -1 & 1 \\ 2 & 1 & 0 \\ -5 & -1 & 1 \end{pmatrix}$

(3) $$P^{-1}\begin{pmatrix} 1 & 0 & 3 \\ 0 & 1 & 1 \\ 1 & 2 & 0 \end{pmatrix}P=\frac{1}{2}\begin{pmatrix} -3 & -1 & 1 \\ 2 & 1 & 0 \\ -5 & -1 & 1 \end{pmatrix}\begin{pmatrix} 1 & 0 & 3 \\ 0 & 1 & 1 \\ 1 & 2 & 0 \end{pmatrix}\begin{pmatrix} 1 & 0 & -1 \\ -2 & 2 & 2 \\ 3 & 2 & -1 \end{pmatrix}$$
$$=\frac{1}{2}\begin{pmatrix} -34 & -18 & 14 \\ 21 & 16 & -7 \\ -54 & -30 & 22 \end{pmatrix}$$

문 7. 1차독립인 벡터 $\boldsymbol{x}_1,\ \boldsymbol{x}_2,\ \cdots,\ \boldsymbol{x}_p$에 대해서, $\boldsymbol{y}_i=A\boldsymbol{x}_i(i=1,\ 2,\ \cdots,\ p)$가 1차종속이라고 가정하면, 적어도 하나는 0이 아닌 스칼라 $s_1,\ s_2,\ \cdots,\ s_p$가 존재하므로

$$\sum_{i=1}^{p} s_i\boldsymbol{y}_i=s_1\boldsymbol{y}_1+s_2\boldsymbol{y}_2+\cdots+s_p\boldsymbol{y}_p=\mathbf{0}$$

따라서,

$$\sum_{i=1}^{p} s_i(A\boldsymbol{x}_i)=A(s_1\boldsymbol{x}_1+s_2\boldsymbol{x}_2+\cdots+s_p\boldsymbol{x}_p)=\mathbf{0}$$

A는 정칙이므로, $s_1\boldsymbol{x}_1+s_2\boldsymbol{x}_2+\cdots+s_p\boldsymbol{x}_p=\mathbf{0}$, $s_1,\ s_2,\ \cdots,\ s_p$의 적어도 하나는 0이 아니므로, $\boldsymbol{x}_1,\ \boldsymbol{x}_2,\ \cdots,\ \boldsymbol{x}_p$의 1차독립성에 반한다. 따라서, $\boldsymbol{y}_1,\ \boldsymbol{y}_2,\ \cdots,\ \boldsymbol{y}_p$는 1차독립이다.

연습문제 5

1. (1) 선형사상이 아니다.

(2) 선형사상

(3) $n>1$일 때는 선형사상이 아니다. $n=1$일 때는 선형사상

(4) 선형사상

2. (1) $A=\begin{pmatrix} 1 & 1 & 0 \\ -5 & 0 & 2 \\ 0 & 2 & 1 \end{pmatrix}$ (2) $B=A^{-1}=\begin{pmatrix} -4 & -1 & 2 \\ 5 & 1 & -2 \\ -10 & -2 & 5 \end{pmatrix}$

3. $P=\begin{pmatrix} 1 & 1 & 1 \\ 2 & 0 & -4 \\ 2 & 1 & -3 \end{pmatrix}$, $Q=P^{-1}=\dfrac{1}{4}\begin{pmatrix} 4 & 4 & -4 \\ -2 & -5 & 6 \\ 2 & 1 & -2 \end{pmatrix}$

4. $(\boldsymbol{e}_2\,\boldsymbol{e}_3\,\boldsymbol{e}_1)=(\boldsymbol{e}_1\,\boldsymbol{e}_2\,\boldsymbol{e}_3)\begin{pmatrix} 0 & 0 & 1 \\ 1 & 0 & 0 \\ 0 & 1 & 0 \end{pmatrix}$

$$B=\begin{pmatrix} 0 & 0 & 1 \\ 1 & 0 & 0 \\ 0 & 1 & 0 \end{pmatrix}^{-1}\begin{pmatrix} 2 & 3 & 4 \\ 0 & -7 & 1 \\ 6 & 5 & -1 \end{pmatrix}\begin{pmatrix} 0 & 0 & 1 \\ 1 & 0 & 0 \\ 0 & 1 & 0 \end{pmatrix}$$

$$=\begin{pmatrix} 0 & 0 & 1 \\ 0 & 0 & 1 \\ 1 & 0 & 0 \end{pmatrix}\begin{pmatrix} 3 & 4 & 2 \\ -7 & 1 & 0 \\ 5 & -1 & 6 \end{pmatrix}=\begin{pmatrix} -7 & 1 & 0 \\ 5 & -1 & 6 \\ 3 & 4 & 2 \end{pmatrix}$$

$(\boldsymbol{e}_1\,\boldsymbol{e}_2-\boldsymbol{e}_1\,\boldsymbol{e}_3-\boldsymbol{e}_2)=(\boldsymbol{e}_1\,\boldsymbol{e}_2\,\boldsymbol{e}_3)\begin{pmatrix} 1 & -1 & 0 \\ 0 & 1 & -1 \\ 0 & 0 & 1 \end{pmatrix}$,

$$C=\begin{pmatrix} 1 & -1 & 0 \\ 0 & 1 & -1 \\ 0 & 0 & 1 \end{pmatrix}^{-1}\begin{pmatrix} 2 & 3 & 4 \\ 0 & -7 & 1 \\ 6 & 5 & -1 \end{pmatrix}\begin{pmatrix} 1 & -1 & 0 \\ 0 & 1 & -1 \\ 0 & 0 & 1 \end{pmatrix}=\begin{pmatrix} 8 & -7 & 3 \\ 6 & -8 & 2 \\ 6 & -1 & -6 \end{pmatrix}$$

5. ($\Rightarrow$) f를 단사라 한다. $f(\boldsymbol{x})=\boldsymbol{0}'$이라면, $f(\boldsymbol{0})=f(\boldsymbol{x})=\boldsymbol{0}'$로부터

($\Leftarrow$) $f(\boldsymbol{u}_1)=f(\boldsymbol{u}_2)$ $(\boldsymbol{u}_1,\ \boldsymbol{u}_2\in \boldsymbol{U})$라 한다.

이 때, $f(\boldsymbol{u}_1-\boldsymbol{u}_2)=f(\boldsymbol{u}_1)-f(\boldsymbol{u}_2)=\boldsymbol{0}'$, 따라서 $\boldsymbol{u}_1-\boldsymbol{u}_2=0$, 즉 $\boldsymbol{u}_1=\boldsymbol{u}_2$,

$\therefore f$는 단사

6. $U\ni\boldsymbol{x}$로 한다.

$$\begin{aligned}(g\circ(f_1+f_2))(\boldsymbol{x})&=g((f_1+f_2)(\boldsymbol{x}))\\&=g(f_1(\boldsymbol{x})+f_2(\boldsymbol{x}))=g(f_1(\boldsymbol{x}))+g(f_2(\boldsymbol{x}))\\&=(g\circ f_1)(\boldsymbol{x})+(g\circ f_2)(\boldsymbol{x})=(g\circ f_1+g\circ f_2)(\boldsymbol{x})\end{aligned}$$

따라서 $g\circ(f_1+f_2)=g\circ f_1+g\circ f_2$.

또, $$\begin{aligned}((g_1+g_2)\circ f)(\boldsymbol{x})&=(g_1+g_2)(f(\boldsymbol{x}))\\&=g_1(f(\boldsymbol{x}))+g_2(f(\boldsymbol{x}))=(g_1\circ f)(\boldsymbol{x})+(g_2\circ f)(\boldsymbol{x})\\&=(g_1\circ f+g_2\circ f)(\boldsymbol{x}).\end{aligned}$$

$\therefore (g_1+g_2)\circ f=g_1\circ f+g_2\circ f$

7. X, X'를 n차 행렬, $a\in\boldsymbol{R}$로 한다.

(1) $f(X)=P^{-1}XP\in M_n(\boldsymbol{R})$,

또, $f(X+X')=P^{-1}(X+X')P$
$=P^{-1}XP+P^{-1}X'P$
$=f(X)+f(X')$,

$f(\alpha X)=P^{-1}(\alpha X)P=\alpha(P^{-1}XP)=\alpha f(X)$.

따라서 f는 $M_n(\boldsymbol{R})$의 선형변환이다.

(2) $f(X)=AX-XA\in M_n(\boldsymbol{R})$, 또한,

$$f(X+X')=A(X+X')-(X+X')A$$
$$=(AX-XA)+(AX'-XA')=f(X)+f(X'),$$
$$f(\alpha X)=A(\alpha X)-(\alpha X)A=\alpha(AX-XA)=\alpha f(X),$$

따라서 f는 $M_n(\boldsymbol{R})$의 선형변형이다.

8. $\{a_k\}, \{a_k'\}\in V$, $a\in\boldsymbol{R}$로 한다. $d(\{a_k\})=\{b_k\}$, $b_k=a_{k+1}$, $d(\{a_k'\})=\{b'_k\}$, $b'_k=a_{k+1}'$

주어진 점화식으로부터

$$a_{k+1+n}+\alpha_n a_{k+1+(n-1)}+\cdots+\alpha_2 a_{k+2}+\alpha_1 a_{k+1}=0,$$

즉

$$b_{k+n}+\alpha_n b_{k+n-1}+\cdots+\alpha_2 b_{k+1}+\alpha_1 b_k=0$$

따라서 $d(\{a_k\})=\{b_k\}\in V$이다. 또

$$d(\{a_k\}+\{a'_k\})=d(\{a_k+a'_k\})=\{c_k\},\ c_k=a_{k+1}+a'_{k+1}=b_k+b'_k$$

이므로

$$d(\{a_k\}+\{a'_k\})=\{c_k\}=\{b_k\}+\{b'_k\}=d(\{a_k\})+d(\{a'_k\})$$

더욱, $d(\alpha\{a_k\})=d(\{\alpha a_k\})=\{d_k\}$, $d_k=\alpha a_{k+1}=\alpha b_k$로부터

$d(\alpha\{a_k\})=\{d_k\}=\alpha\{b_k\}=\alpha d(\{a_k\})$

따라서, d는 V의 선형변환이다.

9. (⇨) $U\ni\boldsymbol{x}=\alpha_1\boldsymbol{u}_1+\cdots+\alpha_n\boldsymbol{u}_n$이라 하고, $f(\boldsymbol{x})=\boldsymbol{0}'$로 한다.

$\boldsymbol{0}'=f(\boldsymbol{x})=\alpha_1 f(\boldsymbol{u}_1)+\cdots+a_n f(\boldsymbol{u}_n)=\alpha_1\boldsymbol{v}_1+\cdots+a_n\boldsymbol{v}_n$이고 $\boldsymbol{v}_1, \cdots, \boldsymbol{v}_n$은 1차 독립이므로, $a_1=\cdots=a_n=0$. 따라서 $\boldsymbol{x}=\boldsymbol{0}$이다. 그러므로 f는 단사 이다. 또한 f에 의한 U의 상(image), $\mathrm{Im}f=[\boldsymbol{v}_1, \cdots, \boldsymbol{v}_m]$. 이로부터, f는 전사⇔$\mathrm{Im}f=V$⇔$[\boldsymbol{v}_1, \cdots, \boldsymbol{v}_m]=V$ 따라서 f는 전단사이다.

(⇦)f가 전단사, 즉 동형사상(同型寫像)이라 한다.

$\alpha_1\boldsymbol{v}_1+\cdots+a_n\boldsymbol{v}_n=\boldsymbol{0}'$라면, $\boldsymbol{0}'=\alpha_1 f(\boldsymbol{u}_1)+\cdots+\alpha_n f(\boldsymbol{u}_n)=f(\alpha_1\boldsymbol{u}_1+\cdots+a_n\boldsymbol{u}_n)$이고 f는 단사이므로, $\alpha_1\boldsymbol{u}_1+\cdots+\alpha_n\boldsymbol{u}_n=\boldsymbol{0}$. 따라서 $\alpha_1=\cdots=a_n=0$. 그러므로 $\boldsymbol{v}_1, \cdots, \boldsymbol{v}_n$은 1차 독립이다. 기저의 정의로부터 $\boldsymbol{v}_1, \cdots, \boldsymbol{v}_n$은 V의 기저이다.

10. $k_0\boldsymbol{v}+k_1 f(\boldsymbol{v})+\cdots+k_{m-1}f^{m-1}(\boldsymbol{v})=0$ ($k_i\in\boldsymbol{K}$)로 한다. 양변에 f를 $(m-1)$회 실시하면 $k_0 f^{m-1}(\boldsymbol{v})=\boldsymbol{0}$. $f^{m-1}(\boldsymbol{v})\neq\boldsymbol{0}$이므로, $k_0=0$, $k_0=\cdots=k_{i-1}=0(i>0)$이라 가정하고, 양변에

f를 $(m-i-1)$회 실시하면 $k_i f^{m-1}(\boldsymbol{v})=\mathbf{0}$. 따라서 $k_i=0$. 그러므로, 수학적 귀납법에 의해, $k_0=k_1=\cdots=k_{m-1}=0$

제6장 고유치문제와 그 응용

문 1. $\phi_A(\lambda)=\begin{vmatrix}\lambda-a_{11} & -a_{12}\\ -a_{21} & -a_{22}\end{vmatrix}=\lambda^2-(a_{11}+a_{22})\lambda+(a_{11}a_{22}-a_{12}a_{21})$

문 2. n에 대한 수학적 귀납법에 의해서 증명한다. 먼저 $n=2$일 때는, 쉽게 증명된다. 다음에 $n-1$일 때 성립한다고 가정하고, 행렬식 $\phi_A(\lambda)$를 제1열에 대해서 전개한다.

$$\phi_A(\lambda)=\lambda\begin{vmatrix}\lambda & -1 & \cdots & 0\\ \vdots & \vdots & & \vdots\\ 0 & 0 & \cdots & -1\\ a_{n-1} & a_{n-2} & \cdots & \lambda+a_1\end{vmatrix}+(-1)^{n+1}a_n\begin{vmatrix}-1 & 0 & \cdots & 0\\ \lambda & -1 & & 0\\ \vdots & \vdots & \cdots & \vdots\\ 0 & 0 & \cdots & -1\end{vmatrix}$$

$$=\lambda(\lambda^{n-1}+a_1\lambda^{n-2}+\cdots+a_{n-1})+(-1)^{n+1}a_n(-1)^{n-1}$$

$$=\lambda^n+a_1\lambda^{n-1}+\cdots+a_{n-1}\lambda+a_n$$

문 3. (1) $\phi_A(\lambda)=(\lambda-2)^2=0$. 고유치는 2. 고유치 2에 대한 고유공간 $W(2)$의 기저는, $A\boldsymbol{x}=2\boldsymbol{x}$를 풀어서, ${}^t(1,\ 1)$.

(2) $\phi_A(\lambda)=\lambda^2+1=0$. 고유치는 $i,\ -i$. $W(i)$의 기저는 $A\boldsymbol{x}=i\boldsymbol{x}$를 풀어서, ${}^t(1,\ 1-i)$. $W(-i)$의 기저는, $-A\boldsymbol{x}=i\boldsymbol{x}$를 풀어서, ${}^t(1,\ 1+i)$.

(3) $\phi_A(\lambda)=(\lambda-1)(\lambda-2)(\lambda+1)=0$. 고유치는, 1, 2, -1, $W(1)$의 기저는 $A\boldsymbol{x}=\boldsymbol{x}$를 풀어서, ${}^t(2,\ 1,\ 1)$. $W(2)$의 기저는, $A\boldsymbol{x}=2\boldsymbol{x}$를 풀어서, ${}^t(1,\ -1,\ 1)$. $W(-1)$의 기저는, $A\boldsymbol{x}=-\boldsymbol{x}$를 풀어서 ${}^t(1,\ 0,\ 1)$

(4) $\phi_A(\lambda)=(\lambda-1)^2(\lambda-1-2a)(\lambda-1+2a)=0$. 고유치는, 1, $1+2a$, $1-2a$. $W(1)$의 기저는, $A\boldsymbol{x}=\boldsymbol{x}$를 풀어서, $\{{}^t(-1,\ 0,\ 1,\ 0),\ {}^t(0,\ -1,\ 0,\ 1)\}$, $W(1+2a)$의 기저는, $A\boldsymbol{x}=(1+2a)\boldsymbol{x}$를 풀어서, ${}^t(1,\ 1,\ 1,1)$

문 4. (1) 고유치는 $\pm i$이고, 고유치 i에 대한 고유벡터는 $k\begin{pmatrix}1\\ i\end{pmatrix}$ $(k\in\boldsymbol{C},\ k\neq 0)$, 고유치 $-i$에 대한 고유벡터는 $l\begin{pmatrix}1\\ i\end{pmatrix}$ $(l\in\boldsymbol{C},\ l\neq 0)$.

(2) 고유치는 $\pm 2i$이고, 고유치 $2i$에 대한 고유벡터는 $k\begin{pmatrix} 3i \\ 1 \end{pmatrix}$ $(k \in \boldsymbol{C},\ k \neq 0)$. 고유치 $-2i$에 대한 고유벡터는 $l\begin{pmatrix} -i \\ 1 \end{pmatrix}$ $(l \in \boldsymbol{C},\ l \neq 0)$.

문 5. (1) $\phi_A(\lambda) = (\lambda-1)(\lambda-2)(\lambda+1)$. 고유치 1, 2, -1에 대응하는 고유벡터로서, 예를 들면, $\boldsymbol{p}_1 = {}^t(2, 1, 1)$, $\boldsymbol{p}_2 = {}^t(1, -1, 1)$, $\boldsymbol{p}_3 = {}^t(1, 0, 1)$을 취하여, $P = (\boldsymbol{p}_1\ \boldsymbol{p}_2\ \boldsymbol{p}_3)$라 놓으면, $P^{-1}AP = diag(1, 2, -1)$.

(2) $\phi_A(\lambda) = (\lambda-1)^2(\lambda-2) = 0$. 고유치 1에 대한 고유공간 $W(1)$은 $A\boldsymbol{x} = \boldsymbol{x}$의 해공간.

$$A - I \to \begin{pmatrix} 1 & -1 & 1 \\ 0 & 0 & 1 \\ 0 & 0 & 1 \end{pmatrix}$$

$$\therefore \dim W(1) = 3 - rank(A - I) = 3 - 2 = 1$$

따라서, 고유치 1의 중복도$= 2 \neq 1 = \dim W(1)$. 그러므로, 대각화 불능.

➡ **주의** 고유방정식 $\phi_A(t) = 0$의 n개의 고유치 중에서 서로 같지 않은 것을 $\lambda_1,\ \lambda_2, \cdots, \lambda_r$라 하면, 고유다항식 $\phi_A(t)$는,

$$\phi_A(t) = (t-\lambda_1)^{n_1}(t-\lambda_2)^{n_2}\cdots(t-\lambda_r)^{n_r} \left(\sum_{i=1}^{r} n_i = n\right)$$

로 나타내어진다. 윗식의 n_i를 고유치 λ_i의 중복도라 한다. 행렬 A가 대각화 가능하기 위해서는, 고유치 λ_i의 중복도 n_i와 고유공간의 차원 $\dim W(\lambda_i)$가 같아야 한다.

문 6. 어느 것도 P는 단 하나로 정해지지는 않는다.

(1) $P = \begin{pmatrix} i & 1 \\ 1 & i \end{pmatrix}$, $P^{-1}AP = \begin{pmatrix} \cos\theta + i\sin\theta & 0 \\ 0 & \cos\theta - i\sin\theta \end{pmatrix}$

(2) $P = \begin{pmatrix} 1 & 1 & 1 \\ 1 & w & w^2 \\ 1 & w^2 & w \end{pmatrix}$, $P^{-1}AP = \begin{pmatrix} a+b+c & & \\ & a+bw+cw^2 & \\ & & a+bw^2+cw \end{pmatrix}$

단, $w = (-1 + \sqrt{3}i)/2$

문 7. $P = \begin{pmatrix} 1 & 3 & 2 \\ -1 & -2 & -1 \\ 2 & 4 & 3 \end{pmatrix}$에 의해 $\Lambda = \begin{pmatrix} 2 & & \\ & 1 & \\ & & 0 \end{pmatrix}$

$$\begin{aligned} A^n = P\Lambda^n P^{-1} &= \begin{pmatrix} 1 & 3 & 2 \\ -1 & -2 & -1 \\ 2 & 4 & 3 \end{pmatrix} \begin{pmatrix} 2^n & & \\ & 1 & \\ & & 0 \end{pmatrix} \begin{pmatrix} 1 & 3 & 2 \\ -1 & -2 & -1 \\ 2 & 4 & 3 \end{pmatrix}^{-1} \\ &= \begin{pmatrix} 3-2^{n+1} & -3-2^n & -3+2^n \\ -2+2^{n+1} & 2+2^n & 2-2^n \\ 4-2^{n+2} & -4-2^{n+1} & -4+2^{n+1} \end{pmatrix} \end{aligned}$$

문 8. A는 정칙이므로 $AB = A(BA)A^{-1}$가 성립한다.

$$\phi_{AB}(x)=|xI-AB|=|xI-A(BA)A^{-1}|=|A(xI-BA)A^{-1}|$$
$$=|(xI-BA)|=\phi_{BA}(x)$$

로 되므로 AB와 BA는 같은 고유다항식을 갖는다. 따라서 같은 고유치(중복도도 포함해서)를 갖는다.

문 9. (1) $\phi_A(x)=|xI-A|=(x-\lambda_1)\cdots(x-\lambda_n)$에 있어서 $x=0$으로 놓으면,

$$(-1)^n|A|=(-1)^n\lambda_1\cdots\lambda_n \qquad \therefore |A|=\lambda_1\cdots\lambda_n$$

(2) (1)로부터 A가 정칙 $\Leftrightarrow |A|\neq 0 \Leftrightarrow \lambda_j\neq 0\ (j=1,\ \cdots,\ n)$

(3) $|xI-A|=|{}^t(xI-A)|=|xI-{}^tA|$

(4) A를 삼각화해서 $P^{-1}AP=\Gamma$(상삼각행렬)라 한다. 이 때 Γ의 대각성분은 A의 고유치 $\lambda_1,\ \cdots,\ \lambda_n$이다.

$$tr(A)=tr(P^{-1}AP)=tr(\Gamma)=\lambda_1+\cdots\lambda_n$$

문 10. 단위행렬 I의 고유치는 1, 영행렬 O의 고유치는 0인 것에 착안해서, Frobenius의 정리를 이용한다. A의 고유치를 λ라 하면,

(1) $\lambda^2=1 \quad \therefore \lambda=\pm 1$

(2) $\lambda^2+1=0 \quad \therefore \lambda=\pm i$

(3) $\lambda^2=\lambda \quad \therefore \lambda=0,\ 1$

(4) $\lambda^3+\lambda=0 \quad \therefore \lambda=0,\ \pm i$

문 11. $F(\boldsymbol{x})=-{x'}_1^2+\frac{1}{3}{x'}_2^2+\frac{3}{20}{x_3'}^2$

$$C=\begin{pmatrix} -1 & -\frac{1}{3} & \frac{3}{20} \\ 0 & \frac{1}{3} & \frac{3}{20} \\ 0 & 0 & \frac{3}{20} \end{pmatrix}$$

문 12. 정리 6.14의 증명에 준한다. (1) ⇨ (2)는 분명하다.

(2) ⇨ (3) ${}^tP({}^tLAL)P=\begin{pmatrix} I_r & 0 \\ 0 & 0 \end{pmatrix}=B,\ LP=Q_1^{-1}$로 놓으면

$A={}^tQ_1BQ_1={}^tQ_1^tBBQ_1={}^t(BQ_1)(BQ_1),\ BQ_1=Q$로 놓는다.

(3) ⇨ (1) $F(\boldsymbol{x})={}^t[x_i]A[x_i]={}^t[x_i]QQ[x_i]=(Q[x_i],\ Q[x_i])\geq 0$

문 13. $A={}^tQQ,\ Q=(\boldsymbol{q}_1\cdots\boldsymbol{q}_n)$이라고 하면, A_k는 $\boldsymbol{q}_1,\ \cdots,\ \boldsymbol{q}_k$의 Gram의 행렬

$\therefore |A_k|\geq 0$, 반례(反例)는 $\begin{pmatrix} 0 & 0 \\ 0 & -1 \end{pmatrix}$

문 14. (1) $A=\begin{pmatrix} a & b \\ b & c \end{pmatrix}$, $|A_1|=a>0$, $|A|=ac-b^2>0$

(2) $a>\dfrac{1}{2}$

문 15. (2) $A^2={}^tAA \geqq 0$ (3) $A>0$이라고 하면 $|A|>0$, $A=$정칙. $A \geqq 0$, A는 정칙이라 하면 $A={}^tQQ$로 되는 Q가 존재하는데 Q는 정칙이므로 $A>0$.

연습문제 6

1. (1) $d=-a$, $a^2+bc=1$

(2) $(a-d)^2+4bc \neq 0$ 또는 $a=d$, $b=c=0$

2. (1) Frobenius의 정리로부터 λ^m은 A^m의 고유치. I의 고유치는 1이므로 $\lambda^m=1$

(2) A^m의 고유치는 λ_1^m, $\cdots$, λ_n^m $\therefore tr(A^m)=\lambda_1^m+\cdots+\lambda_n^m$

3. (1) $\phi_A(0)=(-1)^n|A|=b_0$, b_{n-1}, b_{n-2}는 $\phi_A(x)=|xI-A|$의 전개식에 있어서, x^{n-1}, x^{n-2}의 계수를 비교하여라.

(2) Cayley-Hamilton의 정리로부터, $\phi_A(A)=A^n+b_{n-1}A^{n-1}+\cdots b_1A+b_0I=O$ 이것에 A^{-1}를 곱해서 $A^{n-1}+b_{n-1}A^{n-2}+\cdots+b_1I+b_0A^{-1}=O$, $b_0=(-1)^n|A|$, $adj\,A=|A|\cdot A^{-1}$로부터

$$adj\,A=|A|\frac{-1}{b_0}\{A^{n-1}+b_{n-1}A^{n-2}+\cdots+b_2A+b_1I\}$$

(3)
$$\begin{aligned}|xI-A^{-1}|&=(-1)^n|A^{-1}-xI|=(-1)^n|xA^{-1}(\frac{1}{x}I-A)|\\&=(-1)^nx^n|A^{-1}|\left|\frac{1}{x}I-A\right|\\&=\frac{x^n}{(-1)^n|A|}\left\{\frac{1}{x^n}+\frac{b_{n-1}}{x^{n-1}}+\cdots+\frac{b_1}{x}+b_0\right\}\\&=\frac{x^n}{b_0}\left\{\frac{1}{x^n}+\frac{b_{n-1}}{x^{n-1}}+\cdots+\frac{b_1}{x}+b_0\right\}\\&=x^n+\frac{b_1}{b_0}x^{n-1}+\cdots+\frac{b_{n-1}}{b_0}x+\frac{1}{b_0}\end{aligned}$$

4. (1) 고유치는 1, -1, i, $-i$이므로 대각화 가능

$$P=\begin{pmatrix}1 & 1 & 1 & 1\\ 1 & -1 & i & -i\\ 1 & 1 & -1 & -1\\ 1 & -1 & -i & i\end{pmatrix}$$

(2) 고유치는 1, 1, 1, 1이고 $\dim W(1)=2$로 대각화 불가

$$P=\begin{pmatrix} 1 & 0 & 0 & 0 \\ 0 & 1 & 0 & 0 \\ -2 & 1 & 1 & -1 \\ -4 & 2 & 1 & 1 \end{pmatrix},\quad P^{-1}AP=\begin{pmatrix} 1 & 0 & 1 & -3 \\ 0 & 1 & 2 & -6 \\ 0 & 0 & 1 & 2 \\ 0 & 0 & 0 & 1 \end{pmatrix}$$

5. $A=O$이라면 $\phi_{AB}(x)=\phi_{BA}(x)=x^n$. $rank\,A=r\,(\geqq 1)$이라 하면,

$$SAT=\begin{pmatrix} I_r & O \\ O & O \end{pmatrix}$$

으로 되는 n차의 정칙행렬 S, T가 존재한다. $SABS^{-1}$와 $T^{-1}BAT$가 같은 고유다항식을 갖는 것을 보이면 된다.

$$T^{-1}BS^{-1}=\begin{pmatrix} C_1 & C_2 \\ C_3 & C_4 \end{pmatrix}$$

로 분할표시한다. 여기에서 C_1은 r차, 이 때

$$SABS=SATT^{-1}BS^{-1}=\begin{pmatrix} I_r & O \\ O & O \end{pmatrix}\begin{pmatrix} C_1 & C_2 \\ C_3 & C_4 \end{pmatrix}=\begin{pmatrix} C_1 & C_2 \\ O & O \end{pmatrix},$$

$$T^{-1}BAT=T^{-1}BS^{-1}SAT=\begin{pmatrix} C_1 & C_2 \\ C_3 & C_4 \end{pmatrix}\begin{pmatrix} I_r & O \\ O & O \end{pmatrix}=\begin{pmatrix} C_1 & O \\ C_3 & O \end{pmatrix}$$

$$|xI-SABS^{-1}|=\begin{vmatrix} xI_r-C_1 & -C_2 \\ O & xI_{n-r} \end{vmatrix}=x^{n-r}|xI_r-C_1|$$

마찬가지로 $|xI-T^{-1}BAT|=x^{n-r}|xI_r-C_1|\quad \therefore \phi_{AB}(x)=\phi_{BA}(x)$.

6. (1) $AB=(c_{ij})$라 한다.

$$c_{ij}=\sum_{t=1}^{n}ab_{tj}\geqq 0,\quad \sum_{j=1}^{n}c_{ij}=\sum_{j=1}^{n}\left(\sum_{j=1}^{n}ab_{tj}\right)=\sum_{t=1}^{n}a\left(\sum_{j=1}^{n}b_{tj}\right)=\sum_{t=1}^{n}a=1$$

(2) $A=(\boldsymbol{a}_1\cdots\boldsymbol{a}_n)$이라고 하면, $\boldsymbol{a}_1+\cdots+\boldsymbol{a}_n=\boldsymbol{e}_1+\cdots+\boldsymbol{e}_n$이므로

$|I-A|=|\boldsymbol{e}_1-\boldsymbol{a}_1\cdots\boldsymbol{e}_n-\boldsymbol{a}_n|=|\boldsymbol{0}\ \boldsymbol{e}_2-\boldsymbol{a}_2\cdots\boldsymbol{e}_n-\boldsymbol{a}_n|=0$.

따라서 1은 A의 고유치이다.

(3) λ를 A의 고유치, $\boldsymbol{x}$를 λ에 대한 고유벡터라 한다. $\boldsymbol{x}$의 성분 중 절대치가 최대인 것을 x_p라 하면, $x_p\neq 0$이다. $A\boldsymbol{x}=\lambda\boldsymbol{x}$의 제$p$성분을 비교하면, $\sum_{t=1}^{n}a_{pt}x_t=\lambda x_p$. 이 양변의 절대치를 취하면

$$|\lambda||x_p|\leqq\sum_{t=1}^{n}a_{pt}|x_t|\leqq\left(\sum_{t=1}^{n}a_{pt}\right)|x_p|=|x_p|\quad \therefore |\lambda|\leqq 1$$

7. (1) 정리 6.14로부터 ${}^tAA$는 정치(正値)대칭행렬이므로, 적당한 직교행렬 L_1에 의해 ${}^tL_1^tAAL_1=diag(\lambda_1,\cdots,\lambda_n)$, $\lambda_i>0\ (i=1,\cdots,n)$으로 된다. $\Lambda=diag(\sqrt{\lambda_1},\cdots,\sqrt{\lambda_n})$으로 놓으면 ${}^tL_1^tAAL_1=\Lambda^2$

(2) $S = L_1 \Lambda L_1^{-1}$는 대칭행렬이고 Λ와 같은 고유치를 가지므로 정칙이다.

$S^2 = (L_1 \Lambda L_1^{-1})(L_1 \Lambda L_1^{-1}) = L_1 \Lambda^2 L_1^{-1} = L_1^t L_1^t A A L_1 L_1^{-1} = {}^t AA$

(3) ${}^t LL = {}^t(AS^{-1})(AS^{-1}) = S^{-1\,t} AAS^{-1} = S^{-1} S^2 S^{-1} = I$

(여기에서, ${}^t(S^{-1}) = ({}^t S)^{-1}$에 주의)

8. A의 고유치를 $\lambda_1 \leqq \lambda_2 \leqq \cdots \leqq \lambda_n$이라 한다. 적당한 직교행렬 L에 의한 주축변환에 따라 $F(\boldsymbol{x}) = {}^t\boldsymbol{x}A\boldsymbol{x} = \lambda_1 x_1'^2 + \cdots + \lambda_n x_n'^2 (\boldsymbol{x} = L\boldsymbol{x}')$으로 된다.

$\| \boldsymbol{x}' \| = \| \boldsymbol{x} \| = 1$, 즉 $x_1^2 + x_2^2 + \cdots + x_n^2 = x_1'^2 + x_2'^2 + \cdots + x_n'^2 = 1$이므로

$$F(\boldsymbol{x}) - \lambda_1 = (\lambda_2 - \lambda_1) x_2'^2 + \cdots + (\lambda_n - \lambda_1) x_n'^2 \geqq 0,$$
$$F(\boldsymbol{x}) - \lambda_n = (\lambda_1 - \lambda_n) x_1'^2 + \cdots + (\lambda_{n-1} - \lambda_n) x_n'^2 \leqq 0$$
$$\therefore \lambda_1 \leqq F(\boldsymbol{x}) \leqq \lambda_n$$

등호는 각각 $x_1' = 1,\ x_2' = \cdots = x_n' = 0$; $x_1' = \cdots = x_{n-1}' = 0,\ x_n' = 1$일 때 성립한다.

9. $\boldsymbol{y} = \dfrac{\boldsymbol{x}}{\| \boldsymbol{x} \|}$로 놓으면, $\| \boldsymbol{y} \| = 1$이고, $\dfrac{{}^t\boldsymbol{x}A\boldsymbol{x}}{{}^t\boldsymbol{x}\boldsymbol{x}} = {}^t\boldsymbol{y}A\boldsymbol{y}$이므로, 앞의 문제와 마찬가지로 된다.

10. $f(x,\ y,\ z) = (x\ \ y\ \ z)\begin{pmatrix} 4 & 2 & 2 \\ 2 & 5 & 0 \\ 2 & 0 & 3 \end{pmatrix}\begin{pmatrix} x \\ y \\ z \end{pmatrix} = {}^t\boldsymbol{x}A\boldsymbol{x}$

$$L = \frac{1}{3}\begin{pmatrix} 2 & 1 & 2 \\ 2 & -2 & -1 \\ 1 & 2 & -2 \end{pmatrix}\text{에 의해, } {}^tLAL = \begin{pmatrix} 7 & & \\ & 4 & \\ & & 1 \end{pmatrix}$$

따라서, 구하는 $f(x, y, z)$의 최대치 · 최소치는,

$$\begin{cases} \text{최대치} : 7 \ (\text{예를 들면, } x = \frac{2}{3},\ y = \frac{2}{3},\ z = \frac{1}{3}\text{일 때}) \\ \text{최소치} : 1 \ (\text{예를 들면, } x = \frac{2}{3},\ y = -\frac{1}{3},\ z = -\frac{2}{3}\text{일 때}) \end{cases}$$

제7장 선형계획법

문 1. (1) 표준계 $\begin{cases} x_1 \quad\quad - 4x_3 + 3x_4 = 1 \\ \quad x_2 + 7x_3 - 2x_4 = 4 \end{cases}$

기저해 $x_1 = 1,\ x_2 = 4,\ x_3 = 0,\ x_4 = 0$

(2) 표준계 $\begin{cases} \frac{2}{13}x_1 + \frac{2}{13}x_2 + x_3 \quad\quad = \frac{14}{13} \\ \frac{7}{13}x_1 + \frac{4}{13}x_2 \quad\quad + x_4 = \frac{23}{13} \end{cases}$

기저해 $x_1=0,\ x_2=0,\ x_3=\frac{14}{13},\ x_4=\frac{22}{13}$

문 2. 표준계 $\begin{cases} \frac{2}{7}x_2+x_3-\frac{5}{7}x_4 = 1 \\ x_1+\frac{8}{7}x_2+\frac{1}{7}x_4 = 4 \\ \frac{3}{7}x_2-\frac{4}{7}x_4+x^5 = 2 \end{cases}$

기저해 $x_1=4,\ x_2=0,\ x_3=1,\ x_4=0,\ x_5=2$

문 3. (1) 표준계 $\begin{cases} 2x_1+x_2-3x_3-4x_6=-3 \\ x_1+5x_3+x_4+2x_6=4 \\ 3x_1+x_3+x_5+2x_6=5 \end{cases}$

기저해 $x_1=0,\ x_2=-3,\ x_3=0,\ x_4=4,\ x_5=5,\ x_6=0$

(2) 표준계 $\begin{cases} 8x_1+x_2-x_3+2x_5=7 \\ -2x_1+4x_3+x_4-x_5=-1 \\ \frac{3}{2}x_1+\frac{1}{2}x_3+\frac{1}{2}x_5+x_6=\frac{5}{2} \end{cases}$

기저해 $x_1=0,\ x_2=7,\ x_3=0,\ x_4=-1,\ x_5=0,\ x_6=\frac{5}{2}$

(3) 표준계 $\begin{cases} -\frac{1}{13}x_2+x_3+\frac{2}{13}x_4+\frac{8}{13}x_6=\frac{11}{13} \\ x_1+\frac{5}{13}x_2+\frac{3}{13}x_4-\frac{14}{13}x_6=-\frac{3}{13} \\ -\frac{14}{13}x_2-\frac{11}{13}x_4+x_5+\frac{60}{13}x_6=\frac{63}{13} \end{cases}$

기저해 $x_1=-\frac{3}{13},\ x_2=0,\ x_3=\frac{11}{13},\ x_4=0,\ x_5=\frac{63}{13},\ x_6=0$

문 4. (1) $x_1=\frac{28}{11},\ x_2=\frac{15}{11},\ z=\frac{43}{11}$

(2) $x_1=0,\ x_2=6,\ z=6$

(3) $x_1=\frac{7}{2},\ x_2=\frac{3}{4},\ z=5$

문 5. (1) $x_1=10,\ x_2=20,\ x_3=0,\ z=190$

(2) $x_1=0,\ x_2=10,\ x_3=20,\ z=190$

(3) $x_1=0,\ x_2=3,\ x_3=11,\ z=39$

연습문제 7

1. $x_1=3,\ x_2=4,\ x_3=9,\ z=106$

2. $x_1=12,\ x_2=2,\ x_3=0,\ z=94$

3. $x_1=5,\ x_2=0,\ x_3=3,\ x_4=10,\ z=54$

4. $x_1=0,\ x_2=4,\ x_3=0,\ x_4=0,\ x_5=4,\ z=20$

5. $x_1=38,\ x_2=33,\ x_3=0,\ x_4=53,\ x_5=0,\ z=405$

6. A_1, A_3를 각각 200kg 만들고, A_2는 만들지 않는 것이 최적계획으로, 이 때의 이익은 560만원이다.

7. A, B의 구입량을 각각 $100x_1$, $100x_2$ 단위라 하면, 조건식은

$\begin{cases}20x_1+40x_2 \leqq 400 \\ 30x_1+40x_2 \leqq 650 \\ 35x_1+30x_2 \leqq 580\end{cases}$ 인데, 간단히 해서 $\begin{cases}x_1+2x_2 \leqq 20 \\ 6x_1+5x_2 \leqq 130 \\ 7x_1+6x_2 \leqq 116\end{cases}$

으로 계산해도 된다. 목적함수는

$$z=2.4(20x_1+40x_2)+2.0(30x_1+25x_2)+1.8(35x_1+30x_2)-140x_1-160x_2$$
$$=31x_1+40x_2$$

최적해는 $x_1=14,\ x_2=3,\ z=554$인데, A, B의 구입량은 1400, 300단위이고, 이 때의 이익의 554이다.

8. $A=0,\ B=18,\ C=96$(단위), 이익은 474

9. $A_1=15.79$단위, $A_2=13.63$단위, 이익은 10,189원

10. B_2, B_3를 80kg씩 혼합해서 A_1을 만들고, B_1 $100kg$, B_2 $40kg$, B_3 $60kg$을 혼합해서 A_2를 만든다. 이익은 96만원.

제8장 극한

문 1. (1) 상한 2, 하한 1 (2) 상한 1, 하한 없음

(3) 상한 없음, 하한 1 (4) 상한 100π, 하한 0

문 2. $b=\max A$이기 위해서는, 1) $b\in A$인 동시에 2) $b=A$의 상계일 것이 필요충분조건이다. 따라서, $b=\max A$라면 $b=\sup A$. 문제의 후반에 대해서도 마찬가지이다.

문 3. (1) 0 (2) 0 (3) 0 (4) $-\frac{1}{2}$

문 4. $\sqrt[n]{n}=1+h_n(h_n \geqq 0)$으로 놓으면, $n \geqq 1+\frac{n(n-1)}{2}hn^2$, 이로부터

$h_n \leqq \sqrt{\frac{2}{n}} \to 0$, 따라서 $\lim_{n\to\infty}\sqrt[n]{n}=1$

문 5. (1) 수렴 $-\frac{2}{3}$ (2) 수렴 $\frac{1}{2}$ (3) 수렴 1 (4) 발산

문 6. (1) 예를 들면 $n \geqq 11$인 n에 대해서

$$0<\frac{10^n}{n!}=\frac{10 \cdot 10\cdots 10 \cdot 10 \cdot 10\cdots 10}{1 \cdot 2\cdots 10 \cdot 11 \cdot 12\cdots n} \leqq \frac{10^{10}}{10!}\left(\frac{10}{11}\right)^{n-10}$$

$$\therefore 0<\frac{10^n}{n!} \leqq \frac{10^{10}}{10!}\left(\frac{10}{11}\right)^{n-10}$$

각 변의 극한을 생각하면, $\lim_{n\to\infty}\left(\frac{10}{11}\right)^{n-10}=0$이므로

$$\lim_{n\to\infty}\frac{10^n}{n!}=0$$

(2) $\sqrt[n]{0^n+4^n}<\sqrt[n]{3^n+4^n}<\sqrt[n]{4^n+4^n}$

$\therefore \quad 4<\sqrt[n]{3^n+4^n}<4\sqrt[n]{2}$

$\therefore \quad \lim_{n\to\infty}4 \leqq \lim_{n\to\infty}\sqrt[n]{3^n+4^n} \leqq \lim_{n\to\infty}4\sqrt[n]{2}$

$\therefore 4 \leqq \lim_{n\to\infty}\sqrt[n]{3^n+4^n} \leqq 4 \quad (\because \lim_{n\to\infty}\sqrt[n]{2}=1)$

$\therefore \lim_{n\to\infty}\sqrt[n]{3^n+4^n}=4$

문 7. $\log\sqrt[n]{a_1a_2\cdots a_n}=\frac{\log a_1+\log a_2+\cdots+\log a_n}{n} \to \log a(n\to\infty)$

($\because$ 예 5) $\therefore \sqrt[n]{a_1a_2\cdots a_n} \to a$

문 8. (1) $\sin^{-1}x=\theta$로 놓으면, $x=\sin\theta$ 또한 $x\to$이면 $\theta\to 0$.

$$\lim_{x\to 0}\frac{\sin^{-1}x}{\sin x}=\lim_{x\to 0}\left(\frac{\sin^{-1}x}{x} \cdot \frac{x}{\sin x}\right)=\lim_{x\to 0}\frac{\sin^{-1}x}{\sin x} \cdot \frac{x}{\sin x}$$

$$=\frac{1}{\lim_{\theta\to 0}\frac{\sin\theta}{\theta}} \cdot \frac{1}{\lim_{x\to 0}\frac{\sin x}{x}}=1$$

(2) $\lim_{x\to 0}\frac{e^{ax}-e^{bx}}{x}=\lim_{x\to 0}\left\{a\left(\frac{e^{ax}-1}{ax}\right)-b\left(\frac{e^{bx}-1}{bx}\right)\right\}=a-b$

문 9. $\lim_{x\to+0}e^{\frac{1}{x}}=+\infty,\ \lim_{x\to-0}e^{\frac{1}{x}}=0,\ \lim_{x\to+\infty}e^{\frac{1}{x}}=\lim_{x\to-\infty}e^{\frac{1}{x}}=1$이므로,

$$\lim_{x\to+0}f(x)=\lim_{x\to+0}\frac{1}{1+e^{-2/x}}=1,\ \lim_{x\to-0}f(x)=\lim_{x\to-0}\frac{e^{2/x}}{e^{2/x}+1}=0,$$
$$\lim_{x\to+0}f(x)=\frac{1}{2}$$

문 10. (1), (2) 모두 전구간 $-\infty<x<+\infty$에서 연속, 점 0에서의 연속성은 다음과 같다.

(1) $\lim_{x\to 0}x\sin\frac{1}{x}=0=f(0)$

(2) $\lim_{x\to 0}x\sin x\cdot\sin\frac{1}{x}=\lim_{x\to 0}\frac{\sin x}{x}\cdot x\sin\frac{1}{x}=0=f(0)$

연습문제 8

1. (1) 0 (2) $\frac{1}{2}$ (3) 1 (4) 1

2. (1) $\sqrt[n]{a_n}=\sqrt[n]{\frac{a_1}{1}\frac{a_2}{a_1}\frac{a_3}{a_2}\cdots\frac{a_n}{a_{n-1}}}\to\alpha$ ($\because$ 문7)

(2) (1)에서 $a_n=n$으로 놓으면,

$a_{n+1}/a_n=(n+1)/n\to 1$

$\therefore\ \sqrt[n]{n}=\sqrt[n]{a_n}\to 1$

$$\frac{n+1}{\sqrt[n]{n!}}=\sqrt[n]{\frac{(n+1)^n}{1\cdot 2\cdot 3\cdots n}}=\sqrt[n]{\left(\frac{2}{1}\right)^1\left(\frac{3}{2}\right)^2\left(\frac{4}{3}\right)^3\cdots\left(\frac{n+1}{n}\right)^n}\to e$$

$\left(\because\left(\frac{n+1}{n}\right)^n\to e\right)$

3. $\{b_n\}$이 수렴하는 것으로부터, $|b_1|<K,\ |b_2|<K,\ \cdots$인 상수 K가 존재한다.

$$\left|\frac{a_1b_n+a_2b_{n-1}+\cdots+a_nb_1}{n}-\alpha\beta\right|$$
$$=\left|\frac{1}{n}\sum_{k=1}^{n}(a_k-\alpha)b_{n+1-k}+\frac{\alpha}{n}\sum_{k=1}^{n}(b_{n+1-k}-\beta)\right|$$
$$=K\left|\frac{1}{n}\sum_{k=1}^{n}(a_k-\alpha)\right|+|\alpha|\left|\frac{1}{n}\sum_{k=1}^{n}(b_{n+1-k}-\beta)\right|\to 0\quad[\because 문7]$$

4. (1) 준식 $=\dfrac{a}{b}\dfrac{bx}{ax}\dfrac{\sin ax}{\sin bx}=\dfrac{a}{b}\left(\dfrac{\sin ax}{ax}\right)/\left(\dfrac{\sin bx}{bx}\right)\to\dfrac{a}{b}\ (x\to 0)$

(2) 먼저 $\varepsilon>0$으로 해서, $0<\delta=\sin\varepsilon$으로 정하면

$0<|x|<\delta$일 때 $|x|=\sin\varepsilon$이므로, $|\sin^{-1}x|<\varepsilon$

$\therefore \sin^{-1}x=\theta$로 놓으면, $x\to 0$일 때 $\theta=\sin^{-1}x\to 0$

$\therefore \dfrac{\sin^{-1}x}{x}=\dfrac{\theta}{\sin\theta}\to 1\quad (x\to 0,\ \theta\to 0)$

$$\begin{aligned}\text{준식 } &= \frac{\sin^{-1}x}{x}\frac{x}{\tan x}\\ &= \frac{\sin^{-1}x}{x}\frac{x}{\sin x}\cos x\to 1\times 1\times 1=1\ (x\to 0)\end{aligned}$$

(3) 준식 $=\dfrac{1-\cos^2 x}{1-\cos x}=1-\cos x\to 2\ (x\to 0)$

(4) $\dfrac{1}{2}=\theta$로 놓으면 $x\to\infty$일 때 $\theta\to 0$으로 되고

준식$=m\dfrac{\sin m\theta}{m\theta}\to m$

5. (1) $-\infty<x<\infty$에서 연속

($\because x=2$에서도 $\lim\limits_{x\to 2}y=\lim\limits_{x\to 2}(x+2)=4=f(2)$)

(2) $x=0$에서 불연속, 그 밖에서는 연속

($\because \lim\limits_{x\to+0}f(x)=\infty,\ \lim\limits_{x\to-0}f(x)=0$으로 되어, $\lim\limits_{x\to 0}f(x)$가 존재하지 않는다.)

6. (1) $x\neq 0,\ x\neq\pm 1$에서는 $f(x)=0$으로 되어 연속.

$x=0,\ x=\pm 1$에서는 함수값이 존재하지 않는데, 만일 이들 점에서 $f(0)=f(\pm 1)$이라 정하면, 여기에서도 연속이 된다.

(2) $f(x)=\begin{cases}\dfrac{5}{2} & (|x|<1)\\ 1 & (|x|>1)\\ 2 & (x=1)\\ 4 & (x=-1)\end{cases}$ $\quad\therefore x\neq 1$에서 연속 $x=\pm 1$에서 불연속

7. $\lim\limits_{x\to a}f(x)=A\neq 0$이라 한다. $\varepsilon=\dfrac{|A|}{2}>0$에 대해서 $\delta>0$을 충분히 작게 취하면,

$0<|x-a|<\delta$일 때 $|f(x)-A|<\dfrac{|A|}{2}$, 따라서

$$|f(x)|\geq|A|-|A-f(x)|>\frac{|A|}{2}$$

8. $\lim_{x\to a}\sqrt{x}=\sqrt{a}$를 임의의 $a\geqq 0$에 대해서 확인하면 된다.

9. $x=a$를 $f(x)$의 정의역 내의 점으로 하고, $b=f(a)$로 놓는다.

$\lim_{x\to a}f(x)=b$, $\lim_{y\to b}g(y)=g(b)$가 성립한다. 그래서, 임의의 $\varepsilon>0$에 대해서 $\delta>0$을 충분히 작게 취하면, $|y-b|<\delta$일 때 $|g(y)-g(b)|<\varepsilon$으로 된다. 또 δ에 대해서 $\delta'>0$을 충분히 작게 취하면 $|x-a|<\delta'$일 때 $|f(x)-b|<\delta$, 따라서 $|g(f(x))-g(b)|<\varepsilon$이고 $\lim_{x\to a}g((f(x))=g(f(a))$이다. 그러므로 $g(f(x))$는 $x=a$에서 연속이다.

10. 임의의 $a\in I$에 대해서, f가 연속이면 $|f(x)-f(a)|<\varepsilon\ (|x-a|<\delta)$.

(1) $||f(x)|-|f(a)||\leqq|f(x)-f(a)|<\varepsilon\ (|x-a|<\delta)$

(2) $\max\{f, g\}=(f+g+|f-g|)/2$, $\min\{f, g\}=(f+g-|f-g|)/2$

제9장 미분

문 1. (1) $e^x(x^2+3x+2)$ (2) $e^x(\sin x+\cos x)$

문 2. (1) $\frac{\varDelta a^x}{\varDelta x}=a^x\log a\cdot\frac{e^{\varDelta x\log a}-1}{\varDelta\log a}\to a^x\log a$. 따라서 $(a^x)'=a^x\log a$

(2) $(\log_a x)'=\left(\frac{\log x}{\log a}\right)'=\frac{1}{x\log a}$

문 3. (1) $f(x)=e^x-1-x-\frac{x^2}{2}$으로 놓으면, $g(x)=f'(x)=e^x-1-x$. 더욱,

$g'(x)=e^x-1>0\ (x>0)$, $g(0)=0$으로부터 $g(x)=f'(x)>0\ (x>0)$,
따라서 $f(x)>0\ (x>0)$

(2) $f(x)=x-\log(1+x)$로 놓으면, $f'(x)=1-\frac{1}{1+x}>0\ (x>0)$.

$f(0)=0$으로부터 $f(x)>0\ (x>0)$이다.

문 4. (1) ∞ (2) 0 (3) $-\frac{1}{2}$ (4) 0

문 5. (1) $y=\log\sqrt{\dfrac{(\sqrt{1+x^2}+x)(\sqrt{1+x^2}+x)}{(\sqrt{1+x^2}-x)(\sqrt{1+x^2}+x)}}=\log(\sqrt{1+x^2}+x)$

$$\therefore y'=\frac{1}{\sqrt{1+x^2}+x}\cdot(\sqrt{1+x^2}+x)'$$

$$=\frac{1}{\sqrt{1+x^2}+x}\left(\frac{2x}{2\sqrt{1+x^2}}+1\right)=\frac{1}{\sqrt{1+x^2}}$$

(2) $y=2\log(\sqrt{x+a}+\sqrt{x+b})-\log(a-b),\ y'=\dfrac{1}{\sqrt{(x+a)(x+b)}}$

문 6. (1) 양변에 대수를 취해서,

$$\log y=3\log(x+1)-4\log(x+2)-2\log(x+3)$$

양변을 x로 미분해서,

$$\frac{1}{y}y'=\frac{3}{x+1}-\frac{4}{x+2}-\frac{2}{x+3}=\frac{-(3x^2+7x-2)}{(x+1)(x+2)(x+3)}$$

$$\therefore y'=\frac{(x+1)^3}{(x+2)^4(x+3)^2}\cdot\frac{-(3x^2+7x-2)}{(x+1)(x+2)(x+3)}$$

$$=\frac{-(x+1)^2(3x^2+7x-2)}{(x+2)^5(x+3)^3}$$

(2) $y'=\dfrac{-2x^2-10x-11}{\sqrt{(x+1)^3(x+2)^3(x+3)(x+4)}}$

(3) 양변에 대수를 취해서, $\log y=x\log x$

양변을 x로 미분해서,

$$\frac{1}{y}\cdot y'=1\cdot\log x+x\cdot\frac{1}{x}=(\log x)+1$$

$$\therefore y'=x^x(1+\log x)$$

(4) $y'=x^{\frac{1}{x}-2}(1-\log x)$

문 7. (1) $y=\sin^{-1}x$이므로, $x=\sin y$. 양변을 y로 미분해서

$$\frac{dx}{dy}=\cos y$$

그런데, $-\dfrac{\pi}{2}<y<\dfrac{\pi}{2}$이므로, $\cos y>0$. 따라서

$$\cos y=\sqrt{1-\sin^2 y}=\sqrt{1-x^2}$$

$$\therefore\frac{dy}{dx}=\frac{1}{\frac{dx}{dy}}=\frac{1}{\cos y}=\frac{1}{\sqrt{1-x^2}}$$

(2) $y=\cos^{-1}x$ 이므로, $x=\cos y$. 양변을 y로 미분해서

$$\frac{dx}{dy}=-\sin y$$

그런데 $0<y<\pi$이므로, $\sin y>0$ 따라서

$$\sin y=\sqrt{1-\cos^2 y}=\sqrt{1-x^2}$$

$$\therefore \frac{dx}{dy}=\frac{1}{\frac{dx}{dy}}=\frac{1}{-\sin y}=\frac{-1}{\sqrt{1-x^2}}$$

(3) $y=\tan^{-1}x$ 이므로, $x=\tan y$. 양변을 y로 미분해서

$$\frac{dx}{dy}=\sec^2 y=1+\tan^2 y=1+x^2$$

$$\therefore \frac{dy}{dx}=\frac{1}{\frac{dx}{dy}}=\frac{1}{1+x^2}$$

문 8. (1) $\cos\left(x+\frac{n\pi}{2}\right)$

(2) $\frac{5}{2}\left(\frac{5}{2}-1\right)\left(\frac{5}{2}-2\right)\cdots\left(\frac{5}{2}-n+1\right)x^{\frac{5}{2}-n}$

(3) $(-1)^n n!\left\{\frac{1}{(x-1)^{n+1}}-\frac{1}{x^{n+1}}\right\}$

(4) $(\sqrt{2})^n e^x\cos\left(x+\frac{n\pi}{4}\right)$

문 9. (1) $\log(1+x)=x-\frac{x^2}{2}+\frac{x^3}{3}-\cdots+(-1)^{n-2}\frac{n^{n-1}}{n-1}+R_n$

$R_n=(-1)^{n-1}\frac{x^n}{n}\cdot\frac{1}{(1+\theta x)^n},\ 0<\theta<1$

(2) $\cos x=1-\frac{x^2}{2!}+\frac{x^4}{4!}-\frac{x^6}{6!}+\cdots+(-1)^n\frac{x^{2n}}{(2n)!}+R_{2n+2}$

$R_{2n+2}=(-1)^{n+1}\frac{x^{2n+2}}{(2n+2)!}\cos\theta x,\ 0<\theta<1$

문 10. (1) $x=0$일때 극대치 $y=0$, $x=\pm\sqrt{\frac{3}{2}}$ 일 때 극소치 $y=-\frac{9}{4}$.

(2) $x=1-\frac{1}{\sqrt{3}}$ 일 때 극대치 $y=1+\frac{2}{3\sqrt{3}}$,

$x=1+\frac{1}{\sqrt{3}}$ 일 때 극소치 $y=1-\frac{2}{3\sqrt{3}}$

(3) $x=1+\sqrt{3}$ 일 때 극대치 $y=\dfrac{3+\sqrt{3}}{4}$,

$x=1-\sqrt{3}$ 일 때 극소치 $y=\dfrac{3-\sqrt{3}}{4}$

(4) $x=0$일 때 극소치 $y=1$.

(1)

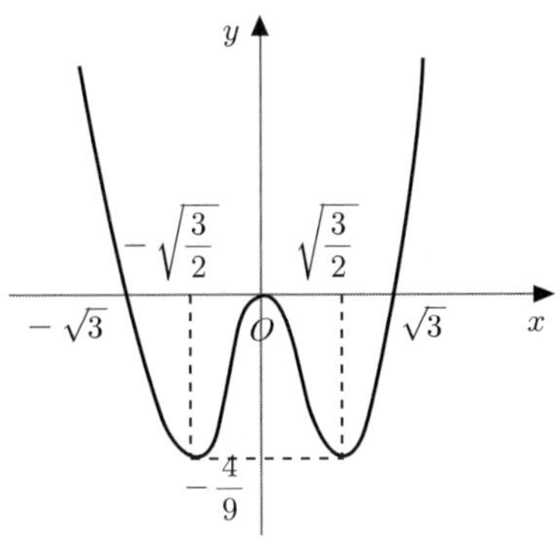

(2)

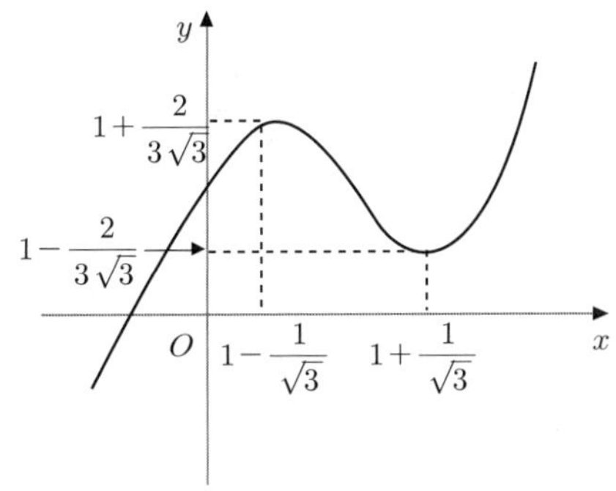

(3)

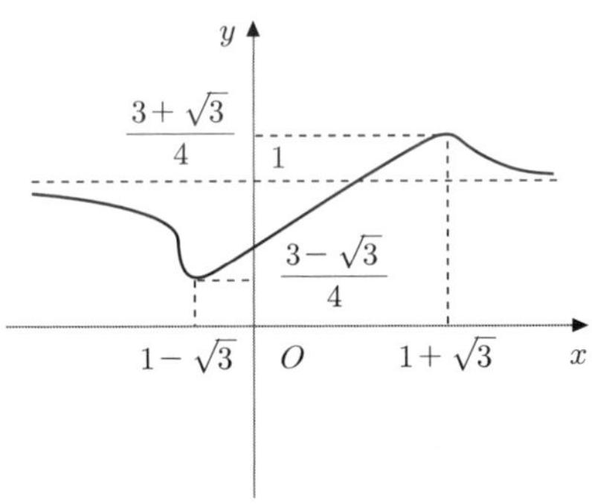

(4)

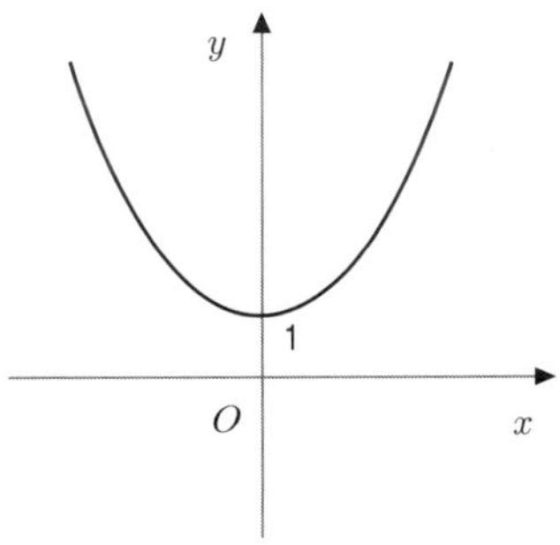

연습문제 9

1. (1) $y'=(1+x)^{m-1}(2-x)^{n-1}\{(2m-n)-(m+n)x\}$

(2) $y'=\dfrac{x(2a^4+a^2x^2-5x^4)}{\sqrt{a^2-x^2}}$

(3) $y'=\dfrac{3x^2}{(1-x^2)^{\frac{5}{2}}}$ (4) $y'=\dfrac{-1}{x^2(1+x^4)^{\frac{3}{4}}}$

2. (1) $y' = \dfrac{2x(6x^2-1)}{3(1-x^2+3x^4)^{\frac{2}{3}}}$

(2) $y' = \dfrac{-1}{3x^{\frac{2}{3}}(1-\sqrt[3]{x})^{\frac{1}{2}}(1+\sqrt[3]{x})^{\frac{3}{2}}}$

(3) $y = \dfrac{1}{2}\log(\sqrt{1+x^2}+x)^2 = \log(\sqrt{1+x^2}+x)$

$\therefore y' = \dfrac{1}{\sqrt{1+x^2}}$

(4) $y = \log(a+b\tan kx) - \log(a-b\tan kx)$

$$\therefore y' = \frac{bk\sec^2 kx}{a+b\tan kx} + \frac{bk\sec^2 kx}{a-b\tan kx}$$
$$= \frac{2abk\sec^2 kx}{a^2-b^2\tan^2 kx} = \frac{2abk}{a^2\cos^2 kx - b^2\sin^2 kx}$$

3. (1) $y = \dfrac{1}{2}\left(\dfrac{1}{1-x}+\dfrac{1}{1+x}\right)$

$$y''' = \frac{1}{2}\left\{\frac{(-1)^3(-1)^3 \cdot 3!}{(1-x)^4} + \frac{(-1)^3 \cdot 3!}{(1+x)^4}\right\}$$
$$= 3\left\{\frac{1}{(1-x)^4} - \frac{1}{(1+x)^4}\right\}$$

(2) $y' = 2x\tan^{-1}\dfrac{x}{a} + (x^2+a^2)\dfrac{1}{1+\dfrac{x^2}{a^2}}\dfrac{1}{a} = 2x\tan^{-1}\dfrac{x}{a} + a$

$$y'' = 2\left(\tan^{-1}\frac{x}{a} + \frac{ax}{a^2+x^2}\right)$$
$$y''' = 2\left\{\frac{a}{a^2+x^2} + a\frac{a^2+x^2-2x^2}{(a^2+x^2)^2}\right\} = \frac{4a^3}{(a^2+x^2)^2}$$

(3) $y' = 3x^2\log x + x^3 \cdot \dfrac{1}{x} + 3x^2\log x + x^2$

$$y'' = 3\left(2x\log x + x^2 \cdot \frac{1}{x}\right) + 2x = 6x\log x + 5x$$
$$y''' = 6\left(\log x + x \cdot \frac{1}{x}\right) + 5 = 6\log x + 11$$

4. (1) $y = \dfrac{1}{2}\left(\dfrac{1}{x-1}+\dfrac{1}{x+1}\right)$

$$y^{(n)} = \frac{1}{2}\left\{\frac{(-1)n!}{(x-1)^{n+1}} + \frac{(-1)^n n!}{(x+1)^{n+1}}\right\}$$
$$= \frac{(-1)^n n!}{2}\left\{\frac{1}{(x-1)^{n+1}} + \frac{1}{(x+1)^{n+1}}\right\}$$

(2) $y = \dfrac{1}{1-x} - (x^3+x^2+x+1)$

$n \geqq 4$라고 하면 $y^{(n)} = \dfrac{(-1)^n n!(-1)^n}{(1-x)^{n+1}} = \dfrac{n!}{(1-x)^{n+1}}$

(3) $y' = \log x + 1$, $y'' = \dfrac{1}{x}$ $\quad\therefore\ y^{(n)} = (y'')^{n-2} = \dfrac{(-1)^{n-2}(n-2)!}{x^{n-1}}$

(4) $y' = (n-1)x^{n-2}\log x + x^{n-2}$

$y^{(n)}$은 $(y')^{(n-1)}$인데, 우변 제2항은 $(n-1)$회 미분하면 0이 되므로

$y^{(n)} = (n-1)(x^{n-2}\log x)^{(n-1)}$

이것을 반복해서

$y^{(n)} = (n-1)(n-2)\cdots 2(x\log x)'' = (n-1)!(\log x)' = \dfrac{(n-1)!}{x}$

5. (1) $y = (1+x)^n(1-x)^n$

$$y^{(n)} = \sum_{r=0}^{n}\binom{n}{r}\{(1+x)^n\}^{(n-r)}\{(1-x)^n\}^{(r)}$$

$$= \sum_{r=0}^{n}\binom{n}{r}n(-1)\cdots(n-(n-r)+1)(1+x)^r(-1)^r n(n-1)\cdots\cdots\cdots$$

$$\cdots\cdots\cdots\cdots\cdots(n-r+1)(1-x)^{n-r}$$

$$= \sum_{r=0}^{n}(-1)^r\binom{n}{r}^2 n!(1+x)^r(1-x)^{n-r}$$

(2) $y^{(n)} = x^3 \cdot a^x(\log a)^n + \binom{n}{1}3x^2a^x(\log a)^{n-1} + \binom{n}{2}6xa^x(\log a)^{n-2} + \binom{n}{3}6a^x(\log a)^{n-3}$

$= a^x(\log a)^{n-3}\{x^3(\log a)^3 + 3nx^2(\log a)^2 + 3n(n-1)x\log a + n(n-1)(n-2)\}$

6. $f(x) = \left(x - \dfrac{x^2}{2} + \dfrac{x^3}{3}\right) - \log(1+x)$로 놓으면, $f'(x) = \dfrac{x^3}{1+x} > 0\ (x>0)$, $f(0)=0$. 따라서,

$f(x) > 0\ (x>0)$. $x - \dfrac{x^2}{2} < \log(1+x)$의 증명도 마찬가지이다.

7. 양수 $x>0$을 한없이 0에 접근시키면, $\dfrac{f(x)-f(0)}{x} = \dfrac{e^{-\frac{1}{x}}}{x} \to 0$, 따라서

$f'(0) = \lim\limits_{x\to 0}\dfrac{f(x)-f(0)}{x} = 0$

8. (1) Taylor 전개에 의해서 e^x와 $\log(1-x)$에 대한 x의 3차항까지 전개하고 나머지는 오차로 처리한다.

$e^x = 1 + x + \dfrac{x^2}{2} + \dfrac{x^3}{6} + \varepsilon_1 x^3$, $\log(1-x) = -x - \dfrac{x^2}{2} - \dfrac{x^3}{3} + \varepsilon_2 x^3$

$\therefore\ e^x + \log(1-x) = 1 - \dfrac{x^3}{6} + (\varepsilon_1+\varepsilon_2)x^3 \fallingdotseq 1 - \dfrac{x^3}{6}$

(2) $e^x = 1 + x + \dfrac{x^2}{2} + \varepsilon_1 x^2$, $e^{-x} = 1 - x + \dfrac{x^2}{2} + \varepsilon_2 x^2$

$\therefore\ e^x + e^{-x} = 2 + x^2 + (\varepsilon_1+\varepsilon_2)x^2 \fallingdotseq 2 + x^2$

9. (1) $e^x\cos x \fallingdotseq \left(1+x+\frac{x^2}{2}+\frac{x^3}{6}+\frac{x^4}{24}\right)\left(1-\frac{x^2}{2}+\frac{x^4}{24}\right)$

$\fallingdotseq 1+x-\frac{x^3}{3}-\frac{x_4}{6}$

(2) $\sqrt{1-x+x^2}=\{1-(x-x^2)\}^{\frac{1}{2}}$

$\fallingdotseq 1-\frac{1}{2}(x-x^2)-\frac{1}{8}(x-x^2)^2-\frac{1}{16}(x-x^2)^3$

$\fallingdotseq 1-\frac{1}{2}x+\frac{3}{8}x^2+\frac{3}{16}x^3$

10. (1) $f(x)=\sqrt{1+x}+\sqrt{1-x}$ 의 변역은 $-1\leqq x\leqq 1$

$f'(x)=\frac{1}{2\sqrt{1+x}}-\frac{1}{2\sqrt{1-x}}=\frac{\sqrt{1-x}-\sqrt{1+x}}{2\sqrt{1-x^2}}$

$f'(x)=0$으로부터 $\sqrt{1-x}=\sqrt{1+x}$ $\therefore x=0$

$f'(x)$의 불연속점은 $x=\pm 1$

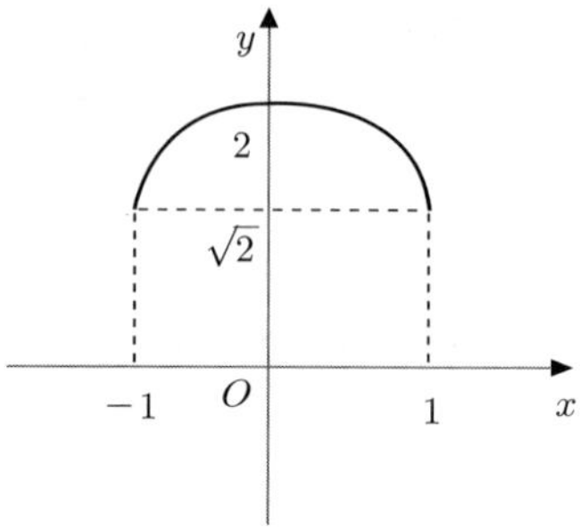

x	-1		0		1
f'	$+\infty$	$+$	0	$-$	$-\infty$
f	$\sqrt{2}$	↗	2	↘	$\sqrt{2}$

$\therefore f(0)=2$는 극대치인 동시에 최대치, 최소치는 $f(\pm 1)=\sqrt{2}$

(2) $f'(x)=\frac{x^2-2x-2}{(2+x^2)^2}=0$으로부터 $x=1-\sqrt{3}$, $x=1+\sqrt{3}$

x	$-\infty$		$1-\sqrt{3}$		$1+\sqrt{3}$		∞
f'		$+$	0	$-$	0	$+$	
f	0	↗	극대	↘	극소	↗	0

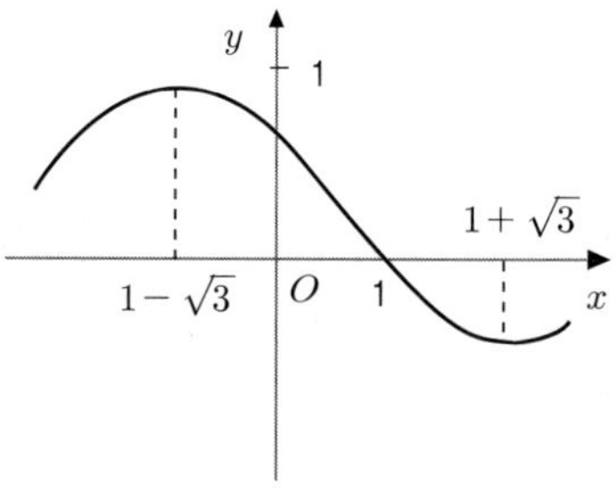

$\therefore x=1-\sqrt{3}$ 에서 극대인 동시에 최대로 되고, 그 값은 $\frac{\sqrt{3}+1}{4}$

$\therefore x=1+\sqrt{3}$ 에서 극소인 동시에 최소로 되고, 그 값은 $\frac{-(\sqrt{3}-1)}{4}$

제10장 적분

문 1. (1) $x^3/3+2x-1/x$

(2) $x+\cos x$

(3) $-3/x+2\tan^{-1}x$

(4) $4\log|x|-3\sin^{-1}x$

문 2. (1) $\frac{1}{2}\{x\sqrt{x^2+A}+A\log|x+\sqrt{x^2+A}|\}$

(2) $\frac{1}{a^2+b^2}e^{ax}(a\sin bx-b\cos bx)$

(3) $x\tan^{-1}x-\frac{1}{2}\log(1+x^2)$

(4) $x(\log x)^2-2x\log x+2x$

문 3. (1) $(5/2)\log|x-3|-(3/2)\log|x-1|$

(2) $(1/78)\log(|x-3|/|x+3|)-(1/26)\tan^{-1}(x/2)$

(3) $2\log|x+3|+(1/2)\log|2x-1|$

(4) $(1/4)\log(|x^2-1|/|x^2+1|)$

(5) $-(2/a)\log|x-1|-1/9(x-1)-(1/9)\log(x^2+x+1)-1/6(x^2+x+1)$

$-(7/a\sqrt{3})\tan^{-1}((2x+1)/\sqrt{3})$

(6) $(1/2)\log[x^2/(x^2+1)]+1/(x^2+1)$

문 4. (1) $\log(|\sqrt{1-x}-\sqrt{2}|/|\sqrt{1-x}+\sqrt{2}|)/\sqrt{2}$

(2) $\log(x+\sqrt{x-1})-(2\sqrt{3})\tan^{-1}((2\sqrt{x-1}+1)/\sqrt{3})$

(3) $x-2\sqrt{x}+2\log(\sqrt{x}+1)$

문 5. (1) $(1/\sqrt{3})\log(|\sqrt{x^2+x+1}+x-1+\sqrt{3}|/|\sqrt{x^2+x+1}+x-1-\sqrt{3}|)$

(2) $\tan^{-1}\sqrt{(x-\alpha)/(\beta-x)}$

문 6. (1) $-\cot(x/2)$

(2) $\log(|\tan(x/2)+1-\sqrt{2}|/|\tan(x/2)+1+\sqrt{2}|)/\sqrt{2}$

(3) $-2/(1+\tan(x/2))$

(4) $x+\log\left|\tan\frac{x}{2}\right|$

문 7. (1) $\frac{\pi}{2}-1$ (2) $\frac{\pi}{2}a^2$

문 8. (1) $I_n=\int_0^{\pi/2}\cos^n x\,dx$ 에서, $x=\frac{\pi}{2}-t$ 로 놓으면,

$$I_n = \int_0^{\pi/2} \cos^n x dx = \int_{\pi/2}^0 \cos^n\left(\frac{\pi}{2} - t\right)(-dt) = \int_0^{\pi/2} \sin^n t\, dt$$

예 15 (2)로부터 등식이 성립함을 알 수 있다.

(2) $$\int_0^{\pi/2} \cos^2 x \sin^6 x dx = \int_0^{\pi/2} (1-\sin^2 x)\sin^6 x dx$$
$$= \int_0^{\pi/2} \sin^6 x dx - \int_0^{\pi/2} \sin^8 x dx$$
$$= \frac{6}{5} \cdot \frac{3}{4} \cdot \frac{1}{2} \cdot \frac{\pi}{2} - \frac{7}{8} \cdot \frac{5}{6} \cdot \frac{3}{4} \cdot \frac{1}{2} \cdot \frac{\pi}{2} = \frac{5}{256}\pi$$

문 9. (1) 1 (2) $\dfrac{b}{a^2+b^2}$

문 10. $x = a\cos^3\theta$, $y = a\sin^3\theta$로 나타낸다. 대칭성을 생각해서,

$$S = 4\int_0^a y dx = 4\int_{\pi/2}^a a\sin^3\theta(-3a\cos^2\theta\sin\theta)d\theta$$
$$= 12a^2\int_0^{\pi/2} \sin^4\theta\cos^2\theta d\theta = 12a^2\int_0^{\pi/2} (\sin^4\theta - \sin^6\theta)d\theta$$
$$= 12a^2\left(\frac{3}{4}\frac{1}{2}\frac{\pi}{2} - \frac{5}{6}\frac{3}{4}\frac{1}{2}\frac{\pi}{2}\right) = \frac{3}{8}\pi a^2$$

다음에,

$$\left(\frac{dx}{d\theta}\right)^2 + \left(\frac{dy}{d\theta}\right)^2 = (-3a\cos^2\theta\sin\theta)^2 + (3a\sin^2\theta\cos\theta)^2$$
$$= (3a\sin\theta\cos\theta)^2$$

$$\therefore l = 4\int_0^{\pi/2} \sqrt{\left(\frac{dx}{d\theta}\right)^2 + \left(\frac{dy}{d\theta}\right)^2}\, d\theta = 4\int_0^{\pi/2} 3a\sin\theta\cos\theta d\theta = 6a$$

연습문제 10

1. (1) $\dfrac{x^2}{2} + 2\log|x| - \dfrac{1}{2x^2}$

(2) $\dfrac{\sqrt{2}}{8}\log\dfrac{x^2+\sqrt{2}x+1}{x^2-\sqrt{2}x+1} + \dfrac{\sqrt{2}}{4}\tan^{-1}\dfrac{\sqrt{2}x}{1-x^2}$

(3) $\dfrac{2}{9}x\sqrt{x}(3\log x - 2)$

(4) $x\{(\log x)^2 - 2\log x + 2\}$

2. $I = \dfrac{e^{ax}}{a^2+b^2}(a\sin bx - b\cos bx)$, $J = \dfrac{e^{ax}}{a^2+b^2}(a\cos bx + b\sin bx)$

3. $J_{n+2}=\dfrac{n+1}{n+2}J_n+\dfrac{\cos^{n+1}x\sin x}{n+2}\ (n\geqq 0)$

4. (1) $2e^2-2$ (2) $\dfrac{1}{2}\log 3+\dfrac{\pi}{6\sqrt{3}}$

(3) $\dfrac{2}{5}(1-e^{2\pi})$ (4) $\dfrac{\pi}{2}-1$

5. $3f(3x)-f(x)$

6. $\{\lambda f(x)+\mu g(x)\}^2\geqq 0$은 임의의 λ, μ(상수)에 대해서 성립하므로

$$\int_a^b\{\lambda f(x)+\mu g(x)\}^2dx\geqq 0$$

$$\therefore \lambda^2\int_a^b\{f(x)\}^2dx+2\lambda\mu\int_a^b f(x)g(x)dx+\mu^2\int_a^b\{g(x)\}^2dx\geqq 0$$

$f(x)$가 항등적으로 0이 아니면 $\int_a^b\{f(x)\}^2dx>0$이므로, λ, μ의 여하에 관계없이 이 부등식이 성립하기 위해서는, 2차식의 이론으로부터

$$\left\{\int_a^b f(x)g(x)dx\right\}^2\leqq\int_a^b\{f(x)\}^2dx\cdot\int_a^b\{g(x)\}^2dx$$

7. 구간을 $0\leqq x\leqq 1$과 $1\leqq x\leqq\infty$로 나누어서 생각한다. $0\leqq x\leqq 1$에 있어서 $f(x)=e^{-x}x^{s-1}$은 $s\geqq 1$이면 적분가능한데, $0<s<1$이면 $x\to 0$에서 $f(x)\to\infty$로 된다.

$\lambda=1-s\ (0<\lambda<1)$에 대해서 $x^\lambda f(x)=e^{-x}\to 1\ (x\to 0)$

$\therefore \int_0^1 e^{-x}x^{s-1}dx$는 수렴, 또, $\lambda=2$에 대해서 $x^\lambda f(x)=e^{-x}x^{s+1}\to 0\ (x\to\infty)$

$\therefore \int_1^\infty e^{-x}x^{s-1}dx$는 수렴.

$\therefore \int_0^\infty e^{-x}x^{s-1}dx=\int_0^1 e^{-x}x^{s-1}dx+\int_1^\infty e^{-x}x^{s-1}dx$는 수렴.

(1) $\Gamma(s+1)=\int_0^\infty e^{-x}x^s dx=\left[-e^{-x}x^s\right]_0^\infty+s\int_0^\infty e^{-x}x^{s-1}dx=s\Gamma(s)$

(2) $\Gamma(n+1)=n\Gamma(n)=n(n-1)\Gamma(n-1)=\cdots=n!\Gamma(1)=n!$

8. (1) $\alpha\geqq 1$일 때는 발산, $\alpha<1$일 때는 이 이상적분은 수렴해서 그 값은 $\dfrac{1}{1-x}$

(2) $\dfrac{\pi}{2}$ (3) $\dfrac{8}{5}$ (4) $\dfrac{a}{a^2+b^2}$

9. (1) 4801.7억 배럴　　(2) 14.123년

10. (1) $3\pi a^2$　　(2) $8a$　　(3) $\frac{64}{3}\pi a^2$

제11장 편미분

문 1. (1) $f_x = \frac{1}{x},\ f_y = \frac{1}{y}$

(2) $f_x = 2axe^y + b(1+xy)e^{xy},\ f_y = ax^2e^y + bx^2e^{xy}$

(3) $f_x = \frac{x}{\sqrt{x^2+y^2}},\ f_y = \frac{y}{\sqrt{x^2+y^2}}$ (점 (0, 0)에서는 편미분계수는 없다.)

(4) $f_x = \frac{y^2-x^2}{(x^2+y^2)^2},\ f_y = \frac{-2xy}{(x^2+y^2)^2}$

문 2. (1) $z_x = 2xf'(u),\ z_y = 2yf'(u),\ (u = x^2+y^2)$으로부터 $yz_x = xz_y$

(2) $z_x = -\frac{1}{x^2}f(u) + \frac{1}{x}f'(u)\left(-\frac{y}{x^2}\right) = -\frac{1}{x^2}f(u) - \frac{y}{x^3}f'(u)$,

$z_y = \frac{1}{x^2}f'(u)\ (u = y/x)$. 따라서 $xz_x + yz_y = -\frac{1}{x}f(u) = -z$

$\therefore\ xz_x + yz_y + z = 0$

(3) $-\frac{1}{z^2}z_x + \frac{1}{x^2} = \frac{1}{x^2}f'(u),\ -\frac{1}{z^2}z_y = -\frac{1}{y^2}f'(u),\ (u = \frac{1}{y} - \frac{1}{x})$

$\therefore\ x^2z_x + y^2z_y = z^2$

문 3. (1) $f(0,0) = 0$은 극소치　(2) $f(2,\ 0) = -4$는 극소치

(3) $\Delta = 0$이므로 정리 11.5를 이용하는 방법으로는, f의 극치의 유무를 판정할 수 없다. 그러나 y축에 의해서는 $f = y^3$이다. 따라서 $y > 0$일 때, $f(0,\ y) > 0$; $y < 0$일 때, $f(0,\ y) < 0$이다. 따라서 $f(0,\ 0)$은 f의 극치는 아니다. 즉, 이 함수는 극치를 갖지 않는다.

(4) $\Delta = 0$이므로 정리 11.5에 의해서는 f의 극치의 유무를 판정할 수 없다.
그러나 $f(0,0) = 0$이고, $(x,\ y) \neq (0,\ 0)$일 때 $f(x,\ y) > 0$이므로, $f(0,\ 0)$은 f의 극소치이다.

문 4. 정삼각형

문 5. $y' = \dfrac{-(x+y)}{x+2y}$, $y'' = \dfrac{-1}{(x+2y)^3}$

연습문제 11

1. (1) $\dfrac{\partial x}{\partial z} = y\cos(xy+\sqrt{y})$, $\dfrac{\partial z}{\partial y} = \left(x+\dfrac{1}{2\sqrt{y}}\right)\cos(xy+\sqrt{y})$

(2) $\dfrac{\partial z}{\partial x} = \dfrac{-2x}{\sqrt{1-(x^2+y^2)^2}}$, $\dfrac{\partial z}{\partial y} = \dfrac{-2y}{\sqrt{1-(x^2+y^2)^2}}$

2. (1)
$$\begin{aligned}\frac{\partial z}{\partial x} &= \frac{\partial}{\partial u}(\sin u\cos v)\frac{\partial}{\partial x}(x+y) + \frac{\partial}{\partial v}(\sin u\cos v)\frac{\partial}{\partial x}(xy)\\ &= (\cos u\cos v) + (-\sin u\sin v)y\\ &= \cos(x+y)\cos(xy) - y\sin(x+y)\sin(xy)\end{aligned}$$

마찬가지로, $\dfrac{\partial z}{\partial y} = \cos(x+y)\cos(xy) - x\sin(x+y)\sin(xy)$

(2) $\dfrac{\partial z}{\partial x} = \{-2x\sin(ax+by) + a\cos(ax+by)\}e^{-(x^2+y^2)}$

$\dfrac{\partial z}{\partial y} = \{-2y\sin(ax+by) + b\cos(ax+by)\}e^{-(x^2+y^2)}$

3. (1) $\dfrac{\partial^2 f}{\partial x^2} = 2y\cos x^2y - 4x^2y^2\sin x^2y$

$\dfrac{\partial^2 f}{\partial y^2} = -x^4\sin x^2y$

$\dfrac{\partial^2 f}{\partial x\partial y} = \dfrac{\partial^2 f}{\partial y\partial x} = 2x\cos x^2y - 2x^3y\sin x^2y$

(2) $\dfrac{\partial^2 f}{\partial x^2} = y(y-1)x^{y-2}$, $\dfrac{\partial^2 f}{\partial y^2} = x^y(\log x)^2$

$\dfrac{\partial^2 f}{\partial x\partial y} = \dfrac{\partial^2 f}{\partial y\partial x} = x^{y-1}(1+y\log x)$

4. (1) $x=y=1$일 때 극소치 $z=-1$

(2) 극치 없음

(3) $x=\pi$, $y=\dfrac{\pi}{2}$일 때 극소치 $z=-2$

(4) $x=1$, $y=-1$일 때 극대치 $z=e^{-2}$

5. (1) 0　　(2) $3u$　　(3) 0

6. (1) $dz = z_x dx + z_y dy = \dfrac{xdx + ydy}{1 + x^2 + y^2}$

(2) $dz = (ydx + xdy)\sin\dfrac{1}{\sqrt{x^2+y^2}} - \dfrac{xy(xdx+ydy)}{(x^2+y^2)^{3/2}}\cos\dfrac{1}{\sqrt{x^2+y^2}}$

7. $dx = dr\cos\theta - r\sin\theta d\theta,\ dy = dr\sin\theta - r\cos\theta d\theta$

$xdx + ydy = r\cos\theta(dr\cos\theta - r\sin\theta d\theta) + r\sin\theta(dr\sin\theta + r\cos\theta d\theta) = r\,dr$

8. $y' = \dfrac{-(3x^2+2y)}{2(x+y)},\ y'' = \dfrac{4y^2 + 8xy - 12xy^2 - 24x^2y - 9x^4}{4(x+y)^3}$

9. 최대치 $g = \dfrac{a + c + \sqrt{(a-c)^2 + 4b^2}}{2}$,

최소치 $g = \dfrac{a + c - \sqrt{(a-c)^2 + 4b^2}}{2}$

10. $x = y = z = \dfrac{a}{3}$일 때, xyz는 최대치 $\dfrac{a^3}{27}$을 위한다.

제12장 중적분

문 1. (1) -1　　(2) $\pi a^2/4$

문 2. (1) 1/6　　(2) 1/6　　(3) 7/6　　(4) 8/15

문 3. (1) 2π　　(2) $\dfrac{2}{3}$

문 4. $4\pi abc/3$

문 5. (1) $\pi a^4/16$　　(2) $4\pi a^5/15$

연습문제 12

1. (1) 54　　(2) $\dfrac{e^6}{3}-e^2$

2. (1) $\dfrac{1}{2}(1-\dfrac{1}{e})$　　(2) $\dfrac{2}{9}(2\sqrt{2}-1)$　　(3) 1　　(4) $\dfrac{1}{2}\left(1-\cos\dfrac{\pi^2}{4}\right)$

3. (1) $\dfrac{1}{2}\log^2 2-\dfrac{5}{16}$　　(2) $\dfrac{1}{48}$

4. (1) $u=x+y,\ v=\dfrac{x}{y}$로 놓으면, 이 변환에서 A는 uv 평면상의 $\varDelta : v+1 \leqq u \leqq 2v+2$, $0 \leqq v \leqq 1$에 1대 1 대응한다.

$$\frac{\partial(u,v)}{\partial(x,y)}=\begin{vmatrix} 1 & 1 \\ \dfrac{1}{y} & -\dfrac{x}{y^2} \end{vmatrix}=-\frac{x+y}{y^2}$$

$$\therefore J=\frac{\partial(x,y)}{\partial(u,v)}=\left(\frac{\partial(u,v)}{\partial(x,y)}\right)^{-1}=-\frac{y^2}{x+y} \quad \therefore |J|=\frac{y^2}{x+y}$$

따라서,

$$\begin{aligned}\iint_A \frac{x+y}{y^2}e^{x+y}dxdy &= \iint_\varDelta \frac{x+y}{y^2}e^{x+y}\cdot\frac{y^2}{x+y}dudv \\ &= \iint_\varDelta e^u dudv = \int_0^1\left(\int_{v+1}^{2v+2}e^u du\right)dv \\ &= \int_0^1 [e^u]_{v+1}^{2v+2}dv = \int_0^1 (e^{2v+2}-e^{v+1})dv \\ &= \left[\frac{1}{2}e^{2v+2}-e^{v+1}\right]_0^1 = \frac{1}{2}(e^4-3e^2+2e)\end{aligned}$$

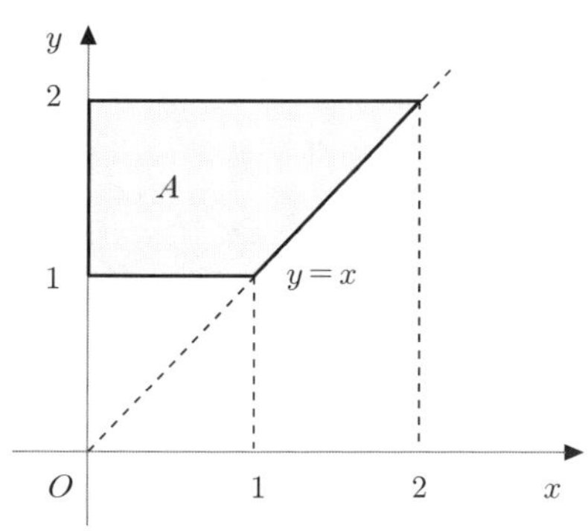

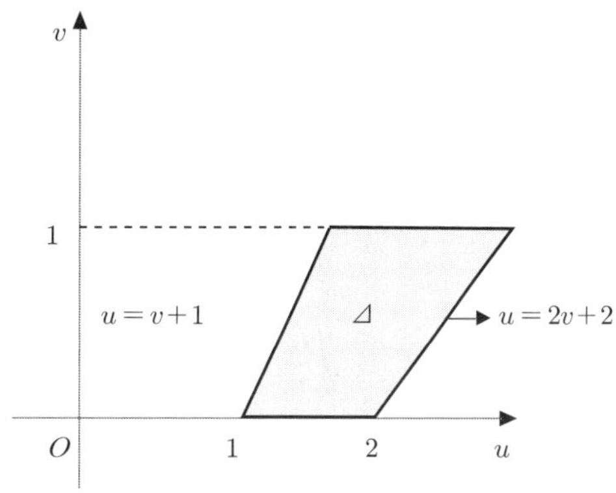

(2) $x=u(1-v),\ y=uv$에 의해서, A는 $\varDelta : 1 \leqq u \leqq 2,\ 0 \leqq v \leqq 1$에 1대 1로 대응한다.

$$J=\begin{vmatrix}1-v & -u\\ v & u\end{vmatrix}=u$$

$$I=\iint_{\varDelta}\frac{2v^2(1-v^2)+3u^2v^2}{u^3}u\,dudv=\int_1^2 du\int_1^1(2-4v+5v^2)dv=\frac{5}{3}$$

5. $x=r\cos\theta,\ y=r\sin\theta$에 의해서 변환.

$A: x^2+y^2 \leqq a^2 \to \varDelta: 0 \leqq r \leqq a,\ 0 \leqq \theta \leqq 2\pi$에 대응하고,

$A_0: y=0,\ 0 \leqq x \leqq a$ 이외에서는 1대 1 대응, $J=r$

$$\therefore \iint_A (px^2+qy^2)dxdy=\iint_{\varDelta}(pr^2\cos^2\theta+qr^2\sin^2\theta)rdrd\theta$$

$$=\int_0^{2\pi}d\theta\int_0^a(p\cos^2\theta+q\sin^2\theta)r^3dr=\int_0^{2\pi}(p\cos^2\theta+q\sin^2\theta)\left[\frac{r^2}{4}\right]_0^a d\theta$$

$$=\frac{a^4}{4}\int_0^{2\pi}\left(\frac{p+q}{2}+\frac{p-q}{2}\cos 2\theta\right)d\theta=\frac{p+q}{4}\pi a^4$$

6. (1) $\displaystyle\int_0^a dy\int_0^{\sqrt{4ay}}f(x,y)dx+\int_a^{3a}dy\int_a^{3a-y}f(x,y)dx$

(2) $\displaystyle\int_0^{a\sqrt{2}}dy\int_0^y f(x,y)dx+\int_{a\sqrt{2}}^a dy\int_0^{\sqrt{a^2-y^2}}f(x,y)dx$

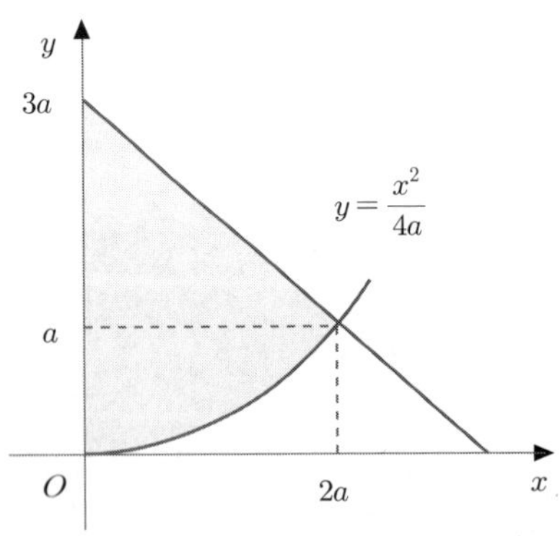

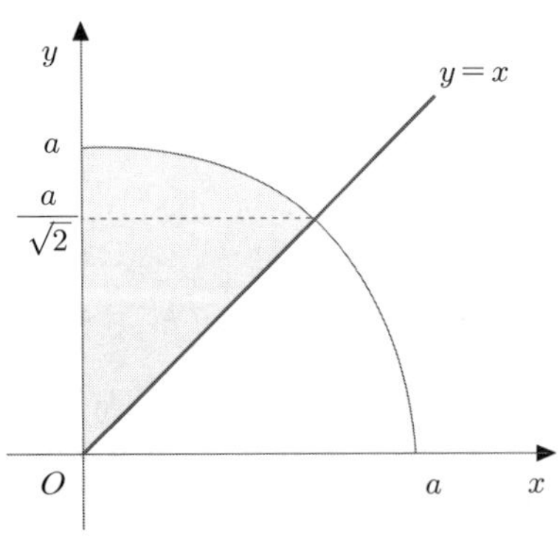

7. $$(f*(g*h))(x)=\int_0^x f(x-t)(g*h)(t)dt$$

$$=\int_0^x dt\int_0^t f(x-t)g(t-u)h(u)du$$

$$\overset{①}{=}\int_0^x du\int_u^x f(x-t)g(t-u)h(u)du$$

$$\overset{②}{=}\int_0^x du\int_u^{x-u} f(x-u-s)g(s)h(u)ds$$

$$=\int_0^x h(u)(f*g)(x-u)du=((f*g)*h)(x)$$

① : 적분의 순서변경

② : $s=t-u$로 놓았다.

8. $n=1$일 대는 준식은 성립한다. n일 때 성립한다면, 적분순서의 변경에 의해

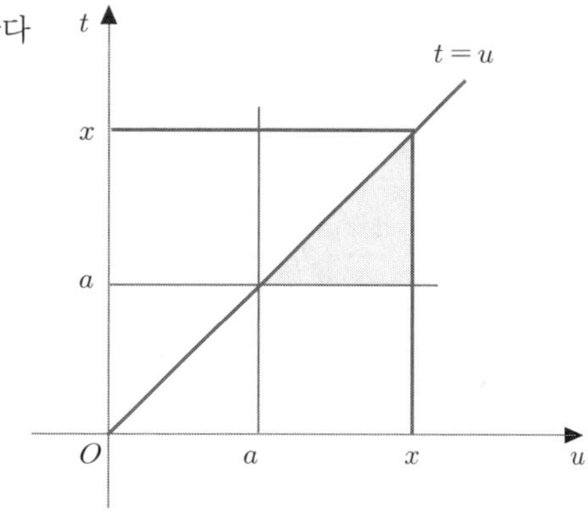

$$f_{n+1}(x)=\int_a^x f_n(u)du$$
$$=\frac{1}{(n-1)!}\int_a^x du\int_a^u (u-t)^{n-1}f(t)dt$$
$$=\frac{1}{(n-1)!}\int_a^x du\int_t^x (u-t)^{n-1}f(t)du$$
$$=\frac{1}{n!}\int_a^x (x-t)^n f(t)dt$$

따라서, $n+1$일 때도 성립한다.

9. 등식 $\Gamma\left(\frac{1}{2}\right)^2=\int_0^\infty e^{-x}x^{-\frac{1}{2}}dx=\int_0^\infty e^{-y}y^{-\frac{1}{2}}dy$

$$=\iint_{x,y>0} e^{-x-y}x^{-\frac{1}{2}}y^{-\frac{1}{2}}dxdy$$

치환적분 $x=u^2$, $y=v^2$이라 놓으면

$$\Gamma\left(\frac{1}{2}\right)^2=4\int_{u,v>0} e^{-u^2-v^2}dudv$$

로 된다. 이것의 우변을 극좌표에 의해 계산하면, 다음과 같이 된다.

$$4\int_{r>0,0\leq\theta\leq 2\pi} e^{-r^2}rdrd\theta=2\pi\int_0^r re^{-r^2}dr=\pi$$

따라서 $\Gamma\left(\frac{1}{2}\right)=\sqrt{\pi}$

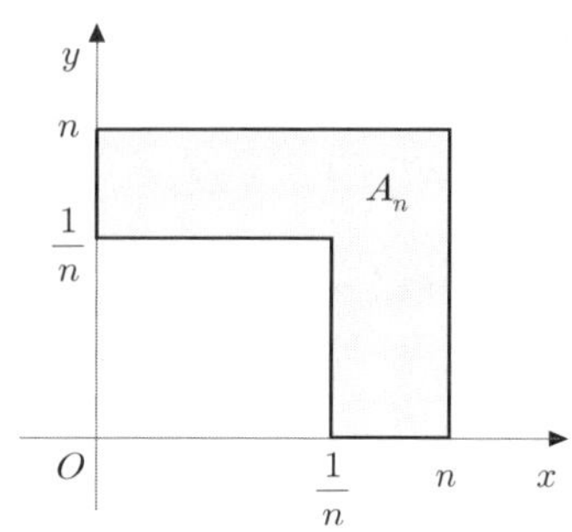

10. $I_n=\iint_{A_n} e^{-x-y}x^{p-1}y^{q-1}dxdy$

$$=\left(\int_{1/n}^n e^{-x}x^{p-1}dx\cdot\int_0^{1/n} e^{-y}x^{q-1}dy\right)$$
$$+\left(\int_0^{1/n} e^{-x}x^{p-1}dx\cdot\int_{1/n}^n e^{-y}y^{q-1}dy\right)$$
$$=\left(\int_{1/n}^n e^{-x}x^{p-1}dx\cdot\int_{1/n}^n e^{-y}y^{q-1}dy\right)$$

$\to 0+0+\Gamma(p)\Gamma(q)$

$\therefore I=\Gamma(p)\Gamma(q)\cdots\cdots$ ①

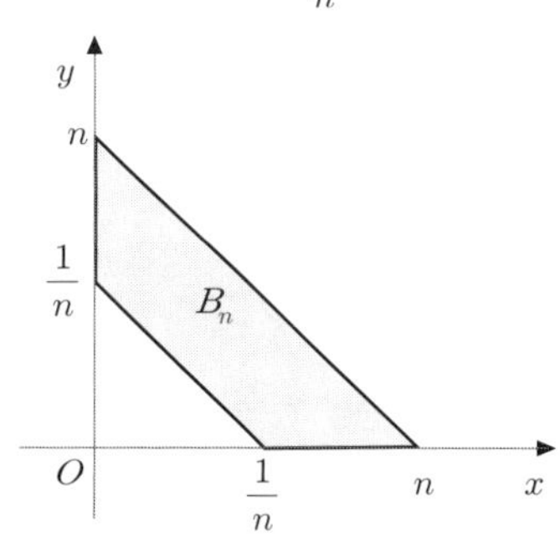

다음에, 별개의 증가열 $\{B_n\}$에 대해서

$$J_n = \iint_{B_n} e^{-x-y}x^{p-1}y^{q-1}dxdy$$

를 계산하기 위해서, $x = uv$, $x+y = u$로 놓으면,

$$|J| = |-u| = u$$

$$J_n = \int_{1/n}^{n} u^{p+q-1}e^{-u}du \cdot \int_0^1 v^{p-1}(1-v)^{q-1}dv$$

$$\to \Gamma(p+q)B(p,q)$$

$$\therefore I = \Gamma(p+q)B(p,q) \cdots\cdots\cdots ②$$

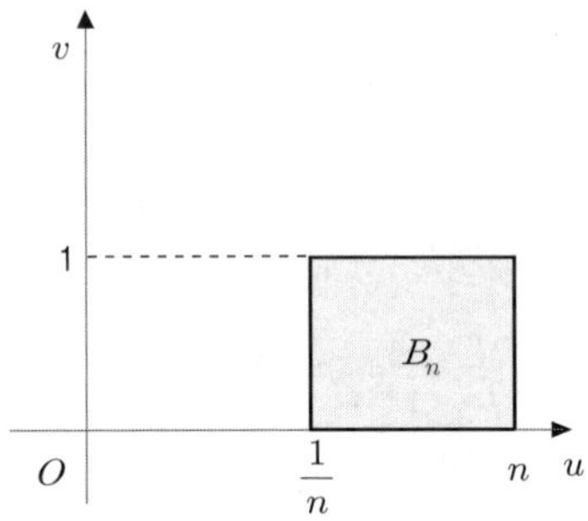

따라서, ①, ②로부터 준식을 얻는다.

참고문헌

1. 동양문헌

김용재・성백서・유재우・이근철・이양섭, 「경영경제수학의 기본」, 한경사, 2007.
김형욱, 「경영수학」, 법경사, 1998.
노형봉・김형욱, 「새 경영수학」, 시그마프레스, 2005.
노형진, 「경영수학」, 형설출판사, 1990.
신준용, 「Mathematica를 이용한 경영・경제수학」, 학현사, 2006.
신준용, 「경영학과 경제학을 위한 수학」, 학현사, 2004.
이효구、박승안, 「경제、경영수학」, 박영사, 1999.
石田望, 「經濟、經營のための基礎數學」, 實敎出版, 1984.
石原辰雄 外 5人, 「經營情報學のための線形代數」, 共立出版, 1988.
伊東田文, 「線型代數學」, 共立出版, 1987.
笠原皓司, 「線型代數と固有値問題」, 現代數學社, 1987.
小寺平治, 「明解演習線形代數」, 共立出版, 1982.
齊藤正彦, 「線形代數入門」, 東京大學出版會, 1985.
渡部睦夫, 「線形代數」, 培風館, 1984.
岩堀長慶, 「微分積分學」, 裳華房, 1985.
石室旦、木村郁雄, 「微分積分」, 培風館, 1985.
押天元重、阪口紘治, 「基礎微分積分」, 培風館, 1989.
小寺平治, 「明解演習微分積分」, 共立出版, 1984.
高橋幸久・渡邊八一, 「Excelで學ぶやさしい數學」, オーム社, 2004.
丹野雄吉 外 3人, 「教養の微分積分」, 培風館, 1986.
福田安藏 外 3人, 「微積分演習 I, II」, 共立出版, 1985.
矢野健太郎、石原繁, 「微分積分學」, 裳華房, 1985.
山田善靖 外 4人, 「經營情報學のための微分積分」, 共立出版, 1988.
杉浦光夫, 「解析入門 I」, 東京大學出版會, 1980.
杉浦光夫, 「解析入門 II」, 東京大學出版會, 1985.
一松信, 「解析學序說 上」, 裳華房, 1981.
一松信, 「解析學序說 下」, 裳華房, 1982.
吉田耕作, 「演算子法 - 一つの超函數論 -」, 東京大學出版會, 1982.
酒井孝一, 「微分と偏微分」, 共立出版, 1979.
涌井良幸、涌井貞美, 「Excelで學ぶ微分・積分」, ナツメ社, 2003.

2. 서양문헌

Anton, H & Rorres, C., Applications of Linear Algebra, John Wiley & Sons, Inc., 1979.

Anton, H., Elementary Linear Albegra, 4th edition, John Wiley & Sons, Inc., 1984.

Ayres, F. Jr., Theory and Problems of Matrices-Schaum's Outline Series, McGraw-Hill, New York, 1974.

Apostol, T. M., Mathematical Analysis, 2nd ed., World Student Series Edition, 1978.

Bazaraa, M. S. and Jarvis J. J., Linear Programming and Network Flows, John Wiley & Sons, 1977.

Bellman, R. E., Introduction to Matrix Analysis, New York, McGraw-Hill Book Company, 1970.

Chiang, A. C., Fundamental Methods of Mathematical Economics, 3rd edition, McGraw-Hill, New York 1984.

Draper, J. E. and Kungman, J. S., Mathematical Analysis : Business and Economics Applications, Harper & Row, New York 1972.

Frank, P., A Brief Course in Calculus with Applications, Harper & Row, New York, 1971.

Fulks, W., Advanced Calculus, 2nd edition, John Wiley & Sons, New York, 1969.

Kaplan W., Advanced Calculus, Addison-Wesley Publishing Co., 1969.

Lang, S., Linear Albegra, 2nd edition, Addision-Wesley, 1970.

Pullman, N.J., Matrix Theory and Its Applications, Marcel Dekker, Inc., 1976.

Purcell, E. J., Calculus with Analytic Geometry, 2nd edition, Appleton Century-Crofts, New York, 1972.

Stein, S. K., Calculus for the Natural and Social Sciences, McGraw-Hill, New York, 1968.

Thomas, G. B., and Finney, R. L., Calculus and Analytic Geometry, 5th, ed., Addison-Wesley Publishing Company, Inc., Reading, Mass., 1979.

찾 아 보 기

(ㄹ)

(ㅁ)

(ㅂ)

(ㅅ)

(ㅇ)

(ㅈ)

(ㅊ)

(ㅋ)

(C)

(D)

(E)

(F)

(G)

(H)

(I)

(J)

(L)

저자약력

노형진

- 서울대학교 공과대학 졸업(공학사)
- 고려대학교 대학원 수료(경영학박사)
- 일본 쓰쿠바대학 대학원 수료(경영공학 박사과정)
- 일본 문부성 통계수리연구소 객원연구원
- 일본 동경대학 사회과학연구소 객원교수
- 현재, 경기대학교 경상대학 경영학전공 교수
- 전공, 품질경영 · 다변량분석(조사방법 및 통계분석)
- 한국표준협회 품질경영 심사위원 · 자문위원
- 한국능률협회 심사위원 · 자문위원
- 대한상공회의소 지도위원
- 한국 식스 시그마 연구회 운영위원
- Single-PPM 심사위원 · 지도위원
- Single-PPM품질경영연구회 회장

■ 주요저서

- 품질경영론(형설출판사)
- 다변량해석－질적 데이터의 수량화(도서출판 석정)
- EXCEL 2000 함수모음집(형설출판사)
- EXCEL에 의한 통계적 조사방법(형설출판사)
- EXCEL을 활용한 통계적 품질관리(형설출판사)
- SPSS에 의한 조사방법 및 통계분석(형설출판사)
- SPSS에 의한 알기 쉬운 다변량분석(형설출판사)
- SPSS에 의한 조사방법 및 통계분석(형설출판사)
- 100PPM 품질경영－fool-proof화의 원리와 방법(도서출판 글로벌)
- 100PPM 품질경영(2)－디자인 리뷰 · FMEA · FTA의 활용(공저, 도서출판 글로벌)

엑셀로 배우는 경영수학

2008년 2월 20일 초판1쇄 인쇄
2008년 2월 25일 초판1쇄 발행

저자와의 협의하에 인지생략

저 자 노 형 진
펴낸이 임 순 재
펴낸곳 한올출판사
등록 제11-403호
121-849
주 소 서울시 마포구 성산동 133-3 한올빌딩 3층
전 화 (02)376-4298(대표)
팩 스 (02)302-8073
홈페이지 www.hanol.co.kr
e-메 일 hanol@hanol.co.kr
정 가 27,000원

■ ISBN 978-89-8325-955-4